D1641155

Judith Lorber
Gender-Paradoxien

Reihe Geschlecht und Gesellschaft

Herausgegeben von

Ilse Lenz
Michiko Mae
Sigrid Metz-Göckel
Ursula Müller
Mechtild Oechsle
Marlene Stein-Hilbers (†)

Band 15

Judith Lorber

Gender-Paradoxien

Aus dem Englischen übersetzt von Hella Beister
Redaktion und Einleitung zur deutschen Ausgabe:
Ulrike Teubner und Angelika Wetterer

2. Auflage

Leske + Budrich, Opladen 2003

Gedruckt auf säurefreiem und altersbeständigem Papier.

Die Deutsche Bibliothek – CIP-Einheitsaufnahme
Ein Titeldatensatz für die Publikation ist bei Der Deutschen Bibliothek erhältlich

ISBN 3-8100-3743-5

Titel der Original-Ausgabe: Paradoxes of Gender © 1995 by Yale University
© der deutschen Ausgabe 1999 Leske + Budrich, Opladen

Das Werk einschließlich aller seiner Teile ist urheberrechtlich geschützt. Jede Verwertung außerhalb der engen Grenzen des Urheberrechtsgesetzes ist ohne Zustimmung des Verlages un-
zulässig und strafbar. Das gilt insbesondere für Vervielfältigungen, Übersetzungen, Mikrover-
filmungen und die Einspeicherung und Verarbeitung in elektronischen Systemen.

Satz: Andres Friedrichsmeier und Helen Schwenken, Bochum
Druck: Druck Partner Rübelmann, Hemsbach
Printed in Germany

Inhalt

Teil III
Gender-**Politik**

Für Jesse, Julian und Gabrielle
und noch einmal für Matt

Bis nicht Vergangenheit und Zukunft durch Erinnerung
und Bewußtsein ein Teil der Gegenwart werden,
gibt es für Menschen keinen Weg, nirgendwohin.

– Ursula Le Guin, The Dispossessed

Degendering: Vorwort zur 2. Auflage

Am Schluss des Vorworts zur ersten Ausgabe habe ich gefordert:

> „Wenn die *gender*-Ungleichheit abgeschafft werden soll, müssen die *gender* entweder in jeder Hinsicht völlig gleichgestellt werden, oder *gender* darf nicht länger eine zentrale soziale Kategorie sein, die bestimmt, welcher soziale Status einem Menschen zugewiesen wird."[1]

Während der vergangenen fünf Jahre habe ich über die zweite Lösung zur *gender*-Ungleichheit nachgedacht – über die Möglichkeit, die binäre Geschlechterstruktur westlicher Gesellschaften aufzubrechen, die ich in „Gender-Paradoxien" beschreibe. Das Konzept und den Prozess an denen ich arbeite, nenne ich *degendering*.

Feministinnen und Feministen haben versucht, die Interaktionsdynamiken zwischen Frauen und Männern zu restrukturieren und zu verändern, *gender*-Ungleichheiten in der Politik und bei der Ressourcenkontrolle auszugleichen; sie haben versucht, *gender* diskriminierende soziale Praktiken abzuschaffen und die unsichtbare „Naturgegebenheit" all dessen, was Männer und Frauen ausmacht, in Frage zu stellen. Was sie jedoch nicht getan haben, ist, die Dinge soweit zu treiben, dass sie dahin kommen *gender*-Grenzen und -Kategorien komplett abzuschaffen. Ich glaube heute, dass die *gender*-Struktur der sozialen Ordnung abgetragen werden muss und dass *undoing gender* zum ultimativen feministischen Ziel werden muss.[2] Es gibt bereits Brüche, Anomalien, Widerstände und Vieldeutigkeiten, die die *gender*-Sozialstruktur der westlichen postindustriellen Gesellschaften angreifen, und ich glaube, dass wir diesen Prozess durch gezieltes *degendering* weiter treiben können.

Degendering bedeutet nicht, dass wir nicht über *gender* nachdenken dürfen, und es geht weiter als bis dahin einfach ein weiteres wesentliches gesellschaftliches Statusmerkmal zur sattsam bekannten Litanei von *gender*, ethnischer Zugehörigkeit, sozialer Schicht, Familienstand und Kinderzahl, nationaler Identität plus Alter, sexueller Orientierung und physischem Zustand hinzuzufügen. Das Konzept des *gendering* konzentriert sich darauf, wie eine jede Facette der sozialen Statusmerkmale sich auf *gender* bezieht. Das Konzept des *degendering* beginnt mit der Anerkennung dessen, dass die beiden *gender*, die wir im Alltagsdiskurs und in alltäglichen Interaktionen benutzen und – wichtiger noch – auf deren Grundlage unsere soziale Welt aufgebaut ist,

---

1   Lorber, Judith, 1999. Gender-Paradoxien. 1. Auflage. Opladen: Leske + Budrich.
2   Lorber, Judith. 2000. „Using Gender to Undo Gender: A Feminist Degendering Movement", *Feminist Theory* 1: 101-18.

dass diese beiden *gender* nicht binär sind, sondern durch die übrigen, wesentlichen Statusmerkmale fragmentiert werden. Wenn wir diese Komplexität gesellschaftlicher Hierarchien anerkennen, können wir die Macht des ständigen *gendering* untergraben, die die binäre *gender*-Struktur aufrechterhält.

Ein weiterer wichtiger Prozess des *degendering* über die Anerkennung der *gender*-Komplexität hinaus ist, die Ähnlichkeiten zwischen Frauen und Männern mit Blick auf Verhalten, Denkprozesse und Gefühle zu erkennen und auf diese Ähnlichkeiten zu bauen – *ein aktives Verwischen der* gender-*Grenzen*. Als Beispiel sei angeführt, dass Frauen als Soldatinnen auftreten und mit Männern gemeinsam kämpfen oder – aktueller (und tragischer) – Frauen als Selbstmordattentäterinnnen. Konstruktiver gewendet kann diese Art des *degendering* beispielsweise in der Kindererziehung und am Arbeitsplatz auftreten.

Degendering geht über das hinaus, was *gender*-Rebellen versuchen. *Gender*-Rebellen versuchen, ihr Leben frei von den Essenzen der *gender*-Normen und -Erwartungen zu leben oder gar gegen diese Normen und Erwartungen. Diese Strategie zielt darauf, sich individuell als Frau, als Mann, als heterosexuell, homosexuell, als lesbisch oder transsexuell zu identifizieren. Letztlich sind dies aber alles Spielarten der *gender*-Darstellung. *Gender*-Rebellen stellen die gängigen Kategorien in Frage, aber ihr individuelles Tun reicht nicht aus, die offiziellen *gender*-Praktiken und Organisationsstrukturen zu überlisten.

Degendering verlangt die Konzentration auf die *gender*-Sozialstruktur. *Degendering* bedeutet, dass keine *gender*-Zuweisung am Arbeitsplatz in Organisationen stattfindet oder in Familien, Schulen, Religionen, kulturellen Einrichtungen etc. Einige Spielarten von *gender* sind dann vielleicht Teil der persönlichen Identität – oder auch nicht –, aber es gibt keine *offizielle gender*-Identität. Die grundlegenden Institutionen der Gesellschaft dem *degendering* zu unterziehen, erscheint als absolut unausweichlich, wenn wir die *gender*-Ungleichheit überwinden wollen.

Auf den Nenner gebracht, erkennt *degendering* an, dass jede beliebige Gruppe von Männern und Frauen einen Querschnitt unterschiedlicher wesentlicher sozialer Statusmerkmale darstellt und dass es dabei signifikante Überschneidungen in Verhalten und Einstellungen bei Frauen und Männern einer gegebenen Gruppe gibt. Wenn man nur genau genug Menschen und soziale Interaktion in modernen Industriegesellschaften beobachtet, stellt man fest, dass *gender* unbedeutend wird. Schaut man hingegen genauer auf die Sozialstruktur und die Praktiken von Organisationen, taucht *gender* wieder auf. Um einen tiefgehenden Wandel zu erzielen, muss *degendering* auf der Ebene der Gesellschaftsstruktur und der Organisationen statt finden.

In der Hoffnung, dass das 21. Jahrhundert ein allmähliches Verschwinden von *gender* als gesellschaftlichem Organisationsprinzip sehen wird, widme ich diese zweite Auflage meinen Enkeln Conrad und Charles Burr Freidson, die am 21. Mai 2002 geboren sind.

New York City, 1. Juni 2002   *Judith Lorber*

Gender-Paradoxien: Soziale Konstruktion transparent gemacht

Eine Einleitung von
Ulrike Teubner & Angelika Wetterer

Ein Lehrbuch neuen Typs

Die *Gender-Paradoxien* stellen den gelungenen Versuch eines neuen Typus von Lehrbuch dar, den wir im deutschsprachigen feministischen Raum vermissen, und sie sind zugleich alles andere als ein Lehrbuch im herkömmlichen Sinne. Bereits der Titel macht neugierig: Daß gerade die Paradoxien zum Referenzpunkt der Analyse werden, deutet an, daß es um Mehrdimensionalität und vermeintlich Unvereinbares geht, wenn die Kategorie Geschlecht in ihrer Bedeutung für soziale Strukturierungsprozesse, gesellschaftliche Institutionen und Normen und soziales Handeln erfaßt werden soll.

Zugegeben: Es ist kein klassisches Lehrbuch, wie wir es für StudienanfängerInnen im allgemeinen kennen, denen z.B. unterschiedlich konzipierte Einführungen in die Soziologie und deren theoretische Schulen samt Methoden angeboten werden. Es ist auch kein Lehrbuch, das in ein wie auch immer definiertes Teilgebiet, eine Bindestrich-Soziologie oder ein Spezialthema einführt. Vor allem aber ist es kein Lehrbuch, das vorsichtig und abwägend die Berechtigung eines bestimmten Programms – hier: die Konzeptualisierung der Kategorie Geschlecht als einer grundlegenden sozialen Institution – im Kontext verschiedener Lehrmeinungen oder theoretischer Positionierungen begründet.

Allerdings nehmen die *Gender-Paradoxien* es mit jedem Lehrbuch auf, wenn wir einen Blick auf die Bibliographie werfen, die im Original allein 76 Seiten ausmacht und nach Meinung der Autorin dennoch unvollständig ist. Allein die verarbeitete Literatur zeigt, daß die Autorin umfassend argumentiert und belegt. Wir finden die Klassikerinnen der verschiedenen, auch kontroversen feministischen Positionen in den USA ebenso zitiert wie die Klassikerinnen des französischen Feminismus. Selbst deutsche Feministinnen und Frauenforscherinnen sind verschiedentlich rezipiert. Wir finden zudem eine Vielzahl von empirischen Studien aus und zu unterschiedlichen historischen Phasen aufbereitet, darunter auch solche, die wegweisend wurden, aber noch immer nicht deutscher Sprache vorliegen und bis vor einigen Jahren bei uns kaum rezipiert wurden.

Das Buch ist also ein ausgesprochen instruktives Kompendium. Es ist interdisziplinär im besten Sinne und bietet einen Durchgang durch die feministische Anthropologie und Ethnologie, durch Geschichte, Medizinforschung und Biologie, durch Soziologie, Sozialpsychologie und Politik, durch Kulturwissenschaften und Männerstudien. Es faßt zusammen, was in 20jähriger Arbeit von Feministinnen verschiedener Schulen in den USA zur Bedeutung und Reichweite der Kategorie Geschlecht erarbeitet worden ist.

Zugleich ist das Buch aber weit mehr als ein Kompendium, enthält es mehr als einen Überblick und bietet mehr als eine nachträgliche Rekonstruktion feministischer Theoriebildung. Schon auf den ersten Seiten erfahren wir, daß es Judith Lorber um ein neues Paradigma geht und daß ihre Konzeptualisierung von *gender* sich weder auf die Ebene der Individuen und der interpersonalen Beziehungen begrenzen läßt, noch sinnvollerweise mit dieser Ebene beginnen sollte. Damit unterscheidet sie sich deutlich vom Aufbau eines typischen amerikanischen Lehrbuchs. Man könnte sogar versucht sein, die drei Teile des Buches – *Gender*-Produktion, *Gender*-Praxis und *Gender*-Politik – mit der soziologischen Einteilung in Mikro-, Meso- und Makro-Ebene in Verbindung zu bringen bzw. als Vorschlag zu deren Neufassung zu lesen, um den umfassenden Anspruch kenntlich zu machen, mit dem Judith Lorber antritt.

Dennoch sind die *Gender-Paradoxien* alles andere als belehrend. Judith Lorber stützt sich selbstbewußt und reflexiv auf die Ergebnisse einer mehr als zwanzigjährigen Entwicklung von feministischer Forschung und Lehre im US-amerikanischen Wissenschaftsbetrieb, und sie tut dies, ohne den eigenen Lernprozeß zu leugnen und ohne den Stand ihrer Überlegungen als etwas Abgeschlossenes oder gar Endgültiges zu betrachten. Die Argumentationsführung ist stets um Transparenz und Offenheit bemüht, der Aufbau der Kapitel zielt auf den Dialog mit den Leserinnen und Lesern, und am Ende ist die Eröffnung neuer Perspektiven oft wichtiger als die resümierende Präsentation einer fertigen Antwort.

Ungewohnt dürfte für die Leserinnen und Leser im deutschsprachigen Bereich möglicherweise sein, daß wir es hier mit einem Buch zu tun haben, das für die Theoriebildung in der Geschlechterforschung und feministischen Wissenschaft von großer Bedeutung ist, das aber auf nahezu all die Argumentationsstrategien und Präsentationsformen verzichtet, die einen Text für uns zu einem theoretischen Text machen. Das liegt nicht nur an der Sprache, die – vorbildlich für ein Lehrbuch – bildhaft und metaphorisch ist, drastisch und klar und häufig dem Sprachfluß der Alltagssprache folgt. Es liegt auch an einer spezifischen Art und Weise, mit Theorie umzugehen.

Die *Gender-Paradoxien* treten zwar mit dem nicht eben bescheidenen Anspruch auf, ein im Sinne Kuhns neues Paradigma anzubieten und zu entfalten: *gender* als soziale Institution. Aber extensive abstrakt-theoretische Erörterungen dessen, worin denn nun der Paradigmenwechsel besteht, wie im einzelnen die neue Theorie sich von den herkömmlichen unterscheidet oder gar an welchen Institutionenbegriff sie anschließt, wird man – von wenigen Passagen abgesehen – vergeblich suchen.

Ähnliche Erfahrungen werden diejenigen machen, die sich auf die Suche nach einer theoretischen Herleitung von Judith Lorbers Konzept der Geschlechterkonstruktion begeben. Die *Gender-Paradoxien* sind zwar unmißverständlich und radikal in der Ausgangsüberlegung, daß *gender* das Ergebnis sozialer Konstruktionsprozesse und alles andere als „natürlich" ist. Doch auch hier findet sich keine oder jedenfalls: keine kurze Antwort auf die Frage, mit der Vertreterinnen eines konstruktivistischen Ansatzes hierzulande mit schöner Regelmäßigkeit traktiert werden: die Frage, welchen Konstruktionsbegriff sie denn nun verwenden, bitteschön.

Daß die *Gender-Paradoxien* auf derartige Fragen keine kurze, keine abstrakt-theoretische und nach Schulen oder Theorietraditionen sortierte Antwort geben, heißt nun allerdings nicht, daß sie keine Antworten geben. Ganz im Gegenteil. Nur finden diese sich nicht in erster Linie in den im engeren Sinne theoretischen Ausführungen, die Judith Lorber höchst sparsam an wenigen zentralen Stellen macht, sondern weit mehr im Aufbau und in der Durchführung des gesamten Vorhabens.

Die *Gender-Paradoxien* sind in gewisser Weise einen Schritt weiter als manche der nach wie vor ein wenig verspäteten Debatten zum Thema Geschlechterkonstruktion hierzulande. Sie sind nicht mehr damit befaßt, die Relevanz eines konstruktivistischen Ansatzes für die sozialwissenschaftliche Geschlechterforschung überhaupt begründen zu müssen. Was Judith Lorber interessiert, ist weniger eine systematische oder: theorie-immanente Begründung ihres Ansatzes. Was sie interessiert, ist die Frage, welchen Ertrag dieser Ansatz einbringt, welchen Erkenntnisgewinn er ermöglicht, wenn man den Versuch unternimmt, die soziale Realität mit seiner Hilfe und aus seiner Perspektive zu re-konstruieren.

Im Vordergund stehen deshalb Fragen danach, *wie gender* konstruiert und institutionalisiert wird; *wie gender* in verschiedenen sozialen Bereichen verschieden konstruiert wird; und *wie gender* als Institution alle Ebenen des Sozialen strukturiert und ein Stück weit auch präformiert. Fragen nach dem „wie" erfordern in der Regel weniger programmatische als vielmehr empirische Antworten. Und die erhält man beim Lesen der *Gender-Paradoxien* in mehr als ausreichendem Maße. Es gibt kaum einen sozialen Bereich, kaum eine Ebene sozialen Handelns, die Judith Lorber nicht daraufhin befragt hätte, wie im einzelnen und wie genau sie zur Konstruktion und Re-Konstruktion von *gender* beiträgt.

Die *Gender-Paradoxien* sind auf diese Weise nicht nur zu einem interdisziplinären, sie sind vor allem zu einem integrativen Buch geworden: Sie tragen zusammen, was in den verschiedensten Teilbereichen der Soziologie und in verwandten Disziplinen an Forschungsergebnissen zum Thema *gender* bereits vorliegt. Sie bringen die verschiedensten Teilstücke auf eine scheinbar mühelose und unangestrengte Weise in eine neue Ordnung. Und sie kommen dabei sehr gut ohne den Gestus der Abgrenzung gegenüber möglichst allen bisherigen Konzeptualisierungen der Kategorie Geschlecht aus, der nicht unwesentlich dazu beigetragen hat, daß die Geschlechterkonstruktions-Debatte hierzulande immer wieder in recht unproduktive Sackgassen geführt hat.

Daß in Abhängigkeit vom Gegenstandsbereich und der je spezifischen Fragestellung mikrosoziologische Konzepte ebenso sinnvoll und ‚brauchbar‘ sind wie makrosoziologische; daß diskurstheoretische, wissenssoziologische und sozialkonstruktivistische Ansätze der Geschlechterkonstruktion einander nicht ausschließen, sondern sinnvoll ergänzen können; daß strukturtheoretische Perspektiven ebenso unerläßlich sind wie handlungstheoretische, wenn man erfassen will, wie die Institution *gender* in allen sozialen Bereichen stets vorausgesetzt und reproduziert wird; kurz, daß viele der theoretischen Optionen, die bei uns immer wieder hartnäckig als „Entweder-Oder" diskutiert werden, weit produktiver im Sinne eines kontextspezifischen und historisch bestimmten „von Fall zu Fall" gefaßt werden können, gehört dabei zu den sicherlich wichtigsten Ergebnissen der *Gender-Paradoxien*.

Was bei Judith Lorbers Versuch einer Integration auch konfligierender Theorietraditionen herauskommt, ist nämlich alles andere als ein heilloses Sammelsurium. Herausgekommen ist vielmehr ein sorgfältig geordnetes und strukturiertes Gesamtbild, dessen Systematik sich allerspätestens dann erschließt, wenn man sich – im Schlußkapitel angelangt – auf das Gedankenexperiment einläßt, „was wäre, wenn" – was wäre, wenn die Zuordnung zu einem der zwei uns geläufigen *gender* völlig irrelevant für Position und Status in unserer Gesellschaft wäre?

Geschlecht als soziale Konstruktion: Aporien der deutschsprachigen Rezeption

Die Frauen- und Geschlechterforschung im deutschsprachigen Bereich hat sich lange und nachhaltig geweigert, die zuerst bei Garfinkel (1967) und Goffman (1977), dann bei Kessler und McKenna (1978) formulierte Einsicht zur Kenntnis zu nehmen, daß wir es bei der Geschlechtszugehörigkeit von Personen und bei der Zweigeschlechtlichkeit als sozialem Klassifikations-

und Differenzierungsprinzip nicht mit einer Vorgabe der Natur, sondern mit dem Ergebnis sozialer Konstruktionsprozesse zu tun haben. Die „Rezeptionssperre" (Gildemeister und Wetterer 1992), die hier vorherrschte, ist inzwischen vielfach beklagt worden, auf ihre Gründe wollen wir nicht zum wiederholten Male eingehen.

Bemerkenswert scheint uns nach fast genau 20 Jahren intensiven Forschens und Nachdenkens zur „social construction of gender" im angelsächsischen Bereich jedoch zu sein, daß noch die Rezeption, die bei uns Anfang der 90er Jahre schließlich vehement einsetzte, in manchem deutlich die Spuren jener Skepsis zeigt, die bis Ende der 80er Jahre die besagte „Rezeptionssperre" am Leben erhielt: Skepsis gegenüber einer radikalen De-Naturalisierung der Geschlechterdifferenz; Skepsis aber auch gegenüber den gewissermaßen alltagsweltlichen Implikationen des Gedankens, daß jede/r von uns ihr/sein Geschlecht nicht „hat", sondern „tut" (und man es hypothetisch also womöglich sogar verlieren könnte).

Das hängt sicherlich auch damit zusammen, daß die Rezeption des Konstruktionsansatzes in der deutschen Geschlechterforschung in der Anfangsphase ganz wesentlich geprägt worden ist durch Judith Butlers „Gender Troubles", deren Übersetzung 1991 erschien und umgehend eine kontroverse Debatte auslöste. Was von den einen euphorisch begrüßt wurde – die dekonstruktivistische Wendung des Konstruktionsgedankens -, stieß bei manchen anderen auf eine nicht weniger pauschale Ablehnung. Erinnert sei hier nur an Carol Hagemann-Whites apodiktisches Urteil, bei den „Gender Troubles" handele es sich durchweg um ein „höchst oberflächliche(s) und ärgerliche(s) Buch" (1993, 69).

Daß dieses Urteil gerade von Carol Hagemann-White und damit von derjenigen kam, die den Ansatz der „social construction of gender" in seiner ethnomethodologischen Form lange vor allen anderen rezipiert und zu dem ihren gemacht hatte (1984; 1988), zeigt nicht nur die Vehemenz der Ablehnung, auf die die diskurstheoretische Fassung des Geschlechterkonstruktivismus bei manchen stieß. Es macht – indirekt – auch auf eine merk-würdige Verschiebung des Diskussionsschwerpunkts aufmerksam, die den Widerstand gegen durchweg alle konstruktivistischen Ansätze bei anderen am Leben erhielt. „Konstruktivistisch" wurde bei einigen zumindest anfangs – anders als bei Hagemann-White – unter der Hand mit „diskurstheoretisch" gleichgesetzt, und von da war es nicht mehr weit zum Vorwurf des „Kulturnominalismus" und der Vermutung, derartige Theoriekonzepte seien unlängst noch „unter das Verdikt ‚idealistisch' gefallen und deshalb kaum zur Kenntnis genommen worden" (Landweer und Rumpf 1993, 4).

Vergleichbar grundsätzliche Abgrenzungen sind inzwischen zwar kaum noch zu finden. Auch in deutschsprachigen Veröffentlichungen ist gegenwärtig nachgerade inflationär überall dort von Geschlechterkonstruktionen die Rede, wo vorher vermutlich Geschlechterverhältnisse, Geschlechterdifferenz oder schlicht die Kategorie Geschlecht gestanden hätte. Doch das verdeckt erstens nur oberflächlich, daß es sich bei diesem Terminus stellenweise um nichts anderes als eine rhetorische Leerformel handelt. Und es verdeckt zweitens, daß sich auch dort, wo die Auseinandersetzung mit der Geschlechterkonstruktion als einem theoretischen Ansatz explizit und eingehend betrieben wird, zwei einander seltsam reziproke Zielrichtungen der Argumentation finden, die genau das sorgsam umschiffen, was im Mittelpunkt von Judith Lorbers *Gender-Paradoxien* steht: Die strikt empirisch gemeinte Frage danach, wie und wo *gender* in Gesellschaften wie der unseren sozial hergestellt, produziert und reproduziert wird.

Die eine Variante des Umschiffens besteht darin, der Rekonstruktion der Produktion und Reproduktion von *gender* im sozialen Handeln etwas an die Seite oder entgegenzustellen, das sich der Konstruiertheit letztlich doch entzieht, sich ihr widersetzt oder ihr vorausliegt (Landweer 1994; Maihofer 1994a; 1994b; 1995). Die zweite und insgesamt deutlich komplexere Variante findet sich in theoretischen und empirischen Analysen, die in die Diagnose münden, die interaktive Herstellung der Geschlechtszugehörigkeit sei heutzutage im Schwinden begriffen, an die Stelle des „doing gender" sei jedenfalls in bestimmten Kontexten ein „undoing gender" getreten (Hirschauer 1994). Und zwar in einem solchen Maße, daß sich für einige Bereiche von einer Neutralisierung und ganz generell von einer De-Institutionalisierung der Geschlechterdifferenz sprechen ließe (Heintz u.a. 1997; Heintz und Nadai 1998; vgl. auch: Heintz 1993).

Während die Vertreterinnen der ersten Variante immer noch damit beschäftigt sind, etwas zu suchen, was nicht als Ergebnis der sozialen Konstruktion von Geschlecht begriffen werden kann, haben die VertreterInnen der zweiten Variante die Frage, wie die Herstellung von Geschlecht im sozialen Handeln denn nun im einzelnen ‚funktioniert', bereits ein Stück weit hinter sich gelassen. Während die einen – trotz vieler Zugeständnisse – weiterhin zumindest teilweise „vorkonstruktivistisch" argumentieren, lautet der Befund der anderen, daß die Konstruktion und Rekonstruktion von Geschlecht im sozialen Handeln bereits angefangen habe, der Vergangenheit anzugehören.

Die Einsprüche gegen den Geschlechterkonstruktivismus, die der ersten Variante zugerechnet werden können, erfolgen in der Regel (wenngleich nicht nur) im Namen des Körpers, der sich in die Prozesse seiner sozialen Herstellung nicht ‚auflösen' lasse. Ansonsten sind sie im einzelnen höchst verschieden. Am einen Ende des Spektrums, dort, wo die Grenze weit hinausgeschoben ist, ‚hinter' der jede Konstruktion aufhört und schließlich doch noch eine vorsoziale Vorgabe zum Vorschein kommt, finden wir Hilge Landweers mutige These, „daß in *jeder* Kultur in Zusammenhang mit Mortalität und Natalität die Generativität zu Kategorisierungen von ‚Geschlecht' führt", für die es „immer zwei Kern-Kategorien gibt, die Individuen nach ihrem als möglich unterstellten Anteil an der Entstehung neuer Menschen klassifizieren" (Landweer 1994, 151f).

Am anderen Ende des Spektrums finden wir Andrea Maihofers Konzept von „Geschlecht als Existenzweise", das es – auch sie ist sehr mutig – ermöglichen soll, eine „Balance zwischen Natur und Kultur, Körper und Geist, Materie und Bewußtsein" herzustellen oder theoretisch zu bewahren, und zwar indem es Geschlecht „*sowohl* als kulturelles, psychisches und Bewußtseinsphänomen (begreift) *als auch* als eine Weise ‚materiell', körperlich zu existieren" (Maihofer 1994a, 180f). Die Frage danach, wie Geschlechter „*gemacht werden*", soll entsprechend ergänzt (oder abgelöst?) werden durch die Frage danach, "wie Geschlechter als gewordene/werdende *sind*" (Maihofer 1994b, 236 – alle Hervorhebungen im Text).

Bei Maihofer ist die Grenze, ‚hinter' der (für sie) die soziale Konstruktion von Geschlecht theoretisch wie alltagsweltlich bedeutungslos wird, unmittelbar ins Hier und Heute gerückt, und zwar für jede/n von uns. Sie wird nicht müde, immer neu zu betonen, daß wir alle nicht nur zu „Frauen" und „Männern" geworden sind, sondern es „*sind*". Alle Individuen „*existieren*" immer als Angehörige des einen oder anderen Geschlechts, und zwar „in jeder Faser ihres Körpers, ihrer Seele, ihres Bewußtseins, ihres Denkens und Handelns". Dem Geschlecht als Existenzweise kommt eine „*Realität*" zu, die in „*gelebten* Denk-, Gefühls- und Körperpraxen" besteht (Maihofer 1994b, 259). Kurz: Wir werden nicht nur zu „Frauen" und „Männern" gemacht, „wir existieren als solche" (Maihofer 1994a, 185f).

Denkt man sich hinter jedem kursiv gedruckten „sind" und „existieren" und vor jeder – ebenfalls oft kursiv gedruckten – „gelebten" „Realität" das Wörtchen „wirklich" hinzu, wird eines der zentralen Mißverständnisse deutlich, das diesem Ansatz zugrundeliegt und das nicht nur bei Maihofer als untergründiges Unbehagen (oder vorschnelle Erleichterung) die deutschsprachige Rezeption des Konzepts der Geschlechterkonstruktion teilweise systematisch verzerrt hat. Als Ergebnis sozialer Konstruktionsprozesse scheint die Kategorie Geschlecht und scheint vor allem die Geschlechtszugehörigkeit von Personen eine als gravierend empfundene Einbuße an Ernsthaftigkeit, an Realitätshaltigkeit und vor allem an Verbindlichkeit zu erfahren. Die Geschlechtszugehörigkeit scheint irgendwie und unversehens der Beliebigkeit anheimzufallen; und der Gedanke, man könne sie vielleicht auch mal anders konstruieren oder gar völlig loswerden, rückt deshalb für die einen erfreulich, für die anderen so bedrohlich nahe, daß sie sich ihrer Existenz und Realität immer neu versichern müssen.

Daß beide sich täuschen und daß Andrea Maihofer mit ihrem Konzept von „Geschlecht als Existenzweise" deshalb immer wieder sehr energisch eine Tür aufstößt, die sehr weit offensteht (falls da überhaupt je eine Tür war), zeigt Judith Lorber in ihren *Gender-Paradoxien* ebenso unmißverständlich wie vor ihr bereits Garfinkel (1967), Kessler und McKenna (1978) oder West und Zimmerman (1987). Geschlecht als soziale Konstruktion zu begreifen, heißt insbesondere in den sozialkonstruktivistischen Ansätzen der interaktionstheoretischen und ethnomethodologischen Tradition gerade nicht, daß die Geschlechtszugehörigkeit für die einzelnen in irgendeiner Weise an Verbindlichkeit einbüßt. Eher ließe sich das Gegenteil sagen: Gerade weil die Natur, die Biologie oder der Körper die Aufrechterhaltung der bipolaren Geschlechterordnung nicht immer schon vorab verbürgen und sicherstellen, kommen die sozialen Anstrengungen, die darauf verwendet werden (müssen), sie am Leben zu erhalten, um so schärfer in den Blick.

Bereits bei Garfinkel ist in der These von der Omnipräsenz des „doing gender" festgehalten, daß es keinen Ort außerhalb des zweigeschlechtlichen Koordinatensystems gibt, weshalb eines der zentralen Probleme für „Agnes" und andere Transsexuelle gerade darin besteht, daß sie nur entweder als Frau *oder* als Mann sozial ‚existieren' können. Bei West und Zimmerman nimmt das Konzept der „accountability" breiten Raum ein, das die Verantwortlichkeit und Verpflichtung jeder/jedes einzelnen in den Mittelpunkt rückt, sowohl die eigene Geschlechtszugehörigkeit im interaktiven Alltagshandeln unmißverständlich zum Ausdruck zu bringen wie die der jeweiligen Anderen richtig nicht nur zu erkennen, sondern anzuerkennen. Für sie lautet die in politischer Hinsicht zentrale Frage deshalb: „can we avoid doing gender"?

Von Beliebigkeit also keine Spur. Auch in den *Gender-Paradoxien* nicht, die zwar im letzten Kapitel in der Tat eine Gesellschaft ‚ohne gender' anvisieren, zuvor jedoch und was die Analyse des Hier und Heute anbelangt, an die Rekonstruktion des interaktiven „doing gender" anschließen und sie in doppelter Hinsicht erweitern: nach ‚Innen' und nach ‚Außen'. Bleiben wir zunächst bei der Erweiterung ‚nach Innen'.

Begreift man *gender* mit Judith Lorber als eine der grundlegenden sozialen Institutionen unserer Gesellschaft, so bedeutet dies, daß die soziale Konstruktion des Geschlechts auch „in uns" ihre Spuren hinterläßt. Auch das Selbstverständnis, die Selbst- und Körperwahrnehmung, auch Gefühle, Wünsche und Begehren sind und werden immer neu „gendered". Nimmt man hinzu, daß die soziale Konstruktion von Geschlecht auch auf dieser Ebene gerade dann als ‚gelungen' bezeichnet werden kann, wenn die Konstruktion als Konstruktion unsichtbar geworden ist, wenn natürlich scheint, was Ergebnis von Vergesellschaftung ist, so gelangt man zu einem Selbstverständnis und Selbstgefühl, das nicht nur oberflächlich dem nahekommt, was in Maihofers Konzept von „Geschlecht als Existenzweise" thematisiert wird.

Ist die Konstruktion ‚geglückt', dann „sind" und „existieren" wir in der Tat „als Frauen" oder „als Männer". Vielleicht nicht „mit jeder Faser" und ganz sicherlich nicht „alle" und nicht „immer". Aber doch so viele in so nachhaltiger Weise, daß man es innerhalb des konstruktivistischen Paradigmas rekonstruieren könnte, wenn man denn wollte, statt bei der bloßen und wiederholten Behauptung stehenzubleiben, das „Geschlecht als Existenzweise" sei etwas grundsätzlich anderes als das Ergebnis jener sozialen Prozesse, die es hervorgebracht haben.

Die bereits kurz erwähnte zweite Variante, mittels derer in der deutschsprachigen Rezeption die für die *Gender-Paradoxien* zentrale Frage nach dem „Wie" der Geschlechterkonstruktion neuerdings umschifft wird, läßt sich in gewisser Hinsicht als das genaue Gegenteil von Maihofers Insistieren auf der „Existenz" des einen wie des anderen Geschlechts lesen. Statt die gelebte Wirklichkeit des „Frau*seins*" oder „Mann*seins*" in immer neuen Formulierungen zu beschwören, werden hier die konträren Prozesse des „undoing gender" im (beruflichen) Alltagshandeln in den Mittelpunkt gestellt; ist stellenweise sogar vom „Verschwinden der Geschlechterdifferenz" die Rede (Heintz 1993).

Wie bereits die Begrifflichkeit anzeigt, knüpfen die Vertreterinnen und Vertreter dieser Variante unter anderem (allerdings: nicht nur) an die ethnomethodologische Tradition an, weshalb hier das Bild des Umschiffens etwas irreführend sein mag. Die von Stefan Hirschauer (1994) angestoßene und von Bettina Heintz und Eva Nadai (1997; 1998) vollzogene Hinwendung der theoretischen Aufmerksamkeit zu Prozessen des „undoing gender" ist für einen konstruktivistischen Ansatz, der nicht nur die Reproduktion, sondern auch den sozialen Wandel der Geschlechterverhältnisse in den Blick nehmen möchte, von großer Bedeutung. Die empirischen Ergebnisse, die hierzu bislang vorliegen, führen bei den genannten Autorinnen jedoch zu Schlußfolgerungen, die – verglichen mit Lorbers Gegenwartsdiagnose und theoretischem Ansatz – eher dem Rechts-Überholen auf der Autobahn gleichen, auch darin, daß der Vorwärtsdrang streckenweise weit größer zu sein scheint, als es die geltenden Regeln zulassen.

Die Geschlechterdifferenz, so die zentrale These von Heintz und Nadai, habe inzwischen ihre „direkte institutionelle Basis" und damit auch ihren „über-individuellen Faktizitätscharakter" verloren (1998, 78). Während die Differenz früher strukturell vorgegeben und institutionell abgesichert war, müsse sie heute vermehrt und jeweils kontextspezifisch „von den Handelnden aktiv erzeugt und symbolisch bekräftigt (...) werden" (1998, 78, 83). De-Institutionalisierung und Kontextualisierung der Differenz sind einander folglich reziprok und beide neueren Datums. Wie die empirischen Ergebnisse zur Reproduktion der Geschlechterdifferenz in drei ausgewählten Berufen zeigen, sei der Prozeß der De-Institutionalisierung der Differenz heutzutage in bestimmten Kontexten so weit fortgeschritten, daß man statt von einer Reproduktion dort von einer Neutralisierung der Geschlechterdifferenz sprechen könne, was auch dem empirischen Befund Rechnung trage, daß mancherorts das „undoing gender" an die Stelle des „doing gender" getreten sei.

Anders als Krankenpfleger, die – wie Männer in anderen Frauenberufen – bestrebt seien, die Geschlechterdifferenz zu aktivieren und zu betonen, seien

Informatikerinnen in ihrem zahlenmäßig von Männern dominierten Berufs-alltag weit mehr darum bemüht, „als Frauen" *nicht* in Erscheinung zu treten, denn daß sie irgendwie „weiblich" agieren würden. Und Sachbearbeiterinnen und Sachbearbeiter würden übereinstimmend ihren Beruf und Berufsalltag, in dem Frauen und Männer einander zahlenmäßig die Waage halten, als ge-schlechtsneutral erleben und beschreiben; auch ihr berufliches Alltagshan-deln sei nicht mehr als „doing gender while doing work", sondern als „un-doing gender" zu charakterisieren.

Judith Lorber würde mutmaßlich zu den ersten gehören, die einen derarti-gen Befund hocherfreut begrüßen würden, wenn es denn so einfach ginge oder: Wenn das „undoing gender" nicht im einen wie im anderen Fall an einen je spezifischen Kontext gebunden wäre, der die Neutralisierung der Geschlechterdifferenz erkennbar konterkariert. Das „undoing gender" der Informatikerinnen ist nicht unabhängig von der Tatsache zu verstehen, daß sie sich in einem „Männerberuf" zu behaupten suchen. Die Geschlechtsneu-tralität, von der die Sachbearbeiterinnen wie ihre Kollegen berichten, ist nicht von dem Sachverhalt zu trennen, daß die Position eines Sachbearbeiters für Frauen normalerweise den Endpunkt, für Männer hingegen allenfalls eine Durchgangsstation auf dem weiteren beruflichen Aufstieg darstellt. Und auch die aus dem Vergleich von Krankenpflegern und Informatikerinnen gewon-nene Einschätzung, daß „weder die Aktualisierung noch die Neutralisierung der Differenz (...) geschlechtsneutrale Prozesse (sind)" (Heintz und Nadai 1998, 89), ist nicht von einer strukturellen Vorgabe zu trennen, die dem kontext- und situationsspezifischen „doing/undoing gender" vorausliegt: von der Hierarchie im Geschlechterverhältnis.

Derartige Widersprüche zwischen verschiedenen Ebenen der Geschlechter-konstruktion bleiben bei Heintz und Nadai am Schluß seltsamerweise eher unverbunden nebeneinander stehen. Und auch die geschlechtshierarchische Struktur der beruflichen Arbeitsteilung, die Informatikerinnen wie Sachbear-beiterInnen vorfinden und ohne die der Sinn ihres „undoing gender" gerade nicht rekonstruiert werden kann, bleibt merkwürdig unterbelichtet. Beides ist kennzeichnend für eine Lesart des Geschlechterkonstruktivismus, die den Zusammenhang von Differenz und Hierarchie der Geschlechter streckenwei-se völlig aus den Augen verliert, und die den Prozeß der Herstellung von *gender* so gut wie ausschließlich auf der interaktiven Ebene ansiedelt, wäh-rend andere Ebenen entweder ganz aus dem Blickfeld verschwinden oder – wie bei Heintz und Nadai – zwar durchaus und zentral einbezogen werden, aber nicht als Ebenen der Konstruktion von *gender* (vgl. u.a. 1998, 83, 88f).

Auch für die Auseinandersetzung mit den ‚blinden Flecken' dieser Vorge-hensweise sind die *Gender-Paradoxien* hilfreich, und zwar deshalb, weil sie die Re-Konstruktion der interaktiven Herstellung von Geschlecht nicht nur ‚nach innen', sondern auch ‚nach außen' erweitern oder: weil sie sich ein

Stück weit auf das einlassen, was Gudrun-Axeli Knapp einmal als „Mühsal der Ebenen" bezeichnet hat (Knapp 1992, 292ff).

Die Mikro-Ebene des interaktiven Alltagshandelns ist für Judith Lorber – das zeigt bereits ein flüchtiger Blick auf das Inhaltsverzeichnis ihres Buches – nur eine von verschiedenen sozialen Ebenen, auf denen sich die Produktion und Re-Produktion von *gender* vollzieht. Die soziale Konstruktion von zwei und nur zwei Geschlechtern, die sie aus historischen und empirischen Gründen als Voraussetzung für die Herstellung und Reproduktion der Hierarchie im Geschlechterverhältnis begreift, hat ihren Niederschlag auch auf der Ebene der strukturellen Trennung von Produktion und Reproduktion oder auf der Ebene dauerhaft institutionalisierter Formen der beruflichen Arbeitsteilung gefunden.

In einer derart mehrdimensionalen Perspektive werden die Umrisse eines sozialkonstruktivistischen Ansatzes erkennbar, der das zusammendenkt, was bei Heintz und Nadai in der etwas holzschnittartigen Kontrastierung von „früher" und „heute" auseinandergenommen ist, und der es deshalb auch erlauben könnte, Widersprüche zwischen verschiedenen Ebenen der Geschlechterkonstruktion aufeinander zu beziehen, statt sie letztlich recht unvermittelt nebeneinander stehen zu lassen.

Die „institutionelle Basis" und strukturelle Absicherung, die die Geschlechterdifferenz vorgeblich nur früher hatte, findet sich ja noch heute in den Strukturen beruflicher Arbeitsteilung, die Krankenpfleger, Informatikerinnen und SachbearbeiterInnen als Kontext ihres beruflichen Alltagshandelns vorfinden, auf die sie sich mit ihrem „doing" oder „undoing gender" beziehen und zu deren Reproduktion oder Modifikation sie nicht unwesentlich (wenngleich möglicherweise unwillentlich) beitragen. Zumindest auf der Meso-Ebene der beruflichen Arbeitsteilung läßt sich von der Reproduktion einer hierarchisch strukturierten Differenz deshalb nach wie vor weit eher sprechen als davon, daß sich hier eine beginnende De-Institutionalisierung der Differenz oder gar ein Verschwinden der „institutionellen Basis" geschlechtshierarchischer Strukturen konstatieren ließe.

Das heißt nicht, daß „heute" nichts anderes passieren würde als „früher" auch schon. Es heißt aber, daß der Unterschied zwischen „früher" und „heute" anderswo zu lokalisieren wäre: Nicht in einer Verschiebung des Reproduktionsmodus der Differenz von deren institutioneller Verankerung hin zu deren vermehrter Erzeugung durch ein gezieltes soziales Handeln, sondern darin, daß die Widersprüche zwischen verschiedenen Ebenen und Bereichen der Geschlechterkonstruktion erheblich zugenommen haben, möglicherweise in bestimmten Bereichen sogar eher die Regel als die Ausnahme darstellen (doch das wäre eine nur empirisch zu beantwortende Frage).

Wenn dem so wäre, ließe sich nicht nur die These von der zunehmenden Kontextualisierung des „doing gender" neu und anders begründen. Dann wäre ein theoretischer Zugang wichtiger denn je, der es ermöglicht, die widersprüchliche Gleichzeitigkeit von Prozessen der Herstellung von *gender* auf der einen, der Realität von immer schon vergeschlechtlichten Strukturen des Sozialen auf der anderen Seite je kontextspezifisch zu rekonstruieren (statt das eine dem „heute" und das andere dem „früher" zuzuordnen). Und dann wäre zudem ein theoretischer Zugang wichtiger denn je, der es erlaubt, die Beziehungen zwischen verschiedenen Ebenen der Geschlechterkonstruktion in diese Re-Konstruktion ebenso zentral einzubeziehen wie die Beziehung zwischen Differenz und Hierarchie der Geschlechter.

Judith Lorber hat in den *Gender-Paradoxien* einen derartigen Ansatz zwar noch nicht im einzelnen ausformuliert und theoretisch entfaltet. Das zu behaupten wäre sicher überzogen. Sie hat aber einige wichtige Voraussetzungen für die weitere Ausarbeitung eines solchen Ansatzes geschaffen. Zu ihnen gehört, daß sie die mikrosoziologischen Beschränkungen eines Sozialkonstruktivismus ethnomethodologischer und interaktionstheoretischer Provenienz in ziemlich unorthodoxer Weise hinter sich läßt. Zu ihnen gehört, daß sie den Zusammenhang von Differenz und Hierarchie der Geschlechter nicht nur systematisch, sondern empirisch, also: kontextbezogen und historisch aufgeschlüsselt hat. Und zu ihnen gehört, daß sie einen theoretischen Ausgangspunkt der Analyse vorgeschlagen hat, der neue Perspektiven öffnet, ohne alte zu verstellen: *gender* als soziale Institution.

Gender als soziale Institution: Ein neues Paradigma?

In den kritischen Auseinandersetzungen mit den verschiedenen Lesarten des Geschlechterkonstruktivismus, die vor allem von Gudrun-Axeli Knapp (1997) und Karin Gottschall (1997; 1998) in den letzten Jahren vorgetragen wurden, ist immer auch die Frage thematisiert worden, mit welcher Berechtigung sich hier von einem Paradigmenwechsel für die Geschlechterforschung sprechen läßt. Beide Autorinnen haben wiederholt und zu Recht darauf hingewiesen, daß die Rede von einem neuen Paradima auch hier wieder einmal entschieden verfrüht und bei weitem zu optimistisch war. Den neuen Erkenntnispotentialen stehen nach ihrer Einschätzung auch bestimmte Grenzen gegenüber – Grenzen, die eng mit jener „Mühsal der Ebenen" zusammenhängen, von der zuvor bereits die Rede war.

Das Erbe der ethnomethodologischen und interaktionstheoretischen Tradition, in der der Ansatz der sozialen Konstruktion von Geschlecht in im engeren Sinne soziologischen Theoriezusammenhängen steht, sei – so vor allem Gudrun-Axeli Knapp – dafür verantwortlich, daß subjekttheoretische Reflexionen ebenso abwesend seien wie gesellschaftstheoretische Perspektiven (Knapp 1997, 502). Von einem neuen Paradigma ließe sich zudem auch deshalb nicht sprechen, weil es gegenwärtig eher so aussieht, „als würde sich das analytische Potential geradezu erweitern in dem Maße, in dem der Boden der ethnomethodologischen Orthodoxie verlassen wird und konstruktivistische Zugangsweisen mit anderen in Korrespondenz treten" (ebda., 499).

Auch Karin Gottschall sieht einen engen Zusammenhang zwischen den Grenzen des Geschlechterkonstruktivismus und seiner mikrosoziologischen Geschichte wie Gegenwart. In ihrer kritischen Auseinandersetzung mit dem von Candace West und Sarah Fenstermaker (1995) vorgestellten Konzept des „doing difference", das die soziale Konstruktion von „race, class, and gender" gleichermaßen einbezieht, moniert sie vor allem die mangelnde „Vermittlung von Mikro- und Makroperspektive, von ‚construction' und ‚outcome' sozialer Ungleichheit", denn: „gesellschaftliche Strukturen (werden bei West und Fenstermaker) letztlich doch von sozialen Handlungen entkoppelt, der Handlungsbegriff auf Sinnverstehen reduziert und Konstitutionsprobleme selbst im Bereich der face-to-face Interaktion (...) in der Tendenz dekontextualisiert und enthistorisiert" (Gottschall 1997, 486).

Die Kritik ist berechtigt, solange man sie als Kritik an einer ausschließlich mikrosoziologischen Fassung des konstruktivistischen Ansatzes liest. Aus der Perspektive der Theorien sozialer Ungleichheit müßte ein Ansatz, der dem Anspruch gerecht wird, ein neues Paradigma bereitzustellen, in der Tat (und zumindest für die Analyse der Geschlechterungleichheit) nicht nur gesellschaftliche Strukturen und soziales Handeln systematisch aufeinander beziehen, sondern dies im konkreten Einzelfall so tun, daß Kontextualisierung und Historisierung zu ihrem Recht kommen. Und aus der Perspektive einer theoretischen Orientierung, die der kritischen Theorie verpflichtet ist, müßte ein neues Paradigma den Weg für subjekttheoretische Reflexionen ebenso eröffnen wie für gesellschaftstheoretische Perspektiven oder das, was bei Gottschall als „gesellschaftsdiagnostischer Gehalt" angemahnt wird (Gottschall a.a.O.).

Die Frage, die in beiden Wendungen der Kritik nicht angesprochen wird, ist allerdings die, ob der Ansatz der sozialen Konstruktion von Geschlecht diese mikrosoziologischen Beschränkungen notwendigerweise und sozusagen per se impliziert oder ob ein konstruktivstischer Ansatz nicht auch anders konzeptualisiert werden könnte. Beispielsweise so, daß Mikro-, Meso- und Makro-Ebene in Beziehung zueinander gesetzt werden. Beispielsweise so, daß neben der Ebene der face-to-face Interaktion auch kollektive Akteure und Prozesse der Geschlechterkonstruktion im Medium der Arbeitsteilung und der Berufskonstruktion einbezogen werden. Beispielsweise so, daß Handlung und Strukturbildung im Sinne einer an Giddens (1992) orientierten Theorie der Strukturierung zusammengedacht und Prozesse der sozialen Konstruktion von *gender* hier ebenso einbezogen werden wie der Sachverhalt, daß *gender* als Strukturmoment in jeder historisch spezifischen Situation immer schon vorgefunden wird. Hätten wir dann ein neues Paradigma?

Für die Auseinandersetzung mit dieser Frage ist eine Akzentverschiebung wichtig, die Judith Lorber gleich zu Beginn ihrer Einleitung der *Gender-*

Paradoxien vornimmt. Für sie liegt der Paradigmenwechsel, den sie für ihren Ansatz selbstbewußt beansprucht, bezeichnenderweise nicht darin, Geschlecht als soziale Konstruktion zu begreifen, sondern darin, *gender* als soziale Institution zu konzeptualisieren. Das löst zwar nicht auf einen Schlag die Theorieprobleme, von denen bislang die Rede war. Es führt jedoch zu einem Umbau in der Architektur des gesamten Theoriegebäudes, der den Blick auf Lösungsmöglichkeiten freigibt, die der konstruktivistische Ansatz bislang zu verstellen schien, weil er – und sei es primär aus theoriegeschichtlichen Gründen, die durch die Rezeption noch verstärkt wurden – immer wieder der mikrosoziologischen Schublade zugeordnet und deshalb verdächtigt wurde, die Analyse sozialer Strukturen zu vernachlässigen.

Judith Lorbers Entscheidung, *gender als Institution* zum Ausgangs- und Referenzpunkt der Analyse zu machen, ist erstens eine Option dafür, Mikro-, Meso- und Makro-Ebene gleichgewichtig und in ihrer Beziehung zueinander in die Theoriebildung und empirische Analyse einzubeziehen: „*Gender* regelt die Sozialbeziehungen im Alltag wie auch die umfassenden sozialen Strukturen wie soziale Klassen und die Hierarchien bürokratischer Organisationen. Die vergeschlechtlichte Mikrostruktur und die vergeschlechtlichte Makrostruktur reproduzieren und verstärken einander wechselseitig. Die soziale Reproduktion von *gender* in Individuen reproduziert auch die vergeschlechtlichte Gesellschaftsstruktur, konstruieren die Individuen doch, indem sie *gende*r-Normen und –Erwartungen in der direkten Interaktion in Handeln umsetzen, die vergeschlechtlichten Herrschafts- und Machtsysteme" (Einleitung, 47).

Eine vergleichbare Öffnung des Denkhorizonts bewirkt die Akzentverschiebung von der Konstruktion zur Institution auch in einer zweiten und nicht minder grundlegenden Frage. Die vom Ergebnis her stets fruchtlosen Versuche, die Prozesse der sozialen Konstruktion von *gender* systematisch von der Tatsache abzugrenzen, daß *gender* als Strukturmoment des Sozialen immer schon da ist, bevor die Konstrukteure des Geschlechts sich (neu) an die Arbeit machen, werden letztlich überflüssig. Als Institution ist *gender* immer beides: „process" und „outcome"; Handeln und Struktur; etwas, das man nur „hat", indem man es „tut", und etwas, das man immer neu „tut", weil es immer schon da „ist". So heißt es einleitend mit Bezug auf den Aufbau des Buches: „Vergeschlechtlichte Praktiken erzeugen die soziale Institution *gender*, die ihrerseits die Rahmenbedingungen für die soziale Praxis vorgibt; *gender*-Struktur und *gender*-Praxis einerseits, Mikropolitik des Alltags und Makropolitik staatlicher Herrschaft andereseits stützen und legitimieren einander wechselseitig" (Einleitung, 49).

Die *Gender-Paradoxien* sind in der Ausarbeitung des so verstandenen neuen Paradigmas konsequent empirisch. Judith Lorber nutzt den Spielraum, den sie sich und uns dadurch eröffnet, daß sie *gender als Institution* zum Bezugspunkt der Analyse macht, indem sie im einzelnen zeigt, wie sich das vielfäl-

tige Puzzle empirischer und historischer Forschungsergebnisse zur Bedeutung von *gender* für alle Ebenen und Bereiche des Sozialen neu zu-
sammensetzen läßt. Sie zeichnet nach und beschreibt anschaulich und kon-
kret, wie *gender* „die Erwartungsmuster für Individuen bestimmt, die sozialen Prozesse des Alltagslebens regelt, in die wichtigsten Formen der sozialen
Organisation einer Gesellschaft, also Wirtschaft, Ideologie, Familie und
Politik, eingebunden und außerdem eine Größe an sich und für sich ist"
(Einleitung, 41).

Auch diese konsequent empirische Vorgehensweise ist letztlich die Folge
des neuen theoretischen Ausgangspunktes, denn: „Wie jede soziale Institution weist *gender* sowohl universelle Merkmale als auch zeitlich wie kulturell
bedingte Varianten auf, die weitreichende Auswirkungen auf das Leben des
Einzelnen und auf die soziale Interaktion haben. Und genau wie bei anderen
Institutionen kann auch bei *gender* seine Geschichte zurückverfolgt, seine
Struktur untersucht und seine jeweilige Wirkung erforscht werden" (Einleitung, 41). Und zwar in einer Weise erforscht werden, die deutlich macht, daß
„die wohlbekannten Daten zu Frauen und Männern in Wirtschaft, Bildung,
Medien, Recht, Medizin und Politik (...) die konkreten Erscheinungsformen
einer all dem zugrunde liegenden sozialen Struktur (sind) – der sozialen
Institution *gender*" (Einleitung, 48).

Historisierung und Kontextualisierung werden in den *Gender-Paradoxien*
aber auch deshalb zu den Verfahrensweisen, die für die Analyse dieser konkreten Erscheinungsformen der sozialen Institution *gender* zentral sind, weil
das neue Paradigma für Judith Lorber auf das Engste mit dem Grundgedan-
ken der sozialen Konstruktion von Geschlecht verquickt ist. *gender* als soziale Institution zu begreifen, ist für sie nahezu gleichbedeutend damit, es als
„menschliche Erfindung wie Sprache, Verwandtschaftsbeziehungen, Religion und Technologie" zu betrachten und „seinen Ursprung nicht in der Biologie oder der Fortplanzung, sondern in der Entwicklung der menschlichen
Kultur" zu lokalisieren (Einleitung, 47, 41).

Daß *gender* eine soziale Konstruktion ist, heißt hier also zunächst nicht
mehr und nichts anderes als: daß *gender* nicht natürlich ist, daß wir die Ursachen für die in den meisten bekannten Gesellschaften dominierende Zweigeschlechtlichkeit und für die damit eng verknüpften Hierarchien im Geschlechterverhältnis nicht in der Biologie, nicht in den Körpern und schon
gar nicht in Sexualität und Fortplanzung zu suchen haben, sondern in der
Gesellschaft und ihrer Geschichte. *Gender* als soziale Konstruktion zu begreifen ist, so gesehen, nichts anderes als die Aufforderung, auch die Kategorie Geschlecht endlich so zu denken, wie es für alle anderen Strukturmo-
mente sozialer Ungleichheit längst selbstverständlich ist: historisch und
soziologisch.

Wie jede Leserin und jeder Leser in den *Gender-Paradoxien* im einzelnen
nachlesen kann, eröffnet das eine Fülle neuer Einsichten, eine Erweiterung

theoretischer Denkmöglichkeiten und zudem eine Perspektive für eine feministische Politik, die Judith Lorber ganz ohne die hierzulande geläufigen Wenns und Abers als dekonstruktivistisch bezeichnet, weil sie eine Konsequenz ins Auge faßt, die ohne die Einsicht in die soziale Konstruktion von Geschlecht kaum antizipierbar wäre: Die Perspektive einer Gesellschaft, in der *gender* aufgehört hätte, eine soziale Institution zu sein.

Editorische Anmerkungen: Race, Class and Gender

Übersetzungen sehen sich mit Herausforderungen mannigfaltiger Art konfrontiert. Zum einen haben wir es mit den Verschiedenheiten der Sprachen auf der semantischen und syntaktischen Ebene zu tun, was sich drastisch daran zeigt, daß nicht in jeder Sprache die Verbindung von Signifikant und Signifikat gleich organisiert ist. Während im Deutschen mit dem Terminus „Geschlecht" nur eine einzige Bezeichnung für sowohl das soziale als auch biologische Geschlecht existiert, weist die englische Sprache die Differenzierung von „gender" und „sex" auf.

Lange Zeit sah es so aus, als könne die deutschsprachige Geschlechterforschung auf eine terminologische Differenzierung der Kategorie Geschlecht verzichten, da sie sich primär mit den sozialen Auswirkungen und Strukturierungen der Geschlechtszugehörigkeit zu befassen habe. Spätestens mit der theoretischen Aufkündigung der *Gender-Sex*-Parallelisierung ist jedoch eine weitergehende sprachlich-terminologische Differenzierung gefordert.

Im Fall der *Gender-Paradoxien* kommt ein weiteres Problem hinzu. Da Judith Lorber davon ausgeht, daß auch die Zweigeschlechtlichkeit des Menschen nicht an sich biologisch gegeben ist, sondern sozial hergestellt werden muß, hat dies auch Auswirkungen auf die Attribuierung von „männlich" und „weiblich". Wenn Männer nicht automatisch männlich und Frauen nicht per se weiblich sind, dann wird es auch fragwürdig, von „weiblichen Beschäftigten" statt von erwerbstätigen Frauen zu sprechen. Und während es im Englischen noch relativ einfach ist, Substantive wie *menworkers* und *womenworkers* zu bilden, ist es im Deutschen nicht immer ganz so leicht, entsprechende Bezeichnungen zu finden.

In Absprache mit der Übersetzerin, Hella Beister, sind wir deshalb zu der Überzeugung gelangt, daß es angesichts dieser Schwierigkeiten am sinnvollsten ist, so weit irgend möglich an der englischen Unterscheidung von *gender* und *sex* festzuhalten und auch anderen, jede zweigeschlechtlich strukturierte Ordnung sprengenden sprachlichen Differenzierungen der Autorin dadurch zu folgen, daß sie weitgehend unübersetzt übernommen werden. Anders ließen sich theoretisch zentrale Unterscheidungen wie etwa die zwischen „hetero*sexed*" und „hetero*gendered*" kaum angemessen ins Deutsche übertragen.

Bei Übersetzungen von wissenschaftlichen Werken kommt als eine weitere Herausforderung die Verschiedenheit der nationalen Entwicklungen der Disziplin hinzu. So universal manche Theorien sein mögen, so uneinheitlich und damit nur bedingt universalisierbar ist bereits die Entstehungsgeschichte der Sozialwissenschaften zu sehen. Anschaulich beschreibt dies Reinhard Bendix (1985) in seiner Studie „Von Berlin nach Berkeley", in der er vor allem auf die unterschiedliche theoretische Herkunft der Gründerväter der Soziologie in Deutschland und den USA und deren Bedeutung für die neu entstehende Disziplin hinweist.

Manche theoretischen Schulen und deren kategoriales und/oder methodologisches Rüstzeug mögen zwar zeitgleich international präsent sein, andere jedoch nicht. Hierfür können sowohl interne als auch externe Faktoren verantwortlich sein. Hans Joas (1987) macht dies an der Editions- und Rezeptionsgeschichte der Werke von George H. Mead deutlich, an ihrer Einordnung in die Geschichte der Soziologie der USA und der Chicagoer Schule, aber auch an den Einordnungen und Anschlüssen des Symbolischen Interaktionismus in unterschiedliche theoretische Traditionen, seien sie eher mikro- oder makrosoziologisch orientiert.

Die jeweilige nationale Organisation des Wissenschafts- und Lehrbetriebs, auch die politische Kultur des Wissenschafsbetriebs stellt zudem selbst eine Barriere gegenüber der Rezeption wissenschaftlicher Erkenntnisse verschiedener Traditionen und Schulen dar. Und noch immer ist es so, daß jede Rezeption fremdsprachlicher Theorien und Erkenntnisse durch vielfältige Filter erfolgt, seien es die des dominierenden Mainstream, die der Karriereinteressen der Vertreter einzelner Schulen oder die mangelnde Vertrautheit mit Gegenstand und Kontext.

Eine der größten Herausforderungen bei der Übersetzung wissenschaftlicher Texte liegt dabei in ihrer hermeneutischen Mehrdeutigkeit. Bereits im nationalen Rahmen gibt es innerhalb und zwischen verschiedenen Schulen einen Klärungs- und Interpretationsbedarf über die Bedeutung und die Reichweite bestimmter Termini. Dies wird in der deutschsprachigen Geschlechterforschung besonders deutlich am Konzept des Geschlechterverhältnisses (vgl. Becker-Schmidt 1998). In diesen Kontext lassen sich u.a. die Begriffe Klasse, Stand und Schicht einordnen, die auch in den *Gender-Paradoxien* eine zentrale Rolle spielen. Die Bibliographie verweist auf Max Weber als Definitionsgeber. Da Max Weber in den USA vor allem durch Talcott Parsons bekannt gemacht worden ist, handelt es sich hier um einen Filter theoretischer Art. Auch dies gilt es also bei der Lektüre im Auge zu behalten.

Da es sich bei den *Gender-Paradoxien* um einen sozialwissenschaftlichen Text handelt, ist schließlich zu berücksichtigen, daß wir in interkultureller und internationaler Perspektive große Unterschiede zwischen Gesellschaften wahrnehmen müssen, nicht nur in den Wirtschafts- und Sozialsystemen, sondern auch im Bereich kultureller Normierungen und symbolischer Ordnungen. Dies wiederum hat Konsequenzen für die Entwicklung der Wissenschaften, wenn wir uns vergegenwärtigen, welche Themen zu welchem Zeitpunkt als forschungsrelevant betrachtet werden. Was auch immer die Ursachen dafür sein mögen, offensichtlich ist es den Kolleginnen in den USA in höherem Maße als in Deutschland gelungen, den Komplex der Geschlechterverhältnisse zu einem relevanten Gegenstand sozial- und naturwissenschaftlicher Forschung zu machen.

Wir stoßen im englischen Sprachraum bei der Analyse sozialer Strukturierungsprozesse auf eine – uns häufig befremdende – kategoriale Trias von „class, gender, and race", wobei zwischen Autoren und Autorinnen verschiedener theoretischer Schulen lediglich die Reihenfolge der drei Begriffe unterschiedlich gewichtet wird, nicht jedoch die Begrifflichkeiten selbst. „Class, gender, and race" haben zentralen theoretischen Status bei der Untersuchung der Sozialstrukturen moderner Gesellschaften und der sozialen Ungleichheiten zwischen Menschen. „Not just race, not just gender" lautet beispielsweise der Titel eines Buches von Valerie Smith, das 1998 bei Routledge erschien und den Untertitel „Black Feminist Readings" trägt. Es geht der Autorin darum, die „myriad ways race and gender shape lives and social practices" zu entschlüsseln. Das macht deutlich, wie der Terminus „race" hier verwendet wird: Weder als biologisch-anthropologischer Begriff, noch essentialistisch, sondern als zu entlarvendes Konstrukt mit weitreichender Relevanz für soziale Normierung und Strukturierung, das ebenso wie *Gender* vermeintliche Unterschiede zwischen Menschen zum Kriterium für Vorrechte und Diskriminierung macht.

In den USA war es vor allem die Gruppe afro-amerikanischer Feministinnen, die die vermeintliche Homogenität der sozialen Gruppe Frauen infrage stellte und auf die Differenzen zwischen Frauen je nach Klasse und „Rasse" hinwies. Eine Reihe von feministischen Sozialhistorikerinnen besteht gegenüber der Kritik an ihrer Begrifflichkeit darauf, deutlich zu machen, „in welcher Weise Geschlecht ebenso wie Klasse und Rasse sich zu einem integrierten System von Herrschaft und Dominanz herausgebildet haben" (Schissler 1993, 16). Hanna Schissler weist in diesem Zusammenhang zu Recht darauf hin, daß aus deutscher Perspektive die Verwendung des Begriffs „Rasse" zu Irritationen führen kann, die jedoch nicht durch eine Tabuisierung oder korrigierende Übersetzung des Begriffs zu beseitigen sind (ebda., 17).

Um abschließend zu erläutern, wie in den USA der Rückgriff auf den Begriff „race" erfolgt, ist eine Anleihe bei Léon Poliakov (u.a.) hilfreich: „Kurz, es handelt sich nicht mehr darum, den Rassismus ausgehend von der Rasse zu studieren, als bezeichnete dieser Ausdruck wirklich das, was er zu bezeichnen vorgibt, sondern im Gegenteil, die Rasse ausgehend vom Rassismus, der diese in all ihren Aspekten erschaffen hat" (Poliakov u.a. 1979, 30). Poliakov stellt vor allem klar, daß jede rassistische Auffasssung darin besteht, Formen sozialer Gruppierungen anhand beliebiger Kriterien – religiöser, sprachlicher, kultureller, politischer, geschichtlicher Art – mit der Bezeichnung Rasse zu belegen und sie dadurch dem Bereich des biologisch Homogenen zuzuordnen. Nach wie vor ist das herausgehobenste Beispiel für einen solchen Umgang mit dem Konstrukt Rasse das staatlich organisierte Entrechtungs-, Verfolgungs- und Mordprogramm im Nationalsozialismus: Der Rassismus des Antisemitismus konstruiert aus der Religionszugehörigkeit von Menschen oder ihrer Vorfahren eine vermeintliche „Rasse".

Race/Rasse ist also ein mehrfach aufgeladener Terminus, dessen soziale Konstruiertheit kenntlich gemacht werden muß. Und wenn *race* in diesem Buch als Rasse ohne Anführungszeichen übersetzt worden ist, so ist dies in der Erwartung geschehen, daß die Leserinnen und Leser stets das Phänomen der sozialen Konstruktion dieses Begriffs im Kopfe haben und mitdenken.

Last but not least: Dankeschön!

Am Erscheinen der deutschen Ausgabe der „Paradoxes of Gender" waren viele beteiligt, ohne die dieses Buch nicht zustandegekommen wäre. Judith Lorber selbst hat sich bei *Yale University Press* dafür eingesetzt, die Rechte für eine deutsche Ausgabe zur Verfügung zu stellen, und sie hat während ihrer Zeit als „Marie-Jahoda-Gastprofessorin" an der Universität Bochum in vielen Gesprächen mit der Übersetzerin und uns engagiert und präzise erklärt, worauf es ihr besonders ankommt. Die Herausgeberinnen der Reihe „Geschlecht und Gesellschaft", der Verlag Leske & Budrich und die „Marie-Jahoda-Gastprofessur für Internationale Frauenforschung" haben unser Vorhaben, dieses Buch in deutscher Sprache einem größeren Lesepublikum zugänglich zu machen, von Anfang an unterstützt und alle rechtlichen und finanziellen Hindernisse großzügig aus dem Weg geräumt.

Zweifellos die schwierigste Aufgabe hatte die Übersetzerin, Hella Beister, zu meistern. Sie hat sie souverän und gekonnt bewältigt und dafür ist ihr nicht nur unser Dank, sondern unsere Bewunderung sicher. Für die bibliografischen und computertechnischen Teile der Editionsarbeit haben die MitarbeiterInnen der „Marie-Jahoda-Professur für Internationale Frauenforschung" und Ilse Lenz mit ihrem Team am „Lehrstuhl für Frauen- und Sozialstrukturforschung" der Ruhr-Universität Bochum vielfältige Hilfestellungen bereitgehalten: Torsten Wöllmann und Yin Zu-Chen haben mit großer Sorgfalt und viel Engagement die Bibliografie bearbeitet und vereinzelte Unstimmigkeiten bei den Literaturverweisen stillschweigend bereinigt; Helen Schwenken und Andres Friedrichsmeier haben den Satz des Manuskripts besorgt und Claudia Schlosser hat sich für die ebenso mühe- wie verantwortungsvolle Aufgabe des Korrekturlesens zur Verfügung gestellt. Ihnen allen sei an dieser Stelle herzlich für ihre Mitarbeit gedankt.

28

Literatur

Becker-Schmidt, Regina (1998): Relationalität zwischen den Geschlechtern, Konnexionen im Geschlechterverhältnis. In: *Zeitschrift für Frauenforschung*, 16/3, 5-21.

Bendix, Reinhard (1985): *Von Berlin nach Berkeley.* Frankfurt a.M.

Butler, Judith (1991): *Das Unbehagen der Geschlechter.* Frankfurt a.M. (engl. 1990: Grender Trouble).

Garfinkel, Harold (1967): *Studies in Ethnomethodology.* Englewood Cliffs.

Giddens, Anthony (1992): *Die Konstitution der Gesellschaft. Grundzüge einer Theorie der Strukturierung. Mit einer Einführung von Hans Joas.* Frankfurt a.M.; New York.

Gildemeister, Regine; Wetterer, Angelika (1992): Wie Geschlechter gemacht werden. Die soziale Konstruktion der Zweigeschlechtlichkeit und ihre Reifizierung in der Frauenforschung. In: Knapp, Gudrun-Axeli; Wetterer, Angelika (Hg.): *TraditionenBrüche. Entwicklungen feministischer Theorie.* Freiburg, 201-254.

Goffman, Erving (1977/dt.1994): Das Arrangement der Geschlechter. In: Ders.: Interaktion und Geschlecht. Frankfurt a.M.; New York, 105-158.

Gottschall, Karin (1997): Zum Erkenntnispotential sozialkonstruktivistischer Perspektiven für die Analyse von sozialer Ungleichheit und Geschlecht. In: Hradil, Stefan (Hg): *Differenz und Integration. Zur Zukunft moderner Gesellschaften.* Frankfurt a.M.; New York, 479-496.

Gottschall, Karin (1998): Doing Gender While Doing Work? Erkenntnispotentiale konstruktivistischer Perspektiven für eine Analyse des Zusammenhangs von Arbeitsmarkt, Beruf und Geschlecht. In: Geissler, Birgit u.a. (Hg.): *FrauenArbeitsMarkt. Der Beitrag der Frauenforschung zur sozio-ökonomischen Theorieentwicklung.* Berlin, 63-94.

Hagemann-White, Carol (1984): *Sozialisation: Weiblich-männlich?* Opladen.

Hagemann-White, Carol (1988): Wir werden nicht zweigeschlechtlich geboren... In: Dies.; Maria S. Rerrich (Hg.): *FrauenMännerBilder. Männer und Männlichkeit in der feministischen Diskussion.* Bielefeld, 224-235.

Hagemann-White, Carol (1993): Die Konstrukteure des Geschlechts auf frischer Tat ertappen? Methodische Konsequenzen einer theoretischen Einsicht. In: *Feministische Studien*, 11/2, 68-78.

Heintz, Bettina (1993): Die Auflösung der Geschlechterdifferenz – Entwicklungstendenzen in der Theorie der Geschlechter. In: Bühler, Elisabeth (Hg.): *Ortssuche: Zur Geographie der Geschlechterdifferenz.* Zürich; Dortmund, 17-48.

Heintz, Bettina; Nadai, Eva (1998): Geschlecht und Kontext. De-Institutionalisierungsprozesse und geschlechtliche Differenzierung. In: *Zeitschrift für Soziologie*, 19/3, 573-588.

Heintz, Bettina u.a. (1997): *Ungleich unter Gleichen. Studien zur geschlechtsspezifischen Segregation des Arbeitsmarktes.* Frankfurt a.M.; New York.

Hirschauer, Stefan (1994): Die soziale Fortpflanzung der Zweigeschlechtlichkeit. In: *Kölner Zeitschrift für Soziologie und Sozialpsychologie*, 4/1994, 668-692.

Joas, Hans (1987): Einleitung des Herausgebers. In: George Herbert Mead. *Gesammelte Aufsätze. Bd. 1.* Frankfurt a.M.

Kessler, Suzanne J.; McKenna, Wendy (1978): *Gender. An Ethnomethodological Approach.* New York.

Knapp, Gudrun-Axeli (1992): Macht und Geschlecht. Neuere Entwicklungen feministischer Macht- und Herrschaftsdiskussion. In: Knapp, Gudrun-Axeli; Wetterer, Angelika (Hg.): *TraditionenBrüche. Entwicklungen feministischer Theorie.* Freiburg, 287-325.

Knapp, Gudrun-Axeli (1997): Differenz und Dekonstruktion: Anmerkungen zum „Paradigmenwechsel" in der Frauenforschung. In: Hradil, Stefan (Hg.): *Differenz und Integration. Zur Zukunft moderner Gesellschaften.* Frankfurt a.M.; New York, 497-513.

Landweer, Hilge (1994): Generativität und Geschlecht. Ein blinder Fleck in der sex/gender-Debatte. In: Wobbe, Theresa; Lindemann, Gesa (Hg.): *Denkachsen. Zur theoretischen und institutionellen Rede vom Geschlecht.* Frankfurt a.M., 147-176.

Landweer, Hilge; Rumpf, Mechthild (1993): Kritik der Kategorie ‚Geschlecht'. Streit um Begriffe, Streit um Orientierungen, Streit der Generationen? In: *Feministische Studien*, 11/2, 3-9.

Maihofer, Andrea (1994a): Geschlecht als Existenzweise. Einige kritische Anmerkungen zu aktuellen Versuchen zu einem neuen Verständnis von ‚Geschlecht'. In: *Geschlechterverhältnisse und Politik.* Hg. vom Institut für Sozialforschung Frankfurt. Frankfurt a.M., 168-187.

Maihofer, Andrea (1994b): Geschlecht als hegemonialer Diskurs. Ansätze zu einer kritischen Theorie des ‚Geschlechts'. In: Wobbe, Theresa; Lindemann, Gesa (Hg.): *Denkachsen. Zur theoretischen und institutionellen Rede vom Geschlecht.* Frankfurt a.M., 236-263.

Maihofer, Andrea (1995): *Geschlecht als Existenzweise. Macht, Moral, Recht und Geschlechterdifferenz.* Frankfurt a.M.

Poliakov, Léon u.a. (1979): *Über den Rassismus. Sechzehn Kapitel zur Anatomie, Geschichte und Deutung des Rassenwahns.* Stuttgart.

Schissler, Hannah (Hg.) (1993): Einleitung. Soziale Ungleichheit und historisches Wissen. Der Beitrag der Geschlechtergeschichte. In: *Geschlechterverhältnisse im historischen Wandel.* Frankfurt a.M.; New York, 9-36.

Smith, Valerie (1998): *Not Just Race, Not Just Gender. Black Feminist Readings.* London; New York.

West. Candace; Fenstermaker, Sarah (1995a): Doing Difference. In *Gende* ʃ *S* 8-37.

West, Candace; Zimmerman, Don (1987): Doing Gender. In: *Gender & Society*, 1/1987, 125-151.

Warum *gender*?

Vorwort zur deutschen Ausgabe
von Judith Lorber

Ich freue mich sehr, daß dank der Bemühungen von Hella Beister, Ulrike Teubner und Angelika Wetterer die *Gender-Paradoxien* jetzt auch auf Deutsch vorliegen. Damit sind zwei wichtige Ziele verwirklicht – meine Ideen einem breiteren Publikum zugänglich zu machen und deutschen WissenschaftlerInnen und StudentInnen die Nützlichkeit des Begriffs *gender* vor Augen zu führen.

In der Einleitung zu „Gender-Paradoxien" habe ich ausgeführt, warum ich nicht den Begriff „Patriarchat" als zentrales Konzept verwende: Er hat inzwischen so häufig zur Erklärung der Herrschaft von Männern über Frauen herhalten müssen, daß er sich abgenutzt hat und viel zu allgemein geworden ist. Mein zentrales Konzept ist stattdessen *gender*, die Aufteilung der Menschen in zwei Kategorien, die sozial unterschiedlich konstruiert werden. Im vorliegenden Buch wird *gender* als eine soziale Institution konzeptualisiert, die ebenso umfassend ist wie die vier zentralen Institutionen der traditionellen Soziologie – Familie, Ökonomie, Religion und symbolische Sprache. Wie diese Institutionen bestimmt auch *gender* die Ordnung des sozialen Lebens, prägt die Muster der sozialen Rollen und gibt den Individuen Identitäten und Werte vor. Und genauso wie die Institutionen Familie, Ökonomie, Religion und Sprache einander wechselseitig durchdringen und beeinflussen, so ist auch *gender* als soziale Institution überall präsent, in den Verwandtschaftsbeziehungen und im Familienleben, in Arbeitsrollen und Organisationen, in den Regeln der meisten Religionen und in den Symbolismen und Bedeutungen der Sprache und der sonstigen kulturellen Darstellungen des menschlichen Lebens. Kapitel für Kapitel gehe ich dem Ursprung der vergeschlechtlichten (*gendered*) sozialen Ordnungen in der Geschichte des Menschen und ihren vielfältigen historischen Erscheinungsformen nach. Ich lege dar, wie sich mit dem Wandel der zur Erzeugung von Nahrung und anderen Gütern benötigten Produktionsmittel die vergeschlechtlichten ungleichen Machtverhältnisse verschoben haben und wie damit auch Veränderungen in den Mustern der Kinderversorgung und in den Familienstrukturen herbeigeführt wurden. Ich zeige, daß die Herrschaft von Männern über Frauen nicht zu allen Zeiten und an allen Orten gleich war, sondern je nach den politischen, ökonomischen und familialen Strukturen andere Erscheinungsformen hat und religiös und rechtlich jeweils anders begründet wird.

Innerhalb des Feminismus ist dieser strukturelle *gender*-Begriff auf den Widerstand der „Differenz"-Feministinnen gestoßen, da sie der Ansicht sind, er vernachlässige die Bedeutung des Körpers und der Sexualität von Frauen, ihre Fortpflanzungsfähigkeit und ihre Fähigkeit zur Versorgung anderer Menschen sowie das Gewaltpotential, das in der von den Männern über die Körper, die Sexualität und die Gefühle der Frauen ausgeübten Kontrolle steckt. Hauptort der Veränderung sind ihrer Ansicht nach nicht die sozialen Institutionen, sondern die direkten Konflikte zwischen Frauen und Männern zu Hause, am Arbeitsplatz, an den Stätten der Religionsausübung und in den Massenmedien. Diese feministische Auffassung von einer auf den Körpererfahrungen und dem Unbewußten beruhenden Geschlechterdifferenz wurde ihrerseits kritisiert, weil sie essentialistisch sei und über die Vielfalt der Unterschiede hinweggehe, die zwischen den Frauen selbst wie auch zwischen den Männern selbst bestehen, deren Leben je nach ihrem ökonomischen und ethnischen Status und ihrem Bildungsstand durchaus unterschiedlich ist. Statt eine Politik von Frauen gegen Männer zu propagieren, muß der Feminismus nach Meinung der marxistischen, sozialistischen und multikulturellen Feministinnen gegen die komplexen Systeme von Herrschaft und Unterordnung ankämpfen, in denen bestimmte Männer bestimmten anderen Männern, aber auch bestimmten Frauen untergeordnet sind. In diesen Systemen überschneidet sich *gender* mit anderen Faktoren, die die soziale Position bestimmend sind, etwa Klasse und Ethnizität.

Die Politik der Geschlechterdifferenz ist – wie jede andere Politik, deren Grundlage die Zugehörigkeit zu einer Kategorie von Unterdrückten ist – in sich paradox: „Eindeutige Identitätskategorien sind sowohl notwendig als auch gefährlich verzerrend, und das eine ist so vernünftig wie das andere: die Schritte zu ihrer Fixierung und die Schritte zum Aufbrechen dieser Fixierung" (Gamson 1995, 401). Vor allem radikale Feministinnen und lesbische Feministinnen haben sich gegen den Gebrauch von „*gender*" statt „Frau" gewehrt, da sie der Meinung waren, er unterminiere die feministische Politik. Wenn es statt „Frauen" und „Männer" eine Vielzahl von *gender*-Kategorien und Kategorien der Sexualität gibt, wie erkennt man dann seine Bundesgenoss(inn)en? Ein Feminismus jedoch, der von der allgemeinen Unterdrückung der Frauen durch die Männer ausgeht, ist in sich statisch. So sagt Judith Butler im Anschluß an Rosi Braidotti, die der Meinung ist, der Begriff *gender* diene der Verschleierung der männlichen kulturellen und politischen Herrschaft:

> Was bedeutet es aber, wenn man diese Asymmetrie als unaufhebbar und unumkehrbar setzt und dann behauptet, sie solle der feministischen Politik als Grundlage

dienen? Wird damit nicht einfach eine soziale Asymmetrie zur ewigen Notwendigkeit verdinglicht und das Pathos der Ausgrenzung zur „Grundlage" des Feminismus gemacht? (Butler in: Braidotti 1994, 39)

Auch zwei sprachliche Gründe wurden von Feministinnen für ihre Ablehnung des *gender*-Begriffs ins Feld geführt. Der erste Grund ist, daß *gender* in anderen Sprachen nicht die gleiche Bedeutung hat wie im Englischen. Im Deutschen wird *gender* als „Geschlecht" im Sinne von *sex* oder als „Gattung, Art" übersetzt. Im Englischen wird *gender* mittlerweile zur Bezeichnung einer sozialen Kategorie und eines sozialen Status benutzt. Der Gebrauch von *gender* statt *sex* war eine bewußte feministische Strategie der Gegenwehr gegen die herrschenden Vorstellungen von der Universalität und Unveränderlichkeit der Geschlechtsunterschiede. *Gender* wurde als der soziale und kulturelle Überbau konzeptualisiert, der auf der Übertreibung der biologischen Unterschiede zwischen männlichen und weiblichen Menschen beruhte, am sichtbarsten und universellsten ausgeprägt in den Fortpflanzungsfunktionen. Später wurde *gender* als sozialer Status auch als ein Organisationsprinzip von Gesellschaften verstanden. Gerade weil der Begriff einen Bruch mit der sprachlichen Tradtition darstelle, meint Butler, sei er so mächtig (Butler in: Braidotti 1994, 37). Aus diesem Grund haben die Übersetzerin und ich uns für „*Gender*-Paradoxien" als Titel der deutschen Ausgabe und für den durchgängigen Gebrauch des englischen Worts *gender* im Text des Buchs entschieden.

Das zweite sprachliche Problem ist, daß *sex* und *gender* im gewöhnlichen Sprachgebrauch zusammengefaßt werden und austauschbar sind. Nach Ansicht von Joan Scott (1999) sind sie begrifflich nicht klar geschieden:

In den Diskussionen über die Geschlechterdifferenz wird *gender* nicht einfach an die Stelle von *sex* treten; vielmehr wird *gender* immer auf *sex* als letzte Grundbedeutung verweisen. Wenn aber *sex* auf diese Weise in *gender* mitgedacht ist, läßt sich durch nichts verhindern, daß *sex* mit (oder als) *gender* selbst identifiziert wird. Was nach einer begrifflichen oder terminologischen Verwirrung aussieht, ist tatsächlich eine exakte Darstellung ihrer mangelnden Trennschärfe.

In *Gender-Paradoxien* und auch an anderer Stelle (Lorber 1996) habe ich die Meinung vertreten, daß es ohne eine klare begriffliche Unterscheidung von *sex*, Sexualität und *gender* äußerst schwierig ist, über Phänomene wie Transvestitentum, Transsexualität und Hermaphroditentum zu sprechen, bei denen es um komplexe Kombinationen von Genitalien, sexuellen Wünschen, Identität, Psyche und sozialem Status geht. Auch läßt sich dann nicht erklären, wie weibliche und männliche Körper im Sport sozial konstruiert werden und wie Männlichkeit und Weiblichkeit, Heterosexualität und Homosexualität in der Alltags- wie in der Hochkultur produziert werden. In einer Zeit, in der biologische Ursachen für alle Arten von Verhalten gesucht und trotz magerer Beweise akzeptiert werden, trägt die Zusammenfassung von *sex* und *gender* oder von *sex* und Sexualität nur zur Glaubwürdigkeit der wissenschaftlichen

Vor-Urteile über die „natürlichen" Eigenschaften von Frauen bei (van den Wijngaard 1997). In meiner eigenen Arbeit spalte ich die übliche Zusammenfassung von *sex/gender* oder *sex*/Sexualität/*gender* wieder auf, indem ich mit drei begrifflich deutlich unterschiedenen Kategorien arbeite – *sex* (Biologie, Physiologie), Sexualität (sexuelle Wünsche, sexuelle Präferenz, Orientierung, Identität) und *gender* (sozialer Status, Position in der sozialen Ordnung). Alle drei Kategorien sind sozial konstruiert, aber jede auf unterschiedliche Weise. Ich verstehe *gender* als die übergreifende Kategorie – ein zentraler sozialer Status, über den fast alle Bereiche des sozialen Lebens organisiert werden. Allerdings sind Körper und Sexualität zwar *gendered* – doch ist *gender* nicht die Summe aus Biologie, Physiologie und Sexualität. In nichtindustriellen Gesellschaften dient *gender* zur Organisation der Verwandtschafts- und Familienstrukturen, zur Zuweisung der Verantwortung für die Kinder und als Kriterium für die Aufteilung der produktiven Arbeit. In industriellen und postindustriellen Gesellschaften dient *gender* zur Organisation der Arbeitskräfte und des Eigentums an den Produktionsmitteln. In allen Gesellschaften ist *gender* eine zentrale soziale Institution, die den Individuen bestimmte Erwartungsmuster vorgibt, die sozialen Prozesse des Alltagslebens ordnet und die Ungleichverteilung der politischen Macht legitimiert. Der für mich wichtigste Aspekt ist, daß *gender* durch die Alltagsinteraktion konstruiert und aufrecht erhalten wird und daß wir daher alle Möglichkeiten zu Abwehr, Reform und selbst Rebellion haben.

Mein Beharren darauf, daß *gender* sozial konstruiert und daher veränderbar ist, sollte allerdings nicht als frisch-fröhlicher Optimismus verstanden werden, der meint, es wäre leicht, die moderne vergeschlechtlichte soziale Ordnung zu verändern. Das Anliegen von *Gender-Paradoxien* ist ja gerade, zu zeigen, wie tief *gender* noch immer in jedem Aspekt des sozialen Lebens und der sozialen Organisation verwurzelt ist. Die westliche Welt ist eine vergeschlechtlichte Welt, die aus nur zwei legitimen Kategorien besteht – „Männer" und „Frauen". Trotz noch so vieler spielerischer oder ernsthafter Versuche zur Aufweichung der *gender*-Grenzen ist es so gut wie unmöglich, nicht „Frau" oder „Mann", „Mädchen" oder „Junge" zu sein. Doch heißt das nicht, daß wir nicht drei, vier, fünf und mehr sozial anerkannte *gender* haben könnten – manche der in *Gender-Paradoxien* beschriebenen Gesellschaften haben mindestens drei. Und, was noch wichtiger ist, man kann darüber nachdenken, wie Familien und Arbeitsplätze neu zu strukturieren wären, damit sie nicht mehr so rigide vergeschlechtlicht sind wie heute – wie es auch bereits geschehen ist (Risman 1998; Williams 1989). Es ist natürlich nicht zu leugnen, daß gut ausgebildete Männer aus der Oberschicht immer noch die mächtigste, angesehenste und reichste Gruppe darstellen; gut ausgebildete Frauen aus der Oberschicht steigen zwar allmählich ebenfalls in die Machtpositionen auf, aber als Gruppe sind sie den entsprechenden Männern nirgends gleichgestellt. Der Feminismus hat sehr viel erreicht, aber das Allerschwerste – der Frontalangriff auf *gender* – steht uns noch bevor.

Am Ende von *Gender-Paradoxien* fordere ich die Leserinnen und Leser zu zwei Gedankenexperimenten auf. Bei dem einen sollen sie sich eine Welt vorstellen, in der Frauen und Männer ganz gleich verteilt wären – die eine Hälfte aller Arbeitskräfte, Kinderversorger, Politiker und Regierungschefs, Kunstproduzenten, Religionsführer, Sportgrößen und des Militärs wären Männer, die andere Frauen. Das ist eine bestürzende Vorstellung (ein Rezensent nannte sie „albtraumhaft"), weil sie unserem Alltagsleben so fern liegt und so vielen unserer Annahmen darüber zuwiderläuft, was Frauen und Männer können und nicht können. Ihr radikalster Aspekt ist, daß mit ihr die Aufteilungen nach dem *gender* hinfällig würden, denn wenn Frauen und Männer austauschbar sind, besteht auch keine Notwendigkeit mehr, zwei Kategorien von Menschen zu haben. Das andere Gedankenexperiment besteht darin, sich eine Struktur von Familie, Arbeit und Politik vorzustellen, die peinlich genau auf Gleichheit angelegt wäre – so daß es nicht mehr darauf ankäme, wer was macht, solange alle Rollen gleich bezahlt werden, alle Arbeit über gleiche Ressourcen verfügt und alle Menschen in gleichem Maße Einfluß auf die Sozialpolitik und die politischen Entscheidungen haben. Auf einem Workshop „Feminismus und sozialer Wandel" an der Ruhr-Universität Bochum im Juni 1997[1] habe ich diese Vision als die künftige Arbeit des Feminismus vorgestellt. Es ist aber nicht nur eine Vision für Frauen, die sich als Feministinnen bezeichnen. Es ist ein Ziel, das ich allen meinen Leserinnen und Lesern vor Augen halten möchte. *Gender* als soziale Institution macht die eine Kategorie von Menschen zu Untertanen der anderen Kategorie. Wenn die *gender*-Ungleichheit abgeschafft werden soll, müssen die *gender* entweder in jeder Hinsicht völlig gleichgestellt werden, oder *gender* darf nicht länger eine zentrale soziale Kategorie sein, die bestimmt, welcher soziale Status einem Menschen zugewiesen wird.

---

1 Veröffentlicht in Lorber 1998, 191-202.

Vorwort

In diesem Buch stecken zwei Jahre Schreiben und zwanzig Jahre Nachdenken. 1972 hielt ich mein erstes Seminar zu Geschlechtsrollen ab; das war
damals etwas Neues und hieß *Male and Female in American Society*. Ein
paar Jahre später ließ ich den Titel in *Sociology of Gender* ändern. Und wieder ein paar Jahre später fand mein erstes Seminar im Rahmen von *Women's
Studies* statt (Genau genommen gab es schon 1970 eine Vorläuferin zu all
dem: eine Hauptvorlesung unter dem Titel – von allen Dingen! – *Courtship
and Marriage*). Diese Titel stehen in vielerlei Hinsicht für bestimmte Etap-
pen in der Entwicklung des Felds und parallel dazu für meine eigene intellektuelle Entwicklung bei der Beschäftigung mit den Beziehungen zwischen
Frauen und Männern, Beziehungen, die wir in den Zeiten von *„courtship and
marriage"* für selbstverständlich hielten.

Auch die Anfänge von *Sociologists for Women in Society* (sws) liegen
zwanzig Jahre zurück. Für mich brachte sws nicht nur zahllose intensive
Gespräche über *gender* mit Frauen, deren Denken ebenfalls im Umbruch
begriffen war, sondern auch die Chance der Gründungsherausgeberschaft
von *Gender & Society* in den Jahren 1986 bis 1990. Damit war ich in der
Lage, die Entwicklung der feministischen sozialwissenschaftlichen Theorie
und Forschung zu fördern. Auch meine eigenen Ideen zu *gender*, insbesondere zu seiner sozialen Konstruktion, nahmen in dieser Zeit immer mehr Gestalt an.

Sprachlich spiegelt das nun vorliegende Buch den Stil wider, den ich als
Herausgeberin von *Gender & Society* entwickelt habe. Ich unterschied zwischen *gender* – dem Geschlecht als sozialem Phänomen – und *sex* – dem
sozialen Phänomen des biologischen Geschlechts. *Gender*, Sexualität und
sex sind in diesem Buch unterschiedliche Begriffe. „Frauen" und „Männer"
werden nicht mit „weiblich" und „männlich" gleichgesetzt, und es wird nicht
davon ausgegangen, daß sie heterosexuell sind. Wo *sex* verwendet wird, ist
damit eine biologische oder physiologische Kategorie gemeint, die ebenfalls
sozial konstruiert ist. Ich unterscheide *sex* und Sexualität, weil sowohl die
sexuelle Orientierung und Identifikation als auch die Sexualpraktiken sozial
konstruiert werden und ihre jeweils eigene Genealogie und Politik haben.

Um gerade in einem so heterogenen Land wie den Vereinigten Staaten zu
präziseren Kennzeichnungen von rassisch-ethnischen Gruppen zu gelangen,
habe ich versucht, die sozialen Beziehungen zwischen diesen Gruppen zu
benennen. Deshalb spreche ich von „herrschender Gruppe" und „beherrsch-

ter Gruppe" statt von „Mehrheit" und „Minderheit", Bezeichnungen, die eindeutig irreführend sind.

Verfasserinnen, die ihren Mädchennamen neben ihrem Ehenamen beibehalten haben, werden im Text mit beiden Nachnamen zitiert. Bei den in Klammern aufgeführten bibliographischen Angaben werden sie nur mit dem letzten Namen genannt, und in der Bibliographie sind sie, wie im Englischen üblich, in alphabetischer Reihenfolge nach dem Anfangsbuchstaben des jeweils letzten Namens aufgeführt. Eine Ausnahme bilden Frauen mit hispanischen Namen, wo der Nachname üblicherweise aus beiden Namen besteht. Bei orientalischen Namen habe ich den ersten Namen als Familiennamen, den zweiten als Vornamen genommen.

Die Bibliographie, so lang sie auch sein mag, ist alles andere als vollständig. Aufgeführt wurden in den meisten Fällen diejenigen Arbeiten, die für mich die interessantesten und für die auf diesem Gebiet arbeitenden Wissenschaftlerinnen, geht man nach der Zitierhäufigkeit, die wichtigsten waren. Ein Blick auf die Literatur der jeweiligen Spezialgebiete belehrt einen sofort, daß diese ihrer Tiefe wie ihrer Breite nach über meine beschränkte Liste weit hinausgeht. Ich habe mich auf die ab 1980 erschienenen Veröffentlichungen konzentriert, aber viele Gedanken, Theorien und Prämissen der feministischen Forschung wurden bereits Anfang der 1970er Jahre erstmals in Büchern und Aufsätzen formuliert, die inzwischen zu Klassikern geworden sind. Obgleich von den frühen Zeitschriftenartikeln viele inzwischen nachgedruckt wurden, manche davon in vielen Anthologien, habe ich versucht, sie mit dem ersten Erscheinungsdatum zu zitieren, um der Leserin eine Vorstellung davon zu vermitteln, wie sich das feministische Denken entwickelt hat.

Das letzte Kapitel des Buchs ist eine gründlich überarbeitete Version meines ursprünglich in *Sex Roles,* 14 (1986), 567-580, erschienenen Aufsatzes „Dismantling Noah's Ark".

Meinen Studentinnen an der CUNY Graduate School, die die ersten Fassungen der Kapitel dieses Buchs kommentierten, und den Teilnehmerinnen der *gender*-Seminare an der Bar-Ilan-Universität und ihren Kommentaren zu den späteren Fassungen gilt mein Dank für ihre Hilfe bei der Strukturierung und Ausarbeitung der in diesem Buch vorgestellten Konzepte. Von ganzem Herzen gedankt sei Patricia Yancey Martin, Barbara Katz Rothman und Dafna Izraeli, die das ganze Manuskript durchgelesen haben. Dankbar bin ich auch Susan Farrell für ihre Bereitschaft, während ihrer Zeit als geschäftsführender Herausgeberin von *Gender & Society* den Resonanzboden für meine Gedanken abzugeben, und für die vielen einschlägigen Artikel, mit denen sie mich während der Niederschrift des Buchs versorgte.

Mein Dank gilt auch Susan Zimmerman, von der die Belege zu den Verwechslungskomödien der Renaissance und die Zitate aus *The Roaring Girl* stammen, Daphne Achilles, die mir ihr Exemplar von *The Exultation of*

Inanna lieh, und David Abrams und Diane Kelly, die mir mit Past Times Tours das wundervolle Erlebnis der prähistorischen Höhlenmalerei in Frankreich vermittelten.

Meine Verlegerin, Gladys Topkis, erkannte anhand eines noch ganz vorläufigen Projektentwurfs den Wert meiner Gedanken zu *gender* und gab den entscheidenden Anstoß dazu, daß ich das Projekt tatsächlich in Angriff nahm. Elliot Weininger, Susan Farrell und Sharon Sherman übernahmen die unvermeidlichen Gänge zu den verschiedenen CUNY-Bibliotheken. Helga Feder und den Beschäftigten der CUNY Graduate School Mina Reese Library gilt mein Dank für die Erfüllung meiner endlosen Wünsche nach Büchern aus anderen Bibliotheken. Von 1992 bis 1993 kam ich während der Abschlußarbeiten an diesem Buch in den Genuß eines Forschungsstipendiums der United States – Israel Education Foundation (Fulbright Award) für ein Sabbatical in Israel.

Am tiefsten aber stehe ich in der Schuld all jener Feministinnen, die die *gender*-Forschung betrieben und die *gender*-Theorien entwickelt haben, auf die ich mich beziehe. Mein Buch ist eine Synthese ihrer gigantischen und heroischen Bemühungen. Wenn es mir gelungen ist, die feministischen Ideen ein wenig voranzutreiben, indem ich Grundstrukturen und –prozesse dessen aufgezeigt habe, was ich die soziale Institution *gender* nenne, so mag damit wenigstens ein Teil meiner großen Schulden bei der feministischen Forschung der letzten zwanzig Jahre abgegolten sein.

Einleitung

Wenn ein neues Forschungsfeld entsteht, sind seine theoretischen und empirischen Grundlagen gewöhnlich die jeweils aktuellen Prämissen und Probleme. In dem Maße aber, wie empirische Daten gewonnen werden, die zur akzeptierten Theorie nicht passen, gerät das Feld in das, was Thomas Kuhn (1970) eine wissenschaftliche Revolution nennt. Um sich weiter entwickeln zu können, braucht das Feld schließlich ein neues *Paradigma*, neue Theorien und neue empirische Fragestellungen.

Mit diesem Buch möchte ich ein neues *gender*-Paradigma vorstellen – *gender als soziale Institution*. Im Mittelpunkt steht dabei eine Analyse von *gender* als einer sozialen Struktur, deren Ursprung nicht in der Biologie oder der Fortpflanzung, sondern in der Entwicklung der menschlichen Kultur liegt. Wie jede soziale Institution weist *gender* sowohl universelle Merkmale als auch zeitlich wie kulturell bedingte Varianten auf, die weitreichende Auswirkungen auf das Leben des Einzelnen und auf die soziale Interaktion haben. Und genau wie bei anderen Institutionen können auch bei *gender* seine Geschichte zurückverfolgt, seine Struktur untersucht und seine jeweiligen Wirkungen erforscht werden.

Mein *gender*-Konzept unterscheidet sich von früheren Konzeptualisierungen insofern, als ich, obwohl sich Konstruktion und Aufrechterhaltung von *gender* in den persönlichen Identitäten und in der sozialen Interaktion manifestieren, nicht beim Individuum und auch nicht bei den interpersonalen Beziehungen ansetze. Vielmehr verstehe ich unter *gender* eine Institution, die die Erwartungsmuster für Individuen bestimmt, die sozialen Prozesse des Alltagslebens regelt, in die wichtigsten Formen der sozialen Organisation einer Gesellschaft, also Wirtschaft, Ideologie, Familie und Politik, eingebunden und außerdem eine Größe an sich und für sich ist.

Als die *Gender Studies* anfingen, hieß das Feld „sex roles" – „Geschlechtsrollen". Das Konzept der Geschlechtsrollen ist psychologisch und setzt bei individuellen Einstellungen und Merkmalen an. Die Geschlechtsrollentheoretiker sind der Ansicht, daß die männlichen und weiblichen Haltungen, Motivationen und Persönlichkeiten, mit denen Kinder auf ihre Erwachsenenrollen eingestimmt werden, ein Produkt dessen sind, was die Kinder von ihren Familien und Lehrern und aus ihren Bilder- und Schulbüchern lernen. Obwohl im späteren Leben Veränderungen eintreten können, scheinen viele Geschlechtsrollenmerkmale, bei Frauen etwa die Befähigung zur Elternschaft, lebenslang festgelegt. Da die liberalen Feministinnen, die das neue Feld der Geschlechtsrollen propagierten, an Fortschritt und Veränderung glaubten, war das Feld in sich widersprüchlich – wo nämlich sollte die Veränderung stattfinden? Bei den Erwachsenen, durch Umerziehung und Resozialisierung? Bei den Kindern, durch neue, nichtsexistische Sozialisationsmuster, was allerdings bedeutete, daß man auf das Eintreten der Veränderung eine Generation hätte warten müssen? Wer sollte die neuen, nichtsexistischen Muster für die neue Generation einführen, wenn Eltern und Kinder weiter in den traditionellen Geschlechtsrollen agierten? Und was wäre der Inhalt künftiger androgyner Rollen? Das Konzept der Rolle als Vermittlung zwischen Individuum und Gesellschaft ist nützlich, um zu erforschen, wie Konsensus und Widersprüche der sozialen Struktur in den interpersonalen Beziehungen ausgelebt werden (Komarovsky 1992), aber *gender* als soziale Institution erklärt sich ebenso wenig durch die Rollen, die Frauen und Männer spielen, wie sich die Wirtschaft als soziale Institution durch die Berufe erklärt, die die Menschen haben.

Radikale Feministinnen wie Catharine MacKinnon (1982) übten denn auch massive Kritik an den liberalen Feministinnen und stellten die Gegenthese auf, *sex* und *gender* seien ein weltweites, in Gestalt der Kontrolle über Sexualität und Fortpflanzungsfähigkeit der Frauen wirksames System der Herrschaft von Männern über Frauen. Nach radikalfeministischer Auffassung ist das *sex-gender*-System zur Unterdrückung der Frauen nicht Zufall, sondern Absicht und auch in anderen sozialen Institutionen allgegenwärtig – insbesondere in der Familie, aber auch in den Massenmedien und der Religion, die die Rechtfertigung für die Unterdrückung der Frauen liefern. Besonders scharf kritisieren die radikalen Feministinnen moderne Agenturen der sozialen Kontrolle wie das Rechts- und Strafrechtssystem, weil dieses Männern ohne allzu große rechtliche Einschränkungen gestattet, Frauen zu vergewaltigen, zu prügeln, zu prostituieren und sexuell zu belästigen.

Marxistische Feministinnen wie Heidi Hartmann (1976) und Michèle Barrett ([1980] 1988) machen die Unterdrückung der Frauen ebenfalls an der Gesellschaftsstruktur fest. Im Gegensatz zu den radikalen Feministinnen, für die der zentrale Punkt die Sexualität ist, setzen die marxistischen Feministinnen bei der geschlechtsspezifischen Arbeitsteilung an. Ihre These ist, daß *gender*-Unterdrückung und Klassenunterdrückung beide gleich wichtig sind, und sie analysieren, auf welche Art und Weise zwei parallele Institutionen – Wirtschaft (Kapitalismus) und Familie (Patriarchat) – das Leben der Frauen strukturieren. Erwerbsarbeit und Hausarbeit sind nach Meinung der marxistischen Feministinnen zwei unauflöslich miteinander verflochtene Strukturen, die beide der Ausbeutung von Frauen dienen. In neueren Theorien wird vertreten, daß das Patriarchat, die ideologische Herrschaft der Männer über die Frauen, seine Basis sowohl in der Familie als auch im Erwerbsleben habe (Walby 1986; 1990).

Psychoanalytische Feministinnen wie Nancy Chodorow (1978), Luce Irigaray ([1974] 1985), Juliet Mitchell (1975) und Gayle Rubin (1975) haben ausgehend von den Ideen von Freud, Lacan und Lévi-Strauss die These aufgestellt, *gender* sei eine Vorstellung von Differenz, die aus den Familienbeziehungen und vor allem der Mutterschaft hervorgegangen ist. Nach Ansicht der psychoanalytischen Feministinnen hat *gender* seinen Sitz im Unbewußten und manifestiert sich in der Sexualität, den Phantasien, der Sprache und dem Inzesttabu. Ihr Ansatzpunkt ist die Sexualität als die geballte kulturelle und ideologische Kraft, die, weil sie von den Körpern und vom Unbewußten Besitz ergriffen hat, die Frauen unterdrückt.

Für die radikalen, die marxistischen und die psychoanalytischen Feministinnen ist *Patriarchat* ein zentrales Konzept, das jedoch bei jedem dieser Ansätze ein wenig anders gefaßt wird. Für die radikalen Feministinnen ist *Patriarchat* – Struktur und Prozeß der misogynen Herrschaft der Männer über die Frauen mittels gewaltsamer Kontrolle ihrer Sexualität und Gebärfähigkeit – das Konzept schlechthin. Für die marxistischen Feministinnen geht die häusliche patriarchalische Herrschaft von Ehemännern über Ehefrauen Hand in Hand mit deren Ausbeutung als Arbeiterinnen im kapitalistischen Erwerbsleben (Hartmann 1981b; Young u.a. 1981). Für die psychoanalytischen Feministinnen ist das Patriarchat die mit Hilfe der vergeschlechtlichten Sexualität und des Unbewußten ausgeübte symbolische Herrschaft des Vaters.

Feministinnen aller Schattierungen haben das „Patriarchat" so allgemein als Synonym für all das benutzt, „was Frauen unterdrückt", daß es sich mitunter schon als so etwas wie das theoretische Äquivalent zum Phlogiston – „wodurch Feuer brennt" – darstellt, ehe der Sauerstoff entdeckt wurde. Das Patriarchat ist mehr als die individuellen Handlungen aller Männer, es ist Prozeß, Struktur und Ideologie der Unterdrückung der Frauen zugleich. Während die verschiedenen Aspekte der Frauenunterdrückung herauspräpariert und seziert werden, bleiben die Zusammenhänge zwischen diesen Teilen dem „Patriarchat" überlassen. Seit einiger Zeit arbeiten marxistische Feministinnen an der Entwicklung einer Theorie der Frauenunterdrückung, die psychologische Entwicklung, sexuelle Herrschaft, Produktion, Fortpflanzung, Kinderaufzucht und Ideologie miteinander verknüpfen soll (Hartsock 1983; Walby 1990). Das Patriarchat soll in allen Dimensionen der Gesellschaft gleichzeitig betrachtet werden, um so herauszubekommen, wie die einzelnen Formen der Ausbeutung von Frauen durch Männer einander wechselseitig stützen und stärken.[1]

Ich selber habe mich entschieden, den Terminus „Patriarchat" wegen seiner Überstrapazierung und schwankenden Konzeptualisierung nicht als erklärendes Konzept zu benutzen, habe aber viele Passagen zitiert, die vom

---

1   Die französischen feministischen Gruppen der siebziger Jahre, die sich *Psychoanalyse et Politique* nannten, bestanden aus Marxistinnen, die versuchten, den dialektischen Materialismus und die Diskurse Freuds und Lacans zur Sexualität und zum Unbewußten miteinander zu verbinden.

Patriarchat als von dem handeln, „was Männer tun, das Frauen unterdrückt oder ausbeutet". Mein zentrales Konzept ist *gender*, weil dieser Terminus dringend präziser definiert und klarer konzeptualisiert werden muß, soll er nicht den Weg des Patriarchats gehen. Obwohl ich das Patriarchat, oder die Unterdrückung und Ausbeutung der Frauen durch die Männer, als das Hauptmerkmal von *gender* als einer sozialen Institution in vielen Gesellschaften einschließlich der postindustriellen Länder des späten zwanzigsten Jahrhunderts ansehe, ist *gender* kein Synonym für Patriarchat oder für die Herrschaft von Männern über Frauen. *Gender* ist ein allgemeinerer Begriff, der alle sozialen Beziehungen umfaßt, durch die Menschen sortiert und einem bestimmten *gender*-Status zugewiesen werden. Meine These ist, daß sich der ungleiche Status von Frauen und Männern historisch entwickelt hat und daß es, wie die feministische Forschung aus der rassisch-ethnischen Perspektive gezeigt hat, innerhalb jedes *gender*-Status rassen- und klassenbedingte Statusunterschiede gibt, die das universelle Muster von Männerherrschaft und Frauenunterdrückung, das mit dem Konzept des Patriarchats impliziert ist, durchkreuzen und somit Lügen strafen.

Nach Meinung von feministischen Autorinnen wie bell hooks (1984) und Patricia Hill Collins (1989), die mit einem rassisch-ethnischen Ansatz arbeiten, ist es falsch, in der feministischen Theorie und Forschung von einem binären Gegensatz von Frauen und Männern auszugehen, wenn durch Rasse und soziale Klasse in vielen Gesellschaften viele Kategorien von Frauen und Männern produziert werden, die hierarchische Schichtungssysteme bilden. In solchen Schichtungssystemen überschneiden sich Rasse, Klasse und *gender* und produzieren die Herrschaft der weißen Männer *und* Frauen der oberen Schichten und die Unterdrückung der Frauen der unteren Schichten *und* der farbigen Männer.[2]

In ähnlicher Form sind auch in der Männerforschung Theoretiker wie R. W. Connell (1987), die mit dem Konzept der hegemonialen Männlichkeit arbeiten – ökonomisch erfolgreich, rassisch überlegen und sichtbar heterosexuell –, zur Vorstellung einer Vielzahl der Männlichkeiten gelangt. Insbesondere haben sie die Überlagerungen und Verflechtungen der Praktiken der Machtausübung in einer Gesellschaft gezeigt und die These vertreten, daß zur *gender*-Herrschaft und ihrer ideologischen Rechtfertigung die Unterdrückung und Entwürdigung von Männern durch andere Männer ebenso gehört wie die Ausbeutung von Frauen durch Männer (Carrigan, Connell und Lee 1987).[3]

Auch die kulturellen Feministinnen – zum Beispiel Judith Butler (1990), Donna Haraway (1989; 1991), Jane Flax (1990) und Marjorie Garber (1992)

---

2 Siehe außer Hill Collins und hooks auch Chow 1987; Christian 1988; Garcia 1989; King 1988; Spelman 1988.

3 Zur neuen Forschungsrichtung der Männerforschung, siehe Brod 1987; Hearn 1987; Hearn und Morgan 1990; Kimmel 1987b; Kimmel und Messner 1992; Staples 1982.

– wenden sich gegen ein Konzept von *gender*-Kategorien, in dem diese dual und gegensätzlich aufgefaßt werden. Ihre Theorien fußen auf der Kritik der französischen Feministinnen an den psychoanalytischen Konzepten einer vergeschlechtlichten Sexualität und Sprache.[4] Während es jedoch das politische Anliegen der französischen Feministinnen war, die Sexualität der Frauen und ihre Darstellung in der Literatur neu zu bewerten, vertreten die kulturellen Feministinnen die These, Sexualität und *gender* seien bewegliche, fließende Kategorien. Indem sie die miteinander verflochtenen Stränge der sozialen Konstruktionen von Körper, Selbst, Begehren und symbolischer Repräsentation herausarbeiten, üben die kulturellen Feministinnen Kritik an einer feministischen Politik, deren alleiniger Ansatzpunkt der unterdrückte Status der Frauen ist, und plädieren stattdessen für einen eher subversiven Ansatz, der die festgefügte, auf den Konzepten von zwei *sexes* und zwei *gender* basierende soziale Ordnung unterminiert.[5]

Das Konzept von *gender* als Konstruktion wurde von den amerikanischen Feministinnen in den 1970er Jahren erforscht, insbesondere von Suzanne Kessler und Wendy McKenna ([1978] 1985). Ausgehend von Harold Garfinkels (1967, 116-185) ethnomethodologischer Analyse dessen, wie die Transsexuelle „Agnes" eine konventionelle Frauengestalt darstellte, entwickelten Kessler und McKenna die These, *gender* und *sex* seien beide sozial konstruiert. Ihre zentrale Aussage, es gebe weder bei *sex* noch bei *gender* eine wesensmäßige Dichotomie, wurde vom liberalen Feminismus aufgegriffen. Dem liberalen Feminismus aber ging es nur um die soziale Konstruktion von Weiblichkeit und Männlichkeit und ihre Übersetzung in Familien- und Arbeitsrollen. *Deceptive Distinctions* (1988) von Cynthia Fuchs Epstein etwa ist eine umfassende Kritik an den wissenschaftlichen Voraussetzungen von *gender*-Dichotomien, fragt jedoch nicht gründlich genug danach, auf welche Weise die Dichotomien von *sex*, Sexualität und *gender* in die Organisation und Politik aller sozialen Institutionen, in die Alltagsinteraktionen und in das, was wir Ich-Identität nennen, eingebunden sind. Die Arbeiten der französischen Feministinnen zu Psychoanalyse und Politik, die in den 1970er Jahren erschienen, wurden erst in den 1980er Jahren ins Englische übersetzt. Und erst jetzt, in den 1990er Jahren, gibt es im amerikanischen Feminismus eine voll entfaltete Analyse, die *gender* als etwas versteht, das durch und durch konstruiert, symbolisch besetzt und ideologisch verstärkt ist.

In dem vorliegenden Buch habe ich die theoretischen Vorstellungen all dieser Strömungen des Feminismus aufgegriffen und außerdem entsprechende Untersuchungen zu den sozialen Aspekten von *gender* aus Anthropologie, Geschichte, Soziologie, Sozialpsychologie, Soziolinguistik, Männerfor-

---

4   Einen Überblick geben Marks und Courtivron 1981; Mitchell und Rose 1985; Moi 1985.
5   Zur Auseinandersetzung mit einer Politik, die sich an einer kulturell wie historisch gleichbleibenden bzw. veränderlichen *gender*-Kategorie orientiert, siehe Alcoff 1988; de Lauretis 1989; Riley 1988; J. W. Scott 1988a; 1988b.

schung und Kulturforschung hinzugezogen. Aus diesen Teilen habe ich versucht, ein kohärentes Bild von *gender* als Prozeß der sozialen Konstruktion, System der sozialen Schichtung und als einer Institution zusammenzusetzen, die dank ihrer Verankerung in Familie, Arbeitsplatz und Staat wie auch in Sexualität, Sprache und Kultur alle Aspekte unseres Lebens strukturiert. Das Anliegen dieses Buchs ist jedoch keine Neubewertung dieser Institutionalisierung, sondern eine Infragestellung ihrer Naturwüchsigkeit und Unvermeidlichkeit. Meine Politik ist die des feministischen Dekonstruktivismus, und das Anliegen dieses Buchs ist es, die Gültigkeit, Dauerhaftigkeit und Notwendigkeit von *gender* in Frage zu stellen. Aus diesem Grunde benutze ich auch nicht das feministische „wir", sondern spreche von Frauen in der dritten Person. Mit Judith Butler bin ich der Meinung, daß ein allumfassender, monolithischer Begriff „Frau" die Vielfalt, Komplexität und historisch-geographische Bedingtheit der *gender* negiert (1990, 142).

Gender-Paradoxien

Das vorliegende Buch heißt *Gender-Paradoxien*, weil sich bei näherem Hinsehen vieles von dem, was wir im Hinblick auf *gender* und seine Ursachen und Wirkungen für selbstverständlich halten, entweder nicht aufrecht erhalten oder auch anders erklären läßt. So schafft und erhält zum Beispiel die Institution *gender* immer noch, trotz der offensichtlichen Tatsache, daß Frauen und Männer mehr Ähnlichkeiten als Unterschiede aufweisen, sozial signifikante Unterschiede zwischen Frauen und Männern (Hess 1990). Was relevant scheint – die *gender*-Unterschiede – ist Mittel, nicht Zweck. Der Sinn dieser Unterschiede ist, die Ausbeutung einer bestimmten Gruppe zu rechtfertigen – der Frauen. Ist der eine Komplex von Unterschieden erfolgreich ad absurdum geführt, tritt ein anderer an seine Stelle (Reskin 1988). „Gender," sagt Joan Wallach Scott, „ist ein konstitutives Element von sozialen Beziehungen, die auf der wahrgenommenen Geschlechterdifferenz beruhen, und *gender* ist eine elementare Form zur Bezeichnung von Machtverhältnissen" (1988a, 42).

Ein zweites zentrales Paradox ist der Ursprung von *gender* und insbesondere *gender*-Ungleichheit. Weil *gender* in der menschlichen Gesellschaft allgegenwärtig ist, war man überzeugt, daß *gender* genetisch oder physiologisch bedingt und *gender*-Ungleichheit letztlich auf die ungleichen Funktionen bei der Fortpflanzung zurückzuführen sei. Betrachtet man jedoch das Verhältnis näher, in dem Frauen und Männer zur Fortpflanzung stehen, stellt sich heraus, daß die Frauen und nicht die Männer die Überlegenen sind:

> Daß Frauen im Gegensatz zu Männern Kinder bekommen können, ist eine potentielle Quelle von Macht, an die in der Moderne keine wie auch immer geartete physische Überlegenheit der Männer heranreicht. ... In zivilisierten Gesellschaften

wurde für Benachteiligte gewöhnlich eine Skala von Kompensationen geschaffen.
... Bei der Fruchtbarkeit jedoch hat man den Benachteiligten – also den Männern – statt eines Ausgleichs eine Kompensation in Form von sozialen Konventionen gegeben, die ihnen Macht über die eigentlich Potenten – also über die Körper der Frauen – und über die Fruchtbarkeit verleihen. (Tangri 1976, 896)

Dieses Paradox löst sich auf, wenn *gender* als eine soziale Institution konzeptualisiert wird, die oft aus Konflikten über knappe Ressourcen und aus den sozialen Machtverhältnissen heraus entstanden ist. Die strukturell ungleichen Fortpflanzungsverhältnisse kommen von der *gender*-Ungleichheit, nicht umgekehrt (Rich 1976). Wo Frauen und Männer verschieden, aber nicht ungleich sind, ist die Gebärfähigkeit der Frauen auch kein Ansatzpunkt zu ihrer Unterdrückung. Ja, während großer Teile ihrer Geschichte haben die Menschen Fruchtbarkeitsgöttinnen verehrt; die Statuen dieser Göttinnen sind in jedem archäologischen Museum zu finden.

Gender ist eine menschliche Erfindung wie Sprache, Verwandtschaftsbeziehungen, Religion und Technologie; wie diese regelt *gender* das menschliche Sozialleben nach kulturell bedingten Mustern. *Gender* regelt die Sozialbeziehungen im Alltag wie auch die umfassenderen sozialen Strukturen wie soziale Klassen und die Hierarchien bürokratischer Organisationen (Acker 1988; 1990). Die vergeschlechtlichte Mikrostruktur und die vergeschlechtlichte Makrostruktur reproduzieren und verstärken einander wechselseitig. Die soziale Reproduktion von *gender* in Individuen reproduziert auch die vergeschlechtlichte Gesellschaftsstruktur, konstruieren die Individuen doch, indem sie *gender*-Normen und –Erwartungen in der direkten Interaktion in Handeln umsetzen, die vergeschlechtlichten Herrschafts- und Machtsysteme.[6] *Gender* hat sich in der Vergangenheit verändert und wird sich in Zukunft verändern, aber ohne eine bewußte Neustrukturierung wird diese Veränderung nicht unbedingt in Richtung einer größeren Gleichheit zwischen Frauen und Männern gehen.

Aufbau des Buchs

Die meisten Bücher (und Seminare) zu *gender* sind gewöhnlich so aufgebaut, daß sie bei den Individuen ansetzen und zeigen, wie diese durch die Sozialisation und das selektive Erlernen von *gender*-Normen und –Rollen vergeschlechtlicht werden. Diese erlernten Muster werden dann auf das Verhalten erwachsener Männer und Frauen in Familie und Erwerbsleben projiziert. So erzeugt in allen Gesellschaften angeblich das Verhalten der Erwachsenen den ungleichen sozialen und politischen Status von Männern und Frauen. Die

---

6 Bem 1993, 133-175; Gerson und Peiss 1985; Margolis 1985; Smith 1987a; 1990; West und Zimmerman 1987.

Abfolge solcher Erklärungen impliziert, daß soziale Institutionen durch individuelle Handlungen konstruiert und daher durch Veränderungen des individuellen Verhaltens auch zu Fall gebracht werden können.

Nun ist es zwar richtig, daß es ohne (freiwillige oder erzwungene) individuelle Handlungen keine sozialen Institutionen gäbe, da die sozialen Strukturen, die wir „*gender*", „Regierung", „Familie", „Wirtschaft" und so weiter nennen, alle Tage wieder in Handeln umgesetzt werden müssen, um fortbestehen zu können, und daß sie bei dieser Umsetzung gestärkt oder geschwächt, erhalten oder bekämpft werden können (Smith 1987a). Dennoch gehen, außer in revolutionären oder anarchistischen Umbruchszeiten, die sozialen Institutionen der Geburt und Erziehung der Individuen und ihrer Prägung durch die kulturellen Muster stets *voraus*. Die nach diesen Mustern gestalteten und miteinander verflochtenen Strukturen von Arbeit, Familie, Kultur, Erziehung, Religion und Recht sind vergeschlechtlicht und drücken stets und ständig und bis in die tiefsten Tiefen hinein dem Leben der Individuen von Geburt an (oder, wenn das Geschlecht des Fötus bekannt ist, sogar schon vorher) ihren Stempel auf. Vermittelt über die vergeschlechtlichten Persönlichkeiten und Identitäten werden sie dann verinnerlicht und bereitwillig ausagiert.

Die wohlbekannten Daten zu Frauen und Männern in Wirtschaft, Bildung, Medien, Recht, Medizin und Politik sind die konkreten Erscheinungsformen einer all dem zugrunde liegenden Struktur – der sozialen Institution *gender*. Das Konzept von *gender* als Institution erklärt Arbeitsmuster (Warum bleibt die *gender*-Trennung und –Schichtung im Erwerbsleben bestehen?), Familienmuster (Warum ist Hausarbeit meist Frauenpflicht?), sexuelle Normen (Warum gibt es Gewalt gegen Frauen?), Autoritäts-Mikropolitik (Warum gibt es so wenig Frauen in Führungspositionen?) und symbolische kulturelle Repräsentationen (Warum werden sie durch die Männerbrille gesehen?).

Im vorliegenden Buch werden diese Gedanken ausgeführt und dokumentiert. Obwohl viele Paradoxien von *gender* das ganze Buch über immer wieder angesprochen werden, wird in den einzelnen Kapiteln jeweils ein bestimmtes behandelt:

Warum konstruiert *gender* Differenz und Gleichheit zugleich?

Warum sind die Phänomene der Körpererfahrung vergeschlechtlicht?

Warum sprechen wir angesichts der Vielfalt des Sexualverhaltens und der sexuellen Beziehungen von nur zwei gegensätzlichen *sexes*?

Warum haben Transvestiten, Transsexuelle, Hermaphroditen und die in manchen Gesellschaften institutionalisierten dritten *gender* keinen Einfluß auf die Konzeptualisierung von zwei *gender* und zwei *sexes*?

Warum sind unsere kulturellen Bilder von Frauen meist so, wie Männer Frauen sehen, nicht wie Frauen sich selber sehen?

Warum hat die menschliche Erfindung von *gender,* wenn die vergeschlechtlichte Arbeitsteilung ursprünglich ein Mittel war, um die Nahrungsbeschaffung kooperativ zu erweitern und das Überleben der Kinder zu sichern, die Ungleichheit von Frauen und Männern zur Folge gehabt? Warum wird in der modernen Gesellschaft von allen Frauen erwartet, daß sie Kinder haben und versorgen? Wie werden die Frauen mit dieser Verpflichtung zugleich in ein System der Ungleichheit eingebunden? Warum gehört die Hausarbeit selbst dann noch zu den Pflichten der Ehefrau, wenn diese mehr als die Hälfte des Familieneinkommens verdient? Warum, wenn es in den modernen Industriegesellschaften so viele Frauen in allen möglichen Berufen gibt, gibt es so wenige Frauen in Führungspositionen? Warum weisen Gesellschaften, die auf Gleichheit (in manchen revolutionären Fällen einschließlich *gender*-Gleichheit) angelegt sind, immer noch eine erhebliche und systematische *gender*-Ungleichheit auf? Warum, wenn *gender* sozial konstruiert ist, ist die *gender*-Ungleichheit so schwer auszurotten oder auch nur zu minimieren?

Obwohl in jedem Kapitel nur ein Thema behandelt wird, führt der allgemeine Rahmen von *gender* als sozialer Institution dazu, daß bei jeder Darstellung der Struktur und Praxis von *gender* immer auch Themen aus anderen Kapiteln anklingen. Auch die drei Teile greifen ineinander: Vergeschlechtlichte Praktiken erzeugen die soziale Institution *gender*, die ihrerseits die Rahmenbedingungen für die soziale Praxis vorgibt; *gender*-Struktur und *gender*-Praxis einerseits, Mikropolitik des Alltags und Makropolitik staatlicher Herrschaft andererseits stützen und legitimieren einander wechselseitig.

Wo geht es hin?

Das gewaltige Gewicht der Geschichte und der derzeit institutionalisierten Praxis erweckt den Anschein, als gäbe es keinen Ausweg – keine Möglichkeit zu signifikanten und dauerhaften Veränderungen der sozialen Institution *gender*. Und doch kommt es (ein weiteres Paradox von *gender*) jeden Tag zu Veränderungen. Zwischen Widerstand – von Individuen und Gruppen – und sozialer Kontrolle, zwischen der Ausnahme und der Regel besteht ein permanenter Spannungszustand. Tatsächlich wird an den Regeln der bestehenden Institutionen ständig herumrevidiert und –gebessert (Hilbert 1987). Menschen sind ordentlich und rebellisch zugleich; sie möchten wissen, was sie von anderen Menschen zu erwarten haben, auch wenn sie protestieren und attackieren.

Feministinnen haben als Wissenschaftlerinnen und Forscherinnen und als aktive Kämpferinnen gestritten und rebelliert (Chafetz und Dworkin 1986; Rowbotham 1989). Aus Frauensicht sieht die „bekannte Welt" ganz anders aus. Als aktive Kämpferinnen sind Feministinnen für Reformen der bestehenden institutionalisierten Gesetze, Regeln und Normen eingetreten. Als

50

Forscherinnen haben die Feministinnen, vor allem was Sexualität und Gewalt angeht, die Frauenunterdrückung sichtbar gemacht, die in den als selbstverständlich geltenden Verhaltensmustern steckt. Als Theoretikerinnen haben Feministinnen die Kategorien Produktion und soziale Reproduktion vom Kopf auf die Füße gestellt, indem sie nachwiesen, daß Hausarbeit und Kinderversorgung unbezahlte *Arbeit* für Familie und Gesellschaft sind und daß die Erwerbsarbeit so von Grund auf vergeschlechtlicht ist, daß sexuelle Tabus in der Art und Weise festgeschrieben zu sein scheinen, wie Frauen Geld verdienen können. Vor allem lesbische Feministinnen und schwule Männer haben durch ihre offene Rebellion die Vorstellungen von Normalität und Abweichung im Kodex des Sexualverhaltens, in den Formen des Zusammenlebens und bei der Elternschaft verändert.

Ich denke allerdings nicht, daß es unter der Last der Beweise, die für die Ähnlichkeiten von Frauen und Männern sprechen, unvermeidlich zur Aufweichung der *gender*-Kategorien kommen wird oder daß *gender* als die wichtigste Determinante für die Zuweisung von Arbeiten und die Verteilung von Gratifikationen in der modernen Gesellschaft durch Erosion allmählich hinfällig werden könnte. Immer wieder einmal schwingt das Pendel auch in die andere Richtung aus, und oft dienen soziale Erfordernisse als Vorwand für die verstärkte Unterdrückung der einen Gruppe durch die andere. Das kann natürlich auch bei Frauen und Männern geschehen.[7]

In den Vereinigten Staaten wurden während des zweiten Weltkriegs Frauen für die Arbeit in der Rüstungs- und Stahlindustrie und überhaupt in der Schwerindustrie rekrutiert. Da man dringend Arbeitskräfte suchte, wurden an vielen Arbeitsplätzen Kindertagesstätten eingerichtet. Aber obwohl die Frauen der schweren körperlichen Arbeit ganz offensichtlich gewachsen waren und nur zu gern weiter gearbeitet und gut verdient hätten, änderte sich an der *gender*-Trennung des Erwerbslebens nichts, und als der Krieg zu Ende war, wurden die Frauen entlassen (Milkman 1987). Die Kindertagesstätten wurden aufgegeben, und die fünfziger Jahre waren konservativ, familienorientiert und *gender*-segregiert.[8] In den islamischen Ländern, in denen der Fundamentalismus an Boden gewann, legten die Frauen über ihren Blue Jeans wieder den Schleier an; problematischer ist allerdings, daß ihnen alle bürgerlichen Rechte aberkannt wurden (Kandiyoti 1991; Moghadam 1989). Mit dem Zusammenbruch des Kommunismus und der Hinwendung zur kapitalistischen Wirtschaftsweise in Osteuropa müssen weibliche Arbeitskräfte darauf gefaßt sein, daß sie als erste entlassen werden, und das liberale Abtreibungsrecht wird von den wiedererstarkten katholischen Hierarchien unter Beschuß genommen.[9]

---

7   Blair 1989; Jenson 1986.
8   Zu den Erfahrungen mit Kriegskindergärten in Großbritannien, siehe Riley 1983.
9   Fuszara 1991; Moghadam 1990; Rosenberg 1991; Szalai 1991; Sondernummer von *Feminist Review*, „Shifting Territories: Feminisms and Europe", Nr. 39 (1991).

Möglich ist aber auch eine Veränderung in umgekehrter Richtung. 1990-91 kamen im Golfkrieg 35.000 weibliche Angehörige der US-Streitkräfte an die Front, darunter auch Mütter von Kleinkindern, einige sogar als Freiwillige.[10] Sie stellten 6 Prozent der gesamten Streitmacht von 541.425 Personen und 10 Prozent der Gefallenen.[11] Obwohl diese Sprengung des Familienlebens dazu führen könnte, daß wieder einmal der Ruf nach Regelungen zum Schutz der Frauen laut wird, konnten die weiblichen Angehörigen der US-Streitkräfte eine breite öffentliche Anerkennung ihrer Rolle für sich verbuchen. („Unsere Männer und Frauen in den Streitkräften" war die Parole des Tages.) Tatsächlich verabschiedete das US-Repräsentantenhaus ein paar Monate nach dem Golfkrieg ein Gesetz, das es Frauen gestattet, Pilotinnen von Kampfflugzeugen zu werden (*New York Times* 1991d).[12]

Das Paradox, daß Frauen kämpfen und sterben, um Länder zu schützen und zu befreien, die es ihren Frauen nicht gestatten, zu wählen, Autos zu fahren oder sich unverschleiert in der Öffentlichkeit zu zeigen, scheint bei den Frauen beider Kulturen das Bewußtsein geschärft zu haben.[13] Die Frauen der amerikanischen Streitkräfte mußten außerhalb der Stützpunkte lange Ärmel tragen, durften nur in Begleitung eines Mannes in die Stadt gehen, mußten ihn bezahlen lassen und hatten Sporthallen und andere öffentliche Einrichtungen durch die Hintertür zu betreten. Da sie der Befehlsgewalt der Generäle und Politiker unterstanden, gehorchten sie, aber unter Murren; sie hätten es lieber gesehen, wenn die männlichen Angehörigen der Streitkräfte aus Sympathie auf ihre Vorrechte verzichtet hätten.[14] Zur gleichen Zeit waren siebenundvierzig saudiarabische Frauen selbstbewußt genug, ein Drive-in zu veranstalten, das mit achtstündigen Polizeiverhören, Schikanen durch die religiösen Autoritäten und Verlust von Arbeitsplätzen endete, aber auch Unterstützung bei männlichen Verwandten fand (*Ms. Magazine* 1991).

Weil aus dem Bewußtsein der Unterdrückung nicht immer auch der Impuls zum Handeln folgt (Davis und Robinson 1991), und weil Rebellen oft öffentlich bestraft werden, ist beim Einzelnen Anpassung wahrscheinlicher als

---

10 Applebome 1991; Clymer 1991; Gross 1990a; 1990b; Nordheimer 1991; Schmitt 1991; Segal 1986.

11 Mit .0004 lag der Prozentsatz der Gefallenen bei den Frauen leicht über dem der Männer (.0003). Die Zahlenangaben stammen aus einem Artikel in der *New York Times*, der auf das vorhergehende Jahr zurückblickt (Applebome 1992).

12 Francke 1991; Nordheimer 1991; Quindlen 1991a; 1992; Sciolino 1990; Stiehm 1985; U.S. General Accounting Office 1989. Diverse feministische Literatur zu Frauen und Krieg, siehe Cooper, Munich und Squier 1989; Elshtain und Tobias 1990; Gioseffi 1988; Rossiter 1986.

13 Ayres 1991; Gonzalez 1991; LeMoyne 1990a; McFadden 1991.

14 Daß die männlichen Angehörigen der Streitkräfte auf ihre Privilegien verzichten würden, war nicht nur höchst unwahrscheinlich, sondern es wurden ein Jahr später auch noch Berichte veröffentlicht, nach denen es dreiundzwanzig Fälle von Sexualstraftaten einschließlich Vergewaltigung an weiblichen Angehörigen der Streitkräfte gegeben hatte (*New York Times*, 1992b).

Rebellion. Daß die Nutznießer der sozialen Institution *gender* den Status quo erhalten möchten, ist nicht weiter überraschend, aber auch die nicht ganz so Privilegierten haben auf eine funktionierende soziale Ordnung gesetzt, die ihnen eine gewisse Verhandlungsposition verschafft.[15] Rebellion kann den Einzelnen in seinem Leben teuer zu stehen kommen – sie kann ihn seinen Lebensunterhalt, seine Gefühle und seine Freiheit kosten. Solange Rebellion nicht Sache ganzer Gruppen ist und auf die Unterstützung einer beträchtlichen Zahl von Frauen und Männern bauen kann, dürfte sie eine bereits bestehende und derart zentrale Institution wie *gender* kaum erschüttern.

Ein wirklicher Wandel würde bedeuten, daß die Ordnungsprinzipien des sozialen Lebens (Frauen versorgen Kinder, Männer gehen arbeiten) im vollen Bewußtsein ihrer verborgenen Annahmen (die Mutterbindung von Kindern ist anders als ihre Vaterbindung) und latenten Wirkungen (Männer müssen das Weibliche in sich verdrängen und können nicht zulassen, daß Frauen Autorität über sie besitzen) gezielt neu formuliert werden. Kein Wandel dürfte sonderlich tiefgreifend sein, solange die allgegenwärtige soziale Institution *gender* und ihre soziale Konstruktion nicht explizit gemacht werden.[16] Das erste und oberste Paradox von *gender* ist, daß die Institution, ehe sie abgebaut werden kann, erst einmal ganz sichtbar gemacht werden muß, und dies ist der Zweck meines Buchs.

---

15   Goode [1982] 1993; Kandiyoti 1988; Klatch 1987.
16   Acker 1989b; Connell 1990; Stacey und Thorne 1985.

Teil I

Gender-Produktion

1 „Die Nacht zu seinem Tag": Die soziale Konstruktion von *Gender*

[Die Gethenier] sehen einander nicht als Männer oder Frauen. Das übersteigt schon fast unser Vorstellungsvermögen. Was fragen wir denn als erstes, wenn wir ein Neugeborenes sehen?

– Ursula Le Guin (1969, 94)

Über *gender* zu reden, ist für die meisten Menschen gerade so, als sollten Fische über Wasser reden. *Gender* als Grundlage der alltäglichen Verrichtungen ist so normal, daß eine Infragestellung seiner von uns für selbstverständlich gehaltenen Annahmen und Voraussetzungen etwa so ist, als würden wir darüber nachdenken, ob die Sonne wohl aufgeht.[1] *Gender* ist so allgegenwärtig, daß wir es in unserer Gesellschaft für genetisch bedingt halten. Daß *gender* ständig in der menschlichen Interaktion, aus dem sozialen Leben heraus geschaffen und wiedergeschaffen wird und der Stoff und die Ordnung dieses sozialen Lebens ist, erscheint den meisten Menschen kaum glaublich. Und doch ist *gender* genauso etwas vom Menschen Produziertes wie die Kultur und genau wie diese darauf angewiesen, daß jede und jeder ständig „*gender* macht" – „*doing gender*" (West und Zimmerman 1987).

Und jede und jeder „macht *gender*", ohne darüber nachzudenken. Heute in der U-Bahn sah ich einen gut gekleideten Mann mit einem einjährigen Kind in einem Buggy. Gestern im Bus war ein Mann, der einen Säugling in einem Tragegestell vor der Brust trug. Männer, die sich in der Öffentlichkeit um kleine Kinder kümmern, sind ein zunehmend normaler Anblick – zumindest in New York. Beide Männer wurden aber ganz offensichtlich angestarrt – und angelächelt, beifällig. Alle machten *gender* – die Männer, die die Vaterrolle veränderten, und die anderen Fahrgäste, die ihnen wortlos Beifall zollten. Dabei war aber auch noch mehr Vergeschlechtlichung im Gange, mehr „*gendering*", und das dürfte schon weniger Menschen aufgefallen sein. Das Baby hatte eine weiße Häkelmütze und weiße Sachen an. Man hätte nicht

---

1 *Gender* ist, mit Erving Goffmans Worten, ein Aspekt von *Felicity's Condition*: „Jegliches Arrangement, das dazu führt, daß wir die Handlungen eines Individuums ... nicht als Manifestation von Fremdheit beurteilen. Hinter Felicity's Condition steckt unser Empfinden dafür, was es heißt, geistig gesund zu sein" (1983, 27); s. auch Bem 1993; Frye 1983, 17-40; Goffman 1977.

sagen können, ob es ein Junge oder ein Mädchen war. Das Kind im Buggy
trug ein dunkelblaues T-Shirt und dunkle Hosen aus bedrucktem Stoff. Als
es ans Aussteigen ging, setzte ihm sein Vater eine Yankee-Baseballmütze
auf. Aha, dachte ich, ein Junge. Dann sah ich in den Ohren des Kindes winzige Ohrringe glitzern und, als die beiden ausstiegen, seine geblümten Turn-
schuhe und spitzenbesetzten Söckchen. Also doch kein Junge. *Gender* gemacht.

Als Bestandteil des täglichen Lebens ist uns *gender* so vertraut, daß unsere
Erwartungen, wie Frauen und Männer sich verhalten sollten, gewöhnlich erst
bewußt durchbrochen werden müssen, damit wir überhaupt merken, wie
gender produziert wird. *Gender*-Zeichen und -signale sind so allgegenwärtig,
daß wir sie gewöhnlich gar nicht bemerken – es sei denn, sie fehlen oder sind
zweideutig. Dann ist uns unbehaglich, bis es uns gelingt, die andere Person
einem *gender*-Status zuzuordnen; gelingt es uns nicht, sind wir sozial desori-
entiert. In unserer Gesellschaft kann dieser Status außer Mann und Frau auch
Transvestit sein (eine Person, die gegengeschlechtliche Kleidung trägt) oder
Transsexuelle(r) (eine Person, deren Geschlecht operativ umgewandelt wurde). Transvestiten und Transsexuelle konstruieren ihren *gender*-Status, indem sie ihre Kleidung, ihre Sprechweise, ihren Gang, ihre Gestik sorgfältig
auf die Art und Weise abstimmen, die für Männer oder Frauen – je nach
dem, als was sie gelten wollen – vorgeschrieben ist; und genauso macht es
jeder „normale" Mensch.

Beim Individuum beginnt die *gender*-Konstruktion damit, daß es je nach
dem, wie seine Genitalien bei der Geburt aussehen, einer bestimmten *sex*-
Kategorie zugewiesen wird.[2] Die Babies werden dann, weil die Eltern nicht
ständig gefragt werden wollen, ob ihr Kind ein Mädchen oder ein Junge ist,
so angezogen und ausstaffiert, daß diese Kategorie deutlich zum Ausdruck
kommt. Aus einer *sex*-Kategorie wird durch Namensgebung, Kleidung und
die Verwendung weiterer *gender*-Marker ein *gender*-Status. Ist das *gender*
eines Kindes erst einmal offensichtlich, behandeln andere ein Kind in dem
einen *gender* anders als ein Kind im anderen *gender*, und die Kinder reagieren auf diese unterschiedliche Behandlung, indem sie sich anders fühlen und
anders verhalten. Sobald sie sprechen können, fangen sie an, von sich selbst
als Angehörige ihres *gender* zu reden. „*Sex*" kommt erst wieder in der Pubertät ins Spiel, aber zu diesem Zeitpunkt sind die sexuellen Empfindungen,
Wünsche und Praktiken bereits durch vergeschlechtlichte („*gendered*")
Normen und Erwartungen geprägt. Heranwachsende Jungen und Mädchen
suchen und meiden einander in einer minutiös vorgeschriebenen und vergeschlechtlichten Paarungsinszenierung. Auch das Elternverhalten ist mit sei-

---

2   In Ländern mit moderner Medizin werden zweideutige Genitalien gewöhnlich chirurgisch
     zu weiblichen bzw. männlichen Genitalien vereindeutigt.

nen unterschiedlichen Erwartungen an Mütter und Väter vergeschlechtlicht, und Personen von unterschiedlichem *gender* haben unterschiedliche Arten von Arbeit. Die Arbeit, die Erwachsene als Mütter und Väter und als Arbeitskräfte mit niedrigem Status und Bosse mit hohem Status verrichten, prägt die Lebenserfahrungen von Frauen und Männern, und diese Erfahrungen erzeugen unterschiedliche Gefühle, unterschiedliches Bewußtsein, unterschiedliche Beziehungen, unterschiedliche Fähigkeiten – eben die Seinsweisen, die wir weiblich oder männlich nennen.[3] Aus all diesen Prozessen besteht die soziale Konstruktion von *gender*.

Vergeschlechtlichte Rollen ändern sich – heute betreuen Väter kleine Kinder, tragen Mädchen und Jungen gleiche Kleidung und werden gleich erzogen, machen Frauen und Männer die gleiche Arbeit. Viele traditionelle soziale Gruppen achten zwar recht streng darauf, daß die *gender*-Unterschiede bestehen bleiben, aber in anderen sozialen Gruppen scheinen sie sich zu verwischen. Warum dann aber Ohrringe für die Einjährige? Warum ist es immer noch so wichtig, ein Kind als Mädchen oder Junge zu kennzeichnen und sicher zu gehen, daß nicht sie für einen Jungen und er für ein Mädchen gehalten wird? Was wäre denn, wenn es doch passierte? Dann hätten sie in ihrer sozialen Welt ganz buchstäblich die Plätze getauscht.

Um zu erklären, warum alle Welt von Geburt an stets und ständig Vergeschlechtlichung betreibt, dürfen wir uns nicht nur ansehen, wie *gender* individuell erlebt wird, sondern müssen *gender* als eine soziale Institution betrachten. Als soziale Institution ist *gender* eines der wichtigsten Ordnungsprinzipien für die Lebensgestaltung der Menschen. Die menschliche Gesellschaft ist auf eine vorhersehbare Arbeitsteilung angewiesen, auf eine feststehende Zuteilung von seltenen Gütern, auf verbindlich zugewiesene Verantwortlichkeiten für Kinder und andere Personen, die nicht für sich selber sorgen können, auf gemeinsame Werte und ihre systematische Weitergabe an neue Mitglieder, auf eine legitime Führung, auf Musik, Kunst, Geschichten, Spiele und andere symbolische Produktionen. Die Auswahl der Menschen für die unterschiedlichen gesellschaftlichen Aufgaben kann auf die eine Art erfolgen, nämlich aufgrund ihrer Begabungen, Motivationen und Kompetenzen – ihrer ausgewiesenen Leistungen. Oder sie erfolgt auf die andere Art, nämlich aufgrund von *gender*, Rasse, ethnischer Zugehörigkeit – durch Zuschreibung bestimmter Menschen zu bestimmten Kategorien von Menschen. Zwar unterscheiden sich Gesellschaften jeweils in dem Ausmaß, in dem sie sich der einen oder der anderen Art der Zuweisung von Menschen zu bestimmten Arbeiten und sonstigen Pflichten bedienen, alle Gesellschaften aber verwenden dabei *gender* und Altersstufen. Alle Gesellschaften klassifizieren Menschen als „kleine Mädchen und kleine Jungen", „heiratsfähige Mädchen

---

3 „Doing *gender" ist* Identität; siehe dazu Butler 1990.

und Jungen" und „voll erwachsene Frauen und Männer", konstruieren
Gleichheiten und Unterschiede zwischen ihnen und weisen ihnen unter-
schiedliche Rollen und Pflichten zu. Diesen unterschiedlichen Lebenserfah-
rungen entspringen unterschiedliche Persönlichkeitsmerkmale, Gefühle,
Motivationen und Ambitionen, so daß die Angehörigen der verschiedenen
Gruppen auch verschiedene Arten von Menschen werden. Legitimiert wer-
den dieser Prozeß der Vergeschlechtlichung und sein Ergebnis durch die
Religion, das Recht, die Wissenschaft und das Wertesystem der Gesellschaft.

Um *gender* als soziale Institution zu verstehen, ist es wichtig, das menschliche Handeln vom Tierverhalten zu unterscheiden. Tiere ernähren sich selbst
und füttern ihre Jungen, bis diese sich selbst ernähren können. Menschen
müssen nicht nur Nahrung produzieren, sondern auch Behausung und Bekleidung. Außerdem müssen sie, wenn ihre Gruppe als soziale Gruppe fortbestehen soll, die Kinder lehren, wie diese Aufgaben von ihrer jeweiligen
Gruppe bewältigt werden. In diesem Prozeß reproduzieren die Menschen
gender, Familie, Verwandtschaft und Arbeitsteilung – soziale Institutionen,
die es bei Tieren nicht gibt. Man hat die sozialen Gruppen der Primaten als
Familien und ihre Paarungsmuster als Monogamie, Ehebruch und Harem
bezeichnet. Man hat auf das Primatenverhalten zurückgegriffen, um die Universalität der Geschlechtsunterschiede zu beweisen – als Teil unseres evolutionären Erbes (Haraway 1978a). Aber die Geschlechtsunterschiede der Tiere
sind keineswegs dasselbe wie die *gender*-Unterschiede der Menschen; das
Bindungsmuster von Tieren ist nicht Verwandtschaft; die Paarung von Tieren unterliegt keiner Heiratsordnung; und die Dominanzhierarchien von
Tieren sind kein Äquivalent zu den Schichtungssystemen der Menschen.
Tiere bilden Gruppen nach Geschlecht und Alter, also nach relationalen
Kategorien, die sich physiologisch, nicht aber sozial unterscheiden. Menschen schaffen *gender*-Kategorien und Altersgruppen, die sich sozial, nicht
unbedingt aber physiologisch unterscheiden.[4]

Bei den Tieren bedeutet die physiologische Reife, daß sie zeugungs- und
empfängnisfähig sind; angezeigt wird sie durch das Einsetzen der Brunst
(estrus) und der sexuellen Anziehung. Bei den Menschen bedeutet die Pubertät, daß sie heiratsfähig sind; angezeigt wird dies durch Riten, die diese
Heiratsfähigkeit demonstrieren. Obwohl das Einsetzen der physiologischen
Pubertät an den sekundären Geschlechtsmerkmalen (Menstruation, Brustent-
wicklung, Ejakulation von Sperma, Scham- und Achselhaare) zu erkennen
ist, wird das Einsetzen des sozialen Erwachsenseins durch die *Coming-out
Party* oder den *Desert Walkabout* oder Bar Mitzvah oder den Collegeabschluß oder die erste erfolgreiche Jagd oder *Dreaming* oder das Erben von

---

4   Douglas 1973; MacCormack 1980; Ortner 1974; Ortner und Whitehead 1981a; Yanagisako
     und Collier 1987. Zur sozialen Konstruktion der Kindheit siehe Ariès 1962; Zelizer 1985.

Eigentum ritualisiert. Menschen haben Rituale, die den Übergang von der Kindheit zur Pubertät und von der Pubertät in den vollen Erwachsenenstatus markieren, sowie Rituale für Heirat, Geburt und Tod; Tiere haben das nicht (van Gennep 1960). Soweit bei Kindern und Toten nach männlich oder weiblich unterschieden wird, gibt es unterschiedliche Geburtsrituale für Jungen und Mädchen und unterschiedliche Begräbnisriten für Männer und Frauen (Biersack 1984, 132-133). Pubertäts-, Heirats- und Elternschaftsrituale sind vergeschlechtlicht, und erst sie schaffen eine „Frau", einen „Mann", eine „Braut", einen „Bräutigam", eine „Mutter", einen „Vater". Tiere haben für einen derartigen Status kein Äquivalent.

Bei den Tieren paaren sich Geschwister ebenso wie Eltern und Kinder; Menschen haben Inzesttabus und Regeln, die die Paarung zwischen Mitgliedern unterschiedlicher Verwandtschaftgruppen fördern oder verbieten (Lévi-Strauss 1956; [1947] 1969). Jedes Tier kann innerhalb derselben Art ein fremdes Junges füttern (oder auch nicht, je nach Art). Bei den Menschen ist die Verantwortung für bestimmte Kinder durch Verwandtschaft geregelt; Menschen grenzen die Verantwortung für Kinder häufig auf die Mitglieder ihrer Verwandtschaftsgruppe ein oder machen bestimmte Kinder mit Hilfe von Adoptionsritualen zu Mitgliedern ihrer Verwandtschaftsgruppe.

Tiere haben Dominanzhierarchien, die auf ihrer Größe oder ihren erfolgreichen Drohgebärden und -signalen beruhen. Diese Hierarchien sind gewöhnlich *sexed*, und es gibt Arten, bei denen sich durch einen Aufstieg an die Spitze der Hierarchie physisch das Geschlecht ändert (Austad 1986). Menschen haben Schichtungsmuster, die auf der Verfügungsgewalt über den Nahrungsüberschuß, auf Eigentum, legitimen Ansprüchen auf anderer Menschen Arbeit und sexuelle Dienste, zwingenden Vorschriften, wer wen heiraten darf, und der gebilligten Ausübung von Gewalt beruhen. Tritt anstelle eines Mannes eine Frau an die Spitze einer Schichtungshierarchie, kann ihr sozialer Status der eines Mannes sein, ihr Geschlecht aber – ihr *sex* – ändert sich nicht.

Das Paarungs-, Fütter- und Fürsorgeverhalten von Tieren wird durch Instinkt und nachahmendes Lernen bestimmt und nach dem physiologischen Geschlecht und dem Alter geregelt (Lancaster 1974). Das entsprechende Verhalten der Menschen wird anerzogen und symbolisch verstärkt und nach den sozial konstruierten *gender*- und Altersstufen geregelt. Der soziale *gender*- und Altersstatus kann mitunter vom physiologischen Geschlecht und Alter völlig absehen oder sich darüber hinwegsetzen. Männliche und weibliche Tiere sind nicht austauschbar (es sei denn, sie verändern sich physiologisch); Tierkinder können nicht an die Stelle von erwachsenen Tieren treten. Weibliche Menschen können ohne operative Geschlechtsumwandlung ebenso zu Ehemännern und Vätern werden wie männliche Menschen zu Ehefrauen und Müttern (Blackwood 1984). Menschenkinder können als Könige oder Königinnen herrschen.

In den Werten der westlichen Gesellschaften wird die Vergeschlechtlichung mit der Behauptung legitimiert, sie sei gänzlich physiologisch bedingt – eine Folge der unterschiedlichen Zeugungsfunktionen von Frau und Mann. Aber *gender* und *sex* sind nicht äquivalent, und *gender* als soziale Konstruktion ergibt sich nicht automatisch aus Genitalien und Fortpflanzungsorganen, den wichtigsten physiologischen Unterschieden zwischen weiblichen und männlichen Menschen. Physiologische Unterschiede wie *sex*, Entwicklungsstufe, Hautfarbe und Größe sind bei der Konstruktion des zugeschriebenen sozialen Status nur grobe Anhaltspunkte. Sie sind nicht der Ursprung des sozialen *gender*-, Alters- und Rassenstatus. Ein sozialer Status wird mit Hilfe vorgeschriebener Prozesse von Lehren und Lernen, Nachahmung und Zwang sorgfältig konstruiert. Wie immer der Beitrag von Genen, Hormonen und biologischer Evolution zu den sozialen Institutionen der Menschen aussehen mag, immer ist er materiell wie qualitativ durch die soziale Praxis verändert. Jede soziale Institution hat eine materielle Basis, aber diese Basis wird durch Kultur und soziale Praxis zu etwas anderem, mit qualitativ anderen Mustern und Zwängen. Ökonomie ist weit mehr als die Produktion von Nahrung und Gütern und deren Distribution an Esser und Nutzer; Familie und Verwandtschaft sind nicht das Äquivalent von Geschlechtsverkehr und Fortpflanzung; Moral und Religion sind nicht gleich den Ängsten und Lüsten des Gehirns; Sprache geht weit über die Laute hinaus, die von Zunge und Kehlkopf erzeugt werden. „Geld" oder „Kredit" kann niemand essen; Begriffe wie „Gott" oder „Engel" sind Gegenstand theologischer Abhandlungen; und nicht nur Worte, sondern auch Objekte wie etwa die Flagge „sprechen" zu den Bürgern eines Landes.

Genauso wenig ist *gender* gleich den biologischen und physiologischen Unterschieden zwischen weiblichen und männlichen Menschen. Die Grundbausteine von *gender* sind die Ausprägungen eines *sozial konstruierten Status*. Westliche Gesellschaften haben nur zwei *gender*, „Mann" und „Frau". Manche Gesellschaften haben drei *gender* – Männer, Frauen und *Berdachen* oder *Hijras* oder *Xanith*. Berdachen, Hijras und Xaniths sind biologische Männer, die sich als soziale Frauen verhalten und kleiden, als Frauen arbeiten und in fast jeder Hinsicht als Frauen behandelt werden; sie sind daher keine Männer, aber auch keine weiblichen Frauen; sie sind, in unserer Sprache, „männliche Frauen".[5] Bestimmte afrikanische und indianische Gesellschaften haben einen *gender*-Status, der *Frauen mit Männerherz* heißt – biologische Frauen, die als Männer arbeiten, heiraten und Eltern sind; ihr

---

5   Siehe Nanda 1990 zu den Hijras in Indien; Wikan 1982, 168-186 zu den Xaniths von Oman; W. L. Williams 1986 zu den Berdachen bei den amerikanischen Indianern. Andere Gesellschaften, in denen es ähnliche institutionalisierte dritte *gender* für Männer gibt, sind die Koniag von Alaska, die Tanala von Madagaskar, die Mesakin von Nuba und die Tschutschen von Sibirien (Wikan 1982, 170).

sozialer Status ist „weibliche Männer" (Amadiume 1987; Blackwood 1984).
Um die sozialen Pflichten und Vorrechte von Ehemännern und Vätern zu
haben, müssen sie sich nicht wie Männer verhalten oder kleiden; was sie zu
Männern macht, ist genügend Reichtum, um sich eine Ehefrau zu kaufen.

Diesen *crossover gender* entsprechen in den modernen westlichen Gesellschaften am ehesten die *Transsexuellen* und *Transvestiten*, die jedoch nicht
als dritte *gender* institutionalisiert sind (Bolin 1987). Transsexuelle sind
biologische Männer und Frauen, die ihre Genitalien operativ verändern und
ihren *sex* umwandeln lassen. Sie tun dies, damit ihre physische Anatomie mit
der von ihnen gewünschten Lebensweise und als richtig empfundenen *gender*-Identität übereinstimmt. Sie gehen nicht in ein drittes *gender* über; sie
wechseln das *gender*. Transvestiten sind Männer, die als Frauen leben, und
Frauen, die als Männer leben, aber keine operative Geschlechtsumwandlung
anstreben. Ihrer Kleidung, ihrem Aussehen und ihren Verhaltensweisen nach
bewegen sie sich im Rahmen dessen, was von den Angehörigen des jeweils
anderen Geschlechts erwartet wird, so daß sie als solche „durchgehen". Auch
sie wechseln das *gender*, machmal vorübergehend, manche fast lebenslang.
Weibliche Transvestiten haben noch in den Kriegen des neunzehnten Jahrhunderts als männliche Soldaten gekämpft; nach dem Krieg heirateten manche von ihnen Frauen, andere wurden wieder Frauen und heirateten Männer.[6]
Einige wurden entdeckt, als ihre Verwundungen behandelt wurden; andere
erst, als sie tot waren. Um als Jazzmusikerin in einem Männerberuf arbeiten
zu können, lebte Billy Tipton, eine Frau, den größten Teil ihres Lebens als
Mann. Sie starb vor kurzem mit vierundsiebzig und hinterließ eine Frau und
drei Adoptivsöhne, für die sie Ehemann und Vater war, und Musiker, mit
denen sie gespielt hatte und gereist war und für die sie „one of the boys" war
(*New York Times* 1989a).[7] Auch sonst gab es noch viele Fälle von Frauen,
die sich als Männer ausgaben, um die prestigeträchtigere oder einträglichere
Arbeit von Männern zu bekommen (Matthaei 1982, 192-193).[8]

Somit ist *gender* nicht an ein biologisches Substrat gebunden. *Gender*-
Grenzen können durchbrochen werden, und individuelle wie sozial geregelte
gender-Wechsel lenken die Aufmerksamkeit auf „kulturelle, soziale oder
ästhetische Dissonanzen" (Garber 1992, 16). Diese übrigen oder abweichenden oder dritten *gender* führen uns vor Augen, was wir gewöhnlich als gegeben hinnehmen – daß Menschen erst lernen müssen, Frauen und Männer zu

---

6   Durova 1989; Freeman und Bond 1992; Wheelwright 1989.

7   An der *gender*-typischen Arbeitsteilung in der Popmusik hat sich laut Groce und Cooper
    (1990) immer noch nicht viel verändert, trotz beträchtlicher Androgynie bei einigen sehr
    beliebten Figuren; zur Androgynie siehe Garber (1992), zu Tipton insbesondere 67-70.

8   Im neunzehnten Jahrhundert bekamen diese Frauen nicht nur Männerlohn, sondern „hatten
    männliche Privilegien und konnten alles mögliche tun, was andere Frauen nicht konnten:
    Bankkonten eröffnen, Schecks ausschreiben, Eigentum erwerben, überall unbegleitet hin-
    gehen, wählen" (Faderman 1991, 44).

sein. Männer, die für die Bühne oder zum Vergnügen Frauenkleider anziehen, lernen oft aus Frauenzeitschriften, wie Weiblichkeit überzeugend „gemacht" wird (Garber 1992, 41-51). Weil Transvestiten direkt vorführen, wie
gender konstruiert wird, steckt in ihnen, wie Marjorie Garber meint, „eine
außergewöhnliche Sprengkraft und ein hohes Entlarvungs- und Provokati-
onspotential, durch das der Begriff von ‚Original' und stabiler Identität selber
in Frage gestellt wird" (1992, 16).

Gender-Beugung

Wie *gender* konstruiert wird, ist deshalb so schwer zu sehen, weil wir für
selbstverständlich halten, daß alles biologisch oder hormonell oder durch die
Natur des Menschen bedingt ist. Die Unterschiede zwischen Frauen und
Männern scheinen für sich selbst zu sprechen, und wir denken, es gäbe sie,
ganz gleich, wie die Gesellschaft sich verhält. Tatsächlich aber sind sich
weibliche und männliche Menschen in ihrer äußeren Erscheinung physiologisch viel ähnlicher als die zwei Geschlechter vieler Tierarten, und ihren
Merkmalen und ihrem Verhalten nach viel eher ähnlich als unähnlich
(Epstein 1988). Ohne den bewußten Gebrauch von vergeschlechtlichter
Kleidung, Haartracht, Schmuck und Kosmetik würden sich Frauen und Männer weitaus ähnlicher sehen.[9] Selbst Gesellschaften, die die Brüste der Frau-
en nicht bedecken, haben *gender*-typische Kleidung, Schmucknarben,
Schmuck und Haartrachten.

   Die Leichtigkeit, mit der sich viele weibliche Transvestiten als Männer und
männliche Transvestiten als Frauen ausgeben können, findet eine Bestätigung auch in der weit verbreiteten Fehlbestimmung des *gender* von Menschen in Jeans, T-Shirts und Turnschuhen in westlich orientierten Gesellschaften. Männer mit langen Haaren werden mitunter als junge Frauen
angesprochen und Frauen mit kurzen Haaren oft für Männer gehalten, sofern
sie dieser potentiellen Uneindeutigkeit nicht durch bewußte *gender*-Marker
entgegensteuern (Devor 1987; 1989). In *Conundrum*, einem autobiographi-
schen Bericht über die Begebenheiten kurz vor und kurz nach einer operativen Geschlechtsumwandlung, hat Jan Morris beschrieben, wie leicht es war,
sich aus einem Mann in eine Frau und wieder zurück zu verwandeln, als er
ausprobieren wollte, wie er sich beim Wechsel des *gender*-Status fühlen
würde. Zu jener Zeit hatte Morris noch einen Penis und trug mehr oder weniger Unisex-Kleidung; zum Mann oder zur Frau machte ihn allein der Kontext:

---

9   Als Mitte der sechziger Jahre in den Vereinigten Staaten unisex Kleidung für beide Ge-
    schlechter und lange Haare bei den Männern in Mode kamen, wurden auch Bärte und
    Schnurrbärte als *gender*-Merkmale von Männern wieder modern.

Mitunter war der Schauplatz meiner Ambivalenz ungemütlich eng. Im Traveller's Club zum Beispiel kannte man mich natürlich als Mann – Frauen war der Zutritt zu den Clubräumen ohnehin nur wenige Stunden am Tag gestattet, und auch dann wurden sie noch in möglichst abgelegenen Nebenräumen oder Nischen versteckt. Nur ein paar hundert Meter weiter hatte ich aber noch einen anderen Club, wo man mich nur als Frau kannte, und oft ging ich direkt vom einen zum anderen und wechselte unterwegs unmerklich die Rollen – mit „Cheerio, sir," verabschiedete mich der Pförtner des einen Clubs, mit „Hello, madam" begrüßte mich der Pförtner des anderen (Morris 1975, 132)

Tatsächlich ist *gender*-Beugung auch in öffentlichen Rollen ein weit verbreitetes Phänomen. Königin Elizabeth II. von England hat Kinder geboren, aber als sie zum Staatsbesuch nach Saudi-Arabien fuhr, wurde sie dort zum Manne ehrenhalber ernannt, damit sie überhaupt mit Männern konferieren und dinieren konnte, die die Oberhäupter eines Staates waren, der Männern und Frauen, die nicht miteinander verwandt sind, jeglichen Kontakt von Angesicht zu unverschleiertem Angesicht verbietet. Im heutigen Ägypten tragen Frauen aus der Unterschicht, die Restaurants und Läden führen, Männerkleider und legen ein unweiblich aggressives Verhalten an den Tag, und gebildete Mittelklassefrauen können Führungspositionen in einem freien Beruf oder im Managemennt einnehmen (Rugh 1986, 131). In diesen Situationen findet eine wichtige Statusveränderung statt: Von anderen werden diese Frauen dann so behandelt, als wären sie Männer. Aus ihrer eigenen Sicht sind sie weiterhin Frauen. Sozial gesehen jedoch sind sie Männer.[10]

In vielen Kulturen ist *gender*-Beugung bei Theater oder Tanz durchaus üblich – die Schauspieler des japanischen Kabuki-Theaters sind Männer, die Frauen und Männer spielen; in Shakespeares Theatertruppe gab es keine Schauspielerinnen – Julia und Lady Macbeth wurden von Jungen gespielt. Shakespeares Komödien stecken voll von geistreichen Kommentaren zum *gender*-Tausch. Oft schlüpfen weibliche Figuren in die Maske von jungen Männern, in die sich dann andere weibliche Figuren verlieben; während die Jungen, die diese verkleideten Frauen spielen, das Liebesschmachten nach anderen männlichen Figuren darstellen.[11] Wenn sich Rosalinde in *Wie es euch gefällt* rechtfertigt, weil sie zu ihrem Schutz Männerkleidung anlegt, dann liefert Shakespeare damit auch einen Kommentar zur Männlichkeit:

---

10   Weitere Berichte über Frauen in islamischen Ländern, die als Männer behandelt werden, sowie Berichte von Frauen und Männern in diesen Ländern, die gegengeschlechtliche Kleidung tragen, siehe Garber 1992, 304-352.

11   Dollimore 1986; Garber 1992, 32-40; Greenblatt 1987, 66-93; Howard 1988. Berichte aus der Renaissance über sexuelle Beziehungen mit Frauen und Männern uneindeutigen Geschlechts, siehe Laqueur 1990a, 134-139. Moderne Bericht von Frauen, die sich als Männer ausgeben und von anderen Frauen sexuell attraktiv gefunden werden, siehe Devor 1989, 136-137; Wheelwright 1989, 53-59.

Wär's nicht besser,
Weil ich von mehr doch als gemeinem Wuchs,
Daß ich mich trüge völlig wie ein Mann?
Den schmucken kurzen Säbel an der Hüfte,
Den Jagdspieß in der Hand, und – läg im Herzen
Auch noch so viele Weiberfurcht versteckt -
Wir sähen kriegerisch und prahlend drein
Wie manche andre Männermemmen auch,
Die mit dem Anseh'n es zu zwingen wissen.
(Akt I, 3. Szene)

Shakespeares Publikum wußte den doppelten Subtext zu würdigen: Rosalinde, eine weibliche Figur, war ein Junge in Mädchenkleidern, der dann in Jungenkleider schlüpfte; Männlichkeit und Weiblichkeit kann genau wie die Tapferkeit mit wechselnden Kostümen und Rollen an- und ausgezogen werden (Howard 1988, 435).[12]

M Butterfly von David Hwang (1989) ist ein modernes Stück über *gender*-Ambivalenzen, dem das Leben einer realen Person zugrunde liegt. Shi Peipu, ein chinesischer Opernsänger, der Frauenrollen sang, war als Mann ein Spion und als Frau die Geliebte des französischen Diplomaten Gallimard (Bernstein 1986). Die Beziehung dauerte zwanzig Jahre, und Shi Peipu gab sogar vor, Mutter eines Kindes von Gallimard zu sein. Außerdem gab „sie" vor, sie sei zu schüchtern, um sich ganz zu entkleiden. Als „Butterfly" war Shi Peipu das Inbild einer Phantasieorientalin, die den Liebhaber zum „richtigen Manne" macht (Kondo 1990b). Zu dieser Phantasie gehörten, mit Gallimards Worten, „grazile Frauen in Chong Sams und Kimonos, die aus Liebe zu fremden Teufeln sterben, die ihrer Liebe nicht wert sind. Die als vollkommene Frauen geboren und erzogen werden. Die jede Strafe, die wir über sie verhängen, hinnehmen und sich immer wieder aufrichten in ihrer Liebe, bedingungslos" (Hwang 1989, 91). Als die Phantasiefrau ihn betrog, indem sie sich als der mächtigere „richtige Mann" erwies, schlüpfte Gallimard in die Rolle der Butterfly, legte die Gewänder einer Geisha an und brachte sich um: „Weil ‚Mann' und ‚Frau' als Gegensätze definiert sind, lassen sie sich ... umkehren" (Kondo 1990b, 18).[13]

Aber trotz der Leichtigkeit, mit der die *gender*-Grenzen bei der Arbeit, in den sozialen Beziehungen und in der kulturellen Produktion überschritten werden können, bleibt der *gender*-Status in seinen beiden Ausprägungen bestehen. Transvestiten und Transsexuelle stellen die soziale Konstruktion

---

12 Frauen, die sich als männliche Soldaten ausgaben, mußten mehr als nur eine Uniform tragen, sie mußten „Männlichkeit machen" (Wheelwright 1989, 50-78). Zu den dreifach hintersinnigen Anspielungen und *gender*-Assoziationen von Figuren wie Rosalinde, siehe Garber 1992, 71-77.

13 Siehe auch Garber 1992, 234-266.

von *gender* nicht in Frage. Ihr Ziel ist es, feminine Frauen und maskuline Männer zu sein (Kando 1973). Wer zwar sein *gender*-Verhalten, nicht aber seine Anatomie verändern will, bei dem verläuft der Aufbau der sozialen Identität weniger glatt. Die Frauen, die Holly Devor „*gender blenders*" („*gender*-Mischer") nannte, trugen kurze Haare, unisex Hosen und Hemden, bequeme Schuhe und weder Schmuck noch Makeup. Sie bezeichneten ihre Alltagskleidung als Frauenkleidung. Eine sagte: „Ich habe immer Jeans getragen, aber keine Männerkleidung" (Devor 1989, 100). Ihre *gender*-Identität war die von Frauen, aber weil sie sich weigerten, Weiblichkeit zu „machen", wurden sie ständig für Männer gehalten (Devor 1987; 1989, 107-142). Devor sagt von ihnen: „Am häufigsten waren Klagen über öffentliche Toiletten. Wiederholt wurde gesagt, wie demütigend es sei, auf Frauentoiletten angegriffen oder hinausgeworfen zu werden. Auch öffentliche Umkleideräume waren Gefahrenzonen, wie sie feststellen mußten, und der Kauf von Unterwäsche erwies sich als ein schwieriges Unterfangen" (1987, 29). Eine letzte Ironie des Ganzen wurde bei einigen dieser Frauen deutlich, die sagten, wenn sie Kleider tragen müßten, „würden sie sich wie Transvestiten fühlen," und zwei sagten auch, sie seien, als sie Kleider trugen, als Transvestiten angesprochen worden (1987, 31). Sie lösten die Ambivalenz ihres *gender*-Status, indem sie sich privat als Frauen identifizierten und in der Öffentlichkeit als Männer auftraten, um Belästigungen auf der Straße aus dem Wege zu gehen, Männerarbeit zu bekommen und, wenn sie lesbisch waren, ihre Zuneigung zu ihren Geliebten leichter öffentlich zeigen zu können (1989, 107-142). Manchmal gingen sie sogar auf Männertoiletten. Wenn sie *gender*-neutrale Namen wie etwa Leslie hatten, konnten sie das bürokratische Gerangel vermeiden, das jedesmal ausbrach, wenn sie ihren Paß oder andere Ausweispapiere vorlegen mußten; die meisten hatten aber Namen, die mit Frauen assoziiert werden, so daß ihr Erscheinungsbild und ihr Personalausweis nicht im üblichen Sinne zusammenpaßten und ihr *gender*-Status ständig gefährdet war.[14] Sie fanden es einfacher, sich dort, wo sie es konnten, als Männer auszugeben statt zu versuchen, die stereotypen Vorstellungen davon zu verändern, wie Frauen aussehen sollten.

Paradoxerweise tragen also der Verstoß gegen die *gender*-Regeln und der *gender*-Wechsel nicht zur Verwischung, sondern eher zum Erhalt der *gender*-Grenzen bei. In Gesellschaften mit nur zwei *gender* kommt es schon deshalb zu keiner Aufweichung der *gender*-Dichotomie durch die Transvestiten, weil die anderen der Ansicht sind, Transvestiten seien nur vorübergehend ambivalent – und „da drunter eigentlich doch Mann oder Frau." Trans-

---

14 Wie viele Dokumente Transsexuelle ändern lassen müssen, bis sie auch „auf dem Papier" wieder ordentliche Bürger sind, schildert Bolin (1988, 145-147). Zu bedenken ist ja, daß sich zwar nur Angehörige derselben sozialen Gruppe mit den Frauen- und Männernamen ihrer Kultur auskennen, viele Dokumente aber Angaben zum „Geschlecht" enthalten.

sexuelle enden nach der operativen Geschlechtsumwandlung wieder in einem konventionellen *gender*-Status – als „Mann" oder als „Frau" mit dazu passenden Genitalien (Eichler 1989). Kleiden sich Frauen aus geschäftlichen Gründen wie Männer, geben sie damit zu erkennen, daß sie in dieser Situation so behandelt werden wollen wie Männer; kleiden sie sich als Frauen, wollen sie als Frauen behandelt werden:

> Durch ihre Männerkleidung signalisieren die Unternehmerinnen, daß sie die Erwartungen an ein akzeptiertes weibliches Verhalten vorübergehend außer Kraft setzen wollen, ohne deshalb Achtung und Ruf einzubüßen. Indem sie etwas „Unattraktives" tragen, zeigen sie an, daß sie nicht beabsichtigen, ihren physischen Charme spielen zu lassen, während sie sich im öffentlichen Leben betätigen. Ihre laute, aggressive Redeweise steht im Gegensatz zu dem zurückhaltenden Benehmen, das für Männer attraktiv ist. ... Wird offen kundgetan, daß die Regeln ausgesetzt sind, verhindert dies die Unterminierung der Erwartungen, zu der das normale Verhalten sonst führen würde. (Rugh 1986, 131)

Für die Individuen heißt Gender Gleichheit

Obwohl aus den möglichen Kombinationen von Genitalien, Körperformen, Kleidung, Verhaltensweisen, Sexualität und Rollen bei den Menschen unendlich viele Varianten entstehen könnten, hängt die soziale Institution *gender* davon ab, daß *gender* als Status nur in einer begrenzten Zahl von Ausprägungen produziert und aufrechterhalten wird und daß die Angehörigen jedes Status einander angeglichen werden. Individuen werden *sexed*, aber nicht *gendered* geboren und müssen erst lernen, männlich oder weiblich zu sein.[15] „Man kommt," wie schon Simone de Beauvoir gesagt hat, „nicht als Frau zur Welt, man wird es. ... Die gesamte Zivilisation bringt dieses als weiblich qualifizierte [Geschöpf] ... hervor" (1953, 267; dt. 1992, 334).

Kinder lernen laufen, sprechen und sich gestisch artikulieren, wie sich das nach Meinung ihrer sozialen Gruppe für Jungen und Mädchen gehört. In seiner Analyse der Körperbewegung als menschlicher Kommunikation bezeichnet Ray Birdwhistell diese erlernten *gender*-Darstellungen als *tertiäre* Geschlechtsmerkmale und meint, sie seien wegen des schwach ausgeprägten Dimorphismus der Gattung Mensch – die Genitalien sind ihre einzigen *sex*-Marker – notwendig, um die *gender* unterscheiden zu können (1970, 39-46). Paradoxerweise wird durch Kleidung der *sex* oft verborgen, aber das *gender* angezeigt.

---

15 Garfinkel 1967, 116-185, 285-288, gibt einen Bericht darüber, wie eine potentielle Mann-zu-Frau-Transsexuelle lernte, weiblich zu sein. In einer Notiz zu diesem Bericht weist Rogers 1992 darauf hin, daß Garfinkel gar nicht merkte, wie er im Laufe seiner Begegnungen mit Agnes selber seine eigene Männlichkeit konstruierte.

In der frühen Kindheit entwickeln die Menschen über ihre Interaktionen mit ihren gleich- beziehungsweise gegengeschlechtlichen Eltern verge-schlechtlichte Persönlichkeitsstrukturen und sexuelle Orientierungen. Als Heranwachsende handhaben sie ihr Sexualverhalten nach vergeschlechtlich-ten Skripten. Schulen, Eltern, Peers und Massenmedien weisen jungen Men-schen den Weg in die vergeschlechtlichten Arbeits- und Familienrollen. Als Erwachsene nehmen sie einen vergeschlechtlichten Sozialstatus im Schich-tungssystem ihrer Gesellschaft ein. Somit ist *gender* sowohl zugeschrieben als auch erworben (West und Zimmerman 1987).

Wie der *gender*-Erwerb vor sich geht, wurde höchst dramatisch an dem Fall eines Kindes deutlich, eines männlichen Säuglings, der durch eine ver-pfuschte Beschneidung im Alter von sieben Monaten seinen Penis verlor und durch dieses Mißgeschick zum Transsexuellen wurde (Money und Ehrhardt 1972, 118-123). Man änderte die *sex*-Kategorie des Kindes in „weiblich" und baute, als es siebzehn Monate alt war, operativ eine Vagina auf. Den Eltern wurde der Rat erteilt, daß sie ihr Kind, einen von zwei eineiigen Zwillingen, erfolgreich auch als Mädchen großziehen könnten. Die Ärzte versicherten ihnen, das Kind sei noch zu klein, um bereits eine *gender*-Identität ausgebil-det zu haben. Kinder entwickeln ein Gefühl für ihre *gender*-Zugehörigkeit gewöhnlich erst im Alter von etwa drei Jahren, zu dem Zeitpunkt also, zu dem sie anfangen, Objekte zu Gruppen zusammenzufassen und zu erkennen, daß auch die Menschen um sie herum in bestimmte Kategorien passen – groß, klein; hellhäutig, dunkelhäutig; Jungen, Mädchen. Drei Jahre war im-mer auch das Alter, in dem das Erscheinungsbild von Kindern rituell verge-schlechtlicht wird, bei Jungen gewöhnlich, indem man ihnen die Haare kurz schneidet oder sie unverkennbar männlich kleidet. Im viktorianischen Eng-land trugen Jungen bis zum Alter von drei Jahren Kleider und wurden dann in kurze Hosen gesteckt (Garber 1992, 1-2).

Die Eltern des durch dieses Mißgeschick transsexuellen Kindes gaben sich bei seiner Verweiblichung alle erdenkliche Mühe – und waren erfolgreich. Rüschenkleidchen, Haarbänder und Schmuck halfen mit, so daß es Wert auf sein Aussehen legte und adrett und „niedlich" wurde. Bezeichnenderweise wurde auch das Dominanzverhalten des Kindes verweiblicht:

> Das Mädchen war in vielem sehr jungenhaft, von überschäumender physischer Energie, hochgradig aktiv, eigensinnig und in Mädchengruppen oft dominant. Ihre Mutter versuchte, ihre Wildheit zu zügeln: „... Ich versuche, ihr beizubringen, höf-licher und ruhiger zu sein. Das wäre ich selber immer gern gewesen, habe es aber nie geschafft, und jetzt will ich versuchen, daß ich es bei meiner Tochter schaffe, daß sie ruhiger und mehr ladylike ist." Das Mädchen war von Anfang an die domi-nantere der beiden Zwillinge. Mit drei Jahren war aus dieser Dominanz ihrem Bru-der gegenüber geradezu ein Gluckenverhalten geworden, wie ihre Mutter schilder-te. Der Junge wiederum warf sich, wenn irgendjemand seine Schwester bedrohte, zu ihrem Beschützer auf. (Money und Ehrhardt 1972, 122)

Dieses Kind war nicht wegen irgendwelcher männlichen Gene oder Hormone so jungenhaft; auch seine Mutter war ja nach eigener Aussage einmal jungenhaft wild gewesen. Was die Mutter, während sie als „natürliches" weibliches Wesen aufwuchs, nur schlecht gelernt hatte, sollte ihre physisch umgewandelte Tochter nun richtig lernen. Bei Mutter wie Kind hatte sich die soziale Konstruktion von *gender* über alle möglicherweise angeborenen Merkmale hinweggesetzt.

Die Menschen fügen sich in die Zumutung der *gender*-Normen, weil deren Durchsetzung mit dem ganzen Gewicht der Moral wie auch mit unmittelbarem sozialem Druck betrieben wird. Man halte sich einmal vor Augen, wieviele Anweisungen zum richtig vergeschlechtlichten Verhalten in geballter Form in dieser Ermahnung einer Mutter an ihre Tochter stecken: „Also, jetzt zeig ich dir mal, wie du das machst, wenn der Saum von deinem Kleid aufgegangen ist, damit du gar nicht erst anfängst, so schlampig rumzulaufen, wie du das ja wohl am liebsten möchtest" (Kincaid 1978).

Gender-Normen stecken in der Art und Weise, wie Menschen sich bewegen, in ihrer Gestik, ja, selbst in der Art und Weise, wie sie essen. In einer bestimmten afrikanischen Gesellschaft sollten die Männern „ungezwungen und mit vollen Backen" essen, „nicht wie die Frauen geziert, halbherzig, bescheiden, zurückhaltend" (Bourdieu [1980] 1990, 70). Männer und Frauen lernten in dieser Gesellschaft auch, auf eine Art und Weise zu gehen, die ihre unterschiedlichen Positionen in der Gesellschaft zum Ausdruck brachte:

> Der Mannhafte ... ist auch der, welcher ... jedem die Stirn bietet und ins Gesicht blickt, der zu ihm kommt oder auf den er zugeht; stets hellwach, weil stets gefährdet, läßt er sich nichts entgehen, was um ihn herum geschieht ... Dagegen erwartet man von der gesitteten Frau,, ... daß sie leicht vornübergeneigt daherschreitet, mit niedergeschlagenen Augen, sich dabei vor jeder unschicklichen Gebärde, Körper-Kopf- oder Armbewegung hütend. Ihr Blick meidet dabei alles bis auf den Fleck, wo sie den Fuß hinsetzen will, vor allem, wenn sie zufällig an der Versammlung der Männer vorbei muß. (Bourdieu [1980] 1990, 70)

Viele Kulturen bleiben bei der Vergeschlechtlichung ihrer Kinder nicht bei Kleidung, Gestik und Benehmen stehen. Sie prägen dem Körper sein *gender* direkt ein. In der traditionellen chinesischen Gesellschaft banden die Mütter ihren Töchtern die Füße zu neun Zentimeter langen Stümpfen ab, um sie sexuell attraktiver zu machen. Jüdische Väter beschneiden ihre kleinen Söhne als sichtbares Zeichen ihres Bundes mit Gott. Frauen in afrikanischen Gesellschaften schneiden die Klitoris von vorpubertären Mädchen heraus, schaben die Schamlippen aus und lassen sie zusammenwachsen, um ihre Keuschheit zu bewahren und ihre Heiratsfähigkeit zu sichern. In westlichen Gesellschaften vergrößern die Frauen ihre Brüste mit Silikon und lassen sich mit Schönheitsoperationen neue Gesichter machen, um den kulturellen Idealen von weiblicher Schönheit zu entsprechen. Hanna Papanek (1990) weist darauf hin, daß diese Praktiken sowohl bei den Erwachsenen, die sie vor-

nehmen, als auch bei den Kindern, an denen sie vorgenommen werden, jeweils das Gefühl der Überlegenheit oder Unterlegenheit verstärken: Die
Genitalien der jüdischen Väter und Söhne sind ein physischer und psychologischer Beweis ihres gemeinsamen dominanten religiösen und familialen
Status; die Genitalien der afrikanischen Mütter und Töchter sind der physische und psychologische Beweis ihrer gemeinsamen Unterdrückung.[16]

Sandra Bem (1981; 1983) meint, *gender* sei ein so übermächtiges, die
Ordnung der gesamten kognitiven Welt bestimmendes „Schema", daß man
ständig aktiv darum kämpfen müsse, ein Kind nicht in die typischen vergeschlechtlichten Einstellungen und Verhaltensweisen verfallen zu lassen. 1972
erschien im *Ms. Magazine* Lois Goulds Phantasie von der nicht-*gender*-
typischen Erziehung eines Kindes. Dieses Experiment setzt voraus, daß die
Anatomie des Kindes allen außer seinen Eltern verborgen bleibt und daß es
weder als Mädchen noch als Junge behandelt wird. Auf diese Weise kann das
Kind, das sie X nennt, alles tun, was Jungen *und* Mädchen tun. Das Experiment ist so erfolgreich, daß alle Kinder in X' Klasse wie X aussehen und sich
wie X verhalten wollen. Die Geschichte schließt mit der Frage an die Urheber des Experiments, was werden soll, wenn X erwachsen wird. Die Antwort
der Wissenschaftler lautet, zu diesem Zeitpunkt werde ganz klar sein, was X
sei, das heißt, dann wären die Hormone zum Zuge gekommen und hätten X
als weiblich oder männlich ausgewiesen. So zieht sich Gould mit einem
ambivalenten und etwas widersprüchlichen Schluß aus der Affaire, denn
schließlich haben weder sie noch wir die mindeste Vorstellung davon, was
für einen Erwachsenen ein vollkommen androgyn erzogenes Kind sexuell
und sozial abgeben würde. Der hormonale Input erzeugt weder *gender* noch
Sexualität, nur sekundäre Geschlechtsmerkmale; Brüste, Bart und Menstruation allein aber machen noch keine soziale Männlichkeit oder Weiblichkeit.
Tatsächlich schicken ja auch die meisten Gesellschaften ihre Kinder gerade
in der Pubertät, wenn die Geschlechtsmerkmale sichtbar werden, durch ihre
wichtigsten Übergangsriten, eben jene Rituale, die sie offiziell als voll verge-

---

16 Paige und Paige (1981, 147-149) sind der Ansicht, Beschneidungszeremonien stellten
einen Loyalitätsbeweis des Vaters gegenüber den Ältesten des Geschlechts dar – einen
„sichtbaren öffentlichen Beweis dafür, daß das Haupt einer Familieneinheit ihres Geschlechts bereit ist, sein größtes politisches Kapital und das seiner Familie, den Penis seines Sohnes, den anderen anzuvertrauen" (147). Zur Beschneidung von Mädchen, siehe El
Dareer 1982; Lightfoot-Klein 1987; van der Kwaak 1992; Walker 1992. Es gibt eine Form
der Beschneidung von Mädchen, bei der ähnlich wie bei der Beschneidung der Jungen nur
die Vorhaut der Klitoris entfernt wird, aber die meisten Formen der Beschneidung von
Mädchen sind erheblich umfangreicher und hinterlassen größere Verstümmelungen und
schwerere geistige und seelische Traumen als die übliche Form der Beschneidung von Jungen. Bei den australischen Aborigines allerdings wird der Penis der Jungen aufgeschlitzt
und offen gehalten, so daß sie wie Frauen urinieren und bluten (Bettelheim 1962, 165-206).

schlechtlicht ausweisen – das heißt, als heiratsfähig und auf der Schwelle zum Erwachsenenleben stehend. Die meisten Eltern erzeugen mit Namensgebung, Geburtsanzeigen und Kleidung eine vergeschlechtlichte Welt für ihr Neugeborenes. Die Beziehungen der Kinder zu ihren gleich- beziehungsweise gegengeschlechtlichen Pflegepersonen strukturieren ihre Ich-Identität und ihre Persönlichkeit. Mit der kognitiven Entwicklung filtern die Kinder – unter Aussonderung alles Unpassenden – das für Personen ihres *gender*, ihrer Rasse, ihrer ethnischen Gruppe und ihrer sozialen Klasse richtige Verhalten heraus und wenden es auf ihr eigenes Handeln an. Gehören sie einer sozialen Kategorie an, die eine hohe Wertschätzung genießt, schätzen sie sich selber hoch; ist der Status ihrer sozialen Kategorie niedrig, sinkt auch ihre Selbstachtung (Chodorow 1974). Viele feministische Eltern, die androgyne Kinder großziehen wollen, verlieren ihre Kinder bald an den Sog der vergeschlechtlichten Normen (T. Gordon 1990, 87-90). Mein Sohn ging auf eine bewußt nichtsexistische Grundschule, in der es nicht einmal getrennte Toiletten für Jungen und Mädchen gab. Als er sieben oder acht Jahre alt war, war ich einmal dabei, als die Klasse ein Spiel spielte, bei dem es um „Quadrate" und „Kreise" ging und darum, wie sie einander brauchten. Dabei fiel mir auf, daß alle Mädchenquadrate und -kreise Makeup trugen, aber keins der Jungenquadrate und -kreise. Als ich nach dem Spiel die Lehrerin dazu befragte, meinte sie: „Bobby gibt in der Klasse den Ton an, und wenn der sagt, daß er kein Makeup macht, dann macht das von den Jungen auch sonst keiner mehr." In einer langen Diskussion über Konformität konfrontierte mich mein Sohn mit der Frage, wer denn die Konformisten wären, die Jungen, die ihrem Anführer folgten, oder die Mädchen, die auf die Lehrerin hörten. Tatsächlich waren beide konformistisch, weil beide gleichgeschlechtlichen Anführern folgten und *gender*-konform handelten. (Makeup ist nur was für Schauspieler, richtige Jungen machen sowas nicht.)

Es gibt nichts wesenhaft Weibliches oder Männliches beim Menschen, keine essentielle Weiblichkeit oder Männlichkeit, aber sobald ein *gender* zugewiesen ist, werden die Individuen von der sozialen Ordnung nach stark vergeschlechtlichten Normen und Erwartungen konstruiert und auf sie festgelegt. Diese Individuen können sich in vielen Komponenten des *gender* voneinander unterscheiden und ihr *gender* vorübergehend oder auf Dauer auch wechseln, müssen sich aber in die begrenzte Zahl der von ihrer Gesellschaft anerkannten Ausprägungen des *gender*-Status fügen. Dabei erzeugen sie immer aufs Neue die in ihrer Gesellschaft geltenden Versionen von Frau und Mann: „Machen wir *gender*, wie es sich gehört, unterstützen, reproduzieren und legitimieren wir zugleich die institutionellen Arrangements. ... Machen wir *gender* nicht, wie es sich gehört, werden gegebenenfalls wir als Individuen (für unseren Charakter, unsere Motive und unsere Prädispositionen) zur Rechenschaft gezogen – nicht die institutionellen Arrangements" (West und Zimmerman 1987, 146).

Die vergeschlechtlichten Praktiken des Alltagslebens reproduzieren die Art und Weise, wie Frauen und Männer nach Ansicht einer Gesellschaft zu handeln haben (Bourdieu [1980] 1990). Die vergeschlechtlichten sozialen Arrangements werden religiös und durch kulturelle Produktionen gerechtfertigt und durch Gesetze gestützt, aber das stärkste Instrument zur Aufrechterhaltung der moralischen Hegemonie der herrschenden *gender*-Ideologie besteht darin, daß dieser Prozeß unsichtbar gemacht wird: Mögliche Alternativen sind praktisch undenkbar (Foucault 1972; Gramsci 1971).[17]

Für die Gesellschaft heißt Gender Differenz

Die Allgegenwart von *gender* als strukturierendem Element des sozialen Lebens erfordert, daß alle Ausprägungen des *gender*-Status klar voneinander unterschieden sind. Unterschiedliche Begabungen, sexuelle Präferenzen, Identitäten, Persönlichkeiten, Interessen und Interaktionsweisen fragmentieren die individuellen körperlichen und sozialen Erfahrungen. Trotzdem werden sie in den westlichen Kulturen zwei und nur zwei sozial und rechtlich anerkannten Ausprägungen des *gender*-Status zugewiesen, „Mann" und „Frau".[18] Es spielt bei der sozialen Konstruktion von *gender* keine Rolle, was Männer oder Frauen wirklich tun; es spielt nicht einmal eine Rolle, wenn sie genau das Gleiche tun. Die soziale Institution *gender* besteht nur darauf, daß das, was sie tun, als etwas Unterschiedliches *wahrgenommen* wird.

Wenn Männer und Frauen die gleiche Arbeiten machen, werden sie, um die *gender*-Trennung aufrecht zu erhalten, gewöhnlich räumlich getrennt und machen diese Arbeiten oft unter unterschiedlichen Berufsbezeichnungen, etwa Chefsekretärin und Direktionsassistent (Reskin 1988). Deutet sich eine Aufweichung der Unterschiede zwischen Frauen und Männern an, tritt das „Gleichheitstabu" der Gesellschaft in Kraft (G. Rubin 1975, 178). Bei einer Rock-and-Roll-Tanzveranstaltung in West Point im Jahre 1976, dem Jahr, in dem zum ersten Mal Frauen in diese prestigeträchtige Militärakademie aufgenommen wurden, bereitete „der Anblick von Tanzpartnern, die sich mit ihren kurzen Haaren und grauen Hosen zum Verwechseln ähnlich sahen, den

---

17 Die Konzepte der moralischen Hegemonie, die Wirkungen der Alltagstätigkeiten (Praxis) auf das Denken und die Persönlichkeit und die Notwendigkeit, daß diese Prozesse bewußt werden müssen, wenn es zum politischen Wandel kommen soll, beruhen alle auf Marx' Analyse der Klassenverhältnisse.

18 Andere Gesellschaften erkennen mehr als zwei Kategorien an, gewöhnlich aber nicht mehr als drei oder vier (Jacobs und Roberts 1989).

Aufsichtspersonen Unbehagen, wie verlautete," und also wurde die Regelung getroffen, daß weibliche Kadetten auf solchen Veranstaltungen nur tanzen durften, wenn sie Röcke trugen (Barkalow und Raab 1990, 53).[19] Weibliche Rekruten im U.S. Marine Corps müssen Makeup tragen – mindestens Lippenstift und Lidschatten – und Kurse in Makeup, Haarpflege, Körperhaltung und Etikette absolvieren. Diese Verweiblichung ist Teil einer bewußten Strategie, mit der dafür gesorgt werden soll, daß weibliche und männliche Marineangehörige klar zu unterscheiden sind. Christine Williams zitiert eine fünfundzwanzigjährige Ausbilderin mit den Worten: „Viele von den Rekrutinnen, die zu uns kommen, tragen kein Makeup. Sie sind burschikos oder sportlich. Viele kommen mit der fixen Idee, wenn sie zum Militär gehen, könnten sie sich weiter wie junge Burschen benehmen. Sie machen sich nicht klar, daß sie *weibliche* Marineangehörige sind" (1989, 76-77).[20]

Wären *gender*-Unterschiede genetisch, physiologisch oder hormonal bedingt, würden *gender*-Beugung und *gender*-Ambivalenz nur bei Hermaphroditen auftreten, die mit Chromosomen und Genitalien geboren werden, die nicht eindeutig männlich oder weiblich sind. Da die *gender*-Unterschiede jedoch sozial konstruiert sind, können sich alle Männer und alle Frauen wie das jeweils andere *gender* verhalten, denn sie kennen dessen soziales Skript: „‚Mann' und ‚Frau' sind leere und übervolle Kategorien zugleich. Leer, weil sie keine letzte, transzendentale Bedeutung haben. Übervoll, weil sie, so festgelegt sie scheinen mögen, immer auch noch alternative, verleugnete oder unterdrückte Definitionen enthalten" (J. W. Scott 1988a, 49). Doch obwohl die Individuen imstande sein mögen, den *gender*-Status zu wechseln, müssen die *gender*-Grenzen halten, brächte es doch sonst die ganze vergeschlechtlichte soziale Ordnung zum Einsturz.

Paradoxerweise ist *gender-Beugung* oder *gender*-Wechsel möglich oder sogar notwendig, gerade weil der *gender*-Status und seine äußeren Merkmale – Kleidung, Verhaltensweisen und räumliche Trennung – sozial so wichtig sind. Gerade weil der durch den Unterschied bestimmte *gender*-Status sozial so zählebig ist, produziert er das Bedürfnis oder den Wunsch nach einem Wechsel dieses Status. Ohne den *gender*-Unterschied hätten Transvestitentum und Transsexualität keinen Sinn. Wäre alle Kleidung unisex, könnte man keine gegengeschlechtliche Kleidung tragen. Wären Interessen und

---

19 In Carol Barkalows Buch gibt es eine Fotografie, auf der elf West-Point-Studenten im ersten Ausbildungsjahr in einer Mathematikstunde zu sehen sind; sie tragen Diensthosen, -hemden und -pullover und kurze Haare. Die Bildunterschrift fordert den Betrachter auf, die einzige Frau im Raum zu finden.

20 Das Tabu des gleichen Aussehens von Männern und Frauen spiegelt die Homophobie des US-Militärs wider (Bérubé 1989). Wenn man Menschen mit Penis und Menschen mit Vagina nicht mehr voneinander unterscheiden kann, woher soll man dann wissen, wenn man nicht geradezu ihre Sexualbeziehungen überwacht, ob ihre sexuellen Interessen heterosexuell oder homosexuell sind?

Lebensstile nicht vergeschlechtlicht, brauchte man Genitalien nicht operativ der Identität anzupassen. Wären Arbeitsplätze nicht als „Frauenarbeit" und „Männerarbeit" typisiert, brauchten Frauen sich nicht als Männer auszugeben, um bestimmte Arbeiten zu bekommen. Frauen im öffentlichen Leben brauchten keine Männerkleidung zu tragen, um Befehle geben oder beim Handeln mit ihren Kunden aggressiv sein zu können.

Die *gender*-Grenzen bleiben auch gewahrt, wenn sich Transsexuelle stimmige Autobiographien zulegen, denen zufolge sie sich immer schon als das gefühlt haben, was sie jetzt sind. Auch die Geschichten von Transvestiten „stellen die sozialen und sexuellen Normen wieder her" (Garber 1992, 69). Die normalisierte Transvestitengeschichte handelt davon, wie er oder sie „sich aufgrund der sozialen und ökonomischen Machtverhältnisse zur Verkleidung ‚gezwungen' sieht, um eine Arbeit zu bekommen, Repressalien zu entgehen oder künstlerische oder politische ‚Freiheit' zu erringen" (Garber 1992, 70). Kommt die „wahre Identität" ans Licht, ist das Ergebnis Verwunderung darüber, wie leicht und wie erfolgreich jemand als Angehörige(r) des anderen *gender* durchgehen konnte; nicht der Verdacht, *gender* selbst könnte etwas Aufgesetztes sein.

Gender-Rangordnung

Die meisten Gesellschaften stellen unter ihren *gender* eine Rangordnung nach Prestige und Macht her und konstruieren sie so, daß sie ungleich sind und daß der Schritt von einem *gender* zum anderen auch eine Aufwärts- oder Abwärtsbewegung auf der sozialen Stufenleiter ist. Bei einigen nordamerikanischen Indianerkulturen gab es eine Hierarchie nach männlichen Männern, männlichen Frauen, weiblichen Männern, weiblichen Frauen. Die Frauen produzierten wichtige langlebige Güter (Körbe, Textilien, Töpferwaren, verzierte Lederwaren), mit denen Handel getrieben werden konnte. Die Frauen hatten auch die Verfügungsgewalt über das, was sie produziert hatten, und über allen Profit oder Reichtum, den sie damit verdienten. Da der Erwerbsbereich der Frauen ihnen Wohlstand und Prestige eintragen konnte, stand er auch jungen Männern offen – aber nur, wenn sie ihrem *gender*-Status nach Frauen wurden. Auf ähnliche Weise durften in anderen Gesellschaften Frauen, die großen Reichtum angehäuft hatten, Männer werden – „männliche Herzen". Harriet Whitehead (1981) meint:

> Beide Reaktionen offenbaren den Unwillen oder die Unfähigkeit, die Quellen von Prestige – Reichtum, Begabung, persönliche Leistungsfähigkeit (neben anderen) – von der Männlichkeit zu trennen. Vielmehr wird unausgesprochen angenommen, daß es eine Person, die Frauenarbeit leistet, nur deswegen zu hervorragenden Leistungen, Wohlstand oder sozialer Macht bringen kann, weil sie auf irgendeiner Ebene ein Mann ist. ... Eine Frau, die erfolgreich Dinge tun konnte, die Männer

tun, wurde wie ein Mann geehrt. ... Größere Beunruhigung scheint für die Kultur –
das heißt im Grunde für die Männer – von der Möglichkeit ausgegangen zu sein,
daß den Frauen in ihrem ureigenen Bereich etwas Positives zugefallen sein könnte.
Hier warf man die Institution des Berdachen in die – verunsichernde – Bresche.
Sozial gesehen war die Nachahmung durch den Berdachen ein Kompliment an die
Frauen. Anatomisch gesehen war seine ostentative Überlegenheit eine subtile Be-
leidigung. (108)

In der amerikanischen Gesellschaft verdienen Mann-zu-Frau-Transsexuelle,
wenn sie nach der Geschlechtsumwandlung die Stelle wechseln, meist weniger als vorher; das Einkommen von Frau-zu-Mann-Transsexuellen dagegen
wird meist höher (Bolin 1988, 153-160; Brody 1979). Männer, die in Frauenbereiche gehen, etwa in die Krankenpflege, haben weniger Prestige als
Frauen, die in Männerbereiche gehe, etwa in die Physik. Nach Ansicht von
Janice Raymond, einer radikalen Feministin, sind Mann-zu-Frau-
Transsexuelle gegenüber den weiblichen Frauen im Vorteil, weil sie nicht
auf eine lebenslange Unterordnung oder Unterdrückung hin sozialisiert wurden. So schreibt sie:

Wir wissen, daß wir Frauen sind, die mit weiblichen Chromosomen und weiblicher
Anatomie geboren wurden, und daß uns das Patriarchat, ganz gleich, ob wir als sogenannte normale Frauen sozialisiert wurden oder nicht, als Frauen behandelt hat
und behandelt wird. Transsexuelle haben keine solche Geschichte. Kein Mann
kann die Geschichte einer Frau haben, die in dieser Kultur als Frau geboren wurde
und ihren Platz zugewiesen bekam. Er kann die Geschichte einer Person haben, die
sich *gewünscht hat*, eine Frau zu sein, und sich wie eine Frau *verhalten hat*, aber
das ist die *gender*-Erfahrung eines Transsexuellen, nicht die einer Frau. Der Transsexuelle kann sich durch Operation mit den Artefakten der äußeren und inneren
weiblichen Organe ausstatten lassen, nicht aber mit der Geschichte, als Frau in dieser Gesellschaft geboren zu sein. (1979, 114)

Weil Frauen, die Männer werden, in der Welt aufsteigen, und Männer, die
Frauen werden, absteigen, hat Elaine Showalter (1987) den Film *Tootsie*, in
dem Dustin Hoffman einen Schauspieler spielt, der sich als Frau ausgibt, um
Arbeit zu bekommen, scharf kritisiert. „Dorothy" wird eine Art feministischer „Frau des Jahres", weil sie für das Recht von Frauen eintritt, nicht
erniedrigt oder sexuell belästigt zu werden. Diese Aussage des Films ist nach
Ansicht von Showalter zweischneidig: „Dorothys ‚feministische' Reden ...
sind weniger eine Reaktion auf die Unterdrückung der Frauen als vielmehr
die instinktive, situationsbedingte Reaktion eines Mannes darauf, daß er als
Frau behandelt wird. Unterschwellig wird uns damit mitgeteilt, daß Frauen
sich von Männern erst einmal beibringen lassen müssen, wie sie sich ihre
Rechte erobern. ... Feministische Ideen, heißt das, sind viel weniger bedrohlich, wenn sie von einem Mann kommen" (123). Wie Raymond ist auch
Showalter der Ansicht, ein Mann-zu-Frau-Transsexueller oder ein als Frau
gekleideter Mann habe dadurch, daß er ein Mann war oder ist, einen sozialen

Vorteil vor allen Personen, deren *gender*-Status immer schon „Frau" war.[21]
Dies impliziert, daß es eine Überlegenheitserfahrung gibt, die sich nicht mit
dem *gender*-Wechsel verflüchtigt.
Für zumindest einen Mann-zu-Frau-Transsexuellen allerdings hat die Erfahrung des Lebens als Frau seine/ihre gesamte Persönlichkeit verändert. Als
James war Morris Soldat, Auslandskorrespondent und Bergsteiger; als Jan ist
Morris eine erfolgreiche Reiseschriftstellerin. Sozial aber war James Jan weit
überlegen, und also entwickelt Jan die für Frauen in der westlichen Gesellschaft angeblich so charakteristische „erlernte Hilflosigkeit":

> Es heißt, die soziale Kluft zwischen den Geschlechtern verringere sich, aber nach-
> dem ich in der zweiten Hälfte des zwanzigsten Jahrhunderts das Leben in beiden
> Rollen erfahren habe, kann ich nur sagen, daß es meiner Meinung nach keinen
> Aspekt des Daseins, keinen Augenblick des Tages, keinen Kontakt, kein Arrange-
> ment, keine Reaktion gibt, die nicht für Männer und Frauen unterschiedlich wären.
> Bereits der Ton, in dem ich jetzt angesprochen wurde, die Haltung der Person ne-
> ben mir in der Schlange, die ganze Atmosphäre um mich herum, wenn ich in einen
> Raum kam oder im Restaurant am Tisch saß, unterstrich ständig meinen veränder-
> ten Status.
> Und mit den Reaktionen der anderen veränderten sich auch meine. Je mehr ich als
> Frau behandelt wurde, desto mehr wurde ich zur Frau. Nolens volens paßte ich
> mich an. Ging man davon aus, daß ich nicht rückwärts einparken oder eine Flasche
> entkorken konnte, stellte ich alsbald fest, daß ich merkwürdig unbeholfen wurde.
> Meinte man, eine Kiste sei zu schwer für mich, fand ich das unerklärlicherweise
> bald selber auch. ... Frauen behandelten mich mit einer Offenheit, die zwar zu den
> beglückendsten Entdeckungen meiner Metamorphose gehörte, aber doch auch im-
> plizierte, daß wir dem gleichen Lager, der gleichen Fraktion oder zumindest der
> gleichen Denkrichtung angehörten; so driftete ich immer mehr zum Weiblichen
> hin, ob ich mir meine Mitreisenden im Eisenbahnabteil aussuchte oder eine politi-
> sche Meinung vertrat. Männer behandelten mich mehr und mehr als eine unter ih-
> nen stehende Person ... und da ich nun jeden Tag meines Lebens als eine unter ih-
> nen stehende Person angesprochen wurde, akzeptierte ich dieses Verhältnis
> unwillkürlich mit jedem Monat mehr. Ich entdeckte, daß es Männern auch heute
> noch lieber ist, wenn Frauen weniger gut informiert sind, weniger fähig, weniger
> gesprächig und auf jeden Fall weniger ichbezogen als sie selber; also tat ich ihnen
> im allgemeinen den Gefallen. (Morris 1975, 165-166)[22]

---

21 Garber ist der Ansicht, bei *Tootsie* gehe es gar nicht um den Feminismus, sondern um
    Transvestiten und ihr Potential, die *gender*-Ordnung auf den Kopf zu stellen (1992, 5-9).
22 Zur Entdeckung der Gefahren von Vergewaltigung und sexueller Belästigung bei Mann-
    zu-Frau-Transsexuellen, siehe Bolin 1988, 149-150. Bei Devors „*gender blenders*" war es
    umgekehrt. Weil sie merkten, daß es von Vorteil war, für einen Mann gehalten zu werden,
    kleideten sie sich nicht bewußt gegengeschlechtlich, feminisierten sich aber auch nicht
    (1989, 126-140).

Komponenten von Gender

Inzwischen dürfte klar geworden sein, daß *gender* nichts Einheitlich-Substantielles ist, sondern sich als soziale Institution wie als individueller Status aus vielen Komponenten zusammensetzt.[23]

Die Komponenten von *gender* als sozialer Institution sind:

Der gender-Status in seinen Ausprägungen – die in einer Gesellschaft sozial anerkannten *gender* und die Normen und Erwartungen, die sich an ihren Ausdruck in Verhalten, Gestik, Sprache, Gefühlen und Physis knüpfen. Wie der jeweilige *gender*-Status bewertet wird, hängt von der historischen Entwicklung in der betreffenden Gesellschaft ab.

Vergeschlechtlichte Arbeitsteilung – die Zuweisung von Erwerbsarbeit und Hausarbeit an Angehörige eines bestimmten *gender*-Status. Die Arbeit, die die Angehörigen eines bestimmten *gender*-Status zugewiesen bekommen, bestärkt die Gesellschaft in ihrer Bewertung dieses Status – je höher der *gender*-Status, desto höher das Prestige und der Wert der Arbeit und desto größer ihre Gratifikationen.

Vergeschlechtlichte Verwandtschaftsverhältnisse – die familialen Rechte und Pflichten jedes *gender*-Status. Im Verwandtschaftsstatus werden die Prestige- und Machtunterschiede der *gender* widergespiegelt und verstärkt.

Vergeschlechtlichte sexuelle Skripte – normative Muster des jedem *gender*-Status vorgeschriebenen sexuellen Begehrens und Verhaltens. Angehörige des dominanten *gender* haben größere sexuelle Vorrechte; Angehörige eines untergeordneten *gender* können sexuell ausgebeutet werden.

Vergeschlechtlichte Persönlichkeiten – Merkmalskombinationen, die den durch *gender*-Normen geregelten Empfindens- und Verhaltensmustern der Angehörigen eines bestimmten *gender*-Status entsprechen. Durch die sozialen Erwartungen der anderen werden diese Normen in der direkten Interaktion immer wieder neu bestätigt.

Vergeschlechtlichte soziale Kontrolle – formale und informelle Bestätigung und Belohnung bei konformem Verhalten und Stigmatisierung, soziale Isolierung, Bestrafung und medizinische Behandlung bei nichtkonformem Verhalten.

Gender-Ideologie – Rechtfertigung der unterschiedlichen Ausprägungen des *gender*-Status, insbesondere ihrer unterschiedlichen Bewertung. Die herrschende Ideologie unterbindet Kritik im allgemeinen schon dadurch, daß sie diesen Bewertungen den Anschein des Natürlichen gibt.

Gender-Metaphorik – kulturelle *gender*-Repräsentationen und die Art und Weise, wie *gender* in der Symbolsprache und in den künstlerischen Pro-

---

23 Ähnliche *gender*-Komponenten bei West und Zimmerman 1987.

duktionen zum Ausdruck gebracht wird, die zur Reproduktion und Legitimation der unterschiedlichen Ausprägungen des *gender*-Status beitragen. Die Kultur ist eine der Hauptstützen der herrschenden *gender*-Ideologie.

Komponenten von *gender* beim Individuum:

Die *sex-Kategorie*, der das Kind bei seiner Geburt aufgrund der Erscheinungsform seiner Genitalien zugewiesen wird. Dank pränataler Medizin und Geschlechtsbestimmung erfolgt auch die Kategorisierung pränatal. Die *sex*-Kategorie kann später durch Operation oder nach erneuter Inspektion ambivalenter Genitalien geändert werden.

Gender-Identität – das vergeschlechtlichte Selbstgefühl des Individuums als Arbeitskraft und Familienmitglied.

Vergeschlechtlichter Status in der Ehe und bei der Fortpflanzung – Einhaltung oder Nichteinhaltung erlaubter oder nicht erlaubter Paarungs-, Schwängerungs-, Mutterschafts- und Verwandtschaftsrollen.

Vergeschlechtlichte sexuelle Orientierung – soziale und individuelle Muster der sexuellen Wünsche, Gefühle, Praktiken und Identifikationen.

Vergeschlechtlichte Persönlichkeit – verinnerlichte, sozial normative, durch Familienstruktur und Elternverhalten geregelte Gefühlsmuster.

Vergeschlechtlichte Prozesse – die sozialen Praktiken, über die eine Person lernt, sich anleiten läßt, Signale aufgreift, ein bereits als *gender*-angemessen (oder, falls rebelliert oder ausprobiert wird, *gender*-unangemessen) erlerntes Verhalten aktiv umsetzt, *gender*-Identität entwickelt, als Angehörige eines *gender*-Status in den Beziehungen zu vergeschlechtlichten anderen „*gender* macht", sich unterwürfig oder dominant verhält.

Gender-Überzeugungen – Verinnerlichung oder Bekämpfung der *gender*-Ideologie.

Gender-Darstellung – Selbstdarstellung – durch Kleidung, Kosmetik, Schmuck und permanente oder reversible Körpermerkmale – als eine bestimmte Art von vergeschlechtlichter Person.

Unterstellt wird, daß bei einem Individuum all diese sozialen Komponenten mit der wahrgenommenen Physiologie konsistent und kongruent sind. Tatsächlich aber können bei jedem Individuum Gene und Genitalien, der hormonelle Input vor der Geburt, in der Adoleszenz und im Erwachsenenleben sowie die Fortpflanzungsfähigkeit alle möglichen Verbindungen eingehen, die kongruent wie nichtkongruent sein mögen, und zwar sowohl in sich als auch bezogen auf die zugewiesene *sex*-Kategorie, die *gender*-Identität, die vergeschlechtlichte sexuelle Orientierung und den vergeschlechtlichten Fortpflanzungsstatus, die *gender*-Darstellung, die Persönlichkeit und die Arbeits- und Familienrollen. Zu jedem beliebigen Zeitpunkt ist die Identität eines Individuums eine Kombination aus den zentralen Statuszuschreibungen nach *gender*, Rasse, Ethnizität, Religion und sozialer Klasse und dem individuell erworbenen Status nach Bildungsstand, Beruf, Familienstand, Elternschaft, Prestige, Autorität und Reichtum. Der zugeschriebene Status verengt oder erweitert wesentlich die Chancen für die individuelle Leistung und läßt sie außerdem mehr oder weniger glanzvoll erscheinen.

Gender als Prozeß, Schichtung und Struktur

Als soziale Institution ist *gender* ein Prozeß zur Schaffung von unterscheidbaren Ausprägungen des sozialen Status zum Zwecke der Zuweisung von Rechten und Pflichten. Als Teil eines Schichtungssystems, in dem diese Ausprägungen nicht gleichrangig sind, ist *gender* einer der wichtigsten Bausteine der sozialen Strukturen, die auf diesen Statusungleichheiten aufbauen.

Als *Prozeß* schafft *gender* die sozialen Unterschiede, die „Frau" und „Mann" definieren. Ihr Leben lang lernen und sehen die Individuen in der sozialen Interaktion, was man von ihnen erwartet, agieren und reagieren, wie man es erwartet, und konstruieren und erhalten damit zugleich die *gender*-Ordnung: „Selbst die Nötigung, ein gegebenes *gender* zu sein, erfolgt diskursiv: Sei eine gute Mutter, ein heterosexuell begehrenswertes Objekt, eine tüchtige Arbeitskraft, mit einem Wort, steh als Reaktion auf die Vielfalt der unterschiedlichen Anforderungen für eine Vielzahl von Dingen auf einmal ein" (J. Butler 1990, 145). Die Mitglieder einer sozialen Gruppe produzieren *gender* weder aus dem Stegreif, noch machen sie mechanisch-exakt nur das nach, was zuvor gemacht wurde. Bei fast jeder Begegnung produzieren die Menschen *gender*, indem sie sich entweder auf die von ihnen als *gender*-konform erlernte Art und Weise verhalten oder sich diesen Normen widersetzen und rebellieren. Widerstand und Rebellion haben die *gender*-Normen verändert, den Status und seine Ausprägungen aber noch kaum untergraben.

Die vergeschlechtlichten Interaktionsmuster bekommen in Kindheit, Adoleszenz und Erwachsenenalter zusätzliche Schichten in Gestalt eines vergeschlechtlichten Sexual-, Eltern- und Arbeitsverhaltens. Weicht das Verhalten allzu weit von den sozial verordneten Standards für Frauen und Männer ab, werden die vergeschlechtlichten Normen und Erwartungen von den Peers durch informelle Sanktionen für ungehöriges Verhalten oder von den Autoritätspersonen durch förmliche Strafen oder Strafandrohungen durchgesetzt.

Über die vergeschlechtlichten Alltagsinteraktionen wird *gender* in die Familie, den Arbeitsprozeß und die sonstigen Organisationen und Institutionen eingebunden, die ihrerseits die für die Individuen geltenden *gender*-Erwartungen verstärken.[24] Weil *gender* ein Prozeß ist, ist Platz nicht nur für

---

24 Zur „Logik der Praxis", oder wie die Erfahrung von *gender* in die Normen der Alltagsinteraktion und die Struktur formaler Organisationen eingebunden ist, siehe Acker 1990; Bourdieu [1980] 1990; Connell 1987; Smith 1987a.

Modifikationen und Variationen durch Individuen und Kleingruppen, sondern auch für den institutionellen Wandel (J. W. Scott 1988a, 7).

Als Teil eines *Schichtungssystems* sorgt *gender* für eine Rangordnung, die innerhalb einer Rasse und Klasse jeweils die Männer über die Frauen stellt. Frauen und Männer könnten verschieden, aber gleichrangig sein. In der Praxis hängt der Prozeß der Erzeugung von Unterschieden großenteils von der unterschiedlichen Bewertung ab. Nancy Jay (1981) meint: „A und rein ist, was definiert, gesondert und von allem anderen isoliert ist. Damit ist Nicht-A notwendig unrein, eine Zufalls- und Restkategorie, unter die alles fällt außer A und dem Ordnungsprinzip, das A von Nicht-A scheidet" (45). Welches *gender* aus der Sicht des Individuums auch immer A ist, das andere ist Nicht-A; die *gender*-Grenzen sagen dem Individuum, wer ihm gleicht und daß somit alle übrigen ihm nicht gleichen. Aus der Sicht der Gesellschaft aber ist gewöhnlich das eine *gender* das Maß aller Dinge, das normale, herrschende *gender*, und das andere das differierende, abweichende, beherrschte. In der westlichen Gesellschaft ist „Mann" gleich A und „Frau" gleich Nicht-A. (Wie sähe wohl eine Gesellschaft aus, in der Frau gleich A und Mann gleich Nicht-A wäre?)

Durch weitere rassen- und klassenbedingte Dichotomisierungen werden die Stufen des Schichtungssystems einer heterogenen Gesellschaft konstruiert. So ist in den Vereinigten Staaten weiß gleich A, afroamerikanisch gleich Nicht-A; Mittelklasse gleich A, Arbeiterklasse gleich Nicht-A; und „afroamerikanische Frauen haben eine Position, bei der die untergeordneten Hälften einer ganzen Serie solcher Dichotomien zusammenkommen" (P. H. Collins 1990, 70). Die herrschenden Kategorien sind die hegemonialen Ideale, die mit solcher Selbstverständlichkeit als der Sollzustand angesehen werden, daß Weiß gewöhnlich nicht als Rasse gedacht wird, Mittelklasse nicht als Klasse und Männer nicht als *gender*. Die Merkmale dieser Kategorien bestimmen das Andere als das, dem die wertvollen Eigenschaften fehlen, die die Herrschenden aufweisen.

In einer nach dem *gender* geschichteten Gesellschaft wird das, was Männer machen, gewöhnlich höher bewertet als das, was Frauen machen, und zwar weil es von Männern gemacht wird, selbst wenn ihre Tätigkeiten sehr ähnlich oder gleich sind. In Südindien zum Beispiel ist das Ernten von Reis je nach Region Männerarbeit, gemeinsame Arbeit oder Frauenarbeit: „Wo immer eine Arbeit von Frauen verrichtet wird, gilt sie als einfach, und wo sie von [Männern] verrichtet wird, gilt sie als schwierig" (Mencher 1988, 104). Das Überleben einer Gesellschaft von Jägern und Sammlern hängt gewöhnlich von den Nüssen, Wurzeln, Knollen und Kleintieren ab, die die Frauen auf ihren Sammelzügen herbeischaffen, aber wenn die Männer Erfolg bei der Jagd haben, ist das ein Grund zum Feiern. Umgekehrt brauchen weiße Männer, weil sie die übergeordnete Gruppe sind, keine „schmutzige Arbeit" zu

machen, Hausarbeit etwa; diese wird von den Gruppen gemacht, die ganz
unten stehen, meist armen farbigen Frauen (Palmer 1989).

Laut Freuds psychoanalytischer Theorie müssen sich Jungen, um Männer
zu werden, von ihren Müttern abwenden und das Weibliche in sich verleugnen: „Für Jungen besteht das Hauptziel darin, zu einer persönlichen männlichen Identifikation mit ihrem Vater und zu einem gesicherten männlichen
Selbstbewußtsein zu gelangen, das durch Überich-Bildung und Herabsetzung
von Frauen erreicht wird" (Chodorow 1978, 165). Männlichkeit mag das
Ergebnis des innerpsychischen Ringens der Jungen um die Abtrennung ihrer
Identität von der ihrer Mutter sein, aber die Kennzeichen dieser Männlichkeit
sind kulturell geprägt und gewöhnlich rituell und symbolisch (Gilmore
1990).

Die marxistische feministische Erklärung für die *gender*-Ungleichheit lautet, die Arbeitgeber hielten sich Frauen als billige und leicht auszubeutende
industrielle Reservearmee, indem sie ihre Fähigkeiten herabsetzten und sie
daran hinderten, wertvolle technologische Fähigkeiten zu erwerben. Gewerkschaftlich organisierte, leicht durch Frauen zu ersetzende Männer machen
sich zu Komplizen dieses Prozesses, weil sie damit die besser bezahlten,
interessanteren und selbständigeren Tätigkeiten monopolisieren können:
„Zwei Faktoren kommen den Männern zu Hilfe, um ihre Trennung von den
Frauen und ihre Kontrolle über die technologischen Beschäftigungen auf-
rechtzuerhalten. Der eine ist die aktive Vergeschlechtlichung von Tätigkeiten
und Menschen. Der andere ist die ständige Erzeugung von neuen Unter-
teilungen in den Arbeitsprozessen und neuen Stufen in den Arbeitshierarchien,
in die die Männer einrücken können, um ihren Abstand von den Frauen zu
wahren" (Cockburn 1985, 13).

Gesellschaften unterscheiden sich im Ausmaß der Ungleichheit des sozialen Status der ihnen angehörenden Frauen und Männer, aber wo es Ungleichheit gibt, wird der Status „Frau" (und die mit ihm zusammenhängen-
den Verhaltensweisen und Rollenzuweisungen) gewöhnlich geringer
geachtet als der Status „Mann". Da *gender* auch mit jedem anderen konstruierten und zu unterschiedlichen Bewertungen führenden Status – nach Rasse,
Religion, Beschäftigung, Klasse, Herkunftsland und so weiter – verflochten
ist, verfügen männliche und weibliche Angehörige von privilegierten Gruppen über mehr Macht, Prestige und Eigentum als Angehörige von benachteiligten Gruppen. Innerhalb vieler sozialer Gruppen jedoch sind die Männer
gegenüber den Frauen im Vorteil. Je mehr ökonomische Ressourcen wie
Bildung und Beschäftigungschancen einer Gruppe zur Verfügung stehen,
desto mehr werden diese im allgemeinen von den Männern monopolisiert. In
ärmeren Gruppen, die weniger Ressourcen haben (wie afroamerikanische
Arbeiter in den Vereinigten Staaten), sind Frauen und Männer schon eher
gleich, und ihrer Bildung und ihrem Beschäftigungsstatus nach können die
Frauen den Männern sogar überlegen sein (Almquist 1987).

Als *Struktur* sorgt *gender* für eine Arbeitsteilung in Hausarbeit und Erwerbsarbeit, legitimiert die Inhaber von Führungspositionen und regelt die Sexualität und das Gefühlsleben (Connell 1987, 91-142). Als primäre Eltern beeinflussen Frauen signifikant die psychologische Entwicklung und die emotionalen Bindungen von Kindern und reproduzieren dabei *gender*. Die sich entwickelnde Sexualität wird von heterosexuellen, homosexuellen, bisexuellen und sadomasochistischen Mustern geprägt, die vergeschlechtlicht – also für Mädchen und Jungen, Frauen und Männer unterschiedlich – sind, so daß der sexuelle Status den *gender*-Status widerspiegelt.

Wenn *gender* eine Hauptkomponente der strukturellen Ungleichheit ist, haben die niedrig bewerteten *gender* weniger Macht, Prestige und ökonomische Gratifikationen als die hoch bewerteten *gender*. Auch in Ländern, die gegen die *gender*-Diskriminierung angehen, sind viele der wichtigsten Rollen immer noch vergeschlechtlicht; immer noch fällt Frauen der größte Teil von Hausarbeit und Kinderaufzucht zu, auch wenn sie voll erwerbstätig sind; werden Frauen und Männer am Arbeitsplatz segregiert und machen jeweils die Arbeit, die als ihrem *gender* „angemessen" gilt; wird Frauenarbeit gewöhnlich schlechter bezahlt als Männerarbeit; dominieren in den Führungspositionen von Wirtschaft und Politik, Militär und Justiz die Männer; spiegeln kulturelle Produktionen, Religionen und Sport die Interessen der Männer wider.

In Gesellschaften, die besonders große *gender*-Unterschiede erzeugen, etwa Saudi-Arabien, werden Frauen hinter Mauern oder Schleiern verborgen, haben keine Bürgerrechte und schaffen sich häufig eigene kulturelle und emotionale Welten (Bernard 1981). Aber auch in Gesellschaften mit weniger starren *gender*-Grenzen verbringen Frauen und Männer aufgrund der Art und Weise, wie Arbeit und Familie organisiert sind, einen großen Teil ihrer Zeit mit Menschen ihres eigenen *gender*. Diese räumliche Trennung von Frauen und Männern verstärkt das vergeschlechtlichte Anderssein, die vergeschlechtlichte Identität und die vergeschlechtlichten Denk- und Verhaltensweisen (Coser 1986).

Die *gender*-Ungleichheit – die Abwertung der „Frauen" und die soziale Herrschaft der „Männer" – hat soziale Funktionen und eine Sozialgeschichte. Sie ist nicht das Ergebnis von *sex*, Fortpflanzungsfähigkeit, Physiologie, Anatomie, Hormonen oder genetisch bedingter Veranlagung. Sie wird durch bestimmbare soziale Prozesse produziert und aufrecht erhalten und bewußt und gezielt in die soziale Struktur und die individuellen Identitäten eingebunden. Die soziale Ordnung, wie wir sie in den westlichen Gesellschaften kennen, baut auf den Ungleichheiten von Rasse und Ethnie, Klasse und *gender* auf. Meine These ist daher, daß es nach wie vor der Zweck von *gender* als moderner gesellschaftlicher Institution ist, Frauen als Gruppe so zu konstruieren, daß sie Männern als Gruppe untergeordnet sind. Das Leben jeder Person, die sich im Status „Frau" befindet, ist „wie die Nacht zu seinem Tag

– so war die Vorstellung schon immer. Wie das Schwarz zu seinem Weiß. Als das aus dem Raum seines Systems Ausgeschlossene ist sie das Unterdrückte, welches das Funktionieren des Systems sichert" (Cixous und Clément [1975] 1986, 67).

Das Paradox der menschlichen Natur

Wenn man sagt, *sex*, Sexualität und *gender* seien sämtlich sozial konstruiert, wird damit ihre soziale Macht keineswegs verharmlost. Vermittelt über die sozialen Erfahrungen und Praktiken der „Alltags- und Allnachtswelt", wie Dorothy Smith (1990, 31-57) das nennt, beherrschen diese kategorischen Imperative unser Leben bis in den letzten Winkel und die tiefsten Tiefen hinein. Das Paradox der menschlichen Natur ist, daß sich *immer* kulturelle Bedeutungen, soziale Beziehungen und Machtpolitik in ihr manifestieren; „nicht Biologie, sondern Kultur wird Schicksal" (J. Butler 1990, 8). Vergeschlechtlichte Menschen entstehen nicht aufgrund einer Physiologie oder einer sexuellen Orientierung, sondern aufgrund der Erfordernisse der sozialen Ordnung, zumeist aufgrund der Notwendigkeit einer verläßlichen Arbeitsteilung bei der Nahrungsproduktion und der sozialen (nicht physischen) Reproduktion neuer Mitglieder. Die moralischen Imperative der Religion und der kulturellen Repräsentationen wachen über die Grenzverläufe zwischen den *gender* und sorgen dafür, daß die Menschen in jedem *gender* genau wissen, was von ihnen verlangt wird, was erlaubt und was tabu ist, und sich meist auch daran halten (C. Davies 1982). Bei Widerstand und Rebellion wird mit Hilfe von politischer Macht, Verfügungsgewalt über seltene Ressourcen und notfalls Gewaltanwendung für die Aufrechterhaltung der vergeschlechtlichten sozialen Ordnung gesorgt. Die meisten Menschen aber fügen sich freiwillig den Vorschriften, die ihre Gesellschaft den Angehörigen ihres *gender*-Status macht, weil diese Normen und Erwartungen Teil ihres Wert- und Identitätsempfindens als einer bestimmten Art Mensch sind und weil sie der Überzeugung sind, daß es so, wie es in ihrer Gesellschaft zugeht, natürlich ist. Diese Überzeugungen sprechen aus der allgegenwärtigen Metaphorik, die unsere Art zu denken, zu sehen, zu hören und zu sprechen, zu phantasieren und zu empfinden bestimmt.

Es gibt keinen Kern oder Urgrund der menschlichen Natur, der noch unter diesen Prozessen mit ihren Endlosschleifen der sozialen Produktion von *sex* und *gender*, Selbst und Anderem, Identität und Psyche läge, jedes für sich eine „komplexe kulturelle Konstruktion" (J. Butler 1990, 36). *Für Menschen ist das Soziale das Natürliche.* Deshalb „kann *gender* in seinen feministischen Bedeutungen nicht einfach die kulturelle Aneignung der biologischen sexuellen Differenz sein. Sexuelle Differenz ist selber eine grundlegende – und wissenschaftlich umstrittene – Konstruktion. Beide, *‚sex'* und *‚gender'*, sind ein Gewebe aus vielfältigen asymmetrischen Strängen von Differenz, Träger aller Facetten der dramatischen Erzählungen von Herrschaft und Kampf" (Haraway 1990, 140).

2 Man sieht nur, was man glaubt:
Biologie als Ideologie

> Was wäre, wenn ... plötzlich, wie mit Zauberschlag,
> die Männer statt der Frauen menstruieren könnten? ...
> Die Antwort ist klar – die Menstruation würde zu ei-
> ner beneidenswerten Männersache, mit der man sich
> brüsten kann.
>
> *– Gloria Steinem (1987a, 110)*

Freud meinte, Biologie sei Schicksal, Aristoteles aber war der Ansicht, das
Schicksal werde durch den Platz bestimmt, den man in der sozialen Ordnung
einnimmt, nicht nur als Mann oder Frau, sondern auch als freier Mann oder
Sklave. Bis zum achtzehnten Jahrhundert glaubten die westlichen Philosophen und Wissenschaftler, es gebe nur ein Geschlecht, und die inneren Geschlechtsorgane der Frauen seien eine Umkehrung der äußeren Geschlechtsorgane der Männer (Dean-Jones 1991; Laqueur 1990a). Und so sahen sie
denn auch einen Uterus und eine Vagina, die ein nach innen gewendeter
Penis und ein ebensolches Skrotum waren: „Je mehr die Anatomen der Renaissance den weiblichen Körper sezierten, in ihn hineinschauten und ihn
abbildeten, desto unbedingter und überzeugender erblickten sie in ihm eine
Abart des männlichen Körpers" (Laqueur 1990a, 70).[1]

Das heutige westliche Denken betrachtet Frauen und Männer als körperlich
so verschieden, daß sie mitunter wie zwei verschiedene Spezies erscheinen.
Nicht die Körper haben sich verändert, die jahrhundertelang in- und auswen-
dig vermessen wurden. Verändert haben sich die Rechtfertigungen für die
Ungleichheit der *gender*. Als man glaubte, die soziale Stellung aller Menschen sei durch Naturgesetz festgelegt oder von Gott gegeben, hatten Frauen
und Männer innerhalb der jeweiligen Klassen ihre fest zugewiesenen Plätze.
Als nun Wissenschaftler begannen, die Gottgegebenheit der gesellschaftlichen Ordnung in Frage zu stellen und Glauben durch empirisches Wissen zu
ersetzen, sahen sie, daß Frauen doch ganz anders als Männer waren, hatten
sie doch eine Gebärmutter und eine Menstruation. Aufgrund dieser anatomi-

---

1   Zur „Ästhetik des anatomischen Unterschieds", oder über anatomische Zeichnungen als
    komplexe Konstruktionen aus Sehen und Glauben, siehe Laqueur 1990a, insb. 163-169.

schen Unterschiede mußte ihnen auch ein ganz anderes soziales Leben beschieden sein als den Männern.

In der Tat *ist* das physische Grundmaterial für Frauen und Männer dasselbe; bis auf die Zeugungshormone und -organe sind die Körper von weiblichen und männlichen Menschen ziemlich gleich (Naftolin und Butz 1981). Überdies entwickeln sich, wie man seit Mitte des neunzehnten Jahrhunderts weiß, männliche und weibliche Genitalien aus dem gleichen Fötalgewebe, was auch der Grund ist, warum diverse genetische Defekte dazu führen können, daß Kinder mit uneindeutigen Genitalien geboren werden (Money und Ehrhardt 1972; Fausto-Sterling 1993).[2] Ist dies der Fall, erfolgt die Zuweisung zu einer *sex*-Kategorie unter Umständen ganz willkürlich. Suzanne Kessler (1990) hat sechs medizinische Spezialisten für Zwitterbildungen bei Kindern interviewt und festgestellt, daß es von der Größe des Penis abhing, ob ein Kind mit XY-Chromosomen und anomalen Genitalien als Junge oder als Mädchen kategorisiert wurde. War der Penis sehr klein, wurde das Kind als Mädchen kategorisiert und bekam auf operativem Wege eine künstliche Vagina: „Die Gleichsetzung von *gender* und Genitalien konnte überhaupt erst in einem Zeitalter aufkommen, in dem die medizinische Wissenschaft zur Schaffung glaubwürdig aussehender und funktionierender Genitalien imstande ist, wie auch die Überwertigkeit des guten Phallus überhaupt nur in einer Kultur entstanden sein kann, in der es strenge ästhetische und leistungsorientierte Kriterien für das gibt, was die Männlichkeit ist. ... Der Größe oder der Form der weiblichen Genitalien wird, außer daß die Vagina zur Aufnahme eines Penis in der Lage sein muß, auffallend wenig Aufmerksamkeit geschenkt" (20).[3] Nach mittelalterlichem islamischem Recht war das ausschlaggebende Kriterium für den *sex* eines Kindes, ob es wie ein Mädchen oder wie ein Junge urinierte, doch kam es auch auf das Urteil der inspizierenden Person an (Sanders 1991, 77-78).[4] Ende des neunzehnten Jahrhunderts war das ausschlaggebende Kriterium für die *gender*-Zuweisung bei Hermaphroditen das Vorhandensein oder Nichtvorhandensein von Eierstöcken, denn eine nicht fortpflanzungsfähige Frau war eben auch keine richtige Frau (Kessler 1990, 20).

Trotzdem sehen wir in den westlichen Gesellschaften zwei getrennte *sex* und zwei unterscheidbare *gender*, denn unsere Gesellschaft baut auf zwei

---

2   Dies ist auch der Grund, warum bei Männern, die sich einer operativen Geschlechtsumwandlung unterziehen, zum Aufbau von Scheide und Schamlippen Haut von Penis oder Skrotum genommen wird.

3   In der plastischen Chirurgie spricht man bei diesen Operationen von einer „Klärung" der Genitalien. Ein Großteil dieser Operationen fände eigentlich besser erst statt, wenn das Kind älter ist, aber Eltern leiden sehr darunter, nicht zu wissen, welchem *sex* ihr Kind angehört (Richard C. Sadove M.D., mündliche Mitteilung; Weiss, erscheint demnächst).

4   Bei neugeborenen Jungen kommt es relativ häufig vor, daß die Harnröhre noch nicht ganz geschlossen ist, so daß das Urinieren durch die Scheide statt durch die Penisspitze erfolgt.

Klassen von Menschen auf, Frauen und Männern. Praktisch jedes Formular, das man ausfüllt, enthält die Frage, ob man männlich oder weiblich ist, auch wenn Physiologie und Biologie für den Zweck des Formulars womöglich ganz irrelevant sind. Und alle, auch Transvestiten, Transsexuelle und Hermaphroditen, kreuzen brav nur eine dieser Möglichkeiten an.[5] Denn sie alle sind vergeschlechtlicht. Alle Kinder werden als „Mädchen" oder „Junge" kategorisiert, alle Erwachsenen als „Frau" oder „Mann". Ist die *gender*-Kategorie erst einmal vergeben, vergeschlechtlichen sich auch die Attribute der Person: Was immer eine Frau ist, muß „weiblich" sein; was immer ein Mann ist, muß „männlich" sein. Analysiert man die sozialen Prozesse, in denen die Kategorien konstruiert werden, die wir „weiblich und männlich", „Frauen und Männer", „homosexuell und heterosexuell" nennen, kommen die Ideologie und die unterschiedlichen Machtverhältnisse zum Vorschein, die in diesen Kategorien geronnen sind. Körper unterscheiden sich physiologisch auf vielerlei Weise, werden aber durch die soziale Praxis vollkommen transformiert, so daß sie in die wichtigsten Grundkategorien einer Gesellschaft hineinpassen, deren allerwichtigste wiederum „weiblich" und „männlich", „Frauen" und „Männer" sind. Bei der heutigen sozialen Konstruktion von zwei *sexes* und zwei *gender* wird jeweils eines von beiden als überlegen konstruiert, das andere als unterlegen.

Aber weder *sex* noch *gender* sind selbstverständliche Kategorien. Kombinationen von inkongruenten Genen, Genitalien und Hormonen bleiben bei der Kategorisierung des *sex* ebenso unberücksichtigt wie Kombinationen von inkongruenter Identität, Sexualität, inkongruentem Aussehen und Verhalten bei der sozialen Konstruktion des *gender*-Status. Menstruation, Milchbildung und Schwangerschaft unterscheiden Frauen nicht von Männern. Nur manche Frauen sind schwanger, und auch dann nur eine gewisse Zeit; manche Frauen haben keine Gebärmutter oder keine Eierstöcke. Bei manchen Frauen setzt die Menstruation zeitweise aus, andere sind bereits in den Wechseljahren, und manche haben eine Totaloperation hinter sich. Manche Frauen stillen eine gewisse Zeit, aber auch bei manchen Männern kommt es zur Milchbildung (Jaggar 1983, 165, Fn.). Menstruation, Milchbildung und Schwangerschaft sind individuelle Erfahrungen des Frauseins (Levesque-Lopman 1988), nicht aber Determinanten der sozialen Kategorien „weiblich" oder „Frau". Genauso „produzieren nicht alle Männer Sperma, und tatsächlich sind nicht alle Spermaproduzenten Männer. Ein Mann-zu-Frau-Transsexu-

---

5 Hermaphroditen werden ohne *sex*-Chromosomen geboren, was in der Pubertät zu Entwicklungsanomalien führt, oder sie haben bei der Geburt uneindeutige Genitalien – eine übergroße Klitoris, die wie ein kleiner Penis aussieht, oder einen ganz kleinen Penis, der wie eine Klitoris aussieht, eine nicht ganz offene Vagina, die wie ein Skrotum aussieht, oder ein nicht ganz geschlossenes Skrotum, das wie eine Vagina aussieht, und so weiter; siehe Money und Ehrhardt 1972.

eller kann vor der operativen Geschlechtsumwandlung sozial eine Frau sein, obwohl er potentiell (oder tatsächlich) noch zur Spermatogenese imstande ist" (Kessler und McKenna [1978] 1985, 2).

Die Selbstverständlichkeit, mit der die Biologie und die Sozialwissenschaften von nur zwei *sex*- und zwei *gender*-Kategorien ausgehen, ist daher epistemologisch falsch. Den meisten Forschungsarbeiten geht es schon ihrer Anlage nach gar nicht darum, zu untersuchen, ob bestimmte physische Begabungen oder Fähigkeiten bei Frauen und Männern wirklich mehr oder weniger häufig vorkommen (C. F. Epstein 1988). Sie gehen von zwei sozialen Kategorien („Frauen", „Männer") aus, nehmen an, daß sie biologisch unterschiedlich sind („weiblich", „männlich"), suchen bei ihnen nach Gleichheiten und Ungleichheiten und führen das, was sie über die sozialen Kategorien herausbekommen haben, auf die *sex*-Unterschiede zurück (Gelman, Collman und Maccoby 1986). Selten stellen so angelegte Forschungsprojekte die Kategorisierung der von ihnen untersuchten Personen in zwei und nur zwei Gruppen in Frage, selbst wenn sie innerhalb der Gruppen oft signifikantere Unterschiede ausmachen als zwischen den Gruppen (Hyde 1990). Außerdem nehmen sie an, daß Unterschiede, die in der frühen Kindheit auftreten, genetisch bedingt sein müssen und nicht sozial erlernt, obwohl es hinlänglich erwiesen ist, daß kleine Jungen und kleine Mädchen eine ganz unterschiedliche Behandlung und ganz unterschiedliche Reaktionen erfahren.

Nehmen wir nur das Phänomen des ungebärdigen Jungen und des körperlich gehemmten Mädchens in den westlichen Gesellschaften. Wenn kleine Jungen herumrennen und Krach machen, sagen wir: „Jungen sind eben so," womit wir meinen, daß das körperliche Selbstbewußtsein in den Y-Chromosomen angelegt sein muß, weil es bei den Jungen so früh und so allgemein auftritt. Aber sind Jungen denn überall, auf der ganzen Welt und in jeder sozialen Gruppe, so lautstark präsent und aktiv? Oder nur dort, wo sie zum freien Gebrauch ihres Körpers ermuntert werden, zur Raumeroberung, zum Eingehen von Risiken und zu allen möglichen außerhalb des Hauses betriebenen Arten von Spiel und Sport? Und was meinen wir umgekehrt, wenn wir sagen: „Sie wirft wie ein Mädchen"? Wir meinen gewöhnlich, daß dieses Kind wie ein weibliches Kind wirft, wie eine Trägerin von XX-Chromosomen. Schließlich ist es erst vier oder fünf, wie also sollte es bereits jetzt so viel Gehemmtheit erlernt haben? Tatsächlich wirft das Mädchen wie eine Person, der bereits beigebracht wurde, ihre Bewegungen im Zaum zu halten, ihren Körper zu schützen, ihn weiblich zu gebrauchen:

> Nicht nur beim Werfen gibt es einen typischen Mädchenstil, sondern mehr oder weniger auch beim Laufen, Klettern, Schaukeln, Schlagen. Gemeinsam ist ihnen erstens, daß nicht der ganze Körper in eine fließende und zielgerichtete Bewegung versetzt wird, sondern daß diese eher ... auf einen bestimmten Körperteil konzen-

triert bleibt; und ... daß das Ausgreifen, Dehnen, Strecken und Durchziehen im allgemeinen nicht in die von ihm intendierte Richtung erfolgt. (Young 1990, 146)[6] Das Mädchen, das seinen Körper in frühem Alter auf so eingeschränkte Weise erlebt, ist ein Produkt seiner Kultur und seiner Zeit. Mädchen und Jungen, denen man im Alter von drei Jahren Tennisschläger in die Hand drückt und sie ermuntert, Champions zu werden, gebrauchen ihre Körper gleich. Nach der Pubertät haben die Jungen gewöhnlich mehr Kraft in Schultern und Armen und eher konzentrierte Energieschübe; Mädchen haben mehr Durchhaltevermögen, mehr Beweglichkeit und mehr Kraft in der unteren Körperhälfte. Durch das Training, den Sport selbst und die körperliche Bewegung werden diese unterschiedlichen physischen Fähigkeiten ebenso gesteigert, kompensiert oder überlagert wie die individuellen Unterschiede der Muskulatur und des sportlichen Könnens.

Die Soziobiologen machen das unerbittliche Walten der Gene für die Entwicklung eines ausgeprägt unterschiedlichen männlichen und weiblichen Verhaltens verantwortlich (E. O. Wilson 1975; 1978). Die soziobiologischen und biologischen Forschungsdesigns und Dateninterpretationen sind immer wieder als ein untauglicher Beweis dafür kritisiert worden, daß das biologische Geschlecht allein das vergeschlechtlichte Verhalten erzeuge.[7] In Kurzform: „Jede Einschätzung der Erblichkeit von *sex*-bedingten Verhaltensunterschieden wird durch ... [ein] Interaktionsproblem erschwert: Allein aufgrund ihres anatomischen Geschlechts treten männliche und weibliche Menschen sofort in unterschiedliche Umwelten ein" (McClintock 1979, 705). Die offenkundige Interaktion von Hormonausschüttung und sozialer Situation läßt vermuten, daß die Situation den Hormonspiegel nicht weniger zu beeinflussen scheint als der Hormonspiegel das Verhalten.[8] Physische Körper sind immer auch soziale Körper: „Der Körper wird, ohne daß er aufhört, Körper zu sein, der sozialen Praxis überantwortet und von ihr transformiert" (Connell 1987, 83).

Wird der *sex* eines Kindes durch Amniozentese festgestellt, beginnt die Vergeschlechtlichung bereits vor der Geburt; das Kind bekommt einen vergeschlechtlichten Namen. Gehört es dem „falschen *sex*" an, einem ungewollten *sex*, wird es womöglich abgetrieben. Ist die Zuschreibung der *sex*-Kategorie erfolgt, ist der Druck zur Kongruenz von *sex* und *gender* so groß, daß zum Mittel der operativen Geschlechtsumwandlung gegriffen wird, um

---

6   Siehe auch Bourdieu [1980] 1990, 66-79.
7   Birke 1986; Fausto-Sterling 1985; Hubbard 1990; Hubbard, Henifin und Fried 1979; Longino und Doell 1983; Naftolin und Butz 1981; Sayers 1982.
8   Fausto-Sterling 1985; Kemper 1990; Treadwell 1987. Neuere Forschungen haben ergeben, daß bei den Männchen der Zichliden (einer Fischart) Veränderungen in den Hirnzellen und bei den Hormonen durch die Dominanz hervorgerufen werden, nicht umgekehrt, und daß durch Testosteron Dominanzverhalten bei *weiblichen* Hyänen hervorgerufen werden kann (Angier 1991; 1992b).

die Anatomie herzustellen, die zu der „falschen" *gender*-Identität und dem „unangemessene" *gender*-Verhalten paßt. Wie Margrit Eichler sagt: „Die Begründung für die operative Geschlechtsumwandlung erscheint als Zirkelschluß: Der *sex* bestimmt den Charakter. Das ist natürlich. Fälle, in denen das biologische Geschlecht nicht zu den erwarteten *sex*-Identitäten führt, sind daher unnatürlich. Folglich muß, um das Prinzip aufrecht erhalten zu können, nach dem das biologische Geschlecht den Charakter bestimmt, das biologische Geschlecht (das heißt die Natur) verändert werden" (1989, 289).

Anschauungsunterricht Sport

Sport macht anschaulich, wie Körper durch soziale Praxis vergeschlechtlicht werden und wie der weibliche Körper sozial als minderwertig konstruiert wird. Zunächst einmal werden die Wettkämpfer streng in Frauen und Männer unterteilt. Wenn die *gender*-Zuweisung umstritten ist, bestimmt man heutzutage anhand der Chromosomen, in welcher Kategorie der Sportler/die Sportlerin antreten soll. Es gibt jedoch bei Frauen eine Anomalie, die so häufig ist, daß sie bei jedem größeren internationalen Sportwettkampf mehrfach vorkommt, nämlich XY-Chromosomen, die aufgrund eines genetischen Defekts keine männliche Anatomie oder Physiologie produziert haben. Weil diese Frauen in jeder für den Sportwettkampf relevanten Hinsicht Frauen sind, hat sich der angesehene Internationale Leichtathletikverband dafür eingesetzt, den *sex* durch einfache Inspektion der Genitalien zu bestimmen (Kolata 1992a). Transsexuelle würden diesen Test bestehen, Renée Richards aber, eine Mann-zu-Frau-Transsexuelle, mußte erst vor Gericht gehen, um als Frau an den Tennisturnieren der Damen teilnehmen zu können. Was sie schließlich auch tat, trotz männlicher *sex*-Chromosomen (Richards 1983). Sonderbarerweise hat keine der beiden Grundlagen für die *gender*-Kategorisierung – Chromosomen oder Genitalien – irgendetwas mit sportlicher Leistung zu tun (Birrell und Cole 1990).

Bei den Olympischen Spielen werden Frauen bei chromosomenbedingter Uneindeutigkeit „einer ganzen Batterie gynäkologischer und sonstiger körperlicher Untersuchungen unterzogen, um festzustellen, ob sie als Wettkampfteilnehmerinnen auch ‚weiblich' genug sind. Männer werden nicht getestet" (Carlson 1991, 26). Bezweckt wird damit nicht etwa eine möglichst akkurate Kategorisierung von Frauen und Männern, sondern die sichere Gewähr, daß nicht etwa Männer bei den Wettkämpfen der Frauen antreten, wo sie, so meint man, durch Größe und Kraft im Vorteil wären. Diese Praxis klingt nur dann fair, wenn man annimmt, daß alle Männer gleich groß und gleich kräftig und von allen Frauen unterschieden sind. Bei den olympischen Box- und Ringkämpfen aber werden die Männer nach Gewichtsklassen eingeteilt. Und in vielen Sportarten könnten Frauen mit gleichen Erfolgschancen gegen Männer antreten. Bis vor etwa zwanzig Jahren durften bei Marathonläufen Frauen nicht als Teilnehmerinnen antreten. Innerhalb von zwanzig Jahren Marathon-Teilnahme haben die Frauen ihre Zeiten um über anderthalb Stunden verbessert; 1998 werden sie voraussichtlich genauso schnell wie die Männer laufen, und innerhalb der nächsten fünfzig Jahre könnten sie, weil ihre Bestzeiten rascher steigen als die der Männer, auch bei Läufen über andere Entfernungen mit den Zeiten der Männer gleichziehen (Fausto-Sterling 1985, 213-218).[9]

Werden Frauen und Männer erst einmal getrennt kategorisiert, beeinflussen die Annahmen über ihre Physiologie und ihre sportlichen Fähigkeiten die Wettbewerbsregeln; in der Folge bestätigen dann die sportlichen Leistungen, daß die Behandlung von Frauen und Männern bei Sportwettkämpfen richtig ist. Turngeräte sind auf schlanke, drahtige, vorpubertäre Mädchen abgestimmt und nicht auf reife Frauen; Turngeräte für Männer sind umgekehrt auf muskulöse, reife Männer zugeschnitten, nicht auf schlanke, drahtige, vorpubertäre Jungen. Jungen und Mädchen könnten durchaus im selben Wettkampf gegeneinander antreten, dürfen es aber nicht; erwachsene Frauen kommen als Turnerinnen überhaupt nicht vor (*New York Times* 1989b). Turnende Mädchen sind genau dies – kleine Mädchen, die disqualifiziert sind, wenn sie erwachsen werden (Vecsey 1990). Turnende Männer haben den Status von Männern. Beim Basketball der Frauen verändert sich dank einer anderen Ballgröße und anderer Regeln für die Ballbehandlung der ganze Stil des Spiels, „eine langsamere, weniger dichte und weniger aufregende Version des ‚regulären‘ oder Männerspiels" (Watson 1987, 441). Bei keiner Gelegenheit können Frauen bei offiziellen Wettkämpfen nach den Regeln für Männer spielen. Bei den Olympischen Winterspielen 1992 sah die Pflicht für die männlichen Eiskunstläufer drei Dreifachsprünge vor; den Eiskunstläuferinnen war mehr als *ein* Sprung verboten. Unter solchen Regeln sind artistische Eiskunstläufer und athletische Eiskunstläuferinnen benachteiligt (Janofsky 1992). Der westliche Sport ist zum größten Teil auf physisch durchtrainierte Männerkörper abgestellt: „Geschwindigkeit, Größe und Kraft scheinen das Wesen des Sports auszumachen. Bei einem so verstandenen ‚Sport‘ *sind* Frauen von Natur aus unterlegen. Wären jedoch die Frauen der historisch dominante *sex* gewesen, hätte sich unser Begriff vom Sport zweifellos anders entwickelt. Wettbewerbe, bei denen es auf Beweglichkeit, Gleichgewicht, Stärke, Timing und kleine Körpergröße ankäme, könnten das Sonntagnachmittagsfernsehen beherrschen und mit sechsstelligen Prämien aufwarten" (English 1982, 266).

---

9   Im alten Griechenland hatten Frauen, wie auf einer Vase im Vatikan zu sehen ist, ihre eigenen Olympischen Spiele, bei denen sie Rennen liefen. Diese Spiele wurden zu Ehren von Hera und nur für weibliche Zuschauer abgehalten (Pomeroy 1975, 137).

Organisierter Sport ist Big Business, und wer auf welcher Ebene Zugang
zu ihm hat, ist damit eine Frage der Verteilung oder von Recht und Billig-
keit. Überhaupt ist der Status von weiblichen und männlichen Sportlern eine
ökonomische, politische und ideologische Frage, die weniger mit den individuellen physiologischen Fähigkeiten zu tun hat als mit ihrer kulturellen und
sozialen Bedeutung und damit, wer sie definiert und von ihnen profitiert.[10]
Gut zwanzig Jahre nach Verabschiedung des Titels IX des U.S. Civil Rights
Act, nach dem in allen Schulen, die Bundesmittel erhalten, eine Ungleichbehandlung nach *gender* verboten wurde, liegen die *Zielvorgaben* für die
Teilnahme am Collegesport in den nächsten fünf Jahren und für Stipendien
und Zuschüsse bei 60 Prozent Männern, 40 Prozent Frauen (Moran 1992).

Wie der Zugang zu und die Verteilung von Gratifikationen (Prestige und
Geld) begründet wird, ist ein ideologisches, ja moralisches Problem (Birrell
1988, 473-476; Hargreaves 1982). Die eine Art Begründung wird von den
Massenmedien geliefert, die Sportler glorifizieren und Sportlerinnen ignorie-
ren. Michael Messner und seine KollegInnen stellten fest, daß sich 1989 in
den Vereinigten Staaten die Sportsendungen im Fernsehen zu 92 Prozent mit
Männersport und zu 5 Prozent mit Frauensport befaßten, während die restli-
chen 3 Prozent gemischt oder *gender*-neutral waren (Messner, Duncan und
Jensen 1993). 1990 lag das Verhältnis der Berichterstattung über Männersport zur Berichterstattung über Frauensport in vier der meistverkauften
Zeitungen der Vereinigten Staaten bei 23 zu 1. Auch bei der Namensnennung
stießen Messner und seine Kollegen auf eine implizite Hierarchie: Frauen
wurden am häufigsten nur mit Vornamen genannt, gefolgt von schwarzen
Männern; nur weiße männliche Sportler wurden gewohnheitsmäßig beim
Nachnamen genannt. Auch die Frauenmannschaften der Colleges tragen
Namen oder Kennzeichnungen, mit denen sie symbolisch feminisiert und
trivialisiert werden – Männermannschaften heißen „Tigers"; Frauenmannschaften „Kittens" (Eitzen und Zinn 1989).[11]

Annahmen über Körper und ihre Fähigkeiten werden so zurechtgestutzt,
daß ungleiche Zugangschancen und ungleich verteilte Gratifikationen akzeptabel werden (Hudson 1978; Messner 1988). Die Mediendarstellung der
modernen Sportler verherrlicht ihre Stärke und ihre Power bis hin zur Gewalttätigkeit (Hargreaves 1986). Die Mediendarstellung moderner Sportlerinnen streicht eher ihre Schönheit und Anmut als Frauen heraus (so daß sie

---

10 Birrell 1988, 479-491; Boutilier und SanGiovanni 1983; M. A. Hall 1988; Hargreaves
    1986; Messner und Sabo 1990; Moran 1992; Slatton und Birrell 1984; Willis 1982.

11 Die erste Frauen-Basketballmannschaft in West Point hieß „Sugar Smacks". Sie wurde
    vom Sportdirektor (einem Mann), dem der ursprüngliche Name nicht seriös genug er-
    schien, in „Army Women's Basketball" umbenannt. Die Frauen hatten sich diesen Namen
    während ihres ersten Studienjahres selber ausgedacht – „smacks" ist einer der Namen für
    die „plebes" [die Studenten der untersten Klasse in Westpoint; A. d. Ü.] (Barkalow 1990,
    126).

keine richtigen Sportler sind) oder ihre dünnen, kleinen, drahtigen androgynen Körper (so daß sie keine richtigen Frauen sind). Fernsehübertragungen von den Wettkämpfen der Frauen bei den Olympischen Spielen

> widmen sich liebevoll und detailliert elfenhaften Turnerinnen; verweilen lange bei graziösen und blendend aufgemachten Eiskunstläuferinnen; lassen die Kamera bis ins einzelne die fließenden Bewegungen von Schwimmerinnen und Taucherinnen verfolgen. Und dann bekommen die Zuschauer noch ein paar Minuten lang in rascher Folge Bildfetzen aus Volleyball, Basketball, Eisschnellauf, Leichtathletik und Abfahrtslauf vorgeführt, deren Existenz das Fernsehen auf diese Weise bloß noch sozusagen abhakend zur Kenntnis nimmt (Boutilier und SanGiovanni 1983, 190).[12]

Außergewöhnliche Leistungen von Sportlerinnen, die als reife Erwachsene vorgeführt würden, könnten im Gegensatz zu Elfen, Seejungfrauen und Eisköniginnen die Sportveranstalter und -zuschauer dazu zwingen, ihre stereotypen Vorstellungen von den Fähigkeiten von Frauen zu überdenken. Deshalb konstruiert der Sport die Männerkörper kraftvoll; die Frauenkörper sexuell: „Körperlich gesehen bedeutet Männlichkeit vor allem die Überlegenheit der Männer über die Frauen und die Verherrlichung hegemonialer Männlichkeit gegenüber anderen Gruppen von Männern, die wesentlich für die Herrschaft über die Frauen ist" (Connell 1987, 85).

Der Wettkampfsport ist für Jungen und Männer als Spieler wie als Zuschauer ein Mittel zur Konstruktion der maskulinen Identität geworden, ein legitimiertes Ventil für Gewalt und Aggression und ein Weg in die Aufwärtsmobilität.[13] Für die Männer in den westlichen Gesellschaften ist die physische Leistungsfähigkeit ein wichtiger Ausweis der Männlichkeit.[14] Wie Erving Goffman (1963a) sagt: „Ein ganzer Mann, der sich über nichts zu schämen braucht, ist in Amerika nur einer: ein junger, verheirateter, weißer, heterosexueller, protestantischer, in einer Stadt in den Nordstaaten lebender Vater mit Collegeabschluß, fester Anstellung, gesunder Gesichtsfarbe, richtigem Gewicht, ordentlicher Größe und frischem Sportabzeichen" (128).

Angesichts der Verknüpfung von Sport und Männlichkeit in den Vereinigten Staaten müssen die Sportlerinnen mit einem widersprüchlichen Status umgehen lernen. Bei einer Untersuchung über College-Basketballspielerinnen (Watson 1987) stellte sich heraus, daß diese zwar auf dem Spielfeld „ganz den Sportler herauskehrten" – „Rempeleien, Abdrängen, Fouls, Sprints, Durchbrüche, Verteidigung, Obszönitäten und Schweiß" (441) –, außerhalb des Spielfelds aber „ganz Frau" waren, wobei der Umkleideraum jeweils zum Ort einer Inszenierung wurde:

---

12 Mehr dazu bei Boutilier und SanGiovanni 1983, 183-218; Theberge und Cronk 1986.
13 Dunning 1986; Kemper 1990, 167-206; Messner 1987; 1989; 1992.
14 Fine 1987a; Glassner 1992; Majors 1990.

Während sie mit der Vorbereitung auf das Spiel im allgemeinen fünfzehn Minuten zubrachten, brauchten sie nach dem Spiel rund fünfzehn Minuten, um zu duschen und den Sportlerschweiß abzuspülen, *und* dann noch einmal dreißig Minuten, um sich anzuziehen, Makeup aufzulegen und sich zu frisieren. Ob die Spielerinnen anschließend in die Öffentlichkeit gingen oder für eine lange Heimfahrt in den Bus stiegen, schien dabei keine Rolle zu spielen. An den durchschnittlichen Ankleidezeiten und -ritualen änderte das nichts. (Watson 1987, 443)

Eine andere Art des Umgangs mit diesem Statusdilemma besteht darin, daß Frauen ihre Tätigkeit oder deren Ergebnis als weiblich oder fraulich umdefinieren (Mangan und Park 1987). Weibliche Bodybuilder etwa gaben die Parole aus: „Flex appeal is sex appeal" (Duff und Hong 1984, 378). Ironischerweise hätte dieses mit dem Hochglanz des Sexuellen versehene Bodybuilding einen weiblichen Army-Offizier fast ihren Posten gekostet, als eine Army-Zeitung Photos von ihr abdruckte, auf denen sie im „Bodybuilding-Bikini" abgebildet war (Barkalow und Raab 1990, 203-209).

Derartige Umdefinitionen der Körperlichkeit von Frauen bestätigen den ideologischen Subtext des Sports, daß Körperkraft ein Vorrecht der Männer ist und ihre physische und sexuelle Herrschaft über die Frauen rechtfertigt.[15] Wenn Frauen physische Stärke zeigen, werden sie als unweiblich etikettiert:

Wenn wir stark und körperlich selbstbewußt sind, ist unser Genommenwerdenkönnen in Gefahr, unser Vergewaltigtwerdenkönnen, unsere Weiblichkeit. Sind wir imstande, uns gegen Vergewaltigung zu wehren, mit unserem Körper nicht zu signalisieren, daß wir vergewaltigt werden können, mit unserem Körper für einen anderen Gebrauch und andere Bedeutungen als diese einzustehen, kann sich schon dadurch verändern, *was es heißt, eine Frau zu sein* (MacKinnon 1987, 122).

Paradoxerweise war gerade die Politik der amerikanischen Turnlehrerinnen fast das ganze zwanzigste Jahrhundert hindurch vom Widerstand gegen eine solche Veränderung geprägt. Sie wollten ein Minimum an Anstrengung und ein Maximum an femininem Auftreten und Verhalten und überließen die organisierten Sportwettkämpfe den Männern (Birrell 1988, 461-462; Mangan und Park 1987).

„Women Get Sicker, But Men Die Quicker"

Nicht nur bei Sportlern wird der Körper durch die soziale Praxis transformiert und zum Träger von kulturellen und symbolischen Bedeutungen gemacht, sondern bei allen Menschen.[16] Auf den Plantagen der Südstaaten wurden im neunzehnten Jahrhundert, in der Zeit vor dem Bürgerkrieg, die

---

15   Hargreaves 1986; Messner 1988; Olson 1990; Theberge 1987; Willis 1982.
16   Gallagher und Laqueur 1987; Jordanova 1989; Jacobus, Keller und Shuttleworth 1990; Martin 1987.

Körperkraft und Leistungsfähigkeit der afroamerikanischen Sklavinnen ausgebeutet, die ihrer euroamerikanischen Herrinnen nicht zur Kenntnis genommen. Sklavinnen schufteten Seite an Seite mit Sklaven auf den Feldern,
pflügten und ernteten, Sklavinnen und ihre Herrinnen verrichteten mühselige
manuelle Hausarbeit.[17] Das Bild von der körperlich und geistig zerbrechli-
chen und inkompetenten Frau war durch die ganz offenkundigen Fähigkeiten
der Frauen nicht zu erschüttern (Jordanova 1989). 1852 sagte Sojourner
Truth vor der Women's Rights Convention in Akron, Ohio: „Seht mich an!
Seht Euch meine Arme an! ... Ich habe gepflügt und gepflanzt und in die
Scheune gefahren, da hat kein Mann mir was vormachen können – und bin
ich etwa keine Frau?" (zitiert in: hooks 1981, 160). Dieser berühmte Beitrag
bringt die Herabsetzung auf den Punkt, die allen Frauen in Gestalt der Vorstellungen angetan wurde, die das neunzehnte Jahrhundert vom Frausein
hatte – die körperlich robusten Frauen aus der Arbeiterklasse und die Sklavinnen galten als Frauen als minderwertig; die körperlich wenig belastbaren
Frauen aus der Mittel- und Oberklasse waren als ausgewachsene Frauen eine
ökonomisch abhängige Klasse.[18]

Auch heute hat in Ländern mit Gesundheitssystemen westlichen Zuschnitts
gender in Kombination mit Rasse und sozialer Klasse erhebliche Auswirkungen auf Gesundheit und Lebensdauer, und zwar nicht aufgrund von physiologischen Faktoren, sondern aufgrund der Unterschiede der beruflichen
und familialen Arbeitsteilung, der Risikostruktur, des Gesundheits- und
Krankheitsverhaltens, des familialen und ökonomischen Status.[19] Frauen
werden im allgemeinen häufiger krank und gehen öfter zum Arzt, weil sie
durch monotone Arbeit, Kinderaufzucht, Pflege von älteren Familienangehörigen und durch die „Doppelbelastung" von Erwerbs- und Hausarbeit stark
belastet sind. Männer sind anfälliger für chronische und lebensbedrohliche
Krankheiten wie Herzinfarkte, sind aber, wenn sie verheiratet sind, im allgemeinen geistig und körperlich gesünder als verheiratete Frauen. In den Vereinigten Staaten sind die ungleichen Zugangschancen zur pränatalen Medizin
ein wichtiger Faktor für die hohe Rate der mit Untergewicht geborenen Babies bei afroamerikanischen Frauen, und für die hohen Sterberaten junger
afroamerikanischer Männer sind unter anderem eine ganze Reihe von Traumen verantwortlich, die ihnen zu Lebzeiten widerfahren.[20]

Noch bis in die allerjüngste Zeit zahlten die Versicherungsgesellschaften
den Männern ihre Rentenversicherung in höheren Raten aus als den Frauen

---

17 Clinton 1982, 18-35; Fox-Genovese 1988, 166, 193; J. Jones 1986, 11-29; Matthaei 1982,
   87-89; White 1985, 120-121.
18 A. Y. Davis 1981, 5-12; Ehrenreich und English 1973; hooks 1981, 15-49.
19 Bird und Freemont 1991; Gove 1984; Levy 1988; C. Muller 1990; Nathanson 1975; Verbrugge 1985; 1986; 1989a; 1989b.
20 Gibbs 1988a; 1988b; Jackson und Perry 1989; Nsiah-Jefferson und Hall 1989.

und begründeten dies damit, daß Frauen länger leben als Männer (Harrison, Chin und Ficarrotto 1992). Rassische oder ethnische Unterschiede machten sie nicht, obwohl euroamerikanische Männer in den Vereinigten Staaten rund zehn Jahre länger leben als farbige Männer. Die Lebenserwartung von euroamerikanischen Frauen liegt ungefähr fünfzehn Jahre über der von afroamerikanischen Männern; der Abstand zwischen den Rassen liegt innerhalb der *gender* bei jeweils rund acht Jahren. Somit haben in den Vereinigten Staaten euroamerikanische Mittelklassefrauen die höchste potentielle Lebensspanne, sind aber, da sie ihre Männer überleben, im Alter auch am häufigsten auf professionelle Pflege angewiesen (Ory und Warner 1990). Dem steht bei afroamerikanischen Männern eine höhere Wahrscheinlichkeit der Traumatisierung oder des frühen Todes durch Mord, Selbstmord oder Unfälle gegenüber (Gibbs 1988a; 1988b).

Bei der Erforschung der *gender*-Unterschiede von Krankheits- und Todesraten ist es – wie in anderen Bereichen auch, in denen biologische und soziale Umstände ineinandergreifen – äußerst schwierig, die Effekte des biologischen Geschlechts zu isolieren. Nach Lois Verbrugge, die viele Jahre über dieses Problem gearbeitet hat, „wissen wir nichts über die durchschnittliche Anfälligkeit und Widerstandsfähigkeit, die männliche und weibliche Menschen bei der Zeugung mitbekommen, und auch nichts darüber, wie sich Alterungsprozesse und soziale Einflüsse auf die Größe und den Charakter auswirken. Was der demographischen Untersuchung von geschlechtsspezifischen Unterschieden bei Gesundheit und Sterblichkeit vor allem fehlt, sind operationale Meßinstrumente für dieses biologische Substrat" (1989a, 296). Das eigentliche Problem ist, daß ein rein biologisches Substrat gar nicht isoliert werden kann, weil die Physiologie des Menschen sozial konstruiert und vergeschlechtlicht ist.

„Wenn Männer menstruieren könnten"

Trotz der überzeugenden Beweise für die allgemeine körperliche Leistungsfähigkeit von Frauen werden in den Vereinigten Staaten *alle* Frauen wegen ihrer Fortpflanzungsphysiologie als ungeeignet für bestimmte Arten von Arbeit und körperlicher Betätigung angesehen. Aus medizinischer Sicht sind Frauen durch Prämenstruation, Menstruation, Schwangerschaft, Geburt und Wechseljahre angeblich physisch oder psychologisch behindert.[21] Empfängnisverhütende Mittel können Nebenwirkungen haben und Abtreibungen können moralische Stigmatisierung nach sich ziehen, so daß Frauen, die selber die Verantwortung für ihren körperlichen Zustand übernommen ha-

---

21   Gitlin und Pasnau 1989; Lennane und Lennane 1973; Vertinsky 1990.

ben, einer „doppelten Devianz" anheimfallen – sie haben ein körperliches Problem und sind angeblich auch noch selber schuld (Lorber 1967). Auch Frauen, die sich dafür entscheiden, keine Kinder zu haben, werden kritisiert, weil sie keine richtigen Frauen sind, und Frauen, die unfreiwillig unfruchtbar sind, weil sie oder ihre Männer Probleme haben, Kinder zu bekommen, werden wegen ihrer Kinderlosigkeit stigmatisiert.[22]

Was angeblich Frauen zu „richtigen" Frauen macht – ihre Biologie –, macht sie zugleich zu Bürgern zweiter Klasse. Allein unter Berufung auf das Fortpflanzungspotential von Frauen wird bestimmt, wo sie arbeiten können und wo nicht, obwohl Untersuchungen ergeben haben, daß giftige Substanzen und andere arbeitsplatzbedingte Risiken die Spermaproduktion nicht minder schädigen dürften.[23] So dient die Fortpflanzungsphysiologie der Frauen der ideologischen Rechtfertigung ihres marginalen Status als Arbeitskräfte. In dieser Diskussion versteckt ist allerdings auch das Wissen der Frauen um die Gefährdung ihrer Fortpflanzungsfähigkeit durch ihre Arbeit und um die Möglichkeit, diese zu nutzen, um die Zahl ihrer Schwangerschaften zu begrenzen. Englische Töpferinnen, die zu Beginn des zwanzigsten Jahrhunderts, als Abtreibung illegal war, mit Blei arbeiteten, scheinen sich die gefährlichen Auswirkungen für ihre eigenen Zwecke zunutze gemacht zu haben: „Ein ortsansässiger Arzt stellte fest, daß 8 von 77 Töpfereiarbeiterinnen, die mit Blei arbeiteten, insgesamt 21 Totgeburten gehabt hatten; 35 gaben insgesamt 90 Fehlgeburten an. Um Abtreibungen herbeizuführen, arbeiteten die Töpferinnen trotz der Risiken mit Blei. Offenbar war es am Ort ein offenes Geheimnis, daß jeder, der ein mit Blei arbeitendes Mädchen aus der Töpferei heiratete, die Größe seiner Familie auf einfache Weise begrenzen konnte" (Grieco und Whipp 1986, 135-136). Der U.S. Supreme Court erklärte 1991 in einem letztinstanzlichen Urteil, daß Arbeitgeber den Schutz des Fötus nicht als Grund anführen dürfen, um fruchtbare Frauen vom Zugang zu gefährlichen Arbeitsplätzen auszuschließen (Greenhouse 1991). Jetzt können die Arbeitgeber den Arbeitskräften (einschließlich der Männer, die dem Risiko einer Spermienschädigung ausgesetzt sind) die Entscheidung selber überlassen oder für eine allgemeine Verringerung der berufsbedingten Risiken sorgen oder Schutzmaßnahmen für alle Arbeitskräfte einführen (Kilborn 1991).

Ein weiteres Beispiel für eine physiologisch begründete Diskriminierung von Frauen ist die Infragestellung ihrer intellektuellen und physischen Leistungsfähigkeit unter Berufung auf die Menstruation. Da es Frauen sind, die menstruieren, also eine untergeordnete Gruppe, ist die Menstruation zur

---

22 Calhoun und Selby 1980; Greil, Leitko und Porter 1988; Lorber 1987b; 1989; Lorber und Bandlamudi 1993; Miall 1986; Sandelowski 1990a.
23 Bertin 1989; Heitlinger 1987, 57-64; Petchesky 1979; Stellman und Henifin 1982; M. J. Wright 1979.

allfälligen Begründung für diese Unterordnung gemacht geworden (Delaney, Lupton und Toth 1977). Im neunzehnten Jahrhundert wurden in Europa und Amerika die Vorstellungen von der Unreinheit durch wissenschaftliche Untersuchungen über die schädlichen Auswirkungen einer höheren Bildung auf die Menstruationsfähigkeit von Frauen abgelöst (Bullough und Voght 1973; Vertinsky 1990, 39-68).[24] Ende der 1970er Jahre, als immer mehr Frauen bei Sportwettkämpfen antraten, wurde anhand ähnlicher wissenschaftlicher Untersuchungen nachgewiesen, daß bei Frauen, die intensiv trainierten, gewöhnlich die Menstruation aussetzt, weil sie nicht mehr genug Körperfett für den Eisprung haben (Brozan 1978). Als aber eine Gruppe von Forscherinnen ein Jahr lang eine vergleichende Untersuchung mit sechsundsechzig Frauen durchführte – einundzwanzig, die für den Marathonlauf trainierten, zweiundzwanzig, die mehr als eine Stunde pro Woche liefen, und dreiundzwanzig, die weniger als eine Stunde pro Woche Aerobic betrieben –, stellte sich heraus, daß in *jeder* Gruppe nur 20 Prozent der Frauen einen „normalen" monatlichen Menstruationszyklus hatten (Prior u.a. 1990). Die Gefahren eines intensiven Trainings für die Fruchtbarkeit der Frauen waren übertrieben worden, nachdem die Frauen begonnen hatten, als Konkurrentinnen in Bereiche vorzudringen, die ihnen zuvor verschlossen waren.

Prämenstruelle Spannungszustände sind ein weiteres angeblich biologisches Phänomen, das den sozialen Status von Frauen untergräbt (Rittenhouse 1991). Sie wurden vor sechzig Jahren erstmalig beschrieben und auf hormonelle Ursachen zurückgeführt; seither hat sich die Forschung meist an dieses biomedizinische Modell gehalten – und es als *ein* Syndrom mit *einer* Ursache und nur *einer*, im *Individuum* angesiedelten Pathologie definiert. Kritikerinnen wiesen auf die Konfusion hin, die darüber herrschte, was dieses Syndrom ist, wann es auftritt, ob es nur eines gibt, das einheitlich ist, und welche Auswirkungen es hat.[25] Der berühmt-berüchtigte Zusammenhang zwischen prämenstrualen Spannungszuständen und Verbrechen, Selbstmorden und anderen destruktiven Handlungen kann auch auf emotionale Belastungen zurückgeführt werden, die sowohl zu Veränderungen des Menstruationszyklus als auch zu pathologischen Verhaltensweisen führen; Frauen, die wichtige Prüfungen ablegen, dürften ebenso oft gerade kurz vor der Menstruation stehen oder menstruieren wie Frauen, die Verbrechen begehen (Parlee 1982a).

Bei manchen Frauen kommt es vor der Menstruation zu körperlichen Veränderungen, bei anderen zu emotionalen Schwankungen und bei wieder anderen zu einer Kombination aus beidem, und all das kann in leichten,

---

24 Soziale Gruppen jedoch, die Absonderungsrituale für menstruierende Frauen haben, geben diese Rituale mit der Modernisierung oft auf (Ulrich 1992).

25 Abplanalp 1983; Fausto-Sterling 1985, 90-122; Koeske 1983; Parlee 1973; 1982a; Rittenhouse 1991.

mittleren und schweren Formen auftreten: „Die in den Untersuchungen zum prämenstruellen Syndrom am häufigsten genannten emotionalen Zustände sind Spannung, Angst, Depression, Reizbarkeit und Feindseligkeit. Zu den somatischen Beschwerden gehören aufgeblähter Unterleib, geschwollene Glieder, empfindliche Brüste, Kopf- und Rückenschmerzen. Häufig genannte Verhaltensveränderungen sind das Vermeiden von sozialen Kontakten, Veränderungen der Arbeitsgewohnheiten, verstärkte Tendenz zu Auseinandersetzungen (insbesondere mit dem Mann oder Partner und den Kindern) und Weinkrämpfe" (Abplanalp 1983, 109). Viele Frauen haben milde Symptome (genau so, wie viele Frauen auch nur milde Menstruationsbeschwerden haben); schwere Syndrome (oder krankmachende Menstruationsperioden) kommen viel seltener vor.

Viele Frauen und Männer erleben tageweise Stimmungsschwankungen; diese können bei Frauen zyklusbedingte Stimmungsschwankungen verändern oder verstärken (Hoffmann 1982; Rossi und Rossi 1977). Mary Brown Parlee (1982b) fand heraus, daß Frauen individuell betrachtet eher andere Ursachen als den Menstruationszyklus für ihre psychologischen Stimmungsschwankungen angaben, etwa Reaktionen auf Schwierigkeiten bei der Arbeit oder zu Hause; durch die Zusammenfassung der Daten zu Gruppen bekam jedoch der Einfluß des Menstruationszyklus ein größeres Gewicht, weil die anderen Muster idiosynkratisch waren. Tägliche Selbstberichte ergaben „ein Bild, das man eher als ‚prämenstruelles Hochgefühlssyndrom' bezeichnen könnte, das genaue Gegenteil des in dem Stereotyp der prämenstruellen Spannungszustände verkörperten Negativbildes" (Parlee 1982b, 130). In retrospektiven Berichten beschrieben dieselben Frauen ihre Gefühle in der stereotypen Form.

Eine Ärztin meinte sarkastisch, die Äußerungsformen dessen, was man das prämenstruelle Syndrom nenne – Verärgerung und Reizbarkeit –, seien vielleicht deshalb so auffällig, weil dieses Verhalten im Kontrast zu drei Wochen freundlicher Umgänglichkeit stehe (Guinan 1988). Emily Martin (1987) meint, aus feministischer Sicht könnten prämenstruelle Spannungszustände durchaus positiv sein – nicht nur als Ventil für den gewöhnlich unterdrückten Ärger über die täglichen Zurücksetzungen, denen Frauen ausgesetzt sind, sondern als eine andere Art von Bewußtsein, Konzentration und Kreativität: „Bedeutet der Verlust der Konzentrationsfähigkeit eine größere Fähigkeit zum freien Assoziieren? Das Nachlassen der Muskelkontrolle einen Zuwachs an Entspannungsfähigkeit? Herabgesetzte Leistungsfähigkeit höhere Konzentration auf eine geringere Zahl von Aufgaben?" (128)

Auch die Wechseljahre wurden als Krankheit definiert, wobei man die sozialen Faktoren gering veranschlagte.[26] Die westliche Kultur belegt die weiblichen Erfahrungen von Menstruation, Menopause, Schwangerschaft

---

26 Goodman 1980; 1982; McCrea 1986; Perlmutter und Bart 1982.

und Geburt mit einer negativen Konnotation von Distanz, mit dem Gefühl einer Trennung von Körper und Seele.[27] Westliche Frauen haben gar keine Chance, ihren Körper ebenso als zeitlich und räumlich bedingt und *zu ihnen gehörig* zu betrachten, wie Männer in unserer Gesellschaft Erektionen und Orgasmen als Erweiterungen ihrer selbst erleben. Anders als die westlichen Gesellschaften, wo körperliche und soziale Statuspositionen häufig entkoppelt sind (Rossi 1980), verknüpfen amerikanische und auch andere Eingeborenenkulturen die Alterszyklen von Frauen und Männern mit der Gemeinschaft. Menstruations- und Geburtsrituale werden für die Frauen zu integrativen und festlichen Übergangsriten (Buckley und Gottleib 1988; Powers 1980). Peruanische Frauen treten zur Zeit der Menopause in den vollen Erwachsenenstatus, der ihnen soziale und finanzielle Gewinne sowie die Befreiung von der täglichen Hausarbeit und den weitläufigen Großfamilien einträgt (E. A. Barnett 1988).[28]

Was Frauen als durchaus normal und gar nicht beachtenswert empfinden können, wird, wenn es die Mediziner so etikettieren, zum Syndrom, zur Pathologie, zur „Krankheit" (Todd 1989; Fisher 1986). Zwar gibt es natürlich Frauen mit heftigen prämenstruellen, menstruellen und menopausalen Beschwerden, denen die Medizin Erleichterung verschaffen könnte, doch bilden sie nicht unbedingt die Mehrheit (Yankauskas 1990). Trotzdem leiden angeblich alle Frauen „schrecklich" unter „ihren Tagen" oder „diesem Lebensabschnitt" (und lassen ihrerseits ihre Umgebung darunter leiden). In unserer Gesellschaft dienen diese Syndrome der Herabwürdigung der Frauen als Gruppe und der Rechtfertigung ihres sozialen Status als nicht ganz vollwertiger Menschen.[29] Da sich erwachsene Frauen im Laufe ihres Lebens immer wieder in irgendeinem dieser physiologischen Zustände befinden, sind sie alle insoweit, als Frauen durch ihre Biologie definiert werden, die meiste Zeit „krank".

Schmutzige kleine Geheimnisse

Im Großen und im Kleinen beruft man sich auf *sex*-Unterschiede, um zu rechtfertigen, was vergeschlechtlichte Unterschiede des sozialen Status sind (C. F. Epstein 1988). Die angeblich größere Kraft der Männer dient selbst dann noch der Rationalisierung der vergeschlechtlichten Arbeitsteilung, wenn die eigentliche körperliche Arbeit von Maschinen erledigt wird: „Zwei Eigenschaften kommen bei der Arbeit von Männern zusammen ...: physische Leistungsfähigkeit und technische Kompetenz. Die Männer verbinden sie

---

27 Kritik hieran siehe bei E. Martin 1987; O'Brien 1981; Rich 1976.
28 Siehe auch J. K. Brown 1982; Kearns 1982; A. L. Wright 1982.
29 Daly 1978; S. Laws 1983; Zita 1988.

miteinander und vereinnahmen sie für die Männlichkeit. Beide verschaffen ihnen ein bißchen Macht. Nicht viel, gerade jenes Quentchen Macht, das genügt, um Männer beim Management mehr Lohn, weniger Beaufsichtigung und mehr Freiheit herausholen zu lassen" (Cockburn 1985, 100). Auch dieses „Mehr an Kraft" ist sozial konstruiert und wird zur *gender*-Schichtung im Arbeitsleben und in der Gesellschaft allgemein ausgebaut:

> Kleine biologische Unterschiede werden zu größeren physischen Unterschieden und diese wiederum zu Schachzügen im Spiel um die soziale, politische und ideologische Macht. Weibliche Kinder sind bei der Geburt etwas kleiner als männliche Kinder. Dieser Unterschied wird durch Erziehung übertrieben, so daß Frauen Erwachsene werden, die körperlich weniger stark und leistungsfähig sind, als sie sein könnten. Sodann werden sie von einer ganzen Reihe manueller Beschäftigungen ausgeschlossen, und damit auch von der Beherrschung der Technologie. Dies wiederum hat Rückwirkungen auf den Alltag: Zum Schluß sind Frauen von Männern abhängig, wenn ein Rad am Auto gewechselt, eine kaputte Fensterscheibe ersetzt oder ein zerbrochener Dachziegel erneuert werden muß. Schlimmer noch, Frauen werden von Männern körperlich belästigt oder vergewaltigt: Erst macht man sie relativ schwach; dann wird Schwäche in Verletzbarkeit verwandelt; und diese Verletzbarkeit öffnet dann der Einschüchterung und Ausbeutung Tür und Tor. Das Ausmaß und die Langlebigkeit der daraus resultierenden Unterdrückung sind gar nicht hoch genug zu veranschlagen. (Cockburn 1983, 204)

Metaanalysen von Untersuchungen zu *gender*-bedingten Unterschieden des räumlichen Vorstellungsvermögens und der mathematischen Fähigkeiten haben ergeben, daß Männer sehr viel besser imstande sind, sich ein Bild gedreht vorzustellen; bei der visuellen Wahrnehmung von Horizontale und Vertikale und bei den mathematischen Fähigkeiten haben sie einen mittleren Vorsprung, bei der Fähigkeit, eine Figur aus einem Feld auszuwählen, einen geringen Vorsprung (Hyde 1990). Man könnte also meinen, aus diesen Vorzügen erkläre sich auch, warum in der kurzen Zeit, in der sich überall, in Büro, Schule und zu Hause, die Computer durchgesetzt haben, die Arbeit an und mit ihnen vergeschlechtlicht wurde: Männer entwickeln, programmieren und vermarkten Computer, führen Krieg und machen Wissenschaft und Kunst mit ihnen; Frauen verdrahten sie in Computerfabriken und geben in computerisierten Büros Daten ein; Jungen spielen, bestreiten Sozialkontakte und begehen Verbrechen mit Computern; Mädchen sind in Computerclubs und -camps und in den Computerräumen der Schulen selten anzutreffen.[30]

In den vierziger Jahren aber wurden Frauen als Programmiererinnen eingestellt, weil „die Arbeit einer einfachen Schreibtischtätigkeit zu entsprechen schien. Tatsächlich jedoch setzte das Programmieren komplexe Fähigkeiten

---

30 Cockburn 1983; P. Edwards 1990; Fernández-Kelly und García 1988; Hartmann 1987; Hartmann, Kraut und Tilly 1986; Kramer und Lehman 1990; Perry und Greber 1990; Rothschild 1983; Turkle und Papert 1990; Wright u.a. 1987; Zimmerman 1983.

in abstrakt logischem Denken, Mathematik, Regel- und Maschinentechnik voraus, die die Frauen ... bei ihrer Arbeit auch alle anzuwenden pflegten. Als das Programmieren erst einmal als ‚geistig anspruchsvolle‘ Tätigkeit anerkannt war, wurde es auch für Männer attraktiv" (Donato 1990, 170). Grace M. Hopper, eine Mathematikerin und Pionierin der Datenverarbeitung, war berühmt für ihre Arbeit an den Programmiersprachen (Perry und Greber 1990, 86). In den sechziger Jahren wurde das Programmieren in verschiedene Spezialgebiete aufgeteilt, die mehr oder weniger Ausbildung voraussetzten, und in den siebziger und achtziger Jahren beschränkte sich der Computerzugang von Frauen auf die schlechter bezahlten Fachrichtungen. In jedem Stadium dieser Entwicklung beriefen sich die Arbeitgeber auf die angeblich natürliche Eignung von Männern und Frauen für die Jobs, für die sie eingestellt wurden (Donato 1990).

Auf eben diese Selbstverständlichkeit des Alltagsverhaltens stützt sich die Überzeugung, daß die weitverbreiteten Unterschiede zwischen dem, was Frauen und Männer tun, biologisch bedingt sein müssen. Als Beispiel ein Szenario, das gewöhnlich unbemerkt bleibt: Wenn in den modernen Gesellschaften ein Mann und eine Frau gemeinsam im Auto fahren, ist es sehr viel wahrscheinlicher, daß der Mann am Steuer sitzt, auch wenn die Frau die bessere Fahrerin ist. Molly Haskell (1989) nennt diese Erscheinung „das kleine schmutzige Geheimnis der Ehe: das Schlecht-fahrender-Ehemann-Syndrom" (26). Männer fahren Auto, ob sie gute Fahrer sind oder nicht, weil Männer und Maschinen eine „natürliche" Verbindung darstellen (Scharff 1991).[31] Dabei ist in weiten Teilen der Vereinigten Staaten die Autoversicherung für Männer unter fünfundzwanzig Jahren besonders teuer, weil manche jungen Männer ihre Männlichkeit durch halsbrecherisches Autofahren unter Beweis stellen müssen. Ganz explizit ist der Zusammenhang zwischen Fahrenkönnen und sozialer Macht in Saudi-Arabien, wo Frauen überhaupt nicht autofahren dürfen (LeMoyne 1990b).

In den frühen Tagen des Automobils machten sich Feministinnen die Emanzipationssymbolik der Mobilität zu eigen: „Durch das Anlegen von Schutzbrillen und Staubmänteln, das Hantieren mit Montiereisen und Werkzeugkästen, den Griff zum Steuer, taten sie ihre Absicht kund, sich über die Grenzen des Raums hinauszubewegen, der ihnen als Frauen zugewiesen war" (Scharff 1991, 68). Das Autofahren ermöglichte es ihnen, Kampagnen für das Frauenwahlrecht in den Vereinigten Staaten auch in Gegenden durchzuführen, die nicht an das öffentliche Verkehrsnetz angeschlossen waren, wobei sie Fahrzeugkolonnen und Ansprachen vom Automobil herab taktisch geschickt als Propagandamittel zu nutzen wußten (67-88). Sandra Gilbert

---

31   In Ländern mit sehr strengen Gesetzen gegen Alkohol am Steuer jedoch ist der Mann derjenige, der in der Regel trinkt und trotzdem fährt, während die Frau, wenn sie fährt, eher bei Mineralwasser oder alkoholfreiem Bier bleibt.

weist auch darauf hin, daß während des Ersten Weltkriegs die Tatsache, daß Frauen autofahren konnten, einer körperlichen, geistigen und selbst sinnlichen Befreiung gleichkam:

> Für Krankenschwestern und Fahrerinnen von Ambulanzen, für Ärztinnen und Meldefahrerinnen war die Erfahrung der modernen Schlacht eine durchaus andere als für die Soldaten im Schützengraben. Diese postviktorianischen Mädchen, die endlich einmal die Chance bekamen, das Steuer in die Hand zu nehmen, rasten mit den Autos über fremde Straßen wie Abenteurer, die neue Länder erkunden, während sich ihre Brüder immer tiefer in Frankreichs Schlamm hineinwühlten. ... Wenn sie Verwundete und Tote aus lebensgefährlichen Stellungen herausholten, durften diese einst wohlbehüteten Töchter endlich ihre Leistungsfähigkeit unter Beweis stellen, und so brausten sie mit der Liebesenergie Wagnerscher Walküren über das wüste Land des Krieges und brachten allein durch ihre Mobilität zahllose außer Gefecht gesetzte Helden in den sicheren Hafen. (1983, 438-439)

Die sozialen Körper und das Toilettenproblem

Menschen haben unterschiedliche Genitalien, unterschiedliche sekundäre Geschlechtsmerkmale, tragen auf unterschiedliche Weise zur Fortpflanzung bei, erleben den Orgasmus unterschiedlich, haben unterschiedliche Krankheits- und Alterungsmuster. Alle aber erfahren wir unsere Körper anders, und diese Erfahrungen verändern sich mit unserem Heranwachsen, Altern, Krankwerden und Sterben. Alle Körper sind unterschiedlich, die Körper von schwangeren und nicht schwangeren Frauen, kleinen und großen Menschen, Menschen mit heilen und funktionierenden Gliedmaßen und Menschen mit körperlichen Behinderungen. Aber die Subsumierung ihrer Attribute unter die wichtigsten sozialen Kategorien erfolgt auf eine Art und Weise, die über diese individuellen Erfahrungen rücksichtslos hinweggeht.[32]

Die *gender*-Kategorien werden auch durch andere sozial konstruierte physiologische Attribute aufgespalten. Afroamerikanische Männer und euroamerikanische Männer haben den Frauen ihrer jeweiligen rassischen Kategorie gegenüber einen privilegierten *gender*-Status gemeinsam, aber afroamerikanische Männer sind wie afroamerikanische Frauen wegen ihrer Hautfarbe diskriminiert (hooks 1984). In einer Gesellschaft, die große Männer und kleine Frauen bevorzugt, machen große Frauen und kleine Männer ähnliche soziale Erfahrungen – beide sind bei Partnersuche und Ehe leicht stigmatisiert (Goffman 1963a). Körperbehinderte Männer wie körperbehinderte Frauen werden in den Vereinigten Staaten beide sozial zu Wesen ohne *sex* gemacht (Zola 1982a). Der Mann jedoch wird unter Umständen für die große

---

32 Eisenstein 1988; Goffman 1963a; Levesque-Lopman 1988, 104-113; Rothman 1989, 246-254; Vogel 1990; Zola 1982a.

Willenskraft bewundert, mit der er seine Abhängigkeit überwindet, auch wenn er dabei eine Frau im Hintergrund hat, die ihn unterstützt; die Frau bleibt unter Umständen sozial abhängig, wird aber ironischerweise niemanden haben, der sie versorgt (Fine und Asch 1985).

Es gibt natürlich physische Unterschiede zwischen männlichen und weiblichen Körpern – ein Raum voll nackter Menschen würde uns zumindest hierüber belehren –, aber diese Unterschiede sind sozial bedeutungslos, bis sie durch soziale Praktiken in soziale Tatbestände verwandelt werden. Die soziale Transformation der weiblichen und männlichen Physiologie, die sie in den Stand der Ungleichheit überführt, läßt sich gut am Toilettenproblem veranschaulichen. Die meisten Gebäude, die nach *gender* getrennte Toiletten aufweisen, haben ebenso viele Frauen- wie Männertoiletten. Ist der Andrang groß, kommt es vor den Damentoiletten immer, vor den Herrentoiletten aber nur selten zum Stau. Die moderne Frauenkleidung und die Tatsache, daß Frauen beim Urinieren sitzen oder hocken müssen, verlängern die Zeit, die sie auf der Toilette brauchen (Unterhosen, Miederhosen, Strumpfhosen und Hosen müssen heruntergelassen werden, damit Frauen die Toilette benutzen können); Herrentoiletten haben neben Kabinen oft auch Pissoirs. Kleine Jungen gehen häufiger mit einer Frau auf die Toilette als kleine Mädchen mit einem Mann. Frauen, die schwanger sind, müssen häufig urinieren; Männer werden nicht schwanger, aber Prostataprobleme können sie ebenso oft wie schwangere Frauen auf die Toilette treiben. Menstruierende Frauen brauchen länger auf der Toilette; Männer menstruieren nicht, und Frauen nach den Wechseljahren auch nicht, aber vor allem bei Frauen nimmt mit dem Alter der Harndrang zu. Ältere Menschen brauchen länger zum Urinieren, und in der Regel gibt es mehr ältere Frauen als Männer, da Frauen länger leben als Männer.

Das kulturelle, physiologische und demographische Zusammenspiel von Kleidung, Häufigkeit, Menstruation, Alter und Kinderbetreuung summiert sich zu einer allgemein intensiveren Toilettenbenutzung von Frauen als von Männern. Obwohl also eine gleiche Anzahl von Toiletten fair *scheint*, würde wahre Fairness heißen, Frauen mehr Toiletten zur Verfügung zu stellen oder sie zeitweise auch Herrentoiletten benutzen zu lassen (Molotch 1988).[33] Die angeblich von den biologischen Unterschieden zwischen Frauen und Männern diktierten *gender*-Grenzen jedoch schaffen symbolische soziale Räume, aus denen wir selten ausbrechen, selbst wenn sie Identitätsprobleme aufwerfen:

---

33 Mit diversen Vorrichtungen und Vorkehrungen ließen sich diese Schwierigkeiten ganz aus der Welt schaffen. Wheelwright beschreibt mindestens eine als Mann auftretende Frau, die ein Rohr zum Urinieren benutzte (1989, 25). Weibliche und männliche Astronauten benutzen Katheder. Pissoirs könnten in einem besonderen Raum untergebracht werden, und Toiletten mit Kabinen und Türen könnten unisex sein.

Da öffentliche Toiletten immer häufiger von einer vielsprachigen Klientel benutzt werden, wurden die Wörter „Männer" und „Frauen" oder „Herren" und „Damen" durch Schilder ersetzt, auf denen eine Figur in [Männer-] Kleidung – Hosen – und eine Figur in [Frauen-] Kleidung – Rock oder Kleid – abgebildet sind. Niemand aber (außer vielleicht Transvestiten und Transsexuelle) interpretiert diese Schilder wörtlich oder mimetisch. Eine Frau in Hosen würde normalerweise nicht durch die mit einer Figur in Hosen gekennzeichnete Tür gehen, ein Priester in einer Soutane oder ein in Tücher gewickelter Hare-Krishna-Anhänger nicht die Tür mit der Figur im Rock ansteuern. ... Menschen, die die Kleidung des anderen *gender* tragen und auch für dieses gehalten werden möchten, ziehen es vor, die Strichfiguren wörtlich zu nehmen: hier die Hosen; da die Röcke. (Garber 1992, 13-14)

Meine Freundinnen und ich haben viele Herrentoiletten „befreit", aber einmal wurde eine Frau deswegen auch schon verhaftet (und glücklicherweise freigesprochen) (*New York Times* 1990).

Das Toilettenproblem ist ein Ergebnis der unterschiedlichen Bewertung der vergeschlechtlichten Körper in den westlichen Kulturen: Die sozialen Körper der Männer sind der Maßstab für das, was „ein Mensch" ist. Der Lehrplan von West Point ist auf die Produktion von militärischen Führern zugeschnitten und verwendet unter anderem die physische Leistungsfähigkeit als signifikantes Maß für Führungseigenschaften (Yoder 1989). Als Frauen als Kadetten aufgenommen wurden, wurde deutlich, daß die Tests für physische Leistungsfähigkeit, etwa wie schnell jemand über eine zweieinhalb Meter hohe Mauer klettern kann, für die männliche Physis ausgelegt waren – Hochziehen und Hinübergelangen unter Einsatz von Oberkörperkraft. Statt nun Tests für die körperliche Leistungsfähigkeit von Frauen zu entwickeln, stellte West Point Hilfsmittel bereit (für das Mauerklettern eine Art Podium), die meist von Frauen benutzt wurden, aber Minuspunkte einbrachten. Schließlich kamen die Frauen selber dahinter, wie sie ihre Körper erfolgreich einsetzen konnten. Janice Yoder (1989) beschreibt diese Situation:

Eines Tages sah ich bei diesem Hindernis gerade zu, wie eine Frau auf die alte vorgeschriebene Weise an die Mauer trat, mit den Fingern Halt suchte und dann etwas Ungewöhnliches tat: Sie ließ ihre hängenden Beine die Mauer hinaufmarschieren, bis sie sich in eine Position gebracht hatte, in der sie Hände und Füße gleichzeitig oben auf der Mauer hatte. Dann zog sie einfach ihr Hinterteil nach und war drüber. Sie löste das Problem, indem sie aus einem physischen Vorteil von Frauen Kapital schlug: Kraft im Unterleib". (530)

Somit werden, wenn West Point Führungseigenschaften unbedingt an Körperkraft messen will, die Becken der Frauen genauso gut abschneiden wie die Schultern der Männer.

Grays *Anatomie*, die hundert Jahre lang und bis weit ins zwanzigste Jahrhundert hinein in Gebrauch war, stellte den menschlichen Körper als Männerkörper dar. Der weibliche Körper wurde nur abgebildet, wo er sich vom männlichen unterschied (Laqueur 1990a, 166-167).[34] Denise Riley sagt, daß, wenn wir uns Frauenkörper, Männerkörper und Menschenkörper „als ein Dreieck von Identifikationen [vorstellen], dann ist dies selten ein gleichschenkliges Dreieck, bei dem beide Geschlechter in gleichen Abständen vom Scheitelpunkt Menschenkörper liegen" (1988, 197). Auch Catherine Mac-Kinnon meint, in der westlichen Gesellschaft sei das „allgemein Menschliche" männlich, denn

> praktisch jede Eigenschaft, die Männer von Frauen unterscheidet, wird in dieser Gesellschaft bereits affirmativ kompensiert. Die Physiologie der Männer bestimmt die meisten Sportarten, ihre Bedürfnisse bestimmen die Tarife von Auto- und Krankenversicherungen, ihre sozial definierten Biographien definieren Arbeitsplatzerwartungen und erfolgreiche Karrieremuster, ihre Sichtweisen und Interessen definieren wissenschaftliche Qualität, ihre Erwartungen und Obsessionen definieren Verdienst, ihre Objektivierungen des Lebens definieren die Kunst, ihre Wehrpflicht definiert die Staatsbürgerschaft, ihre Anwesenheit definiert die Familie, ihre Unfähigkeit, miteinander auszukommen – ihre Kriege und Beziehungen – definieren die Geschichte, ihr Bild definiert Gott und ihre Genitalien definieren das Geschlecht. Für jeden dieser Unterschiede zu den Frauen ist so etwas wie ein Antidiskriminierungsgesetz in Kraft, auch unter dem Namen Struktur und Werte der amerikanischen Gesellschaft bekannt. (1987, 36)

---

34 Alle Spermien gelten als „männlich", obwohl die Hälfte Träger von X-Chromosomen sind und weibliche Föten produzieren. Wissenschaftliche wie populärwissenschaftliche Darstellungen der Befruchtung anthropomorphisieren Samenfäden und Eizelle: „Das Epos vom heldenhaften Kampf des Spermium gegen den feindlichen Uterus ist die Darstellung, die einem in zeitgenössischen Texten zur Einführung in die Biologie zum Thema Befruchtung gewöhnlich aufgetischt wird" (Biology and Gender Study Group 1988, 64). Nachdem sich nur herausgestellt hat, daß das Ei eine sehr aktive Rolle spielt, indem es den Samenfaden anzieht und sich mit ihm verbindet, läßt eine revisionistische Methapher das Ei sich wie eine Venusfliegenfalle benehmen, die ein sich nur noch schwach windendes Spermium verschlingt (E. Martin 1991). In Wirklichkeit erfolgt die Befruchtung in einer Reihe von Schritten, bei denen beide, Spermium und Ei, biochemisch aktiv und passiv interagieren.

3   Wieviele Gegensätze?
Vergeschlechtlichte Sexualität

> Sie haben Sex von Finger zu Finger. Sie haben Sex
> von Bauch zu Bauch. Sie haben Sex von Geschlechts-
> knospe zu Geschlechtsknospe. ... Zwischen diesen
> Geschöpfen kann sich der Sex frei entfalten, nämlich
> zwischen wirklichen Individuen – nicht zwischen
> Vertretern einer Kategorie; einen *sex* nämlich, dem
> man anzugehören hätte, gibt es nicht. Sie haben Sex;
> sie haben nicht: einen *sex*. Man stelle sich solch ein
> Leben vor.
>
> *– John Stoltenberg (1990, 27)*

In den 1950er Jahren teilte Alfred Kinsey die von ihm befragten Personen
anhand einer siebenteiligen Skala ein, nach der Heterosexualität und Homosexualität als ein Kontinuum verstanden wurden, das von Sexualakten ausschließlich zwischen Mann und Frau zu Sexualakten ausschließlich zwischen
Mann und Mann bezwiehungsweise Frau und Frau reichte. Revolutionär für
die damalige Zeit war, daß sich ein signifikanter Prozentsatz der Amerikaner
laut Kinseys Statistiken in den mittleren Bereichen der Skala bewegten: Sie
hatten sowohl heterosexuellen als auch homosexuellen Sex praktiziert. Problematisch waren die Eindimensionalität der Skala und die Tatsache, daß nur
die einzelnen Sexualakte gezählt wurden, was eine Messung ihrer jeweiligen
historischen, sozialen, kulturellen oder persönlichen Bedeutung unmöglich
machte (McWhirter, Sanders und Reinisch 1990). Die Römer zum Beispiel
hätten zur Einteilung der Menschen eine völlig andere Skala verwendet,
nämlich eine, die nicht von den Sexualpraktiken als solchen ausginge, sondern von der Macht, die sie repräsentieren: „Penetration und Macht waren
mit den Vorrechten der herrschenden männlichen Elite verknüpft – diesen
aber lag die Polarität von Herrschaft und Unterordnung zugrunde und nicht
die Polarität von homosexuell und heterosexuell. Die von einem Angehörigen einer mächtigeren Gruppe an einer Person aus einer weniger mächtigen
Gruppe vollzogene Penetration wurde allgemein akzeptiert" (Boswell 1990a,
17).
   Kinseys offenes Herangehen an das Sexualverhalten ist immer noch durchaus unüblich. Sexualforscher und -therapeuten, die mit einem biologischen
Modell arbeiten, betrachten die Sexualität als „eine im Körperinneren ange-

siedelte, quantitativ nachweisbare und vielleicht meßbare universelle Kraft bzw. einen Trieb", der unterdrückt, umgelenkt oder auf gesunde oder ungesunde Art zum Ausdruck gebracht werden kann (Irvine 1990, 185). Als „gesund" oder „normal" werden die physiologischen Sexualbeziehungen zwischen weiblichen und männlichen Menschen definiert.

In den psychoanalytischen Theorien sind Sexualitäten erotische und emotionale, mit Phantasien besetzte Neigungen, die in früher Kindheit durch Familienleben und Elternverhalten ausgebildet werden und in der Kindheit latent, in der Pubertät stark und bis ins hohe Alter hinein relativ konstant sind. Die psychologischen Komponenten der Sexualität sind Phantasie, Wünsche und Leidenschaft, nicht irgendein allgemeiner Trieb und auch nicht die Sexualakte (Stein 1989). Eine heterosexuelle Identität als Frau oder als Mann, deren oder dessen sexuelle Wünsche sich auf Angehörige des anderen Geschlechts richten, gelten als Ergebnis einer erfolgreichen Auflösung des Ödipuskomplexes.[1] Für Transsexualität und Homosexualität gilt aus psychoanalytischer Sicht, daß gender-Identität und sexuelle Orientierung in der frühen Kindheit ausgebildet werden und somit, wenn die gender-Identität nicht mit den Genitalien übereinstimmt oder die sexuelle Orientierung nicht heterosexuell ist, eine Wahlmöglichkeit nicht besteht. Obwohl Homosexualität und Transsexualität von manchen Psychoanalytikern als behandelbare pathologische Erscheinungen betrachtet wurden, sind viele Homosexuelle und Transsexuelle der Meinung, ihre gender-Identität und ihre Sexualität seien lebenslang festgelegt.[2]

Für die sozialkonstruktivistische Betrachtungsweise steht der kulturelle und historische Kontext im Mittelpunkt, in dem Sexualität erlernt und planvoll aufgebaut beziehungsweise als „Skript" festgeschrieben wird. Die Sozialkonstruktivisten gehen davon aus, daß Kulturen und Gesellschaften die Sexualpraktiken in gebilligte, erlaubte und tabuisierte Muster einteilen, die von den Individuen verinnerlicht werden, und daß die Bedeutungen des Se-

---

1   Diese Theorien der Sexualität, bei denen die Mutter-Vater-Kind-Triade im Mittelpunkt steht, wurden von Freud ([1905] 1962) entwickelt. Bei den späteren Theorien der Objektbeziehungen tritt mehr als bei Freud die Bedeutung der Mutter-Tochter- und Mutter-Sohn-Bindung bei der Entwicklung von emotionalen, nicht bloß sexuellen Beziehungen in den Vordergrund. Zur feministischen Beschäftigung mit den psychoanalytischen Theorien von Sexualität und Gefühlen, siehe Benjamin 1988; J. Butler 1990; Chodorow 1989; Flax 1990; Gallop 1982; L. J. Kaplan 1991; Mitchell 1975; Mitchell und Rose 1985.

2   Die Frage eines aus den konsolidierten Sexualpraktiken gebildeten Kerns der sexuellen Identität ist umstritten; siehe Bolin 1988; De Cecco und Shively 1983/84; Hansen und Evans 1985; Troiden 1988, 41-60; und alle Ausgaben des Journal of Homosexuality 9 (2/3), 1983-84 (Bisexual and Homosexual Identities: Critical Theoretical Issues, hrsg. von John P. De Cecco und Michael G. Shively) und 10 (3/4), 1984 (Controversies over the Bisexual and Homosexual Identities: Commentaries and Reactions). In der Begrifflichkeit der „Kernidentität" werden gender und Sexualität gewöhnlich zusammengefaßt (siehe z.B. Person 1980; Stoller 1985, 10-24).

xualverhaltens je nach Zeit und Ort stark variieren. Aus dieser Sicht gibt es eine Geschichte, eine Struktur und eine Politik der Ansichten über die Sexualität, die sich auf die Entwicklung der sexuellen Wünsche und des Sexualverhaltens jedes einzelnen Individuums auswirken. Aus der sozialkonstruktivistischen Sicht, der die Sichtweise dieses Buchs insgesamt verpflichtet ist, sind Sexualitäten nicht einheitlich, sondern vielfältig und weder physiologisch noch psychologisch lebenslang festgelegt; sie alle werden sozial ausgeformt. Gebilligte Praktiken werden aktiv gefördert; erlaubte Praktiken werden geduldet; und tabuisierte Muster werden stigmatisiert und oft bestraft. Heterosexualität ist genauso ein Ergebnis von Lernen, sozialem Druck und kulturellen Werten wie Homosexualität. Alle sexuellen Wünsche, Praktiken und Identitäten sind nicht nur vergeschlechtlicht, sondern spiegeln die Ansichten wider, die eine Kultur von der Natur, dem Sinn des Lebens und der Fortpflanzung, von Gut und Böse, Lust und Schmerz hat; die entsprechenden Diskurse sind durch und durch machtbestimmt.[3]

Das Milieu und die Identitätspolitik bestimmen die Bedeutung der sexuellen Erfahrungen. Unter Kolonialismus und Sklaverei wurden schwarze Frauen und Männer in sexuelle Identitäten hineingezwungen, die das Gegenteil der weißen sexuellen Identitäten waren (P. H. Collins 1990, 68-70). Schwarze Frauen wurden von weißen Herren vergewaltigt und geschwängert und dann der sexuellen Freizügigkeit beschuldigt (Omolade 1983; Simson 1983). Die rechtliche Stellung von schwarzen und weißen Frauen, die in Vergewaltigungsfällen als Klägerinnen gegen schwarze und weiße Männer auftraten, spiegelten diese sexuellen Identitäten wider. So sagt Kimberlé Crenshaw:

> In der Gesetzgebung zur Vergewaltigung ist im allgemeinen nicht von *männlicher* Verfügungsgewalt über *weibliche* Sexualität die Rede, sondern von der *weißen* männlichen Reglementierung der *weißen* weiblichen Sexualität. ... Wenn schwarze Frauen von weißen Männern vergewaltigt wurden, wurden sie nicht als Frauen im allgemeinen vergewaltigt, sondern als schwarze Frauen im besonderen. Ihr Frausein machte sie der rassistischen Herrschaft gegenüber sexuell schutzlos, während ihr Schwarzsein ihnen jeden faktischen Schutz entzog. Diese weiße Männermacht wurde durch ein Rechtssystem verstärkt, in dem die erfolgreiche Verurteilung eines weißen Mannes wegen der Vergewaltigung einer schwarzen Frau praktisch undenkbar war. (1991, 68-69)[4]

Schwarze Männer wurden psychologisch entmannt und sozial entsexualisiert, so daß sie vertrauenswürdige Feldarbeiter und Hausdiener abgaben. In Afrika

---

3 Zur sozialen Konstruktion der Sexualität und zu den ihre soziale Kontrolle rechtfertigenden Diskursen, siehe Blackwood 1985; Caulfield 1985; Foucault 1978; 1985; Gagnon und Simon 1973; Greenberg 1988; Gutiérrez 1991; Katz 1990; Kitzinger 1987; Laws und Schwartz 1977; McIntosh 1968; Plummer 1981a; A. Rich 1980; G. Rubin 1984; Sabbah 1984; Weeks 1985; 1989.

4 Siehe auch Brownmiller 1975, 210-255, und A. Y. Davis 1981, 172-201. Zur Analyse der sozialen Konstruktion des Indizienbeweises in Vergewaltigungsfällen, siehe Estrich 1987.

bevorzugten die weißen Frauen schwarze Männer als Diener („house boys")
und Kinder"mädchen" („nurse boys"), weil nach Ansicht der weißen Arbeitgeber schwarze Frauen sowohl sexuell bedrohlich als auch im Haus nicht
anlernbar waren (K. T. Hansen 1990).[5] Aus reaktiven Unterstellungen –
übertriebene Männlichkeit bei schwarzen Männern und selbstbewußte Weiblichkeit bei schwarzen Frauen –, wurden Mythen des zwanzigsten Jahrhunderts.[6]

Was zählt als „Sex"?

Die angeblich normale Sexualpraxis ist genital und orgasmisch, gleichgültig
wer die Partner sind, obwohl Männer so gut wie Frauen viele nicht genitalspezifisch Formen der sexuellen Erregung und Befriedigung kennen.[7] Ungeachtet dessen zählt in der westlichen Kultur nur der genitale Kontakt als
„Sex". In Blumsteins und Schwartz' (1983) Untersuchung von amerikanischen Paaren geben 67 Prozent der homosexuellen Männer an, in den ersten
beiden Jahren ihrer Beziehung pro Woche dreimal oder häufiger Sex gehabt
zu haben, etwa genauso oft wie die Männer in heterosexuellen unverheirateten Paaren (61 Prozent), aber häufiger als verheiratete Heterosexuelle (45
Prozent) und viel häufiger als Lesbierinnen, die zusammenleben (33 Prozent).[8] Ein Grund für die scheinbar geringere Häufigkeit der sexuellen Betätigung bei Lesbierinnen könnte darin liegen, daß „Sex haben" in dieser Untersuchung zu eng definiert war. Aus Interviews mit Lesbierinnen ging
hervor, daß auch Liebkosungen, Anfassen und Umarmen als sexuelle Aktivitäten und nicht nur als „Vorspiel" betrachtet wurden (197). Außerdem
heißt „Sex haben" bei ihnen etwas viel Zeitaufwendigeres als bei den hetero-

---

5   Garber 1992, 267-303, weist in ihrer Darstellung des Rassentransvestitentums vor allem in
    den Minnesängershows des neunzehnten Jahrhunderts darauf hin, daß dabei sowohl *gender*
    als auch die Rasse gewechselt werden können. Sie beschreibt auch William und Ellen
    Crafts Bericht über ihre Flucht aus der Sklaverei im Jahre 1848; Ellen, deren Haut heller
    war, wurde zum „Mann", zum Herren, während sich William als Diener – „boy" – ausgab
    (282-285). In „Man of All Work", einer Geschichte von Richard Wright, bekommt ein
    schwarzer Mann, der von Beruf Koch ist, eine Stelle als Haushälterin und Babysitter, in-
    dem er die Kleider seiner Frau anzieht und sich als Frau ausgibt (292-295).
6   P. H. Collins 1990, 67-90; J. Lewis 1981; Majors und Billson 1992; Staples 1982; 1992;
    Wallace [1978] 1990.
7   Schwule Männer haben die „machohafte" Objektivierung der Sexualität und ihre Fetischi-
    sierung des Penis kritisiert; siehe Blachford 1981; Edwards 1990; Stoltenberg 1990. Zu den
    vielfältigen Formen des „safe sex und safer sex" für heterosexuelle, männliche homosexu-
    elle und lesbische Partner(innen), siehe Dianne Richardson 1988.
8   Schaubild 27, S. 196. Befragt wurden 309 homosexuelle Paare; 349 unverheiratet zusam-
    menlebende heterosexuelle Paare; 344 verheiratete heterosexuelle Paare; und 357 lesbische
    Paare.

sexuellen Paaren, so daß es ziemlich schwierig ist, die „Häufigkeit" zu zählen (Frye 1990). Überhaupt, wie zählen denn heterosexuelle Paare diese „Häufigkeit"? „Nach Orgasmen? Nach *wessen* Orgasmen?", fragt Marilyn Frye (1990, 308). Im derzeitigen Skript für heterosexuellen Sex bezieht sich der Begriff *Vorspiel* auf die „Präliminarien vor dem eigentlichen Akt." Aus der Sicht einer heterosexuellen Frau können diese aber durchaus die Hauptsache *sein*: „Frauen mögen Vorspiel davor, dabei und danach" (Laws und Schwartz 1977, 56).[9] Für viele Frauen ist die Sexualität diffus und emotionsgeladen: „Ihrem Wesen nach ist die weibliche Sexualität, anders als die über das Sichtbare vermittelte Sexualität, die dem phallischen Begehren zugrunde liegt, Berühren, Nähe, Anwesenheit, Unmittelbarkeit, Kontakt" (Gallop 1982, 30). Mariana Valverde meint, lesbische Beziehungen seien für Frauen emotional umfassender und erotisch mächtiger als heterosexuelle Beziehungen, weil sie die Liebe zwischen Mutter und Tochter widerspiegeln: „Wegen dieses ‚Emotionalismus', auf den Frauen konditioniert sind, und wegen der unvermeidlichen Assoziationen des Körpers der Geliebten mit dem nährenden, allmächtigen Körper der Mutter kann die Liebe zwischen Frauen einige der stärksten Bindungen schaffen, die Menschen überhaupt zu empfinden fähig sind" (1985, 90-91). Doch mögen manche heterosexuellen und lesbischen Frauen auch sadomasochistischen Sex.[10] Und auch für manche Männer, heterosexuelle wie homosexuelle, ist Sex mit Objektcharakter kein „guter Sex" (Stoltenberg 1990, 101-114).

Physiologisch sind die Orgasmen einer Frau gleich, ob sie masturbiert, einen Vibrator benutzt, masturbiert wird, Cunnilingus mit einer Frau oder einem Mann ausübt oder an sich ausüben läßt, von einem Penis penetriert wird, am ganzen Körper gestreichelt wird oder eine Phantasie ausagiert. Sie kann bei der Penetration durch einen Penis weniger orgasmusfähig sein als bei anderen Praktiken. Die Orgasmen eines Mannes sind physisch gleich, was immer ihn bis zur Ejakulation erregt. Sinnlichkeit und emotionale Qualität aber machen die sexuellen Erfahrungen für beide unterschiedlich. Irving Kenneth Zola, dessen Beine infolge einer Kinderlähmung verkrüppelt sind, beschreibt die Liebe mit einer schwer gelähmten Frau: „Und auf diese Weise vergingen Stunden, in denen wir mit Ohren, Mündern, Augen, Zungen ineinander versanken. Und immer einmal wieder erlebte sie so, als hätte sie einen

---

9   Zur Notwendigkeit eines „neuen Vokabulars des Begehrens", siehe Schneider und Gould 1987, 136-140.
10 Zu den feministischen Debatten über Sadomasochismus und Pornographie, siehe Creet 1991; English, Hollibaugh und Rubin 1981; Faderman 1991, 246-270; Ferguson u.a. 1984; Hollibaugh und Moraga 1983; Phelan 1989, 81-133; B. R. Rich 1986; Vance 1984a; E. Wilson 1984. Die feministischen „Sexkriege der 1980er Jahre" brachen 1982 aus, nämlich mit der *Scholar and the Feminist IX Conference* am Barnard College. Die gesammelten Konferenzbeiträge sind in *Pleasure and Danger* (Vance 1984b) veröffentlicht worden.

Orgasmus. Wenn ich meine Zunge so tief ich nur konnte in ihr Ohr stieß, begann ihr Kopf zu zittern, ihr Nacken dehnte sich, bis dann mit einem Seufzer ihr ganzer Oberkörper loslies" (1982b, 216). Solche Liebe ist kein Ersatz für „das Eigentliche"; sie *ist* das Eigentliche.

Vergeschlechtlichter Sexualstatus

Die Sexualität ist *sexed* (= physisch vergeschlechtlicht), weil weibliche und männliche Anatomien und Orgasmuserfahrungen unterschiedlich sind.[11] Sie ist *gendered* (= sozial vergeschlechtlicht), weil die sexuellen Skripte für Frauen und Männer, ob als Heterosexuelle, Homosexuelle, Bisexuelle, Transsexuelle oder Transvestiten, unterschiedlich sind (Gagnon und Simon 1973; Laws und Schwartz 1977). Das Bindeglied zwischen der Erfahrung des physischen Sex und den vergeschlechtlichten sozialen Vorschriften für sexuelle Gefühle, Phantasien und Handlungen sind die individuellen Körper, Wünsche und Muster des Sexualverhaltens, die zu vergeschlechtlichten sexuellen Identitäten verschmelzen. Diese Identitäten werden, wie vielfältig und individualisiert sie auch sein mögen, in Kategorien eingeteilt und sozial nach den Mustern eines vergeschlechtlichten Sexualstatus zugerichtet. Natürlich gibt es mehr als nur zwei Ausprägungen dieses vergeschlechtlichten Sexualstatus: „Auch wenn man nur nach dem Kriterium der sprachlich markierten Unterschiede geht, ist anzunehmen, daß in den meisten englischsprachigen Ländern ... vier *gender* anerkannt werden: Frauen, Lesbierinnen (oder homosexuelle Frauen), Männer und homosexuelle Männer" (Jacobs und Roberts 1989, 439). Dies aber ist nicht die Vielfalt, die möglich wäre.[12]

Für die westlichen Gesellschaften könnte man, geht man von den *Genitalien* aus, *fünf ‚sexes'* benennen: unzweideutig männlich, unzweideutig weiblich, hermaphroditisch, weiblich-zu-männlich transsexuell und männlich-zu-weiblich transsexuell; geht man von der *Objektwahl* aus, *drei sexuelle Orientierungen*: heterosexuell, homosexuell und bisexuell (alle mit transvestitischen, sadomasochistischen und fetischistischen Variationen); geht man von der *Erscheinung* aus, *fünf gender-Repräsentationen*: weiblich, männlich, uneindeutig, als Mann gekleidete Frau, als Frau gekleideter Mann (oder vielleicht auch nur drei); geht man von den *Gefühlsbindungen* aus, *sechs Beziehungstypen*: enge Freundschaft, nichterotische Liebe (zwischen Eltern und Kindern, Geschwistern und anderen Verwandten und langjährigen Freunden), erotisierte Liebe, Leidenschaft, Lust und sexuelle Gewalt; und

---

11 Die Physiologie der weiblichen und männlichen Sexualität wurde zum erstenmal von Masters und Johnson 1966 erforscht; siehe auch Sherfey 1972.

12 Grimm kommt auf fünfundvierzig unterschiedliche Typen von erotischen und nichterotischen, komplementären und spiegelbildlichen Beziehungen (1987, Tabellen 1-3, 74-76).

geht man von der *relevanten Gruppenzugehörigkeit* aus, *zehn Selbst-Identifi-zierungen*: heterosexuelle Frau, heterosexueller Mann, lesbische Frau, schwuler Mann, bisexuelle Frau, bisexueller Mann, transvestitische Frau, transvestitischer Mann, transsexuelle Frau, transsexueller Mann (wenn sich Transvestiten und Transsexuelle zusätzlich noch als lesbisch oder schwul identifizieren, vielleicht auch vierzehn).[13] Die Sexualpraktiken sind sogar noch vielfältiger (Freud nannte die Menschen „polymorph pervers"). Man kann sexuelle Beziehungen zu Männern, zu Frauen oder zu beiden haben, zu jeweils nur einer Person oder in Gruppen, mit sich selbst oder mit niemandem (Zölibat); man kann aus erotischen Gründen die Kleidung des anderen Geschlechts tragen oder sexuelle Beziehungen mit Personen haben, die die Kleidung des anderen Geschlechts tragen; man kann sadomasochistischen Sex haben; man kann Sex mit Tieren haben, Fetischobjekte, Pornographie, sexuelle Hilfsmittel benutzen; und so weiter und so fort.[14] Geht man aber von dem aus, was in den westlichen Kulturen heute sozial anerkannt ist, so gibt es nur vier Ausprägungen des vergeschlechtlichten sexuellen Status: heterosexuelle Frau, heterosexueller Mann, Lesbierin, schwuler Mann.[15]

Der vergeschlechtlichte sexuelle Status umfaßt jeweils eine Vielfalt von Gefühlen und Erfahrungen. Komplementäre Unterschiede und spiegelbildliche Gleichheit schaffen Möglichkeiten für unterschiedliche Arten von Beziehungen. Heterosexuelle Liebespaare unterscheiden sich nicht nur körperlich; unter Umständen haben sie, weil sie verschiedene *gender* sind, keine gemeinsamen Freizeitinteressen und verbringen weniger Zeit zusammen als homosexuelle Liebespaare, die ein gleichgeschlechtliches soziales Leben haben und daher „das Bedürfnis nach Freundschaft mit ihrem Bedürfnis nach romantischer Liebe in einer Person vereinigen können" (Blumstein und Schwartz 1983, 183). Zwei schwule Männer oder zwei lesbische Frauen allerdings können jeweils genauso verschieden voneinander sein wie zwei Heterosexuelle, und natürlich auch ihre Beziehungen (Valverde 1985, 58; Weston 1991, 137-164).

Weil die westliche Kultur Sexualität wie *gender* dichotomisch konstruiert, sind viele Menschen, deren sexuelle Erfahrungen bisexuell sind, zur Wahl

---

13   Die Ich-Identität als Transsexuelle(r) ist eine Übergangsphase; der Endstatus ist die Ich-Identität als Frau oder Mann (siehe Bolin 1988). Zur Identitätspolitik von Bisexuellen, siehe Rust 1992; 1993.

14   Money 1988, 179-180, führt zweiundfünfzig sexuelle Anomalien auf, von Akrotomophilie (Amputierte(r) als Partner) bis Zoophilie (Tier als Partner). L. J. Kaplan 1991, 249-250, spricht von *Homeovestismus*, wenn Erregung und Orgasmus mit Hilfe von Kleidung des eigenen *gender* hervorgerufen wird. Und für die Zukunft Astrophilie (Sex im Raumschiff)? Bezeichnenderweise ist, wenn sich „die NASA errötend mit den romantischen Möglichkeiten künftiger Langzeitreisen ins All mit gemischten Besatzungen befaßt," diese Mischung strikt heterosexuell, nämlich verheiratete Paare (siehe Broad 1992).

15   Man kann sich fragen, ob nicht allmählich Bisexualität als sexuelle Orientierung anerkannt wird.

zwischen einer heterosexuellen und einer homosexuellen Identität als ihrer „eigentlichen" Identität gezwungen (Rust 1992; 1993; Valverde 1985, 109-120). In der heutigen amerikanischen Gesellschaft identifizieren sich Jungen früher als Mädchen und aufgrund einer geringeren Zahl von gleichgeschlechtlichen sexuellen Erfahrungen als Homosexuelle oder werden als solche identifiziert, und zwar weil eine der Hauptkomponenten der hegemonialen Männlichkeit das konstante sexuelle Interesse an Frauen ist. Für die Weiblichkeit stellt die Liebesneigung zu anderen Mädchen oder Frauen demgegenüber keinen Widerspruch dar. Doch gilt für beide *gender*, daß sich Personen mit heterosexueller Selbst-Identifizierung sexuell zu Personen des eigenen *gender* hingezogen fühlen können und daß viele auch tatsächlich homosexuelle Beziehungen hatten. Ebenso haben Personen mit homosexueller Selbst-Identifizierung heterosexuelle Beziehungen bis hin zur Ehe. Wäre die Bisexualität eine legitime sexuelle Kategorie, würden sich die Grenzen zwischen Heterosexualität und Homosexualität nicht nur für sie, sondern auch für ihre Sexualpartner verwischen: „Soweit Bisexuelle ihre Liebesbeziehungen nicht auf andere Bisexuelle beschränken, gehen sie diese intimste aller Sozialbeziehungen wahrscheinlich sowohl mit Homosexuellen als auch mit Heterosexuellen ein und verwischen damit wiederum die politischen Grenzen zwischen diesen beiden Arten von Menschen" (Rust 1992, 383, Fn.).[16]

Gender-Identitäten und sexuelle Identitäten

Eine sexuelle Identität oder Orientierung umfaßt gewünschte wie tatsächliche sexuelle Neigungen und Phantasien, nicht nur das Verhalten. Außerdem gehören zu ihr emotionale Präferenzen, soziale Präferenzen, eine Selbst-Identifizierung und ein heterosexueller oder homosexueller Lebensstil (Klein, Sepekoff und Wolf 1985). Alle sexuellen Identitäten und Orientierungen – heterosexuell, homosexuell, bisexuell, transsexuell, transvestitisch – sind Reaktionen nicht nur auf psychische Konstrukte, sondern auch auf die soziale und kulturelle Zensur und auf den Druck von Familie und Freunden. Paula Rusts Untersuchung über bisexuelle und lesbische Sexualidentitäten ergab, daß von den 323 selbstidentifizierten Lesbierinnen, die ihren Fragebogen beantworteten, 90 Prozent auch heterosexuelle Erfahrungen hatten; 43 Prozent hatten diese auch noch nach ihrem Coming-out als Lesbierinnen (1992; 1993). Sie maßen ihnen jedoch keine große Bedeutung bei; was zählte, waren ihre derzeitigen Beziehungen. 42 Frauen, die sich selbst als bisexu-

---

16   Siehe auch Klein und Wolf 1985.

ell bezeichneten, betonten demgegenüber viel stärker, daß sie sich sexuell sowohl zu Frauen als auch zu Männern hingezogen fühlten.

Zwar hat es im Lauf der Geschichte überall auf der Welt gleichgeschlechtlichen Sex gegeben, nicht aber homosexuelle Identitäten, die jedoch dort, wo sie vorkommen, je nach Gesellschaft unterschiedliche Inhalte, Konnotationen und Funktionen aufweisen (Blackwood 1985; McIntosh 1968). Nach Ansicht von John D'Emilio hat in den westlichen Gesellschaften der Kapitalismus, indem er jungen Menschen Gelegenheit bietet, einen Beruf zu ergreifen und getrennt von ihren Familien zu leben, „die Bedingungen geschaffen, die es einigen Männern und Frauen gestatten, ihr persönliches Leben um ihre erotische/emotionale Neigung zum eigenen Geschlecht herum zu gestalten" (1983a, 104). Als eigene Gruppe identifizierten sie sich allerdings erst Ende des neunzehnten Jahrhunderts, als prominente Sexualwissenschaftler wie Krafft-Ebing sie nach angeblich einheitlichen Merkmalen typologisierten und kategorisierten.

Durch Krafft-Ebings Werk wurden die Begriffe *heterosexuell* und *homosexuell* populär, die er als einen Gegensatz beschrieb: „ungleichgeschlechtliche und gleichgeschlechtliche Erotik – zwei symmetrische, polarisierte Arten von erotischen Wünschen, psychischen Verfassungen und Personen" (Katz 1990, 16). Physische Anatomie, sexuelles Begehren und sexuelle Praktiken, soziale Rollen und öffentliche Identitäten verschmelzen jedoch nicht notwendig zu einheitlichen und konstanten Verbindungen, sondern überschneiden und verschieben sich oft im Laufe der Zeit. Die Mehrzahl der homosexuellen Männer in den Vereinigten Staaten, über die verschiedene Untersuchungen vorliegen, hatten sich als Kinder nicht als Mädchen angezogen und auch nicht so getan, als wären sie Mädchen, hatten es nicht vorgezogen, Mädchen zu sein, hatten nicht mit Puppen gespielt, hatten Jungen zu Freunden und waren nicht als „Heulsusen" verschrieen (Troiden 1988, 119). Bei Lesbierinnen kam es schon häufiger vor, daß sie sich als Kinder wie Jungen verhalten hatten, und in den 1940er und 1950er Jahren gab es in lesbischen Gemeinschaften im Arbeitermilieu die Tradition des „kessen Vaters" oder eines ähnlichen, betont maskulinen Rollenspiels.[17] Heute, wo Betätigungen wie Baseballspielen, die früher Männersache waren, für junge Mädchen so akzeptabel geworden sind wie unisex Kleidung, ist die Bandbreite der *gender*-konträren Merkmale des Andersseins, die bei Frauen auf ein nichtkonventionelles Erwachsenenleben hindeuten, erheblich kleiner geworden.

Die Frage, inwieweit Lesbierinnen genauso sind wie heterosexuelle Frauen, hängt davon ab, von welchen lesbischen und heterosexuellen Frauen die Rede ist. Die Frauen des neunzehnten Jahrhunderts sollten leidenschaftslos, aber durch Liebe zu einem Mann erregbar sein; schon deshalb konnte das

---

17 Davis und Kennedy 1986; Devor 1989; Faderman 1991, 167-174; Kennedy und Davis 1989.

Beisammensein von zwei Frauen unmöglich sexuell sein. Die leidenschaftlichen emotionalen Beziehungen von langjährigen Freundinnen, die ihre Männer aus den Ehebetten verbannten, um während ihrer langen Besuche miteinander schlafen zu können, wurden als völlig normal angesehen (Smith-Rosenberg 1975). Das modische junge Mädchen der 1920er Jahre war selbstbewußt, ordnete sich den Männern aber immer noch unter (Trimberger 1983). Die unabhängige, sexuell aggressive Lesbierin jener Zeit, etwa Stephen Gordon in Radclyffe Halls *The Well of Loneliness*, war ein sozialer Mann (Newton 1984). In den 1950er Jahren „wurde vom ‚kessen Vater' erwartet, daß er/sie der Aktive und der Gebende war; die Leidenschaft der weiblichen Partnerin war seine Erfüllung" (Kennedy und Davis 1989, 244). Lesbierinnen, die die weibliche Rolle spielten, waren in ihrer Kleidung, ihrem Verhalten und im Ausdruck ihrer Sexualität extrem feminin. Es gab auch Lesbierinnen, die zwischen beiden Rollen hin und her wechselten („roll overs" oder „kikis"). Bis in die 1960er Jahre hinein waren viele berufstätige und aktive Frauen, von denen sich die wenigsten als Lesbierinnen identifizierten, dank der tiefen Gefühlsbindungen und dem Halt, den sie in Frauenfreundschaften fanden, die sexuell gewesen sein mögen oder auch nicht, immerhin imstande, aus den vorgegebenen Formen der konventionellen Frauenrollen auszubrechen (Cook 1977; 1979; 1992, 7-20). Die Bandbreite der Sexualpraktiken und des sonstigen Verhaltens wie auch der Kleidung und Kosmetik von heutigen Lesbierinnen ist so groß, daß Faderman sie eine „tower of Babel community" nennt (1991, 271-302).

Schwule Männer gab es in allen Spielarten vom Supermacho bis zum übertrieben Femininen, wenn auch viele von ihnen in Kleidung und Verhalten genauso konventionell männlich sind wie die meisten heterosexuellen Männer.[18] Im zwanzigsten Jahrhundert kreiste ein großer Teil der Forschung und Diskussion über Homosexualität bei Männern um die Frage, woran sie wohl zu erkennen wäre. Noch bis in die jüngste Zeit war das Ziel dieser Forschung, Merkmale beginnender oder bestehender homosexueller Neigungen zu identifizieren, um diese Orientierung behandeln oder den sexuellen Devianten isolieren zu können. Homosexuelle Praktiken wurden, wenn Jungen oder Männer bei einem sexuellen Akt ertappt wurden, in der Regel mit Schulverweis, Gefängnis oder unehrenhafter Entlassung aus der Armee bestraft. Da es bei heterosexuellen wie homosexuellen Männern sein kann, daß sie Junggesellen bleiben oder Mädchen und Frauen umwerben und heiraten und biologisch oder sozial Väter von Kindern werden, und da verheiratete Männer heterosexuellen wie homosexuellen außerehelichen Sex mit Prosti-

---

18 Zur Identitätsdarstellung homosexueller Männer, siehe Blachford 1981; Edwards 1990; Marshall 1981. Zur neueren Forschung über heterosexuelle und homosexuelle Männlichkeit, siehe Brod 1987; Connell 1990b; 1992; Franklin 1988; Kimmel 1987b; Kimmel und Messner 1992; Staples 1982; Stoltenberg 1990.

tuierten, mit Zufallsbekanntschaften oder in langfristigen Liebesbeziehungen haben, fragt man sich, warum wohl der homosexuelle Sex zwischen Männern im zwanzigsten Jahrhundert in den westlichen Kulturen dermaßen verdammt worden ist.

Die Antwort könnte in dem Widerspruch zwischen den offenen und den unterschwelligen Beziehungen der Männer untereinander liegen (Herek 1986). Frye meint, die Helden und Liebesobjekte von Männern, ob heterosexuell oder homosexuell, seien andere Männer: „Die Menschen, die sie bewundern, achten, anbeten, verehren, ehren, die sie nachahmen, zum Idol erheben und mit denen sie tiefe Bindungen eingehen, die zu lehren und von denen zu lernen sie bereit sind und deren Achtung, Bewunderung, Anerkennung, Ehrung, Verehrung und Liebe sie begehren ..., sind in ihrer überwältigenden Mehrzahl Männer" (1983, 135). Das Arbeitsleben der Männer unterliegt wegen der vergeschlechtlichten Arbeitsteilung, für deren Erhalt sie so erbittert gekämpft haben, ebenso wie ein großer Teil ihrer Freizeit und ihrer Sozialbeziehungen der *gender*-Segregation. Männer haben die Privilegien dieser nach *gender* getrennten sozialen Welten mit ihrer Männlichkeit gerechtfertigt und diese durch ihr auf Frauen gerichtetes sexuelles Begehren sowie durch den ökonomischen Unterhalt von Frauen und Kindern und durch den physischen Schutz demonstriert, den sie ihnen als Soldaten, Polizisten und Feuerwehrmänner gewähren. Wird die Herrschaft der Männer in Frage gestellt, etwa durch die um die Jahrhundertwende von Frauen erhobene Forderung nach dem Frauenwahlrecht, so ist eine mögliche Art der Reaktion die Maskulinisierung homosozialer Aktivitäten, etwa bei den Pfadfindern, die eine Abwehr gegenüber der Feminisierung des öffentlichen Lebens darstellen (Kimmel 1987a).

Der Angriff der Frauen auf die konventionellen *gender*-Rollen und das vergeschlechtlichte Verhalten setzte sich das ganze zwanzigste Jahrhundert hindurch fort. Im Verein mit anderen sozialen Veränderungen im Bereich der Technologie, des Erwerbslebens und der Chancen für die Aufwärtsmobilität untergrub er die herkömmlichen Grundlagen der Männlichkeit (Ehrenreich 1983). Immer schärfer definierten deshalb die Männer sich selbst als Männer über das, was sie von den Frauen unterschied, und damit zugleich die Homosexuellen als „Nicht-Männer", weil sie wie Frauen von Männern sexuell penetriert werden. Überall aber – in allen Berufen und Beschäftigungen, beim Sport und in den exklusiven Clubs, beim Militär, bei der Polizei und bei der Feuerwehr –, und nicht nur in den Künsten und in weiblichen Bereichen wie der Mode, entdeckte man nun Männer, deren sexuelle Aktivitäten anderen Männern galten. Daher die ständige Sorge um die Identifizierung und Ausmerzung der Homosexuellen. Wie sonst sollten Männer wissen, wem sie trauen, sich anvertrauen, auf wen sie sich verlassen konnten, ohne daß die Gefahr bestand, verführt zu werden? Da schon die Aufforderung zu homosexuellem Sex stigmatisierend war, bestand der einzige Schutz für

männliche Männer darin, dafür zu sorgen, daß ihre homosozialen Welten frei
von dem schleichenden Gift der homosexuellen Männer waren.

Die lesbische Sexualität war während dieser Zeit als soziales Problem weit
weniger sichtbar, wurde jedoch öffentlich verurteilt, sobald Frauen als Gruppe aus ihren herkömmlichen *gender*-Rollen ausbrachen. Um die Jahrhundertwende, als die Suffragettenbewegung in den Vereinigten Staaten und
England auf ihrem Höhepunkt war, wurde die weibliche „Invertierte" zum
Fall für die Medizin erklärt. Als soziales Problem tauchte die lesbische Sexualität erst nach dem Ersten Weltkrieg wieder auf; ihre Sichtbarkeit in Gestalt des „Mannweibs" war Teil der Reaktion auf die zunehmende sexuelle
und soziale Freiheit der heterosexuellen Frauen (Trimberger 1983; Smith-
Rosenberg 1985, 245-296). Die Lesbierinnen beim amerikanischen Militär
wurden während des Zweiten Weltkriegs, als man meinte, die neuen Frauenrollen seien nur für die Dauer des Krieges in Kraft, weniger schlecht behandelt als nach dem Krieg, als dank des Wiedererstarkens traditioneller Erwartungen jede Frau, die arbeiten ging, als Deviantin abgestempelt wurde.[19] Seit
der sozialen Bewegungen der 1960er Jahre haben Menschen, die sich als Homosexuelle identifizieren, eine starke eigene soziale Bewegung gebildet und
eine gewisse Legitimation errungen (D'Emilio 1983b).[20]

Kurz, die homosexuellen Identitäten spiegeln den Sittenkodex einer Gesellschaft in bezug auf sexuelle Devianz und Konformität wieder, aber auch
die allgemeinen *gender*-Normen für heterosexuelle Frauen und Männer. Als
Ergebnis dieses Wechselspiels von *gender* und Sexualität identifizierten sich
die Lesbierinnen in ihrem Widerstand gegen die sexuelle Diskriminierung
zunächst mit den homosexuellen Männern, wandten sich aber, nachdem sie
auch in den Bürgerrechtsbewegungen und bei den Kriegsdienstverweigerern
als Frauen wegen ihres *gender* diskriminiert wurden, der feministischen Bewegung zu, wo sie unseligerweise wegen ihrer Sexualität die Feindseligkeit
der heterosexuellen Frauen zu spüren bekamen. Als Folge davon haben einige lesbische Feministinnen eine oppositionelle, frauenidentifizierte, separati-
stische Bewegung gegründet, die die Hauptursache der Unterdrückung der
Frauen in der Heterosexualität sieht.[21]

---

19   Zu den Lesbierinnen beim Militär, siehe Bérubé 1989 und Bérubé und D'Emilio 1984. Zur
     Diskriminierung von Lesbierinnen in der Arbeitswelt, siehe Martin und Leonard 1984;
     Schneider 1982.
20   Zur Geschichte der Homosexualität aus sozialkonstruktivistischer Sicht, siehe Duberman,
     Vicinus und Chauncey 1989; Faderman 1981; 1991; Greenberg 1988; Kitzinger 1987;
     Plummer 1981b; Troiden 1988; Vicinus 1992. Zu Anzeichen einer Legitimierung, siehe
     Bishop 1991; *New York Times* 1991a.
21   Zur Identitätspolitik in schwulen und lesbischen Gemeinschaften im zwanzigsten Jahrhun-
     dert, siehe D'Emilio 1983b; S. Epstein 1987; Escoffier 1985; Kitzinger 1987; Krieger
     1982; 1983; Lockard 1985; Phelan 1989; 1993; Taylor und Whittier 1992. Zur Identitäts-
     politik in hispanischen schwulen und lesbischen Gemeinschaften, siehe Arguëlles und Rich
     1984; Garcia 1989; Rich und Arguëlles 1985. Kurze Darstellungen zur Homophobie in

Sexuelle Konformität, sexuelle Abweichung

Bei der sozialen Konstruktion der Sexualität wird die moralische Zensur
großenteils mit Hilfe einer Politik der Permissivität ausgeübt. Bestimmte
Praktiken werden aktiv gefördert und andere unter Strafandrohung verboten.
Dazwischen gibt es eine mehr oder weniger breite Grauzone der Toleranz, in
der tabuisierte Sexualpraktiken heimlich oder – in Umbruchzeiten – offen
und provokativ ausgeübt werden. Das in diesen Grauzonen angesiedelte
Verhalten kann in den Bereich des Erlaubten, aber nicht aktiv Geförderten
aufsteigen, ebenso leicht aber auch scharf verworfen und per Gesetz verboten
werden (G. Rubin 1984). Im europäischen Mittelalter und in der Renaissance
zum Beispiel streichelten Erwachsene in der Öffentlichkeit die Genitalien
von Kindern (Ariès 1962, 100-127). Heute gilt dieses Verhalten in vielen
westlichen Gemeinschaften als kriminell oder krank. Die Bestimmung der
für eine Gesellschaft und vor allem für pubertäre Mädchen und Jungen geltenden Grenzen zwischen Konformität und Devianz ist ebenso Sache der
Sexualpolitik wie die Warnung vor den schrecklichen Folgen der jeweils als
unmoralisch oder riskant geltenden Praktiken. In unserer Zeit wurden unge-
wollte Schwangerschaften, Unfruchtbarkeit, Geschlechtskrankheiten und
Aids als Strafen für eine nichtkonforme Sexualität angesehen.[22] Das andere
Extrem des sexuellen Spektrums, freiwilliges Zölibat oder lebenslange
Keuschheit, galt in manchen Religionen als Merkmal der Heiligkeit. In der
römisch-katholischen Kirche können nur zölibatär lebende Männer Priester
sein, womit dafür gesorgt ist, daß die Kontrolle über die kirchliche Lehre und
das kirchliche Eigentum in den Händen einer kleinen Gruppe von Auserwählten bleibt (Ranke-Heinemann 1990).

Die soziale Konstruktion der Sexualität wird durch Kenntlichmachung der
für Heirat und Kinderaufzucht geeigneten Kategorien von Menschen in die
soziale Konstruktion von *gender* eingebunden. Die Gesellschaften fördern
bestimmte sexuelle Praktiken, die eine Person als richtigen Mann oder richtige Frau ausweisen – Merkmale ihrer Heiratsfähigkeit. So wird in Papua-
Neuguinea ein heranwachsender Junge durch homosexuelle Fellatio zum
Mann (Herdt 1981). Bei den alten Römern lehnte man zwar die Fellatio als
äußerst unmoralisch ab, erwartete zugleich aber von römischen Ehemännern,

---

afroamerikanischen Gemeinschaften finden sich in fast jedem Buch, das sich mit *gender*
und Rasse in den Vereinigten Staaten befaßt. Beck (1982) ist eine bekannte Anthologie jü-
discher Lesbierinnen. Allgemein zur Frage von *gender*-Identität und *gender*-Politik im
Feminismus, siehe J. Butler 1990, 1-34.

22 Fee 1989; S. L. Gilman 1988; Luker 1975; Padgug 1989; Patton 1990; Treichler 1988. Die
gleichen Auseinandersetzungen über Abstinenz, Kondomgebrauch und Sexualmoral, die
heute aus Anlaß von Aids entbrannt sind, gab es Ende des neunzehnten Jahrhunderts an-
läßlich der Syphilis (McLaren 1978, 199-200). In beiden Fällen standen im Grunde eher
moralische als pragmatische Fragen zur Debatte.

daß sie analen Sex mit ihren jungen Sklaven hatten. Die Beziehungen, die demgegenüber bei den Römern „unerlaubt, unmoralisch und vor allem verabscheuungswürdig waren, ... waren Passivität bei freien Männern, exzessive Willfährigkeit bei Frauen, Cunnilingus und schließlich lesbische Sexualität, vor allem beim aktiven Partner" (Veyne 1985, 33).

Seit mehr als zweitausend Jahren werden über das ganze mittlere Afrika hinweg Klitoridektomien und Infibulation (Verstümmelung der Schamlippen, Zusammenwachsen und damit fast gänzlicher Verschluß der Scheidenöffnung bis zur Heirat) angewandt, um die Jungfräulichkeit der Frauen vor der Ehe zu gewährleisten und nach der Hochzeit den Ehefrauen die Lust am Sex zu nehmen.[23] Paradoxerweise bewirken diese Verstümmelungspraktiken weder das eine noch das andere, sondern führen nur dazu, daß die Zufügung von Schmerz zu einem Teil der normalen Sexualität wird. Einer der von Hanny Lightfoot-Klein interviewten Sudanesen sagte, das offenkundige Leiden seiner Frau sei immer noch besser als gar keine Reaktion (1989, 8). An ihrer Unbewegtheit beim Geschlechtsverkehr erkennt man eine anständige Frau – das heißt, eine Frau, die sexuell nicht erregbar ist. Es ist aber bei den Frauen in diesen Regionen durchaus üblich, sich als Zeichen des Verlangens und der Bereitschaft die Haut mit dem Rauch von Sandelholz zu parfümieren, einem durchdringenden, schon von Weitem wahrnehmbaren Geruch: „Über die Bedeutung der Zeremonie herrscht stillschweigendes Einvernehmen, das keiner Verbalisierung und auch sonst keines Aktes der Zustimmung bedarf. Die Frau kann sich nun in einer Weise verhalten, die ihre Absicht vollkommen negiert. Sie kann nun die Rolle der Frau spielen, der Gewalt angetan wird, und er die Rolle des Mannes, der Gewalt antut, oder sie kann sich den sexuellen Wünschen ihres Ehemannes pflichtschuldigst fügen, während sie selber scheinbar keinerlei Interesse oder Lust empfindet" (Lightfoot-Klein 1989, 88). 90 Prozent der von Lightfoot-Klein im ganzen Sudan interviewten Frauen mit Klitoridektomie und Infibulation gaben an, beim Geschlechtsverkehr voll zum Orgasmus zu kommen, sobald die Zeit der entsetzlich schmerzhaften Scheidenöffnung durch Penispenetration vorüber war (80-102).[24] In Asma El Dareers Erhebung mit 2.375 Frauen, fast alle mit

---

23 Lightfoot-Klein (1989) schätzt, daß 1980 die Zahl der in Afrika lebenden Frauen, die beschnitten worden waren, 94 Millionen betrug (31). Die Prozeduren gehen von der milden Form der Sunna (Entfernung der Vorhaut der Klitoris) über die abgewandelte Sunna (partielle oder totale Klitoridektomie) bis zur Infibulation oder pharaonischen Beschneidung; zu dieser gehören Klitoridektomie, Exzision der kleinen Schamlippen und der inneren Schichten der großen Schamlippen und Vernähung der Schnittwunden, damit sich eine Brücke von Narbengewebe über der Vagina bildet und nur eine so kleine Öffnung bleibt, daß die normale Blasenentleerung eine Viertelstunde dauert und sich das Menstruationsblut staut (siehe Beschreibung bei Lightfoot-Klein, 32-36).

24 Frauen jedoch, die nach der Geburt eines Kindes reinfibuliert werden, machen diesen Prozeß immer wieder durch. Dies wird *adlat el rujal* genannt (Beschneidung für Männer), weil es die sexuelle Lust der Männer steigern soll, nicht viel anders, als auch die enge Ver-

vollständiger Infibulation, gaben jedoch nur 25 Prozent der Frauen an, immer oder manchmal sexuelle Lust zu empfinden (1982, 48).

Die Beschneidung von Jungen ist sehr viel weiter verbreitet und in Gesellschaften überall auf der Welt zu finden. Wo sie mit der Sexualität assoziiert wird, soll sie der Lust von Frauen und Männern dienen. Eine andere Beschneidungspraxis, die Subinzision, bei der der Penis aufgeritzt und dadurch abgeflacht wird, so daß Urinieren nur noch im Hocken möglich ist, scheint in Nachahmung der Känguruhs vorgenommen zu werden, die bis zu zwei Stunden lang kopulieren können (Gregersen 1983, 100-110).

Nicht minder komplex sind die Paradoxien, die in den westlichen Kulturen durch den Druck der patrilinearen Erbfolge in die soziale Konstruktion der Sexualität von Frauen und Männern hineingetragen wurden. In der Renaissance glaubte man, daß der Orgasmus der Frau für die Empfängnis ebenso notwendig sei wie der des Mannes; Männer, die Erben wollten, wollten Frauen, die leicht zu erregen waren, allerdings erst nach der Hochzeit (Laqueur 1990a, 99-103). Jungen und Mädchen aus den Oberklassen wurden physisch getrennt gehalten oder, wenn sie zusammen waren, nie ohne Aufsicht gelassen, weil man annahm, sie würden sich sonst wie Romeo und Julia sofort verlieben und Geschlechtsverkehr haben und damit die von ihren Eltern für sie getroffenen Heiratsarrangements zunichte machen (Goode 1959). Junge Männer wurden zum unverbindlichen Geschlechtsverkehr mit Sklavinnen, Dienerinnen und Prostituierten ermuntert. Homosexuelle Handlungen zwischen jungen Männern waren kein großes Problem, solange sie schließlich doch noch heirateten; leidenschaftliche Freundschaften zwischen Mädchen und verheirateten Frauen galten als normal (McIntosh 1968; Smith-Rosenberg 1975).

Da Männer, die über Besitz verfügten, männliche Erben zu produzieren hatten, mußten sie potent genug sein, um ihre Frauen zu schwängern, sollten aber, waren sie erst einmal verheiratet, ihre Energien auf die Anhäufung von Reichtum oder auf den Statuserwerb für ihre Familien richten. Verheiratete Frauen, die reich oder adlig waren und Kinder gehabt hatten, standen bis ins neunzehnte Jahrhundert hinein sozial und sexuell für Flirts, Verführungen und Liebesaffären mit heiratsfähigen jungen Männern zur Verfügung, die darauf warteten, ein Erbe antreten zu können, das sie reich genug machte, um eine Frau ernähren zu können. Anna Clark (1987) beschreibt die Sexualnormen des achtzehnten Jahrhunderts als deutlich klassenspezifisch:

> Während schmachtende junge Ehefrauen bürgerliche Romane lasen, die sie zur Wahrung ihrer Keuschheit als ihres kostbarsten Juwels anhielten, gingen die gro-ßen Damen bei Hofe, die sich darauf verlassen konnten, daß ihr Reichtum sie vor jedem Skandal bewahren würde, ganz offen unerlaubte Liebesaffairen und außer-

---

nähung des Dammschnitts in der westlichen geburtshiflichen Praxis begründet wird (Rothman 1982, 58-59).

eheliche Verhältnisse ein ... [Frauen aus der Arbeiterklasse] flirteten, stritten und
tranken auf der Straße, hatte Stände auf dem Fischmarkt und trugen Gemüse auf
den Markt von Covent Garden; sie verkauften sich in dunklen Gassen oder erst-
klassigen Bordellen oder lebten mit und ohne Trauschein und bürgerlich-legale Absicherung mit Männern zusammen. ... Ihre ... Sexualität wurde in Balladen besun-
gen, von den Oberklassen aber in den Schmutz gezogen; für ihre Sicherheit sorgten
sie dank ihrer Unerschrockenheit selbst, mochten sie auch durch die Gewalt, mit
der sie täglich konfrontiert waren, stets gefährdet sein. (21)[25]

Vom sechzehnten bis zum achtzehnten Jahrhundert sicherte die Überzeugung
von der Notwendigkeit des weiblichen Orgasmus für die Fortpflanzung den
Frauen ihr Recht auf sexuelle Lust; im neunzehnten Jahrhundert ging ihnen
dieses Recht dank einer genaueren Kenntnis der Fortpflanzung verloren
(McLaren 1984, 28-29).[26] Der Orgasmus galt jetzt als unerheblich für die
Schwängerung, und Leidenschaftslosigkeit war das moralische Aushängeschild einer anständigen Frau (Cott 1978). Ob verheiratet oder nicht, man
erwartete von ihr, daß sie sich selbst und jeden in ihrer Gegenwart befindlichen Mann unter Kontrolle hatte. Wurde eine Frau etwa vergewaltigt, war
unfruchtbar, wurde vom falschen Mann oder zur falschen Zeit geschwängert,
zeigte nach Ansicht ihres Mannes zuviel Lust oder war emotional zu tief in
ein Liebesverhältnis verstrickt, war ihr Status als anständige Frau ruiniert. In
Gemeinschaften, in denen die Ehre einer Familie von der Jungfräulichkeit
ihrer unverheirateten Frauen und der Keuschheit ihrer verheirateten Frauen
abhing, zog man den Tod der Entehrung vor (K. Z. Young 1989). Die berühmten Ehebrecherinnen aus den Romanen, Anna Karenina und Emma
Bovary, begingen allerdings nicht deshalb Selbstmord, weil ihre Ehemänner
hinter ihre Liebesaffären kamen. Sie klammerten sich allzu leidenschaftlich
an ihre Liebhaber und wurden infolgedessen unersättlich, eifersüchtig und
letztlich unglücklich. Sie begingen Selbstmord, weil sie zu emotional waren.
Ebenso gut hätten sie ihre Liebhaber oder auch die Frauen umbringen können, denen diese ihre Aufmerksamkeit zuwandten. Alle diese „Verbrechen
aus Leidenschaft" sprengten die bürgerliche Familie, für die die Normen
einer streng kontrollierten Sexualität und Leidenschaft galten (Shapiro
1991).[27] Manche Frauen waren schon aufgrund ihrer sozialen Klasse, ihrer

25 Zu den französischen *salonnières*, siehe Landes 1988, 23-28. Zur Sexualität von Arbeite-
    rinnen im zwanzigsten Jahrhundert, siehe Nestle 1983; Peiss 1983.
26 Ein Nebeneffekt dieses Wandels war, daß bei einer Vergewaltigung die Tatsache, daß die
    Frau geschwängert worden war, in der früheren Epoche als Beweis für ihr Einverständnis
    und die von ihr genossene Lust angesehen wurde; nach dem neunzehnten Jahrhundert
    konnte dieses Argument vor Gericht nicht mehr als Verteidigung gegen die Anschuldigung
    der Vergewaltigung benutzt werden (McLaren 1984, 27).
27 Als Ende des neunzehnten Jahrhunderts der Begriff *heterosexuell* erfunden wurde, war
    damit zunächst die abnorme, perverse oder nicht der Fortpflanzung dienende „Lust" auf
    das andere Geschlecht gemeint. Zur psychoanalytischen Betrachtung von Emma Bovary,
    siehe L. J. Kaplan 1991, 201-236.

Rasse oder ihrer Armut als „Huren" abgestempelt (Davis 1981, 3-29). Stereotyp wurde ihnen „mehr Sexualität" unterstellt als den Töchten aus gutem
Hause. Jungfräuliche Mädchen von Stande jedoch wurden keusch und heiratsfähig gehalten, indem man sie einsperrte, beaufsichtigte und in der viktorianischen Zeit durch Klitoridektomie von einer etwaigen Neigung zum Ma-
sturbieren heilte.

Im achtzehnten und neunzehnten Jahrhundert wurden in Europa und in den
Vereinigten Staaten sexuelle Praktiken, die bis dahin Privatangelegenheit
waren und gar nicht zur Kenntnis genommen wurden, etwa Homosexualität,
kindliche Onanie und Frauen, die Sex gegen Geschenke, Geld oder Gefällig-
keiten verkauften oder tauschten, Gegenstand des öffentlichen Diskurses und
der Kontrolle und Reglementierung durch Medizin und Gesetzgebung, die
die Religion als primäre Agentur der sozialen Kontrolle verdrängt hatten
(Foucault 1978; Weeks 1985; 1989). Die Prostitution wurde (als „Laster")
zur Karriere und galt als Beweis einer verderbten moralischen Identität.
Frauen aus der Arbeiterklasse, die in schlechten Zeiten durch Verkauf von
Sex ihre mageren Löhne aufgebessert oder überhaupt ihr Überleben gesichert
hatten, wurden durch die Kampagnen gegen das Laster öffentlich stigmatisiert.[28] Sie wurden als Quelle von Krankheit und moralischer Verderbnis
verdammt und mußten sich den vom Seuchengesetz vorgeschriebenen medizinischen Untersuchungen und Behandlungen unterziehen oder wurden als
Gesetzesbrecherinnen ins Gefängnis gesteckt. Ihre Kunden wurden von diesen Säuberungskampagnen natürlich nur selten erfaßt, obwohl deren vorgeb-
licher Zweck der Schutz von Frauen und ungeborenen Kindern vor der Gei-
ßel Syphilis war. Den Feministinnen aus der Mittelklasse fiel es genauso
schwer wie den männlichen Reformern, eine Frau aus der Arbeiterklasse, die
Sex verkaufte, als eine Person zu begreifen, die eine rationale Entscheidung
gefällt hatte: „Reformer aus der Mittelklasse konnten die Motivationen, Mo-
ralvorstellungen und Überlebensstrategien von armen Frauen nicht begreifen
– daß Prostitution als eine gangbare Alternative zu niedrigen Löhnen und
mangelnden Beschäftigungsalternativen erscheinen konnte. ... Folglich traten
sie für Schutz statt Strafe ein, wobei eine Politik herauskam, die das Leben,
die Arbeit und die Freizeit junger Frauen strenger Kontrolle unterstellte"
(Hobson 1987, 5). Das Ergebnis war, wie bei so manchem anderen Sexualverhalten auch, die Verwandlung einer einst privaten Handlung in ein öf-
fentliches Problem und die Stigmatisierung der betroffenen Frauen.

Heute dürfte die Prostitution oft mit anderen illegalen Aktivitäten, vor allem dem Drogenhandel, verquickt sein, aber selbst wo dies nicht der Fall ist,
ist diese Art des Geldverdienens gewöhnlich illegal (Miller 1986). Margo St.
James, die Initiatorin von COYOTE (Call Off Your Old Tired Ethics – Weg
mit der ausgedienten alten Moral), stritt für eine Auffassung von Prostitution

---

28   Corbin 1990; Hobson 1987; R. Rosen 1982; Walkowitz 1980.

als frei gewählter Arbeit (Jenness 1990). Für Kathleen Barry (1979) jedoch ist die Prostitution eine Form der sexuellen Sklaverei, weil das Gewerbe von Männern beherrscht wird. Christine Overall, die diese beiden Positionen miteinander zu vereinbaren sucht, kommt zu dem Schluß, es sei „sinnvoll, für das Recht der Prostituierten auf ihre Arbeit einzutreten, nicht aber, Prostitution an sich als Praxis unter dem Patriarchat zu verteidigen" (1992, 723). In einer Gesellschaft, in der Frauen über weniger Ressourcen verfügen als Männer und, wenn sie arm sind und vor allem wenn sie benachteiligten rassischen Gruppen angehören, ökonomisch kaum eine Wahl haben und bereits von ihrem Status her degradiert sind, ist Prostitution ihrem Wesen nach Ausbeutung.

Homosexuelle Praktiken, die in der jüdisch-christlichen Bibel verboten sind, wurden abwechselnd ignoriert, als sündhaft verdammt, als Verbrechen bestraft und als Geisteskrankheit behandelt. In England und in den Vereinigten Staaten nannte man bis zum Ende des neunzehnten Jahrhundert jeden nicht der Fortpflanzung dienenden Sex „Sodomie" (Weeks 1989, 106-107). Die Kodifizierung der Homosexualität als einer stigmatisierten Identität war ein Produkt der Vereinnahmung der Sexualität durch die Medizin und derselben viktorianischen Kampagnen für die saubere Familie, die auch die Prostitution der gesetzlichen Kontrolle unterstellten. Paradoxerweise führte die Regulierung des Sexualverhaltens zu einer öffentlichen Diskussion, die „zum Raum einer Neubestimmung der sexuellen Standorte wurde: die sexuellen Identitäten erhielten nämlich schärfere Konturen" (Weeks 1989, 107). Je verbreiteter homosexuelles Selbstbewußtsein und diese Selbstdefinition wurden, desto häufiger wurden andere Homosexuelle ausfindig gemacht und Gemeinschaften, Subkulturen und Möglichkeiten des Widerstands und der Rebellion gegen die juristische und medizinische Kontrolle aufgebaut, die den homosexuellen Untergrund überhaupt erst hervorgebracht hatte (Plummer 1981a, 29).

Im heutigen westlichen Sexualdiskurs wird Frauen und Männern das Recht auf sexuelle Lust zugesprochen, der normale Sex aber immer noch ganz eng als heterosexueller, genitaler, orgasmischer und im Idealfalle gefühlsgetragener Sex definiert (L. B. Rubin 1990). Zwar sind Frauen wie Männern experimentelles Sexualverhalten und nicht auf Dauer angelegte Beziehungen erlaubt, doch sollen beide langfristige, auf wechselseitiger Zuneigung, Partnerschaft und sexueller Treue gegründete Beziehungen anstreben. Familienrecht und Familienpolitik gelten nur für Personen, die in langfristigen, heterosexuellen, eheähnlichen Beziehungen leben (Parker 1990, 126-157). Die Gemeinschaften der Schwulen und der Lesben forderten die rechtliche Anerkennung von homosexuellen Paaren und begründeten dies damit, daß die Liebe, auf der ihre Beziehungen beruhen, dieselbe sei. Heterosexuelle Ehen und heterosexuelle und homosexuelle Beziehungen stehen für eine große Vielfalt von Sexualpraktiken, zu denen unter anderem Liebesaffairen, Transvestitentum, Bisexualität, Sadomasochismus und selbst Zölibat gehören können, aber der Idealtypus einer solchen Beziehung ist konventionell auf die sexuell monogame, emotional befriedigende Bindung zweier einander liebender Partner zurechtgestutzt. Durch die Aids-Epidemie hat die Ideologie der langfristigen Liebe und Freundschaft erneut Auftrieb bekommen.[29]

Heterosexuelle Asymmetrie

In der westlichen Gesellschaft gelten wie in anderen Gesellschaften auch unterschiedliche Sexualnormen für Frauen und Männer. Als bei einer Befragung eine ethnisch gemischten Stichprobe von 272 Frauen und Männern am New York City College sowie 170 Passanten in Manhattan und Albany gebeten wurden, aus einer Liste von achtundvierzig möglichen Wünschen diejenigen zehn auszuwählen, die sie sich am meisten wünschten, ergaben sich die größten und durchgängigsten *gender*-Unterschiede bei dem Wunsch: „Sex haben, mit wem ich gerade will" („To have sex with anyone I choose"). Er wurde von 28 Prozent der Männer, aber von nur 6 Prozent der Frauen gewählt (Ehrlichman und Eichenstein 1992). Die *gender*-Unterschiede waren über alle Altersstufen und Religionszugehörigkeiten hinweg konsistent. Bei einer zweiten Befragung nur mit Collegestudenten war die Frage etwas anders formuliert, nämlich: „To make love with whomever I wish", und dieser und andere Wünsche sollten von 96 Studentinnen und Studenten im Alter von siebzehn bis fünfundzwanzig Jahren anhand einer Vier-Punkte-Skala bewertet werden. Dabei erklärten 4,3 Prozent der Frauen diesen Wunsch für sehr wichtig, 46 Prozent für unwichtig; bei den Männern wurde er von 25 Prozent für sehr wichtig und von 24,8 Prozent für unwichtig erklärt. Der Wunsch nach einer „lebenslangen, vollkommen befriedigenden Sexualbeziehung mit einer und nur einer Person" erhielt bei 52,4 Prozent der Frauen und 33,4 Prozent der Männer die höchste und bei 14,2 Prozent der Frauen und 13,9 Prozent der Männer die niedrigste Bewertung.

In den 1980er Jahren gaben 237 weiße, meist heterosexuelle Collegestudentinnen und -studenten aus der Mittelklasse eine schriftliche Darstellung

---

29 Kitzinger (1987, 90-109) weist darauf hin, daß die an Liebe und Romanze orientierte Darstellung des Lesbentums wie auch die Darstellung, nach der Frauen, die lesbisch werden, angeblich zu ihren wahren Gefühlen oder ihrem eigentlichen Selbst gefunden haben, die herrschende liberale Ideologie vom Vorrang des Privaten und Individuellen widerspiegeln, und daß diese Darstellungen die in den lesbischen Frauen verkörperte implizite Kritik an der Männerherrschaft entpolitisieren. Weston (1991, 21-49) bemerkt, daß in der unter Homosexuellen üblichen Rhetorik Verwandtschaft häufig biologisch und fortpflanzungsorientiert verdinglicht wird. Auch sie weist auf die Gefahren der Überbetonung des langfristigen Zusammenlebens von Paaren mit oder ohne Kinder als „Modell" für schwule und lesbische Beziehungen hin (195-213). Siehe auch Wittig 1980; 1981.

ihres Sexuallebens, aus der hervorging, daß Frauen wie Männer meinten, ein
Recht auf sexuelle Experimente zu haben, daß Männer wie Frauen an romantische Liebe glaubten und daß alle meinten, Sex mit Zuneigung sei der beste
(Moffat 1989, 181-270). Bei Frauen wie Männern gab es nur wenige, die
beides wollten, „unverbindlichen Sex ohne Schuldgefühle *und* die tieferen
Empfindungen einer Liebesbeziehung; die tiefere Bedeutung von Sex in
einer verbindlichen Beziehung *und* den Kitzel der kurzen sexuellen Begegnung" (221). Männer mußten, wollten sie sexuell freizügig leben, ihre Sexualpartnerinnen achten können, gleichgültig ob ihre Beziehung beiläufig oder
langfristig war. Genauso „durften Frauen, um sexuell wirklich liberal sein zu
können, nicht mehr meinen, sie wären ‚Nutten', wenn sie ‚rumschliefen'.
Auch mußten sie genau wie die männlichen Anhänger der romantischen Liebe, um selber Spaß an sexuellen Zufallsbegegnungen ohne Verbindlichkeit
haben zu können, ihre Einstellung als neotraditionelle Frau ändern" (223).
    All diese Untersuchungen ergaben sowohl *gender*-typische Unterschiede
als auch signifikante Übereinstimmungen der heutigen Einstellungen zum
Sexualverhalten, aber im Kontext von heterosexuellen Beziehungen scheinen
Frauen und Männer entgegengesetzte Ziele zu verfolgen. Das vielleicht
größte Paradox der modernen vergeschlechtlichten Sexualität in den westlichen Kulturen ist, daß Jungen und Mädchen in homosozialen Welten aufwachsen und emotionale Bindungen eingehen, sich aber mit der Pubertät in
eine(n) Angehörige(n) des anderen Geschlechts verlieben und sie oder ihn
begehren sollen, ohne ihre gleichgeschlechtlichen Freundschaften aufzugeben (A. Rich 1980; Sherrod 1987). Die Normen der Männlichkeit verbieten
es heterosexuellen Männern sowohl, ihre Zuneigung zu anderen Männern
offen zu zeigen, als auch Freundschaften mit ihnen um der Frauen willen
aufzugeben (Herek 1986). Bei Frauen, die heterosexuell werden, treten die
emotionalen Bindungen an andere Frauen als „emotionaler Rückhalt" in den
Hintergrund, während sie ihrem Traum von dem einen Mann für die dauerhafte emotionale Beziehung nachjagen.[30]
    Ein Nebenparadox ist, daß der Bezugsrahmen für Weiblichkeit die zu-
nächst romantisch-verliebte, später sexuelle Beziehung zu nur einem Mann
ist, der Bezugsrahmen für Männlichkeit aber die sexuelle Eroberung von
vielen Frauen und erst in zweiter Linie die emotionale Bindung an eine einzige Frau. Eine Frau muß, um als weiblich zu gelten, einen Mann seinen
Freunden abspenstig machen und ihn an sich binden; ihr Köder ist Sex. Ein
Mann muß, um seine Männlichkeit zu beweisen, seinen Freunden zeigen,
daß er ein sexueller Draufgänger ist; eine emotionale Bindung an nur eine
Frau kann geradezu als Falle empfunden werden (Ehrenreich 1983). In Peer-
gruppen wird die Intensität der Männerbeziehungen mit Gerede über Sex

---

30 Acker, Barry und Esseveld 1981; Cancian 1987; Hess 1981; Raymond 1986. Zur klassi-
    schen Darstellung des Beziehungsverhaltens von Frauen, siehe Smith-Rosenberg 1975.

verdeckt, vor allem mit Prahlereien von Eroberungen: „Männer brauchen
das, zusammenhocken und über Gott und die Welt reden und sich in die
Brust werfen und den Frauenheld und überhaupt den starken Mann markieren" (Simmons 1992, 401).[31] Das Ziel des heterosexuellen Jungen ist Eroberung: „Für den jungen Mann wird die Frau zum Objekt im eigentlichen Sinne. Ihr Körper und ihre Seele sind das Objekt von sexuellen Spielen, die er
gewinnen muß, um selber gut dazustehen. Wer gewinnt, verbessert seinen
Status, und Sex hat einen Wert nicht als Liebesbeweis, sondern als Beweis
für die Macht, die man über einen anderen Menschen hat" (Anderson 1990,
114).

Die Widersprüche zwischen den Männern, die ihre Männerfreundschaften
beibehalten und Frauen als Sexualobjekte behandeln, und den Frauen, die
ihre Freundinnen als emotionalen Rückhalt brauchen, während sie unbefrie-
digenden Liebesromanzen nachjagen, sind Gegenstand der Lieder, der Folklore und der Wahrsagerituale der russischen Arbeiterklasse vor der Oktober-
revolution, der derben Lieder und Geschichten heutiger mexikanischer
Männer aus der Arbeiterklasse, der Straßenkultur von Afroamerikanern des
ausgehenden zwanzigsten Jahrhunderts, der sexuellen Phantasien von weißen
Collegestudenten aus der Mittelklasse der 1980er Jahren und der Sexualisierung heranwachsender Mädchen im Deutschland der 1970er Jahre.[32]

Die Sozialisation durch die Peergruppe sorgt mit kräftiger Unterstützung
der Massenmedien und sonstiger kultureller Darstellungen dafür, daß die
Jungen *ihre* Version lernen, nämlich Sexualität und Verführung, und die
Mädchen ebenfalls *ihre* Version, nämlich romantische Liebe: „Die Mädchen
haben einen Traum, die Jungen einen Trieb" (Anderson 1990, 113): „Zu
diesem Traum gehört, daß man einen Freund hat, einen Verlobten, einen
Mann, mit dem sie märchenhafterweise, ,... wenn sie nicht gestorben sind...',
ein allezeit glückliches Leben mit Kindern in einem hübschen Haus in einer
guten Gegend führen – im wesentlichen also der Traum vom Lebensstil der
amerikanischen Mittelklasse, komplett mit Kernfamilie" (115). Weißen wie
schwarzen Frauen aus der Mittelklasse, die Aussicht auf eine berufliche
Karriere haben, wird durch ihre Peerkultur nahegelegt, während ihrer Col-
legezeit ihre beruflichen Pläne zurückzustellen und sich erstmal um die Liebe
zu kümmern (Holland und Eisenhart 1990; Komarovsky 1985). Für viele
Mädchen, die aus der Arbeiterklasse kommen oder arm sind, ist die Kluft
zwischen ihren romantischen Liebesvorstellungen und der rauhen Wirklichkeit ihres Lebens gewaltig; für junge farbige Frauen kann sie abgrundtief
sein.[33]

---

31 Siehe auch Farr 1988; Fine 1992; Lyman 1987; Messner 1992, 85-107.
32 Anderson 1990, 112-119; Bobroff 1983; Haug u.a. 1987; Moffatt 1989, 181-270; Peña
    1991.
33 Franklin 1992; Gary 1987; hooks 1990; Ladner 1971; Staples 1982; Wallace [1978] 1990.

Frauen, die mit ihrem Streben nach Liebe Erfolg haben, stellen sehr oft
fest, daß der emotionale Ertrag im Vergleich zu ihrem zeitlichen und sonstigen Aufwand enttäuschend ist, weil heterosexuelle Männer als Heranwachsende gelernt haben, von ihren Müttern und in der Folge dann von allen
Frauen emotional unabhängig zu werden (Chodorow 1976). Implizit formuliert das Klischee von den Frauen, die immer nur Händchen halten wollen,
und den Männern, die immer nur ins Bett wollen, das Dilemma der modernen heterosexuellen Beziehungen: „Sie will immer wieder etwas haben, was
sie verstehen kann und womit es ihr gut geht – Äußerungen seiner Gefühle
auf nichtsexuelle Weise. Er gibt ihr immer wieder das eine, was er verstehen
kann und womit es ihm gut geht – seine Gefühle in einer Verpackung aus
Sex" (L. B. Rubin 1976, 147).[34] Angesichts dieser asymmetrischen Muster
kann es kaum überraschen, daß moderne heterosexuelle Beziehungen emotional und sexuell spannungsgeladen sind. Die stärksten Beziehungen, heterosexuell, homosexuell oder lesbisch, dürften die zwischen Menschen sein,
die nicht nur Liebende, sondern auch Freunde sind.

Mißhandelte Liebe

Sexuelle Beziehungen, die mißlingen, enden unter Umständen in körperlicher Gewalt. Die Zahl der Fälle, in denen Liebhaber und Ehemänner ihre
Partnerinnen brutal schlagen und vergewaltigen, ist erschreckend hoch.[35]
1979 bis 1987 lag in den Vereinigten Staaten der Jahresdurchschnitt der
angezeigten Fälle von Gewalt gegen Frauen bei 56.900 Fällen von Mißhandlungen durch Ehemänner, 216.100 durch geschiedene oder getrennt
lebende Ehemänner und 198.800 durch Freunde (Harlow 1991, 1). Paradoxerweise lassen sich Beziehungen mit Mißhandlungen zu Beginn oft sehr
romantisch an, weil die Männer besonders aufmerksam sind: „Sie wollten
ständig wissen, wo die Frauen gerade waren und was sie taten, wollten die
ganze Zeit mit ihnen zusammen sein, zeigten deutlich ihre Zuneigung und
wollten schon bald die Gewißheit einer festen, langfristigen Beziehung. ...
Mit der Zeit jedoch wird ein solches Verhalten von der Frau zunehmend als
aufdringlich, besitzergreifend und kontrollierend empfunden" (Frieze und
Browne 1989, 186). Zu dem Zeitpunkt der ersten Gewaltanwendung hat der
Mann zwischen die Frau und ihre Freundinnen und ihre Familie einen Keil

---

34   Siehe auch Cancian 1987, 69-102; L. B. Rubin 1983. Manche Frauen finden emotionalen
     Ersatz in Liebesromanen (Snitow 1983); andere suchen die Lösung für ihr Dilemma, näm-
     lich „zuviel" zu lieben, in Selbsthilfebüchern (Simonds 1992).

35   Berichte über den Stand der Forschung, Diskussionen über Perspektiven und ausführliche
     Biobliographien bei Breines und Gordon 1983; Brush 1990; Dobash u.a. 1992; Frieze und
     Browne 1989; L. Gordon 1989, 250-288; Harlow 1991; Kurz 1989; Staples 1982, 55-71;
     Straus 1992; Yllö und Bograd 1988.

getrieben, so daß sie isoliert und von ihm emotional und oft auch ökonomisch abhängig ist. Selbst wenn sie eine Arbeit findet und auszieht, hat sie unter Umständen immer noch das Gefühl, niemanden sonst zu haben, auf den sie sich verlassen kann. Die Gefühlsbindungen, die zu Beginn der Beziehung geprägt wurden, bleiben auf beiden Seiten sehr stark.[36]

Männer, deren Männlichkeit von Dominanznormen abhängig ist, die aber nicht den ökonomischen Status haben, der dieser dominanten Haltung den Rückhalt gibt, neigen dazu, bei der Frau, die sie lieben, psychologisch oder körperlich Gewalt anzuwenden, oft auch beides (L. E. Walker 1984; Yllö 1984). Bei James Ptaceks Interviews mit achtzehn Teilnehmern eines Gesprächskreises für prügelnde Männer stellte sich heraus, daß diese der Meinung waren, sie hätten ein Recht darauf, ihre Frau zu schlagen: „Das Muster ist, daß sie an der Frau etwas auszusetzen finden, weil sie eine schlechte Köchin ist, beim Sex nicht richtig mitmacht, nicht unterwürfig genug ist, ... nicht merkt, wann sie ‚den Mund zu halten hat', nicht treu ist. Kurz, weil sie keine ‚gute Ehefrau' ist" (Ptacek 1988, 147). Frauen, die in solchen Beziehungen bleiben, sind meist gründlich für die weibliche Rolle der emotionalen Stütze sozialisiert worden, dem sie schlagenden Mann aber sozial oder ökonomisch überlegen. Beth Richies (1992) Interviews mit sechsundzwanzig geschlagenen afroamerikanischen Frauen ergaben, daß diese eine relativ privilegierte Kindheit gehabt und gemeint hatten, sie würden einmal ideale Ehefrauen und Mütter. Diese *gender*-Muster bereiten den Boden für Mißhandlungen, die dann durch zusätzliche Faktoren ausgelöst werden.

Die Gewaltanwendung von Männern, die ihre Frauen auf diese Weise unter Kontrolle bringen wollen, erfolgt bewußt und ist sorgfältig darauf abgestimmt, Angst, Schuldgefühle und Unterwerfung zu erzeugen (Adams 1988). Drohungen und Schläge wechseln mit Zerknirschung und Zugeständnissen. Viele Frauen, die in solchen Beziehungen bleiben, reagieren mit dem defensiven Muster der „erlernten Hilflosigkeit" (L. E. Walker 1984). Beide Muster können daher kommen, daß diese Menschen als Kinder selber Zeuge oder Opfer von Mißhandlungen in ihrer Familie waren.[37]

Immer wieder stellt sich die Frage, warum eine Frau, die wiederholt so brutal geschlagen und vergewaltigt wird, daß sie nicht nur Blutergüsse und ein blaues Auge davonträgt, sondern Knochenbrüche und traumatische Verletzungen, bei ihrem prügelnden Mann bleibt. Aus Julie Blackmans Interviews mit 172 geschlagenen Frauen geht hervor, daß diese kein Empfinden für das Unrecht hatten, das ihnen angetan wurde, weil sie außerhalb ihrer Beziehung keine Alternativen sahen (1989, 67-82). Selbst Frauen, die Alternativen

---

36 Zur psychologischen Gewalt in Beziehungen, siehe L. J. Kaplan 1991, 212-236; zur Theorie der Beziehungsfalle, siehe Beth Richie 1992.

37 Schlagen in lesbischen Beziehungen folgt ähnlichen Mustern wie Schlagen in heterosexuellen Beziehungen (Hart 1986; Schilit u.a. 1991).

wahrgenommen und etwa die Polizei gerufen oder sich in ein Frauenhaus
geflüchtet hatten, hatten nicht das Gefühl, damit den Abbruch ihrer Beziehung herbeigeführt zu haben (153-166). So meinten etwa die geschlagenen
afroamerikanischen Frauen, die Richie interviewte, sie könnten vor ihren
Familien nie zugeben, daß sie es nicht geschafft hatten, dem frühen Bild vom
„guten Mädchen" gerecht zu werden. Sie meinten auch, nicht zur Polizei
gehen zu können, weil sie von ihren prügelnden Männern in irgendwelche
illegalen Aktivitäten verwickelt worden seien (1992).

Frauen, die meinen, nicht einfach weggehen zu können, sind in einer ähnlichen Lage wie Geiseln. Sie haben das Gefühl, ihr Überleben hänge davon
ab, daß sie für die Person, die ihr Leben bedroht, der sie sich aber nicht entziehen können, etwas ganz Besonderes darstellen (Graham, Rawlings und
Rimini 1988). Eine Frau in einer Beziehung mit einem prügelnden Mann
glaubt, sie müsse anders sein als „alle Frauen", gegen die sich die scheinbar
unkontrollierbaren Wutausbrüche ihres prügelnden Mannes richten. Also
besänftigt sie ihn, unterdrückt die eigene Angst und Wut und versucht, an
seine wärmere, freundlichere, friedlichere Seite zu appellieren. Entzieht sie
sich ihm doch, tritt als psychologische Folgeerscheinung oft die Angst auf,
der Mann könnte für spätere Strafen oder sonstige gegen ihn gerichtete Maßnahmen Vergeltung üben. Da tätliche Übergriffe auf Frauen von Ex-
Ehemännern und gewesenen Freunden drei Mal häufiger vorkommen als von
Ehemännern und aktuellen Partnern, sind solche Ängste durchaus nicht aus
der Luft gegriffen (Harlow 1991, 2).

Wenn eine geprügelte Frau ihren prügelnden Mann umbringt, tut sie dies
nicht, weil sie Gewalt mit Gewalt vergilt, sondern weil sie das Gefühl hat,
die Wut des Mannes eskaliere derart, daß ihr Leben oder das ihrer Kinder
bedroht ist.[38] Laut Cynthia Gillespie sieht das Szenario in den meisten Fällen
so aus: Die Frau, die ihren prügelnden Mann tötet, sagt aus, er habe gedroht,
sie zu schlagen oder umzubringen und sei auf sie losgegangen. Sie habe ein
Küchenmesser oder seine Waffe genommen, um sich zu schützen, und ihn
aus Versehen umgebracht. Dann habe sie die Polizei oder den Krankenwagen
gerufen, und als man sie findet, sitzt sie „auf dem Boden, den Kopf ihres
Mannes im Schoß, und fleht ihn an, nicht zu sterben. Diese Geschichte wurde mit geringen Variationen so oft dargestellt, daß ich manchmal das Gefühl
hatte, ich läse immer wieder denselben Fall" (1989, ix). Seltener ist, daß eine
geprügelte Frau ihren prügelnden Mann umbringt, wenn er schläft oder betrunken und bewußtlos ist, die Begründung aber ist die gleiche. Sie denkt,
daß sie sonst nicht mit dem Leben davonkommt. Vor Gericht wird oft trotz
aller Anzeichen von Notwehr und trotz einer langen Geschichte grauenhafter

---

38   Browne 1987; Gillespie 1989; L. E. Walker 1989.

Mißhandlungen die Glaubwürdigkeit und Wahrheitsliebe der Frau und die Ernsthaftigkeit der Gefahr, in der sie schwebte, in Zweifel gezogen.[39]
Nach Meinung von R. Emerson und Russell Dobash entsprechen erlernte Hilflosigkeit, Abhängigkeit und Isolierung der Definition der Ehefrau schlechthin, während das Muster von zunehmendem Besitzanspruch und wachsender sexueller Eifersucht das normale Verhalten eines Ehemannes darstelle (1979, 77-93). Schläge für die Frau wurden einmal in den meisten Gemeinschaften gebilligt und werden noch heute dort, wo die Autorität der Männer über ihre Frauen ideologisch untermauert ist, mit Stillschweigen übergangen. Erst in allerjüngster Zeit wurde Vergewaltigung in der Ehe als sexuelle Körperverletzung anerkannt.[40] Die achselzuckende Reaktion von Ärzten, Schwestern und Polizei auf verprügelte Frauen ist ein Ausdruck dieses Sittenkodex.[41] Wo es aber diese Billigung durch die Gemeinschaft nicht gibt oder wo die Gewalt so extrem ist, daß niemand sie mit Stillschweigen übergehen kann, muß ein Mann, der sie einsetzt, um die Kontrolle zu behalten, die Frau von ihren Freunden und ihrer Familie abspalten. Die meisten in langfristigen heterosexuellen Beziehungen lebenden Frauen haben Freundinnen, bei denen sie sich Trost, Rat und Unterstützung holen; ohne sie ist eine geprügelte Frau wahrlich eine Gefangene der romantischen Liebe (McConnell 1992; Richie 1992).

Verbotene Liebe

Das Inzesttabu gilt als universell, doch die Definition des Inzest hängt nicht vom biologischen Verwandtschaftsgrad ab, sondern davon, wie Verwandtschaft definiert wird. In manchen Gesellschaften darf eine Frau den Sohn des Bruders ihres Vaters nicht heiraten, weil er zur selben Verwandtschaftsgruppe gehört wie sie, wohl aber den Sohn der Schwester ihres Vaters, weil er einer anderen Verwandtschaftgruppe angehört. Beide sind Vettern gleichen Grades.[42] Wenn die Universalität des Inzesttabus auf die Kernfamilie beschränkt ist – Väter und Töchter, Mütter und Söhne, Brüder und Schwestern –, dann ist die Häufigkeit von sexuellen Beziehungen zwischen Vätern und

---

39 Gillespie (1989) meint, daß dem Begriff der Notwehr im angelsächsischen und amerikanischen Recht der Fairnessgedanke von Männerkämpfen etwa bei Grenzauseinandersetzungen zugrunde liegt.
40 Finkelhor und Yllö 1985; Frieze 1983; D. E. H. Russell 1990.
41 Im allgemeinen ist geprügelten Frauen weder vom Gesundheits- noch vom Rechtssystem viel Aufmerksamkeit oder Schutz zuteil geworden; siehe Chaudhuri und Daly 1992; Ferraro 1989; Kurz 1987; Kurz und Stark 1988; Stark, Flitcraft und Frazier 1979; Warshaw 1989.
42 Der Sohn des Bruders des Vaters ist ein Parallelcousin; der Sohn der Schwester des Vaters ein Kreuzcousin. In anderen Gesellschaften sind die Geschwister der Mutter die Verwandtschaftsgruppe, über die man sich definiert.

Töchtern und sogar Vätern und Söhnen ein Phänomen, das einer Erklärung bedarf.[43]

Die eine Erklärung lautet, daß junge Mädchen verführerisch sein können. Zwar können Kinder wie Jugendliche sexuelle Wünsche haben, doch „bestimmt der Erwachsene, nicht das Kind, die sexuelle Natur der Begegnung und trägt für sie die Verantwortung" (Herman 1981, 42). Eine andere Erklärung sucht die Schuld bei der Mutter, die angeblich ihre Mutterpflichten vernachlässigt, indem sie erstens die sexuellen Bedürfnisse ihres Mannes oder Partners nicht befriedigt und zweitens ihre Tochter nicht vor ihm schützt. Häufiger ist die Situation so, daß die Mutter körperlich oder emotional krank und vielleicht auch immer wieder längere Zeit im Krankenhaus oder sonst abwesend ist. Ihre häuslichen Pflichten einschließlich der Betreuung anderer Kinder und der Funktion als emotionale Ansprechpartnerin des Vaters werden von einer Tochter übernommen: „Für die Tochter kann sich die Pflicht, die sexuellen Wünsche ihres Vaters zu erfüllen, fast als eine Erweiterung ihrer Rolle als ‚kleine Mutter' in der Familie darstellen" (Herman 1981, 45). Diese Erklärung der Umstände, die zum Vater-Tochter-Inzest führen, beruht jedoch auf der Annahme, daß sich Vater und Kinder die Hausarbeit nicht etwa auch teilen könnten, daß keine andere Arrangements zur Betreuung der Kinder möglich sind und daß „Väter in ihren Familien unter allen Umständen ein Anrecht auf weibliche Dienstleistungen haben" (Herman 1981, 49).[44]

Wie aus Judith Hermans Interviews mit vierzig weißen Frauen in Massachusetts hervorgeht, die im vorpubertären Alter (das Durchschnittsalter war neun) sexuelle Beziehungen mit ihren leiblichen Vätern, Stiefvätern oder Adoptivvätern gehabt hatten, entspringt die Dynamik des Vater-Tochter-Inzests einem komplexen Dreiecksverhältnis zwischen einem mächtigen Vater, einer machtlosen Mutter und einem bevorzugten, aber ausgebeuteten Kind. Die Mütter waren meist Vollzeithausfrauen, die eine Schwangerschaft nach der anderen hatten oder alkoholabhängig, depressiv oder psychotisch waren. Manche wurden von ihren Männern auch geschlagen. Die Töchter lehnten ihre Mütter als schwach oder inkompetent ab. Sie beschrieben ihre Väter als hart arbeitende Männer und gute Ernährer, begabt, liebenswert und intelligent, aber „perfekte Patriarchen", deren Autorität niemals in Frage gestellt wurde. Die Töchter standen bei ihren Vätern in besonderer Gunst, erhielten Geschenke und Privilegien und verbrachten viel Zeit mit ihnen

---

43   Aus Untersuchungen in den Vereinigten Staaten, Frankreich, Deutschland, Japan und Irland geht hervor, daß der Inzest zwischen Vätern oder Stiefvätern und Töchtern am häufigsten ist und daß in Fällen von Inzest mit Söhnen Väter und Mütter als Täter gleich häufig in Frage kommen (Herman 1981, 7-21). Siehe auch L. Gordon 1989, 204-249; D. E. H. Russell 1986; L. E. Walker 1988.

44   Siehe auch Wattenberg 1985.

allein, ohne die anderen Kinder.[45] So „erinnerten sich einige von ihnen denn auch, daß sie als Kinder ihre Väter schlicht vergöttert hatten" (Herman 1981, 82). Das Einsetzen einer sexuellen Beziehung schien innerhalb dieser Familienstruktur fast unausweichlich:

> Kurz, diese Töchter waren ihren Müttern entfremdet, die sie als schwach und hilflos ansahen, als unfähig, für sie zu sorgen oder sie zu schützen. In der Familie wurde ihnen von ihren Vätern eine Sonderstellung eingeräumt, in der ihnen viele Pflichten und Vorrechte der Mutter zufielen. Sie fühlten sich verpflichtet, diese Rolle auszufüllen, um ihre Familien zusammenzuhalten. Außerdem erschien ihnen ihre besondere Beziehung zum Vater oft als die einzige Quelle von Zuneigung. Unter diesen Bedingungen hatten die Töchter das Gefühl, daß sie überhaupt keine andere Wahl hatten, als sich zu fügen, wenn ihr Vater auch auf ihre sexuellen Dienste Anspruch erhob. (83)

Aber auch wenn Mütter und Töchter einander entfremdet waren, konnte die Mutter, wenn sie noch über Macht in der Familie verfügte, einen verführenden Vater davon abhalten, nach seinen Wünschen zu handeln: „Die wirksamste Barriere gegen den offenen Inzest schien demnach nicht die Triebkontrolle des Vaters zu sein, sondern der Grad der von der Mutter ausgeübten sozialen Kontrolle" (124). Somit ist der Vater-Tochter-Inzest wie das Verprügeln von Ehefrauen eine Extremform der Herrschaft der Männer über die Frauen in der Familie: „Es ist, als sähe man die normalen Muster ... in einem Zerrspiegel" (L. Gordon 1989, 205).

Männlichkeit und Vergewaltigung

In modernen Gesellschaften, in denen Gewalt endemisch ist, sind Männer häufiger Gewalttäter oder -opfer als Frauen, doch fühlen sich Frauen viel stärker gefährdet, weil sie einem ganzen Kontinuum von sexuellen Übergriffen ausgesetzt sind, zu denen obszöne Anrufe, anzügliche Gesten, verbale Belästigungen auf der Straße und am Arbeitsplatz und körperliche Attacken nicht nur von Fremden, sondern auch von Kollegen, Vorgesetzten, Rendezvouspartnern, Freunden, Verwandten und Ehemännern gehören.[46] Sexualverbrechen an Frauen – Vergewaltigungen und Morde à la Jack-the-Ripper – sind fast schon mythische Metaphern für Männerherrschaft und Frauenunterwerfung: „Diese feststehende Ikonographie – ‚ein verrenkter nackter Frauenkörper' – taucht bei Sexualverbrechen immer wieder auf und dient ebenso

---

45 Richie (1992) stellte fest, daß Afroamerikanerinnen, die prügelnde Männer hatten und von denen manche als Kinder mißbraucht worden waren, sich in ihren Familien als „besondere Kinder" gefühlt hatten.

46 Caputi 1987; Harlow 1991; Liz Kelly 1987; 1988; Sheffield 1987; Schneider 1991; Stanko 1990.

wie die direkte Verstümmelung dazu, die Niederlage, Entwürdigung und
Zerstörung der Frau zu signalisieren" (Caputi 1987, 8).

Serien- und Massenmorde an Frauen sind offener Krieg.[47] Vergewaltigung
jedoch ist so weit verbreitet, daß nur besonders brutale Gruppenvergewaltigungen Schlagzeilen machen. In derselben Woche (16. bis 22. April 1989),
in der ein Überfall auf einen weißen Banker durch alle Medien ging, der
beim Jogging im Central Park von New York City von einer Bande von
Männern vergewaltigt und bewußtlos geschlagen wurde, wurden auch acht-
undzwanzig meist schwarze oder hispanische Mädchen und Frauen im Alter
von acht bis einundfünfzig Jahren vergewaltigt – auf der Straße, beim Warten auf einen Zug, beim Besuch bei einem Freund (Terry 1989). In den Vereinigten Staaten passiert nach Schätzungen des FBI alle sechs Minuten eine
Vergewaltigung. Dabei erfaßt diese Statistik nicht einmal den von Freunden,
Lebenspartnern und Ehemännern erzwungenen Sex, der rechtlich oft nicht
als „echte Vergewaltigung" angesehen und nur selten bei der Polizei angezeigt wird (Estrich 1987).[48] Doch ergibt sich aus den Daten des U.S. National Crime Survey für die Jahre 1979 bis 1987, die sich auf Feldbefragungen
stützen, daß bei 52 Prozent der vollendeten Vergewaltigungen von Frauen
und Mädchen im Alter von zwölf und mehr Jahren der Vergewaltiger dem
Opfer nahestand und in weiteren 38 Prozent der Fälle dem Opfer bekannt
war (Harlow 1991, 7). Diesen Daten zufolge werden Vergewaltigungsversu-
che von Fremden in weniger als der Hälfte der Fälle bis zu Ende vollzogen.[49]

Was als „echte Vergewaltigung" angesehen wird, ist deshalb viel weniger
verbreitet als das, was erst allmählich als „date rape" anerkannt wird, als
Vergewaltigung bei Rendezvous und Verabredungen.[50] Eine bessere Definition von Vergewaltigung, die sich auf jede sexuelle Betätigung mit beliebig
vielen Menschen jeden Alters und Geschlechts anwenden ließe, wäre als ein
Zustimmungskontinuum zu denken. Die Punkte in diesem Kontinuum wären
unter anderem: ausdrücklicher beiderseitiger Wunsch; Verführung oder Aufforderung und klar zum Ausdruck gebrachte Zustimmung; psychologischer
Zwang und widerstrebende Zustimmung; und körperlicher Zwang, auf den
mit aktivem Widerstand oder passivem Nachgeben reagiert wird. Zu disku-

---

47 Baril 1990; Caputi 1989; Hollway 1987; P. B. Seidman 1991.
48 Ebenfalls nicht enthalten sind homosexuelle Vergewaltigungen unter Männern, die am
    häufigsten in Gefängnissen vorkommen, aber auch in denselben Situationen wie heterose-
    xuelle Vergewaltigungen, nämlich als Demonstrationen von Macht (Stoltenberg 1991).
49 Zu erfolgreichen Überlebensstrategien, siehe Bart und O'Brien 1985; Scully 1990, 171-
    182. Schreien und Krach schlagen, sich heftig und gemein wehren und wenn möglich da-
    vonlaufen, haben sich als erfolgreich für eine ohne schwerere Verletzungen abgehende
    Abwehr von Vergewaltigungen erwiesen.
50 Nach Ansicht von Roiphe (1993) ist die Definition von „date rape" als jede Art ungewoll-
    ter sexueller Beziehungen zwischen Personen, die sich kennen, zu weit gefaßt und beraubt
    die Frauen ihrer Handlungsfreiheit.

tieren wäre dann, über welche Punkte man Vergewaltigung definiert. Das Minimalkriterium für die Definition von Vergewaltigung wäre körperlicher Zwang, auch wenn nicht mit aktivem Widerstand reagiert wird. Körperlicher Zwang würde auch die bewußte Verleitung zu übermäßigem Alkohol- oder sonstigem Drogenkonsum umfassen. Ich würde in eine Definition von Vergewaltigung auch den psychologischen Zwang einbeziehen, und zwar sowohl in Gestalt der Drohung mit dem Verlust des Arbeitsplatzes, einem schlechten Zeugnis oder Examen, Liebesentzug oder sonst irgendeiner Strafe, als auch in Gestalt des Versprechens eines Arbeitsplatzes, einer Gehaltserhöhung oder Beförderung, eines guten Zeugnisses oder Examens oder irgendeines anderen Vorteils. Bei Kindern oder geistig behinderten Personen, die nicht begreifen können, worauf sie sich einlassen, wäre auch die Verführung oder Aufforderung als Vergewaltigung zu definieren, nicht allerdings bei Erwachsenen im Vollbesitz ihrer körperlichen und geistigen Kräfte. Eindeutig keine Vergewaltigung ist der beiderseits geäußerte Wunsch nach bestimmten Sexualpraktiken. Werden bestimmte Praktiken ausgeschlossen und wird die Vereinbarung gebrochen, ist dies Vergewaltigung.

Theorien zur Vergewaltigungsneigung einer Gemeinschaft führen als Faktoren für Industrieländer unter anderem ökonomische Ungleichheit und für Nichtindustrieländer den hohen Stand von Gewalt anderer Art an (Sanday 1981b; Schwendinger und Schwendinger 1983). Eine dieser Untersuchungen ergab, daß die Zahl der Vergewaltigungen in einzelnen Bundesstaaten der Vereinigten Staaten mit dem Stand der sozialen Desorganisation, der Zirkulation von Sexzeitschriften und der *gender*-Ungleichheit variierte (Baron und Straus 1987).[51] In einer anderen Untersuchung wurden fünfzehn meist weiße Collegestudenten, die Mädchen bei Rendezvous vergewaltigt hatten, mit einer entsprechenden Kontrollgruppe von Nichtvergewaltigern verglichen. Dabei ergab sich als wichtigster Unterschied, daß die Vergewaltiger ihre – beruflich meist erfolgreichen – Väter als körperlich und emotional distanziert beschrieben (Lisak 1991). Die Männer der Kontrollgruppe standen ihren Vätern emotional näher. Da jedoch beide Gruppen sagten, sie wären gern wie ihre Väter, läßt dies darauf schließen, daß die Vergewaltiger gelernt hatten, sich emotional abzukapseln.

---

51 Soziale Desorganisation wurde anhand von geographischer Mobilität, Scheidung, Nichtzugehörigkeit zu einer religiösen Gemeinschaft, Ein-Eltern-Haushalten und dem Verhältnis von Touristen zu Einwohnern gemessen; *gender*-Ungleichheit anhand von ökonomischen, politischen und rechtlichen Indikatoren. Die Sexzeitschriften gehörten zur „weichen" Pornographie, etwa *Hustler*, *Penthouse* und *Playboy*. Die fünf Staaten mit den höchsten Raten von angezeigten Vergewaltigungen auf 100.000 Einwohner in den Jahren 1980-82 waren Alaska mit 83,3; Nevada mit 64,5; Florida mit 55,5; Kalifornien mit 55,0; Washington mit 49,6. Die fünf Staaten mit den niedrigsten Raten waren Wisconsin mit 14,9; Iowa mit 13,4; Maine mit 13,0; South Dakota mit 11,8; North Dakota mit 9,3.

Nach radikalfeministischer Auffassung ist Vergewaltigung in der Praxis und als eine allen Frauen geltende Drohung eine Form der sozialen Kontrolle durch die herrschenden Männer (Brownmiller 1975; MacKinnon 1982). Vom Standpunkt unterdrückter Männer ist die Vergewaltigung „ihrer" Frauen eine Art, sie ebenfalls zu demütigen. Wenn Frauen „ihre" Männer damit entlasten, daß sie zu solch einer Brutalität gar nicht imstande seien, ist dies demnach falsche Treue (Hoerning 1988). Peggy Reeves Sanday jedoch stellte fest, daß es das kulturelle Phänomen der als Strafe verübten Vergewaltigung nur in Gesellschaften mit hoher Vergewaltigungsneigung gab, die sich außerdem dadurch auszeichneten, daß Vergewaltigung auch ein zeremonieller Akt der Mannbarkeit war. Ihre kulturübergreifende Analyse von fünfundneunzig Nichtindustriegesellschaften ergab bei 18 Prozent dieser Länder eine hohe Zahl von Vergewaltigungen bei gleichzeitiger kultureller Billigung, bei 47 Prozent wenige oder gar keine Vergewaltigungen bei gleichzeitiger kultureller Ächtung (1981b, Tabelle 2, 9). In den vergewaltigungsfreien Gesellschaften wurden die Frauen wegen ihrer Rolle bei der Fortpflanzung und in der Produktion respektiert, war die Machtverteilung zwischen Frauen und Männern ausgeglichen, kam Gewalt zwischen Personen äußerst selten vor und wurde die natürliche Umwelt verehrt. In vergewaltigungsgeneigten Gesellschaften waren dagegen die Männer dominant und betrachteten die Frauen als ihr Eigentum, wurde der Feindseligkeit zwischen Frauen und Männern Vorschub geleistet und waren sexuelle Übergriffe ein Teil der allgemeinen Gewalt, die bei sozialen Konflikten ausbricht.

Auch in einer vergewaltigungsgeneigten Gesellschaft vergewaltigen nicht alle Männer. Um herauszufinden, unter welchen Umständen Männer in den Vereinigten Staaten Vergewaltigungen verüben, interviewten Diana Sculla und Joseph Marolla 114 verurteilte Vergewaltiger und verglichen sie mit 75 anderen Häftlingen in denselben Gefängnissen (Scully 1990). Die von ihnen interviewten Vergewaltiger hatten einen niedrigen Bildungsstand und Jobs mit niedrigem Status; viele verbüßten Strafen für mehr als ein Verbrechen, darunter 11 Prozent Morde. Die meisten waren unter fünfunddreißig Jahren; 54 Prozent waren Schwarze, und ihre Opfer waren zu 66 Prozent Weiße; 46 Prozent waren Weiße, und zwei ihrer Opfer waren Schwarze.[52] Mehr als die Hälfte waren nicht bei ihren leiblichen Eltern aufgewachsen, und etwa die Hälfte hatten als Heranwachsende in gewalttätigen Familien gelebt; ein Drittel waren als Kinder geschlagen worden; und weniger als 10 Prozent waren als Kinder sexuell mißbraucht worden. Ihr Sexualleben als Jugendliche und Erwachsene war aktiv und unauffällig. 59 Prozent gehörten als Erwachsene einer Religionsgemeinschaft an, und 46 Prozent waren zum Zeit-

---

52   Diese Statistiken gelten für die Gefängnispopulation. In der Mehrheit der Vergewaltigungsfälle in den Vereinigten Staaten gehören Opfer und Vergewaltiger derselben Rasse an (Scully 1990, 145-149).

punkt der Vergewaltigung entweder verheiratet oder lebten mit einer Partnerin zusammen. Der soziale Hintergrund der Häftlinge, die für andere Verbrechen als Vergewaltigung verurteilt worden waren, war ähnlich, so daß sich
die Vergewaltiger in bezug auf ihre Erziehung oder ihre sozialen Merkmale
nicht von den anderen unterschieden.

Die interviewten Männer ließen sich drei Typen zuordnen: siebenundvierzig gaben zu, ihre Opfer vergewaltigt zu haben und bestätigten, was in ihren
Akten stand, spielten aber den Grad der dabei angewendeten Gewalt herunter; dreiunddreißig gaben den sexuellen Kontakt mit ihren Opfern zu, bestritten aber die Vergewaltigung; vierunddreißig bestritten überhaupt den
sexuellen Kontakt mit den Opfern. Die achtzig Männer, die den sexuellen
Kontakt zugaben, aufgrund dessen sie verurteilt worden waren, waren Frauen
gegenüber eher feindselig eingestellt und hatten starre Vorstellungen von
Frauen, die sexuell treu zu sein hatten, wie von Männern, die hart, furchtlos
und sportlich sein mußten; Männer hatten Frauen sexuell zu erobern und sich
keiner Autorität zu beugen. Sie neigten auch zu der Meinung, Frauen seien
durch ihr Verhalten selber schuld, wenn sie von Männern vergewaltigt würden, keine Frau könne gegen ihren Willen vergewaltigt werden, Frauen
wünschten sich eigentlich insgeheim, vergewaltigt zu werden, und empfänden Lust dabei, und Frauen würden aus Rache unschuldige Männer der Vergewaltigung bezichtigen. Diesen Meinungen hingen auch die anderen Häftlinge an, von den Vergewaltigern wurden sie aber mit mehr Nachdruck
vertreten.

Drei Viertel hatten zum Zeitpunkt der Vergewaltigung getrunken. Die
Männer, die die sexuelle Gewalt zugaben, schoben sie auf den Alkohol; die
Männer, die sie bestritten, gaben ihrem *Opfer* die Schuld für das Geschehene,
weil es betrunken war. Von den Männern, die die Vergewaltigung zugaben,
beschrieben 80 Prozent einen Spannungszustand, meist in Zusammenhang
mit Trennungsabsichten ihrer Frauen oder Freundinnen, der das Ganze ins
Rollen gebracht hatte, während von den Männern, die die Vergewaltigung
bestritten, nur 25 Prozent meinten, sie seien vor der Vergewaltigung sehr
erregt gewesen. Diejenigen, die die Vergewaltigung zugaben, empfanden den
Akt inzwischen als anomal und bereuten ihn, sagten aber, damals hätten sie
aus der Erniedrigung und Demütigung ihres Opfers Befriedigung gezogen.
Scully nennt Vergewaltigung ein Verbrechen mit geringem Risiko und hohem Ertrag, das aus einer ganzen Reihe von Gründen bewußt begangen wird:
aus Rache an allen Frauen im Leben, um sexuell an eine Frau heranzukommen, die nicht willig oder nicht verfügbar ist, um unpersönlichen Sex zu
haben, um sich mächtig zu fühlen oder um während eines anderes Verbrechens einen „Bonus" mitzunehmen. Die Opfer dieser Männer waren nicht
Individuen, sondern Angehörige einer Kategorie, Frauen eben, ein Mittel
zum Zweck: „Unter einem bestimmten, sehr wichtigen Aspekt waren Geständige und Nichtgeständige gleich. Die meisten empfanden während oder

unmittelbar nach ihren Vergewaltigungen keinerlei Schuld- oder Schamgefühle und erwähnten auch keinerlei Einfühlung in ihre Opfer. Statt Gefühlen, die ihre sexuelle Gewalttätigkeit hätten bremsen können, hatten diese Männer nach eigenen Aussagen gar nichts empfunden oder sich befriedigt gefühlt" (Scully 1990, 135).

Der soziale Kontext von Gruppenvergewaltigungen zeigt, daß auch deren Ursprung in den *gender*-Normen der Männlichkeit und in einer sexuellen Doppelmoral zu suchen ist, die der Frau wegen ihres angeblichen geheimen Einverständnisses die Schuld zuschiebt.[53] Hinzu kommt aber auch noch, daß Gruppenvergewaltigungen oder Vergewaltigungen bei Verabredungen, aus denen Gruppenvergewaltigungen werden, zu den männerbündlerischen Ritualen in westlichen Kulturen gehören.

Bei einer kulturellen Analyse von Gruppenvergewaltigungen in den Vereinigten Staaten stieß Reeves Sanday (1990) auf ein gemeinsames Muster: „Eine gefährdete junge Frau, eine Frau, die akzeptiert werden möchte oder unter Drogen oder Alkohol steht, wird auf ein Zimmer mitgenommen. Dort hat sie mit oder ohne ihre Zustimmung Sex mit dem Mann. Dann wird sie ohnmächtig oder ist zu schwach oder zu verängstigt, um zu protestieren, und ein ganzer Trupp Männer hat Sex mit ihr" (1). Dieses Muster scheint in den Vereinigten Staaten nicht nur in den „Fraternities", den College-"Bruderschaften", sondern auch in vielen anderen ausschließlich männlichen Kontexten der Colleges und Universitäten weit verbreitet zu sein, etwa beim organisierten Sport. Außerhalb der Universitäten tritt ein entsprechendes Verhalten in den männerbündlerischen Kontexten von Klubs, Arbeitsgruppen, Sportmannschaften, militärischen Einheiten und geschäftlichen Zusammenkünften auf – in allen Zusammenhängen, zu denen einem der Begriff ‚Herrenabend' einfällt."[54]

Nach Reeves Sandays Ansicht manifestiert sich in diesem Verhalten sowohl Homosozialität als auch Homophobie: „Beim Gruppensex werden homoerotische Wünsche zugleich ausgelebt, verächtlich gemacht und von der Gruppe erpreßt. Die Tatsache, daß die beteiligte Frau oft ohnmächtig ist, betont ihren Status als stellvertretendes Opfer in einem Drama, in dem die Hauptakteure die miteinander interagierenden Männer sind" (12-13). Die Männlichkeits-Sexshow gilt den jeweils anderen, sie soll zeigen, daß sie „richtige Männer" sind. Werden Männer wegen Gruppenvergewaltigung

53   Chancer 1987; Martin und Hummer 1989; Sanday 1990.
54   Sexuelle Übergriffe waren bei amerikanischen Konferenzen, bei denen die meisten Teilnehmer Männer sind, gang und gäbe; siehe z.B. die Tailhook-Konferenz der Marinepiloten, bei der „Gruppen von Offizieren in Zivil plötzlich gewalttätig wurden, mit militärischer Präzision Banden von Betrunkenen organisierten, die völlig verängstigten Frauen Spießruten laufen ließen, ihre Brüste und Pobacken begrabschten und ihnen die Kleider vom Leibe rissen" (Schmitt 1992). Am Ende wurden einige hochgestellten Admiräle zur Rechenschaft gezogen, nicht aber die Offiziere (N. Lewis 1993).

angeklagt, kommt es unter ihnen zum Schulterschluß, und ihre Familien und Gemeinschaften unterstützen ihr Verhalten ebenfalls, indem sie über die Promiskuität oder Verantwortungslosigkeit des Opfers und die unfaire Gesetzgebung herziehen (Chancer 1987; Martin und Hummer 1989). Die *gender*-Normen werden aufrechterhalten: Gute Mädchen werden nicht vergewaltigt; gute Jungen können unmöglich richtige Vergewaltiger sein.

Sexualität und sozialer Druck

Vom vergeschlechtlichten sexuellen Status geht ein derart übermächtiger politischer, rechtlicher und ideologischer Druck auf die Sexualität und die Gefühlsbeziehungen des Einzelnen aus, daß alternative Statusausprägungen fast undenkbar sind. Die Mann-zu-Frau-Transsexuellen, die Anne Bolin interviewt hat, beschreiben die Übergangsphase, in der sie zwar noch als Männer lebten, aber allmählich immer mehr wie Frauen aussahen und sich verhielten, als eine Art Schwebezustand zwischen den *gender* (1988, 89-105).[55] Die sexuellen Praktiken, Phantasien und Identitäten jeder und jedes Einzelnen sind zutiefst von den kulturellen Vorstellungen von weiblich und männlich geprägt, und durch Recht und Medizin wird jede und jeder in ihnen bestärkt. Jede Kultur hat hegemoniale oder moralisch dominante Formen von Sexualität, die – für kleine Kinder, heranwachsende Jungen und Mädchen vor und nach der Pubertät und erwachsene Männer und Frauen – jeweils als gut und richtig angesehen werden. Gleichzeitig können andere Muster deutlich genug hervortreten, um sich als mehr oder weniger akzeptable Alternativen zum dominanten Muster anzubieten. All diese Muster entwickeln sich ungleich und tragen gewöhnlich auch noch Elemente vergangener Muster in sich. Deshalb weisen sie oft Widersprüche auf, Bruchstellen und umstrittene Terrains (Foucault 1978).

Gewiß ließe sich in den westlichen Gesellschaften die Sexualität auch weniger restriktiv regeln. Es ist jedoch zu bezweifeln, daß jede und alle Sexualpraktiken neutral behandelt und nicht Gegenstand von ökonomischen Interessen oder Machtinteressen würden. Selbst wenn irgendein künftiges Utopia nicht vergeschlechtlicht wäre, dürfte die Sexualität immer noch im Namen der Interessen der Gemeinschaft nach den Normen des Anstands, wenn nicht gar durch moralische Zensur geregelt werden. Demokratische Staaten mögen davon absehen, über Gebühr Druck auf das auszuüben, was Bürger mit ihren Körpern tun, aber am Ende gehören die Körper der Gemeinschaft nicht weniger als dem Individuum: „Die menschliche Sexualität ist – und war schon immer, von den Anfängen der Gattung an – eine Schöpfung der Menschen

---

55 Ihre Sexualität war höchst komplex und umfaßte auch Beziehungen, die sie als lesbisch definierten, obwohl sie immer noch männliche Genitalien hatten (Bolin 1988, 161-173).

selbst, in den sozialen Gruppen" (Caulfield 1985, 360). Wer immer die Macht in der Gemeinschaft hat, wird Einfluß darauf nehmen, welche Sexualitäten moralische Hegemonie für sich beanspruchen können.

4 Männer als Frauen und Frauen als Männer: Aufbrechen von *Gender*

Nennen Sie das eine Person, dieses Ding hier? So etwas gibt es doch gar nicht, eine Person, die halb männlich und halb weiblich ist.

– Meira Weiss (demnächst erscheinend)

Die französische Schriftstellerin Collette meinte, sie sei ein „psychischer Hermaphrodit", habe aber einen „robusten und durchaus weiblichen Körper" (Lydon 1991, 28). Als sie einmal einem als Weiberheld bekannten Mann eine gemeinsame Reise vorschlug, sagte dieser, er reise nur mit Frauen: „Wenn also Damien erklärt, er verreise nur mit Frauen, womit er ja wohl meint, eine Frau sei, was Colette *nicht* ist, dann ist der sprachlich einzig mögliche Schluß, daß sie ein Mann sein muß. Sie und wir aber wissen, daß dem nicht so ist, auch wenn sie sich durchaus zu einer gewissen ‚Virilität' bekennt. Als was also kann Colette sich legitimerweise bezeichnen?" (29).[1] Kühle und rationale androgyne Frauen sind soziale Männer, nur einen Schritt weit von der „vermännlichten Lesbierin" entfernt (Newton 1984). Männer mit gefühlsmächtigem Vokabular mögen für romantische Genies gehalten werden, ihre Männlichkeit aber dürfte – wie bei Byron – irgendwie suspekt erscheinen (Battersby 1989).

Die Geschichte eines französischen Hermaphroditen aus dem neunzehnten Jahrhundert führt die Unmöglichkeit vor, sozial als Frau und als Mann zu leben, selbst wenn es physiologisch möglich ist (J. Butler 1990, 93-106). Herculine Barbin, die im Kloster als Mädchen erzogen wurde, verliebte sich nach der Pubertät in eine junge Frau und hatte sexuelle Beziehungen mit ihr. Im Alter von zweiundzwanzig Jahren beichtete Herculine (die gewöhnlich Alexina genannt wurde) ihre Homosexualität einem Bischof und wurde

---

1   Colette schrieb: „Zu einer Zeit, als mir Damien nichts bedeutete, oder ich zumindest glaubte, er bedeute mir nichts, meinte ich einmal zu ihm, er und ich gäben doch ideale Reisegefährten ab, auf höflichste Weise selbstsüchtig, leicht zufrieden zu stellen und über lange Zeit schweigsam, wie wir beide waren. ...
‚Ich reise nur gern mit Frauen,' gab er zur Antwort.
Der weiche Klang seiner Stimme milderte die Schroffheit seiner Worte kaum. ... Er fürchtete, mich verletzt zu haben, und wollte es wieder gut machen, mit etwas noch Schlimmerem.
‚Eine Frau? Ich weiß, Sie wären gern eine ...'." (1933, 75; Auslassungen im Original)

nach der Untersuchung durch zwei Ärzte rechtlich der Kategorie Mann zugeschlagen und mit einem Männernamen versehen. Nach der Beschreibung in
den Berichten beider Ärzte aber waren Herculines Genitalien ambivalent: ein
Penis, viereinhalb Zentimeter lang, Hoden, teilweise aus der Leibeshöhle
ausgetreten, und eine Harnröhrenöffnung (Foucault 1980, 125-128). Einer
der Ärzte argumentiert folgendermaßen:

> Ist Alexina eine Frau? Sie hat eine Vulva, Labia majora und eine weibliche Harn-
> röhrenöffnung, unabhängig von einer Art nicht perforiertem Penis, der eine mon-
> strös entwickelte Klitoris sein könnte. Sie hat eine Vagina. ... Dies sind ganz und
> gar weibliche Attribute. Alexina hat jedoch noch nie menstruiert; ihr Körperäuße-
> res ist ganz das eines Mannes, und ich kann bei meinen Untersuchungen keine Ge-
> bärmutter finden. Geschmack und Neigung ziehen sie zu Frauen hin. Nachts hat sie
> Lustempfindungen, gefolgt von Samenguß; ihre Bettwäsche weist hart geworde-
> ne Samenflecken auf. Schließlich, und dies gibt den Ausschlag in dieser Angele-
> genheit, lassen sich eiförmige Körper und Samenstränge in einem geteilten Skro-
> tum ertasten. Damit ist der eigentliche Nachweis des Geschlechts erbracht. ...
> Alexina ist ein Mann, hermaphroditisch, zweifellos, aber mit einem offensichtli-
> chen Übergewicht der männlichen Geschlechtsmerkmale. (127-128)

Aber Barbin, jetzt Abel genannt, fühlte sich nicht als ein sozial vollwertiger
Mann, weil keine Frau ihn je heiraten würde, wie er dachte, und setzte mit
dreißig seiner „bizarren Doppelexistenz" durch Selbstmord ein Ende. Der
Arzt, der die Autopsie durchführte, war der Meinung, daß man die äußeren
Geschlechtsmerkmale ebenso gut als weiblich hätte klassifizieren können,
und daß Barbin mit einer erektionsfähigen Penis-Klitoris und einer Vagina
physiologisch zur Bisexualität imstande gewesen sei (128-144). Einen sozialen Status Mann-Frau aber gab es nicht.

Was wäre hundert Jahre später aus Herculine Barbin geworden? Operative
Entfernung der Hoden, Vergrößerung der Vagina und Verkleinerung des
Penis? Anschließend Hormontherapie zur Brustbildung und Reduzierung der
Körperbehaarung? Oder Verschluß der Vaginalöffnung, vollständiger Des-
zensus der Hoden, operative Penisvergrößerung? Hätte sich Barbin, als Mädchen erzogen, aber eine Frau liebend, als „Mann", „Lesbierin" oder „Bisexuelle" identifiziert? Hätte ihn die Frau, die ihn als Frau liebte, als Ehemann akzeptiert? Hätte man Herculine und Sara ohne operative Geschlechtsumwandlung und *gender*-Neuzuweisung heute als lesbisches Paar akzeptiert?
Hätte man Abel und Sara ohne operative Geschlechtsumwandlung, aber mit
gender-Neuzuweisung als heterosexuelles Paar akzeptiert? Hätte Barbin
einen *gender*-neutralen Namen benutzt, sich *gender*-neutral gekleidet? Welches Geschlecht stünde offiziell in ihren oder seinen Papieren? Was für eine
Arbeit hätte er oder sie gehabt?[2]

---

2   Nach der Reklassifizierung mußte sich Barbin, die eine ausgebildete und kompetente
     Lehrerin war, nach einer Männerarbeit umsehen. Bolin (1988, 156-157) verweist auf das

Eine der möglichen Formen ist für 1937 dokumentiert. Eine Hermaphroditin namens Emma, die sowohl eine penisähnliche Klitoris als auch eine Vagina hatte, wurde als Mädchen erzogen. Emma hatte sexuelle Beziehungen zu mehreren Mädchen (heterosexuelle Akte) und heiratete einen Mann, mit dem sie ebenfalls heterosexuellen Sex hatte, hatte aber weiterhin Frauen als Liebhaberinnen (Fausto-Sterling 1993). Sie lehnte einen operativen Verschluß ihrer Vagina und ein Leben als Mann ab, weil dies bedeutet hätte, daß sie sich hätte scheiden lassen und arbeiten gehen müssen. Emma war mit ihrer physiologischen Bisexualität durchaus zufrieden, möglicherweise weil ihre *gender*-Identität eindeutig die einer Frau war.

Anne Fausto-Sterling sagt, daß „kein Klassifikationsschema auch nur annähernd die Vielfalt der sexuellen Anatomie wiedergeben könnte, der man in der klinischen Praxis begegnet" (1993). 1992 entdeckte man bei der Musterung eines dreißigjährigen äthiopischen Israeli, der seiner sozialen Identität nach ein Mann war, daß er einen ganz kleinen Penis und eine ganz kleine Vagina hatte. Operativ ließen sich rudimentäre Eierstöcke und rudimentäre Hoden, ein Uterus und Samenleiter nachweisen. Er hatte XY-Chromosomen, wurde aber bei seiner Geburt aufgrund seiner äußeren Geschlechtsorgane nach dem Augenschein als Mann klassifiziert, da der Penis den Vorrang bekam. Weil er als Mann erzogen worden war und diese Identität auch physiologisch untermauert haben wollte, wurden sein Penis vergrößert und aufgebaut und seine Vagina geschlossen und in ein Skrotum verwandelt. Um sein sexuelles Verlangen nach Frauen zu steigern, wurde Testosteron verabreicht.[3]

„Penis und Eier"

Wenn heute in Ländern mit entwickelter medizinischer Technologie physiologische Anomalien auftreten, erfolgen Diagnose, *sex*-Zuweisung und operative Rekonstruktion der Genitalien so schnell wie möglich, um die tiefe Verunsicherung, die ein *gender*-loses Kind in unserer Gesellschaft hervorruft, auf ein Minimum zu reduzieren (Kessler 1990). In anderen Kulturen allerdings werden *sex* – und *gender*-Ambivalenzen eher akzeptiert.

In der Dominikanischen Republik gab es eine genetische Konstellation, bei der Kinder, die bei Geburt weiblich aussahen und als Mädchen großgezogen wurden, mit der Pubertät männliche Hormone produzierten und vermännlichten. Aus ihren Genitalien wurden männliche Genitalien, ihre Stimmen wurden tiefer, und sie entwickelten das physische Erscheinungsbild von

---

gleiche Problem bei Mann-zu-Frau-Transsexuellen, die in männerdominierten Bereichen gearbeitet hatten.

3   Richard C. Sadove M.D., persönliche Mitteilung. Dr. Sadove war der operierende Chirurg.

Männern (Imperato-McGinley u.a. 1974; 1979). Sie werden *guevedoces* (Penis mit zwölf) oder *machihembra* (männlich-weiblich) oder *guevotes* (Penis und Eier) genannt. Aus einer Sammlung von Berichten geht hervor, daß sechzehn von neunzehn dieser als Mädchen erzogenen Personen allmählich in die sozialen Rollen von Männern überwechselten, einer Arbeit außer Haus nachgingen, heirateten und zum Haushaltsvorstand avancierten (Imperato-McGinley u.a. 1979). Eine von ihnen, die in die Vereinigten Staaten auswanderte und heute bereits alt ist, fühlte sich als Mann, lebte aber aufgrund des familialen Drucks als Frau. Eine, die noch in der Dominikanischen Republik lebt, hatte mit sechzehn als Frau geheiratet, war nach einem Jahr verlassen worden, lebte weiter als Frau und wollte eine operative Geschlechtsumwandlung, um eine „normale" Frau sein zu können. Nicht alle, die als Männer lebten, hatten voll funktionsfähige Genitalien, und alle waren steril.

Nach Meinung der Ärzte, die dreiunddreißig dieser männlichen Pseudohermaphroditen (biologisch männliche Kinder mit bei Geburt zweideutigem Erscheinungsbild der Genitalien) wissenschaftlich untersuchten, scheinen bei neunzehn von ihnen, die sich ohne medizinischen Eingriff zur Übernahme der Identität und der sozialen Rollen von Männern entschlossen, obwohl sie als Mädchen erzogen worden waren, „gleich zwei Theorien ins Wanken geraten zu sein, nämlich sowohl die von der Unwandelbarkeit der *gender*-Identität nach dem dritten oder vierten Lebensjahr als auch die, daß der Hauptfaktor für die Festlegung der männlichen *gender*-Identät der *sex* ist, in dem man aufgezogen wird" (Imperato-McGinley u.a. 1979, 1236). In dem Bericht werden besonders die Wirkungen der in der Pubertät einsetzenden hormonalen Veränderungen und der sekundären männlichen Geschlechtsmerkmale hervorgehoben, obwohl die Reaktionen gemischt waren und die *gender*-Umwandlung allmählich vonstatten ging.

Ein anderer Arzt (Baker 1980) bezweifelt, daß die Pseudohermaphroditen angesichts ihrer bei Geburt nicht ganz normalen Genitalien unzweideutig als Mädchen aufgezogen wurden, und ein Anthropologe (Herdt 1990) vertritt die These, daß die Gemeinschaft kulturell eine dritte *sex*-Kategorie anerkannte, da sie Namen für sie hatte. Obwohl die Ärzte die Reaktionen der Eltern im Laufe dieser Vermännlichung als „weniger ablehnend als vielmehr erstaunt, verwirrt und schließlich akzeptierend" beschreiben (Imperato-McGinley u.a. 1979, 1235-1236), stellte sich bei ihren Interviews mit den Pseudohermaphroditen heraus, daß diese schon als Kinder wegen ihrer Genitalien Unbehagen empfunden und sich Sorgen wegen künftiger Demütigungen gemacht hatten, gleichgültig ob sie sich für ein Leben als Frau oder als Mann entschieden. Das heißt, daß sie sozial nie eindeutig Mädchen waren, während ihr Anspruch, Männer zu sein, durch ihr Erscheinungsbild und ihre Sterilität beeinträchtigt wurde. Dennoch entschieden sich die meisten für ein Leben als Mann. Die Vermännlichung war nicht total, bot ihnen aber die Chance, sich für die attraktivere soziale Rolle zu entscheiden.[4] Den Ärzten zufolge „kümmern sich im häuslichen Zusammenhang die Frauen um den Haushalt, während die Betroffenen als Bauern, Bergleute oder Waldarbeiter arbeiten, genau wie die normalen Männer in der Stadt. Sie genießen ihre Rolle als Haushaltsvorstand" (Imperato-McGinley u.a. 1979, 1234).

In Papua-Neuguinea, wo es aufgrund der gleichen rezessiven genetischen Konstellation und der Ehen zwischen nahen Verwandten ebensolche männlichen Pseudohermaphroditen gibt, verfügt die Kultur immerhin über eine Zwitter-*gender*-Kategorie (*kwolu-aatmwol*). Viele dieser Kinder wurden von erfahrenen Hebammen gleich bei der Geburt als Pseudohermaphroditen erkannt und antizipatorisch als Jungen aufgezogen (Herdt 1990; Herdt und Davidson 1988). Obwohl diese *kwolu-aatmwol* als Heranwachsende die Rituale für Jungen vollzogen, war ihr Erwachsenen-Status als Mann wegen ihrer Sterilität, aber auch deswegen, weil ihr kleiner Penis ihnen Unbehagen bereitete, rituell, und also sozial, unvollständig. Sie ließen nur selten die Fellatio durch heranwachsende Jungen zu, eine Ehrenbezeugung für erwachsene Männer, obwohl einige von ihnen als Teenager in dem Bestreben, männlicher zu werden, häufig die Fellatio an älteren Männern vollzogen hatten. Ihrem Verhalten und ihren Einstellungen nach waren sie Männer. Als erwachsene Männer jedoch war ihre Identität stigmatisiert, weil sie sich *nicht* an dem beteiligten, was in westlichen Gesellschaften als homosexuelle (und stigmatisierte) Sexualpraktiken betrachtet wird, sie in dieser Kultur aber erst zu vollwertigen Männern macht (Herdt 1981).

Diejenigen Pseudohermaphroditen, die als Mädchen aufgezogen wurden, weil man sie entweder nicht als Pseudohermaphroditen erkannt hatte oder weil ihre genitalen Anomalien nicht sichtbar waren, stellten sich, als sie vermännlichten, nicht auf ein Leben als Männer um. Sie gaben sich vielmehr alle Mühe, als Frauen zu leben, wurden aber von den Männern, die sie heirateten, verstoßen. Erst dann schwenkten sie um und kleideten sich als Männer, hatten nun aber unter noch stärkerer sozialer Ächtung zu leiden, da sie keines der Rituale für Männer durchlaufen hatten. So meinen Gilbert Herdt und Julian Davidson: „War die Sache erst einmal aufgedeckt, hatten sie weder eine ‚Rückzugsmöglichkeit' noch eine Öffentlichkeit, in der sie sich weiterhin als ‚Frauen' ausgeben konnten. Erst dies führte schließlich den Wechsel der *gender*-Rolle herbei. Da aber die Einheimischen wissen, daß diese Personen keine Männer sind, ist es jedoch eigentlich kein Wechsel in die männliche Rolle; vielmehr ist es ein Wechsel, bei dem Frauen, die durch zugeschriebenen *sex* Frauen waren, zu *turnim*-Männern werden, zu männlich identifizierten *kwolu-aatmwol*" (1988, 53). Somit war weder die kindliche Sozialisation noch die pubertäre Vermännlichung noch die individuelle Präferenz für die erwachsene *gender*-Zuordnung dieser männlichen Pseudo-

---

4   Fausto-Sterling 1985, 87-88; Herdt 1990, 437-438.

hermaphroditen ausschlaggebend. Der ihnen zugewiesene Status war der von problematischen Männern; nur außerhalb ihrer Heimatdörfer konnten sie als mehr oder weniger normale Männer leben. Einer war verheiratet, allerdings mit einer Prostituierten; er hatte sich als Heranwachsender „ostentativ männlich" gebärdet, war ein guter Ernährer und als „unerschrockener Weiberheld" bekannt (Herdt und Davidson 1988).

Gender-Wechsel

Transexuelle haben normale Genitalien, identifizieren sich aber mit den Angehörigen des anderen *gender.* Da es keine gemischten oder intermediären *gender* für Menschen mit männlichen Genitalien gibt, die als Frauen leben wollen, oder für Menschen mit weiblichen Genitalien, die als Männer leben wollen, lassen Transsexuelle schließlich eine ihrer *gender*-Identität entsprechende operative Geschlechtsumwandlung vornehmen. Sie lassen sich außerdem mit Hormonen behandeln, die ihre körperliche Erscheinung und ihre Körperbehaarung verändern und die Entwicklung von sekundären Geschlechtsmerkmalen wie Brüsten oder Bärten fördern sollen. Transsexuelle wechseln ihren *sex* nicht vollständig (Stoller 1985, 163). Ihre Chromosomen bleiben dieselben, und eine Mann-zu-Frau-Transsexuelle hat so wenig ein Uterustransplantat, wie ein Frau-zu-Mann-Transsexueller Sperma produziert. Was sie wechseln, ist ihr *gender;* und also lauten die exakten Bezeichnungen *Mann-zu-Frau-* und *Frau-zu-Mann*-Transsexuelle, nicht *männlich-zu-weiblich* und *weiblich-zu-männlich* Transsexuelle.

Richard Docter sieht darin in seiner Untersuchung, in der er sich nur mit Mann-zu-Frau-Transsexuellen befaßt, einen Prozeß, bei dem sich durch das immer häufigere Tragen von Kleidung des anderen Geschlechts der Wunsch nach einem vollständigen *gender*-Wechsel immer mehr verstärkt:

> Die vom anderen *gender* bestimmte Identität scheint mit der Praxis und mit den sozialen Bestätigungen, die die Pseudofrau erfährt, immer stärker zu werden. In ungewöhnlichen Fällen ist das Endergebnis eine Art Revolution im Ichsystem. Das Gleichgewicht der Kräfte verschiebt sich zugunsten der vom anderen *gender* bestimmten Identität, und die Folgen sind Desorganisation und Konflikte im Ichsystem. Dies kann dazu führen, daß eine Lösung dieser Spannung durch Prozeduren der sexuellen Neuzuweisung oder durch hormonale Feminisierung angestrebt wird. (1988, 3)

Manche Transsexuelle sagen jedoch auch, sie hätten von früher Kindheit an das Gefühl gehabt, im falschen Körper zu stecken (Morris 1975). Sexualwissenschaftler und Psychiater streiten sich darüber, ob diese anomale *gender-*

Identität ein Resultat der Biologie, des Elternverhaltens oder einer retrospektiven Rekonstruktion ist.[5]

Sozial besteht die Aufgabe der Transsexuellen darin, ohne eine entsprechend vergeschlechtlichte Biographie eine *gender*-Identität zu konstruieren.[6] Um ein nunmehr weibliches Selbst aufzubauen, bedienen sich Mann-zu-Frau-Transsexuelle der „Strategien und Rituale", mit denen männliche Transvestiten ihr Auftreten als Frauen inszenieren – Kleidung, Makeup, Frisur, Maniküre, Gesten, Gang, Stimmlage, aber auch „subtilere Gesten, etwa die unterschiedliche Art, wie Männer und Frauen Zigaretten rauchen," sowie das Vokabular, das Frauen benutzen (Bolin 1988, 131-141). Eine neue *gender*-Identität zu schaffen, zieht einen ganzen Papierkrieg um Bank-, Schul-, Ausbildungs- und Arbeitszertifikate nach sich; Führerscheine, Pässe, Kreditkarten – alles muß geändert werden, sobald der neue Name rechtskräftig ist (145-156). Signifikante Andere müssen überzeugt werden, damit auch sie ihren Part übernehmen. Anne Bolin schreibt im Hinblick auf Mann-zu-Frau-Transsexuelle:

> In der Familie erfolgen Geburt und Erziehung der Transsexuellen als männliche Wesen, und in ihr können symbolisch auch ihre Geburt und Erziehung als weibliche Wesen erfolgen. Wenn also ihre Familien sie als Frauen akzeptieren, mit ihren Frauennamen anreden und weibliche *gender*-Verweise benutzen, ist dies ein tiefgreifendes Ereignis im Leben der Transsexuellen, das ihre *gender*-Identität als Frauen rückwirkend glaubhaft macht. ... Die Familie ist ein signifikanter Schauplatz, auf dem ein symbolischer Krieg um die Identität geführt wird. ... Weil ein Individuum [in westlichen Gesellschaften] nur ein Sohn oder eine Tochter sein kann, ist die Zuweisung einer Tochterschaft durch eine Mutter zugleich eine Aussage über den Tod eines Sohnes. (1988, 94)

Der abschließende Übergangsritus besteht nicht nur im Auftreten als eine nach dem Augenschein wie im Sinne des Gesetzes identifizierbare vergeschlechtlichte Person mit einem Bona-fide-Verwandtschaftsstatus, sondern in der Bewährung als *sexuelle* Person. Für Bolins Mann-zu-Frau-Transsexuelle ist „die Situation, die man sich für das erste Abenteuer als Frau am meisten wünscht, ein nächtlicher Besuch in einer Bar für Heterosexuelle in Begleitung einer ‚genetischen Freundin'" (140).

Manche Transsexuelle werden schwul oder lesbisch. In der von Anne Bolin untersuchten Population der Mann-zu-Frau-Transsexuellen war nur eine

---

5   Die meisten Forschungen befassen sich mit Mann-zu-Frau-Transsexuellen. Einen Überblick geben Bolin 1987, Docter 1988. Eine scharfe Kritik der Transsexuellenforschung und -praxis findet sich bei Stoller 1985, 152-170. Zur Kritik der medizinischen Konstruktion der Transsexualität als festehender Kernidentität, siehe Billings und Urban 1982.

6   Zu Bill-Agnes' Bewältigung der praktischen Details bei der Konstruktion einer neuen vergeschlechtlichten Identität, während sie schon als Frau lebte, siehe Garfinkel 1967, 116-185. Raymond (1979) steht der *gender*-Identität von Mann-zu-Frau-Transsexuellen kritisch gegenüber, weil diese keine vorgängige Erfahrung als unterdrückte Frauen haben.

Person ausschließlich heterosexuell orientiert (1988, Schaubild 1, 62). Neun waren bisexuell und sechs waren ausschließlich lesbisch, darunter zwei Transsexuelle, die sich in einer Schwulenkirche trauen ließen.[7] Deborah Heller Feinbloom und ihre Mitautorinnen rechtfertigen die voroperative lesbische Identifikation eines Mann-zu-Frau-Transsexuellen, der sich einer langen Hormontherapie unterzogen und weibliche sekundäre Geschlechtsmerkmale entwickelt hatte, und meinen, daß eine Person, „die die ganze Zeit in einer weiblichen Rolle lebt, als Frau bezeichnet werden muß, und sei es als Frau mit männlichen Genitalien (und ohne weibliche Genitalien),“ auch wenn dem potentielle Liebhaber vielleicht nicht zustimmen würden (1976, 69).[8] Sieht man Genitalien, Sexualität und *gender*-Identität als ein Paket an, ist es in der Tat paradox, wenn eine Person ihre Anatomie verändert, um eine sexuelle Beziehung mit einer anderen Person zu haben, mit der dies ohne weiteres auch „normal“ möglich gewesen wäre. Aber *gender*-Identität (nämlich Mitglied einer Gruppe zu sein, Frauen oder Männer) und *gender*-Status (nämlich das Leben einer Frau oder eines Mannes zu führen) sind etwas ganz anderes als das sexuelle Begehren, das sich auf eine Frau oder einen Mann richtet. Allein die Voreingenommenheit der westlichen Kultur, die Genitalien sowohl als Sexualitäts– als auch als *gender*-Kennzeichen begreift und den entsprechenden sozialen Status für lebenslang festgelegt hält, macht daraus ein Problem, bis hin zur chirurgischen Lösung für diejenigen, die die von den westlichen Kulturen verleugneten Uneindeutigkeiten einer Person nicht tolerieren können.[9]

Gender-Maskeraden

Transvestiten wechseln das Geschlecht, indem sie die Kleidung des anderen Geschlechts tragen, und treten aus erotischen oder pragmatischen Gründen oder aus Protest in der Maske einer Person des anderen *gender* auf. Da sie das *gender* mit dem Kleiderwechsel an- und ablegen können, ist ihr Bruch mit der herkömmlichen Verschmelzung von *sex*, Sexualität und *gender* in den westlichen Kulturen sehr viel größer als bei den Transsexuellen.

---

7   Bolins Daten zu den sexuellen Beziehungen von fünf Transsexuellen nach der operativen Geschlechtsumwandlung lassen darauf schließen, daß drei bisexuell waren und eine lesbisch (1988, 181).

8   Es gab auch Beziehungen zwischen Frau-zu-Mann- und Mann-zu-Frau-Transsexuellen; diese sind jedoch heterosexuell und „*heterogendered*“ (Money 1988, 93).

9   Eigentlich ist das Merkmal der *gender*-Identität in den westlichen Kulturen der Penis – eine Person, die einen Penis von angemessener Größe besitzt, ist ein Mann; eine Person, die ihn nicht besitzt, ist nichtmännlich, kein Mann. Weiblichkeit und Frausein scheinen problematischer und bedürfen einer umfangreicheren „Konstruktionsarbeit“. Zur entgegengesetzten Auffassung von Männlichkeit, siehe Gilmore 1990.

François Timoléon de Choisy, der im siebzehnten Jahrhundert lebte, war Höfling, Historiker, Botschafter, Priester und ein „unermüdlicher Heterosexueller", trat aber immer wieder auch als Transvestit in Erscheinung. Der Abbé de Choisy heiratete zweimal Frauen, einmal als Frau, einmal als Mann, und beide Frauen hatten Kinder von ihm. Die Turbulenzen seiner *gender*-Ambivalenz überlebte er, indem er in eine andere Gemeinde oder ein anderes Land zog, wenn die kritischen Stimmen allzu laut wurden (Garber 1992, 255-259). Der Chevalier (mitunter auch die Chevalière) d'Eon de Beaumont, ein berühmter Transvestit des achtzehnten Jahrhunderts, scheint zölibatär gewesen zu sein. Weil d'Eon keine sexuellen Beziehungen hatte, wurden bei englischen und französischen Buchmachern allen Ernstes Wetten darüber angenommen, ob er Mann oder Frau sei. Physisch war er, seiner Geburts- und Steberbeurkunde zufolge, ein Mann, und neunundvierzig Jahre lang lebte er auch als Mann (259-266). Er lebte aber auch vierunddreißig Jahre lang als Frau und mit einer Frau als Gefährtin, die „völlig überrascht war, als sie erfuhr, daß er ein Mann war" (265). Garber fragt: „Heißt die Tatsache, daß er als männliches Kind geboren wurde und mit ‚vollständig ausgebildeten' männlichen Organen starb, daß er in den Jahren dazwischen ein Mann war? Ein ‚richtiger Mann'?" (255). Ein Mann in welchem Sinne – physisch, sexuell oder vergeschlechtlicht?

Manche Männer, die sich als Frauen ausgeben, und manche Frauen, die sich als Männer ausgeben, indem sie gegengeschlechtliche Kleidung tragen, tun dies nach eigenem Bekunden, weil sie von den Privilegien oder Chancen des anderen *gender* profitieren wollten, manche aber auch, weil sie dafür kämpfen, daß die Gesellschaft die an ihr *gender* gerichteten Erwartungen ändert. So heißt es von George Sand bei einem ihrer Biographen:

> Noch als Kind verlor sie ihren Vater, versuchte, seinen Platz bei der geliebten Mutter auszufüllen, und entwickelte infolgedessen eine männliche Einstellung, die sich durch die jungenhafte Erziehung ihres ein wenig exzentrischen Hauslehrers, der sie ermunterte, Männerkleider zu tragen, noch verstärkte. ... Ihr ganzes weiteres Leben hindurch war sie unbewußt bemüht, die paradiesische Freiheit ihrer Kindheit wiederzugewinnen, mit dem Ergebnis, daß sie keinen Meister über sich duldete. ... Jegliche männliche Autorität irritierte sie, und so trat sie für die Emanzipation der Frauen ein und versuchte, ihnen ihr Recht auf freie Verfügung über ihre Körper und ihre Herzen zu erkämpfen. (Maurois 1955, 13)[10]

Solche Frauen, die der sozialen Ordnung die Stirn bieten, nennt Natalie Davis unordentliche Frauen. Aus dem Skandal und Gespött, die sie verursachen, spricht eine doppelte Aussage; sie wollen die Wiederherstellung einer um die Exzesse der *gender*-Benachteiligung bereinigten sozialen Ordnung,

---

10 Siehe auch Heilbrun 1988, 32-36; L. J. Kaplan 1991, 492-500.

und ihre eigene *gender*-Umkehrung verweist außerdem auf Möglichkeiten der Veränderung (1975, 124-151).[11] In der englischen Renaissance bedeutete das öffentliche Tragen von gegengeschlechtlicher Kleidung auf der Straße und auf der Bühne eine Herausforderung der akzeptierten *gender*-Kategorien.[12] In den Anfängen des modernen England sorgte der Staat durch Kleiderordnungen, in denen genau vorgeschrieben war, wer welche Farben, Stoffe und Pelze tragen durfte, für den Erhalt der Klassen- und *gender*-Grenzen. Das Tragen von Kleidern des anderen Geschlechts und von „nicht standesgemäßer" Kleidung (Rollentausch von Dienern und Herren, ebenfalls ein Theaterklischee) waren also in einer Zeit veränderter Produktionsweisen und einer aufstrebenden Mittelklasse wichtige symbolische Instrumente der Unterminierung der sozialen Hierarchien (Howard 1988). Da der Kleidertausch des siebzehnten Jahrhunderts die Vorstellungen von der als angemessen geltenden Sexualität auf den Kopf stellte, wurde dieser Mode die Verweiblichung der Männer und Vermännlichung der Frauen angelastet: „Wenn Frauen Männerkleider anzogen, traten sie symbolisch aus ihren untergeordneten Positionen heraus. Sie wurden herrenlose Frauen, und dieser drohende Umsturz der Hierarchie wurde diskursiv als Ausbruch einer unkontrollierten Sexualität ausgedeutet" (Howard 1988, 424).

Auf welche Weise die *gender*-Ordnung erst kritisiert und dann wiederhergestellt wurde, läßt sich an einem berühmten Theaterstück aus der Renaissance zeigen, dessen Hauptperson das „roaring girl" ist, das „tolle Mädchen", eine Frau in Männerkleidern. *The Roaring Girle* von Thomas Middleton und Thomas Dekker, geschrieben 1608-1611, beruhte auf einer realen Frau, Mary Frith, die Männerkleider trug und „als Großmaul, Hure, Kupplerin, Taschendiebin, Wahrsagerin, Hehlerin und Fälscherin berühmt und berüchtigt" war (Bullen 1935, 4). Außerdem rauchte und trank sie wie ein Mann und saß eine Zeit lang im Gefängnis. Sie wurde vierundsiebzig Jahre alt. In dem Stück von Middleton und Dekker wird aus diesem „tollen Mädchen" namens Moll Cutpurse eine Person von vorbildlicher Moral. Sie bleibt keusch und ist somit, anders als die meisten armen Frauen, wie sie selbst hervorhebt, von den Männern sexuell und ökonomisch unabhängig:

> Von Not gedrängte Näherinnen und verstoßene Ehefrauen,
> Fische, die beißen müssen, um nicht selbst gebissen zu werden,
> Solch hungrige Dinger lassen sich schnell fangen,
> Mit einem Wurm an einem goldenen Haken. (III, i, 96-97)

---

11 Siehe auch Smith-Rosenberg 1985.
12 Dollimore 1986; Greenblatt 1987, 66-93; Howard 1988; Lavine 1986. Zu den fließenden Grenzen der Darstellungen des physischen Geschlechts während der Renaissance, siehe Laqueur 1990, 114-134. Zur „Semiotik der Kleidung" im modernen Leben, siehe E. Wilson 1985.

Da sie Männerkleidung trägt, kann sie Diebe und Taschendiebe bei der Arbeit beobachten und sie ausfragen, nicht um selber das Verbrecherhandwerk zu lernen, sondern um sich zu schützen. Sie kann auch jeden Mann schützen, der sie heiratet:

> Du geh nur, wie du magst, hinein in jedes Gewühl,
> Stolz kommst du draus hervor, die Börse ungestohlen.
> Du weißt ja nicht, welch Nutzen ich dir bringe;
> Kein Gauner rührt dich an mit Messer oder Hand,
> Solang dein Sohn zur Frau ein tolles Mädchen hat. (V, ii, 159-163)

Für eine traditionelle Ehefrau, meint sie aber, sei sie zu selbständig:

> Mir steht der Sinn nicht nach Heiraten; ich liege selber gern auf beiden Hälften des Bettes: und dann, eine Ehefrau, weißt du, die sollte dazu noch gehorsam sein, aber ich fürchte, ich hab einen zu dicken Kopf fürs Gehorchen; drum lass ich die Finger davon. (II, ii, 37-41)

Sie hat allerdings noch einen weiteren Grund, nicht zu heiraten, nämlich daß Männer ihre Frauen betrügen, belügen und schlecht behandeln. Sollten sie sich ändern, „bin ich tags drauf verheiratet," worauf eine andere Person im Stück erwidert: „Klingt nach dem Jüngsten Tag" (V, ii, 226-227), also nicht so, als würde dies allzu bald passieren.

Trotz ihres düsteren Blicks auf Männer und Ehe steht Moll einem jungen Paar bei, das heiraten will, und tut so, als hielte der Mann um ihre Hand an. Der Vater, der dem eigentlichen Heiratswunsch seines Sohnes seine Zustimmung verweigert, ist über dessen beabsichtigte Hochzeit mit Moll Cutpurse so aufgebracht, daß er schließlich in die Eheschließung mit der Frau einwilligt, die sein Sohn die ganze Zeit geliebt hat. Damit werden, einigermaßen rührselig, aus Molls Unabhängigkeit und Gewitztheit beneidenswerte Eigenschaften, vergleicht man sie mit denen einer „anständigen Frau". Wenn sie Männerkleidung trägt, dann nicht, um die *gender*-Ordnung zu attackieren; vielmehr stellt sie sich damit außerhalb dieser Ordnung:

> s'ist mehr Frau als Mann,
> Mehr Mann als Frau; und, keinem sonst geschieht's,
> Die Sonne gibt zwei Schatten ihr zur einzigen Gestalt;
> Nein, mehr, dies Wunderding mag gehen, stehen, sitzen,
> Mehr Blicke zieht auf sich kein noch so heller Stern. (I, i, 251-255)

Moll Cutpurse' soziale Isolation bedeutet, daß die *gender*-Ordnung sich nicht ändern und ihre Unabhängigkeit als Frau nicht integrieren muß: „Eine Verzweiflungsstrategie ..., die die scheinbar unausweichliche Ausgrenzung marginaler *gender* aus dem Bereich des Natürlichen und Realen nur bestätigt" (J. Butler 1990, 146)

Gender-Bestätigung

In den meisten Gesellschaften mit nur zwei Ausprägungen des *gender*-Status
– „Frauen" und „Männer" – wird die soziale Institution *gender* von denen,
die in dem nicht für sie bestimmten *gender* leben, gewöhnlich *nicht* in Frage
gestellt. Sie wird in vielerlei Form von ihnen bestätigt. Jeanne d'Arc, sagt
Marina Warner (1982) in ihren Überlegungen zu deren Transvestitentum,
„brauchte die Tugend als Bezugsrahmen, und also borgte sie sich von den
Männern, die das Monopol auf Tugend, Vernunft und Mut besaßen, die
Kleidung und entging der Schwäche der Frauen, die auf den negativen Pol
verwiesen waren, wo Tugend Sanftmut und Demut und Natur Fleischeslust
bedeutete" (147). Eine maskuline Frau mag zwar der Tradition ein Greuel
sein, aus feministischer Sicht ist sie jedoch keineswegs eine erfolgreiche
Rebellin, bestärkt sie doch die herrschenden Männerstandards für das, was
das Gute ist: „Die männliche Aufmachung wurde als Panzer benutzt – defen-
siv und aggressiv. Der ... Angriff auf die Männer bestand darin, daß sie ihre
Erscheinung nachäffte, um in ihre Funktionen einzutreten. Auf der persönlichen Ebene war dies eine Herausforderung an die Männer, die damit für
überflüssig erklärt wurden; auf der sozialen Ebene war es eine Bestätigung
der männlichen Vormachtstellung, denn zur Durchsetzung der eigenen Bedürfnisse und Wünsche war eine Anleihe bei den männlichen Attributen
nötig ...; es bleibt bei den Männern als Standard und bei der Gleichheit als
Nachahmungsprozeß" (Warner 1982, 155).[13]
     Jeanne d'Arc sagte, sie hätte die Rüstung nicht angelegt, um als Mann zu
gelten, sondern um jenseits der Sexualität zu sein, jenseits von *gender*. Sie
bezeichnete sich selber als *pucelle*, Jungfrau, war aber sozial weder Frau
noch Mann. Sie war das „androgyne Idealwesen". „Damit konnte sie über die
Grenzen ihres Geschlechts hinaus gelangen; sie konnte eine Sonderstellung
einnehmen und in die Privilegien des Mannes und seine Überlegenheitsan-
sprüche eintreten. Sie behauptete niemals, etwas anderes zu sein als eine
Frau und Jungfrau; damit maßte sie sich die Funktion eines Mannes an und
warf doch zugleich die Fesseln seines Geschlechts ganz ab, um in eine andere, dritte Ordnung einzutreten, die weder männlich noch weiblich, sondern
unirdisch war wie die Engel" (Warner 1982, 145-146). Als Jeanne der Prozeß gemacht wurde, zog man ihr die Ritterrüstung aus, beschuldigte sie der
weiblichen Fleischeslust und verbrannte sie auf dem Scheiterhaufen – als
Frau und Hexe. Fünfundzwanzig Jahre später, bei ihrem Rehabilitationsver-
fahren, und 1920, als sie heilig gesprochen wurde, präsentierte man sie als
geschlechtslose Jungfrau, amenorrhoisch und möglicherweise anorektisch.

---

13   Siehe auch Wheelwright 1989, 9-15.

Heute ist die Heldin Jeanne d'Arc eher eine symbolische Amazone, eine Kriegerin, als ein ideales androgynes Wesen, geschlechtslos und heilig. Bestätigt wurde die Ambivalenz ihrer *gender*-Darstellung durch eine der ersten Frauen, die nach West Point gingen, um sich mit Männern zusammen zur Army-Offizierin ausbilden zu lassen. Als Carol Barkalow an ihrem ersten Tag in den Speisesaal kam, war sie „völlig perplex, unter den Malereien, die die größten Krieger der Geschichte darstellten, auch eine Version der Jeanne-d'Arc zu finden. Da stand sie in ihrer silbernen Rüstung neben Richard Löwenherz und Wilhelm dem Eroberer, das erhobene Schwert in der einen, den Helm in der anderen Hand, die roten Haare schulterlang, und ihr zu Füßen knieten sechs Ritter, die ihr huldigten" (1990, 27). Wie Barkalow später feststellte, war die Wirkung der kriegerischen Jungfrau als Präzedenzfall für die Akzeptanz von Frauen in militärischen Führungspositionen gering. Eher schon steckte eine ahnungsvolle Vorwegnahme in der zwiespältigen *gender*-Botschaft des Porträts, schien doch das Hauptproblem einer gemischten Militärakademie in der Kategorisierung zu bestehen. Frauen, die als Army-Offiziere allzu sehr wie Männer aussahen und handelten, waren als Frauen suspekt, sahen sie aber aus wie Frauen und handelten wie Frauen, waren sie den Soldaten ein Rätsel.

Andere gender

Es gibt nichtwestliche Gesellschaften, die ein drittes und viertes *gender* haben, in denen sich Genitalien, sexuelle Orientierung und *gender*-Status anders verbinden als in den westlichen Kulturen. Jeder solche Status macht deutlich, wie das physische Geschlecht, die Sexualität und das *gender* zwar miteinander verflochten sind, aber doch getrennte, mit unterschiedlichen Graden von Prestige und Stigma verbundene Bestandteile darstellen.

Bei den amerikanischen Indianern ist der Berdache eine institutionalisierte Rolle für einen *gender*-Wechsel, durch den Männer dazu legitimiert werden, Frauenarbeit zu tun. Der Berdache kann auch eine heilige Rolle sein, und wenn die Träume eines Jungen auf eine Berufung zum Berdachen-Status hindeuten, käme es seinen Eltern nicht in den Sinn, sich dem zu widersetzen. Obwohl es nur logisch scheint, daß Gesellschaften wie die Prairieindianer mit ihrer starken Betonung einer aggressiven Männlichkeit den Berdachen-status als legitimen Ausweg für Jungen bereit halten, denen brutale Spiele und Krieg widerstreben, gibt es den Berdachen durchaus nicht bei allen kriegerischen Stämmen, dafür aber bei manchen unkriegerischen Stämmen (W. L. Williams 1986, 47-49).[14]

---

14 Bolin zählt siebzig nord- und südamerikanische Indianerstämme auf, die Berdaches haben (1987, 61, Fn.).

Berdachen erziehen Kinder, singen und tanzen bei Stammesfesten, pflegen
Kranke, tragen die Vorräte, wenn die Krieger auf dem Kriegspfad sind, und
haben besondere rituelle Funktionen (H. Whitehead 1981, 89; W. L. Williams 1986, 54-61). Bei den Navahos betätigen sich die Berdachen nicht nur
in den Handwerken der Frauen, sondern bebauen auch das Land und züchten
Schafe, was normalerweise Männerarbeit ist: „Weil man glaubt, daß sie bei
der Ansammlung von Reichtum eine glückliche Hand haben, fungieren sie
darüber hinaus als Familienoberhäupter und bestimmen über die Verwendung des gesamten Familienbesitzes" (W. L. Williams 1986, 61).
Berdachen sind legitim homosexuell:

> Homosexuelles Verhalten kann auch zwischen Männern vorkommen, die keine
> Berdachen sind, aber diese Kulturen stellen den Berdachen als die Person heraus,
> zu der ein Mann üblicherweise geht, wenn er Sex mit einem anderen Mann haben
> will. Ist die Rolle auf diese Weise institutionalisiert, befriedigt der Berdache die
> sexuellen Bedürfnisse vieler Männer, ohne der Institution der heterosexuellen Ehe
> Konkurrenz zu machen. Die Männer sind nicht vor die Wahl zwischen heterosexu-
> ell und homosexuell gestellt, da sie beide Wünsche befriedigen können. Einige
> Kulturen gestatten sogar der Minderheit jener Männer, die eine solche Wahl den-
> noch treffen wollen, Ehemänner von Berdachen zu werden. (108-109)

Da der homosexuelle Sex einen Mann nicht zum Berdachen macht, unterscheidet Walter Williams zwischen Homosexualität als Sex zwischen zwei
Männern und *heterogendered* Sex zwischen einem Mann und einem Berdachen: „Der Berdache und sein männlicher Partner haben nicht denselben
anerkannten *gender*-Status" (96). Untereinander haben Berdachen keine
sexuellen Beziehungen und heiraten auch nicht. In manchen Kulturen verliert
der Ehemann des Berdachen nicht an Ansehen; in anderen aber sinkt er in
der Achtung und wird wie ein junger Mann, der mit einer älteren Frau verheiratet ist, wegen seiner unüblichen sexuellen Beziehung zur Zielscheibe
des Spotts (113). Manchmal wird der Ehemann auch aufgezogen, weil der
Berdache ein besonders guter Ernährer ist. Der Ehemann des Berdachen gilt
nicht als Homosexueller, und wenn es zur Scheidung kommt, kann er ohne
weiteres eine heterosexuelle Ehe eingehen.
      Der Berdache ist nicht das Äquivalent zum westlichen Homosexuellen
(Callender und Kochems 1985). Der soziale Status des Berdachen ist durch
Arbeit, Kleidung und mitunter durch eine heilige Berufung definiert; der
soziale Status eines westlichen Homosexuellen definiert sich durch eine
sexuelle Orientierung und eine Vorliebe für Männer als Sexualpartner (H.
Whitehead 1981, 97-98). Der *gender*-Status des Berdachen ist nicht der eines
Mannes, sondern der einer Frau, so daß seine homosexuellen Beziehungen
wie die von Heterosexuellen *heterogendered* sind; homosexuelle Paare in der
westlichen Gesellschaft sind *homogendered*.
      Bei den Prairieindianern gab es eine *Kriegerinnen*-Tradition, doch die mei-
sten amerikanischen Indianerstämme kannten keinen institutionalisierten

Status für jüngere Frauen, die als Männer leben wollten (Blackwood 1984, 37). Harriet Whitehead meint, weil Männer als höherrangig galten, sei in diesen Kulturen ein Durchbrechen der *gender*-Grenzen nach oben, also für Frauen, schwerer als ein Durchbrechen der *gender*-Grenzen nach unten, also für Männer (1981, 86). Walter Williams spekuliert, alle Frauen seien als Kindergebärerinnen benötigt worden (1986, 244). Bei Stämmen, die den Frauen ein Überschreiten der *gender*-Grenzen immerhin erlaubten, war dieses Privileg auf Frauen beschränkt, die behaupteten, nie zu menstruieren (H. Whitehead 1981, 92). In Gesellschaften, die egalitär waren und Mädchen in den Arbeitsbereichen von Männern tolerierten, konnten junge Frauen Männer werden (Blackwood 1984). Wenn sich bei den Mohave ein Mädchen weigerte, Frauenarbeiten zu lernen, konnte dies dazu führen, daß sie in denselben Fertigkeiten unterrichtet wurde, die auch die Jungen lernten, und rituell einen neuen Namen als Mann sowie die durchstochenen Nasenflügel und die Haartracht eines Mannes bekam. Von nun an konnte sie dank ihres Status als Mann eine Frau heiraten und Männerarbeit machen: Jagen, Fallenstellen, Feldbau und Kämpfen. Außerdem wurde von ihr erwartet, daß sie den rituellen Pflichten eines Mannes nachkam. Weil Scheidungen häufig waren und die Kinder mit der Mutter gingen, konnten Frauen, die als Männer lebten, auch Kinder großziehen. Auch Adoptionen kamen häufig vor. Sexuell waren solche als Männer lebende Frauen homosexuell, aber ihre Ehen waren wie die der Berdachen immer *heterogendered* – untereinander gab es weder Ehen noch sexuelle Beziehungen.[15] Bei weniger egalitären amerikanischen Eingeborenengesellschaften gab es für Frauen, die die Wechseljahre hinter sich hatten und zu Reichtum gekommen waren, einen legitimen Status im anderen *gender*, nämlich *Frau mit Männerherz* (H. Whitehead 1981, 90-93). In manchen afrikanischen Kulturen von heute kann eine reiche Frau eine Frau heiraten und ihre Kinder als Vater adoptieren (Amadiume 1987).

Lesbierinnen in westlichen Gesellschaften unterscheiden sich von *crossgendered* Frauen in den amerikanischen und afrikanischen Eingeborenengesellschaften insofern, als sie keine *heterogendered* Paare bilden. Bei einem lesbischen Paar werden beide Frauen sozial weiterhin als Frauen identifiziert; keine von beiden wird zum „Ehemann". Haben sie Kinder, wird auch keine zum „Vater"; beide sind ihren Kindern Mütter (Weston 1991).

Die Hijras, eine nordindische Gruppe, betrachten sich selbst als zwischen den Geschlechtern stehende Männer, die Frauen geworden sind; viele, aber nicht alle, unterziehen sich einer rituellen Kastration (Nanda 1990). Sie erfüllen sowohl eine legitime kulturelle Funktion als Vollzieher von Ritualen als auch eine illegitime sexuelle Funktion als homosexuelle Prostituierte.

---

15 Ende des neunzehnten Jahrhunderts führte die Übernahme des westlichen Sexual- und *gender*-Sittenkodex dazu, daß der gegengeschlechtlich weibliche Status seine Legitimation verlor (Blackwood 1984, 39-40), der männliche aber nicht (W. L. Williams 1986).

Manchmal werden sie als Frauen betrachtet, manchmal als Männer, sind aber
in dem einen wie in dem anderen Status deviant, nicht etwa wegen ihrer
Sexualität, sondern weil sie keine Kinder haben. Hijras müssen sich als Frau-
en kleiden, ahmen sie aber nicht nach und versuchen auch nicht, als normale
Frauen zu leben; vielmehr sind sie als Frauen so deviant wie als Männer:

> Sie übertreiben die weibliche Kleidung und das weibliche Verhalten bis zur Kari-
> katur und bringen sexuelle Obertöne zum Ausdruck, die man bei normalen Frauen
> in ihren Rollen als Töchter, Frauen und Mütter als unziemlich betrachten würde.
> Auftritte von Hijras sind Burlesken des weiblichen Verhaltens. Das Komödienhafte
> ihres Benehmens lebt großenteils von den Diskrepanzen zwischen ihrem Verhalten
> und dem traditionellen Frauenverhalten. Im Gegensatz zum hinduistischen Ideal
> der wohlgesetzten und zurückhaltenden Weiblichkeit sind ihre Sprache und ihre
> Gesten grob und unflätig. Nicht selten sieht man auch Hijras in Frauenkleidern mit
> einem drei Tage alten Bart oder behaarten, muskulösen Armen. Die äußerste Pro-
> vokation von Hijras angesichts beleidigender oder gleichgültiger Zuschauer besteht
> darin, daß sie die Röcke heben und ihre verstümmelten Genitalien vorzeigen. Die
> in diesem schamlosen und zutiefst unweiblichen Verhalten mitschwingende Dro-
> hung genügt, um die meisten Leute zu veranlassen, ihnen ein paar Cents zu geben,
> um sie loszuwerden. (Nanda 1986, 38)

Hijras leben für sich in ihren eigenen Gemeinschaftshaushalten und beziehen
sich aufeinander als fiktive Mütter, Töchter, Schwestern, Großmütter und
Tanten. Beruflich singen und tanzen sie bei Hochzeiten und Geburten, führen
Badehäuser, arbeiten als Köche und Diener und gehen der Prostitution mit
Männern nach; oder sie lassen sich von Männern, mit denen sie langfristige
Beziehungen haben, aushalten und eigene Wohnungen bezahlen. Die Hijras,
die Serena Nanda interviewte, kamen aus Kleinstädten und aus Familien der
unteren Klassen und mittleren Kasten und sagten, sie hätten sich von frühe-
ster Kindheit an als Frauen kleiden und verhalten wollen. Sie seien von zu
Hause weggegangen, weil ihre Eltern sie ablehnten und weil sie ihren Geschwistern nicht die Heiratschancen verderben wollten (65).

Hijras beten zu Bahuchara Mata, einer Muttergöttin. Manchmal verehren
sie auch Shiva, eine Gottheit, die halb Mann, halb Frau ist. Arjuna, einer der
Helden des *Mahabarata*, der großen indischen Legende, lebt ein Jahr lang als
Frau im Exil, verrichtet niedere Arbeit und gibt Unterricht im Singen und
Tanzen. Im hinduistischen Epos *Ramayana* waren diejenigen, die nicht Män-
ner und nicht Frauen waren, von Ram gesegnet. Neben diesen religiösen
Verbindungen zum Hinduismus hat die Hijrakultur auch Beziehungen zum
Islam. Die Begründer der sieben „Urhäuser" oder Uruntergruppen der Hijras
waren angeblich Muslims, und in dieser Tradition stehen auch die muslimi-
schen Gurus der modernen Häuser. Die religiöse Legitimation und der Voll-
zug der kulturellen Riten sorgen für die Integration der Hijras in die indische
Gesellschaft, desgleichen die indische Tradition der schöpferischen Askese.
Diese aus der Askese herrührende Legitimation wird allerdings nach Meinung der Älteren durch junge, sexuell aktive Hijras kompromittiert.

Dem Anschein nach sind die Hijras so etwas wie die Darsteller von Transvestitenshows (die Damenimitatoren oder „drag queens") in der modernen westlichen Gesellschaft. Aber diese Transvestiten sind nicht in der religiösen Tradition des Westens verwurzelt, und sie sind nicht kastriert. Kastrierte Hijras haben auch nicht denselben Status wie die Mann-zu-Frau-Transsexuellen in den westlichen Gesellschaften, denn Transsexuelle benehmen sich wie normale Frauen, Hijras aber nicht. In mancherlei Hinsicht ähneln die Hijras den Kastraten der europäischen Operntradition.

Weil es Frauen von der Katholischen Kirche verboten war, in der Öffentlichkeit zu singen, wurden Frauenrollen im siebzehnten Jahrhundert von Kastraten gesungen, Jungen, denen als Heranwachsenden die Hoden entfernt wurden, so daß sie ihre Sopranstimmen behielten. Im achtzehnten Jahrhundert standen sowohl Kastraten als auch Sängerinnen auf der Opernbühne, oft in Konkurrenz zueinander, obwohl die Kastraten durch ihre weitaus bessere Ausbildung, ihr Ansehen, ihre Unterstützung durch die Kirche und ihren Ruhm im Vorteil waren. In der Besetzung wie in der Handlung kamen ständig *gender*-Wechsel vor. Frauen mit Altstimmen sagen in Männerkleidern Männerrollen (heute „Hosenrollen" genannt); Kastraten mit Sopranstimmen sangen in Frauenkostümen (*en travesti*) weibliche Hauptrollen; und beide traten in Geschichten um falsche oder verdeckte Identitäten in Verkleidungen auf, die im Gegensatz zur Rolle und in Einklang mit ihrem tatsächlichen *gender* standen.

Casanova erzählt in seinen Memoiren, wie er sich Anfang der 1740er Jahre sexuell zu einem vermeintlichen Kastraten hingezogen fühlte, Bellino. Diese Anziehung brachte seine berühmte Fähigkeit, jede Frau in seiner Gegenwart zu „riechen", vollkommen durcheinander, so daß er sehr erleichtert war, als er Bellino (mit der Aussicht auf homosexuellen Sex) verführte und feststellte, daß Bellino eine Sopranistin war, die sich als Eunuch ausgab, um in Rom singen zu können. Sie sang natürlich Frauenrollen. Sie hatte heterosexuellen Sex mit Casanova, doch wäre dieser Liebhaber der Frauen zum Sex mit einem Mann ebenso bereit gewesen (Ellison 1992).[16]

Ein dritter Typ der institutionalisierten Zwischen-*gender*-Rolle sind die Xanith des Oman, einer streng *gender*-segregierten islamischen Gesellschaft, in der über die sexuelle Reinheit der Frauen gewacht wird, indem sie in der Öffentlichkeit lange, schwarze Gewänder und schwarze Gesichtsmasken tragen und zu Hause keinen Umgang mit Männern außer mit nahen Verwandten haben (Wikan 1982, 168-186). Die Xanith sind männliche homosexuelle Prostituierte, die Männerkleider tragen, aber pastellfarben statt weiß,

---

16 Der letzte bekannte Kastrat, Alessandro Moreschi (1858-1922) machte in den Jahren 1902 und 1903, dem Jahr, in dem Papst Pius X. die Kastraten in aller Form aus der päpstlichen Kapelle verbannte, eine Reihe von Schallplattenaufnahmen, sang aber bis 1913 im Chor der Sixtinischen Kapelle (Ellison 1992, 37).

ihr Haar weder nach Frauen- noch nach Männerart tragen und ein feminines Verhalten an den Tag legen. Bei Hochzeiten singen und essen sie mit den Frauen, mit denen sie freien Umgang haben, behalten aber den rechtlichen Status von Männern. (Frauen bleiben ihr Leben lang unmündig; sie müssen einen männlichen Vormund haben). Als vollgültige Frauen werden sie deshalb nicht angesehen, weil sie Prostituierte sind und weil Frauen nach omanischer Ideologie sexuelle Beziehungen nur mit ihren Ehemännern haben dürfen. Die soziale Rolle der Xanith ist es, unverheirateten oder getrennt lebenden Männern als sexuelles Ventil zu dienen, und auf diese Weise schützen sie die Reinheit der Frauen. Männer, die sexuelle Beziehungen mit ihnen haben, werden nicht als Homosexuelle betrachtet, weil sie angeblich immer die aktive Rolle spielen.

Die Xanith leben allein und kümmern sich selbst um ihren Haushalt, machen also Männerarbeit – Marktgänge – und Frauenarbeit – Essenszubereitung. Xanith zu sein, scheint eine Familientradition darzustellen, da mehrfach Brüder Xanith werden. Sie beziehen und verlassen den *gender*-Status relativ leicht und werden, wenn sie heiraten und ihre Braut erfolgreich deflorieren, wieder zu Männern. Um als Mann betrachtet zu werden, muß ein Bräutigam den blutigen Nachweis der Entjungferung vorzeigen oder seine Braut beschuldigen, sie sei keine Jungfrau mehr gewesen. Ein Xanith also, der zeigt, daß er erfolgreich eine jungfräuliche Braut entjungfert hat, wird dadurch wieder zum Mann. Genauso wie ein weibliches Wesen in Oman keine Frau ist, bis sie Geschlechtsverkehr hat, ist ein männliches Wesen kein Mann, bis er erfolgreich seine Ehe vollzieht. Eine Frau jedoch kann niemals in den jungfräulichen Stand eines Mädchens zurück, ein Mann aber kann in den Stand des Xanith zurückkehren, indem er bei der nächsten Hochzeit mit den Frauen singt.

Soweit der passive homosexuelle Sex und nicht das *heterogendered* Verhalten das entscheidende Statuskriterium ist, steht der Xanith dem feminisierten homosexuellen Prostituierten in der westlichen Kultur nahe, Unni Wikan zufolge aber nicht den homosexuellen Männern in anderen Kulturen des Mittleren Ostens:

> Praktizierte Homosexualität ist in vielen Kulturen des Mittleren Ostens ein weit verbreitetes und anerkanntes Phänomen, oft in Form einer institutionalisierten Praxis, bei der ältere Männer ihre sexuelle Befriedigung bei Jungen suchen. Diese homosexuelle Beziehung zeichnet sich jedoch im allgemeinen durch zwei Eigenschaften aus, die sie grundlegend von der in Oman praktizierten Beziehung unterscheiden. Erstens ist sie in eine tiefe Freundschaft oder Liebesbeziehung zwischen zwei Männern integriert, von der es oft heißt, sie sei reiner und schöner als die Liebe zwischen Mann und Frau. ... Zweitens spielen beide Seiten sowohl die aktive als auch die passive sexuelle Rolle – entweder gleichzeitig oder zeitlich verschoben. (1982, 177)

Eins oder das andere, nie beides

Die Chancen für Mehrfach-*gender* waren je nach Zeit und Ort unterschiedlich. In seiner Einführung zu Barbins Memoiren sagt Michel Foucault über den Begriff des „eigentlichen Geschlechts":

> Biologische Theorien der Sexualität, juristische Auffassungen vom Individuum, Formen der administrativen Kontrolle in modernen Nationen führten nach und nach dazu, daß die Vorstellung von der Mischung beider Geschlechter in einem einzigen Körper verworfen und damit einer unbestimmt großen Zahl von Individuen die freie Wahl beschnitten wurde. Von nun an sollte jeder Mensch ein und nur ein Geschlecht haben. Jeder sollte seine oder ihre primäre, allem zugrunde liegende, bestimmte und bestimmende sexuelle Identität haben; etwa zutage tretende Elemente des anderen Geschlechts konnten nur zufällig, oberflächlich oder auch ganz einfach Illusion sein. (1980, viii)

Und doch, trotz unserer festen Überzeugung, daß jede Person nur einen *sex*, eine Sexualität und ein *gender* hat, die deckungsgleich und ein Leben lang festgelegt sind, entfalten in den westlichen Gesellschaften Hermaphroditen, Pseudohermaphroditen, Transsexuelle, Transvestiten und Bisexuelle eine verwirrende, fluide Vielfalt von Körper, Begehren und sozialem Status. „*Punters*" etwa sind laut Annie Woodhouse Männer, die „nicht mit einem Mann ins Bett gehen wollen, aber auch nicht mit einer richtigen Frau." Also gehen sie mit Männern ins Bett, die sich als Frauen kleiden (1989, 31). Die ambivalente Erscheinung der von Holly Devor (1989) interviewten Frauen wurde als „vermännlicht" wahrgenommen, so daß sie Schwierigkeiten hatten, als hinreichend „andersgeschlechtlich" angesehen zu werden, um heterosexuelle Beziehungen einzugehen. Als Lesbierinnen dagegen war ihre Erscheinung nicht nur akzeptabel, sondern, wenn sie als Männer auftraten, potentiell und tatsächlich für andere Frauen sexuell erregend; so geschehen bei Deborah Sampson, der Frau, die in Männeruniform in der Amerikanischen Revolution kämpfte, oder bei Nadeschda Durowa, der russischen „Kavalleriejungfrau" der Napoleonischen Kriege (Durowa 1989; Freeman und Bond 1992). Marjorie Garber schreibt über Yvonne Cook, einen Mann, der sich als Frau kleidet, sich als lesbisch betrachtet und eine Geliebte hat, die sich als Mann kleidet (1992, 4).

All diese Komponenten können für Tage, Wochen, Monate, Jahre in den Vordergrund treten und wieder verschwinden. Mit unisex Kleidung kann das *gender* je nach Kontext und je nach der Reaktion der anderen auf bestimmte *gender*-Signale von einer Minute zur anderen wechseln. Bisexuelle können periodisch langfristige Beziehungen mit Frauen und Männern haben, sich aber als heterosexuell oder homosexuell definieren. Transvestiten spielen bewußt mit den Kategorien von *sex* und *gender*. Schwule Männer, Lesbierinnen und Bisexuelle überschreiten die sexuellen Grenzen der westlichen Kulturen, stellen die *gender*-Normen aber durchaus nicht immer in Frage. Transsexuelle bestätigen sie in ihrem Streben nach „Normalität" oft erst recht. Alle demonstrieren durch ihr „subversives Körperhandeln", daß *sex*, Sexualität und *gender* etwas sozial Konstruiertes ist (J. Butler 1990, 79-141). Die gründliche Vergeschlechtlichung der modernen westlichen Welt haben sie jedoch nicht gesprengt. Und um diese Vergeschlechtlichung zu erhalten, um die *gender*-Grenzen aufrecht zu erhalten, müssen „der Impuls oder die Angst, sich in eine Person des anderen Geschlechts zu verwandeln," die viele normale Menschen empfinden, verdrängt werden (Stoller 1985, 152).

Normen, Erwartungen und Einschätzungen von und für Frauen und Männer mögen sich aufeinander zu bewegen, für eine Person aber, die weder Frau noch Mann ist, haben wir keinen Platz. Immer noch verletzen ein Mann, der sich als Frau ausgibt, oder eine Frau, die als Mann lebt, die festgefügten sozialen Grenzen, und immer noch müssen Transsexuelle, die das *gender* wechseln, über einen tiefen Graben hinweg. In diesem Sinne gleicht die westliche Kultur der zutiefst vergeschlechtlichten Welt des Islam, in der Menschen mit physiologisch ambivalentem Geschlecht eine Herausforderung für sämtliche Regeln von Ehe, Verwandtschaft, Erbfolge, Reinheit, Bescheidenheit, Ritual und selbst Bestattung darstellen (Sanders 1991). Statt die daraus resultierende soziale Ambivalenz einfach fortbestehen zu lassen, entwickelten die islamischen Rechtsgelehrten des Mittelalters ein Regelwerk für die Vergeschlechtlichung von Hermaphroditen: „Eine Person mit ambivalenten Genitalien oder ohne erkennbares Geschlecht mochte biologisch eine Realität sein, aber da sie kein *gender* hatte, gab es auch keinen Ort für ihren Eintritt in die soziale Welt: Sie war unsozialisiert" (Sanders 1991, 88). Eine Person, die weder Frau noch Mann war, hatte genau wie in der modernen westlichen Gesellschaft keinen sozialen Ort und konnte, ohne die soziale Ordnung zu stören, keine sozialen Beziehungen eingehen: „Was für die mittelalterlichen Muslims bei der Vergeschlechtlichung eines einzelnen nichtvergeschlechtlichten Körpers auf dem Spiel stand, war implizit die Vergeschlechtlichung des wichtigsten Körpers überhaupt: des sozialen Körpers" (89). Ob Individuum oder Gruppe, der soziale Körper in der modernen westlichen Gesellschaft ist vor allem eines: vergeschlechtlicht.

5 Warten auf die Göttin: Kulturelle *Gender*-Bilder

Was, wenn Godot eine Frau wäre?

– *Mary O'Brien (1989, 83)*

Kate Millett, eine der ersten zeitgenössischen feministischen Kulturkritikerinnen, hat in *Sexus und Herrschaft* Freuds Theorie vom Ursprung der Zivilisation sarkastisch kommentiert:

> Einer der besten Gedanken Freuds auf diesem Gebiet soll als unterhaltsames Beispiel seiner Logik dienen: Es erheitert wegen seiner unermüdlichen Verherrlichung des unschätzbaren männlichen Gliedes. In seinen Spekulationen darüber, wie der Mensch wohl das Feuer entdeckt habe, folgert er, dies sei das Ergebnis einer instinktiven Entsagung des Wunsches, das Feuer durch Urinieren auszulöschen. Es liegt daher offen auf der Hand, daß die Frau das Feuer nicht entdecken konnte, weil sie nicht auf den Impuls verzichten mußte, auf das Feuer zu urinieren, da ihr ein für weitgezieltes Urinieren hinreichendes Organ fehlt. An diesem Beispiel zeigt sich, warum die Frau anatomisch disqualifiziert ist, zum Fortschritt des Wissens beizutragen. (1970, 201; dt. 1971, 235)

Millett zeigt in ihrem Buch, wie in der sexuellen und symbolischen Metaphorik der Romane von D. H. Lawrence, Henry Miller und Norman Mailer sowie der Stücke von Jean Genet der Phalluskult und die Kastrationsangst der Männer ausagiert werden – „Sexualpolitik auf der elementaren Ebene der Kopulation" (6). Andrea Dworkin vertritt in *Geschlechtsverkehr* (1987; dt. 1993) die These, in den Werken von Leo Tolstoi, Gustave Flaubert, Kobo Abe, Tennessee Williams, James Baldwin und Isaac Bashevis Singer lasse die Angst der Männer, sie könnten Frauen werden, den Geschlechtsverkehr in Vergewaltigung umschlagen. Nach Ansicht von Millett und Dworkin schildern diese Autoren das Bedürfnis der Männer, Frauen zum Objekt zu machen und sexuell zu beherrschen, um ihre eigenen Kastrations- und Homosexualitätsängste zu beschwichtigen.

Mit anderen radikalen Feministinnen sind sie der Meinung, der symbolische sexuelle Frauenraub in der hohen Kultur und in den Massenmedien sei oft gar nicht so anders als die explizite sexuelle Gewalt der harten Pornographie.[1] Bei beidem würden Frauen entwürdigt und ausgebeutet. Catharine MacKinnon meint: „In der Pornographie *ist* die Gewalt Sex. Ungleichheit ist Sex. Ohne Hierarchie funktioniert sexuell keine Pornographie. Ohne Ungleichheit, Vergewaltigung, Herrschaft, Gewalt gibt es auch keine sexuelle Erregung" (1987, 160).[2]

Die Pornographie stellt Frauen als sexuelle Objekte männlicher Lust und gleichzeitig als sexuell fordernd und potentiell unersättlich dar; aber auch die Männer werden zu Objekten, nur noch definiert durch ihren übergroßen, sexuell allzeit bereiten und stets zu Hochleistungen aufgelegten Penis. Der Sexualakt ist genitalspezifisch und endet für Mann und Frau mit explosiven Orgasmen – dem „money shot" (Brod 1990; L. Williams 1989). In ihren Ausführungen zur pornographischen Darstellung des Orgasmus weist Linda Williams darauf hin, daß sich diese nicht nur aus ideologischen Gründen auf die Männer konzentriere; es gebe nämlich außerdem noch das Problem der Darstellung des weiblichen Orgasmus: „Ironischerweise ... läßt sich die körperliche Lust des Mannes auf eine bestimmte beschränkte und reduzierte Weise ,darstellen', indem man seine Erektion und Ejakulation zeigt, während sich diese maximale Sichtbarkeit bei den entsprechenden weiblichen Äußerungen der sexuellen Lust als schwer faßbar erweist. Anatomisch findet der weibliche Orgasmus ... an einem ,unsichtbaren Ort' statt, der nicht leicht zu sehen ist" (1989, 49).

In der visuellen Pornographie stellen Frauen sexuelles Verlangen dar, ohne unbedingt erregt zu sein; Männer *müssen* bei der Darstellung von sexuellem Verlangen erregt sein: „Der männliche Darsteller kann die Erregung nicht bloß spielen, weil die Zuschauer auf seine Erektion als Zeichen seiner Erregung schauen. Die einzigen Männer, die Erregung darstellen könnten, ohne sie wirklich zu erleben, wären solche, die eine Erektion auch ohne Erregung halten könnten" (Soble 1986, 129). Männer bekommen durch ihre augenfälligen Großtaten in der visuellen Pornographie den Glorienschein von Superhengsten, aber wenn der Sex für Geld von Frauen betrieben wird, ist er per definitionem Prostitution, so daß es für sie eine Entwürdigung darstellt, wenn

---

1   Dworkin 1974; Griffin 1982; Lederer 1980b; MacKinnon 1982; 1987, 125-213; Nead 1990. Zur männlichen Kritik an der Pornographie, siehe Kimmel 1991. Zur feministischen Pornographiediskussion, siehe Ellis 1984; English, Hollibaugh und Rubin 1981; Ferguson u.a. 1984; Gubar und Hoff 1989; Morgan 1978; Philipson 1984; Steinem 1978b. Zur marxistischen Sicht, siehe Soble 1986. Zum Vergleich aller politischen Standpunkte, siehe Berger, Searles und Cottle 1991.

2   Alan Sobles These, unter dem Kapitalismus sei „der Gebrauch der Pornographie ein Versuch, im Bereich der sexuellen Phantasie nachzuholen, was Männern in Produktion und Politik versagt ist," (1986, 81) scheint für die radikalfeministische Sicht zu sprechen, aber nach Sobles Meinung sind Männer, die Pornographie benutzen, machtlos, für die radikalen Feministinnen dagegen kraft ihrer Teilhabe an einer Kultur, die Männergewalt als ein Mittel zur Unterwerfung von Frauen fördert, mächtig, beherrschend und für Frauen potentiell, wenn nicht tatsächlich, gefährlich.

sie in Pornofilmen oder Live-Sexualakten auftreten oder als Modelle für Pornophotos arbeiten (Soble 1986, 129-130).[3] Männer können sich als Zuschauer mit den Hengsten identifizieren und Machtgefühle haben; Frauen fühlen sich entwürdigt, peinlich berührt oder angewidert.[4] In der Pornographie und in populären Darstellungen wird der Penis gewöhnlich als etwas „Hartes, Strammes, Waffenähnliches" visualisiert, das seinem Besitzer Potenz, Macht und Autorität verleiht (Dyer 1985, 31). Selten wird die Verletzlichkeit der männlichen Genitalien symbolisiert:

> Männliche Genitalien sind etwas Empfindliches, Zerdrückbares, Zartes: Selbst wenn er erigiert ist, ist der Penis nachgiebig, selten ganz gerade, und an der Spitze abgerundet, während die Hoden unregelmäßige Kugeln sind, immer verletzlich, nie in Ruhe. Ganz ausnahmsweise kommt es auch einmal vor, daß etwas von dieser Zartheit und Weichheit der männlichen Genitalien symbolisiert wird. ... Weitaus häufiger wird der weiche, verletzliche Charme der männlichen Genitalien als hart, stramm und gefährlich dargestellt. Die häufigsten Symbole für die männlichen Genitalien sind nicht Blumen, sondern Schwerter, Messer, Fäuste und Revolver. (Dyer 1985, 30)

Das nichtpornographische Kino benutzt „eine ganze Reihe von Fetischen als Ersatz für die sichtbare Wahrheit der sexuellen Differenz der Frauen" (49), aber größtenteils wird in der Sexualmetaphorik der westlichen Kultur die Sexualität von Frauen nicht so dargestellt, wie Frauen sie erleben. Sandra Gilbert und Susan Gubar (1988) meinen, daß männlichen Verlegern und Kritikern die Bilder, die Schriftstellerinnen für Frauen und Sexualität finden, Unbehagen bereiten. Manche dieser sexuellen Metaphern tauchen da auf, wo Romanautorinnen oder Lyrikerinnen Tiere, Vögel, Insekten, Blumen, Edelsteine, Wasser und Landschaften beschreiben: „Schwarzes Tal, Wasserscheide, Rote Tiefen" und „die kleine harte Nuß, der lebende Stein, eine winzige Kostbarkeit, die sich mit der Hand liebkosen oder im Zorn wegstoßen läßt" (Moers 1977, 370, 387, 369-401). Solche Metaphorik wird selten benutzt, wenn Männer über Frauen schreiben. Stattdessen wird wie in der mittelalterlichen Kunst die weibliche Sinnlichkeit eher als Mutterschaft zum Ausdruck gebracht: „Sind Mann und Frau nicht nur noch zärtlich miteinander durch diese Vermittlung zwischen ihnen, die das Kind repräsentiert? Am liebsten ein Junge. Der mit seinem Sohn identifizierte Mann findet die Lust an der mütterlichen Zärtlichkeit wieder, die Frau berührt sich (wieder), indem sie jenen Teil ihres Körpers: ihr Klitoris-Penis-Baby liebkost" (Irigaray 1981b,

---

3 Eine knappe, schnörkellose Beschreibung der Arbeit in der Pornographie bei Lederer 1980a.
4 Pornographie für männliche Homosexuelle in einem kulturellen Kontext, der den passiven Partner als minderwertigen Mann verurteilt, wäre nicht notwendig entwürdigend, da ein homosexueller Betrachter sich mit dem aggressiven Partner identifizieren könnte. Siehe den Abschnitt zur schwulen Männerpornographie bei Kimmel 1991, 247-287. Pornographischer lesbischer Sex ist meist für den männlichen Konsum gedacht.

102; dt. 1979, 26). In dieser Metapher der mütterlichen Sexualität klingt deutlich Freuds ödipale und phallische Metaphorik nach.

Selbst wenn ein Autor die Sinnlichkeit von Frauen so sensibel und nuanciert schildert wie etwa James Joyce in Molly Blooms langem Monolog im *Ulysses* wird die Frau durch ihre Sexualität definiert, nicht durch ihr Frausein: „and I thought well as well him as another and then I asked him with my eyes to ask again yes and then he asked me would I yes to say yes my mountain flower and first I put my arms around him yes and drew him down to me so he could feel my breasts all perfumed yes and his heart was going like mad and yes I said yes I will Yes"* ([1922] 1986, 643-644). Molly Bloom hat das letzte Wort, aber hat sie es wirklich? Das S in ihrem letzten „Yes" führt zurück zum Anfang des *Ulysses*, zu „Stately, plump Buck Mulligan. ... He held the bowl aloft and intoned: – *Introibo ad altare Dei*"** (3). Das ganze Buch hindurch ist es Leonard Bloom, der durch Dublin und durch die Zeit und die westliche Kultur wandert, nicht Molly; Molly bleibt im Bett.[5] Molly Blooms duftende Brüste mögen den Zauber von Buck Mulligans Spottgebet brechen, aber in der westlichen Kultur werden die Sinnlichkeit, Sexualität und Zeugungskraft von Frauen für Männer und von Männern unter Kontrolle gehalten, die damit frei sind, sich selbst nach dem Bilde ihres Vaters (neu) zu erschaffen.

Der männliche Blick

Das Symbolsystem einer Kultur ist Träger von offenkundigen und von unbewußten Bedeutungen. Die Alltagssprache spiegelt die *gender*-Hierarchien in Gestalt der bewußten und absichtlichen Abwertung von Frauen (etwa wenn von erwachsenen Frauen als „girls" die Rede ist) und der sprachlichen Nachlässigkeit wider, die Frauen unsichtbar macht (etwa wenn eine Peergruppe von Männern und Frauen als „the guys" bezeichnet wird).[6] In einem

---

*   „... und ich hab gedacht na schön er so gut wie jeder andere und hab ihn mit den Augen gebeten er soll doch nochmal fragen ja und dann hat er mich gefragt ob ich will ja sag ja meine Bergblume und ich hab ihm zuerst die Arme um den Hals gelegt und ihn zu mir niedergezogen daß er meine Brüste fühlen konnte wie sie dufteten ja und da Herz ging ihm wie verrückt und ich hab ja gesagt ja ich will Ja." (James Joyce (1981): *Ulysses*. Übertragung von Hans Wollschläger. Frankfurt a.M.)

**   „Stattlich und feist erschien Buck Mulligan ... Er hielt das Becken in die Höhe und intonierte: – *Introibo ad altare Dei*." (Übertragung siehe vorangehende Anmerkung)

5   Molly Bloom ist eine stärkere Person als Penelope, ihr Prototyp in Homers *Odyssee*, die dem *Ulysses* zugrunde liegt. Penelope schluchzt oder weint viel, während sie mehr als neunzehn Jahre auf die Heimkehr ihres Mannes aus dem Trojanischen Krieg wartet.

6   In Sprachen mit vergeschlechtlichten Substantiven und Verben ist das Maskulinum ausnahmslos die Grundform oder die ungekennzeichnete Form; dem Femininum wird etwas hinzugefügt, und es wird in den Grammatiken gewöhnlich an zweiter Stelle genannt. Wie

„wickedary", einem feministischen Wörterbuch, versuchen Mary Daly und Jane Caputi (1987) eine Wiederaneignung von alltagssprachlichen Wörtern für Frauen – „hag" und „crone" („alte Vettel", „altes Weib"), „spinster" („alte Jungfer"), „glamour" und „charm", „Amazon". Sie geben die ursprüngliche Bedeutung dieser abfälligen Bezeichnungen an – alte Frau, Spinnerin, Zaubererin, Kriegerin.

Die Symbolsprache jedoch verteilt Lob und Tadel nicht nur durch die Art ihrer Bezeichnungen; die Symbolsprache ist Widerspiegelung und Schöpferin des „Unbewußten" der Kultur. Freuds psychoanalytische Theorie sieht die Wurzeln der westlichen Kultur im Ödipuskomplex, bei dem der kleine Junge seine Gefühlsbindung an die Mutter aus Angst vor dem Penisverlust verdrängt und sich mit dem mächtigeren Vater identifiziert. Nach dieser Analyse ist die patriarchalische Kultur die Sublimierung der in der Kindheit verdrängten, auf die Mutter gerichteten sexuellen Wünsche der Männer und ihrer Angst vor dem Verlust des Phallus, dem Symbol der männlichen Differenz. Da Frauen keinen Phallus zu verlieren haben, haben sie auch keinen Anteil an der Schaffung der Kultur. Ihr Wunsch nach einem Phallus und ihre verdrängten, auf ihre Väter gerichteten sexuellen Wünsche verwandeln sich in den Wunsch nach der Geburt eines Sohnes; die verdrängten sexuellen Wünsche der Männer und ihre Angst vor der Kastration durch den Vater verwandeln sich in kulturelle Schöpfungen. Für Jacques Lacan, den einflußreichen französischen Autor, der über Psychoanalyse, Sexualität und *gender* geschrieben hat, weiß die Frau, daß ihr Verhältnis zur Kultur negativ ist, „weil sie gerade zum Zeitpunkt des Spracherwerbs lernt, daß ihr der Phallus fehlt, jenes Symbol, das über die Erkenntnis der Differenz die Sprache in Gang setzt; ihr Verhältnis zur Sprache ist ein negatives, ein Mangel" (E. A. Kaplan 1983, 310).[7]

Die semiotische Analyse des Subtextes von kulturellen Produktionen hat Kunst, Filme, Romane und Massenmedien dekonstruiert, um zu zeigen, wie

---

im Englischen, ehe die Feministinnen auf größerer sprachlicher Genauigkeit bestanden, wird bei Substantiven im Plural und bei Verben mit gemischtem Geschlecht das Femininum unter dem Maskulinum subsumiert. Die willkürliche Zuweisung eines Geschlechts zu Substantiven, die etwas Unbelebtes bezeichnen, steht gewöhnlich im Gegensatz zur natürlichen Zuweisung des Geschlechts bei Substantiven und Pronomen, die etwas Belebtes bezeichnen; in beiden Fällen ist der Gebrauch ein soziales Artefakt zur Aufrechterhaltung einer symbolisch vergeschlechtlichten Welt.

7   Lacans Sprache ist noch viel kryptischer – „Der Phallus ist der bevorzugte Signifikator jenes Punktes, an dem sich der Anteil des Logos mit dem aufkeimenden Begehren vermählt" (Mitchell und Rose 1985, 82; Übersetzung des Lacan-Textes ins Englische von Rose). Zur feministischen Debatte zu Lacan, Freud und den psychoanalytischen Theorien von *gender*, Sexualität und Kultur, siehe J. Butler 1990; Cixous und Clément [1975] 1986; Flax 1990; Irigaray [1974] 1985; [1977] 1985; L. J. Kaplan 1991; Mitchell und Rose 1985. *Differences: A Journal of Feminist Cultural Studies* hat eine ganze Nummer zum Phallus herausgegeben (4[1]: 1992).

sie die kulturelle Vorherrschaft der Männer und insbesondere die Zurichtung von Frauen zu Objekten ihrer sexuellen Phantasien legitimieren – „den männlichen Blick".[8] Zum Beispiel in der Filmkritik: „Das herrschende (Hollywood-) Kino wird als eine dem Unbewußten des Patriarchats entsprechende Konstruktion verstanden, was heißt, daß Filmerzählungen über eine phallische Sprache und einen phallischen Diskurs konstituiert werden, der eine Parallele zur Sprache des Unbewußten darstellt. Frauen im Film fungieren somit nicht als Signifikanten für ein Signifikat (eine reale Frau), ... sondern Signifikant und Signifikat wurden zu einem Zeichen zusammengezogen, das für etwas im männlichen Unbewußten steht" (E. A. Kaplan 1983, 310). Frauen stehen für das sexuelle Verlangen und die Emotionalität, die die Männer verdrängen müssen, um wie ihre Väter zu werden – Männer, die sich und andere unter Kontrolle haben.

Frauen als Darstellerinnen können dem voyeuristischen Blick der Männer nicht entgehen: Männliche Filmemacher sehen sie an, männliche Schauspieler sehen sie an, und männliche Zuschauer sehen sie an. Damit werden Frauen, gleich welche Rolle sie spielen, sexualisiert, weil Männer sie als begehrte oder verachtete Objekte ansehen, und „Männer sehen eben nicht einfach an; ihr Blick vermittelt immer auch die Macht des Handelns und Besitzens, die im weiblichen Blick fehlt" (E. A. Kaplan 1983, 311). Weibliche Stars werden in Fetische verwandelt und weibliche Figuren in diskrete Objekte der Begierde (Mulvey 1989, 14-16). Symbolisch also sind *alle* hübschen Frauen Prostituierte.

Viele Gemälde von Malern des neunzehnten Jahrhunderts stellten Prostituierte dar, und die in diesen Gemälden von Modellen, Ballerinas und Barfrauen dargestellten Frauen verkaufen, wie Linda Nochlin hervorhebt, mit den Dienstleistungen außerdem sexuell sich selbst (1988, 34, Fn., 37-56). "Denn die Frau," sagt Luce Irigaray, „ist traditioneller Weise Gebrauchswert für den Mann, Tauschwert zwischen den Männern. Ware also" (1981c, 105; dt. 1979, 31). Elizabeth Wood bemerkt zu den Primadonnen von Oper und Ballett im Westen: „Sie wurden durchweg in erotischen Bildern von nur notdürftig bemäntelter exotischer Libertinage beschrieben. Der Gegensatz zwischen der Trivialisierung von Frauen, die mit Männern um die berufliche Macht konkurrieren, und der Glorifizierung der weiblichen ‚Stars' ist ein Beispiel für die Dichotomie von Madonna und Hure in der männlichen Wahrnehmung von Frauen. Wollen sie erfolgreich sein, müssen die Frauen fortwährend die miteinander verknüpften ökonomischen und erotischen Aspekte der herrschenden Kultur bedienen" (1980, 295).

Teresa de Lauretis merkt an, daß die Filmschauspielerinnen in einer Art Mittäterschaft die Bilder des männlichen Begehrens darstellten und auf diese

---

8   De Lauretis 1984; 1987; Flax 1990; Jardine 1985; Marcus 1982; Mulvey 1989; Poovey 1988a.

Weise Männer als Zuschauer anzögen, während die heterosexuellem Zuschauerinnen bei diesen sexuellen und ökonomischen Unternehmungen nicht nur mitspielten, indem sie zuschauten, sondern auch indem sie die Bilder verinnerlichten, die ihnen die Männer als Teil ihrer eigenen vergeschlechtlichten Sexualität vorhalten: „Bei dieser Art der Identifikation pflegen beide Positionierungen des Begehrens aufrecht erhalten zu werden, die aktiven und die passiven Ziele: das Begehren des anderen und das Begehren, vom anderen begehrt zu werden. Dies nämlich, denke ich, ist der Vorgang, durch den Roman und Kino sich der Zustimmung des Zuschauers versichern und die Frauen zur Weiblichkeit verführen: durch eine doppelte Identifikation, einen Mehrwert an Lust, produziert von den Zuschauenden selbst zum Profit von Kino und Gesellschaft" (1984, 143).[9]

In den achtziger Jahren kam es zum spektakulären Starruhm von Madonna, die durch ihren Namen, ihre aufreizende Kleidung und ihren Schallplattenhit *Like a Virgin* eine Travestie der Dichotomie von Madonna und Hure darstellte (McClary 1991, 148-166). Durch „Gegengeschichten vom weiblichen heterosexuellen Begehren" pervertierte sie bewußt die konventionellen Sexualnormen und verwandelte die weibliche Kleidung, etwa trägerlose, sexy Oberteile, in Symbole der Macht (McClary 1991, 165; Pareles 1990). Madonna schuf ein aggressiv verweiblichtes erotisches Vokabular und verdiente viel Geld damit, daß sie die Konventionen der herrschenden Kultur verhöhnte und sich selbst sexuell verkaufte, während sie die konventionelle vergeschlechtlichte Sexualität symbolisch kritisierte. Madonnas Übertreibung und Parodie der Weiblichkeit macht deren artifiziellen Charakter explizit; dagegen gab es bei vielen früheren Kulturheroinen, etwa Marilyn Monroe, die ebenfalls wie „weibliche Damenimitatorinnen" wirkten, keine Distanzierung von ihren höchst weiblichen öffentlichen *Personae* (L. J. Kaplan 1991, 261).[10] Madonnas Auftreten auf der Bühne, das ja tatsächlich ganz nach dem Muster Monroe gestaltet war, heißt: „Das haben Männer aus Frauen gemacht." Indem sie signalisiert, daß sie ihr Bild *selber* macht, holt sie sich die Verfügung über ihre Sexualität zurück. Sie tut, was junge Frauen nach Julia Kristevas Meinung heute tun müssen – zeigen, daß Sexualität vor allem symbolisch ist: „Von nun an wird der schärfste und subtilste Ansatzpunkt der feministischen Subversion, den uns die neue Generation gebracht hat, auf dem Terrain der unauflöslichen Verbindung des Sexuellen mit dem Symbolischen liegen" (1981, 21).

---

9   Siehe auch G. Koch 1985.
10 Die „Clonekultur" schwuler Männer hat mal ernsthaft, mal parodistisch die stereotypen Männlichkeitsbilder fetischisiert; diese durch Kleidung zum Ausdruck gebrachten Identitäten sind die Machoversionen der konventionellen Männerberufe – Cowboy, Bauarbeiter, Soldat, Sportler, Polizist, Radfahrer und eleganter leitender Angestellter (T. Edwards 1990).

Die Melodie des Leidens

Die Frauen in westlichen Kulturproduktionen haben nicht nur die sexuellen Wünsche der Männer dargestellt, sondern auch die extravaganten Gefühle, die der Held nicht zum Ausdruck bringen kann, ohne seine Männlichkeit zu verlieren.[11] Mit der Gleichsetzung von Männlichkeit und Rationalität in der westlichen Kultur hieß feminin sein nun „klagen" (Clément [1979] 1988, 118; McClary 1991, 50). In kulturellen Produktionen haben Frauen den Verlust von Kindern, Männern, Heimat beklagt, seit dem 19. Jahrhundert aber handeln die Wehklagen der Frauen meist von verlorener Liebe. Romantische Opernheldinnen sind „liebestolle Wahnsinnige", die im letzten Akt sterben. Dabei gibt es jedoch einen subtilen Subtext. Mit ihrem symbolischen Opfer sind diese Heldinnen Stützen der rationalen sozialen Männerordnung. Catharine Clément sagt in *Opéra, or The Undoing of Women*: „Jenseits der romantischen Ideologie werden die Stricke geflochten, mit denen die Figuren gefesselt und für den von ihnen begangenen Verstoß – gegen Familienregeln, politische Regeln, gegen das, was bei der sexuellen und autoritären Macht auf dem Spiel steht – in den Tod geschickt werden. Darum, und um nichts anderes, geht es hier" ([1979] 1988, 10).

Susan McClary (1991) setzt den Beginn dieser auf der Opernbühne vollzogenen Gleichsetzung von Frauen, Sexualität, Gefühl und Rebellion im siebzehnten Jahrhundert an, als

> im Zusammenhang mit der allgemeineren Krise der Autorität in all ihren Formen – politisch, ökonomisch, religiös und philosophisch – auch ein Wandel der *gender*-Darstellung einsetzte. ... Bezeichnenderweise gestehen die Komponisten und Librettisten das Recht zum Angriff auf die traditionelle Autorität nicht nur den weiblichen Figuren zu, sondern auch den Dienern, die sich ständig über die Klassenunterdrückung beschweren. Obwohl diese Beschwerden schon etwas entschärft sind, wenn man sie Frauen und grotesk komischen Figuren in den Mund legt, dürften diese Momente des Widerstands eine allgemeinere Unzufriedenheit mit mächtigen sozialen Institutionen offenbaren – und doch auch kaschieren: Kritik, die marginalisierten Anderen zugeschoben wird, hält sich immer noch eher bedeckt. (51)

---

11 Die meiste Musik, die wir „klassisch" nennen, sei, so Susan McClary (1991), auf das vorherrschende männliche „Ohr" abgestimmt und steigere sich zu einer orgasmischen Klimax, die verblüffend an die „money shots" pornographischer Filme erinnere: „Die Musik selbst bedient sich zur Erzielung ihrer Effekte oft in hohem Maße der metaphorischen Simulation des Sexualaktes. ... In der Zeit von 1600 bis 1900 ist die Tonart selbst – als Prozeß des Weckens von Erwartungen und nachfolgenden Aufschiebens der versprochenen Erfüllung bis zur Klimax – das wichtigste musikalische Mittel zur Weckung und Steuerung von Wünschen. Auch ohne Texte oder Programme steigern sich tonale Kompositionen von Bachs Orgelfugen bis zu Brahms' Symphonien zu Ausbrüchen von libidinöser Energie, die jeweils gedrosselt werden muß oder frei strömen darf" (12-13).

Aber in der Politik wie in der Oper wird die Ordnung wieder hergestellt, und zum Abschluß der Oper werden die Heroinen „vorgeführt, um Hymnen des Glaubens an die männliche Autorität zu singen" (51). Erneut war die Stimme der Rebellion dann im neunzehnten Jahrhundert zu vernehmen, und wieder war es die Stimme des weiblichen Anderen. Carmen, Verführerin, Sensualistin und Freigeist, ist „ein bißchen Hure, ein bißchen Jüdin, ein bißchen Araberin, gänzlich außerhalb des Gesetzes, immer in marginalen Lebenswelten" (Clément [1979] 1988, 49). Ihr Anderssein, sagt McClary (1991), wird von der Musik deutlich zum Ausdruck gebracht: „Ihr musikalisches Hauptmotiv ... arbeitet mit dem unerlaubten übermäßigen Sekundintervall, der lange das musikalische Kennzeichen für den Juden, den Araber, den zu allem verwendbaren rassischen Anderen war; dieses Motiv wird denn auch im Schlußdreiklang der Oper gewaltsam ausgelöscht" (64).

Carmen, so betont McClary, ist die Phantasie eines Mannes von der befreienden Kraft der Sexualität, so gefährlich wie anziehend, ja so anziehend, weil sie so gefährlich subversiv und unkontrollierbar ist (56-67): „Aufreizenderweise weigert sich die von Männern konstruierte Carmen, sich in Einklang mit Josés Phantasien Zügel anzulegen; sie sagt ‚nein' zu seinem ‚romantischen Drängen', gibt Widerworte, stellt sexuelle Forderungen, nimmt sich andere Liebhaber" (59). Weil das Opernpublikum des neunzehnten Jahrhunderts letztlich aus ordentlichen Bourgeois bestand, mußte deren *alter ego*, der rebellische Don José (oder Pinkerton oder Alfredo) bestraft und zu diesem Zwecke Carmen (oder Butterfly oder Violetta) geopfert werden: „Irgendjemand (eine koloniale, nichtweiße, nichtchristliche weibliche Unterschicht-Figur) muß als Endergebnis von Josés Seele/Körper-Krise tatsächlich sterben" (66). Also muß, während der Opernheld emotional leidet und als Mann dadurch nur gewinnt, die Opernheldin sterben: „Im Augenblick ihres Todes steht Carmen für die eine und einzige Freiheit, die sie wählen kann, Entscheidung, Provokation. Sie ist das – vorhergesagte und zum Scheitern verurteilte – Bild einer Frau, die sich dem männlichen Joch verweigert und dafür mit ihrem Leben bezahlen muß" (Clément [1979] 1988, 48). Die Musik wird immer dissonanter, aber sozial wie tonal wird die Ordnung wieder hergestellt: „Carmen und Lulu werden wie Vampire getötet, mit Pfählen durchs Herz. ... So monströs ist Salomes sexueller und chromatischer Regelverstoß, daß um der sozialen und tonalen Ordnung willen Gewalt gerechtfertigt – ja geboten – erscheint" (McClary 1991, 100).

Und damit steht nun die feministische Opernliebhaberin vor einem Dilemma: Wie sie sich nämlich am Schauspiel der Opferung von Frauen erfreuen kann, die nur erfolgt, um emotionale und sexuelle Exzesse ungeschehen zu machen, die eine ordentlich vergeschlechtlichte soziale Ordnung bedrohen, in der Männer rational (nicht „verrückt vor Liebe") und Frauen gefügig (nicht sexuell frei und rebellisch) sind? „Beim Lesen der Texte," sagt Clément, „und weniger beim hingebungsvollen Lauschen auf eine geliebte

Stimme, stieß ich zu meiner Beängstigung und Bestürzung auf Wörter, die
töten, auf Wörter, die immer wieder davon sprechen, wie Frauen zugrunde
gerichtet werden. ... Wie ist die Melodie des Leidens schön" ([1979] 1988,
22).[12]
Heute schaffen homosexuelle Männer, viele von ihnen mit Aids, eine Musik, die Liebe, Leid, Zorn und ironischerweise den Wahnsinn oder die Ver-
wirrtheit zum Ausdruck bringt, die der H.I.V.-Virus oft hervorruft
(Crutchfield 1992). Einem der Songs in *The AIDS Quilt Songbook 1992*,
Chris DeBlasios „Walt Whitman in 1989", mit dem Text von Perry Brass,
liegt Whitmans Schilderung vom Sterben der vom ihm gepflegten Bürger-
kriegssoldaten zugrunde, so daß damit die Aidstoten in das universale Män-
nerthema vom Tod im Krieg hineingenommen werden.[13] Kulturell allerdings
mag man letztlich auch in diesen Produktionen nichts weiter sehen als einen
Sonderfall von degenierten und pathologischen Gefühlen, deren Darstellung
eher der Reinigung der sozialen Ordnung dient, als der hilflosen Wut Ausdruck verleiht, die uns alle angesichts eines frühen, schmerzhaften Todes
befällt.[14]

„Kopf ab mit ihr"

Alice Jardine meint, daß „die Legitimität ein Teil jenes Rechtsbereichs ist, in
dem historisch das Recht zu herrschen geregelt wurde, die Nachfolge von
Königen, die Bindung zwischen Vater und Sohn, die notwendige Vaterfikti-
on, die Befugnis zu entscheiden, wer der Vater ist – in der patriarchalischen
Kultur" (1985, 24). Die „Gynesis" – das Einbringen „des Weiblichen, der
Frau, und ihrer zwangsläufigen ... historischen Beziehungen" in die moderne
Kultur – ist zutiefst verstörend (25). Ehe eine neue symbolische oder soziale
Ordnung aufgebaut werden kann, kann ein Gefühl von Chaos entstehen, von

---

12   Siehe auch Coser 1978.
13   Wirklich universal wäre das Thema, wenn auch der Tod von Frauen im Kindbett einbezo-
     gen würde. Samuel Delaney zitiert in einem Stück über das Aidsrisiko von Homosexuellen
     den Kommentar „einer besorgten und sensiblen Freundin: ... ‚Aids hat jetzt schwule Män-
     ner in eine Position gebracht, in der die Heterofrauen beim Sex schon immer waren: Bei
     jeder ungeschützten sexuellen Begegnung spielt jetzt immer die Möglichkeit von Leben
     oder Tod mit'" (1991, 29).
14   Eine subtile Schilderung eines solchen grausamen frühen Todes und der Sehnsucht nach
     den schönen Zeiten der Vergangenheit ist John Coriglianos Oper *The Ghosts of Versailles*,
     mit einem Libretto von William M. Hoffman. Sie hatte am 19. Dezember 1991 Premiere
     und wurde in der Metropolitan Opera in New York vor ausverkauftem Haus gespielt. We-
     der im Programmheft noch in den Kritiken wurde auf den emotionalen Zusammenhang zur
     Schreckensherrschaft von Aids hingewiesen, obwohl sowohl Corigliano als auch Hoffman
     explizit zu diesem Thema geschrieben haben, Corigliano in seiner Symphonie Nr. 1 und
     Hoffman in seinem Stück *As is*.

Unwirklichkeit, das Gefühl, den Verstand zu verlieren. Dieses Chaos wird auf die Frau projiziert, auch wenn die Rebellierenden Männer sind. Männliche Künstler haben soziale Umwälzungen als wüste, wahnsinnige Hexen dargestellt; weibliche Künstler haben einfach weibliche Revolutionäre dargestellt (Gullickson 1991; Nochlin 1988, 22-29).

Wenn sie nicht abgetan oder ignoriert werden, zahlen weibliche Rebellen und Revolutionäre einen sehr hohen Preis für ihre Infragestellung der „offenbarten Wahrheiten". Charlotte Perkins Gilman hat in *Die gelbe Tapete* eine lange Metapher vom psychologischen und kulturellen Eingesperrtsein einer rebellischen Frau geschaffen:

> Bei Tageslicht ist in einem solchen Muster keine rechte Abfolge zu erkennen, es spricht aller Gesetzmäßigkeit Hohn und ist ein ständiges Ärgernis für einen normalen Verstand. ... das Muster ist eine Qual. Du denkst, du bist ihm auf die Schliche gekommen, aber gerade wenn meinst, du könntest es gut nachzeichnen, macht es einen Salto rückwärts, und läßt dich wieder einmal stehen. Es schlägt dir ins Gesicht, rennt dich über den Haufen und trampelt auf dir herum. Es ist wie ein schlechter Traum. ... Nachts, bei Zwielicht, Kerzenlicht, Lampenlicht, jedem Licht, und am schlimmsten bei Mondlicht, werden aus ihm Gitterstäbe! Das Muster von außen meine ich, und dahinter ganz deutlich, deutlicher geht es nicht, die Frau. ([1892] 1973, 25-26)

Als die Frau die Tapete endlich herunterreißt, hat sie den Verstand verloren und kriecht umher wie ein Tier.

Kristeva erzählt eine chinesische Geschichte, die davon handelt, wie die 180 Frauen eines chinesischen Generals durch Enthauptung ihrer weiblichen Kommandeure zur Raison gebracht wurden: „Es geht darum, die weibliche Unordnung, ihr Lachen, ihre Unfähigkeit, Trommelschläge ernst zu nehmen, unter die Enthauptungsdrohung zu stellen. Wenn der Mann unter der Kastrationsdrohung handelt, wenn die Männlichkeit kulturell durch den Kastrationskomplex in Schach gehalten wird, dann könnte man auch sagen, die Enthauptung der Frau, ihre Exekution, ihr Den-Kopf-Verlieren sei ein Niederschlag dieser Kastrationsangst, ihre Wiederkehr, ihre Verschiebung auf die Frauen" (1981, 43). „Kopf" ist hier beides, das Denken von Frauen, das in der Sprache, den Metaphern und den Symbolen der phallokratischen westlichen Kultur erstickt wird, und die in der Klitoris angesiedelte Sexualität von Frauen, die beim Geschlechtsverkehr mit Männern übergangen und in manchen Kulturen bei der vorgeschriebenen Klitoridektomie buchstäblich abgeschnitten wird. Jane Marcus (1987) meint: „Daß im Mythos von Prokne und Philomela der Frau brutal die Zunge abgeschnitten wird, steht für mehr als nur den Wunsch des Vergewaltigers, sein Opfer zum Schweigen zu bringen. Die Zunge nämlich ist nicht nur ein verbales Instrument, sie ist ein sexuelles Instrument, ein Organ der Lust so gut wie des Sprechens. Sie stellt die phallische Vorherrschaft auf beiden Ebenen in Frage. Die Zunge der Frau ist eine Bedrohung des Phallus als Gesetz und des Phallus als Penis" (143).

Das Lachen der Medusa

Statt die Männer durch Unterwerfung unter ihre symbolische sexuelle Herrschaft ihrer Männlichkeit zu versichern, sagt Hélène Cixous in „Das Lachen der Medusa", müssen Frauen ihren Kopf und ihren Mund für sich selbst benutzen: „Die Frau muß selber schreiben: muß über Frauen schreiben und Frauen ans Schreiben heranführen, aus dem sie so gewaltsam wie aus ihren Körpern ausgetrieben wurden – aus denselben Gründen, nach demselben Gesetz, mit demselben tödlichen Ziel" (1976, 875).

Die Zurschaustellung und Abbildung der (mit dem Mund der Medusa zu vergleichenden) Vagina wurde in afrikanischen und griechischen Frauenritualen und von zeitgenössischen amerikanischen Künstlerinnen wie Judy Chicago in *The Dinner Party* (Ardener 1987) eingesetzt, um der Macht der Frauen Geltung zu verschaffen.[15] 1973 beschrieb Maryse Holder neuere Arbeiten von Künstlerinnen, bei denen Frauenkörper als etwas spielerisch und machtvoll Erotisches dargestellt werden: „*The frecuncy, the fecuntitty, of cuntassy*.* Der auffallendste und einheitlichste Aspekt beider von mir in der Erotic Art Gallery besuchten Ausstellungen war die metaphorische Behandlung der weiblichen Anatomie. Mösen tauchten vor allem als Früchte auf, aber auch als Blätter, Kinderschaukeln, Landschaftselemente" (1988, 2).

Der lachende Mund der Medusa (die Sexualität der Frauen) ist für Frauen befreiend, wenn sie ihn sich als Ikone der Stärke aneignen: „Man muß die Medusa nur direkt anschauen, um sie zu sehen. Und sie ist nicht todbringend. Sie ist schön und sie lacht" (Cixous 1976, 885). Der Blick der Medusa (der phallischen oder kastrierenden Frau) läßt Männer zu Stein werden. Der direkte Blick von Frauen auf Männer nimmt ihnen ihr Geheimnis. Dazu noch ikonoklastisches Gelächter, und aus ist es mit dem Phallozentrismus. Wie Mary Daly sagt: „Nichts klingt wie Frauen, wenn sie wirklich lachen. Das brüllende Gelächter von Frauen ist wie das Brüllen der ewigen See. ... Man kann Schmerz und vielleicht auch Zynismus in diesem Hexengelächter hören. ... Aber dieses Gelächter ist die einzig echte Hoffnung, denn so lange es zu hören ist, gibt es einen Beweis, daß irgendjemand die Zote durchschaut" (1978, 17).

Das Gelächter der Frauen und ihre Parodien der Heterosexualität müssen sorgsam in Schach gehalten werden, wenn Männer weiter herrschen sollen. Im Iran zum Beispiel werden bei Festlichkeiten wie Hochzeiten oder Beschneidungen und nach der Geburt eines Kindes sexuell freizügige Tanzdramen (*baziha*) von Frauen für Frauen aufgeführt (Safa-Isfahani 1980). Frauen

---

15 Chicagos großes Werk steht nun in Kisten gezwängt in einer Lagerhalle, weil kein Museum es ständig zeigen will.

* Wortspiel mit „cunt" (Möse, Votze) und „titties" (Titten) sowie „frequency" (Häufigkeit), „fecundity" (Fruchtbarkeit) und „phantasy" (Phantasie); Anm. d. Ü.

spielen die Männerrollen – Liebhaber, Ehemänner, Diener – und die zentralen Frauenrollen: heiratsfähige Töchter, schwangere Frauen von nicht ganz
klarem Familienstand und kampferprobte Ehefrauen. Es gibt auch ein festes
Rollenrepertoire für ältere Frauen – Mutter, Schwiegermutter, ältere Freundin und Hebamme. Der Ausdruck der Sexualität kann bis zum Striptease
gehen, doch ist dieser keine erotische Zurschaustellung für andere Frauen.
Der Grund für den Striptease ist, daß die Frau angeblich von Ameisen gebis-
sen wird. „Man könnte also das symbolische Herunterreißen der Schleier ...
als Selbstbehauptung und Feier des weiblichen Körpers sehen, oder sogar als
eine komische Entlarvung der von den Männern und einer männerzentrierten
Kultur veranstalteten Mystifizierung dieses Körpers. Durch die Darstellung
der physischen Empfindung des Ameisengekrabbels wird der Frauenkörper
nicht nur entblößt, sondern auch auf den Boden der Tatsachen zurückgeholt"
(42).

Die *baziha*-Texte schildern iranische Frauen als aktiv, erotisch, wider-
standsfähig und unabhängig: „Die *baziha* stellen Frauen nicht als Objekte
dar, sondern als relativ autonome Subjekte, ... die den Angelpunkt von Begehren, Wert, Denken und Handeln in sich selbst finden statt in der männlichen Außenwelt" (51) Allerdings können sie diese Rollen nur im Ritual
ausagieren, bei besonderen Anlässen und als Spiel: „Wie Spiele oder Rituale
stellen die *baziha* eine ‚Distanz' und einen ‚Verfremdungseffekt' gegenüber
jenem Alltag her, wie er gewöhnlich gelebt, wahrgenommen und definiert
wird. Aus dieser Distanz heraus und vielleicht gerade wegen ihr können die
baziha die Ordnung der Wirklichkeit umdefinieren oder überhaupt eine neue,
relativ selbstgenügsame ‚Spielwelt' schaffen, in der sich die Normen und
Begriffe, die das gewöhnliche Leben beherrschen, in verschiedenem Grade
verbergen, akzentuieren oder verwandeln lassen." (52) Der springende Punkt
bei diesen Spielen ist allerdings, daß das Gelächter und die Sexualität der
Frauen nicht bis in die gewöhnliche, männerdominierte Welt der iranischen
Frauen ausstrahlen; anders als das „Lachen der Medusa" ist das Lachen der
iranischen Frauen nicht befreiend.

Die lesbische Metapher

Für manche Feministinnen führt der einzige Weg zur kulturellen Selbst-
schöpfung der Frauen über die Trennung von den Männern; für sie ist die
Lesbierin eine Metapher für eine unabhängige, frauenidentifizierte Frau: „Ich
möchte die Bezeichnung *Lesbierin* lieber den Frauen vorbehalten, die frauen-
identifiziert sind und sich auf allen Ebenen von falschen Loyalitäten Män-

nern gegenüber freigemacht haben" (Daly 1978, 26, Fn.).[16] Die lesbische
Metapher verwandelt die Liebe zwischen Frauen in Identität, Gemeinschaft
und Kultur. Liebe und Freundschaft zu anderen Frauen ziehen sich als Subtext durch viele kulturelle Produktionen von Frauen, während in den meisten
kulturellen Produktionen von Männern Frauen, die nicht gerade mit Männern
zusammen sind, in einem sozialem Vakuum zu leben scheinen (Abel 1981).
Die lesbische Metapher betont diesen Subtext und das, was mit ihm einher-
geht, daß nämlich die sexuelle Liebe zwischen Frauen nur der eine Endpunkt
eines Kontinuums ist, das mit der Mutter-Tochter-Liebe beginnt. So ist die
lesbische Metaphorik nicht das spiegelbildliche Gegenstück zur Darstellung
von Männersexualität und Männerbeziehungen, sondern eine neue Sprache,
eine neue Stimme:

> Sobald sich eine Lesbierin als *lesbisch* identifiziert, laufen für sie all ihre früheren
> Erfahrungen mit und Empfindungen für Frauen in diesem Punkt zusammen. ... Mit
> dem Übertritt in dieses Territorium beginnt sie, sich an Erfahrungen zu erinnern,
> die sie „vergessen" hatte, an Frauen und an Gefühle für sie, die sie anders gedeutet
> oder benannt hatte; Erinnerungen aus ihrer Vergangenheit betrachtet sie unter ei-
> nem neuen Blickwinkel. Ereignisse und Erfahrungen, die ihr einmal „keinen Sinn
> zu haben" schienen, stecken nun voll von Bedeutungen, die sie nicht beachtet, ge-
> leugnet oder verworfen hatte. Indem sie sich als Lesbierin neu entwirft, verändert
> oder revidiert sie nicht die Ereignisse, die Frauen oder die Erfahrungen in ihrer
> Vergangenheit; sie interpretiert sie anders, versteht sie von ihrem lesbischen Stand-
> punkt in der Gegenwart aus neu. (Penelope 1990, 93)

Kulturell ist die Lesbierin „jener Kern von Selbsterkenntnis, Kraft und Kreativität, der potentiell in allen Frauen steckt" (Farwell 1988, 111), von frauen-
identifizierten Gemeinschaften jedoch formuliert und gestärkt wird.[17] Die
lesbische Metapher umfaßt nicht nur die sexuelle Liebe zwischen Frauen,
sondern auch Frauensexualität, Frauen, die „den Körper schreiben", die Liebe zwischen Mutter und Tochter und die kulturelle Gemeinschaft von Frau-
en. Sie feiert die Liebesbindungen, die die klassische Psychoanalyse beklagt:
„Die paradigmatische Beziehung dieser Gemeinschaft ist die Mutter-Toch-
ter-Beziehung, die Rückkehr der Frau zu ihrer Urliebe" (Farwell 1988, 113),
zu der Liebe, die sie aufgeben soll, um Ehefrau und Mutter zu werden:

> Du betrachtest dich selbst im Spiegel [*la glace*, gefroren]. Und schon siehst du dei-
> ne eigene Mutter darin. Und bald deine Tochter, als Mutter. Zwischen beiden, was
> bist du? Und welcher Raum ist deiner allein? In welchen Rahmen mußt du dich fü-
> gen? Und wie kannst du dein Gesicht durchscheinen lassen, jenseits aller Masken?

---

16   Siehe auch Lorde 1984; Wittig 1980, 110; 1981, 49.
17   Raymond 1986; A. Rich 1976; Rupp 1989; Taylor und Rupp 1993. Zur Kritik, siehe
     Echols 1983.

Es ist Abend. Da du allein bist, da du kein Bild mehr aufrechterhalten oder durchsetzen mußt, streifst du deine Verkleidungen ab. Du nimmst dein Gesicht der Tochter einer Mutter ab, der Mutter einer Tochter. Du verlierst dein [gefrorenes] Spiegelbild. Du taust. Du schmilzt. Du fließt aus dir selbst heraus. (Irigaray 1981a, 63)

Irigarays Spiegelmetaphorik setzt bei Freuds Beobachtung an, daß ein Kleinkind, wenn es sein* Bild im Spiegel erkennt, weiß, daß es nicht seine Mutter ist, und damit eine eigene Identität (ein Ich) aufbaut.[18] Irigaray schildert die Schönheit wie die Gefahren der Reidentifikation von Frauen mit Frauen. Sie bietet einerseits Einheit („die eine rührt sich nicht ohne die andere" – eine Metapher für lesbische Sexualität und Gemeinschaft), andererseits ist da aaber auch das Problem der fehlenden Individualität, des Aufgehens in der Geliebten.

Nach Lacans psychoanalytischer Theorie fehlt Frauen ein Individualitätsempfinden, ein Gefühl der *différence*, weil sie nicht den symbolischen Phallus haben, der die Jungen von ihren Müttern trennt und der Ursprung des Sich-Einlassens der Männer mit der patriarchalischen Kultur ist. Dieser Theorie hält Irigaray in „Ce sexe qui n'en est pas un" („Dieses Geschlecht, das nicht eins ist") entgegen, daß eine Frau zur Sexualität oder Kreativität keinen Phallus braucht; alles was sie braucht, ist sie selbst, weil sie als Frau „zwei" ist: „Die Frau ‚berührt sich' immerzu, ohne daß es ihr übrigens verboten werden könnte, da ihr Geschlecht aus zwei Lippen besteht, die sich unaufhörlich aneinander schmiegen. Sie ist also in sich selbst schon immer zwei, die einander berühren, die jedoch nicht in eins (einen) und eins (eine) trennbar sind" (1981b, 100; dt. 1979, 23). Kulturell kann eine Frau mit ihren eigenen zwei Lippen für sich selbst und für andere Frauen sprechen; sie braucht keine Männer und keine Männersprache: „Wir brauchen von ihnen nicht hervorgebracht, benannt, heilig oder profan gemacht zu werden" (Irigaray 1980, 74). Frauen haben ihre eigenen Kraftquellen – für Audre Lorde, die Kraft des Erotischen: „Wenn ich vom Erotischen spreche, dann meine ich damit die sich selbst behauptende Lebenskraft von Frauen; jene schöpferische Energie, deren Kenntnis und Gebrauch wir uns jetzt in unserer Sprache, unserer Geschichte, unserem Tanz, unserem Lieben, unserer Arbeit, unseren Leben zurückerobern" (1984, 55).

---

* Im Englischen mit „his" wiedergegeben, also männlich, und von J. Lorber entprechend mit „(*sic*)" kommentiert; beim deutschen Neutrum „Kind" ist diese männliche Festlegung nicht gegeben.

18 Zu Freud und dem Spiegelspiel, siehe Mitchell 1975, 382-398.

Purpur statt Lavendel

Andere Feministinnen stehen auf dem Standpunkt, die Frauenkultur brauche die Ablehnung von Männern und Männerkultur gar nicht, um die Frauen zu feiern. Was sie braucht, ist nach Meinung von afroamerikanischen Feministinnen wie Alice Walker eine Vorstellung von starken, stolzen Frauen, die heterosexuell, homosexuell, bisexuell sein können. Walker nennt diese Sichtweise „*womanist*":

> Gewöhnlich gebraucht für empörendes, kühnes, mutiges oder *eigenwilliges* Verhalten. Wunsch nach mehr und tieferem Wissen, als angeblich „gut" für frau ist. ... Eine Frau, die andere Frauen liebt, sexuell und/oder nichtsexuell. Frauenkultur schätzt und bevorzugt, auch die emotionale Spannweite von Frauen (Tränen als das natürliche Gegengewicht zum Lachen für wichtig hält), die Kraft von Frauen. Mitunter individuelle Männer liebt, sexuell und/oder nichtsexuell. Sich dem Überleben und der Ganzheit aller Menschen verpflichtet fühlt, männlichen *und* weiblichen. Keine Separatistin außer hin und wieder, aus gesundheitlichen Gründen. Traditionell Universalistin. ... Traditionell kompetent. ... Musik liebt. Tanz liebt. Den Mond liebt. Den Geist *liebt*. Liebe und Essen und Rundheit liebt. Kampf liebt. Menschen *liebt*. Sich selbst liebt. *Respektlos*. ... „Womanist" verhält sich zu „feminist" wie Purpur zu Lavendel. (1983, xi-xii)

Womanists finden ihre Symbolsprache in dem, was Frauen im Alltag produzieren: nicht Gemälde, sondern Quilts, Steppdecken aus bunten Flicken; nicht Symphonien, sondern Volkslieder; nicht Ballett, sondern Hochzeitstänze. Das Essen, das Geschirr, von dem gegessen wird, das gestickte Tischtuch sind Grundelemente der Frauenkultur; all diese Metaphorik findet sich in Judy Chicagos *The Dinner Party*. Elsa Barkley Brown zeigt, wie sich die Geschichte der afroamerikanischen Frauen in den Quilts widerspiegelt, die sie gemacht haben: Ihre Muster bilden eine „polyrhythmische, ‚nichtsymmetrische', nichtlineare Struktur, in der Individuum und Gemeinschaft keine konkurrierenden Größen sind" (1989, 926). Patricia Hill Collins bemerkt, daß afroamerikanische Diskursformen eher „Anruf-und-Antwort"-Dialoge verwenden und daß auch ihre kulturellen Produktionen und das Wissen, auf das sie Anspruch erheben, auf einer „Ethik der Zuwendung [beruhen] – auf dem Wert, der der individuellen Ausdrucksfähigkeit beigemessen wird, den richtigen Gefühlen und der Fähigkeit zur Einfühlung" (1989, 67). Afroamerikanische Schriftstellerinnen und Bluessängerinnen, meint sie, hätten sich selbst als kraftvolle, einander zu Stärke und Selbstachtung verhelfende Menschen neu definiert (1990, 91-113).

Manchmal sind die kulturellen Vokabularien der *womanists* universal und werden von Frauen überall verstanden, manchmal sind sie spezifisch für die rassischen und ethnischen Gruppen der Frauen. Dabei stellt sich die Frage, ob sie für die *Frauen* der Gruppe spezifisch sind, oder ob das Gewicht mehr auf dem ethnischen Bewußtsein liegt, das auch die Männer der Gruppe tei-

len. Trinh Minh-ha meint, zwischen Ethnizität und Frausein gebe es keine
Wahl: „Man hat/ist nie das eine ohne das andere" (Trinh 1989, 104).
Gayatri Chakravorty Spivak sagt, das Konzept des *Subalternen* (des aufsässigen
Untergebenen) sei vergeschlechtlicht; somit müßten auch das Bewußtsein der
Unterdrückung und die Formen des Kampfes für Frauen und Männer ver-
schieden sein (1988, 215-221). Der Mann, der ein Anderer ist, muß die von
den herrschenden Männern unterdrückte Stimme finden; die Frau, die eine
Andere ist, muß die Stimme finden, die von herrschenden wie beherrschten
Männern unterdrückt wird.

Afrikanische und afroamerikanische Frauen haben eine *gender*-spezifische
Ästhetik. Afrikanische Frauenkunst südlich der Sahara verwendet weibliche
Metaphorik und weibliche Medien, um lebensgeschichtliche Rituale für
Frauen zu schaffen und die Identität und Abstammung von Frauen aufzu-
werten (Aronson 1991). In Afrika wie in Amerika begleitet Frauenmusik die
Rituale von Geburt, Pubertät, Hochzeit und Tod, aber auch Alltagstätigkeiten
wie die Essenszubereitung (I. V. Jackson 1981). Manche indischen Schriftstellerinnen konnten Bilder von starken Frauen auch aus der Mythologie
ihrer Kultur nehmen. Im *Mahabharata*, dem mythisch-moralischen Epos
Indiens, gibt es viele bedeutende, aktive Heldinnen, zum Beispiel Draupadi,
die vom Gott Krishna geschützt wird, als sie sich gegen eine schamverlet-
zende Entkleidung wehrt, und deren Menstruationsblut ein Mal der Ehre ist.
Draupadi ist mit fünf Brüdern verheiratet: „Im patriarchalischen und patro-
nymischen Kontext ist sie außergewöhnlich, ja ‚singulär' im Sinne von unge-
rade, unpaarig, ungepaart. Ihre Ehemänner, denn es sind Ehemänner, nicht
Liebhaber, sind *legitim* im Plural vorhanden. Das Kind einer solchen Mutter
kann durch keine Anerkennung der Vaterschaft für den Namen des Vaters
beansprucht werden" (Spivak 1988, 183). In einer Geschichte von Mahas-
wete Devi wird Draupadi zur modernen Heldin des indischen Widerstands.[19]
Maxine Hong Kingston fand die Kraft zum Leben als Schriftstellerin bei
einer geisterhaften chinesischen Vorgängerin:

> Als ich groß geworden war, hörte ich das Lied von Fa Mu Lan, dem Mädchen, das
> in der Schlacht den Platz ihres Vaters einnahm. Sofort fiel mir wieder ein, daß ich
> als Kind im Haus immer hinter meiner Mutter hergelaufen war, während wir beide
> von Fa Mu Lan sangen, wie glorreich sie gekämpft hatte und wie sie lebend aus
> dem Krieg heimkehrte, um sich im Dorf niederzulassen. Ich hatte dieses Lied ver-
> gessen, das einmal meins war, ein Geschenk meiner Mutter, die von seiner Kraft,
> etwas in mir wach zu rufen, vielleicht gar nichts wußte. Sie sagte, ich würde zur
> Frau und zur Sklavin heranwachsen, aber sie lehrte mich das Lied der Kriegerin Fa
> Mu Lan. Ich würde zur Kriegerin heranwachsen müssen. (1976, 24)

---

19 Übersetzt von Spivak 1988, 179-196.

„Das Geld macht den Geschmack"

Wenn Frauen Kultur produzieren, haben sie die Chance, Frauen anders darzustellen, als es männliche Künstler tun (Grigsby 1990). Auf einer Abbildung aus dem neunzehnten Jahrhundert ist eine japanische Künstlerin zu
sehen, Mu-Me, die gerade eine Frau malt, sowie das fertige Bild einer anderen Frau (Fister 1988, 47). Alle Frauen in diesem Dreifachbild – die Malerin
und ihre beiden Bilder – sind ganz zu sehen. Gezeigt wird die von ihren
Pinseln und Farben umgebene Malerin, wie sie Kunst macht. In Japan hatten
professionelle Künstlerinnen ihre Blütezeit im späten siebzehnten und im
achtzehnten Jahrhundert, in der Ukiyo-E-Malerei – den „fließenden Welten"
– der hedonistischen Kulturen von Edo, Kyoto und Osaka. Inzwischen ist ein
Großteil ihrer Arbeiten verschwunden (Fister 1988, 47-54).

Sofonisba Anguissola, eine der professionellen Künstlerinnen, die in der
italienischen Renaissance des sechzehnten Jahrhunderts hervortraten, war
bekannt für ihre Selbstporträts. Wenn eine Frau ein Selbstproträt malt, kann
sie sich damit selbst als Künstlerin aufwerten; es kann aber auch sein, da sie
sich selbst Modell steht, daß sie ihr Werk heimlich ausgeführt hat. Anguis-
solas Selbstporträts enthielten noch weitere ambivalente Implikationen. Nach
Meinung von Ann Sutherland Harris und Linda Nochlin (1976, 26-32) war
Anguissola zur damaligen Zeit eine Seltenheit; sie erregte „viel Neugier und
Bewunderung" (27) und wurde, bei lebhafter Nachfrage nach ihren Selbstporträts, zur Kultfigur. Obwohl sie gut bezahlt wurde und durch ihr Beispiel
andere Künstlerinnen ermutigte, wurde sie „als neues Phänomen mit Selten-
heitswert, nämlich eine Frau als Malerin, mit Zwergen, Narren und sonstigen
höfischen Zerstreuungen" in einen Topf geworfen und von dem einflußreichen Kritiker Vasari mit einer „höflichen, aber knappen" Beurteilung abgefertigt (31).

Etwa acht Jahre später, im Jahre 1630, malte Artemisia Gentileschi ihr
Selbstporträt als Allegorie der Malerei. Mit eindringlich konzentriertem
Gesicht und kräftigen Armen, die Pinsel und Palette halten, „tritt die Künst-
lerin kraftvoll als lebendige Verkörperung der Allegorie hervor. Malerin,
Modell und Konzept sind ein und dasselbe" (Garrard 1989, 354). Dieses
Selbstporträt ist die selbstbewußte, unzweideutige Darstellung ihres Künst-
lertums durch eine Malerin, die diesen Beruf ausgeübt hatte, seit sie ein kleines Mädchen war. Im Laufe ihres Lebens machte Gentileschi eine internationale Karriere. Vertraute künstlerische Prototypen wie Judith bei der
Enthauptung des Holofernes versah sie mit einer Mischung aus männlichen
und weiblichen Elementen, die aus ihnen Heldengestalten mit *gender*-
konträren Zügen machte (Garrad 1989, 7-8). Gegen Ende ihres Lebens jedoch malte sie, vielleicht weil sich das besser verkaufte, eher üppige Heroinen wie Bathsheba (136-137).

Die ideologische Macht der vergeschlechtlichten Annahmen und die „allgegenwärtige Gewißheit des *gender*-Unterschieds selbst" (Nochlin 1988, 2)
werden durch die Präsenz von Künstlerinnen, Schriftstellerinnen oder Komponistinnen nicht automatisch in Frage gestellt: „Symbolische Macht ist
unsichtbar und kann nur mit dem heimlichen Einverständnis derer ausgeübt
werden, die nicht erkennen, daß sie ihr unterworfen sind oder sie selbst ausüben. Weder sind Künstlerinnen für schmeichelnde ideologische Diskurse
unbedingt weniger anfällig als ihre männlichen Zeitgenossen, noch sollte
man sich die herrschenden Männer als Verschwörer oder auch nur als bewußt Handelnde vorstellen, die den Frauen ihre Vorstellungen aufzwingen"
(Nochlin 1988, 2-3). Frauen neigen dazu, sich der konventionellen kulturellen Symbole zu bedienen, weil Männer die Geschmacksrichter sind. Die
Männer mögen keine bewußten Verschwörer sein, aber in der Kulturproduktion beherrschen sie nun einmal Ausbildung, Kritik und Märkte, und aus all
diesen Bereichen haben sie die Frauen oft bewußt herausgehalten. Damit
man überhaupt auf sie aufmerksm wird, brauchen Künstler, Komponisten
und Stückeschreiber Leute, die sie fördern – ihre Bilder ausstellen, ihre Musik spielen, ihre Stücke aufführen. Da in den westlichen Gesellschaften die
weißen Männer die künstlerischen Ressourcen beherrschen, haben es Frauen
schwer, zu Ausstellungen in Museen und Galerien, Aufführungen ihrer Or-
chester- oder Opernmusik, Inszenierungen ihrer Stücke zu kommen. Farbige
Frauen haben es womöglich noch einmal so schwer (Burman 1988). Verfas-
ser(innen) von Romanen oder Lyrik haben zwar ein privates Publikum, aber
auch sie müssen erst einmal veröffentlicht werden, und auch hier werden
immer wieder männliche Autoren von männlichen Verlegern bevorzugt
behandelt (Tuchman 1989).[20]

Die wertsteigernde Macht der Reputation bei der ästhetischen und kom-
merziellen Bewertung von Künstlern ist ein wohlbekanntes Phänomen.[21]
Ruhm wächst einigen wenigen, im Rampenlicht stehenden und sehr gefrag-
ten Künstlern zu.[22] Die meisten Kunstwerke, die in den Museen hängen,
waren laut John Berger (1977) für den Markt bestimmt; nur ein paar davon
sind „große Kunst". Um als „groß" anerkannt zu werden, muß ein Künstler

---

20   Die Brontë-Schwestern, George Eliot, George Sand und andere weibliche Romanciers des
      neunzehnten Jahrhunderts veröffentlichten unter männlichen Pseudonymen.
21   Becker 1982, 351-371; Chadwick 1988; Frueh 1988; Lang und Lang 1990. Die zehn
      teuersten Gemälde, die alle im Laufe des Jahres 1989 verkauft wurden, stammten sämtlich
      von Männern (R. Reif 1989). Sechs der zehn waren von Picasso und zwei von Van Gogh.
      Die restlichen zwei waren ein Impressionist und ein Maler aus der Renaissance. Zu expe-
      rimentellen Untersuchungen zum Bias der künstlerischen Leistungen von Frauen und
      Männern, siehe Top 1991.
22   Eine von Jenny Holzers „Truisms" („Binsenweisheiten") hieß: „Das Geld macht den
      Geschmack" (Auping 1992, Abb. 31, 88). Holzer war die erste Frau, die 1990 die Verei-
      nigten Staaten auf der angesehenen Biennale von Venedig vertrat, und ihre Installation be-
      kam den Goldenen Löwen für den besten Pavillon (50-66).

in einer Tradition ausgebildet sein und diese dann weiter entwickeln oder mit ihr brechen. Die besondere Sichtweise des Künstlers muß als originell und beachtenswert zunächst von Kritikern anerkannt werden, die den Durchbruch publik machen, dann von einem Publikum, das die neue Kunst konsumiert und kauft, und schließlich von anderen Künstlern, die die neue Sichtweise dieses Künstlers aufgreifen. Alle an dieser Erzeugung von Reputation Beteiligten sind höchstwahrscheinlich Männer, die dazu neigen, für wertvoll zu halten, was Männer produzieren, nicht was Frauen produzieren. Viele Künstlerinnen, die berühmt geworden sind, etwa Georgia O'Keefe, hatten männliche Sponsoren.[23]

Besonders aufschlußreich für die Lage der Künstlerinnen in der westlichen Kultur ist der Tatbestand, daß sie bis in das späte neunzehnte Jahrhundert hinein grundsätzlich aus allen Mal- und Zeichenklassen ausgeschlossen waren, die mit Aktmodellen arbeiteten, dem A und O jeglicher Ausbildung für professionelle Künstler bis weit ins zwanzigste Jahrhundert hinein (Sheehy 1987). Hinzu kam, meint Nochlin, „daß es nach Ansicht der Vertreter der traditionellen Malerei im neunzehnten Jahrhundert große Malerei *mit* bekleideten Figuren gar nicht geben konnte, da die Kleidung unweigerlich die zeitlose Universalität und klassische Idealisierung zerstörte, die für große Kunst erforderlich war" (1988, 159). Und also lautet ihre Antwort auf die ewige Frage, warum es in der westlichen Kunst keine großen Künstlerinnen gegeben hat, daß „es Frauen *institutionell* unmöglich gemacht wurde, auf gleicher Basis wie Männer künstlerisch Hervorragendes zu leisten oder Erfolg zu erringen, *ganz gleich* wie groß ihr sogenanntes Talent oder Genie war" (1988, 176).

Als dann die Kulturproduktion in den westlichen Gesellschaften zum Beruf wurde, war für den Zugang eine berufliche Ausbildung und für eine Karriere das Hervortreten in der Öffentlichkeit erforderlich. Vor allem für bildende Künstlerinnen und Musikerinnen, aber auch für Schriftstellerinnen, mußten die Zugangschancen zu Berufsausbildung, Handwerkszeug, Mäzenatentum sowie zu einem Unterstützungsnetzwerk von Kolleg(inn)en überhaupt erst eröffnet werden (Tuchman 1975). Gaye Tuchman (1989) weist darauf hin, daß die Romanschriftstellerinnen des neunzehnten Jahrhunderts erfolgreich waren, weil sie ein Publikum von gebildeten Leserinnen aus der Mittelklasse hatten, die über Zeit zum Lesen und Geld zum Bücherkaufen verfügten. Als der Roman zur festen Gattung wurde und mit Romanschreiben Prestige zu gewinnen war, wurden die romaneschreibenden Frauen im Zuge einer Art kultureller Adelung der Gattung von den Männern verdrängt (208).

Für viele kulturproduzierende Frauen, deren Biographien bekannt sind, war es als Voraussetzung fast unerläßlich, daß sie bereits in eine Künstler- oder Musikerfamilie hineingeboren wurden oder auf die Unterstützung ihres

---

23   Zu O'Keeffe, siehe Cowart, Hamilton und Greenough 1987; Messinger 1988.

Vaters oder ihrer Mutter bauen konnten. Elizabeth Wood sagt über Musikerinnen:

> Es gibt eine Flut von Belegen, aus denen hervorgeht, daß für die meisten Musikerinnen der signifikante Elternteil die Mutter ist, im Gegensatz zur Unterstützung durch den Vater, die von den bildenden Künstlerinnen angeführt wird. Weibliche Verwandtschafts- und Freundschaftssysteme sowie Mentorinnen sind entscheidend nicht nur für die emotionale Interaktion, sondern auch für die Weitergabe von formalen Fertigkeiten und für die Karrieregestaltung. Großen Einfluß auf den kulturellen Prozeß haben mütterliche Unterstützungssysteme ausgeübt, deren Spannweite von der „unteren" häuslichen Ebene der persönlichen Interaktionen und Identifikationen, durch die das musikalische Talent früh entdeckt wird und erste Berührungen mit Instrumenten, Konzerten und Lehrern vermittelt werden, bis zu den fest organisierten Allianzen reicht, die sich in der Opposition zu den kulturellen Autoritäten der „höheren" Ebene behaupten. Mutige ältere, etablierte Mentorinnen, Rollenmodelle, musikliebende Mütter, durchsetzungsfähige und großzügige „Förderer" haben Frauen den Zugang zur musikalischen Bildung und Reifung und zu Karrieremöglichkeiten erzwungen. (1980, 293-294)

In einer wunderschön ausgesponnenen Metapher, „Virginia Woolf und ihre Geige: Mütterlichkeit, Wahnsinn und Musik", zeigt Marcus (1987, 96-114), daß Woolf, wenn sie Mentorinnen hatte, die sich mütterlich verhielten, ihre wundervolle literarische Musik schrieb, während, wenn dies nicht der Fall war, die disharmonischen Stimmen in ihrem Kopf die Oberhand bekamen. Sie und die Komponistin Ethel Smyth erhielten von vielen Frauen Hilfe: „Frauen hatten das Genie in Woolf wie in Smyth erkannt und ihnen den Unterricht, die Disziplin und die Liebe gegeben, die sie zum Überleben brauchten" (113).

Für viele Musikerinnen bestand das Forum für ihre Produktionen aus „geschlossenen Systemen", wie Wood das nennt – Musikklubs von Frauen, Frauenorchester und privater Musikunterricht. Diese Einengung, meint sie, sei charakteristisch für die meisten westlichen Musikerinnen, „unabhängig von ihrem rassischen, regionalen und sozioökonomischen Hintergrund" (294).[24] Obwohl Ellen Taaffe Zwilich und Shulamith Ran mit Pulitzerpreisen ausgezeichnet wurden, sind sie und frühere Komponistinnen wie Amy Beach, Fanny Mendelssohn Hensel und Clara Schumann in Konzerten oder Radiosendungen selten zu hören.[25]

---

24 Siehe auch Ammer 1980; J. M. Edwards 1989; Tick und Bowers 1980.
25 Zwilich war die erste Komponistin, die einen Pulitzerpreis für Musik bekam, nämlich 1983 für ihre Symphonie Nr. 1 (*Three Movements for Orchestra*). Es gibt auch viele Opern von Frauen, die früheste aus dem Jahre 1625, die in den größeren Opernhäusern fast nie aufgeführt werden (Pendle 1992). Smyth schrieb zu Beginn des Jahrhunderts mehrere Opern, ebenso Eleanor Everest Freer, Amy Beach und Mary Carr Moore. In den letzten vierzig Jahren haben Vivian Fine, Miriam Gideon, Peggy Glanville-Hicks, Libby Larsen, Meredith Monk, Thea Musgrave, Julia Perry, Evelyn Pittman, Louise Talma und Judith Weir Opern

Aus alt mach neu? Das Vokabular

Wenn die kulturellen Produktionen von Frauen eine neue Stimme bilden sollen, müssen sie nicht nur von allen gehört, gelesen und gesehen werden, sondern auch ein unverwechselbares symbolisches Vokabular benutzen, mit dem Männer so gut wie Frauen angesprochen werden können. Die Moderne des zwanzigsten Jahrhunderts hat weiblichen Kulturproduzenten die Chance geboten, ein neues symbolisches *gender*-Vokabular zu prägen, aber im großen und ganzen waren die Frauen nicht eben revolutionär.[26] Kubistische und abstrakte Maler, Romanschriftsteller, deren Stilmittel innerer Monolog und Bewußtseinsstrom waren, atonale Komponisten und Choreographen des modernen Tanzes haben ein neues visuelles, verbales und musikalisches Vokabular geschaffen, das bei Kritik und Publikum so weithin Anerkennung fand, daß es inzwischen zum Synonym für die westliche Kultur geworden ist. Die Moderne hätte auch die Sprache für eine Dekonstruktion der *gender*-Kategorien liefern können: „Das moderne Gedicht mit seinen Sprüngen, Ellipsen, Brüchen und seinem scheinbaren Mangel an logischer Konstruktion ist eine Art des Schreibens, bei der es den Rhythmen des Körpers und dem Unbewußten gelungen ist, die streng rationalen Abwehrsysteme der konventionellen sozialen Bedeutung zu durchbrechen" (Moi 1985, 11).

Dennoch, obwohl es in der modernen Kultur des zwanzigsten Jahrhunderts viele wunderbare weibliche Kulturproduzenten gab, und obwohl „alles, Seele, Körper, Sexualität, Familie, Wirklichkeit, Kultur, Religion und Geschichte neu ausgedeutet wurde" (B. K. Scott 1990, 16), kam es mit Ausnahme einiger von Männern wie von Frauen produzierter moderner Tanzchoreographien zu keiner Neuschöpfung der Kategorien von „Frau" und „Mann" und selten auch nur zu einer Infragestellung der Vorherrschaft der Männer in der Kulturproduktion.[27] Manche Frauen und Männer haben die *gender*-Grenzen bewußt verwischt und Helden geschaffen, die wie Virginia Woolfs Orlando mal Mann, mal Frau sind, aber diese Figuren bewohnen mit ihrem verwandelten *gender* eine vergeschlechtlichte Welt und stellen sie letztlich wieder her (Garber 1992). Feministische Autorinnen von Science fiction haben als Kritik an der konventionellen sozialen Struktur von *gender*

---

geschrieben, die gelobt, aber selten aufgeführt wurden. Nur Musgrave und Weir wurden international in größerem Umfang aufgeführt.

26 Die Avantgarde der ersten Hälfte des zwanzigsten Jahrhunderts hat sich den bestehenden *gender*-Mustern und -beziehungen nicht kritisch gestellt; siehe dazu Stimpson 1979. Sie weist darauf hin, daß die Vormachtstellung der Männer weder persönlich noch organisatorisch je in Frage gestellt wurde.

27 Zur androgynen und die *gender* umkehrenden Choreographie im modernen Tanz, siehe Hanna 1988, 131-136, 204-216.

nichtvergeschlechtlichte Welten geschaffen.[28] Aber im großen und ganzen
bilden die akzeptierten *gender*-Kategorien den Kontext für die kulturellen
Produktionen von Frauen wie von Männern.

Woher also wäre ein neues feministisches Vokabular zu nehmen, das nicht
nur die Erfahrungen von Frauen zur Sprache bringt, sondern tief verwurzelte
kulturelle Traditionen durchscheinen läßt? Obwohl in den Mythen der westlichen Kultur die Erfahrungen der Frauen oft verdrängt oder für die Zwecke
der Männer zurechtgebogen wurden, gibt es eine reiche, verborgene Symbolik, die den Kern eines neuen kulturellen Vokabulars bilden könnte.[29] Die
früheste schriftlich niedergelegte Dichtung, die bis jetzt entdeckt wurde,
stammt von einer Frau, einer sumerischen Prinzessin und Priesterin namens
Enheduanna (Hallo und Van Dijk 1968). Sie war die Tochter des Sargon, der
vor etwa viertausend Jahren das Mesopotamische Reich gründete. Eine der in
dieser Kultur verehrten Göttinnen war die mächtige Inanna-Ischtar, für die
Enheduanna eine Lobeshymne schrieb:

> In der Gestalt des anstürmenden Windes stürmst du heran.
> Du tobst mit dem tobenden Sturm.
> Du donnerst unaufhörlich mit dem Donner.
> Du schnaubst mit allen bösen Winden.
> Deine Füße sind immer rastlos.
> Dein Trauergesang ertönt zur ... Harfe der Seufzer. (19, II. 28-33)

Inannas Blick ist wie der Blick der Medusa „entsetzlich ... blendend" (31, II.
128-131).

Es gibt Mutmaßungen darüber, daß das Alte Testament ursprünglich von
einer Frau geschrieben wurde, von „J", einer Angehörigen der königlichen
Familie am Hofe König Salomons (H. Bloom 1990). Ihr Standpunkt ist iro-
nisch, und sie preist Frauen genauso wie Männer: „Was könnte liebenswerter
sein [in der Geschichte von Moses], von schönerem Selbstbewußtsein zeugen, als die Fabel einer Rettung, in der die ägyptische Prinzessin durch und
durch gutartig ist, Hebräisch spricht und die männliche Gewalt ihres Vaters
ablehnt? Und was gewitzter als J's Einführung von Moses' Schwester, die als

---

28 *Gender*-Verwandlungen in der feministischen Science fiction gab es in Gestalt von Men-
    schen, die abwechselnd männlich und weiblich waren (Le Guin 1969), künstliche weibli-
    che Unterleiber besaßen, Männer waren, denen weibliche Hormone gespritzt wurden, da-
    mit sie stillen konnten (Piercy 1976), in Gestalt der Erfindung von Mehrfach-*sex* und
    Mehrfach-*gender* (O. E. Butler 1987; 1988; 1989) und in Gestalt der Abschaffung der
    Männer überhaupt (Gilman 1979; Russ 1975); einen Überblick gibt Nielsen 1984. Von
    Männern geschriebene Dystopien, etwa Orwells *1984*, verfestigen die traditionellen *gen-
    der*-Normen durch ihre Romantisierung der Sexualität; die Liebe der Frauen ist für die
    Männer (nicht die Frauen) der Ursprung der Freiheit vom repressiven Staat (Baruch 1991,
    195-196, 207-229).

29 Zur Unterdrückung der Frauen in den Mythen der westlichen Kultur, siehe die längeren
    Ausführungen von de Beauvoir 1953, 139-263; dt. 1992, 190-329.

Späherin geschickt wird und auf diese Weise bei der Hand ist, um der Prinzessin die geeignetste aller hebräischen Ammen vorzuschlagen, die eigene Mutter des Säuglings?" (243). In der jüdischen Tradition sind Midrashim Wiedererzählungen und Neuinterpretationen von biblischen Texten. Judith Plaskow meint, Feministinnen hätten Midrashim zu Lilith (Adams erster Frau), Miriam (Moses' Schwester) und Sarah (Abrahams Frau) verfaßt, die den Garten Eden, den Exodus und Isaaks Opfer aus der Sicht einer Frau beschreiben (1990, 53-56).

Eine weitere Quelle von Symbolen, die Frauen Macht verleihen, sind die Ursprungsmythen. Nach Meinung von Peggy Reeves Sanday sind Ursprungsmythen „eine Projektion der Wahrnehmung, die ein Volk vom Ereignis der Geburt eines Menschen und von der Erfahrung mit der eigenen Umwelt hat" (1981a, 56). Das Geschlecht des Schöpfers spiegelt wider, was die Menschen als die Quelle der universalen Kraft ansehen: „Weibliche Schöpfer entstammen einem Innen – etwa dem Wasser oder der Erde – und schaffen aus ihren eigenen Körpern heraus. Schöpfer, die männlich, tierisch oder ‚höchste Wesen' sind, entstammen einem Außen – etwa dem Himmel oder einem anderen Land – und erschaffen die Menschen magisch. Schöpferpaare entstammen zwar einem Innen und einem Außen, erschaffen jedoch eher durch natürliche Reproduktionsprozesse" (57). Ursprungsmythen spiegeln die Nahrungsproduktion wider – Jagen wird auf äußere Ursprünge zurückgeführt, das Sammeln von Pflanzen auf innere (67). Auch die Praktiken der Kinderaufzucht hängen mit der jeweiligen Ursprungssymbolik zusammen – in Gesellschaften mit weiblichen Schöpfern sind die Beziehungen der Väter zu ihren Kindern enger als in Gesellschaften mit männlichen Schöpfern (Sanday 1981a, 60-64). In Gesellschaften mit männlichen Schöpfern sind die Männer von den Frauen und Kindern abgelöst, „und viele dieser Gesellschaften zeichnen sich durch Mißtrauen, Konkurrenz, sexuellen Antagonismus und rigide Geschlechtertrennung aus" (63). Diese Ursprungsmythen werden von den jeweiligen Gruppen auch dann beibehalten, wenn ihre Nahrungsproduktion sich gewandelt hat, aber wenn sie migriert sind oder erobert wurden, können ihre Ursprungsmythen auch ambivalent werden, oder sie können mehrere haben.

In der jüdisch-christlichen Genesis zum Beispiel gibt es zwei Versionen von der Erschaffung der Menschen, und beide werden mehrmals verschieden erzählt. In der einen Version ist der Schöpfer, wie William Phipps (1989) bemerkt, möglicherweise eine androgyne Gottheit: Elohim „schuf also den Menschen als sein Abbild; als Abbild Gottes schuf er ihn." Und weiter heißt es im Text: „Als Mann und Frau schuf er sie." (3). In der zweiten Version wird erst Adam aus Ackerboden gemacht und dann, aus seiner Rippe, Eva als „Gefährtin" (32). Somit sind in dem ersten Ursprungsmythos Männer und Frauen gleichwertige Abbilder des Schöpfers; in dem zweiten sind sie, auch wenn die Frau aus dem Manne gemacht wird, sozial gleich (12). In den späteren Erzählweisen wird der Schöpfer männlich, und es ist ein Rätsel, wie sein Bild männlich und weiblich zugleich sein kann; die Gefährtin des Mannes wird zur „Hilfe, die ihm entspricht", ihm also nicht ganz gleich ist. In J's Version wird „der Erschaffung der Frau sechsmal so viel Raum [gegeben] wie der des Mannes; es ist der Unterschied zwischen der Herstellung eines Lehmklotzes und einer viel komplizierteren und schöneren Struktur" (Bloom 1990, 180). Reeves Sanday meint, daß die Juden der Frühzeit, als sie aus Ägypten flohen und nach Kanaan gingen, zunächst die weiblich geprägte und sexualisierte kanaanitische Religion annahmen, sich dann aber, um ihre eigene Identität zu bewahren und die Eheschließungen mit den kanaanitischen Frauen zu unterbinden (Abraham bestand darauf, daß Isaak, sein einziger Sohn, eine Frau aus seiner Heimat und nicht aus Kanaan heiratete), von dieser Religion lossagten und ihre eigene reinigten (1981a, 215-231). Die beiden jüdisch-christlichen Schöpfungsgeschichten bringen nach Meinung von Reeves Sanday diese Ambivalenz und Spannung zum Ausdruck.[30]

Für die Menschen der Frühzeit mag das Symbol für den Ursprung des Lebens eine fruchtbare Frau gewesen sein. Über ganz Europa und Sibirien verstreut finden sich an prähistorischen Stätten, die 15.000 bis 25.000 Jahre alt sind, Statuetten und Amulette von Frauen, die offensichtlich schwanger sind oder stark betonte Brüste oder Gesäße haben. Manchmal sind es bloß Y-förmige oder runde Objekte mit einem Schlitz als Vulva.[31] Andere an diesen Stätten gefundene Objekte tragen Markierungen, die wohl einen Mondkalender darstellen und die Tage von Neumond zu Vollmond und wieder zu Neumond zählen; ähnliche Markierungen finden sich auch auf manchen weiblichen Figurinen (Marshack 1972, 288-330). Manche Objekte tragen Gravierungen von typischen Pflanzen für bestimmte Jahreszeiten und von trächtigen Tieren. Es gibt auch Gravierungen von symbolischen Phalli, aber die weiblichen Darstellungen scheinen vorzuherrschen. Alexander Marshack, der in *The Roots of Civilization* (1972) die Meinung vertritt, das Wesen der symbolischen Kognition des Menschen bestehe im „Denken in der Zeit", fragt:

Welcher *Aspekt* des weiblichen Prozesses oder Mythos wird jeweils dargestellt, symbolisiert oder mit einer Geschichte versehen? Der Aspekt der Menstruierenden, der Pubertierenden, der Sich-Paarenden, der Schwangeren oder der Milchspendenden? ... Ist es das allgemeine Bild der Mutter"göttin", der Ahnherrin des Stammes? Oder ist es jener weibliche Aspekt, der mit der Geburt und Wiedergeburt allen Le-

---

30 Ironischerweise versuchten die frühen christlichen Kirchenväter, die Gläubigen ihrer Religion dadurch von den Juden zu unterscheiden, daß sie strengere Sexualpraktiken einführten und die Juden der Sinnlichkeit und Hexerei bezichtigten. Juden wurden feminisiert, Juden und Frauen dämonisiert. Siehe Farrell 1992, Kap. 2. Zu neueren feministischen Interpretationen des jüdisch-christlichen Ursprungsmythos, siehe Bal 1986 und Meyers 1988, 72-121.

31 Ehrenberg 1989, 66-76; Gimbutas 1974; 1989; Marshack 1972, 281-340.

bens und aller Natur und damit mit einer „weiblichen Eigenschaft" zusammen-
hängt? Hängt er mit biologischen oder jahreszeitlichen Zyklen zusammen? Hängt
dieses Bild über die Geschichte von Geburt, Tod und Wiedergeburt und über Vergleiche zwischen dem Mond- und dem Menstruationszyklus mit dem Mondzyklus
zusammen? (283)

Zwei anthropologische Untersuchungen zur Menstruation deuten darauf hin,
daß in einigen Kulturen solche symbolischen Verbindungen von Frauen und
Zeit überdauert haben (Knight 1988; Lamp 1988).[32]
Janika Vandervelde hat eine Reihe von Kompositionen mit dem Namen
Genesis geschrieben, in denen sie Ursprungsmetaphorik und Frauenerfah-
rung mit der symbolischen Zeit verknüpft, wie sie in der Sprache der Musik
zum Ausdruck kommt (McClary 1991, 112-131). Im Gegensatz zur „Stan-
darderzählung von tonalem Ringen, Klimax und Schluß" in der westlichen
Musik (114) beginnt *Genesis II* mit „einem musikalischen Bild der Geburt
eines Kindes: Pulsieren eines fötalen Herzschlags, zunehmende Anstrengung
der Wehen und plötzlicher Eintritt in eine frische und ruhige neue Welt"
(116). Die neue Welt allerdings hat die Männerzeit nicht hinter sich gelassen:

> Die frische neue Welt, die als Ergebnis dieses Prologs entsteht, enthält zwei Arten
> von Musik, in denen die Zeit jeweils anders organisiert ist. Auf der einen Seite
> führt das Piano ein minimalistisches „Uhrwerks"-Muster aus: ein Muster, das sich
> zyklisch wiederholt, aber unendlich faszinierend ist, weil es fast wie die Facetten
> eines Kristalls, die sich mit jeder Drehung zu verändern scheinen, durch rhythmi-
> sche und tonale Asymmetrien in sich markiert ist. ... Es schafft ein Gefühl des Da-
> seins *in* der Zeit, das stabil, geordnet und dennoch „zeitlos" ist. (McClary 1991,
> 117-118)

Die zyklische Zeit scheint die Zeit der Frauen zu sein, hier dargestellt in der
Sprache der Musik.

> Und auf der anderen Seite haben wir die Streichinstrumente ... [die] uns jene ziel-
> gerichteten Gesten des Sich-Ausdrückens und Um-etwas-Ringens vorführen, die ...
> sich explizit *nicht* damit begnügen, im Hier und Jetzt zu leben, sondern versuchen,
> zu weiteren Horizonten vorzudringen und den sozialen Konventionen zu trotzen,
> Gesten, die eben diese Hoffnung auf künftige Stabilität für eine nicht enden wol-
> lende Jagd nach den schwer faßbaren Schimären von Fortschritt, Wandel und
> schließlich Transzendenz und Auslöschung der Zeit eintauschen. (116-119)

Die lineare Zeit, die die zyklische Zeit schließlich auslöscht, scheint die Zeit
der Männer zu sein, wiederum dargestellt in der Sprache der Musik. Vandervelde verwendet die Standardnotenschrift auf unterschiedliche Weisen, die
für zwei gegensätzliche Bilder von Zeit stehen, ein zyklisches und ein linea-

---

32 Knight (1991) meint, die Synchronisierung der Menstruationszyklen der Frauen um die
    Mondzeiten herum habe in Verbindung mit dem Bedarf nach der Jagdarbeit der Männer
    dazu geführt, daß die Frauen sexuelle Beziehungen während der Menstruation mit rituellen
    Tabus belegten. Die Frauen reinigten sich nur, wenn die Männer sie ernährten.

res. Sie scheinen symbolisch vergeschlechtlicht zu sein, könnten aber ebenso gut zwei verschiedene Arten des Seins in der Welt darstellen, die beide gleichwertig sind.

Frauen sind immer da; man muß nur hinschauen

In einem Essay über Martin Heideggers *Sein und Zeit* und Samuel Becketts *Warten auf Godot* weist Mary O'Brien darauf hin, daß es darin keine Frauen gibt (1989, 83-102). Heideggers transzendentales Sein und das alltägliche Sein sind beides Männer. Weil Männer nicht gebären, sind sie nach Meinung von O'Brien nicht in gleichem Maße tief innerlich in Vergangenheit und Zukunft eingebunden wie Frauen. Sie können nur passiv warten. Heidegger bemerkt die Abwesenheit von Frauen in seiner Philosophie überhaupt nicht; Becketts Stück läßt immerhin den Schluß zu, daß die auf Godot Wartenden mitunter wissen, daß „die Männer, da sie nicht über die integrative, im Prozeß der Reproduktion verankerte Kraft der Frauen verfügen, allein dastehen, der natürlichen Welt und dem Fortbestand der Gattung entfremdet" (94). O'Brien sagt über *Warten auf Godot*:

> Über dem Ganzen brütet eine undefinierte Präsenz, eine Möglichkeit, eine Drohung und ein Versprechen, das Beckett Godot nennt. Die Tragikomödie ist eine bemerkenswerte Darstellung des unverworrenen und, was die wesentlichen Elemente des menschlichen Lebens angeht, vollständigen Soseins – mit einer Ausnahme: Es gibt keine Frauen. Allerdings ist das Frausein auf die gleiche Weise da, wie Godot da ist. ... Außerdem gibt es Kinder, einen Jungen oder vielleicht zwei, die „von Godot kommen", als Boten dessen, daß Godot, obwohl unsichtbar vorgestellt, *existieren muß*, so wie dieses Dasein in all seinen quälenden Aspekten, seinen Aufteilungen, frauengeboren sein muß, wie es diese Jungen sind. Aber wenn Godot eine Frau ist, dann wird alles Fragen der Welt nicht zur Offenbarung einer Fruchtbarkeit führen, die absolut negiert wird. Es gibt keine Dialektik von Geburt und Tod, Subjekt und Gattung, keine Spannung von historischer und natürlicher Zeit, kein Dasein und kein Sein. (87-88)[33]

Einst gab es Göttinnen des Lebens und des Todes, Symbole von Geburt und Fruchtbarkeit, die große Brüste und schwangere Bäuche zeigten, Schwangerschaftsstreifen hatten, ein Kind hielten. Ihre Namen waren Aschera, Astarte, Inanna, Ischtar, Hathor, Isis, Aphrodite, Demeter, Venus, Freya, Al-Lat, Al-Uzza, Al-Manat. Als der patriarchalische Monotheismus diese Frauenbilder als Götzenbilder zerstörte, wurden aus dem Fruchtbarkeitssymbol der vielsamige Granatapfel, der sich überall in der dekorativen Kunst des Judentums

---

33 Siehe auch Pearson 1984.

findet, die Töchter Allahs und die christliche Madonna.[34] Die Frau, die symbolische Lebensspenderin, ist nicht wirklich verschwunden.
Wie ist die Welt, wenn Frauen in ihr sind? Die Sichtweisen von Frauen sind anders als die der Männer, nicht weil Frauen und Männer biologisch verschieden sind, sondern weil in einer von Männern dominierten Kultur die Fragen, die Frauen stellen, und die Antworten, die sie finden, subversiv sein können. Bereits die Schaffung einer Kultur im eigenen Namen ist eine Form von Rebellion. Gern sähe ich auch Männer eine Kultur produzieren, die den Phallozentrismus untergräbt, doch mag es einstweilen genügen, wenn kulturproduzierende Frauen die Welt auf den Kopf stellen:

Uhrzeigerwidersinnig spinnende Spinnerinnen – wenden das Zifferblatt/Gesicht – fühlen/finden einen Anderen Sinn der/für Zeit. Wir fragen warum, uhrzeigersinnig beginnend und weiter, gegenuhrzeigersinnig, angehend mit Gegenwarum gegen die Uhrzeigersinnigkeit – Fragen, die die Fragenden hinauswirbeln über die Grenzen der Langeweile und hinein in den Fluß der Gezeitenzeit/Elementenzeit. Das ist Wilde Zeit, jenseits des Klockens/Klickens von Clonen. Das ist die Zeit Böser Eingebung/Bösen Geistes, die läßt sich nicht fassen von einer säuberlich männergezeitigten Welt. (Daly und Caputi 1987, 279)

---

34 Nach Warner (1983, 282-289) ist die Jungfrau Maria die kulturelle Nachfahrin eines Fruchtbarkeitssymbols, der Maikönigin. Der Monat Mai ist nach Maia benannt, der Mutter von Hermes und Zeus, die mit ihren Schwestern in die Pleiaden verwandelt wurde, die Sterne, die im Monat Mai am Himmel erscheinen. Maia wurde einer kleineren Fruchtbarkeitsgöttin im alten Rom assimiliert, aber im Europa des Mittelalters wurde die Maikönigin „gekrönt und in einem alten Fruchtbarkeitsritus [am ersten Mai] manchmal mit dem Grünen Mann verheiratet." Zur Verwandlung der drei präislamischen Fruchtbarkeitsgöttinnen in Töchter Allahs, siehe Sabbah 1984, 104-106. Zu den Göttinnen von Sumer und dem Übergang zum männlichen Monotheismus im Judentum, siehe Frymer-Kensky 1992. Zur Gefiederten Schlange der Teotihuacánkultur in Mexiko als ursprünglicher Göttinnendarstellung, siehe Wilford 1993. Zum Ausgraben der Kornmütter, siehe Gutiérrez 1991. Zu den Göttinnen in verschiedenen Religionen, siehe Eisler 1987; Jayakar 1990; Larrington 1992; M. Stone 1976.

Teil II

Gender-Praxis

6   Jenseits von Eden:
Die soziale Evolution von *Gender*

> Durch gemeinschaftliche Arbeit produzieren die Men-
> schen nicht nur Nahrung, Behausung, Werkzeuge und
> sonstige Gegenstände, sondern auch die symbolischen
> Konzeptionen, über welche sich die für die künftige
> Produktion notwendige soziale Organisation reprodu-
> ziert.
>
> – *Minna Davis Caulfield (1985, 352)*

Rayna Rapp, eine feministische Anthropologin, dachte sich für ihre kleine
Tochter, Mireille Rapp-Hooper, ein Lied aus, das sie von den Affen über die
Ahnenreihe der Primaten, den aufrechten Gang, das räumliche Sehen und
den entgegenstellbaren Daumen, vorbei an den ausgestorbenen Zweigen der
Frühmenschen bis zum Homo sapiens begleitet. Es endet so:

Dies ist die Geschichte,
Mein Liebling Mira,
Von unserem Wert, die uns die Wissenschaft erzählt.
Willkommen in der Kultur,
Mein liebstes Töchterchen,
Sie ist die größte Schau auf Erden.[1]

Wenn *gender* kein Nebenprodukt der sexuellen Reproduktion der Säugetiere
ist, müssen wir seine Genese in der menschlichen Kultur und ihren sozialen
Mustern suchen. Wir müssen, um die sozialen Ursprünge von *gender* zu
finden, in eine Zeit vor jeder Zeitrechnung zurückgehen, in die prähistorische
Zeit. Weil wir nur andeutungsweise wissen, wie die prähistorischen Menschen gelebt haben, wird häufig das Verhalten der großen Affen herangezo-
gen, unserer evolutionären Vettern, um die *gender*-Unterschiede bei den
Menschen zu erklären (Haraway 1989). Nun gibt es jedoch zwischen Tierverhalten und Menschenverhalten einen qualitativen Sprung, und dieser
Sprung ist die Kultur. Gewiß sind Menschen Tiere (lebendgebärende, alles-
fressende Säugetiere – wir essen alles, bekommen lebende Junge und stillen
sie), und gewiß haben Tiere eine soziale Organisation, etwa in Gestalt von
Paarbindungen und territorialen Zusammenschlüssen. Aber die physischen,

---

1   Zu finden in Haraway 1989, 383.

sexuellen und sozialen Beziehungen der Menschen spiegeln ihr Bewußtsein von persönlicher Identität und Gruppenidentität, ihre moralischen Werte und ihr Zeitgefühl wider. Bei den Menschen sind die Verhaltensmuster fast gänzlich ein Ergebnis von Lernen und Träger moralischer und symbolischer Bedeutung. Menschen denken nicht nur über die Gegenwart, sondern auch über Vergangenheit und Zukunft nach, und dieses erweiterte Zeitgefühl spiegelt sich in ihren Handlungen wider. Menschenkultur und Tiernatur sollten einander nicht gegenübergestellt werden; für den Menschen *ist Kultur etwas Natürliches*; sie ist das, was den Homo sapiens von den höheren Primaten unterscheidet.

Die wichtigsten Verhaltensmuster von nichtmenschlichen Primaten sind die Mutter-Kind-Bindung und die mutterzentrierten Genealogien, die den Kern der Gruppe ausmachen, sowie die Dominanzhierarchien unter den männlichen Mitgliedern, die zu gegenläufigen Bindungen führen. Die sexuellen Paarungsmuster variieren je nach sozialer Gruppierung und Umwelt, und verschiedene Erwachsene beiderlei Geschlechts beaufsichtigen und beschützen die Jungen, hören aber auf, ihre Nahrung mit ihnen zu teilen, sobald sie sich selbst ernähren können.[2] Die wichtigsten menschlichen Verhaltensmuster sind die soziale Konstruktion des *gender-* und Altersstatus, die vergeschlechtlichte Arbeitsteilung bei der produktiven Arbeit und der Kinderversorgung, das institutionalisierte Teilen der Nahrung mit Verwandten und Regeln für die Verteilung von Nahrungsüberschüssen und für das Erben von ständigem Eigentum. Diese Muster, über die sich Macht und Privileg bestimmen, sind menschliche Erfindungen und werden durch soziale Interaktion erzeugt.

Primaten, Hominiden und Menschen

Beim Primatenverhalten, als Geschichte über die Ursprünge des Menschen gesehen, wurde verschiedentlich die universelle männliche Dominanz und die universelle weibliche Kooperationsbereitschaft betont (Haraway 1978b; 1989). Was aber kann die von den Primaten ausgehende Evolution der Menschen uns über *gender* sagen – über die Zuordnung der Menschen zu einem sozialen Status und über ihre Beziehungs- und Interaktionsmuster?

Vor einigen Millionen Jahren zweigten die Hominiden von den Primaten ab. Hominiden wie höhere Primaten lebten in sozialen Gruppen aus verschiedenen Altersstufen und beiden Geschlechtern und benutzten Werkzeuge (Lancaster 1974), aber für die Hominiden waren der Werkzeuggebrauch und das Sammeln von Nahrung für den späteren gemeinsamen Verzehr ein wich-

---

2   Lancaster 1974, 12-41; McGrew 1981; Tanner 1981; Tanner und Zihlmann 1976.

tiges Übergangsverhalten. Mit freien Händen ließ sich mehr Nahrung sammeln, also wurden der aufrechte Gang und die Augen-Hand-Koordination wichtige evolutionäre Veränderungen (Tanner 1981, 133-262; Zihlman 1978). Kinder und kranke oder alte Erwachsene überlebten, wenn die Nahrung geteilt wurde, also wurde „Teilen und gleichmäßiges Teilen" wichtig für das Überleben der Gruppe (Leibowitz 1986).

Mütter, Nachkommenschaft und weibliche Geschwister waren wahrscheinlich der zentrale Kern der sozialen Gruppe, bei marginalem Status der erwachsenen Männer:

> Mütter waren, als Sozialisationsinstanzen, die Trägerinnen der Gruppentradition; die sozialen und technischen Erfindungen der Frauen wurden während des Sozialisationsprozesses an ihre Nachkommenschaft weitergegeben und gingen schließlich in das Verhaltensrepertoire der Übergangspopulation insgesamt ein. Die Beziehung zwischen Müttern und Nachkommenschaft ist von grundlegender Bedeutung für die Weitergabe jener technischen Innovationen und auf die Umwelt bezogenen Informationen, die für die Etablierung des Sammelns als Grundform der ökologischen Anpassung notwendig waren. (Tanner 1981, 149)

Weibliche Menschen haben im Unterschied zu den höheren Primaten keine Brunst, also keine jahreszeitlich bedingte Periode der sexuellen Bereitschaft, während der es zur Schwängerung kommen kann. Da die weiblichen Hominiden potentiell immer an Sex interessiert waren, dürfte für die männlichen Hominiden der Anreiz bestanden haben, sich an der Ernährung von Kleinkindern zu beteiligen, um auf diese Weise Zugang zu ihren Müttern zu finden (Tanner 1981, 163-167; Zihlman 1981): „Weibliche Hominiden hatten wahrscheinlich häufiger Sex mit solchen Männern, die häufiger da waren, mit der Nachkommenschaft spielten, bei Schutzmaßnahmen halfen, gelegentlich Fleisch und gesammelte Pflanzen mit ihnen teilten und allgemein freundlich waren" (Tanner 1981, 164).

Aus archäologischen Funden geht hervor, daß die Hominiden bessere und geschicktere Werkzeugmacher waren als die Primaten und sich damit mehr und vielfältigere Nahrungsquellen erschließen konnten. Das Sammeln von zusätzlicher Nahrung und das Teilen von erjagten Tieren stellten frühe Formen der Produktion dar, die jedoch nicht *sex*-typisch verteilt waren und auch die Kinder mit einbezogen (Leibowitz 1986, 48-51). Um Nahrung sammeln und außerdem Säuglinge und Kleinkinder tragen zu können, haben wahrscheinlich weibliche Hominiden eine Tragevorrichtung aus Tierhaut erfunden – die Tragschlinge (Tanner 1981, 195).[3] Sammeln und Jagen waren nach Ansicht von Adrienne Zihlman (1981) keine entgegengesetzten Weisen der

---

3 Tragetücher sind auch heute noch in vielen Weltgegenden in Gebrauch und waren der Prototyp für ein allgegenwärtiges Zubehör der heutigen westlichen Elternausstattung – des von Ann Moore 1984 zum Patent angemeldeten „Snugli". Moore hatte die Tragetücher während ihrer Arbeit im Peace Corps in Afrika gesehen (Andrews 1990).

Nahrungsbeschaffung. Viele Ähnlichkeiten zwischen ihnen deuten darauf hin, daß das Jagen aus der Sammeltechnologie hervorging und daß sich deshalb Frauen und Männer in beidem betätigt haben könnten: „Es wäre ... durchaus vertretbar, das Jagen als eine spezialisierte Form des Sammelns anzusehen – ein ‚Sammeln' zunächst von kleinen Reptilien, Wildkaninchen, Nagetieren und so weiter, das dann immer weiter um sich griff und schließlich zur Jagd auf kleine und junge Pflanzenfresser und zuletzt größere Pflanzenfresser ausgebaut wurde" (109).

Die wichtigsten Anpassungsmuster, über die sich die Menschen von den Primaten und Hominiden unterscheiden, sind der aufrechte Gang und der Gebrauch der Hände bei immer mehr Aufgaben, eine längere Periode der frühkindlichen Entwicklung und Abhängigkeit, der Wegfall der Brunst, die kontinuierlichere Beteiligung der erwachsenen Männer am Sammeln und Verteilen der Nahrung, der Gebrauch des Feuers und die symbolische Interaktion. Die Kommunikation von Tieren ist gestisch und verleiht Gefühlen Ausdruck. Die Sprache der Menschen benutzt Symbole – Namen für wirkliche und vorgestellte Objekte, die im Kontext der Situation oder in der sozialen Organisation der Gruppe eine Bedeutung haben. Die Symbolsprache erlaubt es den Menschen, „in der Zeit zu denken", Vergangenheit und Zukunft in das gegenwärtige Handeln einzubeziehen. Der Gebrauch des Feuers durch den Homo erectus vor rund 500.000 Jahren führte nicht nur zu der Fähigkeit, die materielle Umwelt zu verändern, sondern auch zu einem Konzept der Veränderung in der Zeit:

> Feuer ist „lebendig". Man muß es hüten; es braucht einen „Herd" und einen vor heftigem Wind, starkem Regen, tiefem Schnee geschützten Platz; man muß ihm ständig Nahrung zuführen; es schläft in der Asche und kann sterben, doch kann man ihm mit dem Atem auch wieder Leben einhauchen; es kann eine Hand verbrennen; Tierfett läßt es böse und hell aufsprühen; im Wasser erstirbt es ganz; es wispert, zischt oder prasselt und hat daher eine veränderliche „Stimme"; es verzehrt sich selbst und verwandelt eine große Masse Holz in graue Asche, während es als Rauch und Geruch in den Himmel steigt und sich schließlich im Wind auflöst; man kann seinen Geist oder sein „Leben" auf einem brennenden Ast oder in glühender Asche weitertragen, um ein zweites Feuer zu machen. (Marshack 1972, 113)

Diese menschlichen Fähigkeiten – potentiell ständige sexuelle Bereitschaft, Gebrauch des Feuers, Erfindung von Werkzeugen für eine ertragreichere Nahrungsbeschaffung, wertbesetzte soziale Beziehungen und Zeitempfinden – sind die Grundlagen für die Umwandlung der physiologischen *sex*- und Altersunterschiede in *gender*-Status, Verwandtschaft und schließlich *gender*-Ungleichheit.

Gender als funktionale Erfindung

Jede Gesellschaft muß, um zu überleben, Erwachsene und Kinder ernähren, die Kinder versorgen, bis sie alt genug sind, um für sich selber zu sorgen, und ihnen die Verkehrsformen der jeweiligen Gesellschaft beibringen. Dies sind die Konstanten. Die Variable ist, wie die Nahrung beschafft und verarbeitet wird – die Technologie. Die kulturellen Lösungen für die Zusammenführung der Technologie mit dem zum Überleben Notwendigen sind *gender*, Verwandtschaft und Arbeitsteilung.

Die Menschen des Paläolithikums waren in erster Linie Sammler. Die wichtigsten Nahrungsquellen waren wilde Gemüse, Nüsse, Früchte und grasfressende Tiere. Tiere wurden nicht gezielt gejagt; sie fielen den Menschen als Überbleibsel der Beute von Raubtieren oder als tote oder sterbende Tiere zu. Größere Vorräte an Fleisch, Knochen und Fellen wurden bei Treibjagden beschafft, bei denen ein Trupp von Männern, Frauen und älteren Kindern Tiere über Klippen oder in Sümpfe oder Gruben trieb. Der Trupp der Sammler war nomadisch, zumindest jahreszeitweise, weil ein großes Territorium durchstreift werden mußte, um genug Nahrung herbei zu schaffen. Höhlen oder provisorische Behausungen aus Ästen, Schilf und Häuten waren das „Zuhause". Ständiges Eigentum gab es nicht; die von einem Individuum akkumulierten Besitztümer mußten beweglich sein. Die wichtigsten Werkzeuge waren der Grabstock, die Feuersteinklinge und die Tragschlinge. Da Kleinkinder auf den langen Sammeltrecks getragen und außerdem so lange gestillt werden mußten, bis sie genug Zähne hatten, um wildes Gemüse kauen zu können, lagen zwischen den Geburten möglicherweise Abstände von mehreren Jahren.

Der Sammlertrupp war gemeinschaftlich und gesellig, mit wenig Alters- und Geschlechtsunterschieden in den Tätigkeiten. Gab es überhaupt *gender*-Unterschiede, und hatten Frauen und Männer verschiedenen Wert? Ausgehend von ethnographischen Daten zu jüngeren Sammlergruppen meint Eleanor Leacock, daß in den frühen Menschengesellschaften vor allem die individuellen Fähigkeiten und nicht der *gender*-Status wichtig waren: „Individuelle Autonomie war eine Notwendigkeit, und auch heute noch wird Autonomie als Prinzip bei den Nachfahren der Jäger und Sammler auffällig hoch geschätzt. Sie war mit einer Lebensweise verbunden, die viel individuelle Initiative und Entschlußkraft neben der Fähigkeit erforderte, äußerst sensibel für die Gefühle derer zu sein, mit denen man zusammen hauste" (1981, 139). Margaret Power beschreibt die „außerordentlich egalitäre" soziale Organisation von Nahrungssammlern, Menschen wie Primaten, als ein System wechselseitig voneinander abhängiger, kleinerer und größerer Gruppen mit individueller Autonomie, charismatischen Führern und fließender Mitgliedschaft (1991, 9). Innerhalb der lokalen Gruppe gibt es zwei Untergruppen – die beweglicheren, kinderlosen, aktiven Erwachsenen und Fasterwachsenen beiderlei Geschlechts und die seßhafteren jungen Erwachsenen, die Kinder aufziehen bzw. selbst noch abhängig sind, und die Alten beiderlei Geschlechts. Durch wechselnde Gruppenzugehörigkeit sind Eltern, Kinder und Geschwister über mehrere Gruppen verstreut, die sich zu größeren, periodisch zusammentreffenden Gruppierungen verbinden.

Mit höher entwickelten Werkzeugen und einem geschickteren Umgang mit dem Feuer entwickelte sich auch die Fähigkeit, Speerspitzen zu härten, Speerschäfte zu begradigen und Holz zu Bögen zu biegen. Diese neuen Waffen veränderten die Jagdpraktiken (Leibowitz 1986, 64). Jetzt konnten auch kleinere Gruppen mehrere größere Tiere auf einmal verfolgen und töten. Diese Art Jagd war wohl für Personen, die sich um Kinder kümmern mußten, und für stillende oder in einem fortgeschrittenen Stadium der Schwangerschaft befindliche Frauen schwierig, konnte aber von Heranwachsenden beiderlei Geschlechts und von den anderen erwachsenen Frauen sowie von den erwachsenen Männern ausgeführt werden (Estioko-Griffin und Griffin 1981). Die neue Form des Jagens mit Geschossen erforderte allerdings neue Fertigkeiten. Hierzu gehörten Speerwerfen, Bogenschießen und Spurenlesen; Häuten, Zerlegen und Kochen; „die Verarbeitung von Häuten und Fellen; ihre Verwandlung in Kleidung und Traggeräte und die Anfertigung von Jagdgeräten und Werkzeugen zur Verarbeitung von Nahrung und Häuten. Noch anspruchsvoller war das Errichten und Instandhalten der Behausungen, die zugleich als Werkstätten dienten und in denen alle diese Tätigkeiten stattfanden" (Leibowitz 1986, 65).

Eine der Folgen dieser höheren technologischen Komplexität war, daß es nun länger dauerte, bis aus Kindern produktive Gruppenmitglieder wurden. Da zunehmende Nahrungsproduktion auch zunehmende Fruchtbarkeit und mehr überlebende Kinder bedeutete, kam es aus pragmatischen Gründen zur Arbeitsteilung zwischen Kinderversorgern und Nichtkinderversorgern.[4] Die Kinderversorger sammelten und verarbeiteten Nahrung und Häute und stellten die für diese Aufgaben benötigten Werkzeuge her, und die Nichtkinderversorger jagten Tiere und machten Speere, Speerwurfgeräte und Pfeile und Bögen. Schwangere oder stillende Frauen und andere weniger bewegliche Stammesangehörige versorgten die Kinder, während sie auf die Suche nach eßbaren Pflanzen gingen, Kleintiere in Fallen fingen, kochten, gerbten und aus Häuten Kleidung und Behausungen herstellten. „Sobald Sammeln und Jagen zum vorherrschenden Stand der Anpassung geworden waren," meint Jane Beckman Lancaster (1974), „ist es klar, daß sich angesichts der langen Jahre, die ein Menschenkind braucht, um die Rollen und Fertigkeiten der Erwachsenen zu entwickeln und zu erlernen, die Arbeitsteilung gar nicht anders entwickeln konnte als zwischen Männern und Frauen. Man braucht durchaus keine hypothetischen ‚Killerinstinkte' bei Männern oder ‚Mutter-

---

4   J. K. Brown 1970; Leibowitz 1986; Marwell 1975.

instinkte' bei Frauen zu unterstellen, um diese Rollenzuweisung zu erklären" (79).

In Subsistenzgesellschaften, zu denen jeder gesunde Erwachsene durch seine Arbeit beiträgt, muß die Arbeit der Nahrungsproduktion mit der Arbeit der Versorgung von Säuglingen und Kleinkindern vereinbar sein; ist sie es nicht, überleben entweder nur wenige Kinder oder gibt es für die Erwachsenen wenig zu essen. Judith K. Brown meint, die vergeschlechtlichte Arbeitsteilung sei nicht durch Schwangerschaft und Geburt, sondern die ersten Jahre der Kinderaufzucht bedingt. Allgemein gelte das Prinzip, daß „für eine Maximierung der ökonomischen Rolle der Frauen entweder ihre Pflichten bei der Kinderversorgung reduziert werden müssen oder ihre Wirtschaftstätigkeit so beschaffen sein muß, daß sie gleichzeitig mit der Kinderversorgung ausgeführt werden kann." (1970, 1075). Die Anforderungen der Kinderversorgung – Kleinkinder müssen stets im Auge behalten werden und haben Bedürfnisse, die mehr oder weniger auf Wunsch befriedigt werden müssen, etwa häufiges Füttern oder Schlafen – diktieren die Art der Arbeit, die die kinderversorgenden Personen erfolgreich verrichten können:

> Tätigkeiten, die der Subsistenz dienen und sich ... mit der gleichzeitigen Beaufsichtigung von Kindern vereinbaren lassen ... erfordern keine ungeteilte Aufmerksamkeit und sind relativ langweilig und repetitiv; sie lassen sich leicht unterbrechen und nach der Unterbrechung leicht wieder aufnehmen; sie setzen das Kind keiner potentiellen Gefahr aus; und sie setzen nicht voraus, daß sich die betreffende Person sehr weit von zu Hause entfernt. ... Tätigkeiten, die sich ... mit der gleichzeitigen Beaufsichtigung von Kindern nicht vereinbaren lassen ... erfordern ungeteilte Aufmerksamkeit, sind potentiell gefährlich, können nicht unterbrochen und wieder aufgenommen werden und setzen voraus, daß sich die betreffende Person weit von zu Hause entfernt. (J. K. Brown 1970, 1075-1076)

Die vergeschlechtlichte Arbeitsteilung in den Sammler- und Jägergesellschaften, die auf unterschiedlichen Arten der Nahrungsbeschaffung beruht, schafft nach Meinung von Janet Siskind die Möglichkeit, daß „die Männer an räumlich weit ausgreifende Aufgaben mit ungewissen Produktionsergebnissen in der Gewißheit herangehen, daß sie auf die Aneignung der sicheren Produktionsergebnisse der Frauenarbeit rechnen können. Den Luxus einer ganztägigen Jagd auf ein Känguruh, das es dann vielleicht zum Abendessen gibt, kann man sich nämlich nur leisten, wenn auf eine Mahlzeit zumindest aus Wurzeln Verlaß ist" (1978, 865). Der repetitive Charakter und die Routineabläufe von Arbeiten, die mit der Kinderversorgung vereinbar sind, bedingen auch deren Zuverlässigkeit: „Wenn den Frauen die Hauptverantwortung für die Versorgung von Säuglingen und Kleinkindern zufällt, dann müssen diese Arbeiten nicht nur mit der produktiven Arbeit zu vereinbaren sein, ... sondern die Frauen müssen auch eine zuverlässige Nahrungsquelle erschließen, um die Kleinkinder zufrieden zu stellen" (879, Fn.).

Die Arbeitsteilung zwischen Jagen und Sammeln ist nicht so klar. Bei einer Untersuchung zur Kinderversorgung bei den Aka-Pygmäen, die Tiere mit Netzen fangen und in Familiengruppen jagen, stellte sich heraus, daß die Mütter den Säugling auf die Jagd mitnahmen und der Familie beim Netz halfen, wobei sie das Kind auf den Boden legten:

> Es war mitunter schwer zu sagen, ob die Mutter mehr daran interessiert war, das Kind zu schützen oder das Wild zu fangen. Es wurden mehrere Fälle beobachtet, in denen die Mutter das Kind, das sie hielt, auf den Boden setzte und davonlief, um das Tier zu fangen. Das Kind wurde, oft schreiend, rund 10 m von der Mutter entfernt allein liegen gelassen, bis das Tier tot war... Statt das Kind näher zum Netz mitzunehmen, wo der Fang vor sich ging und wo sie das Kind hätten sehen können, sagten die Mütter, sie wollten lieber unbehindert sein, um schneller laufen und dafür sorgen zu können, daß das Wild nicht entkam. (Hewlett 1987, 303-304)

Planvolle Jagdpraktiken jedoch setzten ausgebildete Fertigkeiten voraus, und die steigende Nahrungszufuhr bedeutete eine zunehmende Zahl von Kindern, die am Leben blieben und versorgt werden mußten. Eine vergeschlechtlichte Arbeitsteilung, bei der die Kinderversorger sammelten und die Nichtkinderversorger jagten, war eine effiziente Art, Nahrung *und* Kinder zu produzieren. Daß die Arbeitsteilung die beiden physiologischen *sexes* widerspiegelte, bedeutete nicht, daß der Grund dafür Geschlechterdifferenzen in den Persönlichkeiten waren oder daß die Fortpflanzung automatisch bei Frauen die Fähigkeiten zur Kinderversorgung erzeugte. Die vergeschlechtlichte Arbeitsteilung erwuchs aus den Erfordernissen der erweiterten Nahrungsproduktion und der Kinderversorgung; sie war die kulturelle Lösung eines technologischen Problems, und ihr Ergebnis war eine veränderte soziale Organisation. Die erweiterten sozialen Gruppen brauchten praktische Arrangements, mit denen sich Lebens- und Arbeitsräume und Interaktionsmuster innerhalb dieser Räume organisieren ließen (Hillier und Hanson 1984; Mellars 1985). Mit der Zeit wurden diese Arrangements durch Wiederholung zunächst Routine, dann Erwartung und schließlich Voraussetzung (Bourdieu [1980] 1990). Ihre Legitimierung durch Rituale machte aus vielen dieser Praktiken machtvolle Normen und moralische Gebote. Wer was tat, war nicht mehr eine Frage von Zweckmäßigkeit oder Vereinbarung. Statt der auf persönlichen Begabungen und Neigungen beruhenden Wahl oder statt praktischer Lösungen für die sich jeweils stellenden Probleme wurde nunmehr einer bestimmten Gruppe von Menschen gleiche Arbeit zugewiesen. Um diese Aufgabenzuweisung zu stabilisieren, unterteilten die sozialen Gruppen ihre Mitglieder nunmehr in anerkannte Kategorien – „Frauen", „Männer", „Mädchen", „Jungen".

Wenn sich viele Menschen sozial auf gleichen Positionen befinden, erwerben sie einen Status, einen Platz mit einem symbolischen Wert in der sozialen Ordnung. Die Statusbildung gibt den Anstoß zu Übergangsriten, die einen Statuswechsel markieren, und zu Statuskennzeichen wie Kopfschmuck,

Kleidung, Werkzeuge, Waffen und verzierte Gegenstände, anhand derer jeder und jede erkennen kann, wer welchen Status hat. Bei den Steinzeitvölkern des europäischen Kontinents wurden möglicherweise visuelle Aufzeichnungen benutzt, etwa die in den Tiefen von Höhlen verborgene Kunst, um soziale Arrangements und den sozialen Status auf eine Weise festzuhalten und in Erinnerung zu bringen, die ihre Heiligkeit noch erhöhte; aber auch Alltagstätigkeiten und -gegenstände, etwa Töpfe, wurden dadurch, daß sie nur von einer bestimmten Gruppe von Arbeitenden benutzt wurden, zu Statusmerkmalen.[5]

Da die produktiven Arbeiten in den erweiterten Sammler- und Jägergruppen praktische Fertigkeiten erforderten, mußte die Zuweisung zu der jeweiligen Gruppe von Arbeitenden schon lange vor dem Zeitpunkt erfolgen, zu dem diese Arbeiten anfielen. War bei der Nahrungsproduktion und den anderen Tätigkeiten eine Aufteilung der Arbeit auf die sozial konstruierten Kategorien Frauen und Männer erst einmal erfolgt, mußten nun auch die Kinder, sobald sie allein essen und sich anziehen und lange Strecken laufen konnten und genug manuelles Geschick erworben hatten, um mit dem Erlernen der ihnen angemessenen Arbeiten zu beginnen, nach *gender*-Kategorien aufgeteilt werden. Sie verbrachten dann ihre Zeit mit den erwachsenen Mitgliedern der Kategorie, der sie zugewiesen waren, und wurden für ihren Beitrag zur produktiven Arbeit angeleitet.

Zur gleichen Zeit erlernten Mädchen und Jungen das symbolische Verhalten, das ihrem künftigen Erwachsenenstatus angemessen ist. Wo es eine signifikante Trennung von Frauen und Männern gibt, setzt ein großer Teil dieses symbolischen Verhaltens die Person in Beziehung zu den Mitgliedern der anderen Statusgruppen und ist darüber hinaus altersspezifisch. Das heißt, Mädchen und Jungen mußten nicht nur darin unterwiesen werden, wie sie als Frauen und Männer zu arbeiten hatten, sondern auch darin, wie sie sich zu gleichaltrigen Mädchen und Jungen und zu Frauen und Männern im Alter ihrer Eltern und Großeltern zu verhalten hatten. Sie lernten außerdem, wie Frauen und Männer sich zueinander zu verhalten hatten und wie sich alle tatsächlich zueinander verhielten. In diesem Prozeß identifizierten sich die Kinder mit den Angehörigen ihrer eigenen *gender*-Kategorie, und weil sie dafür belohnt wurden, verhielten sie sich schließlich freiwillig wie vorgeschrieben. Auf diese Weise wurde der *gender*-Status im Alltagshandeln reproduziert.

---

5 Conkey 1985; Pfeiffer 1985; Welbourn 1984.

Warum Verwandtschaft?

Die Arbeitsteilung zwischen Frauen und Männern bei der Nahrungsproduktion und anderen für das Überleben erforderlichen Aufgaben bedeutete, daß
sie die Früchte ihrer Arbeit untereinander tauschen mußten, damit alle ihre
Fertigkeiten auch den jeweils anderen zugute kamen. Kinder konnten nun
nicht mehr von jedem beliebigen Erwachsenen versorgt werden; es mußten
bestimmte Männer und Frauen für sie verantwortlich sein. Ähnlich wird man
es mit den Alten gehalten haben. Zwar kann man nicht annehmen, daß prähistorische Gesellschaften genauso waren wie heutige nichtindustrielle Gesellschaften, die eine ebenso lange Entwicklungsgeschichte hinter sich haben
wie die westlichen Zivilisationen, doch sind wiederkehrende allgemeine
Muster, die in jüngeren Gesellschaften auftreten, benutzt worden, um archäologisches Material zu interpretieren und sich ein Bild davon zu machen,
wie prähistorische Menschen gelebt haben (Ehrenberg 1989, 14-20).

Eine der wichtigsten Formen, wie nichtindustrielle Gesellschaften die Nahrungsproduktion und -distribution organisieren und regeln und künftige
Gruppenmitglieder aufziehen, ist die Verwandtschaft. Verwandtschaft legitimiert außerdem die Sexualbeziehungen, weist den Erwachsenen die Verantwortung für bestimmte Kinder zu und stiftet Bündnisse außerhalb der
engeren Familie und des Clans. Verwandtschaft ist kein Ergebnis der Geselligkeit und Zuneigung, die beim langfristigen Zusammenleben entstehen
(Grundlage der Bindungen bei Primaten), sondern ein komplexes soziales
Netzwerk, durch das die Produktion und Distribution von Nahrung, Behausung und Geschenken und die soziale Reproduktion neuer Gruppenmitglieder systematisch geregelt wird.[6]

Obwohl wir bei Verwandtschaft zumeist an die öffentliche Anerkennung
von Sexualbeziehungen (Ehe) und an die Zuweisung bestimmter Kinder zu
individuellen Männern und Frauen denken, die zu ihrer Versorgung, Ernährung und Unterrichtung verpflichtet sind (Filiation), kann es Verwandtschaft
zwischen Erwachsenen und Kindern geben, die keine Blutsverwandten sind
(Adoption), und zwischen Erwachsenen gleichen Geschlechts, die eine sexuelle Beziehung miteinander haben können oder auch nicht, aber *heterogendered* sind: Männer, die mit Berdachen verheiratet sind, sind soziale Frauen;
Frauen, die mit Frauen mit Männerherz verheiratet sind, sind mit sozialen
Männern verheiratet.

Weil die Arbeitsteilung vergeschlechtlicht ist und weil die Ansprüche der
mit Frauen- oder Männerarbeit Beschäftigten auf die Produktion der jeweils
anderen durch Verwandtschaft geregelt werden, ist Verwandtschaft notwendig vergeschlechtlicht. Menschen mit demselben vergeschlechtlichten Ver-

---

6   Lévi-Strauss 1956; [1947] 1969; Mauss 1954; Meillassoux [1975] 1981; Redclift 1987;
    Siskind 1978; Yanagasako und Collier 1987.

wandtschaftsstatus müssen biologisch nicht übereinstimmen und nicht einmal heterosexuell sein, und der Tausch untereinander kann auch zwischen Brüdern und Schwestern stattfinden. „Außer dem heterosexuellen Geschlechtsverkehr und dem Gebären," so Sylvia Junko Yanagisako und Jane Fishburne Collier, „gibt es noch ein breites Spektrum anderer Tätigkeiten, an denen die Menschen beteiligt sind und die zur Geburt lebensfähiger Kinder und ihrer Entwicklung zu Erwachsenen beitragen. Diese Tätigkeiten wiederum werden von einer ganzen Anzahl von Beziehungen getragen und geregelt, die nicht Elternschaft und Ehe sind" (1987, 31).

Die Vergeschlechtlichung erstreckt sich auch auf die Kinder, weil Männer und Frauen sie getrennt unterweisen, um sich selbst sozial zu reproduzieren. Diese Unterweisung ist eine Investition in die künftige Arbeit der Kinder, ein „Unterpfand über die Zeit, ein Rechtsanspruch von Männern wie Frauen auf die künftige Produktion der Kinder" (Siskind 1978, 873). Wenn sie nicht strikt getrennt werden, können Mädchen und Jungen jedoch die Arbeit der jeweils anderen lernen. Bestehen sie darauf, die Arbeit des anderen *gender* zu machen, und gibt es zwischen Frauen und Männern eine strenge Arbeitsteilung mit geringen Überschneidungen, werden sie geächtet, es sei denn, ihre Gesellschaft erlaubt einen *gender*-Wechsel, wie er für Jungen möglich ist, die Berdachen werden wollen: Als Erwachsene werden sie Frauen sein und Frauenarbeit tun.

In manchen Gesellschaften sind Schwestern und Brüder Tauschpartner in der vergeschlechtlichten Arbeitsteilung und haben wechselseitige Rechte und Pflichten in bezug auf die Kinder der Schwester. Obwohl sie physisch auch gemeinsame Kinder haben könnten, werden dauerhafte sexuelle Beziehungen zwischen Brüdern und Schwestern, Vätern und Töchtern und Müttern und Söhnen durch Inzesttabus verhindert, die dafür sorgen, daß sich die Kinder außerhalb der engeren Verwandtschaftgruppe verheiraten (Gailey 1987, 47). Die Außenheirat hat außerdem den Vorteil, daß sie das Netz der Verwandten erweitert – der Menschen, die füreinander verantwortlich sind (Lévi-Strauss 1956; [1947] 1969).

Wo es Nahrungsüberschüsse oder andere wertvolle Güter gibt, entscheiden die Verwandtschaftsregeln, wer über sie bestimmt und an wen sie verteilt werden. Ob das Versorgen von Kindern mit der zentralen Form der Nahrungsproduktion vereinbar ist und ob Kinderversorger demnach auch signifikante Nahrungsproduzenten sein können, wird durch die Art der Technologie bestimmt, aber welche Pflichten und Rechte Frauen und Männer haben, ist durch Verwandtschaftsregeln festgelegt, die damit die eigentlich signifikanten Größen sind, von denen abhängt, ob Frauen und Männer in einer Gesellschaft gleiche Chancen haben, zu Macht und Prestige zu gelangen.[7]

---

7   Blumberg 1978; Collier 1988; Collier und Rosaldo 1981; Friedl 1975; Mukhopadhyay und Higgins 1988.

Wer war mehr wert, Männer oder Frauen?

Die Gruppen in Jäger- und Sammlergesellschaften sind egalitär – die Fähig-keiten jedes einzelnen werden geachtet; die Nahrung wird geteilt und rasch verzehrt; Anführer ist, wer ein paar andere überzeugen kann, sich dem anzu-schließen, was er oder sie vorschlägt (Power 1991, 37-49). Der fließende Charakter der Gruppenzugehörigkeiten nimmt Feindseligkeiten und Gewalt die Schärfe, so daß die von Anthropologen untersuchten Jäger- und Samm-lergruppen im großen und ganzen als freundlich, großmütig, liebevoll, gast-freundlich und kooperativ sowie egalitär beschrieben werden (18-21). Diese soziale Flexibilität war ein erfolgreiches Überlebensmuster bei Gruppen, die vom „unmittelbaren Ertrag" lebten.

Ideal gedacht, hätten Sammlerinnen und Jäger, da beide Nahrung herbei-schafften, gleich viel wert sein müssen, aber möglicherweise brauchten die Männer einen Anreiz, um das von ihnen erjagte Fleisch auch wirklich zu den im Heimatlager Verbliebenen zurückzubringen. Peggy Reeves Sanday meint:

> Da Frauen die potentiellen Trägerinnen des Neuzuwachses zur Population sind,
> wäre es kaum zweckmäßig, sie auf der Jagd und im Krieg an die vorderste Front zu
> schicken. Und auch solche Fragen stellen sich: Was hätten denn Männer überhaupt
> noch zu tun, wenn Frauen jagten, Krieg führten oder regierten? Wie würden sich
> Männer die „Daseinsberechtigung" erwerben, die Frauen automatisch zukommt? ...
> Weil Männer manchmal ihr Leben aufs Spiel setzen müssen, bilden Macht und
> Prestige den Anreiz, der sie zur Jagd und zur Verteidigung des Territoriums moti-
> viert und die Belohnung dafür darstellt, daß sie im Hinblick auf das Überleben der
> Gruppe letztlich nahezu entbehrlich sind. (1981a, 115)[8]

Mit gleicher Plausibilität ließe sich argumentieren, daß Frauen mehr wert sind als Männer, und es gibt durchaus Hinweise darauf, daß in den paläo-lithischen Kulturen Frauen, insbesondere schwangere Frauen, verehrt wur-den. Salvatore Cucchiari (1981) stellt sich eine mögliche menschliche Vor-*gender*-Gesellschaft und eine „*gender*-Revolution" vor. Er meint, es habe „bisexuelle Horden" mit fließender Arbeitszuweisung (Sammeln, Tausch zwischen Gruppen, Kinderversorgung, Instandhaltung des Lagers) und viel-leicht einer Kerngruppe für jede dieser Aufgaben gegeben. Die Kinderver-sorgung sei auf alle Erwachsenen und selbst das Stillen auf alle stillenden Mütter verteilt gewesen. Bei der Vor-*gender*-Sexualität seien anatomische Unterschiede gering veranschlagt worden, und vom Zusammenhang zwi-schen Sex und Schwangerschaft habe man nichts gewußt. Sexuelle Bezie-hungen hätten nicht die Grundlage für Bindungen oder Gruppenmitglied-schaften oder Identitäten abgegeben: „Das intensive und uneingeschränkte Ausleben der Sexualität innerhalb der Horde ist durchaus vereinbar mit so-

---

8   Siehe auch Friedl 1975, 59-60.

zialen Beziehungen. ... Die Sexualität ist der Gruppenorganisation und der Ich-Identität peripher und stellt deshalb keine Bedrohung der interpersonalen Beziehungen dar" (46).

Cucchiari ist der Ansicht, daß es schließlich zu einer ideologischen *gender*-Revolution kam: „Zum Modell der Vorverwandtschaftsgesellschaft ... gehört auch eine Dynamik oder Dialektik zwischen einer einigenden Ideologie, die daran festhält, daß die Erfahrungen des eigenen Lebens mit den anderen zu teilen sind, und einer biologischen Asymmetrie oder Ausschließlichkeit, nämlich der Fähigkeit der Protofrau, Kinder zu gebären und zu stillen. Wird diese Ausschließlichkeit ein fester Bestandteil des Bewußtseins, tritt die Krise in der Vorverwandschaftsgesellschaft in ein akutes Stadium ein und muß gelöst werden" (50). Als Folge dieser neuen Vorstellungen bekamen Frauen etwas Heiliges, wurden Brüste und Vagina zum Symbol des Kindergebärens und des Status „Frau", und wurde dieser neue Status dann mit einer bereits bestehenden Kategorie verknüpft, nämlich „Kinderversorgerin". Nach Cucchiaris Ansicht erzeugte dieser Unterschied zwischen den Kinderversorgerinnen und den Nichtkinderversorgern eine fast sakrale Trennung zwischen Frau und Nichtfrau. Damit erhielten, wie er meint, die Tatbestände des anatomischen Frauseins und Mannseins und die Tatbestände der Fortpflanzung erstmalig eine symbolische Bedeutung und wurden als *gender* Teil der menschlichen Kultur (50-52). Als symbolische Darstellung dieses neuen und sakralen *gender*-Status verweist er auf die 35.000 bis 10.000 Jahre alten Höhlenmalereien des Paläolithikums und auf die kleinen Frauenstatuen, die in Ausgrabungsstätten in ganz Europa gefunden wurden. Die „Venus"-Figurinen oder „Muttergottheiten" haben sehr große Brüste, ein ausladendes Hinterteil und dicke Hüften, also das, was gewöhnlich als Symbole weiblicher Fruchtbarkeit angesehen wird. Nach Meinung von Elisabeth Badinter könnten sie auch die sich in der Fortpflanzung verkörpernde Macht der Frauen dargestellt haben, das Gegenstück zur physischen und metaphysischen Macht des Jägers (Cucciari 1989, 26).

Nach Ansicht von Wissenschaftlern, die sich mit der paläolithischen Kunst beschäftigt haben, sind auch die wichtigsten Tiere in der Höhlenmalerei, Bison und Pferd, vergeschlechtlicht, doch gibt es widersprüchliche Zuweisungen dieser symbolischen Weiblichkeit und Männlichkeit zu den in der Höhlenmalerei gefundenen Tieren (Laming 1959; Leroi-Gourhan 1968; 1981).[9] Ob paläolithische Symbole überhaupt vergeschlechtlicht sind, ist umstritten (Ucko und Rosenfeld 1967; Marshack 1972). Es wurden nämlich auch geschlechtslose Figuren gefunden, deren Anzahl in Westeuropa die der weiblichen Figuren übertrifft (Hadingham 1979, 223-225). Einer der Wissenschaftler ist der Ansicht, daß Bison und Pferd, die oft abwechselnd rot und

---

9   Für Leroi-Gourhan ist das Pferd männlich und der Bison weiblich; für Laming ist das Pferd weiblich und der Bison männlich.

schwarz gemalt sind, miteinander verbundene Clans, Familien oder sonstige Verwandtschaftsgruppen darstellen (Laming-Empéraire 1971, zitiert in Hadingham 1979, 203), die sozial wichtiger gewesen sein könnten als der *gender*-Status innerhalb dieser Gruppen, weil sie ein Ordnungskriterium für viele Gruppen abgaben, die auf demselben Territorium lebten, und weil sie Beziehungen über die Zeit herstellten. Was paläolithische Menschen malten und anbeteten, waren womöglich weder Frauen noch Männer, sondern Darstellungen ihrer Verwandtschaftsbeziehungen über Zeit und Raum.

Obwohl Frauen vielleicht nicht als heilig verehrt wurden, hatten sie als Nahrungs- und zugleich Kinderproduzentinnen in paläolithischer Zeit aller Wahrscheinlichkeit nach einen hohen Status, der sich noch bis in die neolithische Zeit hinein hielt, als Pflanzen und Tiere domestiziert wurden:

> Völker, die ihre Nahrungspflanzen mitnahmen, wenn sie emigrierten, oder die in einem Gebiet blieben, in dem ihre Ahnherrinnen zum ersten Mal mit der Domestizierung von Pflanzen experimentiert hatten, dürften am Netz der Bedeutungen, die eine weibliche soziale und rituelle Autorität vermittelten, fortgesponnen haben. In der Vorstellungswelt dieser Völker hätte ein Aufbrechen der Gleichsetzung von Mutterschaft und Fruchtbarkeit der Erde die Quelle des pflanzlichen und menschlichen Lebens selbst bedroht. Mutterschaft und Fruchtbarkeit der Erde werden gleichgesetzt, weil Pflanzen aus der Erde hervorbrechen wie das neue Leben aus den Körpern der Frauen. Der Erdgeist ist weiblich. (Sanday 1981a, 120)

In jeder Gesellschaft verfügen Frauen über Macht und Prestige, wenn die produktive Arbeit, die Frauen gleichzeitig mit der Kinderversorgung leisten, die Hauptnahrungsquelle der Gruppe ist und wenn die Frauen außerdem über die Verteilung eines von ihnen erzielten Überschusses bestimmen. Gering sind Macht und Prestige der Frauen gewöhnlich dann, wenn die der Subsistenz dienende Arbeit einer Gruppe mit der Kinderversorgung nicht vereinbar ist – dann beschaffen die Männer den größten Teil der Nahrung und verteilen den Überschuß. Was die Frauen produzieren, muß vielleicht, weil die Frauen Kinder zu füttern haben, sofort verzehrt werden, also kommt ein Überschuß womöglich gar nicht erst zustande oder wird von den Männern ihrer Verwandtschaftsgruppe für sich beansprucht; was die Männer produzieren, kann für Geschenke zurückbehalten werden, um Bündnisse zu schließen und Frauen zu erwerben und um das eigene Prestige zu erhöhen.[10] Somit sind die Produktionsweise und die Verwandtschaftsregeln, die die Verteilung eines etwaigen Überschusses bestimmen, die signifikanten Determinanten des relativen Status von Frauen und Männern in jeder Gesellschaft.[11]

---

10 Collier 1988; Collier und Rosaldo 1981; Mauss 1954; Strathern 1988.
11 Blumberg 1978; 1984; Collier 1988; Engels [1884] 1972; Leacock 1981; Meillassoux [1975] 1981; Sacks 1979.

Der „Frauenhandel"

Neben der Nahrungsdistribution und der Versorgung von Kindern und Alten schreiben die Verwandtschaftsregeln außerdem vor, wer wen heiraten kann, ob die Ehemänner zu ihren Frauen ziehen (Matrilokalität) oder die Ehefrauen zu ihren Männern (Patrilokalität) oder ob beide einen neuen Hausstand gründen (Neolokalität), und ob die Kinder den sozialen Status von ihrer Mutter erben (matrilinear), von ihrem Vater (patrilinear) oder von beiden (bilinear). Ohne diese Regeln wählen und verlassen Frauen und Männer ihre Sexualpartner nach Gutdünken und teilen in einem allgemeinen Tauschverkehr untereinander die Nahrung miteinander wie auch mit Kindern und anderen Erwachsenen.

Die Regulierung und Stabilisierung der Partnerwahl und des Tauschs der Produkte der jeweiligen Arbeit bildet das Potential für ungleichgewichtige Machtverhältnisse, für Konflikte und Bündnisse.[12] Bei matrilinearer Erbfolge und matrilokalen Wohnverhältnissen haben Frauen Macht, die sie gewöhnlich mit ihren Brüdern teilen. Die Brüder jedoch leben bei ihren eigenen Frauen, und obwohl Bündnisse unter Schwagern möglich sind, wird die Macht der Männer durch die Wohn- und Erbschaftsverhältnisse konterkariert und fragmentiert. Patrilineare Erbfolge und patrilokale Wohnverhältnisse konsolidieren die Macht in den Händen von Ehemännern und Vätern, denn die Frauen sind Fremde in ihrem neuen Haushalt und gewöhnlich Untergebene ihrer Schwiegermutter, deren einzige Form der Macht ihre Position als älteste Frau im Haushalt ist.

Verwandtschaftsstrukturen führen zu altersbedingter Ungleichheit zwischen Männern. Wenn die Verfügungsgewalt über wertvolle Güter bei den älteren Männern liegt, müssen die jüngeren Männer für ihre älteren männlichen Verwandten arbeiten, um den Brautpreis zusammenzubekommen. Verwandtschaftsstrukturen führen zu *gender*-Ungleichheit, wenn Frauen die Freiheit verlieren, ihre eigenen sexuellen Bündnisse einzugehen und den von ihnen produzierten Überschuß dazu zu verwenden, ihren eigenen Status zu erhöhen oder die Heiraten ihrer Kinder zu beeinflussen. Nach Meinung von Claude Meillassoux ([1975] 1981) wird in den Ackerbaugemeinschaften die Zirkulation der wichtigsten Ressourcen – Nahrung zum Verzehr, Saatgut zur künftigen Produktion und Frauen zur Fortpflanzung – von den älteren Männern beherrscht.

In klassenlosen Gesellschaften dient Besitz der Statuserhöhung durch Verschenken. In den von Fishburne Collier untersuchten Gesellschaften der amerikanischen Prairieindianer des neunzehnten Jahrhunderts „wurden Pferde verschenkt, um soziale Bindungen wie Ehen einzugehen oder zu bekräftigen

---

12   Collier und Rosaldo 1981; Kandiyoti 1988; Lamphere 1974.

und um den Erwerb eines rituellen Wissens oder Segens zu besiegeln. ... Und
als Geschenk von hochrangigen Personen an niedrigrangige Personen begründeten und symbolisierten Pferde eine überlegene soziale Stellung"
(1988, 221). Dieser rituelle Tausch jedoch betraf nur die Männer. Bei Heiraten waren Frauen der andere Teil des Tauschs: „Männer arbeiten für Männer,
die ihnen Frauen geben – ein offensichtlich ungleicher Tausch insofern, als
die Ehemänner Arbeit geben, während die Männer, die die Ehefrauen geben,
diese nur in einem metaphorischen Sinne produzieren. In welchem Sinne
also ‚haben' diese frauengebenden Männer überhaupt die Frauen, die sie
weggeben? Und in welchem Sinne sind Männer überhaupt als ehefrauenbe-
dürftig zu betrachten, da es für sexuell reife Männer und Frauen doch wohl
kein Problem sein dürfte, sich zusammenzutun?" (225). Noch ungleicher fällt
der Tausch für die Frauen aus, müssen sie doch als Ehefrauen die Frauenarbeit für ihre Männer tun und ihre Kinder großziehen, während die Ehemänner weiter einen Teil der Zeit für die älteren Männer arbeiten, die ihnen helfen, ihre Frauen zu bekommen und zu behalten. Wenn der Ehemann einen
hohen Status erbt oder erwirbt, verbringt er gewöhnlich einen großen Teil
seiner Zeit mit Beutezügen, um sich mehr Pferde für seine Aktivitäten der
Statuserhöhung zu verschaffen, und nicht mit dem Tausch von Arbeit mit
seiner Frau.
Der „Frauenhandel" symbolisiert die geringere Verhandlungsmacht der
Frauen in der Ehe. Gayle Rubin (1975) meinte:

> In Verwandtschaftssystemen werden nicht bloß Frauen getauscht. Getauscht wer-
> den in konkreten Systemen sozialer Beziehungen auch der sexuelle Zugang, ein
> genealogischer Status, Herkunftsnamen und Ahnen, Rechte und *Menschen* – Män-
> ner, Frauen und Kinder. ... „Frauentausch" ist ein Kürzel dafür, daß die sozialen
> Beziehungen eines Verwandtschaftssystems festlegen, daß Männer bestimmte
> Rechte in ihrer weiblichen Verwandtschaft haben und daß Frauen weder in bezug
> auf sich selbst noch in bezug auf ihre männliche Verwandtschaft dieselben Rechte
> haben. In diesem Sinne ist der Frauentausch ein konstitutiver Begriff eines Sy-
> stems, in dem Frauen nicht im Vollbesitz ihrer Rechte über sich selbst sind. (177)[13]

Bei diesen ungleichen Tauschverhältnissen gibt es jedoch Paradoxien, die in
allen Arten von Verwandtschaftsstrukturen auftreten. Da ist erstens die Frage, „warum sich Frauen und Männer angesichts ihrer Anziehungskraft und
ihres Nutzens füreinander nicht einfach zusammentun und miteinander leben
bis an ihr seliges Ende. Warum sollte ein Mann den Bruder seiner Frau entschädigen oder für ihn arbeiten? Oder warum muß angesichts der sexuellen
Anziehungskraft und der Nützlichkeit von Männern eine Frau die Schwester
ihres Ehemannes nicht entschädigen und auch nicht für sie arbeiten?" (Collier 1988, 227). Zweitens, Männer brauchen Frauen mehr als Frauen Männer,

---

13   Siehe auch Mitchell 1975, 370-376.

und doch endet es damit, daß Frauen beherrscht und ausgebeutet werden: „Die Tatsache, daß die männlichen Güter eher umverteilt werden als die weiblichen Güter, bedeutet ironischerweise, daß Frauen Männer viel weniger brauchen als Männer Frauen. Eine Frau hat einen Anspruch auf die umverteilten männlichen Güter allein dadurch, daß sie einer Verwandtschaftsgruppe angehört. Ein erwachsener Mann hat Anspruch auf weibliche Produkte nur dadurch, daß er mit einer Frau verheiratet ist. ... Ein Mann, dessen Frau sich weigert, den Garten zu bestellen, zu sammeln oder zu kochen, könnte ohne weiteres verhungern" (Coontz und Henderson 1986, 132).

Ein Mann braucht eine dauerhafte Beziehung zu einer Frau, damit diese ihn täglich zuverlässig mit allem Lebensnotwendigen versorgt und damit er Anspruch auf bestimmte Kinder erheben kann. Innerhalb der sozialen Gruppe „macht die Ehe einen Mann zu einem nützlichen sozialen Akteur. Er kann die Rolle des Gastgebers spielen und andere einladen, Heim und Herd und Nahrung mit ihm zu teilen, die seine Frau bereitstellt, und in manchen Fällen auch ihre sexuellen Dienstleistungen. Als ein Mann, der anerkannte Interessen zu vertreten hat, kann er in öffentlichen Versammlungen seine Stimme erheben und erwarten, daß man ihn anhört. Und als ein Individuum, für dessen Grundbedürfnisse gesorgt wird, kann er seine Zeit darauf verwenden, jene Tauschbeziehungen auszubauen, über die ihm sozialer Einfluß und Prestige zuwachsen" (Collier und Rosaldo 1981, 284). Ein Mann braucht Bündnisse mit den Verwandten seiner Frau, um sicherzustellen, daß diese sie überzeugen oder ihr erlauben, ihn zu heiraten, sie nicht wieder aufnehmen, wenn sie ihn verlassen will, und für die Legitimität seiner Ansprüche auf ihre Dienste und ihre Kinder eintreten, wenn sie sich einen Liebhaber nimmt. Das heißt, gerade weil Männer Frauen mehr brauchen als Frauen Männer, müssen die Männer Bündnisse mit anderen Männern eingehen, um Frauen zu bekommen und zu behalten.

Um zu verstehen, warum Männer Frauen durch Tausch erwerben und warum durch Heiraten *gender*-Ungleichheit geschaffen wird, müssen wir, meint Fishburne Collier, „der Triade von Lévi-Strauss, die aus einer Frau, ihrem Bruder und ihrem Mann besteht, eine weitere Figur hinzufügen: ihren Liebhaber" (1988, 228). Die Beziehungen der Frauen zu ihren Liebhabern und zu ihren Brüdern sind egalitär; die Beziehungen der Frauen zu ihren Ehemännern nicht:

> Mit Brüdern stehen Frauen im freiwilligen Austausch von Gütern und Dienstleistungen, haben aber keine sexuellen Beziehungen. Mit Liebhabern stehen Frauen im direkten und freiwilligen Austausch von Gütern, Dienstleistungen und Sex. Und mit Ehemännern haben Frauen sexuelle Beziehungen, stehen aber in einem Austausch von Gütern und Dienstleistungen, der erzwungen ist. ... Ehemänner können in keinen direkten und freiwilligen Tauschverkehr mit ihren Frauen eintreten, weil ein Ehemann seine Produkte gemäß älterer Verpflichtungen verteilen muß. (228)

Die Verpflichtungen des Ehemanns bestehen den Männern gegenüber, die ihm geholfen haben, seine Frau zu bekommen, und ihm helfen werden, sie zu behalten. Ihre Hilfe braucht er, weil die Ehen angesichts der Ausbeutung der Ehefrauen ihrem Wesen nach instabil sind (229).[14] Indem sie, um ihre Ansprüche auf die Arbeit und die Sexualität einer Frau und auf ihre Kinder abzusichern, Bündnisse mit anderen Männern eingehen, verwandeln die Männer private Streitigkeiten zwischen Frauen und Männern in öffentliche Konflikte. „In klassenlosen Gesellschaften ist der Streit zwischen Männern über Frauen oder zwischen den Ehemännern und den Verwandten der Frauen endemisch," ebenso wie Entschädigungsforderungen zwischen den Verwandtschaftsgruppen der Frauen und der Männer (226).

Fishburne Collier vertritt die These, daß Ehefrauen ihre Männer verlassen und sich Liebhaber nehmen, um gleichberechtigtere Beziehungen einzugehen, und daß die Schwager sich zusammenschließen, um sie zurückzuholen oder um eine Entschädigung für den Ehemann zu bekommen, aber Karen Sacks (1979) meint, selbst in patrilinearen Gesellschaften hätten Frauen als Schwestern in ihren Herkunftsfamilien und als Mütter in den Familien ihrer Männer immer noch gewisse Rechte: „Schwestern haben Anspruch auf die Produkte oder die Arbeit eines Bruders. Und, was vielleicht noch wichtiger ist, sie haben auch Anspruch auf die Arbeit der jüngeren Mitglieder ihrer Herkunftsfamilie. Dieser Anspruch tritt oft im Gewand der Gegenleistung dafür auf, daß die Schwestern dem Bruder die nötigen Mittel verschafft haben, um zu heiraten und Kinder zu haben. Somit haben die Büder ihre eigenen Ansprüche auf die Arbeit ihrer Kinder mit den Ansprüchen ihrer Schwestern und denen der Mütter dieser Kinder zu teilen" (120).[15]

Strukturell sind in klassenlosen Gesellschaften, in denen die Verwandtschaftsgruppen auch die Produktionseinheiten sind, Frauen, die fortgehen, um bei den Familien ihrer Ehemänner zu leben, dort Arbeitskräfte, haben aber immer noch Ansprüche auf die Produktion ihrer Herkunftsfamilien. Ebenso arbeiten in matrilinearen Gesellschaften Männer, die fortgehen, um bei den Familien ihrer Frauen zu leben, für diese, sind aber immer noch Nutznießer der Arbeit der Ehemänner ihrer Schwestern. So behalten nach Sacks' Meinung die Frauen, auch wenn sie bei der Heirat gegen Brautdienst oder Brautreichtum eingetauscht werden und ihre Arbeit als Frauen ihren Männern zugute kommt, als Schwestern immer noch ihre egalitären Beziehungen zu bestimmten Männern – ihren Brüdern (1979, 119-123). Eine Kontrolluntersuchung zu Sacks' Zusammenhang von Verwandtschaft, Produktion und Status von Frauen ergab, daß die Verfügungsgewalt über das Eigentum die entscheidende Variable für die Stärkung der führenden Stel-

---

14   Siehe auch Chevillard und Leconte 1986, 92-93; Redclift 1987.
15   Siehe auch Weiner 1979.

lung der Frauen in der Verwandtschaftsgruppe und für die Stärkung ihrer häuslichen Autorität ist (Hendrix und Hossain 1988, 448).

Kurz, die *gender*-Beziehungen in klassenlosen Gesellschaften sind sowohl konfliktuell als auch kooperativ, mit potentiell gegenläufigen Bündnissen von Männern gegen Frauen oder Frauen gegen Männer, doch gibt es zwischen Frauen und Männern, etwa zwischen Brüdern und Schwestern oder Müttern und Söhnen, auch Koalitionen, durch die die Wechselbeziehungen zustande kommen, die die Gesellschaft zusammenhalten.

Waren die Frauen selber die Erfinderinnen ihrer Unterdrückung?

An welchem Punkt kam es zur *gender*-Ungleichheit? Können uns begrabene Knochen erzählen, ob paläolithische Frauen und Männer unterschiedlichen Wert hatten? Zunächst einmal muß das Geschlecht von Skeletten und Skelettteilen exakt bestimmt werden. Sodann können sie den Archäologen etwas über das Sterbealter verraten, über Krankheiten, die mögliche Todesursache, den Ernährungszustand, die Art der Nahrung, die gegessen wurde, und die Art der repetitiven Körperbewegungen, die von der betreffenden Person ausgeführt wurden.[16] Hinweise auf einen unterschiedlichen Wert von Frauen und Männern können dem Ernährungszustand, den Raten der Kindersterblichkeit und dem Verhältnis von Frauen und Männern in den Begräbnisstätten entnommen werden.

Art und Beschaffenheit der Grabbeigaben sind ein weiterer Hinweis auf den Status, werden jedoch, wie Margaret Ehrenberg betont, im allgemeinen falsch interpretiert. Oft wird die Bedeutung eines geschnitzten Speerwerfers oder sonstiger wertvoller Grabbeigaben je nach dem Geschlecht eines Skelettes anders interpretiert: Wurden diese Utensilien mit Männern begraben, sieht man in ihnen einen Hinweis auf die Jagd und auf einen hohen Rang dieses Mannes; wurden sie mit Frauen begraben, nimmt man sie als Hinweis auf den Rang des Gefährten oder des Vaters dieser Frau (1989, 29-31). Ehrenberg schlägt vor, die Grabbeigaben in Zusammenhang mit den Indikatoren für Alter zu betrachten: Wertvolle Gegenstände, die mit Frühverstorbenen begraben wurden, dürften Erbstücke sein; wurden sie hingegen mit Frauen oder Männern begraben, die in höherem Alter starben, dürften sie Hinweise auf die Aktivitäten und den sozialen Rang der Person selbst darstellen.

In dieser Interpretationsweise waren Frauen und Männer im Oberen Paläolithikum gleich, da sie in den bisher entdeckten Gräbern gleich häufig mit wertvollen Artefakten bestattet wurden. Im frühen Mittleren Paläolithikum haben nur die Gräber von Männern Stein- oder Knochenbeigaben, und im

---

16 Ehrenberg 1989, 25-26; C. S. Wood 1979, 21-40.

späten Mesolithikum wurde Männern häufiger als Frauen bei der Bestattung eine besondere Behandlung zuteil (Ehrenberg 1989, 61-62). Der im wesentlichen egalitäre Status von Frauen und Männern während des größten Teils des Paläolithikums spiegelt ihren gleichen Beitrag zur Subsistenz wider; ein Überschuß an Jagdbeute, der das Prestige der Männer hätte erhöhen können, war schnell verzehrt, und das Verwandtschaftssystem war fließend (siehe Schaubild 6.1).

Tabelle 6.1.   **Technologie und Status der Frauen**

	Art der Technologie			
	Sammeln und Jagen	**Gartenbau**	**Ackerbau und Viehzucht**	**Industrie des 19. Jahrhunderts**
Vereinbar mit Kinderversorgung	Sammeln	Ja	Nein	Nein
Verfügung über den Überschuß	Männer (Jagdprodukte)	Frauen (Gartenprodukte)	Männer mit Land oder Herdenbesitz	Männer mit Eigentum an Produktionsmitteln
Wohnregelung	Fließend	Matrilokal	Patrilokal	Neolokal
Erbfolge	Kein fester Besitz	Matrilinear oder patrilinear	Patrilinear	Patrilinear
Verfügung über Fortpflanzung	Abstände der Kinder richten sich nach dem Stillen und der Fruchtbarkeit der Mutter	Frauen, aber hohe Geburtenraten und hohe Kindersterblichkeit	Männer, um Söhne von der Ehefrau zu bekommen	Männer mit Eigentum
Status der Frauen	Männer und Frauen relativ gleich	Hoch	Niedrig	Niedrig

Auf der nächsten wichtigen Stufe der menschlichen Entwicklung, der Domestizierung von Pflanzen und Tieren vor rund zwölf- bis zehntausend Jahren
(„neolithische Revolution"), hatten Frauen einen hohen Status. Manche
Theoretiker meinen, bereits die seßhaften Gemeinschaften rund um das Mit-
telmeer seien im Zusammenhang mit dem immer trockener werdenden Kli-
ma mit der Verknappung von Nahrungsmitteln konfrontiert gewesen, so daß
die Pflanzensammler begonnen hätten, Getreidekörner zum Pflanzen beiseite
zu legen, statt alle zu verzehren (McCorriston und Hole 1991). Da das Sammeln Frauenarbeit war, war wohl auch die Domestizierung von Pflanzen eine
Erfindung der Frauen.[17] Seßhaftigkeit an einem Ort und Nahrungsanbau bedeuteten, daß Frauen häufiger schwanger sein konnten; die Bevölkerungsexplosion erforderte, daß mehr Land bebaut und mehr Tiere domestiziert wurden, so daß Sammeln und Jagen als primäre Formen der Nahrungsproduktion
allmählich für immer mehr Menschen überholt waren.

Eine weitere wichtige Erfindung, Tongefäße (geformter und gebrannter
Ton), waren wahrscheinlich ebenfalls ein Ergebnis der Arbeit, die Frauen
beim Sammeln und Kochen von pflanzlicher Nahrung und bei der Verarbeitung von erjagten Tieren verrichteten. Mit der Seßhaftigkeit lösten Hacken
und Tongefäße die frühesten Erfindungen von Frauen ab, den Grabstock und
die Schlinge zum Tragen von Säuglingen und gesammelter Nahrung. Wenn
Getreide, Gemüse, Obst und Nüsse an einem Ort angepflanzt und damit Nahrung verläßlicher produziert werden konnte als beim Sammeln über weite
Strecken Land hinweg, dürfte es auch Überschüsse gegeben haben, für deren
Lagerung große Tongefäße gebraucht wurden. Die Hacke wie das Töpfern,
was beides sehr wohl Frauenerfindungen gewesen sein könnten, stellten signifikante technologische Fortschritte dar, die allmählich auch andere
Aspekte des sozialen Lebens veränderten.

Zunehmende Nahrungsmengen und seßhafte Gemeinschaften bedeuteten,
daß mehr Kinder geboren und ernährt werden konnten: Sie mußten nicht bei
Sammelzügen getragen werden und konnten schon früh mit Getreidepro-
dukten gefüttert werden (Ehrenberg 1989, 88-89). Deshalb bekamen die
Frauen mehr Arbeit; mehr Nahrung mußte angebaut, mehr Kinder mußten
versorgt werden. Gingen die Männer der Gemeinschaft auch nach der Urbarmachung des Landes weiter jagen, wurde die vergeschlechtlichte Arbeitsteilung noch ausgeprägter. Eine zweite Folge war die Schichtenbildung:

Eine weitere Folge der Möglichkeit, materielles Eigentum zu behalten und Nah-
rungsvorräte anzulegen, war die, daß zum ersten Mal manche Leute mehr als andere akkumulieren konnten. Wenn jemand ein Werkzeug oder, weil er in Not geraten
war, Nahrung brauchte, die jemand anders als Überschuß hatte, konnte diese ge-
borgt oder als Geschenk empfangen werden, und der Borgende stand nun in der
Schuld des Leihenden oder Schenkenden. So könnten sich im Neolithikum erstma-

---

17   Childe 1942, 48-68; Ehrenberg 1989, 77-99.

lig Reichtum, Schulden und Verpflichtungen und damit auch die auf unterschiedlichen Besitzverhältnissen beruhende Schichtenbildung entwickelt haben. (Ehrenberg 1989, 88)

Archäologisches Material zu Wohnverhältnissen und Bestattungspraktiken und Rückschlüsse aus der ethnographischen Forschung lassen vermuten, daß neolithische Gemeinschaften wie Çatal Hüyük matrilinear und matrilokal waren, und daß Frauen beträchtliche Autorität besaßen, weil sie die Verfügungsgewalt über die Nahrungsdistribution hatten.[18] Die Häuser waren groß und boten Raum für eine Mutter, ihre Töchter, ihre Männer und ihre Kinder. Da die Frauen diejenigen waren, die pflanzten und ernteten, hatten sie Anspruch auf den Überschuß. Ehemänner konnten als neu in die Familie eingetretene Mitglieder hinausgeworfen werden, wenn ihr Verhalten zu wünschen übrig ließ. Sie konnten ins Haus ihrer Mutter zurückkehren; einen Trupp Krieger auf die Beine zu stellen, dürfte ihnen schwergefallen sein, da ihre Brüder und sonstigen männlichen Verwandten versprengt in den Haushalten vieler Frauen lebten.

An vielen Grabungsstätten in Südosteuropa und im südwestlichen Asien wie auch auf den Ägäischen Inseln wurden weibliche Figurinen aus dem Neolithikum gefunden. Zwar ist ihre Bedeutung als Beleg für den Status der Frauen umstritten, doch deuten nach Marija Gimbutas' (1989) Ansicht Metaphorik und Symbolik der Kunst jener Zeit auf eine Ikonographie der Göttin als Lebensspenderin, Erneuerin der ewigen Erde, Wiedererweckerin der Toten, Entfalterin unendlicher Energien hin.[19] In dieser Metaphorik spiegele sich der Status der Frauen während des Neolithikums wider, der wegen ihres großen Beitrags zum Lebensunterhalt, ihrer Mitspracherechte bei der Verteilung von Überschüssen und wegen des mutterzentrierten Verwandtschaftssystems hoch gewesen sei.

Rund fünftausend Jahre nach der Entdeckung von Ackerbau und Töpferei trat in den Siedlungsgebieten ein weiterer bedeutsamer technologischer Wandel ein, und mit ihm entscheidende Veränderungen der vergeschlechtlichten Arbeitsteilung und des Status der Frauen.[20] Mit der Seßhaftigkeit und dem Nahrungsanbau expandierte die Bevölkerung der seßhaften Kommunen und zog in weniger fruchtbares Land. Damit Saatgut tiefer gesät werden konnte, wurde der eiserne Pflug erfunden. Tiere wie Vieh und Schafe wurden nicht mehr gejagt, sondern in Herden gehalten, domestiziert, als Milch- und Wollspender und als Zugtiere genutzt und als Nahrung und rituelles Opfer geschlachtet.

Die Arbeitsteilung änderte sich. Männer gingen von der Jagd zur Viehzucht und von der Urbarmachung des Landes zum Ackerbau mit Pflügen

---

18 Ehrenberg 1989, 90-99; Hodder 1984; Mellaart 1967.
19 Zu dieser Diskussion, siehe Barstow 1978; Ehrenberg 1989, 66-76.
20 Childe 1942, 48-68; Ehrenberg 1989, 99-107; Rohrlich-Leavitt 1977.

über. Auch diese Arbeit war so wenig wie das Jagen mit der Kinderversorgung vereinbar. Frauen konzentrierten sich auf die Nahrungsverarbeitung, zu der nun auch die Herstellung so wichtiger Nahrungsformen wie Käse und Joghurt aus roher Milch gehörten. Ihre gärtnerischen Fähigkeiten kamen dem Gartenbau zugute, und außerdem kümmerten sie sich um Geflügel und Eier. Die gesamte Arbeit des Kämmens, Spinnens und Webens von Wolle und Flachs wurde zur Arbeit von Frauen und Kindern.

Die Verfügungsgewalt über den Besitz ging von den Frauen auf die Männer über und wurde noch ungleicher. Großviehzucht und intensivierter Akkerbau steigerten den Wert von Haustieren und Land. Mit Gerätschaften und Tuch war außerdem Tauschhandel zu treiben. Das soziale Ergebnis waren Kriege, Raubzüge und Heiratsbündnisse zwischen geographisch weit verstreuten Gruppen. Männer konsolidierten ihren Landbesitz und ihre Schaf- und Rinderherden; wer etwas besaß, ließ diejenigen für sich arbeiten, die nichts besaßen; bei Kriegen wurden Sklaven gefangen und zu Arbeitern und Dienern gemacht. Kinder hatten ihren Wert als Arbeitskräfte und als Unterpfand von Bündnissen. Der Wert der Frauen als Nahrungsproduzentinnen und Überschußverteilerinnen sank; jetzt hatten sie eher einen Wert als Kinderproduzentinnen.

Manche Männer kamen durch ihren Land- und Herdenbesitz zu herrschenden Positionen in ihren Gemeinden. Diese Männer blieben am Ort; wenn sie heirateten, zogen die Frauen zu ihnen in ihre Dörfer, fern der eigenen Verwandtschaft. Söhne erbten das Land und die Herden ihrer Väter und wurden in ihren Fertigkeiten unterrichtet. Töchter erbten nicht, bekamen aber einen Anteil des Besitzes als Mitgift; sie lernten die Fertigkeiten ihrer Mütter beim Weben, der Nahrungsbereitung, dem Gartenbau – und beim Gebären und Versorgen von Kindern. Diese Fertigkeiten waren transportabel; die Frauen kamen als produktive Partnerinnen in die Häuser ihrer Männer, aber ohne Anspruch auf deren Besitz; sie waren Juniorpartner. Ihr sozialer Status hing von der Größe ihrer Mitgift ab, die ihrerseits vom Status ihrer Herkunftsfamilien abhing. Männer und Frauen, die kein Land und keine Herden besaßen oder erbten und auch niemanden heirateten, der Land und Herden besaß, arbeiteten als Bauern und Diener für die Besitzenden. Ihre Kinder wuchsen als Bauern und Diener auf.

Das größere Gewicht der patrilinearen Abstammung bedeutete, daß Töchter und Frauen von Landbesitzern sexuell in Schach gehalten werden mußten (Lerner 1986). Jungfräulichkeit bei der Eheschließung und strenge Strafen für ehebrecherische Frauen waren die Mittel, um sich der Vaterschaft der in der Ehe geborenen Kinder zu vergewissern. Vergewaltigung war eine Verletzung des Eigentums eines anderen Mannes und eine Art, widerspenstige Frauen zu bestrafen. Die Kinder aus einer Ehe gehörten dem Vater. Die Gesetze waren die der Eigentum besitzenden Väter. Ein Gott (ein Vater-Herr-König) trat an die Stelle der Fruchtbarkeitsgöttinnen: „Als Adam in den

Garten Eden versetzt wird, wird er in den Stand eines Dieners Gottes berufen. Ihm wird verboten, vom Göttinnensymbol zu essen – dem Baum der
Erkenntnis von Gut und Böse. Der Akt des Essens in diesem Abschnitt ist oft
mit der Sexualität gleichgesetzt worden. In der Tat war in den kanaanitischen
Heiligtümern, die das Baumsymbol der Göttin trugen, der rituelle Geschlechtsverkehr weit verbreitet" (Sanday 1981a, 223).

Die Ackerbaugesellschaften des fruchtbaren Halbmonds rund um das Mit-
telmeer entwickelten vor etwa fünftausend Jahren die extremste Form der
gender-Ungleichheit. Der Status der Frauen war niedrig wegen ihres redu-
zierten Beitrags zur Produktion, wegen der Männer, die nunmehr die Besitzer
des Eigentums waren und die Verfügungsgewalt über die Verteilung des
Überschusses hatten, und wegen des Verwandtschaftssystems, das den Interessen der Männer diente. In vielen Teilen der Welt, etwa in Afrika und Me-
lanesien, wurden der Gartenbau, die Matrilinearität und der hohe Status der
Frauen beibehalten, aber in der westlichen Zivilisation, ihrer Kultur und ihren sozialen Mustern hatten schließlich die besitzenden Männer bis weit in
die Moderne hinein viel mehr Macht und Prestige als die Frauen ihrer Klasse.[21] Diese agrarischen Feudalgesellschaften waren die eigentlichen Patriar-
chate: Landbesitzende Väter herrschten, und Söhne erbten alles. Was die
Frauen angeht, so wird ihr Schicksal am Schluß der Geschichte von der Ver-
treibung aus dem Paradies auf eine kurze Formel gebracht: „Und dein Verlangen soll nach deinem Manne sein, aber er soll dein Herr sein."

---

21   Zur Kontinuität der matrilinearen sozialen Organisation, siehe Sacks 1979; Schlegel 1977;
      Whyte 1978. Zu den Folgen der Patrilinearität für den Status der Frauen, siehe Chevillard
      und Leconte 1986; Coontz und Henderson 1986; Engels [1884] 1972; Redclift 1987.

7 Wer schaukelt das Kind?
Vergeschlechtlichtes Elternverhalten

> Die Kinder, die hier auf dem Alto do Cruzeiro gestor-
> ben sind, die brauchen euch nicht leid zu tun. Um die
> müßt ihr keine Tränen vergießen. Habt lieber Mitleid
> mit uns. Beweint ihre Mütter, die zum Leben verur-
> teilt sind.
>
> *– Nancy Scheper-Hughes (1992, 425)*

Ende 1992 wurde in der Negev-Wüste in Israel eine einzigartige kleine Ton-
figur gefunden, zwölf Zentimeter groß, dreitausend Jahre alt (Ronnen 1992).
Sie zeigt Inneres und Äußeres eines Frauenkörpers. Ihre Arme bilden ein
Oval, das sich wie ein Mutterleib um Zwillingsembryos legt, die an ihren
Brüsten hängen, und ihre Hände öffnen die Vulva, um die Geburt einzulei-
ten. Ihr ausdrucksvolles Gesicht ist von Haaren umrahmt. Auf ihren beiden
Hüften stehen je ein Steinbock neben einem Baum, in vielen Kulturen des
Mittleren Ostens das Symbol von Leben, Wachstum und Fruchtbarkeit. Die
Figur könnte eine kanaanitische Göttin namens Ashera darstellen, Frau des
El, höchste Göttin eines ganzen Götterhimmels und Mutter von siebzig Göt-
tersöhnen. Sie heißt auch Qudshu, Göttin der Fruchtbarkeit.[1] In dieser kanaanitischen Figur, einer der vielen kleinen Figuren von sinnenfreudigen oder
schwangeren Frauen, die von den vorchristlichen europäischen und kleina-
siatischen Völkern angefertigt wurden, wurde der fruchtbare weibliche Körper in eine kulturelle Darstellung des Begriffs der Fruchtbarkeit verwandelt.
Die sich wiederholenden Ovale, die Sicht von innen und außen zugleich und
der Gebrauch der Symbole machen aus ihr ein ebensolches Kunstwerk wie
die Statuen und Gemälde von Maria und dem Jesuskind in den christlichen
Kulturen. Die Figuren preisen die Fruchtbarkeit der Frauen; die Madonnen
schaffen das Bild der heiligen Mutterschaft.

Berthe Morisots Gemälde aus dem Jahre 1879, *Die Amme mit Julie*, die
impressionistische Darstellung einer Frau, die ein Kind stillt, ist keine auf
den neuesten Stand gebrachte Madonna mit Kind, sondern eine implizite
Doppelszene aus dem Arbeitsleben – die stillende Frau stillt Morisots Kind

---

1   Ashera wird auch *Rahmay* genannt, „Mutterleib". Im Hebräischen hat *rachmin*, das Wort
für „Erbarmen", dieselbe Wurzel wie *rachman*, das Wort für Mutterleib.

für Lohn, während Morisot sie beide malt, für Ausstellung und Verkauf.
Nach Meinung von Linda Nochlin

> verkörpert dieses Gemälde einen in der Kunstgeschichte äußerst ungewöhnlichen,
> vielleicht sogar einmaligen Umstand: Eine Frau, die eine andere Frau malt, die das
> Kind der sie malenden Frau stillt. Oder, um es anders zu sagen und das nicht Sicht-
> bare, aber Bekannte, in das Sichtbare hineinzutragen: Zwei arbeitende Frauen sind
> hier über den Körper „ihres" Kindes und über die Klassengrenzen hinweg mitein-
> ander konfrontiert, beide mit Ansprüchen auf Mutterschaft und Mütterlichkeit, bei-
> de vermutlich mit einer lustvollen Tätigkeit beschäftigt, die zugleich als Produktion
> im wörtlichen Sinne betrachtet werden kann. Was, hätten wir es bloß mit dem Bild
> einer Amateurmalerin zu tun, als bloßer Gebrauchswert angesehen werden könnte,
> nämlich die für die Ernährung des eigenen Kindes produzierte Milch, ist nun als
> Tauschwert zu verstehen. In beiden Fällen – Milch wie Gemälde – wird ein Pro-
> dukt für einen Markt produziert oder geschaffen, für Profit. (1988, 38-39)

Die kleinen prähistorischen Figuren von schwerhüftigen, großbrüstigen Frau-
en und die Fruchtbarkeitsgöttinnen, Raphaels Madonnen und der Marienkult
und Morisot Darstellung der geteilten Mutterschaft arbeitender Frauen, sie
alle haben die Mutterschaft sozial konstruiert und die Frauen ihrer Zeit zur
Nachahmung angeregt.

Daß Morisot als arbeitende Mutter eine Amme mietete, war nicht ungewöhnlich; im vorindustriellen Frankreich blühte das Ammengeschäft (Otis
1986; Sussman 1982). Von Pariserinnen wurde vom siebzehnten bis zum
neunzehnten Jahrhundert erwartet, daß sie ihre Kinder während der ersten
zwei oder drei Lebensjahre aufs Land und in die Obhut einer Amme gaben,
trotz des Risikos von Vernachlässigung, Krankheit und selbst Tod. Die meisten Frauen, die Ammen auf dem Land in Anspruch nahmen, waren selbständige Handwerkerinnen und Ladenbesitzerinnen, die es sich nicht leisten
konnten, ihre Arbeit zu unterbrechen, um ihre Säuglinge und Kleinkinder zu
stillen und zu versorgen, aber selbst wenn sie es konnten, „war die Amme ein
so normaler Teil des Lebenszyklus, daß eine Mutter schon einen sehr unab-
hängigen Geist, einen starken Willen und sogar Mut hätte besitzen müssen,
um ihr neugeborenes Kind bei sich zu behalten und selbst zu versorgen"
(Sussman 1982, 67).

Diese Gleichgültigkeit gegenüber dem Schicksal der Kinder war in Frankreich im achtzehnten Jahrhundert kein emotionaler Selbstschutz vor der leid-
vollen Wahrscheinlichkeit ihres frühen Todes, sondern, wie Elisabeth Badinter meint, eine Entscheidung für die Verfolgung der eigenen Interessen:
„Es war wohl eher so, daß die Mütter nicht so wenig Interesse für ihre Kinder zeigten, weil diese wie die Fliegen starben, sondern daß die Kinder in so
großer Zahl starben, weil die Mütter so wenig Interesse für sie zeigten"
(1981, 60). Erst zum Ende des achtzehnten Jahrhunderts wurden wohlhabende Frauen in Frankreich von den Philosophen und Ökonomen gedrängt, ihre
Kinder selber zu stillen und zu versorgen (Badinter 1981, 117-201). Als
künftiger Arbeiter und Citoyen hatte das Kind einen größeren Wert bekom-

men. Damit mehr Kinder am Leben blieben, wurde die Elternschaft neu definiert und die Bedeutung der Mütter stärker betont. Diese neuen Ansichten verhalfen den Ehefrauen zwar zu mehr Autorität innerhalb ihrer Familien, verringerten aber die Chancen der Frauen, der Gesellschaft insgesamt ihren Stempel aufzudrücken: „Die forschende, ehrgeizige, kühne Frau früherer Zeiten verwandelte sich in ein bescheidenes und vernünftiges Geschöpf, dessen Ambitionen nun nicht mehr über die Familie hinausreichten" (Badinter 1981, 146). Es dauerte viele Jahre, bis das Konzept der natürlichen, spontanen und schlechthin weiblichen Mutterliebe von den französischen Frauen allgemein akzeptiert wurde. Von nun an waren Frauen, die keine Kinder wollten, ihre Kinder nicht selbst versorgten, sich nicht persönlich um alle Bedürfnisse ihrer Kinder kümmerten, als unnatürlich und unnormal verschrieen: „Zwischen der Heiligen und der Hure klaffte nun ein unüberbrückbarer Abgrund" (Badinter 1981, 238).[2]

Nach Ansicht von Mary O'Brien (1981), einer ehemaligen Hebamme, führt die Abtrennung der Männer von der unmittelbaren Reproduktionserfahrung zur Entfremdung im zutiefst existentiellen Sinne. Die Frauen, so meint sie, hätten mit dem Einsetzen der Menstruation eine bewußte Verbindung zur potentiellen Fortpflanzung und, über die Fortpflanzung, mit der Geschichte der menschlichen Rasse. Das Fortpflanzungsbewußtsein der Männer hingegen sei das Bewußtsein einer Entfremdung, des Verlusts der Kontrolle über ihren Samen: „Vaterschaft ist in der Tat eine abstrakte Vorstellung" (29).[3] Das Bild von der guten Mutter dagegen sei das Bild einer mit ihren Kindern in einer physischen und emotionalen Symbiose innig verbundenen, liebenden, aber asexuellen, sich selbst aufopfernden Person, die das Wohl der Kinder über ihr eigenes oder sonst irgendjemandes Wohl stelle.

Obwohl die Bindung einer Mutter an ihr hilfloses Neugeborenes evolutionär durchaus sinnvoll ist, hängt es vom sozialen Wert sowohl der Mutter als auch des Kindes ab, ob diese Bindung wirklich entsteht. Für sehr arme Frauen kann die emotionale Bindung, die in der modernen westlichen Welt mittlerweile ganz selbstverständlich als Teil des Mutterseins angesehen wird, ein unerschwinglicher Luxus sein; ihre Kinder mögen nicht einmal einen Namen bekommen, ehe nicht klar ist, daß sie das erste Jahr überleben (Scheper-Hughes 1992).[4] Afroamerikanische Frauen, die als bezahlte Hausgehilfinnen weiße Kinder versorgten, mußten ihre eigenen Kinder oft sich selbst überlassen, damit sie das Geld verdienen konnten, um sie zu ernähren, zu kleiden

---

2   Zur sozialen Konstruktion der Mutterschaft, siehe H. Marshall 1991; Rich 1976; Rothman 1989; Trebilcot 1983; Scheper-Hughes 1992, 340-399.

3   Sie wird immer weniger abstrakt; Delaisi de Parseval und Hurstel (1987, 76) weisen darauf hin, daß die biologische Vaterschaft inzwischen mit 99,8 % Sicherheit nachgewiesen werden kann.

4   Weiss (1994) fand das gleiche Phänomen bei Eltern von zu früh geborenen Kindern, die in Brutkästen lagen.

und zur Schule zu schicken (Dill 1980). Manche armen Frauen haben, um ihren Lebensunterhalt zu verdienen, ihre größeren Kinder in Waisenhäusern oder bei Pflegeeltern untergebracht oder ihre Säuglinge in Pension gegeben (Bellingham 1986; Broder 1988). Die Weisheit Salomos, die „richtige Mutter" sei diejenige, die lieber auf ihren Sohn verzichte, als ihn sterben zu sehen, hat keine Ahnung von „richtigen" Müttern, die ihre Kinder eben doch lieber getötet haben, als sie als Sklaven aufwachsen oder langsam verhungern zu sehen (Ashe 1991; Morrison 1987). Außerdem schicken auch gute Mütter, liebende Mütter, ihre geliebten Söhne in den Krieg.

Wer soll leben, wer soll sterben?

Je nach den Umständen ihrer Geburt und den Ressourcen ihrer Eltern werden manche Kinder überhaupt nicht versorgt. Im heutigen New York werden Neugeborene, manchmal lebend, manchmal tot, in Abfalleimern und Mülltüten, in Müllschluckern und auf Schutthalden beseitigt, gewöhnlich anonym. Einmal allerdings hatte ein Baby, das in einer gelben Plastiktüte gefunden wurde, neue Sachen an – ein T-Shirt, eine Windel und einen geblümten Schlafanzug – und war in ein weißes Tuch gehüllt, mit Bändern darum und mit einem Zettel, auf dem stand: „Bitte sorgen Sie für mein Mädchen. Sie wurde am 26. April 1991 um 12 Uhr 42 geboren. Sie heißt April Olivia. Ich liebe sie sehr. Danke. Sie starb am 29. April 1991, um 10 Uhr 30. Es tut mir leid."[5] Diese Mutter war ihrem Kind offensichtlich zugetan, wahrscheinlich auch schon während der Schwangerschaft, aber ein Fötus, der vielleicht abgetrieben, ein Kind, das vielleicht getötet oder ausgesetzt werden muß, werden nicht als Menschen betrachtet.[6]

Im neunzehnten Jahrhundert arbeiteten die Dienstmädchen in bayerischen Landgemeinden bis zur Minute der Geburt, ließen das Kind da liegen, wo sie es geboren hatten, nahmen ihre Arbeit wieder auf und bestritten, überhaupt schwanger gewesen zu sein. Viele dieser verlassenen Kinder wurden auf Aborten geboren und „als Exkremente erlebt und beschrieben, oft auch als Blutklumpen, als etwas Unreines und Krankes, das abgestoßen wird. ... Das ungeborene Kind ließ kein Bild entstehen, keine Projektion, keine Phantasie

---

5   Delilah Amir meint in einem unveröffentlichten Beitrag, die bekannte Drohung für Frauen, sie sollten ihre Kinder unter Schmerzen gebären, müßte aus dem Hebräischen der Bibel eigentlich mit: „im Leid sollst du deine Kinder gebären" übersetzt werden („Soviet women talking about their experiences giving birth – labor and state," Universität Tel Aviv. Beitrag zum Fifth International Interdisciplinary Congress on Women, Costa Rica, Februar 1993).

6   Frauen mit Amniocentese behaupten oft, der Fötus bewege sich nicht, bis sie wissen, daß keine Schädigungen entdeckt wurden, die für eine Abtreibung sprechen könnten (Rothman 1986). Zur Schwangerschaft als sozialer Beziehung, siehe Rothman 1989, 97-105.

über seine Existenz nach der Geburt oder sein Dasein im Leben seiner Mutter oder in der Zukunft einer Familie. Es blieb in einer ambivalenten Unbestimmtheit, einem marginalen Status" (Schulte 1984, 89). In den ärmsten Vierteln Brasiliens stellt im zwanzigsten Jahrhunderts „das kränkliche, ausgezehrte oder behindert geborene Kind die vorläufigen und symbolischen Grenzen zwischen menschlich und nichtmenschlich, natürlich und übernatürlich, normal und verabscheuenswürdig in Frage" (Scheper-Hughes 1992, 375). Meira Weiss stellte bei ihrer direkten Beobachtung von zweihundert israelischen Familien mit schwer behinderten Kindern fest, daß diese oft wie „Ungeheuer" behandelt wurden – physisch mißhandelt, emotional vernachlässigt und in dunklen, kahlen, winzigen Kammern oder Korridoren abgestellt (1994).

Zwischen Totgeburt, Unfall, Vernachlässigung und Kindermord sind die Grenzen fließend. Ob der Tod eines Kindes als vorsätzlich herbeigeführt oder als Unfall angesehen wird, hängt oft davon ab, wie die gebärende Frau moralisch beurteilt wird (Hoffer und Hull 1981). In England wurde im achtzehnten Jahrhundert einer Angeklagten, die nachweisen konnte, daß sie Vorbereitungen für das Kind getroffen hatte, die Totgeburt geglaubt, so daß sie von der Anklage des Mordes freigesprochen wurde. Dies war das sogenannte „benefit-of-linen", der Entlastungsbeweis in Gestalt der Babywäsche (Hoffer und Hull 1981, 68-69). Eine andere erfolgreiche Verteidigung war das Plädoyer auf „mangelnde Hilfe" – die Angeklagten brachten vor, sie hätten versucht, Hilfe herbeizurufen, doch sei ihr Schreien ungehört geblieben, eine Tür sei abgeschlossen gewesen, sie seien krank geworden oder beim Hilfeholen gestürzt. Hier wurde das Verbrechen nur noch als Vernachlässigung bewertet. Wurde bei einer Geburt, die ohne Hilfe vonstatten ging, die Nabelschnur nicht durchgetrennt oder das Kind nicht vor Schaden bewahrt, ging man davon aus, daß dem „keine mörderische Absicht, sondern ein Mangel an Geschick oder Selbstbeherrschung" zugrunde lag (69). Frauen plädierten auch mit Erfolg auf Unkenntnis der Tatsache, daß sie Wehen hatten; wie in Bayern „fielen" viele Kinder in Aborte (70-71).

Wo die Kindersterblichkeit hoch ist, scheint man vom Tod ungewollter Kinder kaum Notiz zu nehmen und die Risiken der Kindersterblichkeit durch die landläufige Praxis eher noch zu erhöhen. Im neunzehnten Jahrhundert starben in einer bestimmten französischen Stadt fast die Hälfte der aus Paris zu den Ammen geschickten Kinder innerhalb der ersten neun Lebenstage (Fuchs 1984, 201 und Tabelle 6.5, 203). Angesichts der Lebensbedingungen – ärmliche, schmutzige, von Ungeziefer heimgesuchte Behausungen, schlechtes Essen und mit Keimen verseuchtes Wasser – ist es ein Wunder, daß überhaupt ein Kind überlebte. Die meisten Kinder starben an Durchfällen, Austrocknung und Magen-Darm-Erkrankungen, den klassischen Kindermördern der Armen. Das Kind der Amme war kaum besser daran als ein Findling, der in Pension gegeben wurde, und der Findling hatte vielleicht sogar mehr Kleidung, da diese vom Staat gestellt wurde (Fuchs 1984, 192-234).

Hohe Kindersterblichkeit herrscht auch heute noch dort, wo die Nahrung knapp und das Wasser durch Exkremente, Urin und Müll verunreinigt ist. In Brasilien beispielsweise ist Ende des zwanzigsten Jahrhunderts das Kindersterben Alltag. In der Öffentlichkeit „ist das Kindersterben in der Vorstellungswelt von Politikern, Beamten, Ärzten und Priestern als dringendes Problem, gegen das ‚etwas getan werden muß‘, überhaupt noch nicht präsent. Was bei armen und marginalen Familien als die Norm (wie auch als normal, erwartungsgemäß) gilt, wird gar nicht gesehen oder nicht als problematisch erkannt" (Scheper-Hughes 1992, 272). England führte die Meldepflicht für Geburten erst 1907 ein. Todesfälle und ihre tatsächlichen Ursachen (nicht „Alter" oder „Auszehrung") mußten schon seit 1834 gemeldet werden, aber erst ab 1875 wurde bei den Behörden auch die Rate der Kindersterblichkeit erfaßt. Unterernährung und Durchfälle, die häufigsten Todesursachen bei Kleinkindern, wurden bis in das zwanzigste Jahrhundert hinein nicht als Krankheiten betrachtet. Durchfälle waren „Bagatellen", und „Auszehrung" von Kindern wurde nicht dem Hunger zugeschrieben. Marasmus, Kwashiorkor und andere durch Unterernährung bedingte Krankheiten sind bei Hungersnöten die Todesursache von Erwachsenen wie Kindern und in allen vernachlässigten, mit Armut geschlagenen Gegenden der Welt überhaupt die gewöhnlichen Kinderkiller (Scheper-Hughes 1992, 274).

Im Alto do Cruzeiro, einer extrem armen Region Brasiliens, „beteiligen sich die Mütter gezwungenermaßen mit unzähligen kleinen, über Leben und Tod entscheidenden ‚Selektionen‘ am ‚Todesraum‘ der Gemeinschaft. Die Mütter müssen über Qualität und Konzentration des Milchpulvers und der *mingua* [Schleimsuppe] entscheiden, die sie kleinen und größeren, stärkeren und schwächeren Kindern geben; über die Ansprüche auf die kleine Menge sorgfältig gefilterten und abgekochten Wassers, das in einem speziellen Tongefäß aufbewahrt wird; darüber, wer im Notfall medizinische Hilfe erhält; und wer ein neues Paar Sandalen bekommt" (Scheper-Hughes 1992, 407). Flaschennahrung ist tödlich, da sie ein Produkt von Milchpulver und nicht abgekochtem Wasser, nicht sterilisierten Flaschen und Saugern und nicht vorhandenem Kühlschrank ist. Dennoch sind Milchpulver oder Nestlé-Produkte die Geschenke, die ein Vater seinen Kindern mitbringt – je mehr Milch, desto größer die Vaterliebe. Je wertvoller das Kind, desto wertloser – nährwertloser – angeblich die Muttermilch (316-326).

Die Frauen des Alto do Cruzeiro wissen, daß ihre Kinder sterben, weil sie hungern, weil das Wasser, das sie trinken, „dreckig und voller Keime" ist, weil sie keine Schuhe und nichts anzuziehen haben und weil sie medizinisch schlecht versorgt werden. Die Mütter müssen ihre Säuglinge allein lassen, damit sie Geld verdienen können. Sie wissen, daß ihre Kinder zum Überleben vor allem mehr zu essen brauchen. Und doch werden sie behaupten, daß

ihre Kinder nicht am Hunger sterben, auch wenn sie als ausgezehrt, einge-
fallen, völlig eingeschrumpft beschrieben werden. Warum dieses Leugnen?
„Die Alternative – das Eingeständnis, daß das eigene Kind langsam verhun-
gert – tut zu weh, sieht man sich die Rolle an, die die Mütter mitunter beim
Nahrungs- und Flüssigkeitsentzug spielen." Dieser schleichende Kindermord
ist eine Strategie, um die Kinder mit den größten Überlebenschancen zu ernähren, und nicht die, die von Geburt an „sterben wollen" (1992, 315-316):

> Wonach die Mütter bei ihren neugeborenen Babies erwartungsvoll suchten, waren
> Eigenschaften, an denen sich eine Bereitschaft für den mühseligen Kampf ablesen
> ließ, der ihr Leben war. ... Aktive, lebhafte, reaktionsschnelle und zum Spielen auf-
> gelegte Kinder wurden stillen, fügsamen, matten Kindern deutlich vorgezogen, die
> als „stumpf", „teilnahmslos" und „ohne Lebensmut" bezeichnet wurden. ... Zu ei-
> ner besonders tödlichen Form des negativen Feedbacks kam es mitunter, wenn sich
> Alto-Mütter immer mehr von teilnahmslosen Kindern zurückzogen, deren „Passi-
> vität" gerade eine Folge des Hungers war. (316)

Die knappen Ressourcen, zu denen auch die Mutterliebe zählt, müssen den
Kindern mit den größten Überlebenschancen vorbehalten bleiben.

Wertlose Kinder und unbezahlbare Kinder

Beim Wettlauf ums Überleben ist der soziale Wert entscheidend. Nicht unbedingt sind alle Kinder ihren Eltern gleich viel wert, und der soziale Wert
von Kindern unterlag starken Schwankungen.[7] Bei ungewollten Kindern
hängt die Politik der Staaten davon ab, wer finanziell die Verantwortung für
sie tragen muß; die Politik der Religionsgemeinschaften richtet sich eher
nach der Moral der Mütter. Den Kindern selbst gilt oft gar nicht die Haupt-
sorge.

Zu Beginn der europäischen Moderne, als nur wenige Familien mehr als
drei Kinder ernähren konnten, wurden selbst in Zeiten des Wohlstands 10 bis
40 Prozent der Kinder aller registrierten Geburten ausgesetzt (Boswell 1988,
15-16). Vom alten Rom bis ins europäische Mittelalter hinein haben Eltern
von unehelichen Kindern oder Eltern, die bereits zu viele Kinder zu ernähren
oder zu viele Kinder vom selben *gender* hatten, ihr Neugeborenes irgendwo
ausgesetzt, wo jemand, der Kinder wollte, es finden konnte (Boswell 1988).
Manchmal war das Schicksal solchen Kindern gnädig: Sie wurden von ihren

---

7 Wenn auf dem Alto do Cruzeiro Kinder sterben, ist der „unbeweinte Tod" die kulturell
   gebilligte Reaktion (Scheper-Hughes 1992, 416-423). Zu den ausgefeilten Praktiken, mit
   denen im neunzehnten Jahrhundert tote Kinder betrauert und den Müttern geholfen wurde,
   über den Verlust hinwegzukommen, siehe Simonds 1988. Dazu, wie in frauendominierten
   Religionen den Müttern geholfen wird, sich mit dem Tod von Kindern auszusöhnen, siehe
   Sered 1994.

Pflegeeltern geliebt und gut behandelt oder von ihren leiblichen Eltern, die es sich anders überlegt oder deren Lebensumstände sich gebessert hatten, zurück geholt. Viele jedoch wurden von denen, die sie zu sich nahmen, zu Sklaven gemacht, zur Prostitution angehalten (auch die Jungen), zu Bettlern oder Eunuchen verkrüppelt (111-132). Im frühen europäischen Mittelalter wurden viele „überschüssige" Kinder Klöstern zum Geschenk gemacht (Boswell 1988, 228-255). Man nannte diese Praxis „Oblation" oder „Weihgabe", und es gab sie mehr als tausend Jahre lang. Diese Kinder mußten im Kloster bleiben, egal ob sie Mönche oder Nonnen werden wollten oder nicht; Oblaten, die wegliefen, wurden exkommuniziert.

Im späten Mittelalter wurde mit der Errichtung der Findelhäuser ein Ort geschaffen, an dem man sich ungewollter Kinder entledigen konnte. „Der größte Nutzen des Findelhaussystems bestand darin, daß das Problem der ungewollten Kinder von den Straßen verschwand und den Normalbürgern nicht mehr unter die Augen kam. Die Kinder verschwanden hinter den Mauern von Institutionen, in denen Spezialisten dafür bezahlt wurden, sich mit ihnen zu befassen, so daß Eltern, Verwandte, Nachbarn und Gesellschaft sie vergessen konnten" (Boswell 1988, 423). Infolge ansteckender Krankheiten konnte die Sterberate der Kinder in diesen Institutionen bei 90 Prozent liegen (421-427). Diese unbeabsichtigte Folge dessen, was theoretisch eine Verbesserung gegenüber der Aussetzung der Kinder auf der Straße oder ihrem Verkauf auf dem Markt darstellte, könnte durchaus seine latente Funktion gewesen sein – passiver, versteckter Kindermord.

In Frankreich gab es im zwölften Jahrhundert eine *tour* für ausgesetzte Neugeborene, eine drehbare Wiege, die in einer Öffnung im Turm eines Hospizes oder einer Krankenanstalt angebracht war. Die Findlinge wurden, bis sie drei oder vier waren, zu Ammen oder Pflegeeltern gegeben und kamen dann wieder ins Hospiz, bis sie sieben waren und eine Lehre begannen. Die Kirche förderte die anonyme Benutzung der *tours* als Alternative zu Abtreibung und Kindstötung. Der Staat aber wollte Namen und Stand der Mutter wissen, um sie oder den Vater zu zwingen, die Verantwortung für das Kind zu übernehmen (Fuchs 1984).[8] Obwohl Väter ihre unehelichen Kinder rechtlich anerkennen konnten, geschah dies fast nie, und der Code Napoléon, der den Schutz des bürgerlichen Ehemannes und Vaters im Auge hatte, untersagte ausdrücklich die *recherche de la paternité* – die Feststellung der Vaterschaft und die Verklagung des Vaters auf Unterhaltszahlung. 1912

---

8   Dem Staat waren Name, Beschäftigung und Adresse der Mutter oft bekannt, vor allem wenn die Geburt in einem öffentlichen Entbindungshospital stattgefunden hatte, aber die Mütter gaben häufig an, sie wollten das Kind nur vorübergehend weggeben (Fuchs 1984, 32). Es gab Geschichten von Müttern, die sich als Ammen anboten, um sich für die Versorgung ihrer eigenen Kinder bezahlen zu lassen. Solche Winkelzüge erweckten auf offizieller Seite nicht gerade Sympathie für die Frauen oder ein Interesse an ihrem Wohlergehen (41).

wurde das Recht eingeräumt, einen *ledigen* Mann auf Zahlung von Unterhalt für die Ernährung des Kindes zu verklagen (Fuchs 1992, 37, 69). In Frankreich wurde sehr wenig adoptiert, denn dies war nur aus einem einzigen Grund möglich, nämlich um einen Erben zu haben. Als Erben aber erschienen Nichten und Neffen besser geeignet, da „Kinder von unverheirateten Müttern ... als potentiell unmoralisch, kriminell, deviant oder unterdurchschnittlich intelligent galten. Sie waren die Pariahs der Gesellschaft" (Fuchs 1984, 30).

Die Praxis, daß Kinder in der *tour* ausgesetzt, einer Amme übergeben, ins kirchliche Hospiz zurückgebracht und in eine Lehre gegeben wurden, wurde in Frankreich vom zwölften bis zum sechzehnten Jahrhundert beibehalten. Dann begann die Monarchie, die Hospitäler zu verwalten, und es wurden eine Anzahl eigener Anstalten für verwaiste (nicht für ausgesetzte oder als unehelich geltende) Kinder und Kleinkinder eingerichtet. Diese Unterscheidung bedeutete eine moralische Beurteilung der Kinder nach ihrer Abkunft: Zu *pauvre orphelins* wurden sie infolge eines Unglücks, *enfants trouvés* aber standen für Laster, Sittenlosigkeit und Verbrechen. Kinder aus den Ober- und Mittelklassen galten demgegenüber im siebzehnten Jahrhundert als unschuldig und rein (Ariès 1962, 15-133).

Während der Französischen Revolution übernahm der Staat die Verantwortung für Waisen und verlassene Kinder, die nun alle *enfants de la patrie* genannt wurden (Fuchs 1984, 18). Die Politik, Kinder anonym auszusetzen, für die dann der Staat die Verantwortung übernahm, wurde zu Beginn des neunzehnten Jahrhunderts auch gesetzlich verankert; die Zahl der *tours* wurde erhöht, und alle Hospitäler mußten sie haben. Das Ergebnis war eine Kontroverse darüber, ob die Leichtigkeit und Anonymität, mit der ein Kind ausgesetzt werden konnte, dem unmoralischen Verhalten Vorschub leistete oder Abtreibung und Kindermord verhinderte. Die Gegner der *tours* gewannen schließlich; die meisten wurden bis Ende der 1850er Jahre geschlossen, die *tour* in Paris erst 1862 (Fuchs 1984, 19-45).

Eine ähnliche Praxis, bei der Kinder bei bestimmten Institutionen abgegeben wurden, wenn sie von einer verwitweten oder verlassenen Mutter nicht versorgt werden konnten, gab es im neunzehnten Jahrhundert auch in den Vereinigten Staaten, als von „Kinderrettern" wie der Children's Aid Society Waisenhäuser errichtet und Pflegeelternschaften für arme Kinder eingeführt wurden (Bellingham 1986, 41-51). Die Strategie der Eltern war es, auf diese Weise Essen, Kleidung, Unterkunft und irgendeine Schul- oder Berufsausbildung für sie zu bekommen. Diese Kinder wußten, wer ihre Mutter war und wo sie sie finden konnten. Aus der Sicht der Eltern war dieser Ausweg aus der Armut einer Familie nur vorübergehend und sollte trotz des an die Wohlfahrtseinrichtungen abgetretenen Sorgerechts die Bindung an die Familien nicht endgültig zerstören. Der Staat jedoch wollte die Kinder ihren Eltern wegnehmen, da sie, weil Vernachlässigung als Kindesmißhandlung betrachtet wurde, als unmoralisch und verderbt galten (L. Gordon 1989, 27-58).

Vor dem neunzehnten Jahrhundert stellten in französischen Aristokratenoder Bürgerfamilien Kinder mit Ausnahme des erstgeborenen Sohnes keinen Wert dar, und es könnte durchaus eine mehr oder weniger bewußte Strategie zur Beschränkung der Zahl der Kinder in einer Familie gewesen sein, ein Kind ohne Überwachung oder Besuche einer Amme zu übergeben (Badinter 1981, 49).[9] In den Vereinigten Staaten dagegen werden im zwanzigsten Jahrhundert nur 1,5 Prozent der Kinder aus registrierten Geburten zur Adoption freigegeben, während mehr als 2 Millionen Paare ein Kind adoptieren wollen. Die Folge ist, daß kinderlose Paare bereit sind, zehntausende von Dollar für eine Adoption, eine Ersatzmutter oder eine High-Tech-Behandlung ihrer Unfruchtbarkeit zu bezahlen. Diese Kosten sind nicht der Marktwert eines Kindes; die meisten kapitalistischen Länder haben Gesetze gegen den Verkauf von Babies. Bezahlt werden die Dienstleistungen von Ärzten, Rechtsanwälten, Adoptionsagenturen oder Ersatzmüttern. Das Kind hat heute einen so hohen Wert, daß dieser immanent und emotional, ja praktisch sakral geworden ist (Zelizer 1985, 22-55).[10] Dennoch gibt es Kinder, derer man sich als wertlos entledigt. Von 1980 bis 1986 wurden in Israel, einem Land, das Frauen dazu auffordert, mindestens drei Kinder zu bekommen, und reichlich Kindergeld zahlt, von 250 mit sichtbaren Behinderungen geborenen Kindern 68,4 Prozent von ihren Eltern gar nicht erst aus der Klinik mit nach Hause genommen (Weiss 1994). Im Mittelalter wurden solche Kinder „unter frömmsten Gelübden" der Kirche geschenkt (Boswell 1988, 298).

Söhne und Töchter haben oft nicht den gleichen Wert. Das zahlenmäßige Verhältnis der Geschlechter (Jungen zu Mädchen oder Frauen zu Männern) gibt Aufschluß über die Wertschätzung von weiblichen und männlichen Kindern in einer Gesellschaft. Dem selektiven Kindermord, der gewöhnlich eine Folge mangelnder ökonomischer Ressourcen ist, fallen Mädchen häufiger zum Opfer als Jungen (Johansson 1984). Bei ihrer Analyse der zahlenmäßigen Geschlechterverhältnisse in einem Steuerzensus des neunzehnten Jahrhunderts, dem sogenannten „Polyptychon von Saint Germain-des-Prés", in dem die Menschen erfaßt waren, die über eine Generation auf Ländereien lebten, die einem Kloster gehörten, stellte Emily Coleman (1976) fest, daß bei den Erwachsenen auf 100 Frauen 110,3 bis 252,9 Männer und bei den

---

9   Siehe auch Badinter 1981, 68-78; Scheper-Hughes 1992, 355-356, 364.
10   In Italien wurden im sechzehnten Jahrhundert Kinder auf dem Markt verkauft (Boswell 1988, 201). In Europa wurden in der frühen Moderne Babies als Ersatz für gestorbene Kinder verkauft oder vermietet (279-282). Zu Beginn des zwanzigsten Jahrhunderts bezahlten Mütter Geld für die Beseitigung eines ungewollten Kindes; eine Generation später gab es einen Schwarzmarkt für Adoptivkinder. Aus den Zahlungen an die Agenturen wurden in der Folge Gebühren, und aus den Zahlungen an Pflegeeltern Unterhaltszahlungen für das Kind (Zelizer 1985, 169-207).

Kindern auf 100 Mädchen 115,7 bis 156,2 Jungen kamen. Je kleiner der Bauernhof und je größer die auf ihm lebende Familie waren, desto mehr verschob sich das zahlenmäßige Geschlechterverhältnis zugunsten von Männern und Jungen. Zu jener Zeit hatten Frauen, die nicht heirateten, Anspruch auf Unterhalt, und obwohl die Frauen zur bäuerlichen Wirtschaft beitrugen, konnte der Hof nur eine begrenzte Zahl ernähren. Die Gesellschaft war patrilokal, so daß die Männer, wenn bereits viele weibliche Verwandte auf dem Hof lebten, keine Frauen heimholen konnten; „die Zahl der neugeborenen Mädchen, die überleben sollten oder durften, hing eng mit Zahl der verheirateten und unverheirateten Frauen zusammen, die ihren Lebensunterhalt bereits von diesem Hof bestritten" (61). Kam es bei weiblichen Säuglingen nicht geradezu bewußt zum Mord, hieß doch der Wert, den die Jungen als künftige Arbeiter für die bäuerliche Gemeinschaft hatten, daß sie in der Regel besser ernährt und bei Krankheit besser gepflegt wurden, so daß die Folge ein *gender*-Bias bei der Sterblichkeitsrate war (Hammel, Johansson und Ginsberg 1983).[11]

Der soziale Wert der Söhne in den Ländern des Fernen Ostens ist immer noch weit höher als der soziale Wert der Töchter, so daß die Beschränkung der Familiengröße für Frauen und Mädchen tragische Folgen hatte. In Afrika, Europa und Nordamerika liegt das zahlenmäßige Geschlechterverhältnis bei 105 Jungen zu 100 Mädchen, was als ausgewogen gilt, weil mehr Jungen als Mädchen geboren werden, um die höhere natürliche Sterblichkeitsrate der Jungen auszugleichen. In China, Indien, Bangladesh und Westasien liegt dieses Verhältnis bei 94 Mädchen zu 100 Jungen, und in Pakistan bei 90 Mädchen zu 100 Jungen. Angesichts der Zahl der vorhandenen Männer müßte es heute in Indien rund 30 Millionen und in China 38 Millionen Frauen mehr geben (Sen 1990). Obwohl die Tötung weiblicher Säuglinge und die Abtreibung weiblicher Föten in der manifesten Absicht erfolgt, die Geburt ungewollter Töchter zu verhindern, könnte der latente Effekt darin bestehen, die Gesamtgeburtenrate unter das Reproduktionsniveaus zu senken, wenn nicht Frauen importiert werden.[12]

---

11 Zum bewußten Kindermord, siehe auch Dickemann 1984; Johansson 1984; Scrimshaw 1984.

12 Um die Auswirkungen des zahlenmäßigen Geschlechterverhältnisses auf die Geburtenrate zu verstehen, muß man sich vor Augen halten, daß in einer Gruppe, die aus einer fruchtbaren Frau und neun Männern besteht, die Frau etwa ein Kind pro Jahr bekommen kann. Besteht eine Gruppe aus neun fruchtbaren Frauen und einem Mann, können die Frauen neun Kinder pro Jahr bekommen. Einen Überblick zu Fragen der Geschlechtsselektion durch Spermientrennung bei In-vitro-Fertilisation und künstlicher Befruchtung, zeitlicher Planung des Koitus in Abhängigkeit vom Eisprung und selektiver Abtreibung nach Amniocentese, siehe Bennett 1983. Zu den möglichen Auswirkungen von zahlenmäßig unausgewogenen *gender*-Verhältnissen, siehe Guttentag und Secord 1983.

Und was ist mit den Frauen, die gezwungen werden, einen weiblichen Fötus abzutreiben oder eine neugeborene Tochter umzubringen? Barbara Katz
Rothmans Untersuchung zu den emotionalen Auswirkungen der Amniocentese ergab, daß sich von sechsundzwanzig Frauen, die erfuhren, daß sie mit
Mädchen schwanger waren, vierundzwanzig sehr freuten; die beiden anderen
hatten bereits drei Töchter (1986, 148-151). Vierundzwanzig Frauen, die
Söhne bekamen, waren über diese Aussicht nicht so glücklich, wie man in
unserer Kultur eigentlich erwarten sollte – acht freuten sich, zehn waren
enttäuscht und sechs waren ambivalent. Von zwölf dieser Frauen, die ihr
erstes Kind erwarteten, freuten sich zwei, daß es ein Junge war; fünf waren
neutral, und fünf waren enttäuscht, gleichgültig ob der Sohn ihr erstes Kind
überhaupt oder ein weiterer Sohn in einer Familie war, die nur Söhne oder
Kinder beider *gender* hatte. Katz Rothman meint, Frauen bekämen vielleicht
deshalb lieber Töchter, weil „der Fötus, der männlich ist, das *andere* ist, ein
Eindringling im weiblichen Körper; und zwar umso mehr, je patriarchali-
scher die Verhältnisse sind, und je traditioneller die Frau" (151).[13]

Welche Tragödie also, eine Tochter abtreiben zu müssen, weil du einen
Sohn bekommen mußt, *und zu wissen, daß dies für dich das einzige Kind
überhaupt sein wird*, wie in China. Doch wer es nicht tut, riskiert den Zorn
der Familie und vielleicht Scheidung oder Tod.

Aushandlungsprozesse über die Zeugung

Normen, Sittenkodex, religiöse Regeln, ökonomische Bedingungen und Familienmuster, sie alle regeln die Fruchtbarkeit direkt – durch Verhütung und
Abtreibung vor und Kindstötung und -aussetzung nach der Geburt – sowie
indirekt – durch das Alter, in dem Frauen und Männer heiraten dürfen, durch
Abstinenz aus allen möglichen Gründen während der Ehe und durch Sitten
und Gebräuche, die die Wiederverheiratung nach dem Tod eines Ehepartners
oder nach einer Scheidung betreffen.[14] Eine physiologische Fruchtbarkeits-
steuerung tritt mit längeren Stillzeiten und auch mit dem Ernährungszustand
der gebärfähigen Frauen ein, beides jedoch beeinflußt durch soziale Normen
für die Dauer der Stillzeit von Kindern, durch die vorhandenen Nahrungsmittel und ihre Distribution, und dadurch, wer als erster essen darf.

---

13 Siehe auch M. K. Walker 1992.
14 Zur sozialen Kontrolle der Fruchtbarkeit, siehe Amir und Biniamin 1992; Anker 1985;
    Croll, Davin und Kane 1985; Engelstein 1991; Ferree 1993; Gittins 1982; Goldman 1991;
    L. Gordon 1990a; Greer 1985; Heitlinger 1987; Laslett 1977; McLaren 1978; Mc Laren
    1984; Mohr 1978; J. Reed 1978. In der Sklaverei ist die direkte Kontrolle über die Frucht-
    barkeit der Frauen total (siehe Jennings 1990).

Wenn ein Land die Gebärfreudigkeit steigern will, werden sozialpolitische Maßnahmen getroffen und Anreize geschaffen, damit alle Frauen Kinder bekommen und groß ziehen. Die armen und schwangeren Frauen, die in Frankreich von 1830 bis 1870 unmoralische „gefallene Frauen" waren, wurden zwischen 1870 und 1914 zu künftigen Müttern der nunmehr benötigten Arbeiter und Soldaten (Fuchs 1992, 56-76). Etwa zur gleichen Zeit trat auch in England, Deutschland, den Vereinigten Staaten und Rußland ein Wandel der Einstellungen zu unehelich geborenen Kindern ein, weil man dank einer langen Depression und einer fallenden Geburtenrate Angst vor einem Bevölkerungsschwund bekommen hatte. Mit dem Einsetzen des französischen Wohlfahrtsstaats änderte sich auch die Politik für Frauen mit „zu vielen Kindern", die nun nicht mehr bestraft, sondern bei der Gesunderhaltung ihrer Kinder unterstützt wurden. Ende des neunzehnten Jahrhunderts empfahl eine französische Subkommission die folgenden Maßnahmen für alle Mütter, ob verheiratet oder ledig:

> Verkürzte Arbeit während der letzten Schwangerschaftswochen, medizinische Versorgung und Ruhezeiten vor der Geburt, einen vierwöchigen bezahlten Mutterschaftsurlaub, Mutterschaftsversicherungen, mehr Erholungsheime für Mütter nach der Geburt, mehr freie Entbindungsanstalten und ausreichend finanzielle Unterstützung, damit Frauen unabhängig von ihrem Familienstand ihre Kinder stillen konnten. Die Subkommission empfahl außerdem Kindergesundheitsfürsorge, Gratisverteilung von sterilisierter Milch an Mütter, die nicht stillen konnten, Kinderkrippen und ein breites Spektrum von Mütter- und Familienhilfen. Die Subkommission bemühte sich um den Schutz der Frau während der Schwangerschaft und der ersten Lebensjahre ihres Kindes, aber eines schützte sie nicht: ihr Recht, zu entscheiden, ob sie überhaupt schwanger sein wollte oder nicht. Einmütig untersagte sie den Verkauf von empfängnisverhütenden Mitteln sowie jegliche Information über Empfängnisverhütung und Abtreibung. (Fuchs 1992, 60)

Bei zunehmendem Wohlstand wird umgekehrt mehr Nahrung produziert, verbessert sich der Gesundheitszustand der Mütter und sinkt die Säuglingssterblichkeit. Um eine Bevölkerungsexplosion zu verhindern, intervenieren die Staaten, um die Zahl der Geburten zu senken und verheirateten Paare nahezulegen, weniger, gesündere, besser ausgebildete Kinder zu bekommen. Die von 1900 bis 1939 abnehmende Zahl der Geburten bei verheirateten Paaren aus der Arbeiterklasse in England und Wales war eine Folge der veränderten Erwerbsmuster und der von Gesundheitsämtern und Kliniken ausgegebenen Informationen zur Geburtenkontrolle (Gittins 1982). Im Laufe des zwanzigsten Jahrhundert kam es in allen westlichen Ländern, ob kapitalistisch oder kommunistisch und ob mit hoher oder niedriger Frauenerwerbstätigkeit, zum gleichem Rückgang der Fruchtbarkeitsraten auf oder unter das Reproduktionsniveau (etwas über zwei Kinder pro Paar). In Kuba zum Beispiel lag 1979-1980 die Gesamt-Fruchtbarkeitsrate bei 1.6, wobei 28,1 Prozent der Frauen im gebärfähigen Alter einer Beschäftigung außer Haus nachgingen, während die Tschechoslowakei, wo 72,4 Prozent der gebärfähigen

Frauen erwerbstätig waren, eine Fruchtbarkeitsrate von 2.1 hatte. Die Fruchtbarkeitsrate der Vereinigten Staaten betrug 1980 1.9, bei rund 60 Prozent Erwerbstätigkeit der Frauen (Anker 1985).[15]

Die kapitalistische Wirtschaftsentwicklung führt zu einem Rückgang der Fruchtbarkeit, weil mit der Möglichkeit zum Geldverdienen durch Lohnarbeit die Verfügungsgewalt der männlichen Familienoberhäupter über die Arbeit ihrer Kinder abnimmt (Folbre 1983). Unverheiratete Töchter und Söhne mögen verpflichtet sein, ihrem Vater einen Teil ihres Verdienstes abzutreten, doch daß sie, wenn sie erst einmal eigene Haushalte gegründet haben, ihre alt gewordenen Eltern unterstützen, ist eher unwahrscheinlich, es sei denn, sie hätten ihren ökonomischen Status durch Bildung materiell verbessert. In die Bildung der Kinder zu investieren, statt viele Kinder zu haben, die dann für die größere Familie arbeiten, verringert jedoch nicht die Kosten dieser Kinder für die Mutter. Zu ihrer Arbeit gehört nun auch noch, daß sie mithilft, die Ausbildung der Kinder zu bezahlen und die Annehmlichkeiten mitzufinanzieren, die einem höheren Standard des Haushalts entsprechen. Außerdem wird von ihr erwartet, daß sie die Verantwortung für die emotionale und intellektuelle Entwicklung der Kinder übernimmt. Von der Investition der Mutter her gesehen, dürften demnach die Kosten für wenige, sorgfältig erzogene Kinder genauso hoch sein wie für viele Kinder, die sie unterstützen und Geld für sie verdienen (Mueller 1982).

Weil der Status der Frau in ihrer Familie von der Mutterschaft abhängig sein kann, bedeutet Unfruchtbarkeit für Frauen sozial einen größeren Nachteil als für Männer. Selbst in den modernen westlichen Gesellschaften steht für sie mehr auf dem Spiel als nur die Stärke ihrer Verhandlungsposition bei Entscheidungen darüber, was zu tun ist, wenn sie keine Kinder bekommen kann.[16] Unabhängig davon, ob die Frau oder der Mann unfruchtbar ist, ist es gewöhnlich die Frau, die Hilfe sucht. Wenn sie zu dem Versuch entschlossen ist, ein biologisches Kind von ihrem Partner zu bekommen, muß sie sich seiner Bereitschaft versichern, sich all den Prozeduren zu unterziehen, die die Ärzte entsprechend dem medizinischen Befund für richtig halten. Sie wird auch sein Mitgefühl und seine emotionale Unterstützung während der über Tage, Monate und oft Jahre wiederholten Versuche brauchen, schwanger zu werden (Lorber und Greenfeld 1990). Ein unfruchtbarer Mann möchte vielleicht überhaupt am liebsten vergessen, daß er einmal Kinder wollte, oder die Untersuchungen, Tests und Vorkehrungen zur Samenproduktion als Angriff auf seine Männlichkeit empfinden. Sofern ihn seine Unfruchtbarkeit sehr

---

15 Die Gesamtfruchtbarkeitsrate ist die durchschnittliche Zahl der Kinder, die eine Frau hätte, wenn sie im gebärfähigen Alter (15-49) mit der in einem bestimmten Jahr festgestellten altersspezifischen Geburtenrate Kinder bekäme.
16 Greil 1991; Lasker und Borg 1987; Miall 1986; Pfeffer 1987; Sandelowski 1993.

belastet, kann er auch unwillig oder unfähig sein, emotionale Unterstützung zu geben (Lorber und Bandlamudi 1993).

Die neueste Fortpflanzungstechnologie, die In-vitro-Fertilisation (IVF) oder Empfängnis außerhalb des Körpers, wird bei Unfruchtbarkeit der Frau wie des Mannes angewendet. Bei dieser Methode werden der Frau Hormone gegeben, damit sie mehr als eine Eizelle pro Monat produziert, dann werden die Eizellen entnommen und in einer Petrischale mit dem Sperma befruchtet, und die Keimzellen werden ein bis zwei Tage ausgebrütet, bis es zur Zellteilung kommt und ein Embryo entsteht, das in die Gebärmutter der Frau eingepflanzt werden kann (Fredericks, Paulson und DeCherney 1987). Bei Unfruchtbarkeit des Mannes stellt die IVF ein technologisches Mittel dar, mit dessen Hilfe ein Mann, der eine zu geringe Spermienzahl, zu wenig Spermienbeweglichkeit oder mißgebildete Spermien aufweist, ein *eigenes* Kind zeugen kann, und das es seiner fruchtbaren Partnerin ermöglicht, dieses *eigene* Kind auszutragen. Theoretisch sollte die Befruchtung außerhalb des Körpers besser funktionieren, als wenn Sperma gesammelt und zur Befruchtung verwendet wird, denn um eine Eizelle in einer Petrischale zu befruchten, braucht man nur eine ganz winzige Menge guter Spermien. Aber bei den heutigen Verfahren der Spermieninjektion in den Kern der Eizelle entstehen oft geschädigte Embryos, und sehr wenige dieser Paare bekommen schließlich ein Kind (Oehninger, Stecker und Acosta 1992; Tournaye u.a. 1992).

All diese Verfahren, zu denen nicht nur die Verabreichung von Hormonen und operative Eingriffe, sondern auch viele Bluttests und Ultraschalluntersuchungen gehören, müssen unseligerweise an den Frauen vollzogen werden, die auf viel einfachere Weise schwanger werden könnten, nämlich durch eine Befruchtung mit Spendersamen. Will eine Frau vor allem Mutter sein und nicht unbedingt auch schwanger werden, mag sie eine Adoption vorziehen. Aber wenn sie sich weigert, sich der Fruchtbarkeitsbehandlung zu unterziehen, bringt sie ihren Partner um seine Chance, ein biologisches Kind aus dieser Beziehung zu haben. Er hat alles zu gewinnen und weniger durchzumachen. Diese ungleich verteilten Lasten der Behandlung setzen die Dynamik der *gender*-Aushandlung bei männlicher Unfruchtbarkeit in Gang (Lorber 1987b; 1989b; Lorber und Bandlamudi 1993).

Wenn der männliche Partner unfruchtbar ist, hat die Frau durch ihre Empfängnisfähigkeit nicht unbedingt auch eine stärkere Verhandlungsposition in der Beziehung. Wie die Frau, die mehr verdient als ihr Mann, muß sie gewöhnlich ungeheuer viel Gefühlsarbeit leisten, um den Schaden, den sein Männlichkeitsgefühl dadurch nimmt, wieder gut zu machen (Hochschild 1989a, 82-86, 220-228). Sie nimmt die Last *seiner* Unfruchtbarkeit auf sich und betrachet sich, da sie nicht in der Lage ist, ein Kind von ihm zu haben, ebenfalls als unfruchtbar (Greil, Leitko und Porter 1988). Indem sie den größten Teil der emotionalen Arbeit leistet und seine Unfruchtbarkeit als „unsere Unfruchtbarkeit" definiert, hält die Frau an der Verschleierung der ungleichgewichtigen Machtverhältnisse fest (Komter 1989). Für diese emotionale Arbeit kann sie Dankbarkeit nicht verlangen und erwartet sie vielleicht nicht einmal, denn, wie Arlie Hochschild bemerkt: „Damit ein Geschenk ein Geschenk ist, muß es auch so empfunden werden können. Um als Geschenk empfunden werden zu können, muß es so aussehen, als wäre es etwas Besonderes – etwas über das hinaus, was wir normalerweise erwarten" (1989b, 95).

Die Bereitschaft, sich wiederholten Versuchen zur IVF zu unterziehen, selbst wenn sie erfolglos sind, scheint für Frauen eine rationale Entscheidung zu sein.[17] Indem sie eine IVF durchmachen, beweisen sie sich, ihren Partnern und ihren Familienmitgliedern, daß sie alles getan haben, was sie konnten, um ein gemeinsames biologisches Kind zu bekommen (Lorber und Greenfeld 1990). Diese latenten Gewinne machen trotz der niedrigen Erfolgsquote von etwa 15 bis 25 Prozent bei weiblicher und 0 bis 10 Prozent bei männlicher Unfruchtbarkeit die weltweite Popularität der IVF aus. Der Diskurs von Unfruchtbarkeit und neuen Fortpflanzungstechnologien stellt auch die persönlichen Geschichten in einen Rahmen von sozialen Einbußen, biologischem Druck und technologischer Hoffnung (S. Franklin 1990). Eine IVF zu machen, ist von daher oft nicht nur ein obligatorischer Übergangsritus bei dem Versuch, ein Kind zu bekommen, sondern auch bei dem Versuch, „ein Sekundärziel zu erreichen, ein notwendiges Ersatzziel, nämlich den Schutz vor der sozialen Stigmatisierung und ein Mittel, soziale Anerkennung als unfreiwillig kinderlose Frau zu erlangen" (I. Koch 1990, 240-241). Für viele Frauen ist sie eine alternativlose „Alternative".[18]

Wem gehört das Kind?

Biologische Eltern brauchen rechtlich für ein Kind nicht verantwortlich zu sein; soziale Väter und Mütter sind es. Soziale Väter und Mütter brauchen nicht diejenigen zu sein, die das Kind versorgen; häufig sind es Kinderschwestern, Kindermädchen und Gouvernanten. In matrilinearen Gesellschaften ist die Vaterrolle der westlichen Gesellschaften auf den biologischen Vater und den Bruder der Mutter aufgeteilt – der Onkel mütterlicherseits ist der soziale, für die Kinder seiner Schwester rechtlich verantwortliche Vater. In der afroamerikanischen Gemeinschaft vertreten weibliche Verwandte und Nachbarinnen wechselseitig Mutterstelle an ihren Kindern, und

---

17 Callan u.a. 1988; Crowe 1985; I. Koch 1990; L. S. Williams 1988.
18 Eine weitere Entscheidung, bei der es keine Alternative gibt und die aus der erfolgreichen Unfruchtbarkeitsbehandlung folgt, ist die Frage, ob einige der Föten bei Mehrfachschwangerschaften abgetrieben werden sollen, um das Überleben der anderen zu sichern (siehe Evans u.a. 1988; Fredericksen, Keith und Sabbagha 1992).

Frauen lateinamerikanischer Herkunft verhalten sich als Co-Mütter (Collins 1990, 118-137).

Nicht nur die Elternaktivitäten, sondern auch Befruchtung, Schwangerschaft und Geburt können auf mehrere Frauen und Männer aufgeteilt werden. In dem einen Fall etwa spendete eine Frau eine Eizelle, die mit dem Sperma ihres Schwagers *in vitro* befruchtet und von dessen Frau, der Schwester der Spenderin, ausgetragen wurde; die Austragende und der Samenspender wurden rechtlich als die sozialen Eltern benannt, und die Spenderin der Eizelle hieß die „Tante" (Leeton u.a. 1986). In einem anderen Fall spendete die eine Schwester die Eizelle, ein Freund spendete den Samen, und eine andere Schwester trug den Fötus aus; die Spenderin der Eizelle und ihr Mann wurden die sozialen Eltern; diesmal nannte man die Austragende „Tante" (Leeton u.a. 1988). Im dritten Fall brachte eine Frau Drillinge zur Welt, die mit der Eizelle ihrer Tochter und dem Sperma ihres Schwiegersohns gezeugt worden waren; diese genetischen Eltern waren auch die sozialen Eltern, und die Austragende wurde „Großmutter" genannt (Michelow u.a. 1988).[19]

Trotz all dieser Varianten wird in der modernen westlichen Kultur die „Familie" weiterhin als zwei Eltern mit einem oder mehreren Kindern definiert, eine soziale Festlegung, die sich über den genetischen oder physiologischen Zusammenhang zwischen den beteiligten Erwachsenen und Kindern hinwegsetzt. Diese sozialen Festlegungen bestimmen, wer rechtlich für das Wohlergehen und die Erziehung des Kindes verantwortlich ist, und auch, wer ein Recht auf das Kind hat. In Gesellschaften, deren Basis die Sippe ist, ist die Legitimierung der Ansprüche auf die Kinder eine Funktion der Reproduktionsrituale, in Gesellschaften mit Rechtssystemen eine Funktion von Sorgerechtsstreitigkeiten. In Sippengesellschaften sind die Kinder regelrechte Vermögenswerte; wo die männlichen Clanmitglieder starke Gruppen bilden, werden schwangere und gebärende Frauen unter Aufsicht gestellt oder eingesperrt, um Abtreibungen, Kindstötungen oder Kindsvertauschungen zu verhindern (Paige und Paige 1981, 167-208). Wo die Gruppen der Männer nicht stark sind, vollziehen Männer, die sichergehen wollen, daß ihr Anspruch auf ein Kind anerkannt wird, häufig das Männerkindbett – sie erlegen sich Nahrungstabus und Beschränkungen bei der Arbeit oder bei kriegerischen Unternehmungen auf und ziehen sich auch manchmal während und unmittelbar nach der Entbindung ihrer Frauen ganz zurück.[20] In den moder-

---

19 Solche Fälle von Kinder austragenden „Großmüttern" machen immer noch Schlagzeilen (*New York Times* 1991e). Strathern weist darauf hin, daß „die unter Beihilfe zustandekommende Reproduktion die biologischen Eltern als eigene Kategorie schafft" (1992, 20). Wo die Spender(innen) von Samen, Eizellen oder befruchteten Embryos anonym sind, wird der rechtliche Status der sozialen Eltern gewöhnlich nicht angefochten und braucht nicht offiziell ausgewiesen zu werden (Novaes 1989). Zu den Rechtsauffassungen in den Vereinigten Staaten, siehe Blankenship u.a. 1993; Cohen und Taub 1989.

20 Siehe auch Dawson [1929] 1989; N. Hall 1989; Rivière 1974.

nen westlichen Gesellschaften könnte es eine moderne Version der Couvade
darstellen, also eine Art und Weise, den Anspruch auf das Kind zu bekräftigen, wenn der Mann bei der Entbindung dabei ist, mit dem Neugeborenen
unmittelbar Kontakt aufnimmt und während der ersten zwei oder drei Wochen nach der Geburt zu Hause bleibt.

In den modernen westlichen Familien hat, was die Kinder betrifft, der Vater immer noch mehr Rechte als Pflichten und die Mutter mehr Pflichten als
Rechte. Oft sind die Wünsche des Mannes maßgeblich für den Zeitpunkt und
die Zahl der Kinder, die ein Paar bekommt, obwohl es die Frau ist, die sie
austragen und versorgen wird (Lorber 1987b). Rechtlich allerdings wird seit
den 1920er Jahren davon ausgegangen, daß Kinder im „zarten Alter" bei
Scheidungen ihren Müttern zugesprochen werden, eine drastische Veränderung gegenüber dem neunzehnten Jahrhundert, als die Kinder rechtlich ihren
Vätern gehörten (Derdeyn 1976). Diese Rechtsauffassung läßt zwar die Kinder bei der Mutter, kann diese jedoch zum Zölibat und in die fortgesetzte
ökonomische Abhängigkeit von ihrem gewesenen Ehemann zwingen; lebt
sie mit jemand anderem zusammen oder gibt sie die Kinder in die Obhut
einer anderen Person, um einer bezahlten Arbeit nachzugehen, riskiert sie
den Vorwurf der Vernachlässigung ihrer Mutterpflichten und gibt damit dem
Vater die Handhabe für eine Sorgerechtsklage. *Gender*-neutralere Rechtsauffassungen haben eher das wohlverstandene Interesse des Kindes im Auge
oder empfehlen ein gemeinsames Sorgerecht.[21] Geoffrey Greifs Umfrage bei
1.136 geschiedenen Männern, die das Sorgerecht für ihre Kinder hatten,
ergab allerdings, daß der rechtliche Vorbehalt zugunsten der Mutter immer
noch gilt; nur 221 Männer hatten einen entsprechenden Prozeß gewonnen. In
den meisten anderen Fällen hatte die Mutter das Sorgerecht abgetreten, oder
die Kinder waren bereits älter und hatten sich für ein Zusammenleben mit
ihrem Vater entschieden (1985, 36-46). Einer neueren Rechtsauffassung
zufolge wird das Sorgerecht unabhängig vom *gender* der primären Pflege-
person oder der Person zugesprochen, zu der das Kind eine primäre Bindung
hat. So dürfte die Demonstration einer von Geburt an innigen Verbundenheit
mit einem Kind hilfreich sein, um Sorgerechtsansprüche von Männern in der
modernen Gesellschaft zu untermauern, zumal ja einer primären Pflege-
person, die „ihre Pflichten vernachlässigt", das Sorgerecht abgesprochen
werden kann.[22]

---

21 Zum Wandel der Sorgerechtsgesetze und -praktiken und ihrer Begründung, siehe Coltrane
    und Hickman 1992; Grossberg 1983; J. W. Jacobs 1982; Olsen 1984; Seltzer 1991; Shan-
    ley 1989, 131-155; Smart und Sevenhuijsen 1989; Walters und Chapman 1991.
22 „Ungeeignet" heißt bei einer Mutter „sexuelles Fehlverhalten", selbst wenn dies für ihre
    Eignung als Elternteil irrelevant ist, wohingegen Väter, die die Mutter und die Kinder ge-
    schlagen haben, durchaus das Sorgerecht bekommen können (Sack 1992).

Ende des neunzehnten Jahrhunderts war der Wert, den die Kinder für Familien der Mittel- und Oberklasse in den Vereinigten Staaten hatten, „unbezahlbar" geworden (Zelizer 1985). Da sie einen inneren Wert hatten, sollten sie nicht ihren Eltern Nutzen bringen; vielmehr sollten die Eltern die Individualität eines Kindes hegen und pflegen. So gesehen war es nun Kindesmißhandlung, wenn Kinder angehalten wurden, zum Lebensunterhalt beizutragen, wenn die Aktivitäten von Mädchen zwecks Wahrung ihrer Jungfräulichkeit beschnitten und wenn Kinder wegen Ungehorsams geschlagen wurden.[23] Die schlimmste Verfehlung jedoch, derentwegen Kinderschutzbünde gegründet wurden, war die Vernachlässigung, und für die gab man den Müttern die Schuld, waren doch sie für das körperliche und seelische Wohl ihrer Kinder verantwortlich (L. Gordon 1989). Bei den Lebensverhältnissen, die in den Vereinigten Staaten Ende des neunzehnten Jahrhunderts und während der Großen Depression der dreißiger Jahre unter den Immigranten in den Städten herrschten, war es Eltern kaum möglich, ihre Kinder ordentlich zu ernähren und zu kleiden, wenn nicht die Mütter ebenso wie die Väter Geld verdienten. Blieb die Mutter jedoch nicht zu Hause, wurde dies als grobe Vernachlässigung ausgelegt, obwohl ohne ihren Verdienst – besonders wenn sie der Haushaltsvorstand war – die Kinder keine ordentliche Nahrung, Kleidung oder Wohnung bekommen hätten, sie also in Verhältnissen leben müssen, die ebenfalls als grobe Vernachlässigung ausgelegt wurden. Im einen wie im anderen Falle konnten Mütter, die in Armut lebten, besonders wenn kein Mann im Haus war, „den Normen nicht entsprechen, die von ihnen verlangten, daß sie zu Hause blieben, da sie gezwungenermaßen außer Haus arbeiten oder dies zumindest versuchen mußten; blieben sie aber zu Hause, war das auch suspekt, weil sie damit dauerhaft arm und auf die Wohlfahrt oder den Staat angewiesen blieben. Blieben sie nicht zu Hause, waren sie per definitionem auch keine richtigen Frauen und Mütter" (L. Gordon 1989, 84). Die Folge war, daß ihre Kinder oft unter staatliche Vormundschaft gestellt und in Heime eingewiesen wurden.

Kinderversorgung als Arbeit

Während die Fragmentierung der Fortpflanzung ein relativ neues Phänomen ist, gibt es eine Arbeitsteilung zwischen Pflegepersonen und Lehrern bei der Versorgung und Sozialisation der Kinder schon lange. Die Arbeit der Kleinkindversorgung umfaßt Füttern, Baden, Ankleiden und Sauberkeitserziehung; größere Kinder müssen mit Mahlzeiten, Kleidung und einem Platz

---

23 Zu den wechselnden Definitionen von Kindesmißhandlung, siehe L. Gordon 1989; Strauss 1991. Siehe auch die abweichenden Betrachtungsweisen von Demie Kurz, Donileen R. Loeske und Joan McCord in derselben Ausgabe (*Social Problems*, May 1991).

zum Wohnen versorgt werden. Zur Sozialisationsarbeit gehört es, daß die Kinder erzogen und mitunter auch darauf vorbereitet werden, in die soziale Stellung ihrer Eltern einzutreten. Diese Arbeiten werden genau wie andere Formen von Arbeit Personen mit unterschiedlichem Status übertragen und unterschiedlich entlohnt: „Historisch oblag, bei sich wandelnden Haushalts- und Sozialstrukturen, die Ausführung der Arbeiten zur Versorgung von Neugeborenen diversen Kombinationen aus Eltern, Familien und Verwandten, Freunden und Nachbarn, Hauspersonal, nicht im Haushalt lebenden Babysittern, Ammen, professionellem Pflegepersonal, Industrien wie Windel– und Milchservice, bürokratischen Einrichtungen der Wohlfahrtspflege und Produktmärkten" (Sussman 1982, 1-2). Die Ökonomie und Ideologie einer Kultur bestimmen den Wert von Kindern mit unterschiedlichem sozialem Hintergrund und damit den Wert der Arbeit, die in ihre soziale Reproduktion gesteckt wird.

Bei der Versorgung von Kindern entsteht zwischen den Kindern und ihren Pflegepersonen auch eine emotionale Beziehung, und die dabei anfallende Arbeit unterscheidet sich qualitativ von anderen Formen von Arbeit: „Man produziert einen anderen Menschen in keiner Hinsicht auf die gleiche Weise wie einen Gegenstand, etwa einen Stuhl, kann ihn so nicht produzieren. Es gehört viel mehr dazu, Tätigkeiten, die sich nicht ohne weiteres in Spiel oder Arbeit dichotomisieren lassen. Einem anderen Menschen helfen, sich zu entwickeln, ihn allmählich loslassen, die menschlichen Grenzen des eigenen Handelns erleben – all das sind wichtige Merkmale der Tätigkeit von Frauen als Müttern" (Hartsock 1983, 236).[24] Diese Gefühlsarbeit wird unter Umständen nicht besonders hoch bewertet. Die Kultur bestimmt, ob die durch die Kinderversorgung entstehende emotionale Bindung als integraler Bestandteil einer positiven kindlichen Entwicklung betrachtet oder als ein zufälliges Nebenprodukt angesehen wird, dessen Nutzen für die Art und Weise, wie die Kinderversorgung erledigt wird, ungewiß ist (Eyer 1992; Riley 1983).

Weder ist alle Ganztagsmutterarbeit gefühlsintensiv, noch wird alle intensive Mutterarbeit von Frauen getan. Barbara Risman (1987) führte eine Untersuchung mit fünfundfünfzig Männern durch, die zu alleinerziehenden Vätern geworden waren, weil ihre Frauen gestorben waren, sie verlassen oder das Sorgerecht an sie abgetreten hatten. Dabei stellte sie fest, daß die Beziehungen dieser Väter zu ihren Kindern genau so eng waren wie die Beziehungen von alleinerziehenden Müttern oder von Müttern in traditionellen Ehen. Obwohl intensive Mutterarbeit Bindung und schließlich Ablösung beinhaltet, mußten Frauen, die zu Hause Kinder anderer Mütter zusammen mit ihren eigenen Kindern versorgten, immer gleichzeitig mit beiden Gefühlen

---

24 Siehe auch Ruddick 1983. Für sie besteht das Wesen des „mütterlichen Denkens" aus Aufmerksamkeit und Liebe (223-224).

jonglieren. Margaret Nelson (1990) stellte fest, daß Tagesmütter, die zu Hause geblieben waren, um bei ihren eigenen Kindern zu sein, diesen weniger Aufmerksamkeit schenkten, als sie wollten, und außerdem aufpassen mußten, sich emotional nicht zu tief auf die Kinder einzulassen, für deren Versorgung sie bezahlt wurden.[25]

Warum Frauen „Muttern"

Wenn die Mutterliebe nicht überall auf der Welt und zu allen Zeiten dieselbe ist, warum leisten dann die Frauen den größten Teil der Primärversorgung von Kindern? Alice Rossi meint, Frauen seien im Gegensatz zu Männern genetisch dafür programmiert, Zeit und Energie in die Kinderversorgung zu investieren (1977; 1984). In ihrer ursprünglichen These zu den biosozialen Ursprüngen der Elternaktivität von Frauen behauptete Rossi einen Zusammenhang zwischen den hormonalen Veränderungen während Schwangerschaft und Milchbildung und der Entwicklung der Mutter-Kind-Bindung sowie der Fähigkeiten zur Kinderversorgung.[26] In einem späteren Aufsatz legte Rossi den Akzent mehr auf den männlichen bzw. weiblichen Stil der Elternaktivitäten, der seinen Ursprung ihrer Meinung nach in „einem grundlegenden sexuellen Dimorphismus" hat, der die Frauen mit einer größeren Sensibilität und infolgedessen mit einer ausgeprägteren Feinwahrnehmung für die Signale ausstatte, mit denen ein Kind auf sich aufmerksam macht. Nicht das Gebären, so meinte sie, mache Frauen instinktiv zu besseren Eltern als Männer, sondern ihre physiologische Gesamtausstattung. Allerdings könnten Männer durch kompensatorisches Training bessere Eltern werden, als sie von Natur aus seien. Aber selbst wenn Männer und Frauen die Elternaktivitäten untereinander gleichgewichtig aufteilen, meint Rossi, werde dies die biosozialen Unterschiede nicht zum Verschwinden bringen: „Männer bringen ihr Mannsein in die Elternaktivitäten ein, Frauen ihr Frausein" (Rossi 1984, 10). Wenn Männer alleinerziehend und somit als Eltern *allein* aktiv sind, ist allerdings auch bei ihnen eine gewisse Breite des Engagements und der Kompetenz selbst im Umgang mit ganz kleinen Kindern festzustellen

---

25 Laut Nelson werden in der Vereinigten Staaten ungefähr 40 Prozent der Kinder unter einem Jahr, 38 Prozent der ein- oder zweijährigen Kinder und 15 Prozent der Kinder zwischen drei und fünf Jahren, das sind 5.1 Million Kinder, von Tagesmüttern versorgt, meist auf informeller Basis (1990, 4).

26 Zur Kritik an Rossis Aufsatz von 1977, siehe Gross u.a. 1979. Rossis biosozialer Ansatz stellte eine verblüffende Kehrtwendung im Vergleich zu ihrer Position im Jahre 1964 dar, als sie einen viel zitierten Aufsatz schrieb, in dem sie strukturelle soziale Veränderungen empfahl, damit Frauen voll am Berufsleben partizipieren und Männer zu gleichen Teilen Elternfunktionen wahrnehmen können.

(Greif 1985, 73-86).[27] Was als eine natürliche Eignung der Frauen für die Elternrolle erscheint, könnte also durchaus auch als eine Folge dessen angesehen werden, daß sie diese so viel häufiger und durchgängiger ausüben als die Männer.

Nancy Chodorow griff in *The Reproduction of Mothering* (1978) auf die psychoanalytische Theorie der Objektbeziehungen zurück, um zu erklären, warum sich Frauen als Mütter betätigen wollen und warum die meisten Mütter gute Mütter sind. Da Frauen die primären Eltern seien, werde laut Chodorow die Gefühlsbindung zwischen ihnen und ihren Töchtern nicht in der gleichen Weise mit der Auflösung des Ödipuskomplexes beendet wie zwischen Söhnen und Müttern. Mädchen entwickelten keine ebenso festen Ichgrenzen, so daß es ihnen als Erwachsenen leichter falle, Bindungen mit *ihren* Kindern einzugehen und damit die Mutter-Kind-Bindung zu reproduzieren, die sie als Kleinkinder hatten. Jungen entwickelten demgegenüber im Prozeß ihrer Distanzierung von ihren Müttern feste Ichgrenzen, um ihre männliche Identität zu festigen. Eine intensive Einbeziehung in die Kinderversorung kann bei Männern Verunsicherung erzeugen. Lynne Segal bemerkt, bei manchen Männer käme eine psychologische Angst vor der Vaterschaft zum Ausdruck: „Die intensiven Gefühle, die bei Männern geweckt werden, die bei der Geburt dabei sind und mit Säuglingen umgehen, versetzen sie in das Gefühlsleben und die allgemeine Sinnlichkeit und Zärtlichkeit ihrer Kindheit zurück, die in den meisten Bereichen der erwachsenen Männlichkeit so absolut tabu sind. Die Vaterschaft kann somit ihre gesamte Selbstwahrnehmung als Erwachsene bedrohen, Eifersucht und Versagensängste wecken und dazu führen, daß sie sich müde, verwirrt, verletzlich, verunsichert und abgewiesen fühlen" (1990, 42).[28]

Auch Frauen fühlen sich als junge Mütter inkompetent und emotional verletzlich (Oakley 1980), wollen sich aber um das Kind kümmern, weil ihre Beziehungen zu den signifikanten Männern in ihrem Leben nicht allzu befriedigend sind. Nach Meinung von Chodorow können Frauen von Männern nicht die emotionale Beziehung bekommen, die sie wollen, wohl aber von ihren Kindern:

Als Folge davon, daß eine Frau Elternstelle bei ihnen versehen hat, suchen beide Geschlechter einen Weg zurück in diese emotionale und physische Einheit. Ein Mann schafft das direkt durch die heterosexuelle Bindung, in der sich für ihn emotional die Ausschließlichkeit der frühen Mutter-Kind-Beziehung wiederholt, die er wiederherzustellen sucht. Hierin wird er von den Frauen unterstützt, die aufgrund ihrer eigenen Entwicklung für Beziehungsbedürfnisse offen geblieben sind, ihr in-

---

27 Greif führte eine Umfrage mit 1.136 meist weißen, katholischen oder protestantischen Vätern durch, die nach der Scheidung offiziell oder inoffiziell das Sorgerecht zugesprochen bekommen hatten, ergänzt durch über 100 Interviews.

28 Siehe auch T. F. Cohen 1987.

neres Gefühlsleben lebendig gehalten haben und gelernt haben, aus psychologischen wie praktischen Gründen die Begrenztheiten männlicher Liebhaber zu verleugnen. (Chodorow 1976, 464)

Dank ihrer durchlässigeren Ichgrenzen seien Frauen für die Bedürfnisse ihrer
Kinder offener, und deshalb seien sie die besseren Eltern. Die psychologischen Muster, die Chodorow beschreibt, reproduzieren die vergeschlechtlichte Arbeitsteilung bei der Kinderversorgung in Familien mit heterosexuellen Eltern, aber Lesbierinnen, die tiefe und intensive Beziehungen zu
Frauen haben, wollen ebenfalls Kinder, genau wie homosexuelle Männer.[29]
Außerdem variiert weltweit das Engagement der Väter bei den Elternaktivitäten je nach Gesellschaft enorm.

Was machen Väter?

Seit den 1920er Jahren, als sich die Klinikgeburt allgemein durchgesetzt
hatte, sah in der westlichen Kultur das typische Szenarium der anfänglichen
Einbeziehung der Väter in den Umgang mit ihren neugeborenen Kindern
etwa so aus:[30] Die Frau stellte fest, daß ihre Periode ausgeblieben war, und
konsultierte ihren Arzt allein. Sie teilte ihrem Mann das bevorstehende Ereignis mit und ließ sich dann von ihrer Mutter und anderen Frauen zu Ge-
burtsvorbereitung und Babyausstattung beraten. Während der Geburt war sie
in den Händen des medizinischen Personals, das sie von ihrem Kind entband
und dabei Narkose, Episiotomie und oft auch die Geburtszange einsetzte. Der
Ehemann lief derweil im Warteraum auf und ab. Wenn der Arzt ihm Geburt
und Geschlecht des Kindes mitgeteilt hatte, eilte der Vater zurück zur Arbeit
oder zu seinen Freunden oder in eine Bar und gab Zigarren aus. Um Frau und
Kind nach Hause zu holen, nahm er sich einen Tag frei, und alles übrige,
außer vielleicht ein paar nächtlichen Fläschchen, war dann ihre Sache.

Bei dem Szenarium, das für viele junge Paare heute typisch ist, nehmen
sich Mann und Frau viel Zeit für einen Fragebogen zur Hausgeburt und nehmen dann zusammen das Geburtshaus oder die Entbindungsstation des
Krankenhauses in Augenschein. Sie gehen zur Schwangerschaftsgymnastik
und machen gemeinsame Atemübungen und sehen sich den Fötus auf dem
Schirm des Ultraschallgeräts an (wobei sie das Geschlecht erfahren). Er ist
bei der Geburt dabei, gewöhnlich als Co-Geburtshelfer, und sie ist, auch
wenn man einen Monitor auf ihrem Leib befestigt hat, bewußt und vollgültig
am Geburtsvorgang beteiligt. Der Vater hat das Neugeborene manchmal

---

29 Zur Kritik an Chodorow, siehe Gottlieb 1984; R. M. Jackson 1989; Lorber u.a. 1981. Zu
    schwulen und lesbischen Eltern, siehe Bozett 1987.
30 Zu historischen Veränderungen des Gebärens, siehe Rothman 1982; Wertz und Wertz
    1989.

noch vor der Mutter im Arm und nimmt sich ein oder zwei Wochen frei, um bei der Versorgung des Kindes zu helfen und eine Bindung zu ihm aufzubauen. Er versucht, beim Stillen dabei zu sein und geht oft mit dem Säugling im Tragetuch oder im Kinderwagen spazieren.

In beiden Szenarien sind es Erwartungen und Routinen, die für die Frau und den Mann die Erfahrung von Geburt und Elternschaft konstruieren; diese Normen definieren auch, was Frausein und was Mannsein heißt. Sonia Jackson bemerkt: „Heute wird von einem Vater in Großbritannien so selbstverständlich erwartet, daß er bei der Geburt dabei ist, daß es einem Mann heute genauso schwer fallen dürfte, sich aus dem Entbindungsraum herauszuhalten, wie noch vor einem Jahrzehnt, in ihn hineinzukommen" (1987, 37).[31]

Die Einbeziehung der Männer in Schwangerschaft und Geburt in den westlichen Gesellschaften hat jedoch zu keiner Gleichverteilung der Pflichten bei der Kinderversorgung geführt. Immer noch macht die Mutter die meiste Arbeit, nicht weil sie fürsorglicher oder kompetenter wäre, sondern weil die Kultur das Elternverhalten von Frauen und Männern und die Zeit, die sie auf die Erwerbstätigkeit verwenden, ideologisch und praktisch strukturiert (Shelton 1992). In einem Kommentar zu modernen Vätern meint Lynne Segal, die ganze Forschung zeige „die veränderten *Einstellungen* der Männer zur Kinderversorgung, das veränderte *Erleben* der Vaterschaft und ... die veränderte psychologische Auffassung von der Bedeutung der Vaterrolle. Schon schwerer scheinen überzeugende Beweise dafür zu finden zu sein, daß es auch eine Veränderung im Umfang der praktischen Arbeit gegeben hat, die Männer als Väter tatsächlich tun" (1990, 33).

Michael Lamb (1987a) weist bei seiner Schätzung des Umfangs der von Vätern auf der ganzen Welt geleisteten Kinderversorgung darauf hin, daß es drei Ebenen des Sich-Einlassens der Pflegepersonen auf die Kinder gibt: *Ansprechbarkeit* – das heißt, in Rufweite, aber nicht direkt mit der Versorgung des Kindes befaßt sein; *direkte Interaktion oder Eins-zu-eins-Versorgung* – das Kind im Arm halten, füttern, baden, anziehen, mit ihm spielen, ihm bei den Hausaufgaben helfen, ihm vorlesen und so weiter; und *Verantwortung* – ständig an die emotionale, soziale und physische Entwicklung und das Wohlergehen des Kindes denken und Arrangements für Babysitting, Krankenpflege, Arztbesuche, Schulbesuche und Zeit zum Spielen treffen. Verantwortung ist in den postindustriellen westlichen Gesellschaften das Hauptcharakteristikum der Arbeit von Müttern im Gegensatz zu Vätern: „Die hierfür aufgewendete Zeit läßt sich schwer quantifizieren, besonders weil die Angst, Sorge und Vorausplanung, die die Elternverantwortung aus-

---

31 Sie merkt auch an, daß der jetzige Prince of Wales bei der Geburt seiner beiden Söhne dabei war; als er selber geboren wurde, spielte sein Vater Squash (1987, 37). Zu deutschen Vätern, siehe Nickel und Köcher 1987, 101.

machen, oft auftreten, wenn die betreffende Person sichtbar etwas anderes tut" (Lamb 1987a, 8).

Lamb stellte fest, daß in den Vereinigten Staaten in Zwei-Eltern-Familien, in denen die Mütter nicht erwerbstätig waren, die Zeit, die die Väter mit der direkten Interaktion mit ihren Kindern zubrachten, 20 bis 25 Prozent der Zeit der Mütter betrug, und die Zeit, in der sie ansprechbar waren, etwa ein Drittel der Zeit der Mütter. Verantwortung für die Versorgung oder Erziehung der Kinder übernahmen sie nicht. In Zwei-Eltern-Familien, in denen beide, Mütter und Väter, dreißig oder mehr Stunden pro Woche erwerbstätig waren, betrug die Zeit, die die Väter mit den Kindern interagierten, 33 Prozent der Zeit der Mütter, und die Zeit, in der sie ansprechbar waren, 65 Prozent der Zeit der Mütter; sie übernahmen allerdings mehr Verantwortung für das Wohlergehen der Kinder, als wenn die Mütter Ganztagshausfrauen waren. Tatsächlich war aber ihr proportional höherer Anteil an der Alltagsversorgung der Kinder auf die kürzeren Zeiten zurückzuführen, die die erwerbstätigen Mütter mit ihren Kindern verbrachten; er war nicht Ausdruck längerer, von den Vätern tatsächlich mit den Kindern verbrachter Zeiten.[32] Allgemein war das Muster für alle Regionen, ethnischen Gruppen und Religionen in den Vereinigten Staaten, daß Väter mehr Zeit mit Söhnen als mit Töchtern verbrachten und eher mit ihnen spielten, als etwas für sie erledigten.

Nationenübergreifend liegt die Beteiligung der Väter an der Kinderversorgung in den westlichen Gesellschaften zwischen ein wenig und fast gar nicht. Die Beschreibung der Interaktionen von Vätern und Müttern mit neugeborenen Säuglingen in einem traditionellen italienischen Dorf klingt wie die Seifenoper vom tölpelhaften Vater mit den zwei linken Händen und der kompetenten, von weiblichen Verwandten umgebenen und unterstützten Ehefrau (New und Benigni 1987). Was immer die Väter taten, wurde, selbst wenn sie es gut machten, ignoriert, verspottet oder noch einmal gemacht. Die Frauen waren Vollzeithausfrauen, und Muttersein war ihre glorreichste Rolle.

In Ländern wie Irland, England, Australien, Israel und den Vereinigten Staaten, in denen die Väter mit Hand anlegen, wechseln alle auch die Windeln, bringen die Kinder ins Bett und trösten sie nachts.[33] Eine Untersuchung mit achtundvierzig irischen Kleinkindern und ihren Familien ergab, daß einen Monat alte Babies von 15 Prozent der Väter regelmäßig morgens aus dem Bett geholt wurden, und einjährige Kinder von 26 Prozent; Neugeborene wurden von 46 Prozent ins Bett gebracht, Einjährige von 21 Prozent; die Babies wurden morgens von 3 Prozent der Väter angezogen, die älteren Kin-

---

32 Siehe auch Hochschild 1989a, 228-238; Jump und Haas 1987; Pleck 1987; L. Segal 1990, 26-89; Vannoy-Hiller und Philliber 1989, 104-109.

33 S. Jackson 1987; Nugent 1987; G. Russell 1987; Sagi, Koren und Weinberg 1987. Eine großangelegte Werbekampagne von einer israelischen Frauenorganisation warb mit dem Spruch: „Sei ein Mann, leg Hand mit an."

der von 0 Prozent; die Windeln der Neugeborenen wurden von 48 Prozent der Väter gewechselt, die Windeln der Einjährigen von 35 Prozent; 4 Prozent der Väter gingen mit dem Neugeborenen spazieren, 15 Prozent mit dem älteren Kind (Nugent 1987, 182-183). Mehr als die Hälfte der Väter fütterten Neugeborene und sangen ihnen etwas vor, ein Drittel versorgte sie nachts, und fast alle nahmen sie tagsüber, wenn sie weinten, auf den Arm, sprachen und spielten mit ihnen. Dieses Verhalten blieb während des ganzen ersten Lebensjahres des Kindes etwa gleich.

Wie könnte man Vätern Mut machen, sich mehr an der Kinderversorgung zu beteiligen? Da man erstens nur durch Tun Fähigkeiten, Geläufigkeit und Selbstvertrauen erwirbt, wurde also vorgeschlagen, daß die Mütter ein wenig von ihrer Macht und Autorität auf diesem Gebiet abtreten sollten.[34] Betriebe und Arbeitgeber könnten es Vätern ermöglichen, mehr Zeit mit ihren Kindern zu verbringen. In Schweden jedoch, wo es für Väter wie Mütter Elternurlaub gibt, machen die meisten Männer keinen Gebrauch von der Möglichkeit, alternierend mit den Müttern ihrer Kinder längere Zeit zu Hause zu bleiben. Schwedische Väter oder Mütter können während des ersten Lebensjahres ihres Kindes Elternurlaub nehmen, neun Monate davon mit fast voller Gehaltsfortzahlung. Eltern bekommen frei, und weiterhin 90 Prozent ihres Gehalts, wenn ihr Kind krank ist, und beide Eltern können bis zum achten Lebensjahr ihres Kindes ihre tägliche Arbeitszeit mit einer entsprechenden Gehaltskürzung um maximal zwei Stunden verkürzen. Zusätzlich können Väter von Neugeborenen zehn Tage bei neunzigprozentiger Gehaltsfortzahlung zu Hause bleiben.[35] 1986 nahmen rund 85 Prozent der Männer die zehn „Vatertage" in Anspruch, aber nur 27 Prozent ließen sich unter Fortzahlung der Bezüge beurlauben, um sich längerfristig um das Neugeborene zu kümmern (Haas 1991; Moen 1989, 26). Männer, die den langen Vaterschaftsurlaub in den nordischen Ländern wahrnehmen, fallen in der Regel unter einen der folgenden drei Typen – Männer von Frauen mit hohem Einkommen und hohem beruflichen Engagement; junge, noch nicht erwerbstätige Väter, etwa Studenten (deren Frauen allerdings für die Familie erwerbstä-

---

34 Eine unveröffentlichte Studie aus Norwegen legt den Schluß nahe, daß das richtige Elternverhalten dann von den Vätern definiert wurde (Berit Brandth und Elin Kvande, „Changing masculinities; The reconstruction of fathering." Universität Trondheim. Vorgelegt auf der Konferenz „Family sociology – Developing the Field", Voksenåsen, März 1992). Zur Männerversion der Kinderversorgung gehört, daß sie das Kind mitnehmen, wenn sie andere Leute aus beruflichen oder sozialen Gründen besuchen, nicht aber, daß sie Hausarbeit machen, während sie auf das Kind aufpassen.

35 Diese je nach Land unterschiedlichen Beurlaubungsregelungen sind gewöhnlich eine Mischung aus folgenden Bestandteilen: Schwangerschafts- und Mutterschaftsurlaub vor und nach der Geburt für die Mutter; etwa zwei Wochen Urlaub nach der Geburt für den Vater; Elternurlaub mit erst hoher, dann niedriger Gehaltsfortzahlung während des ersten Lebensjahres, der von beiden genommen werden kann, und Krankheitstage bei Erkrankung eines Kindes (Kaul 1991).

tig sein müssen, um die bezahlte Beurlaubung wahrnehmen zu können); oder ältere Väter mit einer sehr sicheren Position auf dem Arbeitsmarkt (Kaul 1991).

Flexible Arbeitszeitregelungen könnten als Möglichkeit zur Strukturierung der aktiven Beteiligung der Väter eher akzeptabel sein als das längere Ausscheiden aus dem Beruf. 1977 aber hatten in Schweden die verheirateten Männer mit Kindern den längsten durchschnittlichen Arbeitstag. Ein Drittel der Männer mit Kindern unter sieben Jahren arbeitete über zehn Stunden pro Tag, auch wenn ihre Frauen voll oder teilweise erwerbstätig waren (C. P. Hwang 1987, 171).[36] Die negativsten Einstellungen zum gemeinsamen Elternurlaub fanden sich bei Selbständigen und bei Männern, die überwiegend mit anderen Männern zusammen arbeiteten; die positivsten Einstellungen bei Männern, die überwiegend mit Frauen arbeiteten. Im allgemeinen waren die Arbeitgeber nicht gerade begeistert, wenn Männer Elternurlaub nahmen, obwohl die meisten Männer, die es taten, bei ihrer Rückkehr keine negativen Reaktionen zu spüren bekamen und bei vielen ihrer Chefs und Kollegen auf offen positive Resonanz stießen.

Obwohl neueren Daten zufolge das Engagement der schwedischen Männer bei der Kinderversorgung leicht zugenommen hat (Sandqvist 1992), ändert dies nichts an Carl Philip Hwangs Schlußfolgerung: „Viele schwedische Väter wollen in Wirklichkeit gar nicht zu Hause bleiben" (1987, 130). Der Grund könnte sein, daß es sich für sie weder sozial noch psychologisch auszahlt. Hwang beobachtete siebzehn Männer, die rund drei Monate Elternurlaub genommen hatten, als ihr Kind etwa fünf Monate alt war. Er konnte in ihrer Beziehung zu ihren Kindern keinen Unterschied zu der Beziehung von Vätern feststellen, die gar nicht zu Hause geblieben waren. Die Kinder bevorzugten die Mütter, unabhängig davon, ob diese oder die Väter mit ihnen zu Hause geblieben waren. Festzuhalten ist allerdings, daß die Mütter die Kinder von Geburt an versorgt hatten und länger zu Hause geblieben waren als die Väter. Er konnte jedoch auch in den Mutter-Kind-Beziehungen von Müttern, die nach der Geburt zu Hause geblieben waren, keinen Unterschied zu denen von Müttern feststellen, die nicht zu Hause geblieben waren. In allen Fällen waren die Mütter „durchgängig liebevoller. ... Sie sprachen häufiger mit ihnen, lächelten und lachten häufiger; führten mehr mit der Versorgung des Kindes zusammenhängende Tätigkeiten aus; und nahmen es mehr auf den Arm als die Väter" (131). Positive Auswirkungen einer intensiveren Beteiligung der Väter an der Versorgung ihrer Kinder könnten eher aus der

---

36 Verheiratete Männer mit Kindern, deren Frauen ihre Erwerbstätigkeit reduzieren, müssen länger arbeiten, um das Familieneinkommen auf dem gleichen Stand zu halten. Solange Frauen weniger verdienen als Männer, ist dieses Muster aus der Sicht der familialen Zeit- und Geldökonomie vollkommen sinnvoll: Sie verausgabt Zeit; er liefert Geld (vgl. Shelton 1992, 33-62).

doppelten Aufmerksamkeit entstehen, die ein Kind bekommt, aus der Tatsache, daß die Mutter ihre beruflichen oder sonstigen Interessen weiter verfolgen kann, und aus dem sich daraus ergebenden Kontext der wechselseitigen Unterstützung in der Familie.

Ein ähnliches Spektrum des väterlichen Engagements ist auch in nichtindustriellen Gesellschaften anzutreffen, nur daß die Hilfe der Väter direkter ist. Bei einer Untersuchung zur Kinderversorgung bei den Aka-Pygmäen wurden die verschiedenen Arten, wie Säuglinge und Kleinkinder im Arm gehalten wurden, als „direkte Form der väterlichen Beteiligung [gewertet], als beobachtbares und folglich meßbares, für das Überleben des Aka-Säuglings entscheidendes Verhalten" (Hewlett 1987, 295). Die Aka-Pygmäen leben in Camps von etwa fünfundzwanzig bis fünfunddreißig Menschen, die patrilinear oder durch Heirat miteinander verwandt sind. Sie verbringen 56 Prozent ihrer Zeit mit der Netzjagd auf mittelgroße Tiere, 27 Prozent mit dem Sammeln von pflanzlicher Nahrung und 17 Prozent mit Dorfarbeit für einen anderen Stamm. Die meisten Campmitglieder, Männer und Frauen, Junge und Alte, beteiligen sich an den Netzjagden. Die untersuchte Gruppe umfaßte fünfzehn Familien mit Kleinkindern zwischen einem und achtzehn Monaten. Acht der Kinder waren Mädchen, sieben Jungen. In 264 Beobachtungsstunden hatten Väter 8.7 Prozent der Zeit Kinder auf dem Arm. Im Basiscamp, wo Säuglinge von ein bis vier Monaten die ganze Zeit getragen wurden, hatte die Mutter sie 51 Prozent der Zeit auf dem Arm, der Vater 22 Prozent, und andere Personen 27 Prozent. Bei den Netzjagden waren es die Mütter, die Kinder aller Altersstufen fast 90 Prozent der Zeit, die sie überhaupt getragen wurden, und das war fast die ganze Zeit, auf dem Arm hatten. Väter trugen Säuglinge 6,5 Prozent der Zeit, und ältere Kinder trugen sie 2,4 Prozent der Zeit. Auf dem Nachhauseweg hatten die Väter die Säuglinge auf dem Arm, da die Mütter das Fleisch trugen. Diese Wechselseitigkeit ist nur eine der Formen des Austauschs zwischen Mann und Frau in dieser Kultur, und Barry Hewlett meint, je größer die Zahl solcher Tauschakte sei, desto größer sei auch die Wahrscheinlichkeit, daß die Väter ihre Kinder versorgen (1992a).

In den Camps trugen die Väter die Kinder auf dem Arm und unterhielten sich dabei gewöhnlich mit anderen erwachsenen Männern, während die Mütter mit dem Sammeln von Feuerholz oder der Zubereitung einer Mahlzeit beschäftigt waren. Mütter oder Väter nahmen ein Kind nicht spontan auf den Arm; das Kind wurde ihnen übergeben oder machte selbst auf sich aufmerksam. Mütter nahmen Kleinkinder auf den Arm, um sie zu versorgen; Väter, weil das Kind durch Gesten oder Laute signalisierte, daß es auf den Arm genommen werden wollte. *Andere* nahmen das Kind auf den Arm, weil sie Lust dazu hatten. Doch kannten die Väter fast genauso gut wie die Mütter „die ersten Anzeichen von Hunger, Müdigkeit und Krankheit bei einem Säugling – sowie die Grenzen ihrer Fähigkeit, das Kind zu beruhigen" (320).

„Väter: gaben dem Kleinkind außerdem ihre Brustwarze, wenn es zu saugen versuchte, entfernten Schmutz von Nase, Brust und aus den Haaren des Säuglings, den sie im Arm hatten; suchten nach Läusen in ihren Haaren; putzten ihnen die Nase; und säuberten sie, wenn sie (oft auf den Vater) uriniert oder ihren Darm entleert hatten" (326).

Wie viel ein Vater einen Säugling auf dem Arm hatte, hing davon ab, ob das Kind unter einem Jahr alt war, ob es das Erstgeborene war, und ob der Vater mit der Mutter und dem Kind zusammenlebte; dies alles korrelierte meist damit, daß der Mann jünger war. Ein anderer wichtiger Faktor war der Status. Väter, die hoch in ihre Kinder investierten, hatten meist keine Brüder und wenig andere Verwandte, hatten spät geheiratet, führten monogame Ehen, hatten Frauen aus entfernten Clans ohne eigene Verwandte in der Gruppe, kleine Netze für die Jagd, wenig Jagdgenossen und einen niedrigen Status. Väter mit hohem Status investierten mehr Zeit in den Statuserhalt – Besuche in anderen Camps und Gespräche mit anderen Männern – als in die Kinderversorgung. Für Väter mit geringeren sozialen Ressourcen hatten Kinder einen höheren Wert.

Geteilte Elternschaft

Teilt ein Paar sich wirklich die Elternfunktionen, ist die Folge, daß das Kind zwei primäre Pflegepersonen hat (Ehrensaft 1987). Bei manchen Eltern kommt zwar eine Gleichverteilung der Elternaktivitäten einfach dadurch zustande, daß beide voll erwerbstätig sind, doch bei Eltern, die durch freien Entschluß zur Gleichverteilung gelangen, ist diese ein bewußter Versuch, dem Kind eine *gender*-neutralere Erziehung zu geben, nicht indem beide Eltern genau dasselbe tun, sondern indem sie die Pflichten und die mit dem Kind verbrachte Zeit gleich aufteilen.[37] Wo also die Mutter stillt, wechselt der Vater die Windeln und trägt das Baby herum, wenn es nicht gleich wieder einschlafen will.

Den Akademikerpaaren aus dem städtischen Mittelklassenmilieu, die Diane Ehrensaft (1987) untersuchte, fiel die Aufteilung der *Arbeit* leicht, doch neigten die Mütter dazu, sich mehr mit dem psychologisch-emotionalen Management zu belasten, vor allem mit „Sorgen", zum Teil deshalb, weil sie bereits durch Erziehung zu Emotionsmanagerinnen gemacht worden waren. Frauen fühlen sich ihren Kindern gegenüber die ganze Zeit in Rufbereitschaft; Männer nicht. Männer können sich leichter von ihren Kindern distan-

---

37 Daten zu Müttern, die versuchen, ihre Kinder nach feministischen Prinzipien großzuziehen, siehe T. Gordon 1990. Eine gute Exploration zu den Metaregeln, die notwendig sind, um den verborgenen Annahmen eines vergeschlechtlichten Elternverhaltens entgegenzuwirken, siehe Held 1983.

zieren, sie weinen lassen, nicht auf jede Bewegung achten und nicht bei der Arbeit an sie denken. Ein anderer Vater allerdings, der seine Erfahrungen niederschrieb, hatte das Gefühl, daß nicht seine Frau, sondern er sich ständig über irgendetwas Sorgen machte:

> Viel eher bin ich es, nicht Gail, der sich die stereotypen Müttersünden zuschulden kommen läßt – die neurotische Sorge um Hannahs physisches und seelisches Wohl, das grundlose Wittern irgendwelcher Gefahren, die übermäßigen emotionalen Ansprüche und allgemein das Reagieren auf winzigste Signale. Kurz, aufgrund meiner eigenen Erfahrungen – um von der umfangreichen ethnographischen und nicht ganz so umfangreichen historischen Literatur einmal abzusehen – sind mir doch Zweifel an der Natürlichkeit von „Mutter" und „Vater" in irgendeiner kulturell bedeutsamen Hinsicht gekommen. (Laqueur 1990b, 209)

Die von Ehrensaft interviewten Frauen empfanden die Grenzen zwischen ihnen und ihrem Kind als fließend und mußten um die Wahrung ihrer eigenen Autonomie kämpfen. Die von ihr interviewten Männer meinten, sie hätten sich buchstäblich in ihre Kinder verliebt und wollten sie um sich haben, weil sie so faszinierend und liebenswert seien. Die Intensität der Gefühle der Männer für ihre Kinder stellte das konventionelle elterliche Dreieck auf den Kopf; statt daß die Väter auf die Zeit eifersüchtig waren, die die Mütter mit den Kindern verbrachten, fühlten sich die Frauen aus dem Vater-Kind-„Paar" ausgeschlossen (1990, 150-158). Wie Ehrensaft meint, *sind* Frauen sozial Mütter; Männer *betätigen sich* als Väter (1987, 93-117). Die Selbstidentifikation der Frauen als Mütter hatte unter anderem zur Folge, daß sie stets darauf achteten, wie ihre Kinder angezogen waren. Ein Vater zog seinem Kind an, was gerade zur Hand war; die Mutter stellte sorgfältig ein attraktives Outfit zusammen, denn wie das Kind in der Schule und bei Parties und Familienfeiern aussah, fiel auf sie zurück, nicht auf ihn (59-65).

In einer Untersuchung mit zwanzig Paaren, die Doppelverdiener waren und sich in die Versorgung ihren größeren Kinder teilten, stellte Scott Coltrane fest, daß die Väter das Gefühl hatten, sie würden als Erwachsene zu fürsorglichen Eltern sozialisiert (1989). Sie meinten, sie lernten, „ein Selbstbild als kompetente Väter aufzubauen und aufrecht zu erhalten" (483). Allerdings hatten sie bereits in der Erwartung angefangen, daß sie fürsorglich sein könnten, und „die erfolgreich praktizierte Arbeitsteilung bei der Versorgung ihrer Kinder machte es ihnen leichter, zu der Überzeugung zu gelangen, daß Männer genauso fürsorglich sein können wie Frauen" (485). Barbara Risman dagegen interviewte Männer, die, weil ihre Frauen gestorben waren oder sie verlassen hatten, ohne die Kinder mitzunehmen, aus einer Notlage heraus alleinerziehende Väter geworden waren (1987). Aus diesen alleinerziehenden Vätern wurden „Mütter", und die Beziehungen zu ihren Kindern waren sehr eng und fürsorglich. Männer, die ihr Elternsein auf diese Weise leben, werden in modernen Gesellschaften als etwas Ungewöhnliches betrachtet, genau wie Frauen, die mehr Zeit und Energie in ihre berufliche Laufbahn inverstieren als in ihre Kinder. Männer allerdings, die „wie Mütter" sind, werden gelobt, weil sie etwas Außergewöhnliches tun; Frauen, die „wie Väter" sind, werden kritisiert, weil sie ihre „ursprüngliche Natur" als Frauen verleugnen.

Arbeit aus Liebe

Die heutige Konstruktion der Mutterschaft in den westlichen Kulturen geht davon aus, daß Frauen von Natur aus bedingungslose Liebe für ihre Kinder empfinden und sie hegen und pflegen wollen, vor allem als Babies. Aber das Phänomen, das wir *mothering* nennen, die mütterliche Fürsorge, ist eine erlernte Erfahrung, und jeder Mensch, der diese Fürsorge praktiziert, entwikkelt Fähigkeiten, Kompetenzen und emotionale Bindungen. Barbara Katz Rothman bemerkt hierzu:

> Wie alles im Leben lernt sich *mothering* am besten durch Tun. Ich denke, daß die von Frauen praktizierte mütterliche Fürsorge viele von uns die Fähigkeit des Hinhörens gelehrt hat, und zwar auf Ausgesprochenes wie Unausgesprochenes. Ich denke, wenn wir diese Fürsorge praktizieren, schärfen wir unser Einfühlungsvermögen, lernen wir die Verletzlichkeit anderer verstehen, ohne sie auszunutzen. Ich denke, daß die Erfahrung von mütterlicher Fürsorge die Menschen lehrt, selber emotional und intellektuell fürsorglich zu sein, füreinander zu sorgen. Es ist nicht die einzige Art und Weise, diese Lektion zu lernen, aber es ist schwer, sich als Mutter zu verhalten und sie nicht zu lernen. (1989, 226)

Frauen, die die Hauptverantwortung für die Versorgung von Kindern tragen, müssen, mögen sie auch voll erwerbstätig sein, einen Teil ihres Lebens in einer Welt der Wechselseitigkeit und der Kooperation, der persönlichen Verantwortung und des Teilens, des physischen Kontakts und der Zuneigung leben – in einer Welt der Gemeinschaft.[38] Talcott Parsons' (1951, 45-67) Analyse der Rollenmuster in modernen Gesellschaften ist Ausdrucks des Wandels von der Gemeinschaft – festgefüge, direkte, personalisierte Beziehungen – zur Gesellschaft – fragmentierte, verstreute, unpersönliche soziale Interaktion. Die typischen Muster dessen, was er Gemeinschaft oder sozioemotionale Rollen nannte, sind zugeschriebener Status, partikularistische Kompetenzstandards, aufgabenspezifische Funktionen, affektiv neutrale Beziehungen und individualistische Orientierung. Instrumentelle Rollen gestatten es den Individuen, die Gratifikationen aus einer exakt bestimmten, an anerkannten Standards gemessenen Arbeit zu kumulieren. In modernen Gesellschaften sind instrumentelle Rollen der Weg zum Erfolg bei der Arbeit oder im politischen Leben. Sozioemotionale Rollen sucht man sich nicht aus; die Arbeit, die sie mit sich bringen, endet nie; die Gratifikationen hängen von

---

38 Benston 1969; Bologh 1990, 240-265; Cancian 1985; Smith-Rosenberg 1975.

personalisierten Standards ab; und die anderen Menschen gehen vor. Dies ist das Kennzeichen der Familienarbeit: „Wieviel Hausputz trägt wieviel moralische Ehepflichten ab?" (Acker 1988, 488).

Aber die Hauptverantwortung von verheirateten Frauen in der modernen Gesellschaft besteht nicht nur darin, das Haus sauber zu halten; sie besteht auch darin, alle Tage wieder für das psychologische Wohlergehen der Familienmitglieder zu sorgen, während der Ferien oder zu rituellen Anlässen das Gefühl der verwandtschaftlichen Verbundenheit zwischen entfernteren Familienmitgliedern zu pflegen und, wenn Freunde nach Hause eingeladen werden, für Gastlichkeit zu sorgen (di Leonardo 1987). Durch diese Kombination von materieller und sozioemotionaler Arbeit unterscheidet sich das Bewußtsein der Frauen von dem der Männer. Nancy Hartsock (1983, 231-251) stellt die intermittierende und oft abstrakte Verbundenheit der Männer mit der materiellen Realität des Alltags der tieferen Einheit von Körper und Seele, Gefühl und Denken bei den Frauen gegenüber:

> Männlichkeit muß mittels Opposition gegen die konkrete Alltagswelt erlangt werden, durch Flucht vor der Berührung mit der weiblichen Welt des Haushalts in die männliche Welt der Politik oder des öffentlichen Lebens. ... Die Konstruktion des Selbst in Beziehung zu anderen führt bei Frauen in die entgegengesetzte Richtung – hin zur ... Wertschätzung des Konkreten, des Alltagslebens; zu einem Gefühl vielfältiger Verbundenheiten und Kontinuitäten sowohl mit anderen Personen als auch mit der natürlichen Welt. (1983, 241, 242).[39]

Das Gefühl der Fürsorge und Veranwortung für andere, das Frauen haben, ist deshalb eine *Folge*, nicht die Ursache, der Vergeschlechtlichung der Elternaktivitäten (Rothman 1989, 226-227). Durch ihre praktische Fähigkeit, die Bedürfnisse von anderen aus ihren Signalen herauszulesen, werden Frauen psychologisch darauf eingestellt, gute Mütter sein zu wollen, und die entsprechenden Kompetenzen und Empfindungen werden zum signifikanten Bestandteil einer „guten Frau". Dieses Muster hängt davon ab, daß sie über die adäquaten Ressourcen für eine materielle Versorgung ihrer Kinder und über die Zeit für ihre psychologische Versorgung verfügt. Wenn Männer Zeit mit der Versorgung von Kindern zubringen, werden auch sie fürsorglich, übernehmen aber gewöhnlich – es sei denn, sie sind alleinerziehende Väter – nicht die ganze Elternverantwortung und werden als Männer auch nicht durch diese definiert.

Als Familienmitglieder können heterosexuelle Männer in postindustriellen westlichen Gesellschaften emotional genauso tief mit ihren Müttern verbunden sein wie mit ihren Frauen, Vätern, Geschwistern oder Freunden, aber aufgrund der bestehenden Männlichkeitsnormen wird von ihnen erwartet, daß sie ihre Unabhängigkeit erklären (Rossi und Rossi 1990, 13-14). Manche

---

39   Siehe auch Beer 1983, 67; Mainardi 1970, 452; Rowbotham 1973, 47-80; Zaretsky 1986.

heterosexuellen Männer sind emotionale Nomaden, die ein Stück ihrer selbst in den Haushalten vieler Frauen zurücklassen – bei ihren Müttern, Schwestern, Ehefrauen, Geliebten (Stack 1975). Andere, vor allem in Ländern mit hoher Scheidungsrate, können wie schlecht sozialisierte Elefanten umherstreifen und nach der Partnerin suchen, mit der sie Kinder haben können. Indem sie in lang- oder kurzfristigen Beziehungen biologische Kinder bekommen oder den Kindern der Frauen, die sie lieben, soziale Väter werden, hoffen heterosexuelle Männer auf den Erben, der im Alter für sie sorgt, und auf ein bißchen Unsterblichkeit. Unmittelbarer und direkter ist die Fürsorge, die sie bekommen und die ihnen zu physischem und sozialem Wohlergehen verhilft. In modernen Industriegesellschaften verlängert die Fürsorge der Frauen die Lebensspanne der Männer, verbessert ihre geistige Gesundheit und trägt substantiell zu ihrer physischen Gesundheit bei (Gove 1982). Die Frauen schenken ihre Aufmerksamkeit und Sorge Männern wie Kindern, die ohne sie nicht gedeihen können. Da aber die meisten Männer nicht gelernt haben, für andere zu sorgen, müssen die Frauen außerdem noch die Alten und Kranken versorgen und sich auch sonst um jeden kümmern, der in ihrem sozialen Umfeld zärtliche, liebevolle Fürsorge braucht (Rossi und Rossi 1990, 495-496).

Kurz, die Ideologie von der guten Mutter hat signifikante latente Funktionen für die *Männer*. Vollzeit- oder Teilzeitmutterschaft bedeutet für Frauen eine gewisse ökonomische Abhängigkeit von einem Mann, zu dessen Männlichkeit es gehört, daß er ökonomisch erfolgreich genug ist, um eine Frau und Kinder zu ernähren. Die Vergeschlechtlichung der Elternaktivitäten rechtfertigt somit die schlechtere Position der Frauen im Erwerbsleben. Als Gegenleistung für den ökonomischen Unterhalt, für den er aufkommt, erhält ein Mann Nachkommen, die seinen Namen tragen und auf die seine Klassenwerte übergehen (Kohn 1963; Kohn und Slomczynski 1990, 171-201). Die soziale Ordnung, die Männer höher stellt als Frauen, wird dadurch legitimiert, daß sich die Frauen der Kinderversorgung widmen, denn damit scheiden sie aus dem Rennen um Spitzenjobs und politische Positionen aus und verlieren das klare Bewußtsein ihrer Unterdrückung.

Die Entscheidungen von Frauen, sich entweder einer In-vitro-Fertilisation zu unterziehen oder keine Kinder zu haben, ein einziges Kind zu bekommen, weil der Staat die Fruchtbarkeit begrenzt, oder zehn, weil ihre Religion die Empfängnisverhütung verbietet, sie selber zu versorgen oder sie von anderen versorgen zu lassen, sie verhungern zu sehen oder sie auszusetzen, Kinder abzutreiben, für die sie nicht bereit sind, oder sie zur Adoption frei zu geben, eine Amniocentese machen zu lassen und ein Kind mit einem genetischen Defekt entweder auszutragen oder abzutreiben – dies alles sind alternativlose Alternativen, abzulesen auch an Äußerungen wie „meine einzige Alternative" oder „ich hatte keine andere Wahl" (Rothman 1986, 177-216). So etwas ist keine Entscheidung; vielmehr ist es die Konfrontation mit einem so oder so unvermeidlichen Verlust oder mit der moralischen Verantwortung für die Art des Verlustes: abgetriebener Fötus oder schwer behindertes Kind, einem gesunden Kind zu essen geben und ein anderes, kränkelndes verhungern oder beide dahinsiechen lassen, einen weiblichen Fötus abtreiben oder Mann und Zuhause verlieren, kein Kind haben und eine Ausbildung machen oder ein Kind bekommen und von der Sozialhilfe leben. Diese Alternativen, für die die Frauen von ihren sozialen Gruppen individuell verantwortlich gemacht werden, sind keine wirklichen Entscheidungen, solange es zu wenig Hilfsdienste für Behinderte, zu wenig Nahrung für die Armen, zu wenig Unterstützung für alleinerziehende Eltern und die allgemeine Abwertung der Frauen gibt.

Virginia Held bemerkt, daß Geburt und Tod natürliche Ereignisse sind, die in menschliche Ereignisse verwandelt wurden, weil sie mit Entscheidung, Bewußtsein und Vorstellungen zu tun haben:

> Die Frage, wofür man gebären soll, kann wie die Frage, wofür man sterben oder wofür man leben soll, auch dann gestellt werden, wenn Frauen über ihre Geburten keine andere Kontrolle haben als die, nicht gebären zu wollen, wenn dies mit extremen Risiken für sie selbst verbunden ist. ... . Männer (und Frauen) können aus Treue, aus Pflichtgefühl, aus Verbundenheit mit einer Sache sterben, und sie können für eine bessere Zukunft sterben. Frauen können aus all diesen und noch anderen Motiven gebären oder sich zu gebären weigern. ... Daß Frauen Gründe für das Gebären haben können, sollte deutlich machen, wie *unähnlich* eine menschliche Geburt einem natürlichen, biologischen Ereignis ist. (1989, 366)

Aber in der sozialen Konstruktion von Gebären und Elternsein haben Frauen nicht die volle Kontrolle über ihre Entscheidungen. In Gesellschaften, in denen die Männer herrschen, haben diese ein Vetorecht über die Fortpflanzungsentscheidungen der Frauen (K. O. Mason 1985; Polatnick 1983). Die Machtlosen haben immer wieder das Gefühl, keine Wahl zu haben; wofür sie sich auch entscheiden, sie werden leiden.[40] Ihre Wahlmöglichkeiten beschränken sich auf „Sophies Wahl": In diesem Roman von William Styron verurteilt Sophie, um das eine Kind vor der Gaskammer zu retten, das andere zum Tode. Sie nimmt, was ihr geboten wird von einer sozialen Ordnung, in der sie sehr wenig Macht zum Handeln hat. Moderne Frauen ertragen kraft ihrer mütterlichen Fürsorge die Herrschaft der Männer. Daß sie dazu um ihres Selbstgefühls als Frauen und um der Liebe willen bereit sind, die sie zu ihren Kindern und zu den Männern in ihrem Leben empfinden, hebt die ver-

---

40   Auch arme Männer haben wenig Entscheidungsfreiheit. Boswell zitiert Basil von Caesarea, einen frühchristlichen Schriftsteller, zum Dilemma eines armen Vaters, der überlegt, ob er eines seiner Kinder verkaufen soll, um die anderen zu ernähren: „Wenn ich sie alle behalte, werde ich sie alle Hungers sterben sehen, aber wenn ich eines verkaufe, wie kann ich den anderen noch in die Augen sehen, die mir dann immer mißtrauen werden, denn ich könnte sie ja verraten?" (1988, 165-166).

steckten Zwänge nicht auf, die sie nötigen, die Interessen von Männern und Kindern über ihre eigenen zu stellen.

8   Das tägliche Brot:
Gender und Hausarbeit

> Hausarbeit ist nicht ihrem Wesen nach „Frauenar-
> beit"; Waschen und Putzen bedeuten für eine Frau
> nicht mehr Erfüllung und nicht weniger Erschöpfung
> als für einen Mann. Sie sind soziale Dienstleistungen,
> denn sie dienen der Reproduktion der Arbeitskraft.
>
> – *Mariarosa Dalla Costa (1972, 31-32)*

In den westlichen Kulturen wird die Hausarbeit von jungen Erwachsenen der
heutigen Generation, die in Nur-Männer- oder Nur-Frauen-Haushalten leben,
gewöhnlich reihum erledigt oder einigermaßen gerecht aufgeteilt. Bei der
Entscheidung, wer wieviel Hausarbeit macht, berücksichtigen männliche
homosexuelle Paare im allgemeinen die Zeit, die mit der Erwerbsarbeit ver-
bracht wird, während Lesbierinnen versuchen, die Hausarbeit genau gleich
aufzuteilen (Blumstein und Schwartz 1983, 144-154). Wenn heterosexuelle
Frauen und Männer in Ein-*gender*-Haushalten leben, bekommt jeder Mitbe-
wohner seinen Anteil an der Hausarbeit zugewiesen. Wenn sie aber mit einem Partner des anderen *gender* zusammenziehen, fallen sie oft in konventionelle Muster der Arbeitszuweisung zurück, die wenig damit zu tun haben,
wieviel Erwerbsarbeit jeder von ihnen leistet – sie kocht, putzt und kauft ein;
er kümmert sich um das Auto und schraubt neue Glühbirnen ein. Selbst verheiratete Männer, die gern Frauenkleider tragen, machen nur selten Hausarbeit, wenn sie gerade Frauen sind (Woodhouse 1989, 94).

Die vergeschlechtlichte Struktur der Arbeit in den modernen Gesellschaften ist uns vertraut und scheint überall zu finden – Männer machen Erwerbsarbeit und Frauen machen Hausarbeit. Das gilt auch für die angeblichen Gründe – Frauen bekommen Kinder und versorgen sie, also sollte es
nur logisch sein, daß sie auch für die physischen und emotionalen Bedürfnisse der Männer sorgen. Männer bekommen keine Kinder und sind deshalb
dafür verantwortlich, daß sie als Arbeitnehmer oder Selbständige arbeiten
und für den finanziellen Unterhalt von Frau und Kindern aufkommen. Diese
saubere Ergänzung beruht auf der Annahme eines heterosexuellen Kernfa-
milienhaushalts und eines für den Unterhalt der ganzen Familie ausreichen-
den Einkommens oder Profits des männlichen Verdieners. Zu einer solchen
„Idealfamilie" bringen es nur ganz wenige Menschen (Baca Zinn 1990).

Familienstrukturen und Haushaltszusammensetzungen sind vielfältig, und bezahlte Erwerbsarbeit wie unbezahlte Hausarbeit wird von Frauen wie Männern (und vielen Kindern) geleistet.[1] Außerdem können alle möglichen Tätigkeiten für Familienmitglieder aus Liebe, Freundlichkeit oder Pflichtgefühl oder auch als reguläre Erwerbsarbeit oder als Nebenbeschäftigung getan werden, so wie Ehrenamtliche oft Arbeit machen, für die andere bezahlt werden (Daniels 1987). Hausarbeit – die Arbeit des physischen Erhalts des Haushalts und der in ihm lebenden Personen – ist ohne Bezahlung von Sklaven, liebenden und weniger liebenden Verwandten und Mitgliedern von Wohngemeinschaften gemacht worden, mit Bezahlung von Hausbediensteten und Beschäftigten von Dienstleistungsunternehmen (Oakley 1976; Rollins 1985, 21-59). All diese Hausarbeitskräfte, bezahlte wie unbezahlte, konnten ebenso gut Männer wie Frauen sein. Kurz, weder läßt sich bezahlte und unbezahlte Arbeit so säuberlich auf das Zuhause und den Arbeitsplatz aufteilen, noch ist bezahlte und unbezahlte Arbeit so klar vergeschlechtlicht. Doch innerhalb dieser verschwimmenden Grenzen gibt es vergeschlechtlichte Muster – unter anderem das Muster, daß Frauen im allgemeinen mehr Hausarbeit machen als Männer. Dieses Muster ist keine Folge der *sex*-bedingten Unterschiede bei der Fortpflanzung. Frauen machen den größten Teil der unbezahlten Arbeit, ob sie Kinder haben oder nicht, und die Versorgung der Kinder ist nur ein Teil der Arbeit, die Frauen für ihre Familien machen.

Zu erklären ist also, warum gerade die unbezahlte Hausarbeit zur ersten Pflicht fast aller Frauen in den modernen Gesellschaften geworden ist. Nicht immer hatte die Hausarbeit die Merkmale oder den niedrigen Status von heute. In nichtindustriellen Gesellschaften ist die Haushaltsproduktion eine Notwendigkeit für das Überleben der Familie, und von Frauen wie Männern wird erwartet, daß sie Nahrungsmittel anbauen und verarbeiten, Werkzeuge und Gebrauchsgegenstände herstellen, Tuch weben, Kleidung anfertigen – kurz, produzieren, was die Haushaltsmitglieder konsumieren. In den Industriegesellschaften ist die ständige Arbeit im Haushalt zwar notwendig, hat aber ihre überragende Bedeutung verloren; viele der von Hausfrauen gelieferten Güter und Dienstleistungen lassen sich auch kaufen. In der Tat wird, je wohlhabender der Haushalt ist, desto mehr Hausarbeit von bezahlten Arbeitskräften statt von unbezahlten Haushaltsmitgliedern erledigt. Das Prinzip, daß sich diejenigen, die über die entsprechenden Ressourcen verfügen, von der unbezahlten Hausarbeit freikaufen, erklärt auch, warum in modernen Familien die meiste Hausarbeit von Frauen und nicht von Männern gemacht wird – Frauen haben weniger ökonomische Ressourcen. Und der niedrige soziale Wert, der der Hausarbeit beigemessen wird, erklärt, warum die eventuell angeheuerten Hausarbeitskräfte im allgemeinen aus den am meisten benachteiligten sozialen Gruppen kommen. Aber selbst wenn Frauen die

---

1   Harris 1981; Horan und Hargis 1991; White und Brinkerhoff 1987; Wilk und Netting 1984.

Ressourcen haben, um sich Hilfe im Haushalt zu kaufen, behalten sie im allgemeinen trotzdem, als Zeichen ihrer Liebe und ihrer Sorge um das Wohl der Familie, die Verantwortung für die Arbeit.

Hausarbeit und ihr Wert

Hausarbeit hat zwei Hauptaspekte, Subsistenzproduktion und soziale Reproduktion. Die Bereitstellung von Essen, Kleidung und Wohnen für den Gebrauch der Familienmitglieder oder der in einem Haushalt lebenden Personen (die durch Geburt, Heirat oder Adoption miteinander verwandt sein können, aber nicht müssen), ist *Subsistenzproduktion*. Wird die häusliche Produktion von Haushaltsmitgliedern geleistet, die das produzieren, was sie essen, anhaben und im täglichen Leben benutzen, wird sie gewöhnlich nicht mit Lohn oder Gehalt honoriert. Sie ist *Gebrauchswertarbeit*. Dieselbe Arbeit – Kochen, Saubermachen, Wäschewaschen und andere laufend wiederkehrende Haushaltsarbeiten – kann auch gegen Entlohnung erledigt werden. Der Geldwert solcher Arbeiten hängt vom Arbeitsmarkt und von der Struktur der Arbeit ab (Teilzeit/Vollzeit, am Arbeitsplatz wohnende/tagsüber ins Haus kommende Arbeitskräfte, professionell ausgebildete/im Haushalt angelernte Arbeitskräfte).

In modernen Gesellschaften ist die Ehefrau, also das Familienmitglied, das die meiste unbezahlte Gebrauchswerts-Hausarbeit machen dürfte, der höchstbezahlten Hausangestellten zu vergleichen – ganztägig arbeitend, am Arbeitsplatz wohnend und qualifiziert –, nur daß die Hausfrau-und-Mutter viel mehr tut als die bezahlte Hausangestellte.[2] Neben der Verwandlung von Lohn in Essen, Kleidung und Wohnen und der materiellen Versorgung der Kinder umfassen ihre häuslichen Dienstleistungen auch noch die Erziehung und Unterweisung der Kinder, den emotionalen Rückhalt, den sie ihnen und den im Haushalt lebenden Erwachsenen gibt, und die sexuellen Beziehungen, die sie mit ihrem Mann hat. Häufig gehört außerdem noch zu ihrer Hausarbeit, daß sie kranke und alte Familienmitglieder versorgt, Verwandtschafts- und Freundschaftsbeziehungen pflegt und den entsprechenden Verpflichtungen nachkommt, Familienmitglieder und andere Gäste bewirtet und, bei wohlhabenden Familien, den Status ihrer Familie durch ostentativen Konsum und durch die Betätigung in philanthropischen, kulturellen und politischen Organisationen hebt. Oft ist die Mutter auch das Bindeglied der Familie zu

---

2   Der Marktpreis der Vollzeitdienste einer Hausfrau in den Vereinigten Staaten wurde 1991 auf $ 16.000 bis $ 17.000 geschätzt (Odum 1992).

bürokratischen Institutionen wie Schulen und Wohlfahrtseinrichtungen für
Kinder.[3]
   Diese Erweiterung der häuslichen Arbeit über die unmittelbare Hausarbeit
und die Kinderversorgung hinaus macht aus ihr *soziale Reproduktion* oder
„Regeneration von Leben als Arbeitsform, als Produktionsform, die für den
Fortbestand der Gesellschaft so grundlegend ist wie die Produktion von Din-
gen" (Laslett und Brenner 1989, 383). Die soziale Reproduktion umfaßt

> die Tätigkeiten und Einstellungen, Verhaltensweisen und Gefühle, Pflichten und
> Beziehungen, die direkt zum Erhalt des Lebens beitragen, tagtäglich und intergene-
> rationell. Unter anderem gehören zur sozialen Reproduktion die Art und Weise,
> wie Essen, Kleidung und Wohnen für den unmittelbaren Konsum verfügbar ge-
> macht werden, wie die Versorgung und Sozialisation der Kinder, die Pflege der
> Kranken und Alten und die soziale Organisation der Sexualität erfolgt. Nach die-
> sem Verständnis umfaßt die soziale Reproduktion also verschiedene Arten von Ar-
> beit – geistige, manuelle und emotionale –, deren Ziel es ist, die historisch und so-
> zial wie auch biologisch bedingte Versorgung zu gewährleisten, die zum Erhalt des
> bestehenden Lebens und zur Reproduktion der nächsten Generation notwendig ist.
> (382-383)

Die soziale Reproduktion umfaßt nicht nur den physischen und emotionalen,
sondern auch den sozialen Erhalt der Familienmitglieder. Ein Teil der sozialen Reproduktion besteht in Erhalt und Weitergabe des kulturellen Kapitals
der Familie an die Kinder – des Lebensstils, der religiösen und ethnischen
Rituale und der sozialen Stellung (Bourdieu und Passeron [1970] 1977).
   Die soziale Reproduktion und die Produktion von Gütern und Dienstleistungen, entweder unbezahlt als Gebrauchswert oder bezahlt zum Marktwert,
sind die wichtigsten Formen der Arbeitsteilung. Frauen wie Männer leisten
Produktionsarbeit gegen Bezahlung wie auch unbezahlte soziale Reproduktio-
ns- und Gebrauchswertarbeit für ihre Familien. Männer beteiligen sich an
der sozialen Reproduktion, indem sie Söhne zur Männerarbeit erziehen und
statusproduzierende Aktivitäten für ihre Familien wahrnehmen, und viele
von ihnen verrichten auch Gebrauchswertarbeiten im Haus, etwa Reparaturen, Gartenarbeit und selbst Hausarbeit. Bezahlte Produktionsarbeit und unbezahlte Hausarbeit stützen einander wechselseitig und waren beide bedeu-
tenden historischen Veränderungen unterworfen.[4] Diese Veränderungen
haben die Aufteilung von bezahlter und unbezahlter Arbeit auf Frauen und
Männer beeinflußt – insbesondere, wer die Hausarbeit macht.

---

3   Zu all diesen Tätigkeiten, siehe Abel und Nelson 1990; Daniels 1987; DeVault 1991; di
    Leonardo 1987; Finch 1983; Fishman 1978; Glazer 1990; Izraeli 1992; Komarovsky 1962;
    Lopata 1971, 73-136; Oakley 1974; Papanek 1979; L. B. Rubin 1976; Schooler u.a. 1983;
    Sharma 1986; D. E. Smith 1987a, 151-226; Stivens 1981.
4   Bridenthal 1976; Calasanti und Bailey 1991; Coontz und Herderson 1986; Hill 1989;
    Huber 1990; Thornton und Fricke 1987; Sacks 1984; D. E. Smith 1987b; Tilly und Scott
    1978.

Wer keine Hausarbeit macht

Die heutige vergeschlechtlichte Arbeitsteilung, bei der Frauen bezahlte Arbeit machen, aber weiterhin die Hauptverantwortlichen für Hausarbeit und Kinderversorgung sind, wird als normale und natürliche Folge der weiblichen Fortpflanzungsfähigkeit oder der weiblichen Begabung und Persönlichkeit angesehen. In Wirklichkeit ist sie das Ergebnis von historischen Entwicklungen und Veränderungen, die die Technologie, die vergeschlechtlichte Aufteilung in verschiedene Arten von Arbeit, die Produktion von Reichtum und die Verfügungsgewalt über den Reichtum betreffen (Huber 1990). Die Zuweisung des größten Teils der unbezahlten Haus- und Versorgungsarbeit an Frauen hat ungeachtet aller Rhetorik, die die Rolle der Frauen in Heim und Familie preist, bedeutende ökonomische und soziale Vorteile für Männer und beutet Zeit und Energie von Frauen aus (Delphy und Leonard 1992). So natürlich das Arrangement auch scheinen mag, es ist das Ergebnis des verheirateten Frauen systematisch vorenthaltenen Rechts, selber über ihr Eigentum, ihre Profite und ihren Lohn zu verfügen.

In Sippengesellschaften, in denen die Familie eine Arbeitseinheit und der Haushalt der Arbeitsplatz ist, können diejenigen, die im Besitz der Verfügungsgewalt über den Überschuß sind, andere dazu veranlassen, ihnen ihren Arbeitsanteil ganz oder größtenteils abzunehmen (H. L. Moore 1989, 54-62). Deshalb wird der größte Teil der unbezahlten Produktion von Nahrung, Kleidung und Wohnen im allgemeinen von solchen Frauen geleistet, deren Verhandlungsposition am schwächsten ist – also von rangniedrigeren Frauen und Frauen von Männern mit geringen Ressourcen. In manchen Sippengesellschaften allerdings verfügen die Frauen über eine starke Verhandlungsposition (Kandiyoti 1988). Wo Frauen und Männer jeweils eigene Einkommensquellen haben, etwa in Ost- und Westafrika, stehen sich Ehemänner und Ehefrauen in den Verhandlungen darüber, wer die unbezahlte Familienarbeit tun muß, als Gleiche gegenüber, und „oft kommt es zwischen Ehepartnern zu Konflikten, wenn sie versuchen, zwischen den Anforderungen der Familienarbeit und der Zeit und den Ressourcen, die sie für ihre individuellen Projekte und Unternehmungen benötigen, zu einem Ausgleich zu gelangen" (H. L. Moore 1989, 56).[5]

In Europa und in den Vereinigten Staaten vor der Industrialisierung und in den meisten Entwicklungsländern heute war und ist die Produktion von Nahrung, Kleidung und Wohnen Gebrauchswertarbeit, die von Haushaltsmitgliedern für Haushaltsmitglieder gemacht wird. Auch alle für den Tauschhandel oder den Verkauf auf dem Markt geleistete Arbeit war Sache der Haushaltsmitglieder. In bäuerlichen Familien hatte jeder einschließlich der Mütter von

---

5   Siehe auch A. Whitehead 1981; 1984.

kleinen Kindern zur Produktion von Nahrung, Kleidung und Unterkunft beizutragen, aber da die Arbeit im Haushalt selbst verrichtet wurde, ließ sie sich
mit der Kinderversorgung vereinbaren (Tilly und Scott 1978). Zwar waren
Frauen und Männer für unterschiedliche Aufgaben zuständig, doch wenn viel
Arbeit in kurzer Zeit getan werden mußte oder wenn Frauen oder Männer
Zeit übrig hatten, arbeiteten sie gemeinsam, und zwar sowohl in der land-
wirtschaftlichen Produktion als auch bei der Hausarbeit (K. V. Hansen
1989). Auf den großen Pflanzungen machten versklavte Frauen die Hausarbeit für die Familie ihres Herren und ihre eigene Familie und außerdem,
Seite an Seite mit versklavten Männern, anstrengende Feldarbeit.[6] In den
Städten gab es Handwerkerinnen wie Handwerker, die Güter für den Verkauf
produzierten, Ladenbesitzerinnen und Ladenbesitzer, Gastwirtinnen und
Gastwirte und weibliche wie männliche Lieferanten von bezahlten Dienstleistungen, wobei Arbeitsplatz und Wohnung der Familie unter einem Dach
waren.[7] Hausarbeit und Kinderversorgung wurden von weiblichen oder
männlichen Hausangestellten oder den größeren Kindern genauso übernommen wie von den erwachsenen Frauen des Haushalts.

Mit zunehmender Industrialisierung wurden immer mehr Güter und
Dienstleistungen für den Profit und mit Arbeit produziert, die von den Kapitalisten aus dem Haushalt herausgenommen und in Fabriken und Büros verlagert wurde. Ihre Arbeitskräfte waren nacheinander erst Töchter von Bauernfamilien, dann Frauen und Kinder oder ganze Familien, und schließlich
individuell angeheuerte Männer und Frauen (Kessler-Harris 1982; Kasson
1976). Anfänglich wurden die Güter für den Gebrauch der Familie, etwa
Tuch, weiterhin zu Hause produziert und die Überschüsse verkauft oder gegen Naturalien getauscht. Im achtzehnten Jahrhundert expandierte die Heimarbeit, wobei Mittelsmänner das Rohmaterial und die Maschinen lieferten,
die zu Hause von erwachsenen Frauen und Männern, unter Mithilfe der Kinder, verarbeitet und bedient werden konnten. Da die Behausungen dieser
Arbeiter kaum möbliert waren, war die Hausarbeit minimal (B. Hill 1989,
103-124).

Als man begann, das Land für den Anbau von Landprodukten für den unmittelbaren Verkauf zu nutzen, waren die Landarbeiter vor allem Männer.
Die Ehefrauen machten die Arbeit im Küchengarten, hielten Hühner und
kochten für die Landarbeiter. Die Töchter gingen in die Fabriken oder in
anderer Leute Häuser arbeiten. Wenn Familien ihre Höfe verloren, gingen sie
als ganze Familie in die Fabriken und lebten zur Miete in möblierten Zimmern. Als sich die kapitalistische Produktionsweise noch weiter verbreitet
hatte, begannen Frauen und Männer um die besser bezahlten Arbeiten zu
rivalisieren. Nach einer langen Reihe von Konflikten über die Zuteilung

---

6   Fox-Genovese 1988, 172-187, 193; Jones 1986, 11-43.
7   Anderson und Zinsser 1988, 1:353-377; Davidoff und Hall 1987.

dieser Arbeiten behielten schließlich die Männer die Oberhand, und den Frauen fiel die Hauptverantwortung für die unbezahlte Hausarbeit zu, obwohl viele ledige und verheiratete Frauen wie auch Mütter weiterhin erwerbstätig waren.

Mit dem Aufstieg des Bürgertums und des Kapitalismus vom siebzehnten Jahrhundert an war nun nicht mehr das Land die Quelle des Reichtums, sondern das sich vermehrende Kapital. Da der Reichtum zunehmend auf Betriebs- und Geschäftsvermögen beruhte, mußten die Männer, um erfolgreich zu sein, mehr Zeit auf das Geldverdienen verwenden (Davidoff und Hall 1987). Frauen und Töchter arbeiteten ebenfalls in den Familienbetrieben; in wohlhabenderen Familien widmeten sie ihre Zeit den Aktivitäten der Statuspflege für die Familie. Bürgerliche Haushalte ließen die Hausarbeit einschließlich der physischen Versorgung der Kinder von männlichen und weiblichen Hausangestellten erledigen.

In Europa und den Vereinigten Staaten hatten bis zum Ende des neunzehnten Jahrhunderts verheiratete Frauen nur höchst begrenzt das Recht, eigenes Eigentum zu besitzen und über es zu verfügen (Holcombe 1983). Jan Pahl schrieb: „Der Ehemann, der vor dem Traualtar versprach: ,Was mein ist, soll auch dein sein', brachte sich in Wahrheit in den Besitz der Güter seiner Frau und ihres gesamten künftigen Verdienstes, denn bis zum Ende des neunzehnten Jahrhunderts bezeichnete die Eheschließung auch den Zeitpunkt, zu dem das Eigentum einer Frau in die Hände ihres Ehemannes überging" (1989, 11). Ohne Verfügungsgewalt über ihr eigenes Geld machte eine Ehefrau der Mittelklassen, was ihr Ehemann wollte, ob das nun hieß, seinen Haushalt zu führen, ihm im Geschäft zu helfen, sich schön anzuziehen, um seinen Reichtum vorzuführen, oder ihm die Profite aus ihrem Geschäft zu überlassen. Was sie im allgemeinen nicht machte, war Hausarbeit. Diese war Dienstbotenarbeit.

Ehemänner aus der Arbeiterklasse verfügten nicht über Eigentum, aber über die bessere Arbeit und über den Lohn ihrer Frauen. Wurden Nahrungsmittel erst einmal nicht mehr auf Familienland angebaut, mußten mehrere (wenn nicht alle) Familienmitglieder Lohnarbeit verrichten und ihr Einkommen zusammenlegen, um davon zu leben. Zu Beginn des Industriezeitalters hatten männliche Arbeitskräfte den Vorteil, daß sie über die organisatorischen Fähigkeiten und die politische Macht verfügten, dank derer sie schließlich die besser bezahlten Arbeiten monopolisierten (Hartmann 1976, 147-169). Mit der größeren Verfügungsgewalt über die ökonomischen Ressourcen konnten sie auch über die Arbeit der anderen Familienmitglieder bestimmen.

In England sorgten unter dem System der Heim- und Verlagsarbeit die Heimindustrien dafür, daß Frauen und Männer die Arbeit nach Hause bekamen, wo die Männer als Haushaltsvorstand von Rechts wegen das Sagen hatten; als die Arbeit dann in Fabriken unter einem Dach zusammengefaßt

wurde, damit die Arbeitskräfte besser beaufsichtigt werden konnten, schick-
ten die Männer ihre Frauen und Kinder arbeiten und hatten einen Rechtsanspruch auf ihren Lohn; schließlich wurden auch die Männer für die Fabriken
rekrutiert, wo sie als Aufseher über die Arbeit der Frauen und Kinder höhere
Löhne gezahlt bekamen (Hartmann 1976, 152; Marglin 1978). Da nun alle in
der Produktion arbeiteten, wurde die Hausarbeit, wenn überhaupt, von allen
gemacht. Arbeiterwohnungen waren klein und nur spärlich möbliert. Für die
Hausarbeit, zu der auch das Herbeischleppen von Wasser und Brennmaterial
von zentralen Wasser- und Lagerstellen gehörte, waren die Frauen und die
Kinder verantwortlich, obwohl auch die Männer mit Hand anlegten (B. Hill
1989, 103-124).[8]

Als Ende des neunzehnten Jahrhunderts den verheirateten Frauen endlich
die Verfügungsgewalt über ihre eigenen Löhne zugesprochen worden war,
agitierte der Mann aus der Arbeiterklasse für den *Familienlohn*, also für Entgelt in einer den Unterhalt von Frau und Kindern sichernden Höhe, damit die
Ehefrau nun Vollzeit-Hausfrau werden konnte.[9] Das Konzept des Familienlohns „bedeutete, daß ein gerechter Lohn für Männer notwendig höher war
als ein gerechter Lohn für Frauen. Das Lohngefälle war, mit anderen Worten,
eine wesentliche Voraussetzung für die Einführung des Familienlohns" (Ak-
ker 1988, 481).[10] Für die Arbeiterfrauen bedeutete das Konzept des Familienlohns einen Statusverlust als Lohnarbeiterinnen und als Familienmitglieder. Ohne eigenes Einkommen oder mit einem geringeren, der Familie
gehörenden Einkommen und ohne entsprechende Anerkennung des Werts
ihrer unbezahlten Hausarbeit konnte von einem gleichberechtigten Tausch
zwischen den häuslichen Dienstleistungen der Ehefrau und dem von ihrem
Mann beigebrachten ökonomischen Unterhalt keine Rede mehr sein: „Rechtlich gehörte der Lohn des Mannes nur ihm und schien auch nur von ihm
selber produziert, auch wenn die Hausarbeit der Frau zu seiner Arbeitsfähig-
keit und in manchen Fällen zu seiner Arbeit selbst beitrug" (Acker 1988,
487).

Solange der Ehemann der Hauptverdiener ist, hat die Frau kein Mitspra-
cherecht bei den Entscheidungen, die er in bezug auf seine Arbeit fällt, während er trotz ihrer Verantwortung für die Haushaltsführung ein Vetorecht hat
und bestimmen darf, wo, wann und wieviel sie außer Haus arbeitet. Das Ergebnis ist die Perpetuierung der einkommensbedingt schlechteren Stellung
der Frauen und ihrer größeren Verantwortung für die Hausarbeit:

> Die niedrigen Löhne sorgen dafür, daß die Abhängigkeit der Frauen von den Män-
> nern erhalten bleibt, denn sie stellen für die Frauen einen Anreiz zum Heiraten dar.

---

8   Bridget Hill merkt an, daß in armen englischen Haushalten des achtzehnten Jahrhunderts
    Urin zum Waschen von Kleidern und „Menschen" genommen wurde (1989, 111-112).
9   Acker 1988; Kessler-Harris 1990, 6-32; May 1982.
10 Siehe auch Kessler-Harris 1990.

Verheiratete Frauen müssen für ihre Männer die Hausarbeit machen. Die Männer profitieren also sowohl von den höheren Löhnen als auch von der häuslichen Arbeitsteilung. Diese häusliche Arbeitsteilung wiederum hat eine Schwächung der Position der Frauen auf dem Arbeitsmarkt zur Folge. Somit wird die hierarchische häusliche Arbeitsteilung durch den Arbeitsmarkt perpetuiert und umgekehrt. Dieser Prozeß ist das heutige Ergebnis von zwei ineinandergreifenden Systemen, Kapitalismus und Patriarchat. ... Die daraus resultierende wechselseitige Bedingtheit von Patriarchat und Kapitalismus ist für Frauen zum Teufelskreis geworden. (Hartmann 1976, 139)

Diese wechselseitige Bedingtheit jedoch verliert sich, wenn der Ehemann nicht genug verdienen kann, um eine Familie zu ernähren. Schon Teilzeitarbeit verbessert die Verhandlungsposition einer Arbeiterfrau, deren Mann längere Zeit arbeitslos ist, da ihr Verdienst häufig die Familie vor der Wohlfahrt bewahrt (Wheelock 1990, 148).

Es dauerte bis weit ins zwanzigste Jahrhundert hinein, bis die Hausfrau in den Mittelklassen selber die Hausarbeit machte, selber die Kinder versorgte und außerdem noch für die Pflege des Familienstatus und der verwandtschaftlichen Beziehungen verantwortlich war. In Arbeiterhaushalten und in afroamerikanischen Mittelklassenhaushalten der Vereinigten Staaten jedoch trat dieses Muster der ökonomischen Abhängigkeit der Frauen vom Verdienst eines einzigen Mannes und die strikte Trennung von Erwerbsarbeit und Familienarbeit nicht auf (Baca Zinn 1990). In diesen Haushalten trugen die Frauen vor und nach der Geburt ihrer Kinder weiterhin durch Erwerbsarbeit zum Einkommen der Familie bei und sorgten für die sozialen und emotionalen Bedürfnisse der Familienangehörigen. Dieses in Arbeiterfamilien und afroamerikanischen Familien übliche Muster ist heute das vorherrschende Muster für Frauen in den Industrieländern. Sie sind gezwungen, in beträchtlichem Umfang zum Familieneinkommen beizutragen, um die Konsumgüter kaufen zu können, auf die der moderne Haushalt angewiesen ist, während sie zugleich weiter die Hausarbeit machen (J. Smith 1987).

Heute besteht der Hauptunterschied zwischen Arbeiterfamilien und Familien aus den Mittelklassen darin, daß Frauen in den Mittelklassen unter Umständen über genügend überschüssiges Einkommen verfügen, um sich häusliche Dienstleistungen kaufen zu können, die von Frauen aus erst kürzlich eingewanderten Immigrantengruppen oder benachteiligten ethnischen Gruppen angeboten werden.[11] Frauen und Männer der Oberklasse mit Verfügungsgewalt über enorme finanzielle Ressourcen können einen großen Teil ihrer Zeit auf die Prestige- und Machtsteigerung verwenden. Den Männern der Oberklasse tragen ihre statusfördernden Aktivitäten im allgemeinen einen Zuwachs an Reichtum ein und erlauben ihnen die Ausübung von politischer Macht, während die Frauen der Oberklasse im allgemeinen für ihre Männer,

---

11   Dill 1980; Glenn 1985; 1986; Palmer 1989; Rollins 1985; Romero 1988.

ihre Familien und ihre Kommunen Status produzieren, nicht für sich selbst (Daniels 1988; Ostrander 1984). Für ihren Haushalt sorgen ganze Trupps von Dienstleistungspersonal, und für ihre Kinder sorgen Kinderfrauen.

Der Engel daheim

Der Wandel von einer im Haushalt vonstatten gehenden und größtenteils für den Verbrauch der Familie bestimmten Produktion zu einer profitorientierten, von Kapitalisten beherrschten und physisch vom Haushalt getrennten Produktion hat die Hausarbeit privatisiert und herabgewürdigt. Die Industrielle Revolution trennte nach und nach Fabrik, Werkstatt und Büro vom Haushalt und verwandelte die bäuerlichen Familienbetriebe in landwirtschaftliche Betriebe. Aus den zu Hause hergestellten oder auf dem Land der Familie angebauten Produkten wurden Waren, die für den häuslichen Gebrauch gekauft werden mußten, aber die Löhne der Arbeiter wurden um der Profitsteigerung willen niedrig gehalten (D. E. Smith 1987b). Deshalb konnten die Arbeiter nicht alles fertig kaufen, was sie für Essen, Kleidung und Wohnen brauchten; sie mußten einen Teil ihrer Löhne oder Gehälter durch zugesetzte Arbeit – Kochen und Nähen – in Nahrung und Kleidung verwandeln und ihre Kleidung und Haushaltsgüter durch Waschen, Bügeln und Reinigen pflegen (Boydston 1986). Obwohl die Hausarbeit notwendig und in jedem Falle, welchen Maßstab man auch anlegte, Arbeit war, war sie Ende des neunzehnten Jahrhunderts in Europa, den Vereinigten Staaten und Australien unsichtbar gemacht geworden, indem man sie in den statistischen und ökonomischen Daten nicht als Arbeit erfaßte (Folbre 1991). Man konnte nun nicht mehr bei laufender Produktion auch noch auf Kinder aufpassen. Man konnte sie aber von der Person versorgen lassen, die kochte, sauber machte und die Wäsche wusch, also im allgemeinen von der Arbeiterfrau und -mutter. Da Hausarbeit nicht als richtige Arbeit angesehen wurde, wurden die Versorgung der Kinder und die emotionale Fürsorge für die ganze Familie in der Öffentlichkeit als die Hauptarbeit von verheirateten Frauen wahrgenommen.

Im neunzehnten Jahrhundert erreichte die Ideologie zur Verherrlichung der Frau in ihrer häuslichen Rolle als Hüterin des Heims, der Zufluchtsstätte vor der erbarmungslosen öffentlichen Welt der Wirtschaft, ihren Höhepunkt und untergrub die Forderungen der Feministinnen nach dem Recht von Frauen, selber Verträge zu schließen und die Profite aus ihren Betrieben und Geschäften zu behalten.[12] Die Glorifizierung der ökonomisch abhängigen Ehefrau betraf nur die Frauen aus den Mittel- und Oberklassen, deren Männer

---

12   Davidoff; Hall 1987, 357-396; Shanley 1989; Welter 1966.

den Unterhalt ihrer Familien voll bestreiten konnten: „Anfang des neunzehnten Jahrhundert bedeutete Vornehmheit für eine Frau aus der Mittelklasse nun eine besondere Form von Weiblichkeit, die dem Handeln als offenkundig unabhängiger ökonomischer Person direkt entgegenstand. Obwohl Frauen [inzwischen] Eigentum besitzen durften, waren sie rechtlich als ökonomische Personen durch ihren Status als Ehefrauen entmündigt" (Davidoff und Hall 1987, 315). Diese „reinen Geschöpfe in einem vom Schmutz der Welt unbefleckten Heim" (Palmer 1989, 137) waren von der Schmutzarbeit der armen Frauen abhängig, die für sie die Hausarbeit machten: „Seit der Mitte des neunzehnten Jahrhunderts verbanden sich diese gegensätzlichen Vorstellungen vom Frausein – Engel oder Schlampe, zerbrechlich oder stark, Jungfrau oder Geschlechtswesen, Bediente oder Bedienende – mit den Bildern des Heims und der Organisation der Hausarbeit. ... Auf die schlichteste Formel gebracht: Damen waren *sauber* und Bedienstete waren *schmutzig*" (Palmer 1989, 16, 146). Von den Bediensteten, die die Arbeit machten, wurde Familienlosigkeit erwartet; hatten sie Kinder, gaben sie sie in Pension (Broder 1988).

Für die psychologische und moralische Familienarbeit jedoch war in den Mittel- und Oberklassen die Ehefrau zuständig (Zaretsky 1986). Die Ideologie des Familiensinns erhob den Haushalt der Kernfamilie zur bevorzugten Lebensform und war das Band, „das die verschiedenen Themen – romantische Liebe; weibliche Fürsorge, Mütterlichkeit, Aufopferung; männlicher Schutz und finanzieller Unterhalt – zusammenhielt, die unser Verständnis von *gender* und Sexualität charakterisieren" (Barrett [1980] 1988, 205). Diese Ideologie setzte sich allmählich nach unten durch und erfaßte auch die Arbeiterklasse, wo viele Frauen nach wie vor sowohl einer Erwerbstätigkeit nachgehen als auch die laufende physische Arbeit im Haushalt erledigen mußten (Cancian und Gordon 1988).

Die Klassenstruktur der Hausarbeit

Seit dem neunzehnten Jahrhundert hing der Status des Ehemannes im traditionellen Mittelklassehaushalt von seiner Fähigkeit ab, die ökonomischen Mittel für den Unterhalt seiner Familie beizubringen und außerdem seine Frau in die Lage zu versetzen, den Haushalt zu führen und standesgemäß zu konsumieren. Obwohl die Haushaltsführung in der Verantwortung der Ehefrau lag, hing sein sozialer Status davon ab, daß *nicht* sie die schmutzige Arbeit machte und daß er es sich leisten konnte, eine andere Frau anzustellen, die diese für sie machte.[13] Damit war sie frei, ihren vornehmeren

---

13 Davidoff und Hall 1987, 387-396; Palmer 1989, 137-151.

Pflichten nachzukommen, indem sie sich als Gastgeberin und Gesellschafte-
rin betätigte, mit Geschmack konsumierte, Wohltätigkeitsarbeit machte und
über das moralische und psychologische Wohl ihrer Kinder wachte. Auf
diese Weise versuchte der Ehemann aus der Mittelschicht, es dem Ehemann
aus der Oberklasse gleich zu tun. Auch ein gut verdienender Ehemann aus
der Arbeiterklasse konnte sich wohl damit brüsten, daß seine Frau nicht „arbeiten" mußte. Er aber meinte damit die Erwerbsarbeit, denn die ganze Haus-
und Kinderversorgungsarbeit wurde gewöhnlich eben doch von seiner Frau
gemacht. Indem er das ganze Einkommen für die Familie nach Hause brachte, so daß seine Frau nicht arbeiten gehen oder Heimarbeit machen mußte,
konnte wiederum der Arbeiterklassenehemann versuchen, dem Mittelklasse-
nehemann nachzueifern.

Mit dem zwanzigsten Jahrhundert wurden in den Vereinigten Staaten und
in Europa die Hausbediensteten der Mittelklassehausfrauen durch Haushaltsgeräte, Fertignahrung und Konfektionskleidung sowie eigenes Einkaufen
ergänzt oder ersetzt, was ihre eigenhändige Gebrauchswertarbeit vermehrte
statt verminderte, ihnen aber die Illusion größerer Automie und Verfügungsgewalt gab.[14] Die Hausarbeit mochte „rationalisiert" worden sein, wurde
aber weder vergemeinschaftlicht noch in gut bezahlte Arbeit verwandelt, wie
es die Feministinnen propagierten (Hayden 1981). Vielmehr steigerten die
neuen Gerätschaften die Arbeitsleistung der einzelnen Hausfrau so sehr, daß
sie auch ohne Dienstpersonal die Arbeit im Haus mit einer bezahlten Arbeit
außer Haus verbinden konnte, „um Komfort und Anstand auf angemessenem
Niveau zu halten, wenn auch mit einem eher unangemessenem Niveau von
Erschöpfung" (R. S. Cowan 1987, 174).

Wenn Ganztagshausfrauen aus der Mittel- und Oberklasse andere Frauen
anstellten, um die mühseligeren und anstrengenderen Arbeiten für sie zu tun
und sich um die Kinder zu kümmern, waren dies Frauen aus der Arbeiterklasse oder aus Immigranten- und anderen benachteiligten Gruppen (Palmer
1989; Rollins 1985). Da deren Erwerbsmöglichkeiten begrenzt waren, arbeiteten sie für anderer Leute Familien, um ihren eigenen Familien überleben zu
helfen.[15] Karen Sacks hat darauf hingewiesen, daß „die Hausarbeit bei den
weißen Frauen der Mittelklasse ihrer Unterdrückung als Frauen dienen mag,
sich aber, wenn sie andere (meist schwarze, lateinamerikanische oder asiatische) Frauen anstellen, für diese in (schlecht) bezahlte Erwerbsarbeit verwandelt – was aus *gender*-Unterdrückung *gender*-, Klassen- und Rassenun-
terdrückung macht" (1989, 539). Paradoxerweise ist mit der Hausarbeit, die
die Frauen für Lohn verrichten, kaum ein Statusgewinn für sie verbunden,

---

14   R. S. Cowan 1987; B. J. Fox 1990; Glazer 1984; Nolan 1990; Rothschild 1983; Vanek
     1974.
15   Baca Zinn 1990; Dill 1980; Glenn 1985; 1986; 1992; Romero 1988.

während die unbezahlte Hausarbeit, die sie für ihre eigenen Familien leisten, für sie oft eine Quelle von Stolz und Prestige ist:

> Ein sauberes Haus, gutes Essen und wohlerzogene, pflichtbewußte Kinder waren die wichtigsten Grundlagen für Stolz und Status in der schwarzen Gemeinschaft. ... Schwarze Hausarbeiterinnen und Wäscherinnen konnten den gehobenen sozialen Status, der ihnen von der Gesellschaft allgemein und selbst von manchen Mitgliedern der schwarzen Gemeinschaft abgesprochen wurde, in Familie und Nachbarschaft finden. Die unbezahlte Arbeit, die diese Frauen in ihrem eigenen Haushalt verrichteten, war nicht nur eine bedeutende Quelle von Selbstwertgefühl und Stolz; sie vermittelte ihnen auch das Gefühl einer Autonomie und Verfügungsgewalt, die es im Erwerbsleben für sie nicht gab. (Harley 1990, 348-349)[16]

Professionelle Lehrerinnen, Kinderschwestern, Psychologinnen, Kinderärztinnen und Sozialarbeiterinnen haben viele Teilbereiche der sozialen Reprodukion in bezahlte Arbeit verwandelt. Im zwanzigsten Jahrhundert wurden aus diesen Beschäftigungen Frauenberufe für Angehörige der Mittelklassen (Ehrenreich und English 1978). In Ergänzung der bezahlten Arbeit, die Frauen als Angehörige eines Berufsstands leisten, wird von Frauen aller Klassen als Angehörigen ihrer Familien erwartet, daß sie über die Erziehung ihrer Kinder wachen und die Familie in der Schule repräsentieren, die häusliche Pflege von kranken und alten Verwandten koordinieren und ergänzen und bei den Mahlzeiten der Familien nicht nur für alles Eßbare, sondern auch für die emotionale Nahrung sorgen.[17] Frauen der Oberklasse konstruieren Klasse und Gemeinschaftssinn durch philanthropische Aktivitäten; Frauen der Mittelklasse pflegen Verwandtschaftsbeziehungen, auch über weite Entfernungen hinweg; und Frauen der Unterklasse praktizieren die Vergemeinschaftung von Gütern, Dienstleistungen und Kinderversorgung unter realen und fiktiven Verwandten als Überlebensstrategie.[18] So stützen und perpetuieren Frauen durch ihre bezahlte und unbezahlte soziale Reproduktionsarbeit vor allem im Bereich der Erziehung und Ausbildung der Kinder die Werte der sozialen Klassenstruktur. Diese Werte sorgen für den Erhalt der Hegemonie der herrschenden Männer, indem sie den Frauen der Oberklasse nahelegen, den Status ihrer Familien als Besitzern von Eigentum zu pflegen, den Frauen der Mittelklasse, die Aufwärtsmobilität ihrer Männer und Söhne in freien Berufen und im Managementbereich zu fördern, und den Frauen der Arbeiterklasse, den Wert einer stetigen Erwerbsarbeit zu bejahen (Kohn 1963; Kohn und Slomczynski 1990).

Kurz, Ehefrauen und Mütter in modernen Gesellschaften wurden zu unbezahlten „Sklaven des Kapitals", deren Arbeit „für die Kleindistribution von Gütern und die Ausführung von Dienstleistungen von zentraler Bedeutung"

---

16 Siehe auch Dugger 1988; E. Higginbotham 1983; Wilkinson 1984.
17 DeVault 1991; Glazer 1988; 1990; D. E. Smith 1987a, 181-207.
18 Daniels 1988; di Leonardo 1987; J. Nash 1990; Ostrander 1984; Stack 1975.

ist (Glazer 1984, 81).[19] Weil die Hauptarbeit von Frauen angeblich die soziale Reproduktion für die eigene Familie ist, werden sie als Arbeitskräfte im Erwerbsleben schlechter bezahlt. Außerdem werden sie, je nach dem, ob die kapitalistische Wirtschaft gerade billige Arbeitskräfte braucht oder nicht, zum Eintritt in das Erwerbsleben aufgerufen oder an Heim und Herd zurückgeschickt; damit bilden sie die industrielle Reservearmee, auf die die Marktwirtschaften angewiesen sind.[20]

Paradoxerweise sind Frauen trotz all ihrer unbezahlten Arbeit hervorragende bezahlte Arbeitskräfte. Eine Untersuchung (Bielby und Bielby 1988) mit 1.469 Arbeitskräften ergab, daß 65 bis 70 Prozent der Frauen mit familiären Verpflichtungen härter arbeiteten als Männer:

> Verglichen mit Männern mit entsprechenden häuslichen Verpflichtungen, demselben marktgängigen Humankapital, gleichem Verdienst, gleichen Aufstiegschancen und gleich verantwortungsvollen Tätigkeiten konzentrieren Frauen wesentlich mehr Energie auf ihre Arbeit. ... Soweit Frauen überhaupt Energie vom Arbeitsplatz abziehen, um familiäre Anforderungen zu erfüllen, geht damit ihre Arbeitsleistung nur auf das für einen Mann ohne entsprechende familiäre Verpflichtungen typische Niveau zurück. Frauen müssen, um trotz ihrer größeren häuslichen Verpflichtungen genauso hart, wenn nicht härter, wie Männer arbeiten zu können, zur Mobilisierung von Energiereserven imstande sein, die dem typischen Mann entweder nicht zur Verfügung stehen oder, realistischer, von Männern bewußt nicht mobilisiert werden. (1055-1056)

Damit werden Frauen in den kapitalistischen Ökonomien des zwanzigsten Jahrhunderts mehrfach ausgebeutet. Ihre unbezahlte Hausarbeit ergänzt die niedrigen Löhne ihrer Männer; ihr Einkaufen, ihre Erziehungsarbeit und ihre häusliche Krankenpflege füllt die Lücken, die die überarbeiteten und unterbezahlten Verkäufer(inne)n, Lehrer(inne)n und Krankenpfleger(innen) (meist sind es Frauen) nicht füllen können; auf ihren bezahlten Arbeitsstellen arbeiten sie trotz ihrer familiären Verpflichtungen hart und gewissenhaft; und das Geld, das sie verdienen, wird für den Kauf der Gerätschaften und sonstigen Haushaltsgüter ausgegeben, die die kapitalistische Wirtschaft am Laufen halten und ihnen die Erledigung der Hausarbeit überhaupt erst ermöglichen. Auf all diese Weisen erlaubt die Haus- und Erwerbsarbeit der Frauen den Männern, sich ganz auf ihren Beruf und ihre Karriere zu konzentrieren, und den Kapitalisten, mehr Profit zu akkumulieren.[21] Die Folge ist, daß die Männer als Arbeitskräfte, Manager und Geschäftsinhaber die größeren ökonomischen Ressourcen zur Verfügung haben und dadurch in der Lage sind, Anspruch auf die unbezahlte Hausarbeit der Frauen zu erheben.

---

19   Siehe auch Rowbotham 1973, 81-115; J. Smith 1987.
20   D. E. Smith 1984; Sokoloff 1980.
21   Gimenez 1990; Glazer 1993; J. Smith 1987.

Wessen Wohlfahrt geht vor?

Obwohl „ein den Lebensunterhalt sicherndes Entgelt, gute Kinderbetreuung und gute Arbeit für jeden eine Notwendigkeit sind, besonders aber für Frauen, die sich gegen die gemeinsame Kinderversorgung mit einem Mann entscheiden" (Brenner 1987, 455), wird es Frauen dank der deutlichen Stoßrichtung der Sozial- und Rechtspolitik in den meisten kapitalistischen Ländern des zwanzigsten Jahrhundert extrem schwer gemacht, nicht von einem Mann ökonomisch abhängig und also nicht für Haus und Kinder verantwortlich zu sein. Frauen heiraten und akzeptieren die Verantwortung für die Hausarbeit nicht, weil sie von Natur aus fürsorglich (oder häuslich) wären, sondern weil sie auf den Verdienst eines Mannes angewiesen sind, um sich vor Armut schützen oder sich in der Mittelklasse halten zu können, und sie sind abhängig, weil sie systematisch von den besser bezahlten Arbeitsplätzen ausgeschlossen bleiben (Walby 1986, 248). Aus Angst, ihren paternalistischen Schutz in Gestalt des Anspruchs einer verheirateten Frau auf ökonomischen Unterhalt zu verlieren (und aus Mangel an Zugangschancen zu ordentlich bezahlter Arbeit), verhinderten die irischen Frauen noch 1986 eine Legalisierung der Scheidung (L. Stone 1990, 420). Diese Lösung war drastisch, aber nicht unbedingt unsinnig, wenn man bedenkt, daß das von einer Schuldzuweisung absehende Scheidungsrecht der Vereinigten Staaten laut Lenore Weitzmann „die Lage der Frauen verschlechtert, die Lage der Männer verbessert und das Einkommensgefälle zwischen den Geschlechtern vergrößert hat" (1985, 378).[22]

Die Abhängigkeit vom Gehalt eines Ehemannes bedeutet, daß Witwen mit Kindern Versicherungsleistungen und staatliche Sozialleistungen in ausreichender Höhe erhalten müssen, um auf das Äquivalent eines Familiengehalts zu kommen. Auch andere Frauen brauchen irgendeine Form von ökonomischer Unterstützung: die ältere Witwe, die nicht erwerbstätig ist und keine eigene Rente bezieht; die geschiedene Mutter, deren Unterhaltszahlungen nicht das Familiengehalt ersetzen, da der Ex-Ehemann oft eine andere Familie unterhält oder seiner Unterhaltspflicht nicht nachkommt; die verheiratete Mutter, deren Mann Invalide, krank oder arbeitslos ist; und die ledige Mutter, die für ihre Kinder den Haushalt zusammenzuhalten versucht. All diese Frauen fallen durch das Raster der traditionellen Familie, für deren Unterhalt theoretisch ein Mann aufkommt.

Im Laufe der Geschichte haben Regierungen in den Vereinigten Staaten, Kanada und Europa auf diese ökonomischen Bedürfnisse von Frauen und Kindern mit einer Reihe von sozial- und wohlfahrtspolitischen Maßnahmen reagiert: Waisenhäuser für Kinder von Witwen und verlassenen Ehefrauen,

---

22 Siehe auch Arendell 1986; Glendon 1989, 148-238; Grella 1990; Smart 1984.

damit diese selber ihren Lebensunterhalt verdienen konnten, vorübergehende Zahlung von bescheidenen Überbrückungsgeldern für nicht erwerbstätige Witwen mit Kindern, bis sie sich wieder verheiraten konnten, oder Einquartierung der ganzen Familie eines nicht mehr arbeitsfähigen Mannes in Armenhäusern. Alte Witwen mußten zu ihren erwachsenen Kindern oder sonstigen Verwandten ziehen. Geschiedene und ledige Mütter galten nicht als unterstützungswürdig und mußten sich allein durchschlagen.[23]

Seit Ende des neunzehnten Jahrhunderts und im ganzen zwanzigsten Jahrhundert waren die Frauen dank dem Wohlfahrtsstaat nicht mehr von einem Mann abhängig, sondern von einem Mann plus Staat (W. Brown 1992, Hernes 1984). Die neue Wohlfahrtspolitik gewährte zunächst Männern, die voll erwerbstätig gewesen waren, aber wegen Krankheit, Invalidität, nicht mehr gegebener Vermittelbarkeit auf dem Arbeitmarkt oder Alter nicht mehr arbeiten konnten, einen Anspruch auf ökonomische Unterstützung in irgendeiner Form; später wurde ein Teil dieser Ansprüche auch auf die Witwen und Kinder solcher Männer übertragen. Zwischen 1880 und 1920 begannen die europäischen Staaten, um die Geburtenrate zu erhöhen, mit der Einführung einer Gesundheitsfürsorge für Mutter und Kind, eines Essenszuschusses und Kindergelds für *alle* Mütter. In den Vereinigten Staaten wurde die staatliche Unterstützung erst in den fünfziger Jahren auch auf ledige und geschiedene Mütter ausgedehnt.[24] Zu dieser Zeit hatten die meisten europäischen Länder, Kanada und Israel einen bezahlten Mutterschutz und Erziehungsurlaub eingeführt und öffentliche Einrichtungen für die Kinderbetreuung geschaffen, um Müttern, ob verheiratet oder nicht, die Erwerbstätigkeit zu ermöglichen.[25]

Die im zwanzigsten Jahrhundert von den Arbeitern mit Hilfe der Gewerkschaften erkämpften Leistungen – ein zur Sicherung des Lebensunterhalts ausreichendes Gehalt, bezahlter Urlaub, Lohnfortzahlung bei Krankheit, Renten, Arbeitslosengeld, Invaliditätsrente, Krankenversicherung und Entschädigung bei Arbeitsunfällen –, kommen nur solchen Personen zugute, die ganztags in den Kernbereichen der Wirtschaft arbeiten (B. J. Nelson 1990). Nur wenige dieser Leistungen gelten auch für Frauen oder Männer, die eine Teilzeitarbeit haben, Heimarbeit im Akkord verrichten, in irgendwelchen Hungerlohnbetrieben arbeiten oder bezahlte Hausarbeitskräfte sind. Perso-

---

23   Zur Geschichte der Wohlfahrtspolitik in den westlichen Ländern, siehe Abramovitz 1988; P. F. Clement 1992; Pascall 1986; Skocpol 1992; Ursel 1992.
24   Zur Politik der Kinderschutzbünde in Massachusetts gegenüber alleinerziehenden Müttern, siehe L. Gordon 1989, 82-115.
25   Zur Entwicklung des modernen Wohlfahrtsstaats in Europa und Kanada, siehe Bock; Thane 1991; Haavio-Mannila und Kauppinen 1992; Holter 1984; Jenson 1986; Pascall 1986; Schirmer 1982; Ursel 1992. Zu Wohlfahrtspolitik und -leistungen in den Vereinigten Staaten, siehe Abramovitz 1988; L. Gordon 1990b; Hyde und Essex 1991; Skocpol 1992. Zum Vergleich zwischen Britannien und den USA, siehe Skocpol und Ritter 1991. Zur Politik Israels, siehe Izraeli 1992.

nen, die ganztags unbezahlte Hausarbeit leisten, erhalten überhaupt keine Leistungen. Von Rechts wegen haben verheiratete Frauen einen Anspruch auf das „Lebensnotwendige" – auf die ihren Unterhalt sichernde Nahrung, Kleidung und Behausung (keinen Luxus) –, und zu diesem Unterhalt trägt die Hausfrau selbst bei (Dahl 1984; Weitzman 1974).

In vielen Ländern sind die staatlichen sozialen Netze auf das zugeschnitten, was Mimi Abramovitz die „Familienethik" nennt. Sie gehen vom Modell der Mittelschichtfamilie aus: ein Mann mit einem Angestellten- oder Managementberuf und eine Frau, die Hausfrau und Mutter ist (1988, 241-166). In den Vereinigten Staaten zum Beispiel gab es Rentenzahlungen nach dem *Social Security Act* von 1935 ursprünglich nur für pensionierte Arbeiter, meistens weiße Männer. Hausarbeitskräfte und Farmer, damals die Erwerbsbereiche der meisten Afroamerikaner(innen), sowie viele Beschäftigungen weißer Frauen in den Städten, etwa Lehrerinnen, Krankenschwestern und Verwaltungsangestellte, waren ausgeschlossen. Nach den Gesetzesänderungen von 1939 erstreckten sich die Leistungen dann auch auf Ehefrauen und Witwen von Rentnern, die unter den Geltungsbereich des *Act* fielen; ihre Kinder bekamen Hinterbliebenenrente, bis sie achtzehn waren. Geschiedene Frauen waren bis 1965 auf eigene Sozialversicherungsleistungen angewiesen; erst dann wurde Frauen, die zwanzig Jahre und länger verheiratet gewesen waren und nicht wieder geheiratet hatten, der Anspruch auf einen Anteil der Sozialversicherungsleistungen ihrer Ex-Ehemänner zuerkannt. 1977 wurde die Zeit, in der sie verheiratet gewesen sein mußten, auf zehn Jahre verkürzt, und nunmehr kamen auch geschiedene Männer in den Genuß eines Anteils der Sozialversicherungsleistungen ihrer Ex-Frauen.

In den Vereinigten Staaten hatte die Politik der sozialen Sicherung einen so eindeutigen *gender*-Bias, daß bis 1950 die überlebenden Kinder einer verstorbenen Frau, die zu Lebzeiten Sozialversicherungsbeiträge gezahlt hatte, keine Leistungen erhielten, wenn der Vater mit ihnen in einem Haushalt lebte und Arbeit hatte. Bis Mitte der siebziger Jahre bekam ein Witwer nur dann Hinterbliebenenrente, wenn er nachweisen konnte, daß er in dem Jahr vor dem Tod seiner Frau ökonomisch von ihr abhängig gewesen war. Bis 1975, als der Oberste Gerichtshof zugunsten eines jungen Witwers entschied, der zu Hause bleiben und für sein kleines Kind sorgen wollte, konnte ein arbeitsfähiger Witwer seine Kinder nicht mit den Sozialversicherungsleistungen aus der Erwerbstätigkeit seiner verstorbenen Ehefrau großziehen.

1935 wurde die *Aid to Dependent Children*, ein Überbleibsel der Mütterrenten aus dem frühen zwanzigsten Jahrhundert, in den *U.S. Social Security Act* aufgenommen. Zu diesem Zeitpunkt war die *Aid* eine eigene, zeitlich begrenzte Zuwendung, die bedürftigen Witwen helfen sollte, ihre Kinder vor dem Waisenhaus zu bewahren. 1962 wurde aus der *Aid to Dependent Children* die *Aid to Families with Dependent Children* (AFDC, umgangssprachlich „welfare"). Inzwischen ist daraus ein nach den Vermögensverhältnissen bemessenes, staatliches Sozialhilfeprogramm für bedürftige ledige, getrennt lebende oder geschiedene Mütter geworden – also für Frauen „ohne Mann" –, sowie für Frauen, die mit einem Mann leben, der Invalide oder arbeitslos ist (Abramovitz 1988, 313-342). Vollzeit-Mütter, die AFDC bekommen, werden von der U.S.-Regierung am stärksten benachteiligt. Da viele von ihnen nie den finanziellen Rückhalt eines für ihren Unterhalt aufkommenden Mannes hatten oder aufgrund ihrer geringen Chancen, in ihren Gemeinden eine gut bezahlte Arbeit zu bekommen, nie voll erwerbstätig waren, sind sie vollkommen vom Staat abhängig. Der Staat legt an diese „welfare mothers" nicht dieselben Maßstäbe an wie an Mütter aus den Mittelklassen; vielmehr tut er alles, um sie davon abzuhalten, zu Hause zu bleiben und, vor allem, weitere Kinder bekommen.

Mit dem *Family Support Act* von 1988, der eine Reform des U.S.-Wohlfahrtssystems bringen sollte, übernahm der Staat die Unterhaltszahlungen von nichtsorgeberechtigten Vätern für ihre Kinder und die Kosten einer Berufsausbildung für Mütter mit Kindern über drei Jahren, wenn die Väter keinen Unterhalt zahlen konnten. Die Arbeiten, die diese schlecht ausgebildeten, in den Ghettos der Städte lebenden Angehörigen rassisch benachteiligter Gemeinschaften im allgemeinen bekommen, sind schlecht bezahlte Stellen in Fabriken oder im Dienstleistungsgewerbe in peripheren Wirtschaftsbereichen.[26] Diese Reformen wie auch die AFDC-Verwaltung sehen geflissentlich über die Realität des Lebens der Sozialhilfeempfängerinnen hinweg; gewöhnlich werden die mageren Leistungen durch illegale Beschäftigung oder Schwarzarbeit sowie dadurch aufgebessert, daß Familienangehörige und Freunde, die nicht im Haushalt leben, ihre Einkommen zusammenlegen oder sich auf andere Art unterstützen (Edin und Jencks 1992).

Die Familienpolitik der Vereinigten Staaten ist immer noch am Modell der traditionellen, aus Vater, Mutter, Kindern bestehenden, in einem gemeinsamen Haushalt lebenden und ihren Unterhalt selbst bestreitenden weißen Mittelklassenfamilie ausgerichtet.[27] Alle anderen Familienformen werden an diesem Modell gemessen, und abweichende Haushaltsmuster gelten als pathologisch. Konstellationen, die in den Vereinigten Staaten „Problemfamilien" darstellen, sind in Schweden ganz normal. Ein Fünftel aller schwedischen Familien sind Ein-Eltern-Familien; ein Fünftel der zusammenlebenden Paare sind nicht verheiratet; und fast die Hälfte der Geburten sind unehelich (Gelb 1989, 142; Glendon 1989, 273-277). In der Vergangenheit waren in Schweden die Sozialleistungen für Mütter und Kinder nicht je nach Familienform unterschiedlich, hingen nicht von den Vermögensverhältnissen ab und wurden an erwerbstätige wie nicht erwerbstätige Frauen in gleicher Hö-

---

26 Abramovitz 1988, 349-379; Amott 1990; Naples 1991c; Quadagno 1990.
27 Amott 1990; Baca Zinn 1989; Brewer 1988; Collins 1990, 115-137; Mink 1990; B. J. Nelson 1984.

he gezahlt, doch könnten Kürzungen erhebliche Auswirkungen auf das Leben der Frauen haben.[28]

Diana Pearce (1990) meint, die Wohlfahrtsprogramme in den Vereinigten Staaten seien nicht nur nicht auf die Bedürfnisse von armen Frauen zugeschnitten, sondern führten sogar zur Verschärfung dessen, was sie die „Feminisierung der Armut" nennt.[29] Die Mehrheit der nach einer Trennung oder Scheidung alleinerziehenden Eltern sind Frauen; die Wohlfahrtsprogramme sehen jedoch keine Kinderbetreuung vor, so daß die Frauen den Lebensunterhalt für sich und ihre Kinder nicht selber verdienen können. Selbst Männer aus den Mittelklassen kommen ihrer Unterhaltspflicht nicht nach. Geld, das sich der Staat von den Vätern holt, fließt an die AFDC zurück; es geht nicht an die Mütter. Schließlich sind Frauen aus der Mittel- wie aus der Arbeiterklasse im Erwerbsleben durch niedrige Löhne und fehlende Sozialleistungen wie Krankenversicherung für sie und ihre Kinder, erschwingliche Kinderbetreuung und bezahlter Urlaub zur Pflege eines kranken Kindes benachteiligt. Ein vernünftiges Wohlfahrtsprogramm würde die Bemessungsgrenze für Einkommen aus Erwerbstätigkeit großzügiger ansetzen und außerdem für die medizinische Versorgung und für die Tagesbetreuung der Kinder sorgen und die Frauen damit in die Lage versetzen, sich zwar mit staatlicher Hilfe, aber aus eigener Kraft aus der Armut herauszuarbeiten. Stattdessen scheint es der heimliche Zweck dieser Programme zu sein, Frauen aus der Arbeiterklasse arm zu halten: arm als Wohlfahrtsempfängerinnen, arm als erwerbstätige Haushaltsvorstände und, falls sie nicht einen Mann heiraten, der einen guten Job und keine anderen Unterhaltsverpflichtungen hat, arm als Ehefrauen. Und wie immer ihr Familienstand ist: Ihr Einkommensstand macht Hausarbeit in beträchtlichem Umfang überlebensnotwendig.[30]

Juniorpartner Ehefrau

Wenn verheiratete Frauen dennoch erwerbstätig sind, ist ihr zweiter Job immer noch die Hausarbeit samt Kinderversorgung. Regierungen, die den Frauen einen Anreiz für die Übernahme dieser Doppelrolle bieten wollen, müssen ihnen nicht nur die Sozialleistungen gewähren, die erwerbstätige Männer erhalten, sondern auch für ihre Gesundheit und ihr Wohlergehen als Mütter sorgen. Die den Frauen von diesen Regierungen gewährten Sozialleistungen

---

28 Joan Acker, mündliche Mitteilung.
29 Siehe auch Baca Zinn 1989; Brewer 1988; Fraser 1989, 144-187; McLanahan, Sørensen und Watson 1989; Osmond und Martin 1983. Zur weltweiten Feminisierung der Armut, siehe Goldberg und Kremen 1990.
30 Lebensnahe ethnographische Beschreibungen des Lebens von der „Wohlfahrt", siehe Sheehan 1975; Stack 1975. Zur Analyse der Bedeutung dieser unsichtbaren Ökonomie für den Kapitalismus, siehe J. Smith 1984.

sind Zugang zu Abtreibung und Empfängnisverhütung, Vorsorgeuntersu-
chungen und gesundheitliche Betreuung vor und nach der Geburt, bezahlter
Mutterschutz und bezahlter Urlaub zur Betreuung eines neu adoptierten oder
kranken Kindes oder eines alten Verwandten. Viele dieser Regierungen zahlen auch Kindergeld, unterhalten öffentliche Einrichtungen für die Kinderbetreuung und fördern Arbeitgeber, die flexible Arbeitszeiten oder reduzierte
Wochenarbeitszeiten für arbeitende Mütter anbieten.[31] Wie bei der Wohlfahrt werden diese Leistungen im Interesse der Familie angeboten, nicht um
der Gleichberechtigung willen. Der Nachteil ist, daß Frauen eine schlechtere
Bezahlung als Männer zu erwarten haben und deshalb für den Lebensstandard der Mittelklassen auf ein zusätzliches Gehalt angewiesen sind. Schweden zum Beispiel war bei den Leistungen für erwerbstätige Frauen sozialpolitisch am großzügigsten, hatte aber, verglichen mit Britannien und den
Vereinigten Staaten, den höchsten Stand der *gender*-Trennung am Arbeitsplatz und den höchsten Prozentsatz von Frauen mit Teilzeitbeschäftigung.[32]

Die Vereinigten Staaten waren 1993 einer der wenigen modernen Indu-
striestaaten, die keine gesetzliche Krankenversicherung für Kinder hatten,
kein Kindergeld, keine durch Bundesgesetz festgeschriebene Regelung für
bezahlten Elternurlaub und keine staatlichen Einrichtungen für die Kinderbetreuung. Dennoch gab es weniger *gender*-Trennung am Arbeitsplatz und
weniger Frauen mit Teilzeitarbeit als in Schweden. Die schwedische Sozialpolitik hat durch den bezahlten Mutterschaftsurlaub für erwerbstätige Frauen
und durch die individuelle Besteuerung jedes Arbeitnehmers den Frauen die
Übernahme ihrer Doppelrolle schmackhaft gemacht. Im Gegensatz dazu
haben die Vereinigten Staaten voll erwerbstätige Frauen behandelt, als wären
sie Männer, sie jedoch, da der Staat für keinerlei bezahlten Mutterschutz und
Erziehungsurlaub aufkommt und Zweitverdiener steuerpolitisch bestraft,
davon abgehalten, erwerbstätig zu bleiben, wenn sie Kinder hatten. 1986
waren in Schweden 85,6 Prozent der Frauen mit Kindern erwerbstätig, gegenüber 55 Prozent in den Vereinigten Staaten (Lewis und Åström 1992, 70-
71).

Die Politik der amerikanischen Regierung spiegelt die immer noch vorhandene ideologische Ambivalenz gegenüber der vollen Erwerbstätigkeit
von Müttern wider. Das Recht der Frauen auf volle Erwerbstätigkeit ist un-
bestritten, und wenn sie es wahrnehmen, erhalten sie alle Leistungen, die
Männer bekommen, aber ihre Schwangerschaften wurden wie Krankheiten

---

31 Der Umfang dieser Leistungen variiert von Land zu Land. Schweden gilt als am großzü-
    gigsten, aber alle europäischen Länder bieten Leistungen für Mütter und für die Kinderbe-
    treuung. Zum Vergleich der von den europäischen Ländern gebotenen Leistungen, siehe
    Hootsmans 1992, Tabelle 11.2, 190; Kamerman 1991, Tabelle 1.1, 18. Zur Politik und den
    Leistungen in den Vereinigten Staaten, siehe Hyde und Essex 1991, Anhang B, 468-489.
32 Gelb 1989, 3; Lewis und Åström 1992, 72-73; Ruggie 1984.

behandelt, Abtreibungen wurden nicht immer von der Krankenversicherung getragen, und für Geburten oder Kinderversorgung gab es nur unbezahlten Urlaub. Große Firmen, für die ihre hoch qualifizierten weiblichen Beschäftigten eine ökonomische Investition darstellen, bieten noch am ehesten bezahlte Mutterschutzzeiten und bezahlten Urlaub zur Pflege eines kranken Kindes. Kinderbetreuung gibt es von gewöhnlich teuren und nicht immer zuverlässigen Anbietern aller Couleur. Die offizielle Politik der Vereinigten Staaten wirkte stets zugunsten des Musters der Frau, die aus dem Erwerbsleben ausscheidet, solange ihre Kinder klein sind, und später zur vollen Erwerbstätigkeit zurückkehrt, dann aber auf schlecht bezahlten Stellen und mit einer steckengebliebenen oder überhaupt neuen beruflichen Laufbahn. Beide, der *gender*-spezifische Teilzeitarbeitsmarkt für Frauen in Schweden und das Hinwirken auf eine Unterbrechung der beruflichen Laufbahn in den Vereinigten Staaten, haben dazu beigetragen, daß verheiratete erwerbstätige Frauen mit Kindern in Doppelverdienerfamilien einen Status haben, der sie zu Juniorpartnern ihrer Männer macht.[33] Dieser Zweitverdienerstatus der Frauen diente dann zur Rechtfertigung für die ihnen aufgebürdete Hauptlast der Hausarbeit.

Was frau mit ihrem Geld nicht kaufen kann

In allen westlichen Ländern machen voll erwerbstätige verheiratete Frauen mehr Hausarbeit als ihre Männer, auch wenn sie ihr Leben lang arbeiten und sehr gut verdienen. Wenn nun aber die nicht vorhandene Verfügungsgewalt über ihr Eigentum, der Status als Juniorpartner oder die versperrten Zugangswege zu den besser bezahlten Stellen die Ursache der ökonomischen Machtlosigkeit der Ehefrauen und der daraus sich ergebenden Verpflichtung zur Übernahme der Familienarbeit waren, wie ist dann zu erklären, daß dieses Muster auch dann fortbesteht, wenn Ehefrauen und Ehemänner gleich viel verdienen, ja, wenn die Ehefrau mehr verdient als ihr Mann? Die Antwort lautet, daß Männer in der Ehe die bessere Verhandlungsposition haben und sich deshalb um die Verrichtung unangenehmer häuslicher Pflichten

---

33 Schwedens weitreichende Politik beim Elternurlaub hat ebenfalls das Muster der Unterbrechung der Berufstätigkeit gefördert; Frauen, die zwei Kinder in relativ kurzen Abständen bekamen, konnten zwei Mutterschaftsurlaube miteinander verbinden und mehrere Jahre aus dem Erwerbsleben ausscheiden (Lewis und Åström 1992, 76-78). Anders als in den Vereinigten Staaten bekamen sie jedoch einen beträchtlichen Anteil ihres Gehalts weiter gezahlt.

drücken können, und daß „Frausein" und Familienarbeit immer als zusammengehörig gedacht werden.[34]

Mitte des zwanzigsten Jahrhunderts begannen auch die ökonomisch besser gestellten Ehefrauen der Mittelklassen in den Vereinigten Staaten, das Familieneinkommen durch bezahlte Arbeit aufzubessern. Da es mehr Stellen für farbige Frauen und Immigrantinnen gab, gab es weniger Hauspersonal. Ehefrauen der Mittelklassen machten ihre Hausarbeit jetzt selber und benutzten dabei technisch hoch entwickelte Haushaltsgeräte – Waschmaschinen und Wäschetrockner, Geschirrspülmaschinen, Staubsauger, selbstreinigende Herde, Mikrowellenherde –, die die Arbeit sauberer, aber nicht unbedingt weniger zeitaufwendig machten. Da die Frau finanziell mithalf, wurde vom Mann Mithilfe im Haushalt erwartet. Gewöhnlich bestand sein Beitrag in „ein paar gut sichtbaren Lieblingsarbeiten" (M. T. Coleman 1991, 255).

Immer noch ist in den Vereinigten Staaten oder in Europa der Haushalt, in dem alle Hausarbeiten gleich aufgeteilt werden, eine Rarität. Eine Studie mit 160 Doppelverdiener-Paaren, die an die *gender*-Gleichheit glaubten, ermittelte eine wöchentlichen Zeitaufwand von etwa 8 Stunden Hausarbeit bei den Ehemännern und etwa 12 Stunden bei den Ehefrauen; voll erwerbstätig waren jeweils beide (Blumstein und Schwartz 1991, 272). Arlie Hochschild schätzte, daß erwerbstätige Mütter innerhalb und außerhalb ihrer vier Wände insgesamt etwa fünfzehn Stunden pro Woche länger arbeiten als Männer, wodurch pro Jahr ein ganzer zusätzlicher *Monat* von Vierundzwanzigstundentagen und alle zwölf Jahre ein zusätzliches *Jahr* von Vierundzwanzigstundentagen zusammenkommt (1989a, 3-4). Wer immer die eigentliche Arbeit macht – Ehefrau, Ehemann, Kinder oder bezahlte Hilfen –, immer, selbst in statushohen Doppelverdienerehen, ist die Ehefrau die Hauptverantwortliche für Management und Ausführung von Hausarbeit.[35] Die feministische Vision, daß „aus dem traditionellen Job der Ehefrau eine geteilte Karriere wird", trifft selten ein (Hertz 1986, 3). Am Ende kommt für die meisten verheirateten und erwerbstätigen Frauen ein *doppelter Arbeitstag* heraus oder eine zweite Schicht, in der ihre schlechtere häusliche Verhandlungsposition konkrete Gestalt annimmt (Eisenstein 1981, 201-219; Hochschild 1989a).

Diese Ungleichverteilung der Hausarbeit in Doppelverdienerhaushalten deutet darauf hin, daß das Einkommen aus einer Vollzeiterwerbstätigkeit als solches einer Ehefrau noch nicht zum gleichen Status wie ihrem Mann verhilft (Blumstein und Schwartz 1991). Wo die Erwerbstätigkeit der Frauen nur ein Zubrot zum Familieneinkommen ist, befreit sie sie nicht von der

---

34   Berk 1985; DeVault 1991, 5-13; Komter 1989. In den fünfziger Jahren, als sich Lesbierinnen in „butches" und „femmes" aufteilten, in einen Männer- und einen Frauenpart, wurde von den „femmes" erwartet, daß sie die Hausarbeit machten.

35   Hertz 1986, 185-195; Holmstrom 1972, 59-101; Hunt und Hunt 1977; 1982; Izraeli 1992; Johnson, Johnson und Liese 1991.

Hausarbeit, wenn auch geldverdienende Ehefrauen immerhin mehr Entschei-
dungsgewalt bei der Nachwuchsplanung haben, mehr Einfluß auf sonstige
eheliche Entscheidungen und überhaupt ein besseres Selbstbewußtsein.[36] Um
gegen den höheren sozialen Status des Ehemannes ankommen zu können,
muß das Einkommen der Ehefrau gleich groß oder größer sein als das des
Ehemannes, und beide müssen Entscheidungsbefugnisse bei Geldausgaben
haben. In den Vereinigten Staaten weisen afroamerikanische Doppelverdienerfamilien der Mittelklassen, in denen das Einkommen der Ehefrauen
einen wesentlichen Bestandteil des Familieneinkommens ausmacht, einen
hohen Grad an Gleichberechtigung auf.[37] Rosanna Hertz stellte bei ihrer
Untersuchung mit einundzwanzig weißen Paaren mit hohem Einkommen
fest, daß Paare, bei denen das Einkommen der Frau gleich hoch oder höher
als das des Mannes war, in der Regel getrennte Kassen hatten, und daß die
Frauen über ihr nicht in den Lebensunterhalt fließendes Geld frei verfügen
konnten (1986, 84-113).[38]
Der Beitrag der Frauen als Geldverdiener zur Familienwirtschaft und als
gelernte und ungelernte Arbeitskräfte zur Wirtschaft allgemein ist in postindustriellen Gesellschaften unentbehrlich geworden. Obwohl erwerbstätige
verheiratete Männer, deren Frauen ihre Erwerbstätigkeit ausgedehnt haben,
ihrerseits einen höheren Anteil an Kinderversorgung und Hausarbeit übernehmen (Zick und McCullough 1991), gibt es kein Land, in dem die gleichberechtigte Hausarbeitsteilung das allgemeine Muster wäre. Was es gibt, ist
die Illusion, daß Männer, deren Frauen erwerbstätig werden, mehr Hausarbeit übernehmen, aber die tatsächlich mit Saubermachen, Kochen, Wäschewaschen, Bettenmachen und Einkaufen verbrachte Zeit nimmt bei den meisten Männern sehr wenig zu. Eher ist es so, daß die Frauen seltener sauber
machen, weniger oft Wäsche waschen und mehr Fertigkost verwenden:

> So mag es sein, daß bei manchen Untergruppen von Ehemännern (etwa Vätern von
> ganz kleinen Kindern) Zunahmen zu verzeichnen sind, oder daß Zunahmen bei
> manchen Komponenten der Familienarbeit mehr ins Auge fallen als bei anderen,
> wenn auch die bislang verfügbare Forschung auf keine durchgängigen Muster in
> dieser Richtung schließen läßt. ...
> Alle Autoren stimmen darin überein, daß auch bei Untersuchungen, die darauf hin-
> deuten, daß die Ehemänner von erwerbstätigen Frauen statistisch mehr tun, die ab-
> solute Größe dieser Zunahme gering ist und daß erwerbstätige Ehefrauen weiterhin
> die Hauptlast der Familienarbeit tragen. (Pleck 1983, 267-268).[39]

---

36   Benería und Roldán 1987; Blumberg 1991a; Roldán 1988.
37   Malveaux 1988, 135-137; Ross 1987; Willie 1985, 274; 1988, 183.
38   Siehe auch Blumstein und Schwartz 1983, 51-111; Hertz 1992; Jasso 1988; Pahl 1989;
     Treas 1993.
39   Siehe auch Berk 1980; 1985; Blumstein und Schwartz 1983, 144-148; Calasanti und Bailey
     1991; M. T. Coleman 1991; Coverman 1985; Kalleberg und Rosenfeld 1990; Kamerman

Dieses Ungleichgewicht kann sich auf die Asymmetrie des Systems der Arbeits- und Familienrollen stützen, ein wichtiger externer Faktor mit ideologischen Untertönen (Pleck 1977; 1983). Daß die Arbeit des Ehemannes Vorrang vor seinen Familienpflichten hat und die Familienpflichten der Frau Vorrang vor ihrer Arbeit, ist in modernen Industriegesellschaften akzeptabel. Nicht akzeptabel ist, daß ein Ehemann, der es in seinem Beruf zu etwas bringen will, seine Arbeitszeit, seine Überstunden oder seine Dienst- oder Geschäftsreisen regelmäßig verkürzt, weil er familiäre Verpflichtungen hat. Umgekehrt wird einer Ehefrau, die ihre familiären Verpflichtungen nicht abdeckt, bevor sie regelmäßige oder außergewöhnliche Arbeitsverpflichtungen eingeht, Vernachlässigung vorgeworfen, und so mag sie beruflich zwar vorankommen, am Ende aber an ihrem Arbeitsplatz einer mikropolitischen Stigmatisierung unterliegen. Die Asymmetrie liegt in der normativen Erwartung, daß auch in modernen Gesellschaften weiterhin der Ehemann *primär* für den ökonomischen Unterhalt der Familie und die Ehefrau *primär* für die Familienarbeit verantwortlich ist.

Der Konflikt über die Aufteilung der Hausarbeit wird oft auf eine Weise gelöst, die an der Oberfläche gleichberechtigt scheint, es aber bei näherer Betrachtung nicht ist. Männer übernehmen im allgemeinen Arbeiten im Haus, die gut sichtbar und klar umrissen sind (den Rasen mähen, eine Maschine Wäsche waschen), die getan werden können, wenn sie Zeit haben (Reparaturen), und die eine Freizeitkomponente aufweisen (Kochen am Wochenende und für Parties, Ausflüge mit den Kindern). An den Frauen bleiben damit die langweiligen, physisch unangenehmen, zeitgebundenen und weniger sichtbaren Routineaufgaben hängen (Berk 1985, 9; Hochschild 1989, 6-9). Mit anderen Worten, die Männer machen die „angenehmeren" Teile der Hausarbeit, den Frauen bleibt das „Unangenehme" (M. T. Coleman 1991).

Eine Frau kann durchaus besser daran sein, wenn sie haushälterische Dienstleistungen kauft, als wenn sie versucht, sich die Hausarbeit mit dem Mann zu teilen, mit dem sie lebt; muß sie dafür aber den größten Teil ihres frei verfügbaren Einkommens ausgeben und er nicht, hat sie an den konventionellen *gender*-Rollen in keiner Hinsicht gerüttelt (Blumberg und Coleman 1989). Desgleichen kann ein Mann, auch wenn sein Einkommen für Miete und Lebensmittel ausgegeben wird, die symbolische Rolle des Hauptversorgers beibehalten, selbst wenn die Familie ihren Lebensstandard ohne das Einkommen der Frau nicht halten könnte (Hood 1983, 124-127).[40] Judith Stacey weist darauf hin, daß wegen der psychologischen und sozialen Kosten

---

1979; Moen 1989; Pleck 1985; Ross 1987; Shelton 1992, 63-109; Vannoy-Hiller und Philliber 1989; E. O. Wright u.a. 1992.

40 Eine tückischere Folge ist, daß seine Zahlungen zur Tilgung der auf dem Haus liegenden Hypotheken ihn in Ermangelung gesetzlicher Regelungen zur ehelichen Gütergemeinschaft im Falle einer Scheidung zum Eigentümer machen (Smart 1984, 82-89, 101-109).

„viele Menschen beiderlei *gender* vor der Vorstellung eines gänzlich demokratischen Familienregimes zurückschrecken" (1991, 258): „Eine normenlo-
se *gender*-Ordnung, in der die jeweiligen Elternaktivitäten, die Sexualität
und die Verteilung von Arbeit, Verantwortung und Ressourcen allesamt und
immer wieder zur Disposition stehen, kann ... beträchtliche Konflikte und
Verunsicherung auslösen" (258-259).[41]

Bei vielen heterosexuellen Paaren wird die vergeschlechtlichte Hausarbeitsteilung gar nicht erst in Frage gestellt. In ihrer Untersuchung mit 335
amerikanischen Mann-Frau-Kinder-Familien stellte Sarah Fenstermaker
Berk fest, daß trotz einer selbst in Doppelverdienerhaushalten unverdrossen
einseitigen Aufteilung der Arbeitsaufgaben und der auf die Hausarbeit ver-
wendeten Zeit 94 Prozent der Ehemänner die Verhältnisse für gerecht hielten
und auch 70 Prozent der Ehefrauen der Meinung waren, am Umfang der von
ihnen erledigten Hausarbeit brauche sich nichts zu ändern. Sie schließt, daß
rationale Erwägungen – „wer hat mehr Zeit, wessen Zeit ist mehr wert, wer
kann es besser oder wer hat mehr Macht" – viel weniger Gewicht haben als
die vergeschlechtlichten normativen Erwartungen (1985, 195-196). Die Ehefrau, die einen gut geführten Haushalt und einen materiell und emotional
wohlgenährten Ehemann samt Kindern vorweisen kann, wird, was immer sie
sonst noch tut, *als Frau* hoch bewertet; der Ehemann, der gut für das ökonomische Wohl seiner Familie sorgt, aber im Haushalt oder bei der Kinderversorgung nicht einen Handschlag tut, wird dennoch *als Mann* hoch bewertet.
Die Hausarbeit in der modernen Kernfamilie besteht „in der Produktion von
Gütern und Dienstleistungen und in dem, was man *gender*-Produktion nennen könnte. Die Haushaltsmitglieder ‚machen', wie sie Hausarbeit und Kinderversorgung ‚machen', immer zugleich auch *gender,* und ... die Hausarbeitsteilung führt dazu, daß mit der Arbeitsproduktion immer zugleich auch
die *gender*-Produktion erfolgt: Sie ist der Mechanismus, über den sowohl die
materiellen als auch die symbolischen Produkte des Haushalts realisiert werden" (Berk 1985, 201).

In der modernen postindustriellen Welt ist die Familie, einst Verwandt-
schafts- und Arbeitseinheit, später Statusproduzent in den Ober- und Mittelklassen und Mittel zum Überleben und zur sozialen Mobilität in den Unter-
klassen, eine „*gender*-Fabrik" geworden, wie Fenstermaker Berk sagt. Hausarbeit macht die Frau zur Frau, aber da diese Arbeit „Schmutzarbeit" ist, ist
sie für die Frau auch erniedrigend (Palmer 1989, 137-151). Die Versorgungsarbeit, jene „Dienstleistungs- und Geselligkeitsarbeit", die die Familie
zu einer psychologischen Einheit macht, wird überhaupt nicht als Arbeit
betrachtet; sie ist vielmehr ein „Ausdruck angeborener Weiblichkeit" (De-

---

41 In Beziehungen, die an der Oberfläche stabil scheinen, kann der weniger mächtige Partner
    sein Ressentiment begraben haben oder der Meinung sein, daß ständige Auseinanderset-
    zungen zu nichts führen. Siehe Chafetz 1980; Haavind 1984; Komter 1989.

Vault 1991, 9). Aus diesen Gründen betrachten Männer die Hausarbeit gewöhnlich als unter ihrer Würde oder als unmännlich (Mainardi 1970). Die
Situationsdefinition der Männer herrscht auch dann weiter vor, wenn sie
ökonomisch nicht die Oberhand haben, denn ein vergeschlechtlichtes Nor-
mensystem wertet die Erwerbstätigkeit der Frauen als Zubrot ab und das
Einkommen der Männer zum eigentlichen Unterhalt des Haushalts auf.

Eine wirklich egalitäre Rollenübernahme würde bedeuten, daß sich eine
Frau und ein Mann, die zusammen leben, beide dafür verantwortlich fühlen
müssen, daß der Haushalt mit allem Nötigen versorgt ist, und beide die gewöhnlich als Frauen- oder Männersache angesehenen häuslichen Pflichten
gleichmäßig übernehmen müssen (Haas 1980). Ein solches Ergebnis setzt
voraus, daß der Wert der Arbeit oder der Karriere der Frau von beiden anerkannt wird und daß das Paar bewußt und gewissenhaft an seiner Beziehung
arbeitet, damit beide ein hohes berufliches Engagement aufrechterhalten
können (Hertz 1986). Bei einer Vergleichsuntersuchung mit jeweils sechzig
verheirateten Paaren, bei denen in der einen Gruppe die Frauen ein Drittel
mehr verdienten als die Männer und in der anderen die ökonomischen Verhältnisse umgekehrt waren, stellte sich heraus, daß die bessere Einkommensposition des Mannes seiner Karriere in beider Augen einen *höheren* Wert
verlieh als der Karriere seiner Frau. Die bessere Einkommensposition der
Frau gab ihrer Karriere lediglich *gleichen* Wert. Vom Prestige der Beschäftigung her gesehen, war der Wert aller Karrieren mehr oder weniger gleich
(Steil und Weltman 1991).

In Familien, in denen noch Reste der traditionellen Ideologie von Frauen-
und Männerrollen herrschen, kann eine Ehefrau, die mehr verdient als ihr
Mann, psychologisch paradoxerweise im Nachteil sein. Da durch ihren größeren Erfolg sein Status in den Augen ihrer Familien und ihrer Freunde,
wenn nicht gar in ihren eigenen Augen, ohnehin bereits gesunken ist, kann
sie im Rahmen der ehelichen „Dankbarkeitsökonomie" das Gefühl haben, sie
sei es ihrem Mann schuldig, nicht auch noch die Übernahme irgendwelcher
Hausarbeit von ihm zu verlangen.[42] Hochschild (1989a) hat über mehrere
Jahre hinweg fünfzig weiße, afroamerikanische, hispanoamerikanische und
asiatisch-amerikanische Männer aus der Arbeiterklasse, der Mittelklasse und
den freien Berufen interviewt, deren Frauen ebenfalls erwerbstätig waren.
Achtzig Prozent dieser Männer beteiligten sich überhaupt nicht an Hausarbeit oder Kinderversorgung (173). Die wenigen, die sich beteiligten, verdienten mehr als ihre Frauen oder etwa gleich viel. Von den weniger verdie-
nenden Männern beteiligte sich keiner:

> Der Umfang der von den Männern übernommenen häuslichen Pflichten hing also
> mit dem tieferliegenden Problem der männlichen Macht zusammen. Männer, die

---

42   Hochschild 1989a, 82-86, 220-228; Pahl 1989, 112, 169.

viel mehr als ihre Frauen verdienen, haben bereits insofern Macht über ihre Frauen, als sie über eine seltene und wichtige Ressource verfügen. Je stärker die Identität eines Mannes finanziell bedroht ist – zum Beispiel durch das höhere Gehalt der Frau –, desto weniger kann er es sich leisten, diese Bedrohung noch zu verstärken, indem er zu Hause „Frauenarbeit" macht. (221)

Eine rund 700 weiße und afroamerikanische Männer umfassende Erhebung in den Vereinigten Staaten ergab, daß Männer mit nichttraditionellen Einstellungen zu *gender*-Rollen im allgemeinen mehr Hausarbeit machten (Huber und Spitze 1983, 75-91). Die größte Gleichheit herrschte dort, wo es eine psychologische Rollenumkehrung gab. Bei einunddreißig verheirateten Paaren, die sich die Erwerbs- und Hausarbeit gleichmäßig teilten, gaben 87 Prozent der Frauen an, ihr berufliches Engagement sei ihnen sehr wichtig, während mehr als drei Viertel der Männer meinten, beruflich voranzukommen sei für sie nicht so wichtig (Haas 1982, 752-753).

Frauen müssen, um zur gleichberechtigten und gemeinsamen Ausübung der Versorgerrolle in der Lage zu sein, neu definieren, was ihnen Arbeit oder Karriere bedeuten, und genauso müssen Männer, um sich gleichberechtigt und gemeinsam um die laufende Hausarbeit und die Kinderversorgung kümmern zu können, zu einer Neudefinition der Hausarbeit kommen. Aus einer Studie mit sechsundfünfzig in Amerika geborenen Männern aus der Mittelklasse, die, weil sie die Zeit und die Neigung dazu hatten, einen wesentlichen Anteil der Hausarbeit machten, ging hervor, daß sie sich durchaus nicht „entmannt" vorkamen (Beer 1983). Viel wichtiger aber ist, daß Hausarbeit als etwas Bereicherndes, Nichterniedrigendes verstanden werden muß, wenn Männer mit den entsprechenden materiellen oder psychologischen Ressourcen sich entschließen sollen, sich nicht von ihr frei zu kaufen. Für sich selbst definierte William Beer, der Autor dieser Studie, die Hausarbeit ganz mannhaft neu:

Ein Tag Kochen, Saubermachen, Kinderversorgung und Haushaltsmanagement ist ein bißchen wie Bergsteigen. Manches davon ist schweißtreibende, aufreibende Arbeit, aber es gibt auch genug Freuden, etwa wenn auf dem Mount Washington die Sonne durch den Nebel bricht oder wenn man einem kleinen Kind zusieht, wie es ein neues Spiel lernt, um einem das Ganze der Mühe wert erscheinen zu lassen. ... Nun mag die Hausarbeit nicht gerade der Mount Everest sein, aber ein Abenteuer ist sie doch, das jeden Mann erwartet, der in Neuland vordringen und den Herausforderungen eines unerforschten Territoriums die Stirn bieten will. (1983, xxi)

9 Getrennt und ungleich:
Vergeschlechtlichte Arbeitsteilung im Erwerbsleben

> Klassische Frauenberufe sind durch ... Geschlechtertrennung, niedrige Löhne, unterbrochene Beschäftigung und Unterordnung unter Männer gekennzeichnet, am Arbeitsplatz und oft auch zu Hause. Klassische Männerberufe sind durch ... Geschlechtertrennung, höhere Löhne, lebenslange Beschäftigung und Herrschaft über oder wenig Kontakt mit Frauen am Arbeitsplatz und durch Herrschaft über Frauen zu Hause gekennzeichnet.
>
> – *Joan Acker (1989a, 18-19)*

Die vergeschlechtlichte Arbeitsteilung der Hausarbeit mag derzeit gegen Veränderung immun scheinen, noch paradoxer aber ist das Ausmaß der *gender*-Segregation der Erwerbsarbeit in modernen Industriegesellschaften. Jeder, der einen auch nur flüchtigen Blick auf eine beliebige Arbeitsstätte in den Industrieländern wirft, kann sehen, daß Arbeitskräfte, die gleiche oder ähnliche Arbeiten machen, meist demselben *gender* und derselben rassisch-ethnischen Gruppe angehören. So würde etwa ein Gang durch die verschiedenen Abteilungen einer Arbeitsstätte in der Stadt New York – zum Beispiel einer Handtaschenfabrik – zeigen, daß die Besitzer und Manager weiße Männer sind; ihre Sekretärinnen und Buchhalterinnen weiße und asiatische Frauen; die Beschäftigten in der Bestellabteilung und in der Datenverarbeitung afroamerikanische Frauen; die Arbeitskräfte in der Fabrik hispanische Männer zum Zuschneiden und hispanische Frauen zum Zusammennähen der Teile; die Pack- und Ladearbeiter afroamerikanische Männer; und die Putzkolonnen, die hinter ihnen allen sauber machen, osteuropäische Frauen, die kein Englisch sprechen. An der Arbeitsstätte als ganzer scheinen Rassen, ethnische Gruppen und *gender* integriert, aber die Arbeitsplätze im einzelnen sind deutlich nach sozialen Merkmalen getrennt.

Obwohl die Segregationsmuster an modernen Industriearbeitsstätten unterschiedlich sind, ist eine bestimmte Art zu sortieren endemisch: *Fast jede Arbeitsstätte in modernen Industriegesellschaften weist entweder* gender-*Trennung oder überhaupt nur Beschäftigte eines* gender *auf.* Eine Forschungsgruppe, die von 1959 bis 1979 die Arbeitsorganisation in über vierhundert Firmen in Kalifornien untersuchte, kam zu dem Ergebnis, daß „Män-

ner und Frauen auf gleichartigen Arbeitsplätzen im selben Betrieb so selten
waren, daß wir bei scheinbaren Ausnahmen gewöhnlich sicher sein konnten,
es mit einem Kodier- oder Tippfehler zu tun zu haben. ... Wir waren erstaunt,
wie weit verbreitet diese Konzentration von Frauen in betrieblichen Ghettos
war" (Baron und Bielby 1985, 235). Die Betriebe waren nach Größe, Umfang des Verwaltungsapparats und Zusammensetzung der Berufe unterschiedlich, doch praktisch überall arbeiteten Frauen mit Frauen und Männer
mit Männern zusammen (Bielby und Baron 1984; 1986); bei 59 Prozent war
die *gender*-Segregation *total* (Baron und Bielby 1985).

In den meisten Berufen gibt es Frauen und Männer als Arbeitskräfte, aber
ihre Verdichtung zu Gruppen geht so weit, daß 60 bis 70 Prozent der männli-
chen (oder der weiblichen) Arbeitskräfte in den Vereinigten Staaten ihren
Beruf wechseln müßten, damit er nicht mehr *gender*-typisch besetzt wäre, ein
Verhältnis, das sich das ganze zwanzigste Jahrhundert hindurch gehalten hat.
In den 1970er Jahren, dem Jahrzehnt, in dem man glaubte, die Frauen in den
Vereinigten Staaten hätten den Einstieg in viele der einstmals von Männern
beherrschten Berufe geschafft, kam es in nur 33 von 537 Berufen zu einer
Zunahme der weiblichen Arbeitskräfte von mindestens 9 Prozent beziehungsweise der doppelten Höhe der in diesem Jahrzehnt zu verzeichnenden
Zunahme des Frauenanteils an der Erwerbsbevölkerung insgesamt (Reskin
und Roos 1990, 16-21). In den 1980er Jahren stieg in 22 von diesen Berufen
der Frauenanteil doppelt so schnell wie in der Erwerbsbevölkerung insgesamt, wo die Zunahme nur 2,4 Prozent betrug. Zwar ging die Mehrzahl der
neu in das Erwerbsleben eintretenden Frauen ohnehin in Berufe, in denen die
meisten Beschäftigten Frauen waren, doch auch diejenigen, die in Berufe mit
überwiegend männlichen Beschäftigten eintraten, mußten feststellen, daß aus
Kollegen mit der Zeit überwiegend Kolleginnen wurden. 1970 zum Beispiel
waren 33,4 Prozent der Fachkräfte im Personalwesen, in der Ausbildung und
im Bereich der Arbeitgeber-Arbeitnehmer-Beziehungen Frauen, 1980 waren
es 47 Prozent, und 1988 schließlich 58,9 Prozent. 1970 waren 33,9 Prozent
der EDV-Beschäftigten Frauen, 1980 waren es 59,1 Prozent, 1988 schließlich 66 Prozent. Bei Versicherungsangestellten stieg der Frauenanteil im
gleichen Zeitraum von 29,6 Prozent auf 60,2 Prozent und schließlich 72,2
Prozent (Reskin und Roos 1990, Tabelle 1.6). Diese Berufe hatten sich *neu
entmischt*. So kehrt sich die *gender*-Zusammensetzung von Arbeiter-, Ange-
stellten- und akademischen Berufen mitunter um, die *gender*-Segregation
aber bleibt bestehen (E. Gross 1968; J. A. Jacobs 1989a).

Frauen wie Männer sind in Berufen zu finden, in denen die meisten Beschäftigten dem anderen *gender* angehören, aber wenn sie sich beruflich
verändern, geht der Trend zur *gender*-Homogenität.[1] Es gibt berufliche Ver-

---

1   Bei einer Befragung von 4.018 Frauen und 4.583 Männern in den Vereinigten Staaten, die
     zwischen 1980 und 1981 die Beschäftigung gewechselt hatten, stellte sich heraus, daß 43,2

änderungen auch in umgekehrter Richtung, also Frauen und Männer, die in nichttraditionelle Berufe gehen, aber alles in allem setzt sich bei diesem „Drehtüreffekt" doch nur der soziale Druck in Richtung einer fortbestehenden beruflichen *gender*-Segregation durch (J. A. Jacobs 1989b).[2] Wenn Frauen und Männer in nichttraditionellen Berufen arbeiten, wird oft eine symbolische *gender*-Typisierung aufrechterhalten, etwa wenn Polizistinnen ihre Arbeit als Sozialarbeit verstehen und Krankenpfleger diejenigen Aspekte ihrer Tätigkeit hervorheben, die mit Technik und Körperkraft zu tun haben (S. E. Martin 1980, 194-199; C. L. Williams 1989, 90).

Bei bestimmten *Tätigkeiten* ist die *gender*-Segregation sogar noch schärfer. Eine Analyse von 645 Berufsgruppen in 290 Betrieben in Kalifornien ergab, daß mehr als drei Viertel der Frauen (oder Männer) neu zugeordnet werden müßten, um die Vergeschlechtlichung der Berufsgruppen rückgängig zu machen, und daß 96 Prozent der 10.525 verschiedenen Berufsbezeichnungen *gender*-typisch zugewiesen waren (Bielby und Baron 1986). Nur 8 Prozent der 50.838 Arbeitskräfte hatten ihre Berufsbezeichnung mit einer Person des anderen *gender* gemeinsam. „Unsere Ergebnisse deuten darauf hin, daß sich kleine Unterschiede in den beruflichen Anforderungen zu großen Unterschieden in der *gender*-Zusammensetzung auswachsen. ... Mit wenigen Ausnahmen war ein Arbeitsplatz entweder nicht für Frauen geeignet oder nur für Frauen geeignet, ganz gleich, wie groß die Überschneidungen bei den Merkmalen der angehenden männlichen und weiblichen Beschäftigten waren" (Bielby und Baron 1986, 782).[3]

Während des Zweiten Weltkriegs, der in den Vereinigten Staaten zu einem Arbeitskräftenotstand führte, gab es einen Zustrom von Millionen Frauen auf Arbeitsplätze in der Industrie, aber die Arbeit wurde weiterhin nach dem *gender* typisiert, und schwarze Frauen wurden zuletzt eingestellt (Milkman 1987, 49-83). „Rosie"* bediente den Niethammer, ehemalige Hausfrauen kochten Stahl und Farmersfrauen und -töchter fuhren Traktoren und Dreschmaschinen, aber die Struktur der *gender*-Segregation im Beschäftigungssystem blieb bestehen. Tätigkeiten in der Schwerindustrie wurden mecha-

---

Prozent der 850 Frauen aus Beschäftigungen mit mindestens 70 Prozent Männeranteil, 51,6 Prozent der 1.123 Frauen aus Beschäftigungen mit relativ ausgeglichenen *gender*-Verhältnissen und 54,5 Prozent der 2.045 Frauen aus Beschäftigungen mit mindestens 70 Prozent Frauenanteil in Beschäftigungen überwechselten, in denen überwiegend Frauen arbeiteten. Bei den Männern wechselten 62,5 Prozent der 251 Männer aus Beschäftigungen, in denen überwiegend Frauen arbeiteten, 69,3 Prozent der 807 Männer aus Beschäftigungen mit ausgeglichenen *gender*-Verhältnissen und 76,6 Prozent der Männer aus Beschäftigungen, in denen überwiegend Männer arbeiteten, in Beschäftigungen, in denen mindestens 70 Prozent der Arbeitenden Männer waren (J. A. Jacobs 1989b, Tabelle 7.2).

2   Siehe auch Waite und Berryman 1985, 35-76.
3   Wie Personalchefs die *gender*-Entmischung produzieren und diesen ihnen durchaus bewußten Gesetzesverstoß dann rationalisieren, siehe Collinson, Knights und Collinson 1990.
*   „Rosie the riveter" hieß ein amerikanischer Film im Zweiten Weltkrieg (Anm. d. Ü.).

nisiert und entqualifiziert, weil man meinte, Frauen besäßen Geschicklichkeit und Geduld, aber keine Körperkraft. Andere Tätigkeiten wurden durch Vergleiche mit Nähen, Nägelfeilen und Schnittmusterausschneiden feminisiert, damit sie „für Hausfrauen geeignet" waren. In Detroits Autoindustrie wurden mehr als die Hälfte der Frauen in nur fünf von zweiundsiebzig Berufsgruppen gesteckt, in denen nur 11 Prozent der Männer arbeiteten. In den auf Kriegsproduktion umgestellten Fabriken für Elektrogeräte arbeitete fast die Hälfte aller Frauen in nur einer Berufsgruppe. Die *gender*-Typisierung war willkürlich: In dem einen Betrieb waren die besten Schweißer Frauen; in einem anderen gab es überhaupt keine Frauen, die schweißten. Wie immer die Arbeitsteilung zwischen Frauen und Männern aussah, das Management hob ihre „Natürlichkeit" hervor. Auch beim Militär wurden Frauen nur für die Dauer des Krieges eingestellt, und Berufe, die früher als typische Männerarbeit galten, wurden zu typischer Frauenarbeit umdefiniert: „Ironischerweise verstärkte die Kriegsarbeit der Frauen – so, wie sie in der offiziellen Politik und Propaganda vermittelt wurde – tatsächlich nur die Klischees von der Weiblichkeit" (C. L. Williams 1989, 28).

Die anhaltende Abneigung der Arbeitgeber gegen die Einstellung von Frauen für Männertätigkeiten hat dazu geführt, daß sich manche Frauen, die die besser bezahlten oder sonst interessanteren Männerstellen bekommen wollen, als Männer ausgeben (Matthaei 1982, 192-193; Wheelwright 1989). Andere Frauen, die sich als Männer ausgeben könnten, aber ihren Status als Frauen behalten möchten, haben sich mit *gender*-blinden Unterlagen beworben. Während der Probezeit arbeiten sie als Männer und drohen für den Fall, daß ihnen gekündigt wird, wenn sie sich als Frauen zu erkennen geben, mit einer Klage (Devor 1989, 135-136).

Wie Gender-Segregation die Schichtung fördert

Gender-Segregation im Beruf führt nicht zu getrennten, aber gleichwertigen Tätigkeiten. Vielmehr ist die Frauenarbeit im allgemeinen, was Bezahlung, Prestige und selbst Sozialleistungen wie etwa Krankenversicherung angeht, schlechter gestellt (Perman und Stevens 1989). Berufsgruppen und Tätigkeiten innerhalb einer Berufsgruppe lassen sich (genau wie freie Berufe und Fachrichtungen innerhalb eines freien Berufs) anhand einer Reihe von materiellen und subjektiven Faktoren in eine Rangfolge bringen. Bei Umfragen in den Vereinigten Staaten hat das *gender* einer bestimmten Arbeitskraft keinen Einfluß auf die Bewertung des Prestiges eines Berufs durch die Öffentlichkeit (Bose und Rossi 1983). Von den Arbeitskräften selber aber werden Berufe, in denen überwiegend Frauen arbeiten, schlechter bewertet als Berufe, in denen überwiegend Männer arbeiten. Die Kriterien sind Stundenzahl und Flexibilität der Arbeitszeit, Verdienst, erforderliche Ausbildung, Ausbildung am Arbeitsplatz, Bestehen eines Tarifvertrags, Ausmaß der Kontrolle und Platz in der Hierarchie, Umfang der repetitiven Tätigkeiten, Risiko des Arbeitsplatzverlustes und Beschäftigung im Öffentlichen Dienst (Jencks, Perman und Rainwater 1988). Frauentätigkeiten bekommen bessere Werte wegen der Urlaubstage und weil man sich bei der Arbeit nicht schmutzig macht, obwohl ironischerweise gerade *Männer* mehr Abneigung gegen schmutzige Tätigkeiten an den Tag legen! Die meisten Ganztagstätigkeiten von Müttern lassen sich nicht mit den Anforderungen der Kinderversorgung vereinbaren; flexible Arbeitszeiten und eigenverantwortliche Planung und zeitliche Gestaltung von Arbeitsaufgaben sind das Vorrecht der männlichen Manager, nicht ihrer Sekretärinnen (Glass und Camarigg 1992). Wollte man unattraktive nichtfinanzielle Stellenmerkmale durch bessere Bezahlung ausgleichen, müßten Frauentätigkeiten vier Mal so hoch bezahlt werden wie Männertätigkeiten, um von den Arbeitskräften selber gleich gut bewertet zu werden.

Auch Rasse, ethnische Zugehörigkeit und nationale Herkunft schlagen sich in der Organisation der Arbeit nieder.[4] Neben dem *gender* werden nämlich auch diese sozialen Merkmale von den Arbeitgebern zur Schaffung segregierter Arbeitsmärkte benutzt. Im primären Sektor sind die besten Stellen auf die Karriere eines Idealmannes der herrschenden Gruppe zugeschnitten – langfristige, ununterbrochene Arbeit im selben Betrieb mit regelmäßigen Gehaltserhöhungen und Rentenanspruch (Acker 1990). Für die Männer ist ihr *gender*-Status im Erwerbsleben von Vorteil; weil von ihnen erwartet wird, daß sie mehr Geld verdienen, wenn sie heiraten und Kinder haben, neigen die Arbeitgeber dazu, sie für bessere Arbeitskräfte zu halten als Frauen. Ihrer Meinung nach steht arbeitenden Frauen als Lohn eigentlich nur eine Art Zubrot zu, egal ob sie verheiratet oder alleinstehend sind, weil sie doch nicht als legitime Arbeitskräfte, sondern primär als Ehefrauen und Mütter betrachtet werden.

Die strukturellen Chancen- und Zugangsmuster haben meist ein sehr viel größeres Gewicht als die Vorlieben einzelner Arbeitgeber oder die Motivationen, Ambitionen, persönlichen Wünsche und materiellen Bedürfnisse einzelner Arbeitnehmer. In den 1970er Jahren war es schon längst nicht mehr so selbstverständlich wie in den Jahren zuvor, daß junge Mädchen ihren Eintritt in das Erwerbsleben in einem Beruf mit überwiegend weiblichen Beschäftigten planten, besonders wenn sie in einem Haushalt lebten, dem eine Frau vorstand (Berryman und Waite 1987, 130).[5] Aber sie schätzten es weiterhin, mit Menschen zu arbeiten, anderen zu helfen, ihre Fähigkeiten einzusetzen und kreativ zu sein; die Jungen wollten Berufe mit Status, hohem Verdienst, wenig Kontrolle und Aussicht auf Führungspositionen (Marini

---

4   Acker 1990; Baron 1991; Feldberg und Glenn 1979; Hossfeld 1990; B. W. Jones 1984; Nash und Fernández-Kelly 1983; Thomas 1982.
5   Siehe auch Waite und Berryman 1985, 4-34.

und Brinton 1987). Mädchen, die auf weiterführende Schulen gingen, wählten im allgemeinen Hauptfächer, die zu ihrem *gender* paßten, allerdings mit häufigen Wechseln zwischen den Fächern (J. A. Jacobs 1989b). Am Ende landen die Frauen in Berufen, die meist stärker *gender*-typisch besetzt und weniger befriedigend sind, als es ihren beruflichen Aspirationen entspricht, während ehrgeizige und hart arbeitende Männer ihre früh ins Auge gefaßten Ziele oft erreichen können.

Frauen aller Bildungsstufen sowie Männer, die wegen ihrer Rasse, ihres Immigrantenstatus, ihrer mangelnden Bildung oder ihrer veralteten Qualifikationen benachteiligt sind, sind gewinnbringende Arbeitskräfte, weil sie im allgemeinen schlecht bezahlt werden; außerdem werden sie seltener befördert und bekommen deshalb weniger Gehaltserhöhungen. Man kann sie schlecht bezahlen, weil von ihnen viel größere Reserven vorhanden sind als von den privilegierten männlichen Arbeitskräften. Größe und soziale Merkmale dieser Reserve der Niedriglohnarbeitskräfte bestimmen sich nach der staatlichen Politik zur Förderung oder Nichtförderung der Frauenbeschäftigung, nach dem Zustrom der Immigranten und nach der Kapitalflucht aus einem Landesteil in einen anderen oder ins Ausland.[6]

Gender-Segregation und -schichtung im Erwerbsleben spiegeln zwei parallele und miteinander zusammenhängende Prozesse wider – *Segmentierung* und *Ghettobildung* (Baron und Bielby 1980). Segmentierte Berufe sind horizontal oder vertikal in Sektoren unterteilt, die sich hinsichtlich der Ausbildungs- und Einstellungsvoraussetzungen, der Arbeitsaufgaben, Aufstiegsbedingungen und Verdienstmöglichkeiten unterscheiden (R. Edwards 1979, 163-199). Die Segmente sind in der Regel vergeschlechtlicht und oft auch nach rassisch-ethnischen Kriterien strukturiert. Doch auch Berufe, in denen fast alle Arbeitskräfte demselben *gender* angehören, können segmentiert sein. Zum Beispiel bilden Ärzte und Krankenschwestern in Krankenhäusern *gender*-typisch getrennte Segmente. Bei den Ärzten gibt es eine Segmentierung nach Ärzten für Allgemeinmedizin und Fachärzten in Krankenhäusern, die mehr Prestige, mehr Macht und höhere Einkommen haben. Ärztinnen sind oft in der Allgemeinmedizin zu finden (Lorber 1987a; 1991). Auch die Krankenpflege hat ihre Segmentierungen, nämlich nach staatlich geprüften Krankenschwestern, praktisch ausgebildeten, aber nicht staatlich geprüften Krankenschwestern, Schwesternhelferinnen und Gesundheitsarbeiterinnen in der häuslichen Krankenpflege (Glazer 1991). Praktisch alle Beschäftigten in der Krankenpflege sind Frauen, aber die Segmente unterscheiden sich nach Rassen: In den Vereinigten Staaten sind die staatlich geprüften Krankenschwestern in ihrer Mehrheit weiße und asiatisch-amerikanische Frauen, die schlechter bezahlten Gesundheitsarbeiterinnen überwiegend afroamerikanische und hispanische Frauen (Glenn 1992, 24-31). Männer, die in die Kran-

---

6   Kuhn und Bluestone 1987; Sassen 1988; Tiano 1987; 1990.

kenpflege gehen, spezialisieren sich meist auf die lukrativeren Bereiche oder auf Verwaltungstätigkeiten (C. L. Williams 1992).

Die Segmentierung wird durch bürokratische Regeln oder gesetzlich vorgeschriebene Qualifizierungsnachweise legitimiert, aber zur Ghettobildung, die innerhalb einer Berufsgruppe die schlechter bezahlten „Frauentätigkeiten" von den besser bezahlten „Männertätigkeiten" trennt, kommt es durch informelle *gender*-Typisierung. Was als „Frauenarbeit" oder „Männerarbeit" bezeichnet wird, hat einen Beigeschmack von Normalität und Natürlichkeit, eine fast moralische Qualität, selbst wenn die Rechtfertigung für derartige Typisierungen gewöhnlich eine nachträgliche Rationalisierung darstellt. So wurden, nachdem sich aufgrund einer Rezession in den 1970er Jahren die Männer aus dem privaten Immobilienmarkt zurückgezogen und auf das Geschäft mit gewerblichen Immobilien geworfen hatten, Frauen für den Verkauf von Wohnungen und Eigenheimen eingestellt; Frauen, so behaupteten nun die Arbeitgeber, seien für dieses Geschäft Naturtalente, da sie selber Hausfrauen seien und sich mit den Schulen und Spielplätzen in der Nachbarschaft auskennten (Thomas und Reskin 1990). Dem liegt die Annahme zugrunde, daß mit Männlichkeit und Weiblickeit auch bestimmte Fähigkeiten, Kompetenzen, Körperkräfte und sonstige für die Ausübung einer Tätigkeit notwendigen Qualitäten verbunden sind, aber die vergeschlechtlichte Identität einer Arbeitskraft wird in der vergeschlechtlichten Organisation des Arbeitsplatzes konstruiert und durch Ausbildung, Sozialkontakte im Betrieb und dergleichen verstärkt.[7] Innerhalb von *gender*-typisch besetzten Berufsgruppen können bestimmte Berufe oder Fachrichtungen *gender*-untypisch besetzt sein. Zum Beispiel sind die Ärzte in den Vereinigten Staaten in der Mehrheit Männer und in der Sowjetunion in der Mehrheit Frauen, aber die Fachgebiete, die jeweils als *gender*-adäquat gelten, sind in beiden Ländern die gleichen – Pädiatrie für Frauen und Neurochirurgie für Männer (Lorber 1984, 16-30). Und in beiden Ländern ist die Neurochirurgie einträglicher und prestigeträchtiger als die Pädiatrie.

Strukturelle Segmentierung und normative *gender*-Typisierung, über die bestimmte Berufe in das Niedriglohnghetto verwiesen werden, führen beide zum gleichen Ergebnis. Sie beschränken das Ausmaß der Konkurrenz um die besseren Positionen, machen es privilegierten Arbeitskräften leichter, ihre günstigeren Gehaltsstufen zu rechtfertigen, und schaffen eine Gruppe von Arbeitskräften, deren schlechtere Bezahlung mit dem Fehlen der erforderlichen Abschlüsse oder Qualifikationen begründet wird (Acker 1989a; Glazer 1991). Abschlüsse und Qualifikationen jedoch werden genau wie die Berufserfahrung manipuliert oder umgangen, um Arbeitskräfte mit bestimmten sozialen Merkmalen zu begünstigen, etwa bei Männern, die trotz geringer Berufserfahrung auf den niedrig rangierenden Frauenarbeitsplätzen als Auf-

---

7   Acker 1990; Baron 1991; Kondo 1990a; Leidner 1991.

seher eingestellt werden (C. L. Williams 1992). Hinzu kommt, daß Weiblichkeit und Männlichkeit stereotyp mit bestimmten Fähigkeiten verbunden werden, etwa Fingerfertigkeit und Körperkraft; damit wird *gender* zum Auswahlkriterium bei der Einstellung, nicht das, was die potentiellen Beschäftigten mit ihren Händen, Rücken und Köpfen tatsächlich können (Bielby und Baron 1986, 790-791).

Auch die Aufstiegswege sind nach *gender* getrennt. Frauen und Männer, die nicht der herrschenden rassisch-ethnischen Gruppe angehören, steigen meist nicht in die Spitzenpositionen des Betriebs auf, in dem sie arbeiten, es sei denn, praktisch alle Arbeitskräfte dort sind Frauen oder Männer derselben rassisch-ethnischen Gruppe. In den Führungspositionen dominieren im allgemeinen die weißen Männer, egal ob sie zahlenmäßig überwiegen oder nicht. Selbst in Berufen, in denen die Mehrheit der Arbeitskräfte Frauen sind, sind die Führungspositionen meist mit Männern besetzt – in den Vereinigten Staaten unterrichten an den Grundschulen überwiegend Frauen, aber die Schulleiter und Schulinspektoren sind überwiegend Männer. Vereinzelte Männer in Frauenberufen werden nämlich meist schneller befördert als ihre Kolleginnen; sollen Frauen in Führungspositionen aufsteigen, dürfen an der entsprechenden Arbeitsstätte praktisch nur Frauen beschäftigt sein (Baron und Bielby 1985, 224; C. L. Williams 1992). Wären Frauen oder Angehörige von untergeordneten Gruppen Vorgesetzte von Männern der herrschenden Gruppe, könnten die von *gender* und Rasse bestimmten Annahmen ins Wanken geraten, auf denen die gegenwärtigen betrieblichen Hierarchien beruhen (Acker 1989a, 207-223; 1990).

In einem Land wie China, das eine rassisch homogene Bevölkerung aufweist, ist die *gender*-Diskriminierung besonders offensichtlich. Die Mitgliedschaft in der Kommunistischen Partei als Lohn für Linientreue und besondere Arbeitsleistungen ist ein Instrument der Aufwärtsmobilität, mit dem man zu Positionen mit Entscheidungsbefugnissen gelangt. Eine in China mit 469 Männern und 402 Frauen durchgeführte Studie zum Statuserwerb ergab, daß 21 Prozent der Männer, aber nur 11 Prozent der Frauen Parteimitglieder waren, so daß sie auch schlechtere Chancen für einen Wechsel in bessere Wirtschaftssektoren hatten (Lin und Bian 1991). Gut ausgebildete Männer, die, vermutlich als Leiter oder Manager von Kollektiven, in weniger vorteilhafte Sektoren überwechselten, behielten ihren Verdienst und ihr berufliches Prestige; gut ausgebildete Frauen in vergleichbaren Positionen büßten ihre Vorteile ein.

Diese durchgängigen Muster der Segregation und Schichtung im Erwerbsleben sind eine Folge der bewußten Tätigkeit oder Untätigkeit von Regierungen, Eigentümern, Managern und Arbeitnehmerorganisationen, von denen somit auch der Anstoß zur Veränderung ausgehen muß.[8] Eine Studie, die die Rate der *gender*-Integration in neunzig kalifornischen Verwaltungs- dienststellen in den Jahren 1979 bis 1985 untersuchte, kam zu dem Ergebnis, daß diese Rate „von neuen Ansätzen der Rekrutierung, Auswahl und Beför- derung; vom Karriereverlauf; und von der Stellenbeschreibung und -bewertung" abhing (Baron, Mittman und Newman 1991, 1364). Da von der *gender*-Segregation ganze Berufe wie einzelne Tätigkeiten und Arbeitsplätze betroffen sind, Arbeiter, Angestellte und Selbständige, gehört zur Integration mehr als nur die Erhöhung des Frauenanteils (Yoder 1991; Zimmer 1988). Echte *gender*-Gleichheit im Erwerbsleben würde bedeuten, daß Frauen und Männer aller Rassen dieselben Chancen für den Erwerb von Bildungsab- schlüssen und Berufsausbildungen hätten und auf allen Arbeitsplätzen und in allen Tätigkeiten, Berufen und hierarchischen Positionen entsprechend ihrem Anteil an der Erwerbsbevölkerung repräsentiert wären. Stattdessen sind in den meisten Industrieländern überproportional viele Frauen in Verwaltungs- und Dienstleistungsberufen, wenig angesehenen akademischen und techni- schen Berufen und im Verkauf zu finden.[9] In den Entwicklungsländern und in Gebieten mit hohem Immigrantenanteil in Industrieländern sind die Frau- en im allgemeinen in der arbeitsintensiven Fabrikarbeit, in der Landwirt- schaft und in der informellen (Schatten-) Wirtschaft konzentriert (Nuss 1989, 42-43).

Die vergeschlechtlichte Aufteilung der Erwerbsarbeit und die verge- schlechtlichte Aufteilung der Hausarbeit sind zwei Seiten derselben Medail- le. Schlechte Bezahlung und uninteressante Arbeit bieten ledigen Frauen den Anreiz zum Heiraten und verheirateten Frauen den Anreiz, ihre Energie und Aufmerksamkeit auf Kinderaufzucht und Hausarbeit zu verwenden. Männern dagegen wird durch bessere berufliche Chancen ein Anreiz geboten, ihre Energie und Aufmerksamkeit auf die Erwerbsarbeit zu richten. Die Arbeit- geber (meist Männer) profitieren davon, daß Frauen billige Arbeitskräfte sind und daß Männer, um eine Familie ernähren können, mehr verdienen müssen. Männer, die mit Frauen leben, profitieren von deren unbezahlter Hausarbeit.

Vom Bauernhof in die Fabrik

Zur klaren *gender*-Segregation in der Produktion kam es in Europa und in den Vereinigten Staaten erst mit der allmählichen Verlagerung der Industrie vom Heim in die Fabrik. Als die Arbeitseinheit auf dem Land wie in den

---

8   Baron, Mittman und Newman 1991; Beechey 1987; Collinson und Knights 1986; Roos und Reskin 1984; Walby 1986.
9   Internationale Vergleichsdaten bei Brinton 1989; Cohen, Bechar und Raijman 1987; Lapi- dus 1976; Reskin und Hartmann 1986; Roos 1984, Tabelle 3.4, 54-55.

Städten noch der Haushalt war, waren die Frauen in erster Linie für Küche und Kinder verantwortlich, verrichteten oder beaufsichtigten aber auch eine Menge Land- und Heimarbeit, etwa Käseherstellung und Spinnen. Da sich die Arbeitsaufgaben überschnitten und häufig alle zupacken mußten, um die Ernte einzubringen oder sonst irgendeine Arbeit zu bewältigen, arbeiteten Frauen und Männer Seite an Seite. Als die Frauen ihre Dienste außer Haus verkauften, verrichteten viele wiederum Hausarbeit, nur eben bezahlt; im übrigen betätigten sie sich aber in sehr vielen und sehr unterschiedlichen Bereichen (Schultz und Lantz 1988). So sagt Gerda Lerner, in den Vereinigten Staaten habe vor der Industrialisierung

die gesamte koloniale Tuch- und Bekleidungs- und teilweise auch Schuhproduktion in den Händen von Frauen [gelegen]. ... Sie waren Metzgerinnen, Silberschmiedinnen, Büchsenmacherinnen, Polsterer. Sie betrieben Mühlen, Pflanzungen, Gerbereien, Werften sowie Läden, Gasthäuser und Pensionen aller Art. Sie waren Pförtnerinnen, Gefängnisaufseherinnen, Küsterinnen, Journalistinnen, Druckerinnen, „Doktorinnen", Apothekerinnen, Hebammen, Krankenschwestern und Lehrerinnen. Ihre Qualifikationen erwarben die Frauen auf die gleiche Weise wie Männer, nämlich durch eine Lehrzeit, oft in ihren eigenen Familien. (1979, 183)[10]

Unter dem System der Heim- und Verlagsarbeit, das in der Frühzeit der Industriellen Revolution üblich war, fand auch die maschinelle Warenproduktion zu Hause statt; die ganze Familie machte Akkordarbeit und unterstand der Autorität des Mannes, der der Haushaltsvorstand war. Er verhandelte mit dem Kapitalisten, wies die Arbeitsaufgaben zu und verteilte die Löhne. Die ersten, die in England und in den Vereinigten Staaten zu Beginn des neunzehnten Jahrhunderts in die Fabriken arbeiten gingen, waren Weiße, nämlich die unverheirateten Töchter und jüngeren Söhne, die als Arbeitskräfte auf der Farm weniger wertvoll waren (Lamphere 1987; Sacks 1989, 521-542). In Neuengland fand Francis Cabot Lowell einen Weg, die Arbeit in den Textilfabriken für junge weiße Farmersmädchen attraktiv zu machen, ohne ihre Heiratschancen zu gefährden. Er brachte sie in Wohnheimen unter, um ihren Lebenswandel und ihre Pünklichkeit ständig überwachen zu können, und bezahlte ihnen genug, daß sie für eine Aussteuer sparen, eine Hypothek abzahlen oder einen Bruder aufs College schicken konnten.[11] Die Verschärfung der Konkurrenz jedoch führte zu Überproduktion, Lohnkürzungen und Beschleunigung des Arbeitstempos. Nicht alle Lowell-Frauen konnten nach Hause zurück, und die, die es konnten, verloren ihre Unabhängigkeit, wenn

10 Zur Geschichte der Frauenarbeit, siehe Clark [1919] 1982; Hanawalt 1986; B. Hill 1989; Kessler-Harris 1982; Lown 1990; Matthaei 1982; Pinchbeck [1930] 1981.
11 Kasson 1976, 55-106; Kessler-Harris 1982, 30-44. Junge weiße Frauen, die in Waisenhäusern und Armenhäusern lebten, sowie bedürftige Witwen und ihre Kinder wurden unter weniger günstigen Umständen als Fabrikarbeiter(innen) buchstäblich verkauft (Abramovitz 1988, 89-90).

sie ohne Ersparnisse kamen. Manche protestierten individuell, und aufgrund der *gender*-Segregation und zugleich Enge der Lebens- und Arbeitsgemeinschaften kam es auch zu organisierten Streiks (Dublin 1977; Vogel 1977). Die Streiks blieben jedoch erfolglos; die niedrigen Löhne wurden *gender*-ideologisch damit gerechtfertigt, daß Frauen eben in erster Linie Ehefrauen und Mütter seien. Die von Arbeitgebern wie Arbeitnehmern bewußt betriebene Ausnutzung der Familienbindungen hat das kollektive Handeln von Frauen in der Industrie sowohl behindert als auch gefördert.[12]

Ähnliche Arrangements wie das von Lowell gab es zu Beginn des neunzehnten Jahrhunderts in den englischen Seidenfabriken und Ende des Jahrhunderts bei der Industrialisierung Japans (Lown 1990; Tsurumi 1990). Fünfzehn- bis siebzehnjährige Mädchen wurden per Vertrag an Seiden- und Baumwollfabriken gebunden, während ihre mageren Löhne an ihre Familien oder an die Armenhäuser gingen, aus denen sie kamen.

Die Rekrutierung von armen jungen Frauen als billige Fabrikarbeitskräfte ist immer noch ein weit verbreitetes Phänomen der Industrialisierung. Heute werden asiatische, süd- und mittelamerikanische junge Frauen aus Bauernfamilien zum Arbeiten in die Fabriken geschickt, wo sie wie die Fabrikmädchen des neunzehnten Jahrhunderts unter strenger Aufsicht leben, in Schlafsälen schlafen und am Essen sparen: „In den Exportindustrien von Mexiko, Südostasien und anderen exportorientierten Nationen sind 80 bis 90 Prozent der Arbeitskräfte Frauen, meist zwischen sechzehn und vierundzwanzig. ... Innerhalb einer einzigen Generation hat dieser Prozeß in den exportorientierten Wirtschaftszonen rund um die Welt ein Frauen-Proletariat geschaffen" (Tiano 1990, 196). Bei ihrer Feldstudie über weibliche Arbeitskräfte im koreanischen „Wirtschaftswunder" stellte Seung-Kyung Kim (1990) fest, daß junge Frauen in der Elektronikindustrie arbeiteten, um die Aufstiegschancen ihrer Familie zu bezahlen. Sie lebten in überfüllten Zimmern und aßen kaum etwas, um von dem ersparten Lohn das Schulgeld für ihre Brüder bezahlen und in ihre eigenen Ehen etwas einbringen zu können. Für einen wirklichen Aufstieg konnten sie jedoch nicht genug sparen. Da ihre Ehemänner Arbeiter waren und nicht genug verdienten, um eine Familie zu ernähren, waren sie am Ende verheiratete Frauen mit Kindern und gingen wieder arbeiten, nun aber auf weniger attraktiven Stellen. Als verheirateten Frauen war ihnen der Weg in die Elektronikindustrie versperrt, wo den Arbeitgebern an einer raschen Fluktuation gelegen war, um die Löhne niedrig halten zu können.

In den *maquiladoras*, den grenznahen mexikanischen Industrien, in denen 85 bis 90 Prozent der Arbeitskräfte Frauen sind, gibt es eine ähnliche Segregation: In der Elektronikindustrie, die etwas bessere Arbeitsbedingungen und höhere Löhne bietet, werden nur unverheiratete junge Frauen beschäftigt; in den kleineren, weniger modernen Bekleidungsfabriken dagegen

---

12 I. Berger 1990; Lamphere 1985; Tilly 1981; Turbin 1984.

arbeiten meist ältere Frauen, die, obwohl sie Kinder zu ernähren haben, schlechter bezahlt werden (Fernández-Kelly 1984). Bei der „Operation Bootstrap" in Puerto Rico wurden 1980 für die Industriezweige mit den niedrigsten Wochenlöhnen – Bekleidung ($ 54,12), Textil ($ 55,85) und Lederwaren ($ 57,28) – Frauen angeworben. In zwei besser bezahlten Bereichen, in denen überwiegend Frauen arbeiteten – elektrische ($ 76,49) und wissenschaftliche und andere feinmechanische Geräte ($ 73,99) – waren die Löhne nicht so hoch wie in den Bereichen, in denen überwiegend Männer arbeiteten – Maschinenbau ($ 80,70), Metallverarbeitung ($ 80,44) und chemische Industrie ($ 102,44) (Ríos 1990).

Weder im neunzehnten noch im zwanzigsten Jahrhundert profitierten die afroamerikanischen und hispanoamerikanischen Frauen in der westlichen Hemisphäre von der Industrialisierung; als Sklavinnen machten sie Feldarbeit und Hausarbeit, als freie Arbeitskräfte arbeiteten sie im allgemeinen als Hausbedienstete, Wäscherinnen, Näherinnen und Kleinstunternehmerinnen in nachbarschaftlichem Rahmen und nicht in den Fabriken.[13] In der heutigen globalen Wirtschaft werden erwerbstätige Frauen in der Dritten Welt in der Regel mehr ausgebeutet als erwerbstätige Männer, egal ob sie in eine Stadt migrieren, in einer Fabrik arbeiten und ihren von der Landwirtschaft lebenden Familien Geld nach Hause schicken oder auf dem Land bleiben und dreifach belastet sind, indem sie Nahrungsmittel anbauen, den Haushalt führen und als Zubrot zu dem, was ihnen ihre migrierenden Ehemänner schicken, auf jede nur erdenkliche Weise Geld verdienen.[14] In den Entwicklungsländern und in armen Familien der Industrieländer kommt die Erwerbstätigkeit der Frauen vor allem den Kindern zugute, da Frauen eher als Männer von dem zusätzlichen Einkommen Nahrung, Bekleidung und andere Dinge für den Bedarf der Familie kaufen.[15] In Ghana „ist eine ‚starke' Frau eine Ehefrau und Mutter, die in der ‚hungry season' den Unterhalt der Familie unabhängig vom Ehemann und/oder Familienvorstand bestreiten kann. In Haushalten, in denen die Frauen das ganze Jahr über andere Einkommensquellen in Gestalt von Brauerei und Getreidespekulation haben, führt diese Ideologie dazu, daß die Nahrungsmittelvorräte für die ‚hungry season' von *ihrem* Einkommen gekauft werden" (A. Whitehead 1981, 101).

---

13 Fox-Genovese 1988; E. Higginbotham 1983; J. Jones 1986; B. J. Mason 1987; Morrissey 1989, 62-80; Mullings 1986; White 1985.
14 Acosta-Belén und Bose 1990; Benería und Sen 1981; Boserup 1970; Brydon und Chant 1989; J. Nash 1990; Tinker 1990.
15 Blumberg 1991a; Mencher 1988; Roldán 1988; A. Whitehead 1981.

Arbeiter gegen Arbeiterinnen

Auf der Suche nach billigen Arbeitskräften und besserer Kontrolle über den Arbeitsprozeß gingen die Kapitalisten vom System der Heim- und Verlagsarbeit wieder ab, bezahlten jeden Lohnarbeiter individuell und spielten in der Konkurrenz um die Arbeitsplätze, an denen immer größerer Bedarf herschte, Frauen gegen Männer aus (S. O. Rose 1987). Die Arbeitskämpfe des neunzehnten und zwanzigsten Jahrhunderts wurden nicht nur zwischen Lohnarbeitern und Kapitalisten und um höhere Löhne, kürzere Arbeitszeiten und bessere Arbeitsbedingungen ausgefochten, sondern auch zwischen Lohnarbeitern und Lohnarbeiterinnen – Frauen kämpften für den Erhalt ihres Platzes auf dem industriellen Arbeitsmarkt, der ihnen zu ökonomischer Unabhängigkeit verhelfen konnte; Männer kämpften um das Monopol auf die besser bezahlten Arbeitsplätze, um eine ökonomisch abhängige Frau ernähren zu können, die ihre Zeit auf Hausarbeit und Kinderversorgung verwendete.

In den Frühzeiten der Industrialisierung hatten Kapitalisten und Arbeiter noch gleiche Interessen; später erst prallten sie aufeinander. Zu Beginn der Industrialisierung, so meint Sylvia Walby (1986), hatten die Arbeitgeber lieber Arbeiterinnen in ihren Fabriken, weil sie billiger und anstelliger waren, und die Ehemänner und Haushaltsvorstände freuten sich über das zusätzliche Einkommen.[16] Als die Fabriken die Farmen zu verdrängen begannen, gingen auch die Männer in die Fabrik arbeiten: „Mit der Expansion der Fabrikarbeit wuchs auch ihr Anteil an der Erwerbsarbeit überhaupt, und dieses veränderte Muster bedrohte die Interessen der Männer. Diese Form der Erwerbstätigkeit drohte, zur Grundlage von Frauenmacht zu werden, unter relativem Ausschluß der Männer. ... Wenn Frauen eigenes Geld verdienten und täglich viele Stunden lang weit weg von zu Hause arbeiteten, Männer aber nicht, dann hätte dies die Kontrolle der Männer über die Frauen beträchtlich reduziert" (Walby 1986, 110).

Zu Anfang wurden die Männer als Aufseher über Frauen und Kinder in die Fabriken geholt (Marglin 1978, Anm. 84), spätere Generationen jedoch konkurrierten mit den Frauen um die besser bezahlten Arbeitsplätze. In dem Bestreben, das Lohngefälle aufrecht zu erhalten, definierten die Arbeitergewerkschaften bestimmte Maschinen als „Frauenmaschinen", andere als „Männermaschinen". Auch die Segregation und Schichtung von Tätigkeiten wurde benutzt, um – ausgehend vom Status der Frauen als Ehefrauen und Mütter und der Männer als Haushaltsvorstand – die höheren Löhne der Männer zu legitimieren: „In der Fabrik verwandelten individualisierter Lohn und *gender*-Ideologie Frauen und Männer, die zuvor in der Heimindustrie miteinander gearbeitet hatten, in Konkurrenten. Die *gender*-typische Segregation

---

16 Siehe auch Marglin 1978, 37-38.

der die Maschinen bedienenden Arbeitskräfte war eine Lösung sowohl für die ökonomische Konkurrenz als auch für die drohende Neuordnung der *gender*-Hierarchie" (S. O. Rose 1987, 165). Als diese willkürlichen Bezeichnungen nicht aufrecht erhalten werden konnten, agitierten die Männer, um Aufseherposten und eine Ausbildung in der Maschinenreparatur zu bekommen (Bradley 1986).

Eine weitere Lösung für die Arbeitsplatzkonkurrenz zwischen Frauen und Männern waren die Arbeitsschutzgesetze. Mit der Begründung, das Familienleben leide darunter, wenn Frauen bei schlechter Gesundheit seien oder zu wenig Zeit für die Hausarbeit hätten, wurden Stellen und Arbeitszeiten von Frauen, die in Fabriken arbeiteten, gesetzlich eingeschränkt (Kessler-Harris 1982, 180-214). Tatsächlich litten die Familien unter den berufsbedingten Gesundheitsrisiken und den niedrigen Löhnen der Männer nicht minder als unter denen der Frauen, und die Wohnräume der Arbeiter in den Städten waren klein und spärlich möbliert. Frauen, die im informellen Wirtschaftssektor arbeiteten, betätigten sich als billige Garköchinnen und Wäscherinnen und nahmen Säuglinge in Pension (Broder 1988; Walby 1986, 115).

Auch die Arbeiterinnen selbst waren mit den Schutzgesetzen, die ihre Verdienstmöglichkeiten beschränkten, nicht glücklich und wiesen darauf hin, daß nicht alle Frauen verheiratet waren. Was würde aus ihrem Lebensunterhalt, wenn Frauen die Arbeit in bestimmten Industrien verboten und ihre Arbeitszeit beschränkt würde? 1849 ergab eine Befragung, daß 70 Prozent der Männer, die an Maschinen arbeiteten, für den Zehnstundentag waren, aber nur 55 Prozent der Frauen, obwohl er eigentlich den Frauen zugute kommen sollte (Walby 1986, 119-122). Zur Unterstützung der Gesetzgebung, die Frauen die Nachtarbeit untersagte, berief man sich auf die Moral. Eine freiere Sexualität steht symbolisch für die Unabhängigkeit von Frauen, die ihren eigenen Lebensunterhalt verdienen können.[17] Alleinstehende Frauen arbeiteten aber nicht nachts, weil dies ihr soziales Leben beschnitt. Die Abschaffung der Nachtarbeit bedeutete, daß die Zeit für die Hausarbeit weniger flexibel gehandhabt werden konnte, und deshalb waren die verheirateten Frauen dagegen (Kessler-Harris 1982, 190-195).[18]

Daß ökonomisch unabhängige Arbeiterinnen unwillige oder ungeeignete Ehefrauen und Mütter abgeben könnten, war im neunzehnten Jahrhundert eine Sorge, die die Männer aus der Mittelklasse genauso umtrieb wie die Männer aus der Arbeiterklasse und sogar noch das Interesse der Kapitalisten an der Profitmaximierung überwog (Lown 1990, 172-201; Walby 1986, 116-117). Im Endeffekt führten die im späten neunzehnten Jahrhundert in den Vereinigten Staaten erlassenen Arbeitsschutzgesetze allerdings zu einer Er-

---

17   Fernández-Kelly 1984; Lown 1990, 196-198; Nestle 1983; Peiss 1983.
18   Zur Debatte über die Arbeitsschutzgesetze im neunzehnten Jahrhundert in England, siehe Lown 1990, 182-184, 194-195, 210-219.

höhung der Zahl der verheirateten Arbeiterinnen und einer Senkung ihrer Löhne. Entscheidend aber war, daß sie die *gender*-typische Segregation der Arbeitsplätze verfestigte und die Frauen von vielen besser zahlenden Industrien und besser bezahlten Schichten ausschlossen. Der Schutz vor der Überarbeitung stand nur auf dem Papier, da die Arbeitgeber die notwendige Maschinenpflege oft in die Freizeit der Arbeiterinnen verlegten oder das Arbeitstempo beschleunigten. Für die männlichen Arbeitskräfte führten die Gesetze, aufgrund derer die Frauen schlechter bezahlt wurden, paradoxerweise zu einer Verschärfung der Konkurrenz, so daß sie schließlich für das Prinzip des gleichen Lohns für gleiche Arbeit eintraten.

Auch heute geht das Argument, schwangere (oder potentiell schwangere) Frauen dürften nicht mit gefährlicher Arbeit beschäftigt werden und Frauen mit kleinen Kindern keine zu langen Arbeitszeiten haben, darüber hinweg, daß der Arbeitsplatz auch für Männer und ihre physiologische Fähigkeit, Väter zu werden, gefährlich sein kann und die Zeit einschränkt, die ihnen zur Beschäftigung mit ihren Kindern zur Verfügung steht.[19] Die Arbeitsschutzgesetze zementieren den Arbeitsmarktstatus der Frauen, die in erster Linie als Ehefrauen und Mütter gesehen werden, angewiesen auf den Schutz des Staats und das Einkommen des Ehemanns. Sie machen es Männern wie Frauen schwer, sich kollektiv für das einzusetzen, was *beide* brauchen, um ihren Lebensunterhalt verdienen und sich um ihre Familien kümmern zu können – Sicherheit am Arbeitsplatz, hohe Löhne und handhabbare Arbeitszeiten.

Gender und Technik

Nicht die Maschine unterscheidet Männerarbeit von Frauenarbeit. Tatsächlich arbeiten an Maschinen mehr Frauen als Männer, selbst in Büros (Form und McMillen 1983). Frauen an Maschinen bauen in Fabriken Geräte und elektronische Bauteile zusammen, und Frauen mit Angestelltentätigkeiten arbeiten an Büromaschinen; Männer an Maschinen fahren große, eindrucksvolle Kräne und Gabelstapler, und Männer mit Angestelltentätigkeiten entwerfen Maschinen und besorgen den Kundendienst (Cockburn 1983; 1985). Daß Frauen in Kriegszeiten, wenn nur noch wenige Arbeiter da sind, Maschinen aller Art zu handhaben verstehen, macht deutlich, daß für die *gender*-typische Segregation der Arbeitskräfte und die schlechtere Bezahlung der Frauen nicht das Können, sondern die Monopolisierung von wertvollen Qualifikationen verantwortlich ist:

---

19 Der Oberste Gerichtshof der Vereinigten Staaten schaffte vor kurzem das Verbot der Beschäftigung von schwangeren Frauen an gefährlichen Arbeitsplätzen ab (Greenhouse 1991).

Technische Qualifikationen sind ein Machtinstrument, und wo Männer im Besitz aller anderen Machtinstrumente waren, vom Staatsapparat bis zur Ehe, wäre es ein Wunder, wenn Frauen in den Besitz technischer Machtinstrumente kämen. Wasserwaage, Keil, Schraube, Rad und schiefe Ebene, die „mächtigen fünf" Geräte, mit denen man Berge versetzen und Pyramiden bauen konnte, waren das technische Arsenal der Männer. ...
Die als Eigentum von Männern definierten technischen Qualifikationen waren deshalb Ursache wie Wirkung der männlichen Vormachtstellung. (Cockburn 1985, 21, 24)

Obwohl Frauen, die an Maschinen arbeiteten, in den Frühzeiten der Industrialisierung in Amerika das Aushängeschild der Lowellschen Textilfabriken waren, wurden in späteren Fabriken die Maschinen vielfach von Männern bedient, während schlechter bezahlte Frauen „das Rohmaterial durchsahen und vorsortierten, letzte Hand an das Endprodukt legten, die fertigen Waren auf Mängel prüften, sortierten und nach Qualitäten ordneten, sie wuschen, zusammenlegten, mit Etiketten versahen oder für den Versand verpackten" (McGaw 1982, 808).

Nicht immer kommen die Männer kampflos zu ihrem Monopol auf die Maschinen. Mit der 1885 patentierten Lynotype konnten Zeitungen mit Hilfe einer Maschine gesetzt werden, deren Tastatur einer Schreibmaschinentastatur ähnelte, aber nicht ganz glich. Die Arbeitgeber, die für die Bedienung der Lynotype Frauen einstellen wollten, stießen auf den Widerstand der Männer von der *International Typographical Union* (Baron 1987). Die Gewerkschafter argumentierten, Bleisatz sei Männerarbeit, weil beim Schmelzen des Metalls immer Hitze und Gase freigesetzt würden und die Arbeit sehr anstrengend sei: „Zur Betonung der körperlichen Eigenschaften, die diese Arbeit erforderte, sahen sich die Arbeiter im Druckgewerbe deshalb gezwungen, weil die Arbeit an der Tastatur – auf der die Definition dieser Arbeit als geistiger Arbeit beruhte – zunehmend mit natürlichen weiblichen Eigenschaften assoziiert wurde" (Baron 1987, 71). Hierin waren sich die Arbeiter mit den Arbeitgebern, welche die dank „männlicher" Ausdauer und Schnelligkeit höhere Produktivität hervorhoben, durchaus einig. Obwohl also die Arbeitgeber womöglich lieber die schlechter bezahlten Frauen als Arbeitskräfte eingestellt hätten, die ihrer Ansicht nach auch sorgfältiger und härter arbeiteten als die Männer, konnten diese in der Konkurrenz um Frauen als Büroangestellte nicht mithalten. Im Druckgewerbe dominierten weiterhin die Männer und betrachteten die Arbeit als Männerarbeit; tatsächlich aber wurden zum Ausgleich für die vergleichsweise hohen Löhne der Männer die Arbeitsabläufe beschleunigt und die Produktivität erhöht.

Als die Lynotype in den 1970er Jahren allmählich vom Computersatz verdrängt wurde, gestaltete man die Tastatur bewußt wie bei der Schreibmaschine, damit die Arbeitgeber statt auf die gewerkschaftlich organisierten Arbeiter nunmehr auf nicht organisierte weibliche Angestellte zurückgreifen konnten, was nicht immer ohne Streik abging (Roos 1990). Weil die Arbeit aus der Sicht der männlichen Beschäftigten jetzt Tipparbeit war, und weil Tipparbeit ‚was für Frauen' war, kam es zur Feminisierung des Berufs und zu einem Anstieg des Frauenanteils von 17 Prozent in den 1970er Jahren auf 56 Prozent im Jahre 1980 und 74 Prozent im Jahre 1988 (Cockburn 1983; Roos 1990). Soweit die Männer sich umschulen ließen, „beschwerten sie sich, daß alles an ihrer Arbeit sie an ‚Frauenarbeit' erinnere: der Aufbau der Tastatur, das Kunststoffgehäuse der Maschine, die Arbeitshaltung beim Tippen und die Assoziation von Tippen und Frauen überhaupt. Sie fanden die Arbeitsbedingungen nicht männlich genug und jedenfalls weniger männlich als beim Bleisatz" (Roos 1990, 285). Nicht die Technologie als solche führte erst zur Maskulinisierung und dann Feminisierung des Druckgewerbes, sondern die Monopolisierung und *gender*-Typisierung der älteren Technologie durch die gewerkschaftlich organisierten männlichen Facharbeiter mit ihrem verbrieften Anspruch auf ein hohes Entgelt sowie der mehr oder weniger freiwillige Abgang dieser Facharbeiter, als fünfzig Jahre später nichtorganisierte, schlechter bezahlte weibliche Arbeitskräfte eingestellt wurden.

In Gegensatz dazu scheint die Schreibmaschine von Anfang an auf Frauen als Bürobeschäftigte zugeschnitten gewesen zu sein (M. W. Davies 1982; Srole 1987). Im neunzehnten Jahrhundert arbeiteten in den Familienbetrieben Frauen als Büroangestellte und Schreibkräfte und erledigten – schlecht bezahlte – Schreibarbeiten auch zu Hause: „Schreibkräfte waren Zeitarbeitskräfte, vergleichbar modernen Kelly-Girls[*], die im Stücklohn für bestimmte Arbeiten bezahlt wurden, unter anderem Schreibarbeiten. Die Arbeit bestand aus einfachen Aufgaben wie Kopien von Briefen anfertigen, Quittungen ausstellen oder Einträge in Hauptbüchern vornehmen. Die hierfür erforderlichen Qualifikationen waren minimal, da für Abschriften außer Lesen und Schreiben kaum mehr Qualifikationen erforderlich sind" (Cohn 1985, 67) Die Schreibmaschine führte bei Büroangestellten und Schreibkräften zu höherer Arbeitsleistung und höherer Bezahlung, die allerdings nicht hoch genug war, um die Arbeit für Männer attraktiv zu machen, für die die Büroarbeit nur dann einen Wert hatte, wenn sie als Sprungbrett ins Management dienen konnte.

Büroarbeit wurde Frauenarbeit nicht deshalb, weil sie dequalifiziert wurde; sie war überhaupt nie sonderlich qualifiziert (Glenn und Feldberg 1977). Durch „wissenschaftliche Betriebsführung" mag die Büroarbeit mit Hilfe von Rationalisierung und verstärktem Einsatz von Maschinen wie Adressier-, Frankier-, Rechen-, Heft- und natürlich Schreibmaschinen sowie durch ihre Erhebung zur Vollzeitarbeit sogar eine Aufwertung erfahren haben (Cohn 1985, 81-89; M. W. Davies 1982, 97-128). Doch war bereits zu Beginn des zwanzigsten Jahrhunderts die typische Büroarbeitskraft nicht mehr der ehrgeizige, lese- und schreibkundige junge Mann, sondern die aufstiegsorien-

---

[*]   Kelly war eine der ersten Leiharbeitsfirmen in den USA.

tierte junge Arbeitertochter mit höherer Schulbildung oder die abstiegsbe-
drohte Tochter eines Vaters aus der Mittelklasse, der Bankrott gemacht hatte
(M. W. Davies 1982, 51-78).

Obwohl die Privatsekretärin eine Stufe über der Büroarbeit stand, war die
Arbeitsbeschreibung praktisch die einer „Bürohausfrau". Für die Schreibkraft
im Schreibsaal war die Arbeit das Äquivalent zur Fabrikarbeit im Angestell-
tenbereich.[20] An die Stelle der Schreibmaschine sind Computer und Textver-
arbeitung getreten, aber das Entgelt ist, besonders für farbige Frauen, immer
noch niedrig, und die Tatsache, daß Frauen, die am laufenden Band Daten
eingeben, mit einer fortschritlichen Technologie arbeiten, hat ihre Selbständigkeit, ihr Prestige oder ihre Aufstiegschancen nicht erhöht.[21] Ja, durch die
Datenverarbeitung scheint sich für die weiblichen Büroangestellten der Kreis
wieder geschlossen zu haben, zurück zur Teilzeit-, Zeit- oder Heimakkordar-
beit (Crompton und Jones 1984, 42-77).

Wo die Männer einst die schweren Maschinen der industriellen Revolution
des neunzehnten Jahrhunderts monopolisierten, monopolisieren sie heute das
Computerwissen, das bei der Besetzung der besser bezahlten und mehr Selbständigkeit bietenden Stellen in vielen Arbeitsbereichen und Betrieben einschließlich der genossenschaftlich organisierten Betriebe von Vorteil für sie
ist.[22] Eine Untersuchung zur Arbeitskräftedistribution in EDV-Berufen ergab, daß 60 Prozent der weißen Männer und 42 Prozent der Männer aus anderen rassisch-ethnischen Gruppen als Computerwissenschaftler oder Programmierer und drei Viertel der weißen wie der farbigen Frauen als einfache
Beschäftigte im Rechenzentrum oder als Datentypistinnen arbeiteten (Glenn
und Tolbert 1987). Die Durchschnittsgehälter auf diesen Stellen lagen 1983
bei $ 28.383 für Wissenschaftler, $ 21.946 für Programmierer, $ 14.245 für
die Beschäftigten im Rechenzentrum und $ 11.700 für Datentypistinnen.

Wie entsteht ein Frauenarbeitsplatz

Die fortbestehende Aufteilung der Arbeitskräfte auf *gender-* und rassense-
gregierte Berufe und Arbeitsplätze und das Übergreifen dieser Aufteilung auf
die Büroarbeit beruht auf dem Konflikt zwischen den Arbeitgebern, die billige Arbeitskräfte brauchen, um ihre Profite hoch zu halten, und den arbeitenden Männern, die weder Frauen als Kollegen haben wollen, noch Männer aus

---

20 Crompton und Jones 1984; Davies 1982, 129-162; Glenn und Feldberg 1977; Kanter
   1977a, 69-103.
21 Carter 1987; Donato und Roos 1987; Game und Pringle 1983, 80-93; Glenn und Tolbert
   1987.
22 Burris 1989; Cockburn 1983; 1985; Game und Pringle 1983, 25-40; Hacker 1987; 1989,
   95-139; Wajcman 1991.

anderen rassisch-ethnischen Gruppen (Walby 1986). Da die Arbeitgeber Frauen einstellen, um ihre Lohnkosten zu senken, müssen die Frauen, um überhaupt erwerbstätig sein zu können, für niedrigeren Lohn arbeiten. Die Frage ist nicht, warum in einem Beruf oder an einem Arbeitsplatz meist (und nach ökonomischer Vernunft eigentlich überhaupt nur) Frauen arbeiten, sondern warum die meisten Arbeitskräfte in bestimmten Berufen Männer sind oder warum innerhalb eines Berufs manche Firmen ausschließlich Frauen und andere ausschließlich Männer beschäftigen (Cohn 1985, 17-23).

Denise Bielby und William Bielby meinen, weil Frauen gewissenhafte und harte Arbeiterinnen seien, „hätte ein cleverer Arbeitgeber eigentlich mehr davon, wenn er die Männer statistisch diskriminierte" (1988, 1056). Aber die Männer können, vor allem wenn sie schon lange im Betrieb und gewerkschaftlich organisiert sind, die Frauen fernhalten, indem sie ihnen die technische Ausbildung und den Zugang zu Lehrstellen und Fachschulen verweigern und sie in Gewerkschaften und Berufsverbände nicht aufnehmen.[23] Wenn Männer die für die Arbeit an bestimmten Maschinen erforderlichen Qualifikationen oder Bildungsabschlüsse monopolisieren, oder wenn Frauen von Gesetz wegen nicht nachts und nicht an gefährlichen Arbeitsplätzen arbeiten dürfen, müssen die Arbeitgeber Männer einstellen. Arbeitgeber, die ihre Lohnkosten nicht unbedingt zu minimieren brauchen, weil ihre Firmen keinen Profit ausweisen müssen, können es sich leisten, weiße Männer einzustellen, wenn sie sich nicht an Männer aus benachteiligten Gruppen oder an Immigranten halten, die für einen ebenso niedrigen Lohn arbeiten wie weiße Frauen (Cohn 1985, 18). Auf lange Sicht sind staatlich geförderte Ausschließungsstrategien politisch eher unpopulär, da sie zu höheren Lohnkosten führen (Walby 1990, 53-55). Viel häufiger ist die Aufspaltung der Beschäftigten, nämlich in die große Gruppe der schlechter Bezahlten (Frauen und benachteiligte Männer), deren Arbeit in kleine, repetitive Bestandteile aufgesplittert ist, und die kleine Gruppe der besser Bezahlten (gewöhnliche Männer der herrschenden Gruppe), die mit Aufsichts- und Verwaltungsfunktionen oder mit der Überwachung teurer Anlagen beschäftigt werden.

Frauen sind billige Arbeitskräfte, nicht weil sie bereit wären, für niedriges Entgelt zu arbeiten, sondern weil die Frauenarbeit so strukturiert ist, daß sie minimale Löhne rechtfertigt. Die Tätigkeiten der meisten Frauen sind in kleine Einheiten mit flachen Qualifizierungskurven (kurze Anlernzeit, kaum Vorteile durch Berufserfahrung) und kurzen Aufstiegswegen unterteilt. Diese Frauen werden selten befördert, und ihre Verweilzeiten werden möglichst so kurz gehalten, daß es zu Lohnerhöhungen und zum Erwerb von Rentenansprüchen gar nicht erst kommt. Aber selbst monotone Arbeit und mangelnde Aufstiegsmöglichkeiten halten Frauen nicht davon ab, an einem Arbeitsplatz

---

23 Cockburn 1985; Tax 1980; Walsh 1977; Witz 1986.

zu bleiben, der anständig bezahlt wird. Die Folge ist, daß die Verantwortlichen andere Wege finden müssen, um die Fluktuation zu beschleunigen.

In Britannien führten die Arbeitgeber Ende des neunzehnten Jahrhunderts das Eheverbot für weibliche Beschäftigte ein, um stets über billige weibliche Büroarbeitskräfte verfügen zu können. Frauen wurden nur eingestellt, wenn sie ledig waren, und mußten gehen, wenn sie heirateten. Diese künstliche beziehungsweise bewußt erzeugte Fluktuation hatte mit etwaigen eigenen Entscheidungen der Frauen nichts zu tun; sie wurde ihnen aufgezwungen, denn Lohnerhöhungen waren an Beschäftigungszeiten gebunden. Junge Mädchen wurden nach der Schule mit sechzehn eingestellt; erwartet wurde, daß sie nach fünf Jahren gingen und durch andere junge Frauen zum Eingangsgehalt ersetzt werden konnten. Eingeführt wurde das Eheverbot etwa acht Jahre nach der Feminisierung der Büroarbeit in den britischen Postämtern, als klar wurde, daß verheiratete Frauen, wenn es nach ihnen ging, ihre Arbeit im allgemeinen behielten. Später ging man dazu über, Frauen, die mindestens sechs Jahre beschäftigt gewesen waren und heiraten wollten, eine „Aussteuer" zu bieten, eine nicht unbeträchtliche Geldprämie, vorausgesetzt natürlich, sie quittierten den Dienst. Aber die meisten Frauen arbeiteten vier bis sieben Jahre länger als das Minimum, ehe sie heirateten, so daß sie zusätzliches Geld sparen *und* die Prämie bekommen konnten. Im Durchschnitt blieben die Frauen dreizehn Jahre bei ihrer Arbeit (Cohn 1985, 91-115)."Wenn sich ihnen eine Beschäftigung bot, die besser war als der Durchschnitt," meint Samuel Cohn, „waren die Frauen bereit, allen betrieblichen Anreizen und sozialen Konventionen zu trotzen, um sie zu behalten" (1985, 108).

Auch mit anderen Anreizen wurde versucht, die Fluktuation der weiblichen Arbeitskräfte in Gang und ihr Lohnniveau niedrig zu halten. Als Anfang des zwanzigsten Jahrhunderts in den Vereinigten Staaten das Krankenhauswesen expandierte, lösten die zuständigen Verwaltungen das Problem, wie sie zu billigen Arbeitskräften kommen konnten, indem sie Krankenpflegeschulen eröffneten und junge arme Frauen mit dem Versprechen von Kost, Logis und Ausbildung anlockten. Die Frauen wurden drei Jahre lang ausgebeutet und dann entlassen, um als selbständige Arbeitskräfte mit den noch in der Ausbildung befindlichen Krankenschwestern, die von den Krankenhäusern ebenfalls in die Hauspflege geschickt wurden, um private Patienten zu konkurrieren; eine Übernahme in das ständige Personal war für sie nicht vorgesehen (Ashley 1976).

Heute sind die Berufe von Frauen – Krankenschwestern, Sozialarbeiterinnen, Bibliothekarinnen, Grundschullehrerinnen – so strukturiert, daß sich die Frauen, wenn sie kleine Kinder haben, mehrere Jahre lang beurlauben lassen können, um die Arbeit dann wieder aufzunehmen, wenn die Kinder zur Schule kommen. Verkürzte Arbeitstage oder Schichten sollen eine Abstimmung mit den Stundenplänen der Kinder ermöglichen, und oft findet sich

eine Arbeit nicht weit von zu Hause. Damit haben diese Beschäftigungen alle
Merkmale der Frauenarbeit, einschließlich der schlechten Bezahlung, die der
Preis dafür sein dürfte, daß sie sich mit der Kinderversorgung vereinbaren
lassen (Etzioni 1969; Grimm und Stern 1974).

Die Lehrerin, der Beruf, der heute auf das Leben von Frauen als Ehefrauen
und Mütter zugeschnitten scheint, war im neunzehnten Jahrhundert in Amerika mit der Landarbeit der *Männer* vereinbar: „Als das Unterrichten eher
eine Nebenbeschäftigung war, die man für jeweils relativ kurze Zeit ausüben
konnte, war es für Männer in einer ganzen Reihen von Lebensumständen
attraktiv. Ein Farmer konnte seine Wintertätigkeit als Lehrer leicht mit der
Arbeit auf seiner Farm während des übrigen Jahres vereinbaren. Ein potenti-
eller Pastor, Politiker, Ladenbesitzer oder Rechtsanwalt mochte eine Zeit
lang unterrichten, um in der Gemeinde bekannt zu werden" (Strober 1984,
152). Als die Größe der Schulen zunahm und man sie nach Altersstufen in
Klassen unterteilte, die jeweils ihren eigenen Lehrplan bekamen, wurden
formale Abschlüsse verlangt und die Unterrichtsperioden verlängert. Aber
statt die Gehälter auf ein Niveau anzuheben, mit dem ein Mann aus der Mittelklasse eine Familie ernähren konnte, hielten die Schulverwaltungen sie
niedrig und „führten einen ideologischen Kreuzzug für den Eintritt von Frau-
en in den Lehrberuf" (Strober 1984, 153). Lehrerin wurde der ideale Beruf
für unverheiratete, gebildete Frauen aus den Mittelklassen, die angeblich
geduldig und fürsorglich waren, von wenig Gehalt leben konnten und dazu
noch etwas für die künftige eigene Mutterschaft lernten. In den Vereinigten
Staaten wurden bis zum Zweiten Weltkrieg Lehrerinnen entlassen, wenn sie
heirateten (Goldin 1990, 162), und bis in die sechziger Jahre hinein zwangs-
beurlaubt, wenn sie schwanger wurden. Das Lehramt heute hat für Frauen
die strukturellen Merkmale der Frauenarbeit – niedrige Gehälter, wenig Selbständigkeit und hohe Fluktuation; für Männer, die die Mehrheit der Schulleiter und Schulaufsichtsbeamten stellen, hat es die strukturellen Merkmale
der Männerarbeit – Stabilität, Aufstiegschancen und hohe Gehälter (Spencer
1988).

Büroangestellte auf Zeit und Heimarbeiterinnen

Ob Frauen an der Erwerbsarbeit teilhaben, hängt von ökonomischen Zwängen, beruflichen Chancen, Familienpflichten und dem subjektivem Interesse
an der Erwerbstätigkeit ab.[24] Bei ihren Interviews mit zweiundsiebzig weißen Frauen mit Collegeausbildung stellte Kathleen Gerson (1985) fest, daß
manche von ihnen, die eigentlich eine Berufstätigkeit geplant hatten, am

---

24 Amott und Matthaei 1991; Mencher 1988; Moen und Smith 1986; Rosen 1987; Semyonov
    1980; A. Whitehead 1981.

Ende zu Hause und bei den Kindern blieben, weil sie in einer Gemeinde lebten, in der es für sie keine Stellen oder keine Möglichkeit der Kinderbetreuung gab; während andere, die Vollzeitmütter hatten werden wollen, am Ende voll berufstätig waren, weil sie nicht geheiratet oder keine Kinder bekommen hatten oder zwar geheiratet und auch Kinder bekommen hatten, aber dann geschieden wurden und für sich und ihre Kinder den Lebensunterhalt verdienen mußten. Junge Frauen, die schwanger sind und einen angenehmen Arbeitsplatz, gute Bezahlung und großzügige Sozialleistungen haben, behalten im allgemeinen ihren Beruf auch nach der Geburt bei (Glass 1988). Wenn sie ein weiteres Kind bekommen und eine gute Betreuung für ihre Kinder haben, ist die Wahrscheinlichkeit, daß sie an ihren Arbeitsplatz zurückkehren, sogar noch größer.

Verheiratete Frauen aus der Arbeiterklasse haben auf der ganzen Welt gar nicht erst die Wahl, ob sie erwerbstätig werden wollen, um ihre Familien mit dem Lebensnotwendigen zu versorgen, das ihre Männer nicht aufbringen können oder wollen, und oft arbeiten sie an mehreren Stellen zugleich, manche davon schwarz oder sonstwie illegal.[25] Wenn Frauen wegen familiärer Verpflichtungen (nicht nur Kinder, auch ältere Verwandte oder kranke Männer müssen unter Umständen versorgt werden) oder wegen des Vetos ihrer Männer nicht erwerbstätig sind, machen sie oft Heimarbeit, und zwar nicht nur ab und zu, sondern ständig und viele Jahre lang.[26]

Angehörige der Mittelklassen stellen sich unter Erwerbsarbeit im allgemeinen eine feste Anstellung in einem Laden, einem Büro oder einer Fabrik und eine Arbeitszeit von neun bis fünf vor. Aber viele Arbeiten sind gar keine Ganztagsarbeit, und viele werden zu Hause gemacht. Manche zählen offiziell nicht einmal als „Arbeit" (Bose 1987). Ein großer Teil der Teilzeit- und Heimarbeiter sind Frauen mit Familie, die solche Arbeiten brauchen, um zweierlei häusliche Pflichten miteinander vereinbaren zu können – die unbezahlte Arbeit im Haushalt und die Erwerbsarbeit, mit der sie Essen, Kleidung und Miete bezahlen (Benería und Roldán 1987). Frauenarbeit ist der Struktur nach oft Teilzeit- oder Heimarbeit, so daß die Arbeitskräfte schlechter bezahlt werden können und keinen Anspruch auf Sozialleistungen wie Krankenversicherung und bezahlten Urlaub haben (Allen und Wolkowitz 1987; Beechey und Perkins 1987). Veronica Beechey und Tessa Perkins haben das Wachstum des Arbeitsmarkts für Teilzeitarbeit in England in den 1970er und 1980er Jahren untersucht und festgestellt, daß die Arbeitgeber, wenn sie zur Abdeckung stunden-, tage- oder saisonweise anfallender Bedarfsspitzen ihre Beschäftigtenzahlen flexibel halten wollten, bei Männertätigkeiten die vor-

---

25 Bunster und Chaney 1989; Fernández-Kelly 1983; Rosen 1987; Westwood 1985; Westwood und Bhachu 1988.

26 Allen und Wolkowitz 1987, 59-86; Beechey und Perkins 1987; Benería und Roldán 1987; Bennett und Alexander 1987; Boris und Daniels 1989; Christensen 1988; Mies 1982.

handenen Möglichkeiten von Überstunden oder Doppelschichten ausnutzten und bei Frauentätigkeiten Lösungen in Gestalt befristeter Teilzeitarbeit bevorzugten. „Es gibt keine Arbeit," so Beechey und Perkins, „die *ihrem Wesen nach* Vollzeit- oder Teilzeitarbeit wäre. Sie wurde als solche konstruiert, und Konstruktionen dieser Art haben sehr viel mit *gender* zu tun" (1987, 145-146). Sie haben außerdem mit Rasse zu tun: Je mehr eine Arbeit an Prestige verliert, in desto größerer Zahl werden Immigrantenfrauen und Frauen aus benachteiligten rassisch-ethnischen Gruppen für sie eingestellt.

Viele Frauenbeschäftigungen sind abgewertet worden. Der Beruf der Verkäuferin war einmal die Ganztagstätigkeit einer Angestellten in einem eleganten großstädtischen Warenhaus (Benson 1986). Er verkam zur Teilzeitarbeit in vorstädtischen Einkaufszentren und zur telefonischen Bestellannahme der Versandhäuser. Die meisten Bürobeschäftigten hatten einmal feste Vollzeitstellen. Heute arbeiten sie im allgemeinen als Datentypistinnen mit Teilzeitstellen oder befristeten Verträgen oder in Heimarbeit. Fabrikbesitzer haben auf der Suche nach immer billigeren Arbeitskräften neue Standorte in den Entwicklungsländern erschlossen. Frauen, die in der Bekleidungsindustrie arbeiten, haben in diesem Jahrhundert einen Weg zurückgelegt, der vom Nähen in Heimarbeit oder in Hungerlohnbetrieben über gut bezahlte, tarifvertraglich abgesicherte Arbeitsplätze und wieder zurück in Hungerlohnbetriebe oder Heimarbeit führte. Immer wenn eine Arbeit abgewertet wird, werden die Arbeitsabläufe in immer kleinere und immer stärker repetitive Arbeitseinheiten zerlegt und die Löhne gesenkt.[27] Der Arbeitgeber schraubt seine Investitions- und Overheadkosten immer weiter zurück, senkt die Lohnkosten, schafft Sozialleistungen ab und stellt nur noch die Arbeitskräfte ein, die für eine bestimmte Arbeit oder Saison gerade gebraucht werden (Beechey und Perkins 1987, 142-144; Safa 1981).

Wenn Arbeitgeber Ganztagsstellen in Teilzeitarbeit umwandeln, begründen sie dies damit, daß sie die Arbeit für Frauen mit kleinen Kindern attraktiv machen wollen, aber der wahre Grund ist, daß sie ihre Beschäftigtenzahlen flexibel halten und bei Ausbildung, Kranken- und Invalidenversicherung, Urlaubstagen, Krankengeld und Renten Geld sparen wollen (Beechey 1987, 149-167; Beechey und Perkins 1987). Auch die erwerbsmäßig betriebene Heimarbeit wird als eine Beschäftigungsform verkauft, die sich mit Kinderversorgung und Hausarbeit vereinbaren läßt, aber vertraglich ist sie so strukturiert, daß dabei nur „schlecht bezahlte, unregelmäßige und ungelernte Arbeit" herauskommt (Allen und Wolkowitz 1987, 62). Der größte Teil der von Frauen in Heimarbeit verrichteten Erwerbsarbeit ist keine selbständige, freiberufliche Arbeit, sondern Akkordarbeit am „unsichtbaren Band", analog

---

27 Allen und Wolkowitz 1987; Benería 1987; Benería und Roldán 1987, 31-74; Carter 1987; Gottfried 1991; Elson und Pearson 1981; Fuentes und Ehrenreich 1983; Kwong 1988; Mies 1982, 103-109.

zu jenem System der Heim- und Verlagsarbeit, das zu Beginn der industriellen Revolution vorherrschte (Marglin 1978; Mies 1982, 53-71). Das Paradoxe daran ist, daß diese neuen Heimindustrien gerade in den am weitesten entwickelten Industrieländern zu finden sind, etwa in Britannien und in den Vereinigten Staaten, wo „Frauen in Heimarbeit einfach alles produzieren, von Bekleidung, Schuhen und Steppdecken bis hin zu Scheibenwischern und Treibriemen. Sie bearbeiten Versicherungsfälle, schälen Gemüse und erledigen die betriebliche Buchhaltung. In Indien und Bangladesh bauen Heimarbeiterinnen Elektrogeräte zusammen, rollen Zigaretten und stellen Rohrmöbel und viele andere Güter her" (Allen und Wolkowitz 1987, 1). Dorinne Kondo hat als Teilzeitbeschäftigte in einer kleinen Fabrik im modernen Tokyo gearbeitet. Im selben Block, in dem die Fabrik stand, fand sie Heimarbeiterinnen, die Metallteile und Plastikzubehör ausstanzten, Schuhe herstellten, Pappkartons falteten, Uniformen nähten, Matten woben, Schirmgriffe schnitzten, Tabletts lackierten, Hemden bügelten und sogar Bleistifte anspitzten (1990a, 4-6).

Kathleen Christensen (1988) hat in den Vereinigten Staaten einhundert Heimarbeiterinnen interviewt, die selbständige Subunternehmerinnen waren, in Familienbetrieben arbeiteten oder Akkordarbeit machten. Sie stellte fest, daß verheiratete Frauen mit Kindern im Grunde mehr Nachteile hatten, als durch die angeblichen Vorteile – Selbständigkeit, flexible Arbeitszeiten und ganztägige Anwesenheit für die Kinder – wettgemacht werden konnte. Ihre Arbeit wurde nicht ernst genommen; ihre Zeit wurde überbeansprucht; sie hatten keine Chance, neue Qualifikationen zu erwerben, befördert zu werden oder herauszufinden, was in ihrem Betrieb vorging; man konnte sich ihrer leicht entledigen oder ihnen weniger Arbeit geben, und wenn sie selbständig waren, konnte eine Rezession zu schweren geschäftlichen Einbrüchen führen.

Erwerbsarbeit als Teilzeit- oder Heimarbeit ist für die meisten Frauen kein Weg, ihre Doppelbelastung zu verringern, sondern ein Weg, „in der mühseligen, unbezahlten Versorgungsarbeit im Haus auch noch Platz für die Erwerbsarbeit zu schaffen" (Allen und Wolkowitz 1987, 86). Weil Männer von den Pflichten der Kinder-, Alten- und Krankenversorgung und des Kochens, Putzens und Wäschewaschens relativ frei sind, stehen sie für die besser bezahlten, stabileren, mit Sozialleistungen verbundenen Ganztagsbeschäftigungen zur Verfügung. Teilzeit- und Heimarbeiterinnen mögen letztlich genauso viel arbeiten wie Ganztagsbeschäftigte, nur ohne gute Bezahlung, ohne Aufstiegschancen und ohne bezahlte Krankheits- oder Urlaubstage. Daß sie sich durch den Verzicht auf Sozialleistungen und ordentliche Gehälter Gestaltungsfreiheit bei der Planung von Arbeit und Familienpflichten eingehandelt hätten, ist ein Mythos (Allen und Wolkowitz 1987, 109-134, 166). Ihre Arbeitgeber kontrollieren, wann und wieviel sie arbeiten, und da sie zu Hause sind, wird ihre Zeit vermehrt für häusliche Angelegenheiten in Anspruch genommen: „In Wirklichkeit ist die Heimarbeiterin in einer Lage, in der sie arbeiten darf, bis sie umfällt; in der sie den Arbeitstag ... zur Abend- und Nachtarbeit und die Arbeitswoche zur Sieben-Tage-Woche ausdehnen darf" (125).

„Job queues" und „labor queues"

Die Erfordernisse der Kapitalakkumulation führen dazu, daß durch Segregation und Schichtenbildung – nach Frauen und Männern der verschiedenen rassisch-ethnischen Gruppen – Untergruppen von Arbeitskräften geschaffen werden. Auf diese Weise gibt es die wertvollen und relativ gut bezahlten Akademiker, Manager, Verkaufsbeschäftigte und Techniker in den Kernbereichen der Wirtschaft; die Beschäftigten, die als Ganztagsbeschäftigte in den Büros, als Monteure und Aufseher ganz vorn im *job queue* rangieren; die Saison- und Teilzeitangestellten und -arbeiter, die schon im zweiten Glied stehen; und ganz hinten schließlich die „Externen", die von Subunternehmern in Hungerlohnbetrieben und Heimarbeit beschäftigt werden (Beechey und Perkins 1987, 142-144). Männer der herrschenden rassisch-ethnischen Gruppen monopolisieren die besseren Positionen; alle Frauen und die Männer der untergeordneten rassisch-ethnischen Gruppen konkurrieren um die niedriger rangierenden Arbeiten, nicht als Individuen, sondern als Angehörige segregierter Arbeitsmärkte – Gruppen von Arbeitskräften, die mehr durch ihre sozialen Merkmale als durch ihre Fähigkeiten definiert sind.

Trotz zwanzig Jahren Antidiskriminierungsgesetze in den Vereinigten Staaten gilt immer noch: Je höher eine Arbeit durch die Arbeitskräfte selbst bewertet wird, desto größer ist die Wahrscheinlichkeit, daß der Stelleninhaber ein weißer, gut ausgebildeter Mann mit hohem sozialen Status und langer Berufserfahrung ist (Jencks, Perman und Rainwater 1988).[28] Mit dem vermehrten Zugang zu sozialen Ressourcen rücken auch die Angehörigen von untergeordneten rassisch-ethnischen Gruppen in die besseren Sektoren der Wirtschaft auf, aber die Frauen profitieren davon nicht in gleichem Maße wie die Männer. Die Männer, als die mutmaßlichen Haushaltsvorstände, monopolisieren bei Bildung, Stellen und Unternehmensgründungen die besseren Chancen (Almquist 1987). Frauen unterschiedlicher rassisch-ethnischer Gruppen konkurrieren jedoch auch untereinander, und genau wie bei den Männern ist weiße Haut oft ein Vorteil (Glenn und Tolbert 1987; Glazer 1993). 1983 zum Beispiel waren bei den Lehrerinnen 82,5 Prozent der schwarzen Lehrerinnen an staatlichen Schulen in fünfzehn großen U.S.-

---

28 Siehe auch Rosenfeld 1980.

amerikanischen Städten beschäftigt, gegenüber 66,7 Prozent der weißen Lehrerinnen (E. Higginbotham 1987, Tabelle 4.3).

Die Ausleseprozesse, die die Frauen und die Männer unterschiedlicher rassisch-ethnischer Gruppen auf getrennte, ungleiche Tätigkeiten verteilen,
bringen Arbeitskräfte und Arbeitsplätze zusammen, die nach ihrer Position in
der Rangfolge zusammen passen, oder, mit einem von Barbara Reskin und
Patricia Roos (1990) geprägten Begriff, *„queues"*, „Schlangen" von Arbeitskräften und Arbeitplätzen. Die Arbeitgeber stellen unter den Arbeitskräften
eine Rangfolge her: erste Wahl bis letzte Wahl. Für die Arbeitskräfte wiederum gibt es eine Rangfolge unter den Arbeitsplätzen. Werden bessere Arbeitsplätze von Arbeitskräften mit höherer Präferenz aufgegeben oder gibt es,
etwa in Kriegszeiten, zu wenig Arbeitskräfte mit höherer Präferenz, um alle
besseren Arbeitsplätze zu besetzen, haben niedriger rangierende Arbeitskräfte die Chance, auf bessere Arbeitsplätze aufzurücken, als ihnen in der
Vergangenheit zustanden. Dieser Prozeß funktioniert auch in der anderen
Richtung: Gibt es, etwa bei einer Rezession, zu wenig von den besten Stellen
für Arbeitskräfte mit höherer Präferenz, bekommen solche Stellen nur die
Arbeitskräfte mit den höchsten Qualifikationen oder der größten Berufserfahrung; Arbeitskräfte mit weniger guten Bildungszertifikaten und weniger Berufserfahrung fallen in der Schlange zurück und drängen die noch niedriger
rangierenden Arbeitskräfte ganz hinaus. Rücken Arbeitskräfte in der Schlange auf, bekommen gewöhnlich die besser qualifizierten auch die besseren
Arbeitsplätze. Ist jedoch die *gender*-Segregation so starr, daß sich Männer,
wenn Industriearbeitsplätze vernichtet oder verlagert werden, für „Frauenarbeit" nicht bewerben oder nicht eingestellt werden, kann es sein, daß im
Dienstleistungssektor, im Verkauf und im Büro weiterhin Frauen arbeiten,
während die Arbeitslosenzahlen der Männer in die Höhe schnellen.[29]

Für die Arbeitskräfte, sagen Reskin und Roos, bestimmt sich die Rangfolge der Arbeitsplätze danach, wie sich Bildung und Berufserfahrung in Sozialleistungen, Prestige, Selbständigkeit, Sicherheit und Aufstiegschancen
ummünzen lassen. Für manche Arbeitskräfte kann jeder Arbeitsplatz immer
noch besser sein als die ökonomische Abhängigkeit (Segura 1989). Die Präferenzen der Arbeitgeber hinsichtlich ihrer Arbeitskräfte sind jedoch nicht so
einheitlich. Für manche kommen *gender* und Rasse vor der Qualifikation;
andere wählen aus der Rasse und dem *gender* mit der höchsten Präferenz die
qualifiziertesten Arbeitskräfte aus und suchen dann mit absteigender Präferenz die auf jeder Stufe jeweils qualifizierteste Person. Eine weitere Variable,
die die Arbeitgeber veranschlagen, ist das Gehaltsgefüge, das für die von

---

29 Humphries 1988; Kessler-Harris 1982, 250-272; Milkman 1976. Loscocco und Robinson
1991 wiesen den gleichen Prozeß für Frauen in kleinen Betrieben nach; sie wurden meist
für Bereiche eingestellt, die stereotyp mit Frauen besetzt wurden oder für weiße Männer
unattraktiv waren.

ihnen gewollten Arbeitskräfte gilt; unter Umständen müssen sie sich mit Arbeitskräften mit geringerer Präferenz zufrieden geben, um mehr Profit herauszuholen, oder etwas vom Profit drangeben, um Proteste von hoch bezahlten Arbeitskräften zu vermeiden, die sich schon lange im Betrieb befinden.

Obwohl auch demographische Faktoren, wirtschaftliches Wachstum und Arbeitgeberpräferenzen zu Veränderungen der *gender*-Verteilung im Beschäftigungssystem führen, sind Reskin und Roos der Ansicht, daß der wichtigste Faktor für die Umverteilung der Arbeitskräfte unterschiedlicher Rassen und *gender* der – von den Arbeitgebern manipulierbare – strukturelle Wandel des Arbeitsprozesses und der Qualität bestimmter *Tätigkeiten* innerhalb von Berufsgruppen ist. Tätigkeiten nämlich können automatisiert und dequalifiziert oder in Teilzeit- oder Heimarbeit umgewandelt werden, so daß eine Senkung der Lohnkosten, bei nur wenigen verbleibenden, besser bezahlten, mit Aufsichtsfunktionen betrauten Beschäftigten, berechtigt erscheint.

Bei ihrer Untersuchung der Veränderungen in der *gender*-Zusammensetzung der U.S.-Erwerbsbevölkerung in den 1970er Jahren konzentrierten sich Reskin und Roos auf Veränderungen der beschäftigungsbezogenen Merkmale – Arbeitsbedingungen, Qualifikationsanforderungen, Organisationsgrad, Bildungsniveau, Dauer der Arbeitslosigkeit, Teilzeit/Vollzeit und Verdienst – von Tätigkeiten, bei denen die Zunahme des Frauenanteils mindestens doppelt so groß war wie die Zunahme der Frauen bei allen Erwerbstätigen zwischen 1970 und 1980 insgesamt, als der Frauenanteil an der U.S.-Erwerbsbevölkerung von 38 Prozent auf 42,6 Prozent stieg. Um herauszubekommen, welche Ursache der überproportional große Zustrom von Frauen in Tätigkeiten wie Personalchefin, EDV-Angestellte, Versicherungsagentin und Immobilienverkäuferin hatte und zu welchem Ergebnis diese „Feminisierung" führte, gingen sie mit ihrer Forschungsgruppe an die Arbeitsplätze, interviewten Fachleute aus der Praxis, Gatekeeper, Wissenschaftler, vertieften sich in Berichte aus Industrie und Wissenschaft, in Publikationen der Regierung, der Gewerkschaften, des Handels und der freien Berufe, in Volkszählungsdaten und Gerichtsakten. Ihr Ergebnis war, daß bestimmte Arbeitsplätze Frauen zugänglich gemacht wurden, weil sie für weiße Männer nicht mehr attraktiv waren. Diese wurden dequalifiziert und schlechter bezahlt, der Anteil der selbständigen Tätigkeiten sank und die Arbeitsbedingungen verschlechterten sich. In manchen Fällen halfen die Arbeitgeber nach, indem sie für die Männer, die diese Stellen gehabt hatten, innerhalb des Betriebs bessere Stellen fanden oder ganze Stellen in Teilzeitstellen umwandelten. Der staatliche Druck auf die Arbeitgeber, mehr Frauen einzustellen, hatte nur bei öffentlichkeitswirksamen Arbeitsplätzen wie etwa beim Radio Erfolg. Manche Arbeitgeber beriefen sich auf *gender*-Stereotypen, um im Nachhinein zu behaupten, ein bestimmter Arbeitsplatz sei für Frauen besonders geeignet.

Warum wollten die Frauen diese herabgestuften Arbeitsplätze überhaupt
haben? Ganz einfach – sie waren besser als die Frauenarbeitsplätze, die sie
zuvor hatten. Je mehr Frauen jedoch die von den Männern geräumten herabgestuften Tätigkeiten übernahmen, desto deutlicher kam es ironischerweise
auf diesen Arbeitsplätzen, in diesen Betrieben oder in den entsprechenden
Berufen zu einer erneuten *gender*-Segregation – diesmal hin zur reinen Frauenarbeit. Was in den 1970er Jahren am häufigsten herauskam, war nicht die
komplette *gender*-Umkehrung, sondern eine Ghettobildung; im selben Beruf
machten Männer und Frauen unterschiedliche Arbeit an unterschiedlichen
Arbeitsplätzen oder in unterschiedlichen Arten von Betrieben. Als Frauentätigkeiten rückten diese Arbeiten dann in der Schlange weiter nach hinten,
und später eingestellte Frauen rückten gar nicht erst auf: „Zwar machten die
Frauen eigentlich Fortschritte, indem sie traditionelle Männerberufe entmas-
kulinisierten, doch waren diese Berufe, als sich die Frauen Zugang zu ihnen
verschafften, für Männer längst nicht mehr attraktiv und wurden es auch für
Frauen immer weniger. Der Erfolg der Frauen in diesen Berufen war weitgehend ein Scheinerfolg" (Reskin und Roos 1990, 87). Michael J. Carter und
Susan Boslego Carter faßten denn auch ihren Bericht über die angeblichen
Fortschritte der Frauen in den freien Berufen unter dem Titel zusammen:
„Auch Frauen bekommen ihr Ticket – wenn der Erste-Klasse-Zug abgefah-
ren ist" (1981).

Während derartiger Auf- oder Abwärtsverschiebungen – bezogen auf die
Arbeitsplatzhierarchie – der Arbeitskräfteschlange ist das Potential für Konflikte zwischen Frauen und Männern und zwischen den Angehörigen von
herrschenden und untergeordneten rassisch-ethnischen Gruppen hoch. Männer der herrschenden Gruppe wollen die Arbeitsbedingungen, die ihr hohes
Gehalt rechtfertigen, perpetuieren; Arbeitgeber, die ihre Lohnkosten senken
wollen, dequalifizieren den Arbeitsprozeß, um billigere Arbeitskräfte einstellen zu können, und diesen neuen Arbeitskräften wird dann vorgeworfen,
sie seien am Niedergang der Tätigkeit schuld. Die *gender*-Segregation war
historisch das Mittel der Arbeitgeber, ihre männlichen Beschäftigten zufrieden zu stellen, während sie die Zahl der billigeren weiblichen Arbeitskräfte
erhöhten (Walby 1986, 154). Spaltungen dieser Art bedeuten einen Rück-
schlag für Gewerkschaften, die Frauen organisieren wollen und für sie den
gleichen Lohn wie für entsprechend beschäftigte Männer fordern. Ist ein
Arbeitsmarkt stabil oder in Expansion begriffen, ist der Widerstand der
Männer der herrschenden Gruppe gegen den Zustrom neuer Kategorien von
Arbeitskräften weitaus geringer, da sie sie nicht als Konkurrenz betrachten
(Swerdlow 1989). In solchen Fällen kann sich der Beruf der *gender*- und
Rassenintegration annähern.

Im allgemeinen jedoch bekommen, solange der Erste-Klasse-Zug im
Bahnhof ist, immer noch überwiegend weiße Männer die besser bezahlten
Stellen mit dem höchsten Prestige und den guten Arbeitsbedingungen, wie

Natalie Sokoloff (1988) bei ihrer Analyse der zwischen 1960 und 1980 in den freien Berufen in den Vereinigten Staaten eingetretenen Verschiebungen der *gender-* und Rassenzusammensetzung feststellte. Schwarze Männer, in den qualifizierten Berufen mit dem höchsten Prestige in diesen zwei Jahrzehnten immer noch stark unterrepräsentiert, konnten ebenso wie weiße Frauen ihren Anteil fast verdoppeln, während sich der Anteil der schwarzen Frauen verfünffachte. Aber obwohl 1980 weiße Männer nicht mehr die Mehrheit in allen akademischen Berufen bildeten, betrug ihr Anteil bei akademischen Berufen *mit hohem Prestige*, wie Rechtsanwälte, Ärzte oder Naturwissenschaftler, immer noch 86,1 Prozent.

Streben nach Pluralität: „Affirmative Action"

Affirmative Action hieß die nach der Verabschiedung des *Civil Rights Act* von 1964 in den Vereinigten Staaten einsetzende Politik, nach der jede *gender-* oder Rassendiskriminierung bei Bildung, Ausbildung, Einstellung, Beförderung und Entgelt verboten war. Es stellte sich jedoch rasch heraus, daß, da es keinen Aktionsplan gab, Bildungseinrichtungen und Betriebe einfach weiter Männer für „Männerstellen", Frauen für „Frauenstellen" und Angehörige anderer rassisch-ethnischer Gruppen für „Minoritätenstellen" rekrutierten, ausbildeten und einstellten (Hillsman und Levenson 1975; Levinson 1975). Nach Meinung der rekrutierenden Stellen waren mehr als ein paar „Vorzeigekandidaten" nicht zu finden.

In Leitfäden zur *Affirmative Action* wurden Bildungseinrichtungen und Betriebe darauf hingewiesen, daß der Anteil der Studenten, Lehrlinge, neu eingestellten und bereits vorhandenen Arbeitskräfte beider *gender* und aller Rassen auf allen Ebenen, entsprechende Qualifikationen vorausgesetzt, ihren jeweiligen Anteil an der Gesamtbevölkerung widerzuspiegeln habe. Der nächste politische Schritt war, dafür zu sorgen, daß es auch genügend qualifizierte weiße Frauen sowie Frauen und Männer aus benachteiligten rassischen und ethnischen Gruppen gab. Hieß das Ziel der *Affirmative Action* „mehr schwarze Frauen ins Management", dann mußten Wirtschaftsfachschulen und -hochschulen mehr schwarze Studentinnen aufnehmen. Also gingen die Rekrutierungsbeauftragten der Wirtschaftsfachschulen und -hochschulen unter dem Druck von *Affirmative Action* in die schwarzen Colleges und rekrutierten Studentinnen und Studenten, und die Rekrutierungsbeauftragten der Firmen gingen unter dem Druck von *Affirmative Action* in die Wirtschaftsfachschulen und -hochschulen, um Berufsanfänger zu rekrutieren. Da sie alle mehr als nur ein paar „Vorzeigekandidaten" mit der richtigen Qualifikation fanden, ging eine Anzahl *gender-* und Rassenschranken zu Bruch.

Frauen und benachteiligte Männer wollen im allgemeinen eher die Arbeitsplätze der weißen Männer entmaskulinisieren als umgekehrt, obwohl auch schon arbeitslose Männer „Frauenjobs" angenommen haben, etwa als Telefonisten. Als AT&T nach einer erfolgreichen Klage zur *Affirmative Action* die *gender*-typische Zuweisung von Arbeitsplätzen aufhob, wurden 16.300 Männer Telefonisten, allerdings überwiegend als Zeitarbeitskräfte; die besser bezahlten Facharbeitertätigkeiten, für die nun Frauen eingestellt werden mußten, wurden automatisiert (Hacker 1979). Wo es keine ständige Überwachung gab, wurden die Leitlinien zur *Affirmative Action* schlicht ignoriert, und die Arbeitgeber rekrutierten weiterhin nach *gender*-typischen Klischeevorstelllungen von Frauen- und Männertätigkeiten und Familienpflichten (Collinson, Knights und Collinson 1990).

Auf der anderen – positiven – Seite haben die Betriebe bestimmte Karriereleitern erfolgreich verändert, indem sie „Übergangsstellen" schufen, die es bereits im Betrieb beschäftigten Büroangestellten ermöglichen, an ihrem Arbeitsplatz administrative oder technische Erfahrungen zu sammeln, um sich für Managementpositionen zu qualifizieren. Weil besonders in Unternehmen mit großer politischer und ökonomischer Macht die Durchführung solcher und anderer Maßnahmen zur *Affirmative Action* von den betroffenen Beschäftigtengruppen überwacht werden muß, ist ein hoher Frauenanteil in der Belegschaft ebenso hilfreich wie Frauen in Leitungspositionen (Yoder, Crumpton und Zipp 1989). Auch kann der Staat, wenn die Finanzierung von ihm kommt, wegen Umgehung der Direktiven zur *Affirmative Action* mitunter den Geldhahn zudrehen. Doch hat eine Generation *Affirmative Action* an den tief verwurzelten Mustern der Segregation und Schichtung nach *gender* und Rasse im Erwerbsleben der Vereinigten Staaten noch kaum etwas verändert.

Ungleiche Bezahlung

Gleicher Lohn für gleiche Arbeit ist ein allgemein akzeptierter Grundsatz, der nicht nur garantiert, daß Frauen, die Männerarbeit machen, auch ein Männergehalt bekommen, sondern auch sicherstellt, daß ein Arbeitgeber nicht die Männerlöhne unterlaufen kann, indem er Frauen zu einem billigeren Tarif einstellt (Kessler-Harris 1990, 81-112). Die Grenzverschiebungen der *gender*-Segregation im Erwerbsleben untermauern diesen Grundsatz und untergraben ihn zugleich. Frauen und Männer machen nicht „gleiche" Arbeit – sie machen andere Arbeit oder die gleiche Arbeit in anderen Industrien oder die gleiche Arbeit in einem anderen Teil des Unternehmens und unter einer anderen Berufsbezeichnung (Goldin 1990, 58-82; Strang und Baron 1990). „Männerberufe," meinen William Bielby und James Baron, „werden entsprechend ihrem Rang in der Hierarchie der Männerarbeit entgolten, Frauenberufe entsprechend ihrem Rang in der Hierarchie der Frauenarbeit.

Die Legitimität eines solchen Systems ist in einer nach *gender* oder Rasse
entmischten Arbeitsumgebung leicht nachzuweisen" (1987, 226).

Das Ergebnis ist die allseits bekannte vergeschlechtlichte Einkommens-
schere. In den Vereinigten Staaten stieg das Verhältnis des Einkommens
weißer Frauen zum Einkommen weißer Männer bei Vollzeit- und Ganzjah-
resbeschäftigung zwischen 1890 und 1930 von .46 auf .56, stagnierte von
1950 bis 1980 bei etwa .60 und stieg 1989 auf rund .65 (Blum 1991, 29;
Goldin 1990, 59). Etwas besser fällt das Verhältnis aus, wenn man schwarze
und hispanische erwerbstätige Frauen und Männer vergleicht, aber auch nur
deswegen, weil farbige Männer weniger verdienen als weiße Männer. In den
Anfangszeiten war der Verdienstzuwachs der Frauen größtenteils darauf
zurückzuführen, daß sie mehr Berufserfahrung und eine bessere Ausbildung
hatten, später dann war er aber größtenteils den sinkenden Einkommen der
weißen Männer geschuldet. In Dollar ausgedrückt, ist der Wert von Faktoren
des „Humankapitals" wie Ausbildung und Erfahrung bei allen Frauen und
bei Männern aus untergeordneten rassisch-ethnischen Gruppen durchgängig
niedriger als bei Männern der herrschenden Gruppe, und dieser unerklärte
Unterschied wird auf die in den Industrieländern praktizierte „Lohndiskriminierung" zurückgeführt.[30]

Lohndiskrimierung tritt hauptsächlich in zwei Formen auf: Das Gehaltsni-
veau von Tätigkeiten, Berufen, Sektoren und Segmenten, in denen Männer
der herrschenden Gruppe in der Mehrheit sind, liegt durchgängig höher, und
Frauen sowie Männer aus untergeordneten Gruppen werden in *jedem* Beruf
in der Regel schlechter bezahlt. *Gender*-Unterschiede sind häufiger anzutreffen als Rassenunterschiede. Männer, die „Frauenarbeit" machen, verdienen
weniger als Männer, die in Berufen arbeiten, in denen die Arbeitskräfte meist
Männer sind, aber sie verdienen im allgemeinen mehr als die Frauen in diesen Frauenberufen, weil sie rascher befördert werden. Frauen, die „Männerarbeit" machen, verdienen mehr als Frauen, die „Frauenarbeit" machen,
weil der Beruf als ganzer im allgemeinen besser bezahlt wird; da jedoch
Frauen in „Männerberufen" meist, wenn überhaupt, nicht so schnell oder
nicht so weit nach oben befördert werden wie ihre männlichen Kollegen,
verdienen sie selten mehr als Männer.

Neben der ungleichen Bezahlung, die auf das Verhältnis von weiblichen zu
männlichen Arbeitskräften und auf die ungleichen Aufstiegschancen zurückzuführen ist, werden außerdem Stellen, die Leitungs- oder Aufsichtsfunktionen beinhalten, besser bezahlt als vergleichbare Stellen, für die keine Ma-

---

30 Acker 1991; Auster und Drazin 1988; Baron und Newman 1990; M. F. Fox 1985; Hannan,
    Schömann und Blossfeld 1990; England und McCreary 1987; Lewin-Epstein und Stier
    1987; Madden 1985; Marini 1989; McLaughlin 1978; Rosenfeld 1983; Rosenfeld und
    Kalleberg 1990; Sorensen 1989; Swafford 1978; Tienda, Smith und Ortiz 1987; Treiman
    und Roos 1983.

nagementqualifikationen erforderlich sind, und Berufe, bei denen die Beschäftigten im persönlichen Umgang oder als Betreuer mit Klienten zu tun haben, werden schlechter bezahlt als vergleichbare Berufe, in denen man nicht mit Menschen zu tun hat (England 1992). Da Leitungsfunktionen im allgemeinen ein Merkmal der höheren Stellen sind, auf denen die Männer überwiegen, und Betreuungsfunktionen ein Merkmal der niedriger rangierenden Beschäftigungen, in denen die Mehrheit der Arbeitskräfte Frauen sind, fallen hier alle Arten der Lohndiskriminierung zusammen.

„Pay equity" und „comparable worth"

Ein Weg, um Gleichheit in der Bezahlung zu erreichen, besteht angesichts fortbestehender *gender*-Segregation darin, die tatsächlichen Inhalte von Frauen- und Männertätigkeiten zu vergleichen und Tätigkeiten gleich zu bezahlen, die gleich komplex und qualifiziert sind und gleiche Verantwortlichkeiten haben. Die Strategie der Arbeitsbewertung (*„comparable worth"*) besteht darin, eine Arbeit in Bestandteile zu zerlegen, die sich zu einer bestimmten Zahl von Punkten addieren. Solche Bestandteile oder Tätigkeitsmerkmale können die Bildung oder Ausbildung sein, die man braucht, um eine bestimmte Arbeit zu bekommen, die Qualifikationen, die benötigt werden, um sie zu machen, der Umfang, in dem man für die Arbeit anderer und für die Finanzen verantwortlich ist, die Gefährlichkeit der Arbeit, eine schmutzige Arbeitsumgebung und so weiter. Evaluierungssysteme legen die „Wertpunkte" fest, gewöhnlich für Kenntnisse und Qualifikationen, geistige Anforderungen, Verantwortlichkeit und Arbeitsbedingungen.[31]
      Auch Gerichtsprozesse wurden im Zusammenhang mit Arbeitsbewertung und Lohngleichheit geführt, um zu erreichen, daß Frauen und Männer auf Stellen mit gleicher Punktzahl gleich bezahlt werden, um der vergeschlechtlichten Lohndiskriminierung auf diese Weise entgegenzuwirken. In Minnesota zum Beispiel verdienten die am höchsten eingruppierten Büroangestellten und Schreibkräfte, alles Frauen, $ 1.274 im Monat, Straßenbauarbeiter mit langer Betriebszugehörigkeit bei der Autobahnwartung jedoch, fast alles Männer, $ 1.521 im Monat. Bei der Evaluierung bekam die Arbeit der Büroangestellten und Schreibkräfte 169 Punkte; die der Straßenbauarbeiter 154 Punkte (Evans und Nelson 1989, Tabelle 1.1, 9). In San Jose, Kalifornien, verdiente vor dem Inkrafttreten eines Plans zur Verwirklichung von Entgeltgleichheit eine Krankenschwester $ 9.120 pro Jahr weniger als ein Kraftfahrzeugmechaniker bei der Feuerwehr; eine Sekretärin in einer Anwaltskanzlei verdiente $ 7.288 pro Jahr weniger als ein Mechaniker; die Se-

---

31   Zu den Bewertungsmethoden, siehe Acker 1989a; Blum 1991; Evans und Nelson 1989; Remick 1984; Steinberg und Haignere 1987; Treiman und Hartmann 1981.

kretärin des Bürgermeisters verdiente 47 Prozent weniger als ein erfahrener Klimaanlagentechniker (Blum 1991, 82-83).

Bei der Bestimmung der Tätigkeitsmerkmale und ihrer Gewichtung im Evaluierungsschema werden im allgemeinen bestimmte Arten von Arbeit und Arbeitskräften begünstigt.[32] Gefährliche oder schmutzige Arbeitsbedingungen werden meist mit Zusatzpunkten vergolten, aber die Langeweile einer repetitiven und streng kontrollierten Tätigkeit wird gewöhnlich nicht als nachteilig betrachtet. Die Folge ist, daß Beschäftigte, die am Fließband oder als Datentypistinnen arbeiten, weniger Punkte bekommen als Bauarbeiter (Amott und Matthaei 1988). Managementkenntnisse und -qualifikationen bekommen immer viele Punkte, nicht aber die unsichtbare Arbeit, die von den Zuarbeiterinnen in den Sekretariaten erledigt wird, etwa Texte editieren, Büromaschinen funktionstüchtig erhalten, den Terminkalender des Chefs führen, Telefonanrufe und Besucher taktvoll kanalisieren und sich nebenbei noch um tausend andere Dinge kümmern (Amott und Matthaei 1988; Mine 1988). All diese der Evaluierung zugrunde liegenden Annahmen bewirken eine Benachteiligung der Frauen, die ja meist in repetitiven und unter ständiger Kontrolle stehenden Angestelltentätigkeiten arbeiten und deren Qualifikationen oft als zur weiblichen Natur gehörig betrachtet werden. Krankenpflege etwa wurde als etwas betrachtet, das Frauen „von Natur aus" können, und also sind die Gehälter von Krankenschwestern im Vergleich zu den Gehältern von Ärzten nicht hoch, mögen sie auch aus modernen Krankenhäusern nicht mehr wegzudenken und außerdem knapp an Zahl sein (Corley und Mauksch 1988; Reverby 1987).

In Oregon kam es zwischen den Beratern, die mit der Erarbeitung des Evaluierungssystems beauftragt worden waren, und den feministischen Mitgliedern der staatlichen „Task Force on Compensation and Pay Equity" – einer Art Gleichstellungskommission – zu heftigen Auseinandersetzungen über die Anzahl der Qualifikationsstufen, die für den Umgang mit Menschen anerkannt werden sollten (Acker 1989a, 61-103). Waren „normale Höflichkeit" und die Fähigkeit, sachliche Informationen zu vermitteln, elementare Qualifikationen und deshalb nicht allzu viele Punkte wert? Auf welcher Qualifikationsstufe des Umgangs mit Menschen bewegte sich eine Büroangestellte, die für mehrere Chefs arbeitete? Auf derselben wie ein Straßenbauarbeiter bei der Autobahnwartung? Durch Höchstbewertungen begünstigt wurde in der Regel das höhere Management; was Manager machten, war – eine Tautologie – hoch qualifiziert und verdiente viele Punkte, die sich in höherem Entgelt niederschlugen: „Oft ist Qualifikation eine ideologische Kategorie, die bestimmten Arten von Arbeit kraft des Geschlechts und der Macht derer, die sie ausüben, zugesprochen wird" (Phillips und Taylor 1980,

---

32   Acker 1989a; Blum 1991; Brenner 1987; England 1992; Evans und Nelson 1989; Steinberg 1987.

79). Was niedriger rangierende Arbeitskräfte im zwischenmenschlichen Bereich leisteten, galt als „elementar". In Kalifornien taten sich Frauen, die genau wußten, welche Tätigkeitsmerkmale Punkte brachten, zu praktischer Weiterbildung zusammen und halfen einander, ihre Arbeitsplätze in einer Terminologie zu beschreiben, die sich auszuzahlen pflegte, statt Begriffe zu benutzen, die eher zur Abwertung führten. Bibliothekarinnen zum Beispiel beschrieben ihre Tätigkeit nicht als das Ausleihen von Büchern, sondern als Management des Jahresbudgets für Buchbeschaffungen und als Pflege eines Buchbestands im Werte von einer Million Dollar (Blum 1991, 75-77).

In den Vereinigten Staaten gibt es eine Häufung schwarzer Frauen in den niedriger rangierenden Bürotätigkeiten und im öffentlichen Dienst, in jenen Bereichen also, in denen die Arbeitsbewertung am häufigsten Anwendung fand. In Tätigkeitsbereichen, in denen sie überrepräsentiert sind, sind ihre Gehälter niedriger als in Bereichen, in denen die Stellen überwiegend mit weißen Frauen besetzt sind, und ihre Familien sind in hohem Maße auf ihr Einkommen angewiesen. Daher könnten schwarze Frauen noch mehr als weiße Frauen von der Arbeitsbewertung profitieren, besonders wenn die dahinter stehende Zielsetzung eine Form der Armutsbekämpfung ist.[33]

Radikalkuren und radikale Wirkungen

Trotz ihrer vermeintlich radikalen Implikationen ändert die Strategie der Arbeitsbewertung nichts an den Strukturen der Wirtschaft, beseitigt keine Arbeitsplatzhierarchien, läßt große Gehaltsspannen nicht kleiner werden und schafft auch sonst die *gender*-Ungleichheit in keinerlei Form ab. Dennoch hat sie bei den Frauen ein Bewußtsein dafür geweckt, wo auf den verschiedenen hierarchischen Ebenen mit Verbündeten oder Gegnern zu rechnen ist, und sie gelehrt, wie sie sich organisieren und wie sie auf einer Bezahlung bestehen können, die ihrer eigenen Einschätzung des Wertes ihrer Arbeit entspricht.[34]

Die Rassen-, *gender*- und Klassenungleichheiten, die durch die Arbeitsbewertung aufgedeckt wurden, strafen die Ideologie Lügen, der Wert einer Person auf dem Arbeitsmarkt bemesse sich nach Leistung, Produktivität oder dem aus ihr zu ziehenden Profit (Baron und Newman 1990). Indem die Arbeitsbewertung als qualifizierte Tätigkeiten definiert, was Frauen in typischen Frauenberufen (Krankenpflege, Unterrichten, Sozialarbeit, Bürotätigkeiten, Kinderbetreuung) tun, und für eine entsprechende Bezahlung sorgt, könnte sie zur Aufwertung solch unterbezahlter Qualitäten wie „Fürsorglich-

---

33 Acker 1989a; Malveaux 1987; Taylor und Smitherman-Donaldson 1989.
34 Acker 1989a, 199-227; Amott und Matthaei 1988; Blum 1991, 183-202; Brenner 1987; Evans und Nelson 1989, 162-173; Feldberg 1984; Steinberg 1987.

keit, Gemeinschaftssinn und Fähigkeiten im Umgang mit Menschen" beitragen (Kessler-Harris 1990, 125). Ein großer Teil der Frauenarbeit würde dann genauso gut bezahlt wie die niedriger rangierende Männerarbeit, so daß es für Männer kaum noch Gründe gäbe, die Pflege- oder Büroberufe zu meiden oder Frauen aus Berufen wie Lokführer oder Elektriker herauszuhalten.

Es ist jedoch wenig wahrscheinlich, daß die *gender*-Segregation und -schichtung im Erwerbsleben ganz beseitigt würde. Arbeitsbewertung befaßt sich nicht mit jener Diskriminierung nach *gender* oder Rasse, die bei Einstellungen praktiziert wird, oder mit der Ungleichbehandlung bei Gehaltserhöhungen und Beförderungen; diese sind Sache der *Affirmative Action*. Und selbst die Zielsetzungen der Arbeitsbewertung – kein Bias bei der Bewertung von Stellenbewerbungen und bei der Bezahlung – werden selten ohne größere Kompromisse erreicht. Die Politik der Unternehmen und die Macht bestimmter Gruppen von Arbeitskräften bestimmen, wer von der Arbeitsbewertung profitiert. Eine umfangreiche Studie im Staate Washington kam zu dem Ergebnis, daß die Festlegung der Gleichwertigkeit von bestimmten Lohnstufen „praktisch von vorne bis hinten von Subjektivität, Willkür und Interessenpolitik geprägt war" (Bridges und Nelson 1989, 654). In Oregon hatte der Erhalt der betrieblichen Hierarchien und der Klassengrenzen Vorrang vor der Anerkennung der Managementqualifikationen, die zu weiblichen Zuarbeitertätigkeiten wie Büroleiterin oder Sekretärin gehörten. Würden die Managementfähigkeiten dieser Frauen als berufliche Qualifikationen betrachtet und nicht als Fähigkeiten, die in der weiblichen Natur liegen, wäre dies ein ernstzunehmender Angriff auf die erhebliche Spanne zwischen dem Verdienst auf diesen Stellen und dem Verdienst der männlichen Manager (Acker 1989a, 208-217).

So trägt die Arbeitsbewertung, obwohl sie auf den unteren Ebenen zu einer Angleichung von Frauen- und Männerlöhnen führen mag, zum Erhalt der Kluft zwischen diesen Ebenen und den von Männern beherrschten höheren Managementebenen bei: „Die Vorstellung, daß manche Tätigkeiten mehr wert sind als andere, wird durch die Arbeitsbewertung verstärkt" (Evans und Nelson 1989, 13). Zwischen den Tätigkeiten entsteht zusätzlich zu der Rangfolge nach dem Gehalt eine Rangfolge nach Prestige, Selbständigkeit, Entscheidungsbefugnissen, Arbeitsort und Arbeitsbedingungen. Die Entgeltgleichheit beseitigt weder die großen schichtungsbedingten Unterschiede noch andere Formen der Selektion. Außerdem können die Arbeitgeber, solange sie die Kontrolle über den Arbeitsprozeß haben, Tätigkeiten in Teilzeitbeschäftigungen aufspalten oder als Aufträge an Subunternehmer vergeben, Büros und Produktionsstätten an Standorte verlegen, an denen die Arbeitskräfte billiger sind, Tätigkeiten automatisieren und nur einige wenige hoch bezahlte Arbeitskräfte zurückbehalten (Malveaux 1987). Da sich die Arbeitskräfte je nach *gender*, Rasse und ethnischer Gruppe sehr ungleich auf die daraus resultierenden Hierarchien verteilen, werden in diesen klassenproduzierenden Prozessen auch die wichtigsten vergeschlechtlichten und rassisch-ethnischen Ungleichheiten reproduziert (Acker 1989a, 210). In diesem Sinne ist die Arbeitsbewertung kaum radikal:

> Eine radikale Strategie würde für eine Erhöhung des Entgelts der am schlechtesten bezahlten Arbeitskräfte argumentieren, meist Frauen und Minoritäten, und zwar mit der Begründung, daß jeder Mensch, der seine Arbeitskraft beisteuert, eine sorgenfreie, gesicherte Existenz verdient. Diese Strategie würde nicht nur gegen die Unterbewertung der Arbeit von Frauen protestieren, sondern auch argumentieren, daß die bestehenden Gehaltsunterschiede zwischen bestimmten Tätigkeiten, vor allem zwischen Management- und Nichtmanagementtätigkeiten, unnötig groß sind. Und sie würde darauf bestehen, daß wir, wenn wir eine Arbeit betrachten, die Menschen tun, immer auch die Frage stellen, ob diese Arbeit produktiv, sicher und interessant ist und den Menschen erlaubt, ihre Fähigkeiten und Qualifikationen zu nutzen und neue zu entwickeln. (Brenner 1987, 461)

Allen arbeitenden Menschen die Chance zu einer inhaltlich wie finanziell befriedigenden Arbeit zu geben, würde die *gender-*, Klassen- und Rassenschichtung in der Erwerbsarbeit radikal verändern. Auch die Hausarbeit würde radikal verändert, da Frauen dann dieselben ökonomischen Ressourcen wie Männer und eine gleichberechtigte Verhandlungsposition hätten, und da sich die Schar derer, die Hausarbeit gegen Bezahlung verrichten, erheblich verringern würde. Die Hausarbeit müßte dann entweder auf alle Mitglieder des Haushalts aufgeteilt oder, was wahrscheinlicher ist, immer mehr als Dienstleistung oder Ware gekauft werden. Wenn die häuslichen Dienstleistungen nicht nach *gender* und Rasse verteilt wären, bekämen wir vielleicht so manchen verheirateten weißen Mann bei der ganz gewöhnlichen Beschäftigung des Kochens, Putzens, Wäschewaschens und Toilettenschrubbens zu sehen, gegen Lohn – oder aus Liebe.

Teil III

Gender-Politik

10   „Zutritt für Unbefugte verboten":
Gender-Mikropolitik

> Du legst deine Interpretation des Universums vor, und
> schon dafür mußt du die Anerkennung deiner Kolle-
> gen haben. Du mußt behaupten, daß die Idee gut und
> die Interpretation richtig ist und daß *du* diejenige bist,
> der sie eingefallen ist, denn alle drei Dinge müssen
> von deinen Kollegen akzeptiert werden. Deiner Kar-
> riere nützt es gar nichts, wenn die Theorie akzeptiert,
> aber nicht dir zugeschrieben wird.
>
> – *Harriet Zuckerman, Jonathan R. Cole und John T.*
> *Bruer (1991, 103)*

Vor fünfundzwanzig Jahren kaufte Muriel F. Siebert als erste Frau, der man
dies gestattete, einen Sitz an der New Yorker Börse. 1992, als sie eine Auszeichnung für ihre Leistungen erhielt, sagte sie ganz unverblümt, trotz der
großen Zahl der in die Hochfinanz, die akademischen Berufe und die Regierung vordringenden Frauen seien die Arenen der Macht immer noch über-
wältigend von Männern beherrscht (Henriques 1992). Die Zahlen geben ihr
recht.

Unter den 500 größten Unternehmen der Vereinigten Staaten, den sogenannten *Fortune 500*, gab es 1980 nur zwei, in denen Frauen die höchsten
Managementposten innehatten. Es waren Katherine Graham, Vorstandsvor-
sitzende der *Washington Post Company*, und Marion O. Sandler, eine der
beiden Vorstandsvorsitzenden der *Golden West Financial Corporation* in
Oakland, Californien. 1985 waren es drei: Graham, Sandler und Elisabeth
Claiborne von der *Liz Claiborne Clothing Company*. 1990 waren es ebenfalls
drei; Graham, Sandler und Linda Wachner von der *Warnaco Group, Inc.*,
New York. 1992 wurde Charlotte Beers Vorstandvorsitzende von *Ogilvie &*
Mather Worldwide, der mit einem Umsatz von 5.4 Milliarden Dollar fünft-
größten internationalen Werbeagentur, und damit ranghöchste weibliche
Managerin in diesem Bereich (Elliott 1992). Linda Wachner (die 1991 3.1
Millionen Dollar verdiente), kam als erste Frau in die *Fortune*-Liste der
„Spitzenverdiener unter den Managern" (Strom 1992). So waren also im
letzten Jahrzehnt in den Vereinigten Staaten, wo es zwischen 42,1 und 53,5
Millionen Frauen gab, die zwischen 42,4 und 45,4 Prozent der Erwerbsbe-
völkerung ausmachten, in den Spitzenpositionen der größten Unternehmen

ganze fünf Frauen (Marsh 1991).[1] Als *Fortune* die Liste der höchstbezahlten
Angestellten und Direktoren von 799 U.S.-Industrie- und Dienstleistungsunternehmen zusammenstellte, waren unter diesen 1.012 Personen 19 Frauen
oder weniger als ein halbes Prozent (Fierman 1990).

Der Überzeugung, der Anstieg des Frauenanteils im Erwerbsleben zöge
automatisch auch Aufstieg und Führungspositionen nach sich, lag eine
gröbliche Unterschätzung der sozialen Prozesse zugrunde, durch die bestimmte Menschen auf die Überholspur und andere systematisch aufs Ab-
stellgleis gesteuert werden. Diese Prozesse werden von den Inhabern der
Spitzenpositionen dazu benutzt, bei den Nachrückenden für größtmögliche
Ähnlichkeit mit ihnen selbst und damit für den Erhalt ihrer Werte und ihrer
Vorstellungen von der Handhabung der Geschäfte zu sorgen. Die Homoge-
nitätsmarker sind *gender*, Rasse, Religion, Ethnizität, Bildung und soziale
Herkunft. Die wenigen heterogenen „Tokens", die „Vorzeigefiguren", die
überhaupt an den Gatekeepern vorbei kommen, müssen vor allem ihre Ähnlichkeit mit der Elite hinsichtlich ihrer Einstellungen und ihres Verhaltens
beweisen. In welchem Bereich auch immer, die Leute ganz unten haben mit
den Leuten ganz oben, wo Machtpolitik getrieben und Gesellschaftspolitik
gemacht wird, wenig gemein.

Die schon in der modernen Arbeitswelt so unübersehbare *gender*-
Trennung spitzt sich in den höchsten Rängen von Wirtschaft, akademischen
Berufen und Politik dank vergeschlechtlichter Konzepte von Autorität und
Führungspotential noch einmal zu. Frauen werden als legitime Führungskräfte nur in Bereichen angesehen, die vermeintlich ohnehin Frauensache
sind, gewöhnlich also im Gesundheits-, Bildungs- und Wohlfahrtsbereich.
Die Leistungen, die Frauen in Männerbereichen erbringen, sind meist un-
sichtbar oder werden von den Männern abgewertet, so daß diese Frauen nur
selten das Format erlangen können, um zum Beispiel in der Wissenschaft
oder in der Raumfahrt als Führungskräfte angesehen zu werden.[2] Bei der
U.S.-Raumfahrtbehörde unterzogen sich von 1959 bis 1961 fünfundzwanzig
Pilotinnen den harten physischen und psychologischen Auswahlverfahren.
Dreizehn von ihnen wurde eine „außerordentliche Eignung" für die Raum-

---

1   Ein kulturübergreifender Überblick zu Frauen in Managementpositionen bei Adler und
    Izraeli 1988b; 1993; Antal und Izraeli 1993. Zu den strukturellen Bedingungen, die in Isra-
    el den Zugang der Frauen zum und ihre Aufwärtsmobilität im Management beeinflussen,
    siehe Izraeli 1993.

2   Von 1901 bis 1989 bekamen neun Frauen den Nobelpreis, 2,2 Prozent der 407 Nobelpreis-
    träger. Ähnliche Prozentsätze von Frauen waren in den achtziger Jahren Mitglieder der pre-
    stigeträchtigen Akademien der Wissenschaft in England (3,2), Frankreich (2,3), Deutsch-
    land (2,1) und den Vereinigten Staaten (3,4). Der Prozentsatz der Frauen, die Ende der
    1960er und Anfang der 1970er Jahre in den Naturwissenschaften promovierten, betrug 9,3
    Prozent in England, 19 Prozent in Frankreich, 4,8 Prozent in Deutschland und 9,8 Prozent
    in den Vereinigten Staaten (Zuckerman 1991, 47, Tabelle 1.1).

fahrt bescheinigt, aber weder sie noch siebzehn hoch qualifizierte und ausgewiesene Wissenschaftlerinnen wurden als Astronautinnen oder Raumfahrtwissenschaftlerinnen ausgewählt, obwohl die Russen 1963 Valentina Tereschkowa in den Weltraum geschickt hatten (McCullough 1973). Wenn Frauen demonstrieren, wie Gloria Steinem fast zwanzig Jahre später in ihrem Rückblick auf diese unsichtbaren Frauen meinte, daß sie „das Zeug dazu haben", dann verwandelt sich dieses „richtige Zeug" auf einmal in das falsche, wenn die Anerkennung der zuständigen Männer ausbleibt, (1992).

Wenn Kollegen jemanden aus ihrer Mitte in eine Leitungsposition wählen, werden die Frauen von den Männern der Gruppe oft übergangen, und gewöhnlich gibt es auch zu wenig Frauen, die einander unterstützen könnten. Selbst wo Frauen die Mehrheit der Beschäftigten ausmachen, werden für Führungspositionen meist Männer bevorzugt, weil in der Regel Frauen wie Männer meinen, Männer als Führungskräfte verträten die Interessen aller, Frauen aber nur die Interessen der Frauen (Izraeli 1984). So kommt es, daß selbst in Berufen, in denen die Mehrheit der Beschäftigten Frauen sind, etwa im Pflegebereich oder in der Sozialarbeit, auf den höheren Verwaltungsposten die Männer meist überrepräsentiert sind und daß Frauen in Berufen, in denen die Beschäftigten überwiegend Männer sind, kaum jemals in Spitzenpositionen gelangen (C. L. Williams 1989, 95-98; Zunz 1991).

Wenn Männer eine Frau in eine Position wählen, die mit Macht und Prestige verbunden ist, geschieht das in ihren Augen oft gewissermaßen „auf Bewährung". Eine israelische Ärztin zum Beispiel, die zur Leiterin einer sehr angesehenen geburtshilflichen und gynäkologischen Abteilung gemacht wurde, in der die einzige Frau war, erzählte mir, die Männer, die sie gewählt hatten, hätten ihr ein Jahr später gesagt, sie seien ungeheuer erleichtert. Sie habe keine schweren Fehler gemacht, und damit sei nun ihr Beschluß, sie zur Leiterin der Abteilung zu wählen, endgültig bestätigt. Sie war wütend, daß sie sich nach Ansicht dieser Männer erst bewähren mußte; sie war siebzehn Jahre lang ihre Kollegin und Freundin gewesen, und ihr Wert und ihre Führungsqualitäten dürften ihnen bekannt gewesen sein. Bei dieser Gelegenheit, sagte sie, wäre ihr klar geworden, daß ihre männlichen Kollegen sie nie wirklich als „eine der ihren" betrachtet hätten.[3]

---

3   Interview mit Jardenia Ovadia, M.D., 26. Juli 1984. Zur zögernden Unterstützung, die Kandidatinnen für Führungspositionen von ihren Nichtkollegen erfahren, siehe Chase und Bell 1990. Ein kritischer Überblick über die Literatur zu Frauen und Leistung, siehe Kaufman und Richardson 1982.

Die gläserne Decke

Das überall anzutreffende Phänomen, daß Frauen in ihren Berufen bis zu einem bestimmten Punkt und dann nicht mehr weiter kommen, ist unter dem Begriff *gläserne Decke* bekannt geworden. Dem liegt die Annahme zugrunde, daß Frauen zwar die Motivation, den Ehrgeiz und die Fähigkeiten besitzen, um Führungs- und Machtpositionen zu übernehmen, aber von unsichtbaren Barrieren daran gehindert werden, nach ganz oben zu kommen. Sie können ihr Ziel sehen, aber sie stoßen mit dem Kopf an eine Decke, die so unsichtbar wie undurchdringlich ist. Das U.S.-Arbeitsministerium definiert die gläserne Decke als „die künstlichen Barrieren, die auf einem einstellungs- oder organisationsbedingten Bias beruhen und qualifizierte Individuen daran hindern, in ihren Betrieben in Leitungspositionen aufzusteigen" (L. Martin 1991, 1).

Aus einer neueren Studie des U.S.-Arbeitsministeriums über die Karrierepfade, die zu Machtpositionen in Großunternehmen führen, geht hervor, daß die gläserne Decke sogar noch tiefer hing, als man zunächst gedacht hatte – nämlich im mittleren Management. Angehörige von benachteiligten Gruppen hatten noch weniger Chancen als weiße Frauen, in Spitzenpositionen aufzusteigen, und für schwarze Frauen waren die oberen Ränge „nahezu unerreichbar" (L. Martin 1991). Aus einer Zufallsstichprobe von neunundvierzig Personalstatistiken von Unternehmenszentralen ging hervor, daß von 147.179 Angestellten 37,3 Prozent Frauen und 15,5 Prozent Minoritäten waren. 31.184 dieser Angestellten waren im Management, und zwar auf allen Ebenen vom Büroleiter bis zum höchsten leitenden Angestellten; darunter waren 16,9 Prozent Frauen und 6 Prozent Minoritäten. Von 4.491 Managern auf der Ebene eines Assistenten des Vizepräsidenten und höher waren 6,6 Prozent Frauen und 2,6 Prozent Minoritäten. Dieser Erhebung zufolge war also der Frauenanteil umso kleiner, je höher die Position im Unternehmen war; hätte die Anzahl der Frauen in den obersten Rängen der Anzahl der Frauen in den unteren Rängen entsprochen, hätte mehr als ein Drittel der Vizepräsidenten, Präsidenten und Leitenden Angestellten Frauen sein müssen. Die Anzahl der farbigen Frauen ging aus dieser Statistik nicht hervor, aber einem anderen vom Arbeitsministerium zitierten Bericht zufolge beträgt ihr Anteil an den weiblichen leitenden Angestellten, die selber wiederum nur 1 bis 2 Prozent aller leitenden Angestellten ausmachen, 3,3 Prozent.

Unter den fünfundzwanzig afroamerikanischen Managerinnen, die Karen Fulbright (1987) interviewte, waren auch fünfzehn, die es in der Mineralöl- oder Automobilindustrie, der Telekommunikation und den Banken zur Vizepräsidentin, Gebietsleiterin oder Abteilungsleiterin gebracht hatten oder in der Hierarchie rasch aufgestiegen waren. Ausschlaggebend für deren Aufstieg waren eine langjährige feste Anstellung, ein rasch wachsendes Unternehmen oder die Tatsache, daß ihr Unternehmen Schwarzen gehörte oder von Schwarzen geleitet wurde. Die anderen hatten erlebt, wie ihre Mobilität blockiert wurde, obwohl sie sich auf Karrierepfade begeben hatten, von denen bekannt war, daß sie nach oben führen.

Ähnliche Reibungsverluste sind für die Zahl der Frauen in Spitzenpositionen des öffentlichen Dienstes der Vereinigten Staaten festgestellt worden. 1990 zum Beispiel waren in zentralen und lokalen Regierungsdienststellen 43,5 Prozent der Angestellten auf Stellen mit einfachen Tätigkeiten Frauen, aber nur 31,3 Prozent der Inhaber von Spitzenpositionen – *department heads, division chiefs, deputies, examiners* (*New York Times* 1992a). Afroamerikanische Frauen machten 9,8 Prozent der Beschäftigten auf den unteren Ebenen und 5,1 Prozent auf den höchsten Ebenen aus.

In den meisten Fällen erfolgt der Aufstieg über die Nutzung von *Netzwerken* (Eröffnung von beruflichen Chancen durch Mund-zu-Mund-Propaganda oder Empfehlung durch eine bereits arrivierte Person), *Mentoring* (gezielte Einführung in die informellen Normen des Arbeitsplatzes) und *direkte Förderung* (Aufstiegsförderung durch ältere Kollegen). In den Bürokratien des öffentlichen Dienstes, in denen die Beförderung von einer Prüfung oder einer erfolgreich absolvierten Fortbildung abhängt, bestehen Personen, die von erfahrenen Betriebsangehörigen gefördert oder beraten werden, im allgemeinen auch den Qualifizierungstest oder erwerben das erforderliche Fortbildungszertifikat (Poll 1978). In der Wissenschaft hängt die Forschungsproduktivität in signifikantem Maße davon ab, wo man arbeitet, mit wem man arbeitet und welche Ressourcen einem zur Verfügung stehen.[4] All diese Aufstiegsprozesse hängen von der Unterstützung durch Kollegen und Vorgesetzte ab, was bedeutet, daß in einer Arbeitsumgebung, in der es mehr Männer als Frauen und mehr Weiße als Angehörige irgendeiner anderen ethnischen Gruppe gibt, weiße Frauen und Frauen und Männer aus benachteiligten rassisch-ethnischen Gruppen Hilfe, wenn überhaupt, von weißen Männern bekommen müssen.

Bei einer vertiefenden Studie von neun *Fortune-500*-Unternehmen mit einem breit gefächerten Spektrum von Produkten und Dienstleistungen und mit Standorten in verschiedenen Landesteilen stellte sich heraus, daß es bei allen Unterschieden der jeweiligen Unternehmensstruktur und -kultur und der Personalpolitik immer dieselben Praktiken waren, die zur gläsernen Decke für Frauen, insbesondere farbige Frauen, führten (L. Martin 1991, 4-5). Diese Praktiken bestanden in eben jenen Rekrutierungsstrategien für höhere Managementpositionen, die im wesentlichen auf der Nutzung von Netzwerken, Mund-zu-Mund-Propaganda und der Empfehlung durch Beschäftigte basierten. Wo „headhunter" eingesetzt wurden, wurden diese nicht angewiesen, nach Frauen und Männern aus sozialen Gruppen zu suchen, die im Management unterrepräsentiert waren. Den wenigen weißen Frauen und farbigen

---

4 Cole und Singer 1991; M. F. Fox 1991; Reskin 1978a; 1978b.

Frauen und Männern, die bereits im Unternehmen beschäftigt waren, wurde keine Gelegenheit gegeben, sich durch Fortbildung zu qualifizieren oder ihre Karrieren durch Berufung in bestimmte Gremien oder Zuweisung zu Arbeitsgruppen für Spezialaufgaben oder besondere Projekte auszubauen. Dies aber sind die traditionellen Aufstiegswege, da sie weniger erfahrene Beschäftigte mit erfahrenen Angehörigen des Unternehmens in Kontakt bringen, sie ins Blickfeld rücken und ihnen die Chance geben, zu zeigen, was sie können. Die für Gehälter, Prämien, Anreize oder freiwillige Sozialleistungen maßgeblichen Evaluierungs- und Kompensationssysteme unterlagen keiner Steuerung, die dafür sorgte, daß weiße Frauen und farbige Frauen und Männer ihr Teil bekamen. Ganz allgemein „wurde eine Steuerung, die für gleichen Zugang und gleiche Chancen vor allem auf jenen innerbetrieblichen Aufstiegswegen gesorgt hätte, die Managern einen Aufstieg auf die höheren Managementebenen ermöglichen, wo die wichtigen Entscheidungen fallen, fast niemals als eine Verantwortung des Unternehmens oder als Teil gezielter Personalentwicklungsprogramme und -strategien begriffen" (L. Martin 1991, 4). Kurz, keiner der weißen Männer im höheren Management empfand es bei herannahendem Ruhestand als seine Verantwortung, weiße Frauen oder farbige Frauen und Männer gezielt als Nachfolger aufzubauen.

Männer in traditionellen Frauenberufen berichten über das entgegengesetzte Phänomen. Ihr Minderheitenstatus erweist sich als Karrierevorteil. Bei Christine Williams' Studie über siebenundsechzig Männer und dreiundzwanzig Frauen in der Krankenpflege, im Lehramt, im Bibliotheksdienst und in der Sozialarbeit, die sie von 1985 bis 1991 in den Vereinigten Staaten interviewte, kam heraus, daß die Männer innerhalb des Berufs gezielt in Fachgebiete mit mehr Prestige und besserer Bezahlung hineingebracht und von ihren Mentoren, meist ebenfalls Männern, auf die Übernahme von Leitungspositionen vorbereitet wurden. Meist waren diese Männer Weiße, also die am meisten privilegierten Arbeitskräfte.[5] Nicht in Vorgesetzten- oder Verwaltungspositionen aufzusteigen, wäre bei ihnen als nicht adäquat wahrgenommen worden. Infolgedessen saßen sie in einem „gläsernen Fahrstuhl", meint Williams: „Oft geraten sie ganz gegen ihre Absichten unter einen unsichtbaren Druck zum beruflichen Aufstieg. Um auf der Stelle zu bleiben, müßten sie wie in einem steigenden Fahrstuhl regelrecht aktiv werden" (1992, 256). Mitunter allerdings stießen sie weiter oben an eine gläserne Decke. In vielen Institutionen hat die Politik der *Affirmative Action* dazu geführt, daß weibliche Dekane oder Abteilungsleiterinnen in Frauenbereichen zu sehr im Blickfeld stehen, als daß Männer an ihre Stelle treten könnten (257).

---

5   Die Interviews fanden in Kalifornien, Texas, Massachusetts und Arizona statt. 1990 betrug der Männeranteil in diesen Berufen in den Vereinigten Staaten 5,5 in der Krankenpflege; 14,8 bei den Grundschullehrern; 16,7 bei den Bibliothekaren; 31,8 bei den Sozialarbeitern (Tabelle 1, 254). Der Anteil der schwarzen Männer ist in der Sozialarbeit am größten.

Obwohl diese Prozesse undramatisch erscheinen mögen, läßt doch das Ungleichgewicht zwischen den statusniedrigen Beschäftigten, die die Merkmale der sozialen Benachteiligung aufweisen, und den statushohen Beschäftigten, die die Merkmale der sozialen Bevorrechtigung tragen, auf eine bewußte, wenn auch nirgends formulierte Politik der Feindseligkeit und Abwehr schließen, die sich mit jedem zusätzlichen Merkmal der Benachteiligung verstärkt. Kimberlé Crenshaw macht anhand eines Bildes anschaulich, wer überhaupt den Aufstieg durch die gläserne Decke hindurch schaffen kann:

> Stellen Sie sich ein Untergeschoß vor, in dem sich alle Leute befinden, die nach Rasse, Geschlecht, sexueller Präferenz, Alter und/oder körperlichen Fähigkeiten benachteiligt sind. Diese Menschen stehen übereinander – Füße auf Schultern –, und zwar ganz unten diejenigen, die das ganze Spektrum der Benachteiligungsfaktoren auf sich versammeln, und ganz oben diejenigen, die nur einen einzigen Benachteiligungsfaktor aufweisen und mit den Köpfen schon fast an die Decke stoßen. ... In diese ist eine Luke eingelassen, und wer direkt unter ihr steht, kann hindurchkriechen. Im allgemeinen allerdings ist die Luke nur denjenigen zugänglich, die – weil sie nur eine einzige Last zu tragen und ansonsten, verglichen mit den unter ihnen stehenden Personen, eine privilegierte Position haben – überhaupt in der Lage sind, hindurchzukriechen. Diejenigen mit der Mehrfachbelastung bleiben im allgemeinen unten. (1991, 65)

Brüderhorden

Parallel zur formalen Organisation eines großen, modernen Betriebs, dessen hierarchische Struktur aufgabenbezogen und bürokratisch ist, gibt es die informelle Organisation, die auf Vertrauen, Loyalität und wechselseitigem Entgegenkommen beruht (Lorber [1979] 1989a). Weil für die Abläufe in einem Betrieb die unausgesprochenen Regeln oft ebenso bedeutsam sind wie die geschriebenen Regeln, wollen Kollegen mit Leuten arbeiten, die diese Selbstverständlichkeiten kennen: „Um frei und vertrauensvoll kommunizieren zu können, müssen Männer [*sic*] eine ganze Menge von dem, was sie jeweils denken und fühlen, als selbstverständlich voraussetzen können. Ihr Schweigen darf ihnen ebenso wenig Probleme bereiten wie ihre Äußerungen. All diese Faktoren zusammen bewirken, daß sich Kollegen, zwischen denen über weite Strecken stilles Einvernehmen herrscht, in Anwesenheit von Leuten, die aus ihrer Sicht nicht recht zu ihnen passen, nicht wohl fühlen" (Hughes 1971, 146).

Für die Inhaber von Führungspositionen sind wegen der Unwägbarkeiten, mit denen sie es zu tun haben, Fingerspitzengefühl und Verläßlichkeit besonders nötig (Kanter 1977a, 47-68). Dianne Feinstein zufolge, der früheren Bürgermeisterin von San Francisco, die 1992 in den U.S.-Senat gewählt wurde, müssen Frauen nicht nur ihre Kompetenz, sondern auch ihre Vertrauenswürdigkeit doppelt und dreifach unter Beweis stellen:

> Frauen müssen ihre Leistungsfähigkeit und Glaubwürdigkeit immer aufs Neue beweisen. Die Erfahrung hat mich gelehrt, daß ‚Vertrauenswürdigkeit' der Schlüssel zur Effizienz einer Frau in einem öffentlichen Amt ist: Klare Anweisungen und Überwachung der Ausführung, Überprüfung der Richtigkeit jeder Aussage, peinlichste Wahrung der Integrität und hundertprozentige Rechtfertigung des Vertrauens, das die Öffentlichkeit in sie setzt. Und das Wichtigste ist, sie muß zur Teamarbeit fähig sein und ihre Beziehungen zu ihren Kollegen auf Integrität und Respekt aufbauen können. (Cantor und Bernay 1992, xv)

Vor fast zwanzig Jahren sagten Margaret Hennig und Anne Jardim voraus, daß gewissenhafte und hart arbeitende Frauen Schwierigkeiten bekommen würden, über das mittlere Management hinaus zu gelangen, weil sich ihre Auffasung von Leistung an formaler Bildung und bürokratischen Verantwortlichkeiten orientiere. Wäre ihnen bewußt, daß das höhere Management im wesentlichen über Handhabung informeller Netzwerke, Erschließung wichtiger Informationsquellen aus anderen als den eigenen Fachgebieten, Planung, Formulierung politischer Vorgaben und Delegation von Verantwortung an verläßliche Untergebene funktioniere, könnten ihrer Ansicht nach auch Frauen die unternehmensinternen Aufstiegswege nutzen (1976, 55-68).[6] Allerdings hängt die Karrieremobilität nicht nur von der kompetenten Pflichterfüllung und den sonstigen Leistungen eines ehrgeizigen Individuums ab. Um aufzusteigen, muß der Wert einer jüngeren Person von wichtigen Führungskräften anerkannt und gefördert werden. Vielversprechende junge Männer mit den richtigen sozialen Merkmalen haben „Paten" oder „Rabbis", die sie für das höhere Management aufbauen – Förderer, die sie unter ihre Fittiche nehmen und dafür sorgen, daß sie die informellen Regeln lernen, die für den unternehmensinternen Aufstieg gelten. Vielversprechende junge Frauen müssen sich allein durchschlagen (Lorber 1981).

Das Vertrauen „unter Brüdern" bei Männern, die Geschäftspartner sind, reicht bis ins neunzehnte Jahrhundert zurück. Ehe es Aktiengesellschaften gab, war jeder Teilhaber eines Unternehmens persönlich dafür verantwortlich, daß Kapital aufgebracht und Profit gemacht wurde. Kreditwürdigkeit war eine Sache der persönlichen Vertrauenswürdigkeit; Bankrott eine persönliche Tragödie (Davidoff und Hall 1987, 198-228; Silver 1990). Die aktiven Partner bei diesen Transaktionen waren allesamt Männer. Frauen waren passive Partner; mit ihrem Geld arbeiteten männliche Verwandten und Freunde, die als Treuhänder agierten. Zur Festigung der brüderlichen Bande zwischen den Männern, die geschäftlich miteinander verbunden waren, empfahl sich für die Frauen die Heirat mit einem Cousin oder einem Partner ihres

---

6   Siehe auch Dexter 1985; Martin, Harrison und DiNitto 1983.

Bruders; oft heirateten auch zwei Schwestern zwei Brüder, oder ein Bruder und eine Schwester heirateten eine Schwester und einen Bruder: „Eine auf diese Weise gesteuerte freie Wahl des Ehepartners stellte eine Art Rückversicherung in Gestalt der Einbindung der Angehörigen der Mittelklasse in lokale, regionale und nationale Netzwerke dar, eine Gewähr für kongeniale Ansichten und Vertrauenswürdigkeit in ökonomischer und finanzieller Hinsicht" (Davidoff und Hall 1987, 221).[7]

Im zwanzigsten Jahrhundert werden Vertrauen und Loyalität in der Wirtschaft, den hochqualifizierten Berufen und der Politik nicht über Verwandtschaftsbeziehungen aufgebaut (was als Vetternwirtschaft angesehen wird), sondern über *Homosozialität* – Bündnisse von Männern gleicher Rasse, Religion und Klassenherkunft (Lipman-Blumen 1976). Die Männer in diesen Männerbünden verfügen über die ökonomischen, politischen, beruflichen und sozialen Ressourcen, um einander Vorteile zu verschaffen. In diese Männerzirkel können auch Frauen Einlaß finden, wenn sie dieselben sozialen Merkmale aufweisen und entsprechend über Reichtum, Macht und soziale Stellung verfügen (C. F. Epstein 1981, 265-302; Lorber 1984, 57-63). Die meisten Männer und Frauen jedoch beziehen sich nur in ihren familialen oder sexuellen Rollen aufeinander (G. Moore 1990).

Homosozialität setzt früh ein. Schon in der Kindheit sondern sich beim Spielen die Jungen von den Mädchen ab und blicken auf die Mädchenaktivitäten herab, um ihre Abgrenzung aufrecht erhalten zu können.[8] Diese Segregation, die dem Bedürfnis der Jungen zugeschrieben wird, ihre Männlichkeit zu festigen, macht Freundschaften zwischen Jungen und Mädchen schwierig, weil sie von den gleichgeschlechtlichen Peers entmutigt werden. In gemischten Schulen ist die *gender*-typische Gruppenbildung nicht vollständig, sondern wird von gegenläufigen Gruppenbildungen nach sozialen Klassen oder rassisch-ethnischen Gesichtspunkten und manchmal auch von bewußt strukturierenden Eingriffen der Lehrer durchkreuzt (Thorne 1990).[9] Bei Erwachsenen werden, wo immer Männer und Frauen einander von gleich zu gleich begegnen, etwa in gemischten Bildungseinrichtungen und Arbeitsumgebungen, Freundschaften zwischen den *gender* durch die Andeutung sexueller Anziehung unterminiert (O'Meara 1989). Eine Untersuchung über

---

7   In Japan besitzt dieses Muster der Heiraten zwischen Famlien von Geschäftsleuten, allerdings mit arrangierten Ehen, eine Kontinuität bis weit ins zwanzigste Jahrhundert hinein; siehe Hamabata 1990.

8   Lever 1976; 1978; Luria und Herzog 1991; Maccoby 1990; Thorne 1990; 1993; Thorne und Luria 1986.

9   Manche Lehrer mischen Jungen und Mädchen bewußt, aber in so mancher Schule teilen die Lehrer ihre Klassen (wenn Mannschaften oder geordnete Reihen usw. gebildet werden sollen) gewohnheitsmäßig nach Jungen und Mädchen ein. Zur Geschichte der *gender*-Praxis in den öffentlichen Schulen in den Vereinigten Staaten, siehe Hansot und Tyack 1988.

junge weiße Erwachsene aus der Mittelklasse ergab, daß gleichgeschlechtliche Freundschaften für die Frauen einen höheren Stellenwert besaßen als für die Männer, weil die Männer eher sexuell als freundschaftlich an den Frauen interessiert waren (S. M. Rose 1985). Die Männer widmeten ihren Männerfreundschaften mehr Zeit und Aufmerksamkeit als ihren Frauenfreundschaften, während die Frauen Freunden genauso viel emotionale Unterstützung gaben wie Freundinnen. Der Hauptgrund allerdings, warum Frauen und Männer selten eng befreundet sind, ist nach Ansicht von Letty Cottin Pogrebin (1987, 311-340), daß sie selten wirklich gleichgestellt sind.

Von vielen erwerbstätigen Frauen wird als Teil ihrer Tätigkeit erwartet, daß sie lächeln und sich verbindlich, mitfühlend, freundlich und ein bißchen sexy geben.[10] Männer sollen im Erwerbsleben männliche Gefühle an den Tag legen – die „coole" Haltung in brenzligen Situationen, die Rationalität und die Objektivität, die zur Machtausübung gehören (Sattel 1976). Die Eigenschaften, die sich Männer von Frauen am Arbeitsplatz wie zu Hause wünschen – Sympathie, Rücksichtnahme auf die andere Person, Eingehen auf Verhaltensnuancen und -signale, Fürsorglichkeit, sexuelle Schmeichelei –, sind eben jene, die den Frauen den Weg in die Spitzenpositionen der Wirtschaft, des Staatsdienstes und der freien Berufe versperren. Es sind Eigenschaften, die das *gender*-Merkmal „Frau" tragen; außerdem leisten sie der Unterordnung Vorschub (Ridgeway und Johnson 1990).

Ein großer Teil dessen, was an Männerarbeitsplätzen geredet wird, dreht sich um Sport oder Sex. Die noch einmal geschossenen Tore vom Wochenende bieten Männern Gelegenheit zu Ersatzkämpfen und Ersatzsiegen (Kemper 1990, 167-206). Sexistische Witze markieren die Ausgrenzungslinien, desgleichen rassistische oder antisemitische oder antikatholische Witze, wenn die Männer der gleichen Rasse oder der gleichen Religion angehören. Außerdem bewahren sexistische Witze die Männer davor, sich mit ihren emotionalen Bindungen untereinander befassen zu müssen, und lenken den Ärger, der ihren Chefs gilt, auf die Frauen.[11] Frauen, die wie Männer reden und Witze reißen können, mögen – als Männer ehrenhalber – in die Bruderschaft aufgenommen werden, können dann jedoch nicht mehr gegen Sexismus und sexuelle Belästigung protestieren, auch wenn sie selbst die Opfer sind.[12]

---

10 Gutek 1985, 129-152; Hochschild 1983; Tancred-Sheriff 1989, 52-55.
11 Sexistische Witze und sexuelle Bemerkungen über Frauen und an Frauen gerichtet scheinen bei Männern aus allen Klassen, in jeder Arbeitsumgebung und in vielen Ländern vorzukommen; siehe Collinson 1988; Lyman 1987; Peña 1991. Diese verbalen Akte der sexuellen Aggression können leicht in reale sexuelle Übergriffe umschlagen, wenn Frauen allein mit einer Gruppe von Männern und physisch oder psychisch gefährdet sind. Zum Konzept der sexuellen Gewalt als Kontinuum, siehe Liz Kelly 1987.
12 Barkalow und Raab 1990; Collinson und Collinson 1989; Fine 1987b.

Obwohl Männer wie Frauen an ihrem Arbeitsplatz oder in ihrem Beruf „untypisch" sein können, sieht der Druck für eine Frau in einem Männerberuf ganz anders aus als für einen Mann in einem Frauenberuf. Krankenpfleger können mit Ärzten über Sport und Autos reden. Sie schließen sich damit einer statushöheren Gruppe an, bestätigen sich als Männer und ziehen aus diesen informellen Kontakten noch den zusätzlichen Gewinn einer positiveren Einschätzung ihrer Arbeit. Der Status von Ärzten ist zu hoch, um durch den Schwatz mit einem Krankenpfleger (oder den Flirt mit einer Krankenschwester) kompromittiert zu werden. Offen homosexuelle Männer allerdings können der Diskriminierung durch männliche Vorgesetzte ausgesetzt sein (C. L. Williams 1992, 259). Ärztinnen können sich sozial mit Medizinstudentinnen und anderen Ärztinnen einlassen, nicht aber mit Krankenschwestern.[13] Ärztinnen haben einen prekäreren Status und geraten leicht in eine Zwickmühle. Um der Effizienz ihrer Arbeit willen müssen sie mit den Krankenschwestern gut auskommen, schließen sie sich jedoch als Frauen mit einer statusniedrigeren Gruppe zusammen, erleiden sie einen Statusverlust. Ärztinnen müssen kollegiale Beziehungen zu den Ärzten aufbauen, ihren Peers, werden von diesen Männern aber womöglich nicht als Gleichgestellte behandelt. Sie müssen sich außerdem Förderer unter den vorgesetzten Männern suchen, die ihnen bei ihrer Karriere behilflich sein können, werden aber von diesen Männern als Protégées womöglich gar nicht gewollt.

Weil Männer die Macht der homosozialen Männerbünde kennen, bereitet es ihnen Unbehagen, wenn Frauen sich ebenso zusammentun, und sie sind schnell damit bei der Hand, solchen Frauen nachzusagen, sie seien lesbisch, vor allem weil diese sich miteinander befassen statt mit ihnen. So schrieb Carol Barkalow über die Männer beim Militär:

> Oft scheinen sie ganz irrational Angst vor irgendwelchen Gruppenbildungen von Frauen zu haben, wohl weil sie glauben, daß da Komplotte gegen Männer geschmiedet oder, noch schlimmer, Männer irgendwie überflüssig gemacht werden. Wenn Soldatinnen wirklich einmal versuchen, Netzwerke zur beruflichen Unterstützung aufzubauen, stehen sie vor dem Dilemma, daß bereits etwas so Simples wie zwei weibliche Offiziere, die mehr als einmal zusammen mittagessen, das Gerücht auslösen kann, sie seien lesbisch – eine Anschuldigung, die fast schon einTodesstoß ist, denn allein das bloße Gemunkel von Homosexualität kann der Offizierskarriere schaden. (1990, 167-168)[14]

Weibliche Offiziere, die sich zusammentun wollen, ohne daß von Homosexualität gemunkelt wird, wenden sich oft dem Sport zu, der für sie wie für

---

13 Zu Krankenpflegern, siehe C. L. Williams 1989, 118-119; zu Ärztinnen, siehe Lorber 1984, 60-61.
14 Siehe auch Cockburn 1991, 159-161.

die Männer der legitime Ort zum Aufbau von Vertrauen und Loyalität unter Frauen ist.[15]

Als Kolleginnen, Freundinnen und Ehefrauen sind Frauen meist auf den Platz eines Publikums oder Sexualobjekts für die Männer verwiesen. Ehefrauen und Freundinnen, meint Kathryn Ann Farr (1988) in ihrer Untersuchgung über eine Gruppe von weißen Männern aus der Oberklasse, deren Männerbund sich ganz im Rahmen ihrer Rassen-, Klassen- und *gender*-Privilegien bewegte, wurden als Folie für die exklusive Geselligkeit der Männer gebraucht. Die Männer erzählten von ihren Heldentaten, die Frauen hörten zu. Brachen die Männer zu irgendeiner Eskapade auf, warnten ihre Frauen sie, sich nicht in Schwierigkeiten zu bringen, machten ihnen etwas zu essen und blieben zurück. Durch den Ausschluß der Frauen bestimmten die Männer die Grenzen ihrer homosozialen Welt ebenso, wie sie durch die Ausgrenzung der „falschen" Sorte Männer ihre Rassen- und Klassenexklusivität wahrten. Die Ironie dabei ist, daß sie ihren höheren Status direkt und unmittelbar dadurch aufbauten, daß sie den eigenen Ehefrauen und Freundinnen die Privilegien ihrer Rasse und Klasse vorenthielten. Auf diese Weise wird die Herrschaft der Männer über die Frauen innerhalb der eigenen sozialen Gruppe aufrecht erhalten, und zwar unter Mithilfe der Frauen:

> Diese Männer halten sich selbst nicht für sexistisch und scheinen auch von den Frauen, *mit denen sie interagieren*, nicht für sexistisch gehalten zu werden. Bei der Wahl ihrer Frauen und Freundinnen scheinen die meisten dieser Männer unabhängige und intelligente Frauen zu schätzen. Doch aufgrund ihrer Sozialisation für eine von Männern beherrschte Umwelt und eine Kultur, die der Geselligkeit unter Männern hohen Wert beimißt, denken sie auf eine Weise, die zu ihren intellektuellen Einschätzungen des Werts und der Wertigkeit ihrer sozialen Beziehungen zu Frauen im Widerspruch stehen. (Farr 1988, 269)[16]

Durch die Ausgrenzung der Frauen, mit denen sie die sozialen Merkmale ihres sozialen Raums teilen, brauchen diese Männer Frauen nie als Gleichgestellte oder als ernsthafte Konkurrentinnen um Machtpositionen zu behandeln.[17]

---

15 Zur Kooperation und Unterstützung unter Frauen, siehe Booth-Butterfield und Booth-Butterfield 1988.
16 Allgemeinere Ausführungen zu diesem „auf dem Eigeninteresse des Männerbundes beruhenden ... ‚Fratriarchats'," siehe Remy (1990, 45). Die Bündnisse zwischen Männern bestimmter Altersstufen werden mit Männerhäusern, Blutsbrüderschaften und Männergeheimbünden auf eine Stufe gestellt.
17 Bourdieu 1989; Coser 1986; C. F. Epstein 1988, 215-231. Weil Toiletten nach *gender* getrennt sind, werden sie von Frauen wie von Männern für Netzwerkaktivitäten genutzt, aber Frauen benutzen sie auch, um ihrem Ärger über „die Kerle" Luft zu machen, und als Zufluchtsstätten vor Männern (Barkalow 1990, 65; Reskin 1988; Quindlen 1988, 30-33).

Der „Mommy Track"

Konnten Frauen nicht völlig ausgeschlossen oder auf untergeordnete Positionen verwiesen werden, entschärften die Männer die Konkurrenz und förderten die Fluktuation, indem sie verheiratete Frauen oder Mütter gar nicht erst einstellten und weiblichen Angestellten, die heirateten oder Kinder bekamen, die Kündigung nahelegten. Das Eheverbot für Lehrerinnen, Stewardessen und andere Berufe galt in den Vereinigten Staaten bis weit ins zwanzigste Jahrhundert hinein und gilt in anderen Ländern noch heute (Brinton 1989; Goldin 1990, 160-184). Als das Eheverbot Ende der fünfziger Jahre in den Vereinigten Staaten unter anderem aufgrund des Mangels an jungen, ledigen Frauen als Arbeitskräften außer Gebrauch kam, trat an seine Stelle das, was Claudia Goldin das „Schwangerschaftsverbot" nennt (1990, 176). Jetzt nämlich sorgte die Ideologie, daß Kinder eine Vollzeit-Mutter brauchen, für eine Fluktuation zwar nicht bei der Eheschließung, aber bei der ersten Schwangerschaft.

In den Vereinigten Staaten ist mittlerweile die Diskriminierung von Beschäftigten und Stellenbewerberinnen, die verheiratet, schwanger oder Mütter sind, gesetzlich verboten; informell jedoch sind diese Praktiken durch einen implizit oder explizit akzeptierten „mommy track" ersetzt worden. Der „mommy track", vorgeblich dazu gedacht, verheirateten Frauen mit Kindern die Weiterarbeit in Managementtätigkeiten oder akademischen Berufen zu erleichtern, bietet Frauen – nicht aber Männern – aus Ehen, in denen beide Partner berufstätig sind, flexible Arbeitszeiten und großzügigen Erziehungsurlaub, um ihre Doppelbelastung durch Familie und Beruf zu verringern (Rodgers und Rodgers 1989). Die Frauen, die diese Angebote nutzen, werden bestraft, weil die Ernsthaftigkeit ihres Willens, in Spitzenpositionen zu kommen, damit in Frage gestellt scheint (Kingson 1988). Die Sekundärfolge und, wie ich meine, die latente Funktion dieses „mommy track" ist die Ausbremsung von Frauen, die sich auf bestimmten, rasch zu Spitzenpositionen führenden Karrierepfaden befinden. Alice Kessler-Harris etwa meint: „Um Frauen dazu zu veranlassen, bestimmte Tätigkeiten zu übernehmen und gleichzeitig ihre Aufstiegsambitionen in diesen Tätigkeiten zu dämpfen, war eine Reihe von sozial akzeptierten Zwangsbeschränkungen der beruflichen Rollen erforderlich. Dabei ging der stärkste Einfluß weiterhin von einer unausdrücklichen sozialen Vorschrift aus – der stillschweigenden Übereinkunft über das Primat der häuslichen Rollen. Am deutlichsten wird dies in den akademischen Berufen, wo das Potential für Ambitionen am größten war" (1982, 231).

In vielen unter westlichem Einfluß stehenden Ländern waren bis in die jüngste Zeit hinein die Berufe mit dem höchsten Prestige, also Medizin, Recht, Naturwissenschaften und oberes Management in der Industrie, durch und durch männerbeherrscht.[18] Männer konnten Frauen leicht fernhalten, weil sie auf mehr als eine Weise Gatekeeper waren: Sie bestimmten die Zulassungen zu den Hoch- und Fachschulen; sie kontrollierten die Rekrutierungen für diese und von diesen Schulen; und sie bestimmten die Beförderungspolitik. Mit dem Einsetzen der *Affirmative Action* in den Vereinigten Staaten wurden viele Frauen Ärztinnen, Rechtsanwältinnen, Naturwissenschaftlerinnen und Managerinnen und machen den Männern inzwischen massiv Konkurrenz. Durch den „mommy track" werden Akademikerinnen und Managerinnen auf Positionen mit schlechterer Bezahlung und geringerem Prestige festgelegt. Weil sie Mütter sind, wird dieser Ausschluß von Spitzenpositionen als legitim angesehen. Dahinter steht die Annahme, Frauen seien nicht in der Lage, die Verantwortung einer Führungsposition und die Verantwortung für das Wohl ihrer Kinder miteinander zu vereinbaren, aber sie bekamen auch nie die Chance, es zu versuchen (Covin und Brush 1991). Als ebenso selbstverständlich gilt, daß für die tägliche Versorgung der Kinder die Mütter zuständig sind, nie die Väter.[19] Auf diese Weise verstärken und legitimieren „mommy tracks" die strukturelle gläserne Decke, Ausgrenzungsprozesse und stereotype Rechtfertigungen.

Paradoxerweise aber organisieren die meisten verheirateten Akademikerinnen und Frauen in Führungspositionen ihre Karrieren gar nicht über „mommy tracks". Vielmehr richten sie ihr Leben so ein, daß sie produktiv sein können.[20] In ihren Interviews mit dreiundsiebzig Wissenschaftlerinnen und siebenundvierzig Wissenschaftlern, herausragenden wie ganz normalen, die zwischen 1920 und 1979 ihren Doktor gemacht hatten, konnten Jonathan Cole und Harriet Zuckerman kaum Unterschiede in den Publikationsraten und -mustern von Männern und Frauen, verheirateten und ledigen Frauen und Frauen mit und ohne Kinder feststellen (1991). Eine Frau, die einen Lehrstuhl an einem der größten Departments für Verhaltenswissenschaften hatte, war viermal verheiratet und dreimal geschieden und hatte vier Kinder von drei verschiedenen Ehemännern, aber der größte Einbruch in ihrer Publikationsrate erfolgte in einem Jahr ohne Veränderungen im Privatleben (167). Die Anzahl der Publikationen all dieser Wissenschaftlerinnen und Wissenschaftler hing vom Stand ihrer Karriere, dem Umfang ihrer Einbindung in und dem Abschluß von Forschungsprojekten ab. Die interviewten

---

18   C. F. Epstein 1981; Kanter 1977a; Lorber 1984; Zuckerman 1991. In manchen Ländern, etwa in der ehemaligen Sowjetunion, sind die meisten Ärzte Frauen, weil dies kein Beruf mit hohem Prestige ist; in manchen arabischen Ländern werden Ärztinnen gebraucht, weil Frauen nicht von männlichen Ärzten untersucht werden dürften.

19   Zu den häuslichen Arrangements berufstätiger Paare, siehe Fava und Deierlein 1989; Hertz 1986; Holmstrom 1972; Lorber 1984, 80-98; Vannoy-Hiller und Philliber 1989. Zur Wahl zwischen Karriere und Familie, siehe Gerson 1985.

20   Cole und Zuckerman 1991; C. F. Epstein 1981, 342-343; Kaufman 1978; Lorber 1984, 91-93; Zunz 1991.

Frauen waren erfolgreiche Wissenschaftlerinnen wie auch Ehefrauen und Mütter nicht wegen eines *„mommy track"*, sondern weil sie die Zeitpunkte von Eheschließung und Geburten umsichtig planten, Hilfe bei der Kinderbetreuung und im Haushalt hatten und keinen Freizeitbeschäftigungen nachgingen, die nicht auch einen beruflichen Nebengewinn abwarfen.[21]

Wenn Frauen Familie vor Karriere gehen lassen, reagieren sie damit oft auf ein allgemeines kulturelles Gebot, das ihnen zu Hause ganz direkt durch Druck ihrer Ehemänner und am Arbeitsplatz durch Druck der Ehemänner anderer Frauen vermittelt wird (Cockburn 1991). Die Vorstellungen, die diese Männer von ihren weiblichen Peers haben, sind nach Ansicht von Mirra Komarovsky widersprüchlich:

> Hier einige der Widersprüche, auf die wir gestoßen sind: ... Das Recht einer fähigen Frau auf eine Karriere ihrer Wahl; die Bewunderung für Frauen, die ihnen, gemessen an den herrschenden Werten unserer Gesellschaft, gewachsen sind; der Reiz, aber auch die Bedrohung, die von solchen Frauen ausgeht; der niedrige Status, der mit dem Hausfrauendasein verbunden ist, aber die Überzeugung, daß die Mutter bei der Versorgung ihrer Kinder unersetzbar ist; die tief verinnerlichte Norm der männlichen Überlegenheit im Beruf, die dem Prinzip der geschlechtsunabhängigen Chancengleichheit entgegensteht. (1976, 37)

Diese Widersprüche werden aufgelöst, indem berufliche Aufstiegsbestrebungen von Männern belohnt und berufliche Aufstiegsbestrebungen von Frauen nicht belohnt werden, und indem Frauen als Akademikerinnen, Managerinnen und Politikerinnen sowohl belohnt als auch bestraft werden. Sollte eine Frau nicht die richtige „Wahl" treffen und Familie nicht vor Karriere gehen lassen, werden sie und ihr Mann oft von ihren männlichen Kollegen subtil oder auch gar nicht so subtil schikaniert und unter Druck gesetzt. Bei afroamerikanischen Frauen und Männern mögen die Normen und Erwartungen in bezug auf die beruflichen Ambitionen von Frauen eher egalitär sein, doch werden diese Frauen von den weißen Männern doppelt diskriminiert und konkurrieren womöglich außerdem mit den afroamerikanischen Männern um dieselben wenigen Stellen für „Minoritäten" (Fulbright 1987). Frauen mögen das Gefühl haben, es sei ihre eigene Entscheidung, wenn sie zu Hause bei ihren kleinen Kindern bleiben und ihr berufliches Engagement zurückstellen, doch sind ihre Wahlmöglichkeiten durch sozialen Druck real und direkt begrenzt (Gerson 1985; Komarovsky 1985, 225-268).

---

21 Lorber 1984, 80-98, stellte fest, daß verheiratete Ärztinnen ihr soziales Leben meist mit Netzwerkaktivitäten verbanden, und daß ihre Netzwerke, da viele mit Ärzten verheiratet waren, im allgemeinen umfangreicher waren als bei ledigen Frauen.

Das Salieriphänomen und der Matthäuseffekt

Was geschieht, wenn Frauen nicht aus dem Erwerbsleben ausgeschlossen werden können und sich nicht dafür entscheiden, Familie vor Karriere gehen zu lassen, sondern stattdessen den Männen Konkurrenz machen? Die nirgends festgeschriebenen Praktiken der informellen Arbeitsorganisation machen Frauen zu bevorzugten Objekten jener versteckten Herabsetzung, die ich, nach dem hochgestellten Komponisten, der angeblich Mozarts Karriere sabotierte, das *Salieriphänomen* genannt habe (Lorber 1984, 8-10). In Peter Shaffers Stück *Amadeus* übt Salieri vor dem Kaiser, der ihrer beider Brotherr ist, nie offen Kritik an Mozart; er läßt es bei seiner Empfehlung einfach an Begeisterung fehlen. Salieri redet dem Kaiser auch ein, er solle Mozart schlechter bezahlen als den Musiker, dessen Stelle er einnimmt. Später bedankt Mozart sich bei Salieri dafür, daß er ihm geholfen hat, die Stelle zu bekommen; die Schuld an seinem schlechten Gehalt gibt er dem Kaiser (P. Shaffer 1980, 71-72). Salieris Art, durch allzu schwaches Lob zu tadeln, ist die eine Art, wie Frauen, oft ohne daß sie es merken, von ihren männlichen Kollegen und Vorgesetzten der Boden unter den Füßen weggezogen wird.

Nijole Benokraitis und Joe Feagin (1986) beschreiben noch andere Weisen, wie Männer Frauen subtil das Wasser abgraben: *Herablassende Ritterlichkeit*, wenn ein Chef eine weibliche Beschäftigte vor einer vielleicht nützlichen Kritik in Schutz nimmt; *unterstützende Entmutigung*, wenn eine Frau nicht ermutigt wird, sich um eine anspruchsvolle Position zu bewerben, weil sie es vielleicht nicht schafft; *freundschaftliche sexuelle Belästigung*, wenn eine Frau öffentlich damit aufgezogen wird, daß sie sichtlich schwanger oder für eine besonderen Anlaß gekleidet ist; *subjektive Objektivierung*, wenn pauschal über „die Frauen" geurteilt wird; *strahlende Abwertung*, wenn eine Frau über alle Maßen für etwas gelobt wird, was bei Männern als ganz normal gilt – der „dancing dog"-Effekt; *liberaler Sexismus*, wenn eine Frau zu einem Drink nach Feierabend eingeladen, aber daran gehindert wird, ihrerseits eine Runde auszugeben; *wohlwollende Ausbeutung*, wenn einer Frau die ganze Kleinarbeit übertragen wird, damit sie sich einarbeiten kann, aber ein Mann die Anerkennung für das Endprodukt einstreicht; *rücksichtsvolle Herrschaft*, wenn ein Vorgesetzter entscheidet, welche Verantwortlichkeiten eine verheiratete Frau bewältigen und nicht bewältigen kann, statt sie selber über ihre Zeiteinteilung bestimmen zu lassen; und *kollegiale Ausgrenzung*, wenn Besprechungen mit Netzwerkeffekt gedankenlos auf Zeiten verlegt werden, zu denen Frauen meist Familienpflichten haben. Diese Praktiken unterminieren in den Augen von anderen die Reputation einer Frau als beruflich kompetenter Person und in ihren eigenen Augen ihre Befähigung und verringern die Wahrscheinlichkeit, daß sie Gatekeepern auffällt oder als legitime Bewerberin um eine Machtposition betrachtet wird.

Ist sie erst von der Bahn des raschen Aufstiegs abgekommen, hat sie es sehr schwer, die für hochwertige berufliche Leistungen nötigen Ressourcen zusammen zu bekommen. Wer Zugang zu Personal, Arbeitsräumen und Geld hat, hat auch die Chance, Arbeit von der Art zu leisten, die reputationssteigernd ist, den Beifall der Vorgesetzten findet und zusätzliche Gratifikationen und Beförderungen einbringt. Dieser Zirkel des Prestige-, Ressourcen- und Machtzuwachses ist der *Matthäuseffekt*. Nach dem Matthäusevangelium soll Christus gesagt haben, wer den Glauben habe, auf den werden immer mehr Segnungen niedergehen, und wer ihn nicht habe, werde immer tiefer sinken: „Denn wer da hat, dem wird gegeben werden, und er wird die Fülle haben; wer aber nicht hat, dem wird auch, was er hat, genommen werden" (Das Neue Testament, Matthäus 25:29).

Der Matthäuseffekt in der Wissenschaft wurde zum ersten Mal von Robert Merton (1968) und Harriet Zuckerman (1977) beschrieben, um den „Nimbus" zu erklären, den der Nobelpreis verleiht. Der Prozeß der Vorteilsakkumulation in der Wissenschaft beginnt schon damit, daß der Wissenschaftler an einer äußerst prestigeträchtigen Universität oder Forschungsinstitution arbeitet, in der eben jene Art von Forschung und Produktivität gefördert wird, mit der man Nobelpreise gewinnt.[22] Wissenschaftlerinnen sind durch Positionen benachteiligt, auf denen sie weniger Ressourcen und weniger Förderung für eine hoch qualifizierte Arbeit erhalten, sowie dadurch, daß ihnen ihre Leistungen weniger Anerkennung, weniger Gratifikationen und weniger zusätzliche Ressourcen einbringen. Von anderen, auf demselben Gebiet arbeitenden Wissenschaftler(innen) mit den eigenen Veröffentlichungen zitiert zu werden, ist eine Form von Visibilität, die reputationssteigernd wirkt (Astin 1991). Marianne Ferber (1986; 1988) meint, Frauen würden im allgemeinen eher von anderen Frauen als von Männern zitiert, und je kleiner die Zahl der Frauen auf einem Gebiet sei, desto größer seien die Unterschiede in der Zitierhäufigkeit. Als Folge dieser Nachteilsakkumulation haben Frauen oft stockend verlaufende Karrieren, die schwungvoll beginnen, aber dann stecken bleiben können (Lorber und Ecker 1983).[23]

Zwei brillante Wissenschaftlerinnen des zwanzigsten Jahrhunderts, beides Einzelgängerinnen, hatten völlig unterschiedliche Schicksale, die mit dem

---

22 Eigentlich beginnt der Prozeß in der Kindheit mit der unterschiedlichen Behandlung von Mädchen und Jungen an den Grundschulen und nimmt in den höheren Klassen zu, wo nur kluge Jungen aus den Mittelklassen aufgefordert werden, in die mathematisch-naturwissenschaftlichen Fächer zu gehen (AAUW Report 1992).

23 Zu Frauen in der Wissenschaft, siehe Cole 1979; Keller 1983; 1985; Reskin 1978a; 1978b; M. W. Rossiter 1982; Sayre 1975; Zuckerman, Cole und Brewer 1991; und die *Sage*-Ausgabe zu schwarzen Frauen in Wissenschaft und Technik (6 [Herbst] 1989). Zu Vergleichen von Frauen- und Männerkarrieren in verschiedenen akademischen Berufen, siehe Ahearn und Scott 1981; C. F. Epstein 1971; 1981; 1991; M. F. Fox 1991; Fox und Faver 1985; Judi Marshall 1989; Powell 1988, 175-206.

Wert ihrer wissenschaftlichen Arbeit wenig zu tun hatten. Die eine von ihnen, Rosalind Franklin, war eine jüdische Wissenschaftlerin aus guter Familie, die ihre produktive Karriere in den fünfziger Jahren in England begann.
Ihr entscheidender Beitrag zur Entdeckung der Doppelhelixstruktur der DNS
wurde bei ihrer ersten Bekanntgabe durch James Watson und Francis Crick
1953 nur minimal anerkannt.[24] Sie selbst wurde von Watson in seinem viel
gelesenen Buch, *Die Doppelhelix* (1968; dt.: 1969), negativ dargestellt. Seine
Beschreibung von ihr und ihrer Arbeit ist ein klassisches Beispiel für das
Salieriphänomen: „[Rosy] ... sprach vor einem Auditorium von ungefähr
fünfzehn Personen, in einem raschen, nervösen Stil ... In ihren Worten war
keine Spur von Wärme oder Frivolität. Und doch konnte ich Rosy nicht vollständig uninteressant finden. Einen Augenblick überlegte ich, wie sie wohl
aussehen würde, wenn sie ihre Brille abnähme und irgendetwas Neues mit
ihren Haar versuchte. Dann jedoch fesselte mich hauptsächlich ihre Beschreibung des kristallinen Röntgenbeugungsmusters" (68-69; dt.: 79).[25]
Franklin beschrieb gerade nichts Geringeres als die Röntgenaufnahme eines
DNS-Moleküls, die klar und deutlich seine Spiralstruktur zeigte! Watson
hatte die von ihr schon über ein Jahr lang mitgeteilten Forschungsergebnisse
bisher kaum beachtet. Franklin, die allein arbeitete, versuchte sich ein Bild
von der dreidimensionalen Struktur zu machen, auf die die Photographien
der DNS schließen ließen; sie spielte mit dem Gedanken an ein Spiralmodell,
verwarf ihn aber wieder. Ihr bestes Bild bekam Watson später ohne ihr Wissen von Maurice Wilkins gezeigt, dem Mann, der das Labor leitete, in dem
sie arbeitete; für Watson „schrie das Muster geradezu nach Spirale" (Judson
1979, 135).
   Wilkins hätte der Mitarbeiter sein können, den Franklin brauchte, um ihr
bei diesem induktiven Sprung behilflich zu sein, aber laut Franklins Biogra-
phin „konnten sie einander nicht ausstehen. ... Die sofortige und wechselseitige Antipathie war nur allzu offensichtlich" (Sayre 1975, 95). Horace Freeland Judson bezeichnet den Konflikt zwischen Wilkins und Franklin als
„eine der großen persönlichen Feindschaften in der Geschichte der Wissenschaft" (1979, 101); er bemerkte auch die vergeschlechtlichten Untertöne,
ging aber nicht weiter auf sie ein. Wilkins bestand darauf, er habe Franklin
eingestellt, um die Röntgenbeugungen an der DNS vorzunehmen; Franklins
Freunde bestanden darauf, sie habe gedacht, ihr sei die Projektleitung übertragen worden, und sie habe „sich sehr darüber geärgert", daß Wilkins sie

---

24 Freeland Judson meint, mit Linus Pauling, James Watson und Francis Crick sei sie „einer
    der vier Menschen [gewesen], die der Entdeckung der DNS-Struktur am nächsten kamen"
    (1979, 147). Seine Darstellung befaßt sich mit den Persönlichkeiten aller Beteiligten und
    mit ihrem Austausch untereinander (1979, 100-198).
25 „Rosy" war ihr hinter ihrem Rücken benutzter Spitzname (Judson 1989, 148).

eher wie eine Assistentin als wie eine Kollegin behandelte (148).[26] Mit ein-unddreißig Jahren war sie acht Jahre älter als Watson und ein bißchen jünger, „aber beruflich sehr viel weiter" als Crick (148). Wilkins, Watson und Crick jedoch korrespondierten, sprachen, aßen regelmäßig miteinander (159); Franklins einziger Mitarbeiter war ein Doktorand, und ihr selbst wurde als Frau „die Mitgliedschaft im ‚luncheon club' verweigert," der vom Lehrkör-per des King's College, London, an dem sich ihr Labor befand, organisiert wurde (148).

Franklin starb 1958 im Alter von siebenunddreißig Jahren an Krebs; Watson, Crick und Wilkins bekamen 1962 den Nobelpreis für Physiologie beziehungsweise Medizin. Erst in einem 1968 veröffentlichten, reumütigen Nachwort zu seinem Buch zollte Watson Franklin Tribut:

> Ihre Röntgenarbeiten im King's-Laboratorium werden immer mehr als hervorra-gend anerkannt ... und wir beide lernten ihre persönliche Aufrichtigkeit und Groß-mütigkeit schätzen. Einige Jahre zu spät wurde uns bewußt, was für Kämpfe eine intelligente Frau zu bestehen hat, um von den Wissenschaftlern anerkannt zu wer-den, die in Frauen oft nur eine Ablenkung vom ernsthaften Denken sehen. Rosa-linds Integrität und ihr vorbildlicher Mut wurden allen offenbar, die erlebten, wie sie, obwohl sie wußte, daß sie unheilbar krank war, niemals klagte und bis wenige Wochen vor ihrem Tod ihre Arbeit auf einem hohen Niveau fortsetzte. (225-226)[27]

Eine andere Wissenschaftlerin, Einzelgängerin auch sie, nur mit mehr Glück, da sie noch erleben durfte, wie ihre Arbeit mit der höchsten Auszeichnung belohnt wurde, war Barbara McClintock. Sie veröffentlichte 1931 eine bahn-brechende Arbeit, mit der sie die chromosomale Grundlage der Genetik nachwies, und wurde 1945 zur Präsidentin der *Genetics Society* gewählt. In den fünfziger Jahren jedoch herrschte in der Genetik das Watson-Crick-Modell vor: DNS produziert RNS und RNS produziert Protein. Die von McClintock in diesem Jahrzehnt veröffentlichten Forschungsergebnisse, nach denen der Prozeß nicht so geradlinig verläuft und Gene auch „springen" oder den Platz wechseln können, wurden ignoriert: „Trotz ihres seit langem feststehenden Rufs als untadelige Forscherin wurde sie von wenigen gehört und von noch wenigeren verstanden. Sie galt als ‚dunkel', ja ‚verrückt'" (Keller 1983, 10).

1960 beschrieb McClintock die Parallelen zwischen ihrer eigenen Arbeit und der Arbeit anderer Wissenschaftler, wurde aber ihrerseits von diesen Wissenschaftlern nicht zitiert. Im *Cold Spring Harbor Laboratory*, wo sie

---

26 Freeland Judson zitiert einen Brief, der seiner Meinung nach darauf hindeutet, „daß sie guten Grund hatte, zu meinen, daß sie Leiterin einer selbständigen Forschungsgruppe war" (103).

27 Freeland Judson meint, Crick und andere, die das Manuskript gelesen hatten, hätten ihn zu dieser Apologie gezwungen; Wilkins hatte immer noch Gefühle der Animosität gegenüber seiner „lieben toten Kollegin" (1979, 102).

seit 1941 gearbeitet hatte, wurde sie, außer von zwei anderen Wissenschaftlerinnen, ignoriert (Watson wurde dort 1968 Direktor); es gab aber keine andere Stelle, auf die sie hätte wechseln können. McClintock lebte lange genug,
um „aufregende neue Entwicklungen in der Biologie mitzuerleben, in denen
viele Ergebnisse noch einmal mitgeteilt wurden, die sie bereits vor nunmehr
dreißig Jahren beschrieben hatte" (Keller 1983, x), und bekam 1983, als sie
dreiundachtzig Jahre alt war, den Nobelpreis für Medizin. Sie starb am 2.
September 1992 im Alter von neunzig Jahren und mit einem Werk, daß „allgemein als Vorwegnahme späterer Erkenntnisse gefeiert" wurde (Kolata
1992b).

   Das Salieriphänomen und der Matthäuseffekt sind zwei Seiten derselben
Medaille. Die Nutznießer des Matthäuseffekts erhalten von ihren Kollegen
Anerkennung für gute Arbeit, die ihrer Reputation zugute kommt und ihnen
finanzielle und berufliche Gratifikationen einträgt. Die Arbeit der Opfer des
Salieriphänomens wird nicht anerkannt; gute Leistungen werden nicht ihnen
als Verdienst angerechnet, und ihre Karrieren sind blockiert. Reputationen
aber müssen ständig gepflegt werden; selbst wer sich die soziale Anerkennung erworben hat, kann sie wieder verlieren, und Umschwünge sind gar
nicht so selten. Weil Frauen keinen „Statusschild" haben, der sie schützt,
sind sie für neidische, bedrohte oder feindselige Salieris leichte Opfer. Gewiß
sind nicht alle Frauen künftige Mozarts, aber auch die, die es sind, werden
vielleicht nie gehört.[28]

Innere Zirkel, freundliche Kollegen und „Tokens"

Die diskriminierenden Aspekte des Sortierens und Kanalisierens, das in allen
Berufen mit langen Karrierepfaden stattfindet, sind schwer zu erkennen, weil
Kollegen, die nicht für Spitzenpositionen in Betracht kommen, nicht entlassen werden. Sie schaffen es bloß nicht, in den inneren Zirkel vorzudringen.
Kollegen werden – informell – drei konzentrischen Zirkeln zugeordnet –
innere Zirkel, freundliche Kollegen und isolierte Einzelgänger.[29] In den
inneren Zirkeln, die gewöhnlich nach *gender*, Rasse, Religion, Ethnizität,
sozialer Klasse und Bildung oder Ausbildung homogen sind, wird Macht

---

28 Mozarts Schwester Nannerl war ebenfalls Pianistin, Komponistin und Wunderkind. Sie
    und Mozart bereisten zusammen Europa, bis sie mit fünfzehn Jahren heiratete. Einige der
    Mozart zugeschriebenen frühen Werke könnten auch von ihr sein (Steinem 1992). Tat-
    sächlich war Mozart zu seiner Zeit wie auch im neunzehnten Jahrhundert keineswegs „der
    große Komponist Mozart". Mozarts hoher Status ist ein modernes Phänomen. Der Begriff
    des Statusschilds (*status shield*) ist von Hochschild (1983, 162-181).
29 Oswald Hall (1946; 1948; 1949) entwickelte diese Begriffe im Hinblick auf die kollegialen
    Strukturen in der Medizin. Ich habe sie auf die Karrieren von Ärztinnen angewendet (Lor-
    ber 1984), aber die Begriffe sind für Kollegengruppen aller Art gültig.

konzentriert und Politik gemacht. Freundliche Kollegen haben gewöhnlich einige, aber nicht alle sozialen Merkmale der Mitglieder des inneren Zirkels. Sie sind aus dem informellen Kollegennetzwerk nicht völlig ausgeschlossen, werden aber selten zu Mitgliedern des inneren Zirkels aufgebaut. Frauen mit hervorragenden Zeugnissen und Arbeitsleistungen schaffen es in Berufen, die von Männern beherrscht werden, meist nur bis zum Zirkel der freundlichen Kollegen, vorausgesetzt, sie gehören der gleichen Rasse und sozialen Klasse an und machen die gleiche Arbeit wie die Männer des inneren Zirkels; sonst werden sie Einzelgängerinnen. Fachfrauen haben eigene Kolleginnengruppen oder berufliche Netzwerke gebildet, aber viele ambitionierte Frauen wollen sich im Beruf keiner *gender*-Segregation beugen. Häufig versuchen sie, sich den Männern anzupassen, oder sie arbeiten allein und hoffen, daß die Gatekeeper ihres Berufs ihren Wert eines Tages erkennen.

Obwohl die inneren Zirkel im allgemeinen nach *gender*, Religion, Rasse, Ethnizität, Bildung und Klassenherkunft homogen sind, können einige wenige Personen mit abweichenden sozialen Merkmalen Aufnahme finden, wenn sie von einer Respektsperson gefördert werden und demonstrieren, daß sie in jeder anderen Hinsicht so sind wie alle anderen. Sie sind die eigentlichen „Tokens" (J. L. Laws 1975). Sie werden aktiv daran gehindert, mehr Personen ihrer Art in den inneren Zirkel hereinzuholen oder um die allerhöchsten Spitzenpositionen im Unternehmen zu konkurrieren. „Tokens" wollen gewöhnlich nur allzu gern dazugehören und ihre Gönner nicht in Verlegenheit bringen, so daß sie diese Beschränkungen wie auch die Ansichten, Werte oder Arbeitspraktiken des inneren Zirkels nicht in Frage stellen. Sie können im Gegenteil die anderen sogar überbieten, wenn es darum geht, die herrschenden Ansichten und Ausgrenzungspraktiken zu vertreten. Deshalb wird aus Frauen in dieser Position meist eine von „den Jungs".

Um Unterstützung von statushöheren Männern zu bekommen, kann eine statushöhere Frau in die paradoxe Lage geraten, daß sie für die Sache der Frauen nur eintreten kann, indem sie beweist, daß sie genauso ist wie die Männer. Eine von mir interviewte Ärztin war bei der Besetzung der Abteilungsleitung in einem Krankenhaus von der einen Gruppe von Gatekeepern zugunsten ihres jüngeren Bruders übergangen worden. Über ihre Köpfe hinweg wendete sie sich an noch mächtigere Männer, die sich für ihre „Mannhaftigkeit" verbürgten. Sie sagte:

Mir sind Titel eben nicht schnuppe, und ich bin Feministin genug, um mir nicht meinen eigenen Bruder vor die Nase setzen zu lassen. Ich habe viel mehr Dienstjahre vorzuweisen als er, und ich bin auch eine viel bessere Dermatologin. Die haben gedacht, mit mir können sie es machen, weil ich eine Frau bin. Diese, Verzeihung, Arschlöcher, haben doch wahrhaftig zu mir gesagt: „Es macht Ihnen doch nichts aus, wenn wir Ihren Bruder zu Ihrem Vorgesetzten machen? Er braucht das." Und ich habe gesagt: „Um der Frauen willen, die nach mir kommen, es macht mir etwas aus." ... Und dann haben sie gesagt: „Naja, wenn Sie bei unseren Sitzungen dabei sind, können wir keine schmutzigen Witze mehr erzählen und unsere Schuhe

nicht mehr ausziehen." Ich habe gesagt: „Das ist schon mal Quatsch. Ich kenne genauso viele schmutzige Witze wie Sie und ziehe immer meine Schuhe aus." Im
Vorstand haben sich alle kaputt gelacht, als sie das gehört haben. Sie haben alle gesagt: „Um Himmels willen, gebt ihr bloß den Posten." Die meisten waren sowieso
Patienten von mir. So etwas zu einer Ärztin zu sagen, das ist einfach dämlich. Für
mich selber ist mir das egal, aber ich wollte dafür sorgen, daß die nächste Generation nicht mehr so abgewimmelt werden kann und das so aufs Auge gedrückt bekommt. (Lorber 1984, 61-62)

Leider können sich jüngere und beruflich weniger ausgewiesene „Tokens"
eine so offene Sprache nicht leisten.

1977 sagte Rosabeth Moss Kanter voraus, wenn die Zahl der Peers mit
abweichenden Merkmalen in einer Arbeitsgruppe signifikant zunähme, würden sie den Status und die Merkmale eines „Tokens" verlieren und besser in
die Gruppe integriert werden.[30] Sie könnten dann individuelle Unterschied-
lichkeiten zum Ausdruck bringen und andere Personen, die ihnen selbst hinsichtlich der sozialen Merkmalen ähnlich sind, für Führungspositionen aufbauen. Wenn sie fast die Hälfte der Gruppe ausmachten, könnten sie zu einer
anerkannten Untergruppe mit alternativen Ansichten und Arbeitspraktiken
und ihren eigenen inneren Zirkeln werden. Spätere Forschungen zu dieser
sogenannten „Kanter-Hypothese" ergaben jedoch, daß die Isolierung von
Frauen, wenn sich ihr Anteil in der Gruppe 15 Prozent nähert, paradoxerweise *größer* und nicht kleiner wird, wie sie vorhergesagt hatte. Sie werden vom
Informationsfluß im Betrieb abgekoppelt, schaffen es nicht, die loyalen Untergebenen um sich zu scharen, auf die Führungspersonen angewiesen sind,
und haben in der Unternehmensstruktur keine zentrale Stellung (Olson und
Miller 1983; South u.a. 1982a; 1982b). Weil ihnen die Protektion eines
Mentors fehlt, die die einzelnen „Tokens" genießen, können sie mehr oder
weniger offen schikaniert werden. Ist ihr Beruf ein symbolisch männlicher,
etwa bei Polizei oder Militär, sind die Interaktionsbarrieren auch bei steigenden Frauenzahlen selten zu durchbrechen, so daß sie Einzelgängerinnen
bleiben.[31] Daher können Frauen als kleine Minderheit unter Umständen eine
bessere Position erringen als bei einer ausgewogeneren *gender*-Mischung, da
ein Anwachsen der Minderheit von der Mehrheit als Bedrohung empfunden
werden kann (Toren und Kraus 1987; Wharton und Baron 1987).

---

30 In 1977a, 206-242; auch 1977b. Die Effekte unausgewogener Zahlenverhältnisse in Ar-
    beitssituationen bestehen in Grenzsicherung durch die Herrschenden, Rollenverkapselung
    (Zuweisung oder Definition der Arbeit, von den „Tokens" gemacht wird, als adäquat),
    Leistungsdruck wegen der erhöhten Visibilität der „Tokens" und stereotypen informellen
    Rollen, bei Frauen als „Tokens" etwa Mutter, Maskottchen, Verführerin und „eiserne Jung-
    frau". (Ich bin auf keine vergleichbaren Rollenbestimmungen für Männer als „Tokens" ge-
    stoßen, etwa Krankenpfleger, oder für schwarze Frauen oder Männer in weißen Gruppen
    oder umgekehrt.)
31 Barkalow und Raab 1990; S. E. Martin 1980; C. L. Williams 1989.

Warum wehren sich die Männer in Expertenberufen und im Management so sehr dagegen, Frauen in größerer Zahl in die elitären inneren Zirkel aufzunehmen oder das Streben nach Führungspositionen bei mehr als einem kleinen verläßlichen Häufchen von Auserwählten zu unterstützen? Konkurrenz ist der eine Grund. Aber Konkurrenten sind auch andere Männer. Katholische und jüdische Ärzte, einst an Amerikas medizinischen Hochschulen statistisch ganz genauso diskriminiert, waren bei der Integration in die prestigeträchtigen Ränge des Arztberufs erfolgreicher als die Frauen. Es könnte sein, daß die Männer ein „Umkippen" und eine Feminisierung ihres Berufs befürchten, wenn sich zu viele Frauen auf Positionen mit hohem Einkommen, hohem Prestige und großer Macht befinden (Lorber 1991). Ähnlich wie die Gruppen, die den Abstieg ihrer Wohngegend zu fürchten scheinen, wenn der Zuzug von Personen aus einer sozial niedriger bewerteten Gruppe zu groß wird, mögen die Männer in diesen Berufen Angst haben, zu viele Frauen in Führungspositionen könnten ihren Beruf in Frauenarbeit verwandeln und die Männer in ihm um ihr Prestige, ihr Einkommen und ihre Verfügungsgewalt über die Ressourcen bringen (Blum und Smith 1988; Reskin 1988).

Niemals bilden die Angehörigen der statusniedrigeren sozialen Gruppe die Hälfte einer Arbeitsgruppe, ehe nicht ein Beruf oder Fach an Prestige und Macht verliert (Carter und Carter 1981). Auch dann allerdings sind die führenden Persönlichkeiten im allgemeinen noch da und suchen weiterhin für die Spitzenpositionen Nachfolger aus, die ihnen selbst und nicht den neuen Leuten gleichen, die nun in der Mehrzahl sind. In überwiegend aus Frauen bestehenden Kollegengruppen bleiben im allgemeinen die Männer Vorgesetzte und Manager, in überwiegend aus Farbigen bestehenden Gruppen die Weißen (zumindest in den Vereinigten Staaten). Als Manager müssen die dominanten weißen Männer für hohe Produktivität und niedrige Kosten sorgen. Wenn die Angehörigen von zuvor ausgeschlossenen Gruppen auf die notwendigen, aber schlechter bezahlten und weniger angesehenen Tätigkeiten verwiesen werden können (in der Medizin etwa auf das öffentliche Gesundheitswesen), können die Manager die Kosten niedrig halten und sich der wachsenden Zahl der weißen Frauen und farbigen Frauen und Männer, die hervorragend ausgebildete Akademiker und Manager sind, bedienen, ohne an den Status quo zu rühren.[32]

---

32 M. F. Fox 1981; 1984; Lorber 1987a; 1991.

Gender und Autorität

Sind Männer in Führungspositionen so viel eher akzeptabel, weil Frauen anders „Macht machen"? Für den Führungsstil von Frauen gibt es im großen und ganzen zwei Modelle: Frauen sind genau wie Männer, oder Frauen sind anders, aber genauso kompetent (Adler und Izraeli 1988a).[33] Wie Frauen oder Männer handeln, ergibt dabei noch kein vollständiges Bild; die Führungsstile von Frauen und Männern werden sozial in der Interaktion konstruiert und sind stark vom situationalen Kontext und von der Wahrnehmung durch andere beeinflußt. Wenn Frauen in Führungspositionen im allgemeinen zugänglicher sind, mehr Selbständigkeit gewähren, aber auch meist höhere Anforderungen an die Leistungen ihrer Untergebenen stellen, könnte dies seinen Grund darin haben, daß ihre Positionen im Betrieb schwächer und die ihnen zur Verfügung stehenden Ressourcen geringer sind.[34] Sie brauchen die Hilfe von Untergebenen, sind aber unter Umständen zu Gegenleistungen in Gestalt von Gehaltserhöhungen oder sonstigen Vergünstigungen nicht in der Lage. Folglich verlangen sie von den Untergebenen mehr, sind aber bei loyalem Verhalten auch eher zu Konzessionen bereit, was als widersprüchliches Verhalten wahrgenommen werden kann.

Frauen wird Autorität in einem frauendominierten Umfeld wie etwa der Krankenpflege zugestanden, in einem Umfeld, in dem Autorität als männliches Merkmal definiert ist, etwa bei Polizei oder Militär, wird sie bestritten.[35] 1986 waren 10,4 Prozent aller uniformierten Angehörigen der U.S. Army Frauen, in den höheren Rängen aber sind sie unterrepräsentiert. 1988 gab es neun Frauen, die Ein-Sterne-Generäle waren, das sind 1,2 Prozent der Gesamtzahl, und keine Frau mit einem darüber liegenden Generalsrang. Frauen stellten 2 Prozent der Colonels, 3,5 Prozent der Lieutenant Colonels und 7,1 Prozent der anderen Offiziersränge (Barkalow und Raab 1990, 280-281). 1991 wurde eine Frau, Midshipman Juliane Gallina, zur Brigadekommandeurin der *U.S. Naval Academy* gewählt, also zur studentischen Vorgesetzten von 4.300 Midshipmen. Ihre Ernennung erfolgte ironischerweise

---

33   Cantor und Bernay 1992 verfolgen einen psychologischen Ansatz zum Thema Führungsstil
      von Frauen. Power (1991, 166-167) geht von einem anthropologischen Ansatz aus und
      weist darauf hin, daß bei wild lebenden Schimpansen „ein charismatischer Führer .. irgend-
      ein Schimpanse aus einer Anzahl von Tieren beiderlei Geschlechts ist, die in unterschiedli-
      chem Maße selbstbewußt, selbstsicher und normalerweise nicht aggressiv, aber furchtlos
      sind, wenn sie gereizt werden, tolerant gegenüber anderen, zugänglich und sensibel, mit
      ‚Präsenz' durch Haltung und Auftreten (statt durch Größe und Stärke) und die ein für Füh-
      rungsrollen spezifisches Verhalten an den Tag legen." Zum weiblichen Führungsverhalten,
      siehe Power 1991, 196-203, und De Waal 1984.
34   England 1979; Hearn und Parkin 1988; Kanter 1977a, 166-205; Powell 1988, 150-156;
      Wolf und Fligstein 1979a; 1979b.
35   Barkalow und Raab 1990; S. E. Martin 1980; C. L. Williams 1989.

sechs Monate nach einer Erhebung, derzufolge ein „beträchtliches Segment" der Studenten, des Lehrkörpers und der anderen Beschäftigten der Meinung war, die *Naval Academy* sei kein Ort für Frauen (*New York Times* 1991b).

Von einer Frau als Führungskraft wird Einfühlungsvermögen, Rücksichtnahme auf die Gefühle anderer und Eingehen auf persönliche Besonderheiten erwartet (Lorber 1985). Hat sie dies nicht, gerät sie schnell in den Ruf, sie sei „aggressiv". Rosabeth Moss Kanter, die Herausgeberin des angesehenen *Harvard Business Review*, wurde von ihren Mitarbeitern öffentlich für ihren konfrontativen Managementstil gerügt, obwohl ihr Vorgänger, ein Mann, im ersten Jahr seiner Amtszeit ähnliche Probleme hatte (A. L. Cowan 1991). Ihr hoher Status als Professorin an der Harvard Business School, Unternehmensberaterin und Autorin international bekannter Bücher schützte sie nicht vor der offenen Kritik ihrer Kollegen.

Auf der anderen Seite kann es sein, daß ein eher verbindlicher Stil von Kollegen wie Kolleginnen kritisiert wird, weil er nicht genug Autorität ausstrahlt. Trotz der in den letzten zwanzig Jahren zunehmenden Zahl weiblicher Manager wird von Männern und Frauen aller Karrierestufen einschließlich der Student(inn)en und Doktorand(inn)en der Wirtschaftshochschulen der gute Manager stereotyp als „männlich" bezeichnet (Powell 1988, 145-150). Und doch gibt es Situationen, in denen eine nichtkonfrontative Herangehensweise höchst angemessen ist. In der Medizin und bei der Polizei, zwei in der amerikanischen Gesellschaft wesentlich als männlich definierten Berufsfeldern, kann die Fähigkeit, zuzuhören und sich in andere Personen hineinzuversetzen, für die Informationsgewinnung und Konfliktvermeidung produktiver sein als eine distanzierte, autoritäre Haltung (S. E. Martin 1980; West 1984, 51-70). Für Polizisten, die gelernt haben, sich auf ihre Körperkraft zu verlassen, und für Ärzte, für die das medizinische Fachwissen die höchste Autorität darstellt, kann ein auf Ausgleich zielendes Verhalten und eine Betrachtung der Dinge aus dem Blickwinkel des anderen bedrohlich sein.

Besteht für Frauen in männerdominierten Situationen die Zielsetzung darin, so behandelt zu werden, als wären sie Männer, wird die Lage für sie wie für die Männer schizophren (Chase 1988). Handeln Frauen wie Männer, stellen sie das „natürliche" Recht der Männer auf die Machtpositionen in Frage. Handeln Frauen wie Frauen, gehören sie nicht in eine Position, in der sie die Führung übernehmen (das heißt, wie ein Mann handeln) müssen. So meint Susan Ehrlich Martin über Polizistinnen im Streifendienst: „Je mehr die Partnerin wie ein Polizist handelt, desto weniger verhält sie sich wie eine Frau. Je mehr sie sich andererseits wie eine Frau verhält, desto weniger Schutz bietet sie, desto ungeeigneter ist sie als Partnerin – obwohl dieses Verhalten das Männlichkeitsgefühl des Mannes schont. Der Ausweg aus diesem Dilemma ist einfach: Keine Frauen im Streifendienst" (1980, 93-94).[36]

„Gesicht" produzieren

All diese Legitimierungs- und Bestätigungsprozesse, mit denen die Anwärter auf eine Macht- und Prestigeposition die Reputation aufbauen können, sie verfügten über das Format und die Fähigkeiten, die dazu erforderlich sind, vollziehen sich in der persönlichen Interaktion.[37] Im alltäglichen Umgang präsentieren sich die Menschen so, wie sie möchten, daß man auf sie reagiert – als mächtige Führungspersönlichkeiten, kooperative Kollegen, unterwürfige Untergebene, mehr oder weniger enge Freunde, mögliche Sexualpartner. Die Art, wie Menschen sich kleiden, sich bewegen, reden, handeln und selbst Gefühle zeigen, produziert soziale Identitäten, die bewußt oder unbewußt auf unterschiedliche Schauplätze und Gelegenheiten zugeschnitten sind.[38] Rituelle Verhaltensweisen wie Verbeugungen und Händeschütteln sowie protokollarische Regeln – wer zuerst durch eine Tür geht, wer wo sitzt, wer wen beim Vornamen nennt – reproduzieren die Statushierarchie oder schaffen Statusgleichheit. Aus ganz gewöhnlichen Unterhaltungen werden heimliche Schlachtfelder: Wer redet mehr, wer unterbricht wen, um wessen Interessen geht es, wem gilt die Aufmerksamkeit und wer wird kurz abgefertigt, all das zeigt an, wer sozial die Oberhand hat.[39] Mit wem man geht und bei wem man steht – oder von wem man Abstand hält –, demonstriert Zugehörigkeit, Feindseligkeit oder Respekt, genau wie Blickkontakt, Berührung und andere Formen der „Körperpolitik".[40] Die Balance zwischen Macht und Unterwerfung in diesen Prozessen der „Gesichtsproduktion" ist so heikel, daß sie

---

36 Siehe auch C. L. Williams 1990, 48-87, zum offiziellen Männlichkeits- und Weiblichkeitswahn, wenn Frauen in das Marine Corps eintreten.

37 Viele der in diesem Abschnitt beschriebenen Prozesse, insbesondere auch, wie Überzeugungen in bezug auf die sozialen Merkmale der Akteure die Einschätzung ihrer Leistung, die Zuteilung von Gratifikationen und die Macht- und Prestigestruktur in Kleingruppen bestimmen, sind theoretisch und experimentell im Zusammenhang mit der Statusorganisation untersucht worden. Hierzu sowie zu neueren Entwicklungen auf diesem Gebiet, siehe Fisek, Berger und Norman 1991; Ridgeway und Berger 1988; Wagner und Berger 1991. Spezifische Untersuchungen zu *gender*, siehe Carli 1991; Lockheed 1985; Molm 1988; Pugh und Wahrman 1983; Ridgeway 1988; Ridgeway und Diekema 1989; Stewart 1988; Wagner 1988.

38 Deaux und Major 1987; Goffman 1959; Hochschild 1983; Ridgeway 1987; Ridgeway und Johnson 1990; Scheff 1990.

39 Dovidio u.a. 1988; Fishman 1978; Kollock, Blumstein und Schwartz 1985; West 1982; Wiley und Woolley 1988; Zimmerman und West 1975.

40 Goffman 1963b; 1967, 5-95; Henley 1977. Als Geraldine Ferraro Walter Mondales Kandidatin für die Vizepräsidentschaft war, gab es ein ganzes Regelwerk für das miteinander Stehen, Gehen, einander Berühren und Ansprechen (Dowd 1984).

durch Ungeschick oder Verlegenheit leicht zerstört werden kann (Goffman 1967, 97-112; Scheff 1988). Heimliche Stigmata wie abweichendes Verhalten in Vergangenheit oder Gegenwart selbst bei Familienmitgliedern oder engen Freunden können, wenn sie bekannt werden, eine dem Anschein nach aufrechte Identität kompromittieren (Goffman 1963a). Zufällige Eigenschaften wie Schönheit oder Körpergröße können bei der persönlichen Interaktion den sozialen Status erhöhen, offenkundige körperliche Mißbildungen sind ihm oft abträglich.[41]

Diese Selbstdarstellungen finden in sozialen Kontexten statt und werden durch die Reaktionen von anderen bestätigt, neutralisiert, negiert oder untergraben. Statussignale, ob verbal oder nonverbal, praktisch oder symbolisch, können nur im sozialen Kontext und nur von Menschen verstanden werden, die gelernt haben, was sie bedeuten (Hodge und Kress 1988). Um Chefs und Angestellte, Freunde und Feinde auseinanderhalten zu können, muß man die symbolische Sprache der alltäglichen sozialen Interaktion kennen. Signale können zwecks Stärkung oder Schwächung des Status quo manipuliert oder bewußt und offen zu Widerstand oder Rebellion genutzt werden.

Diese Statusproduktionen sind Teil dessen, wie *gender* (oder Rasse, Ethnizität, Religion oder soziale Klasse) „gemacht" wird. Und wenn sie *gender* machen, machen „Männer zugleich auch Herrschaft und Frauen zugleich auch Unterwerfung", wie West und Zimmerman bemerken (1987, 146). In der persönlichen Interaktion nämlich wird das ganze System der sozialen Schichtung einer Gesellschaft produziert, verstärkt oder bekämpft. Dieses System verleiht Frauen und Männern, Menschen unterschiedlicher rassisch-ethnischer Gruppen und unterschiedlicher Religionen sowie Menschen mit größeren oder kleineren ökonomischen Ressourcen unterschiedlichen sozialen Wert. In der Alltagsinteraktion werden diese Macht- und Prestigeunterschiede aktiv ausagiert, weil Personen mit unterschiedlichen Statusmerkmalen von anderen in dieser Situation als legitimerweise über- oder untergeordnet betrachtet werden. Bei Personen mit hoher Wertschätzung nehmen andere ernst, was sie zu sagen haben, greifen ihre Vorschläge auf und richten sich nach ihrem Urteil. Menschen, die in den Augen von anderen einen niedrigen Status haben, werden nicht angehört, ihr Rat wird nicht befolgt, und ihre Anwartschaften auf Führungspositionen werden einfach ignoriert. Machen statushöhere Personen einen Fehler, wird im Zweifelsfall zu ihren Gunsten entschieden; statusniedrige Personen müssen ihre Kompetenz immer aufs Neue unter Beweis stellen.

Das Muster der Macht- und Prestigestrukturen in der persönlichen Interaktion spiegelt die Rangfolge der sozialen Merkmale in der Gesellschaft insge-

---

41 Dabbs und Stokes 1975; F. Davis 1961; Egolf und Corder 1991; C. F. Epstein 1981, 309-314; Goffman 1963a; Hatfield und Sprecher 1986; Unger, Hilderbrand und Madar 1982; Webster und Driskell 1983.

samt wider, weil Menschen nicht als Individuen gesehen werden, sondern als
Vertreter ihrer Rasse, ihrer Religion, ihres *gender*, ihrer Bildung, ihres Berufs usw. Haben alle Mitglieder einer Gruppe dieselben sozialen Merkmale,
kristallisieren sich natürliche Anführer und Anhänger heraus; in einer Gruppe von Freunden gibt es gewöhnlich eine Person, die der Anführer ist. Sind
jedoch die sozialen Merkmale der Mitglieder einer Gruppe unterschiedlich,
geben die sozialen Merkmale den Ausschlag vor den persönlichen Merkmalen – eine Frau, die andere Frauen führt, läßt sich führen, wenn Männer dabei
sind. Der einzige Mann in einer Gruppe von Frauen dominiert nicht, doch
wird ihm mehr Gehör geschenkt als der einzigen Frau in einer Gruppe von
Männern (Johnson und Schulman 1989). Die Macht- und Prestigestruktur der
Gruppe wird durch ihre Größe, ihre Statusmischung, ihre Stabilität und ihren
Zweck bestimmt, die Muster aber sind konstant: Statushöhere Personen dominieren, weil andere sie als dazu berechtigt empfinden; sie haben ihren
höheren Status nicht, weil sie dominieren. Der Auf- und Abbau von „Gesicht" erfolgt meist unbemerkt, aber an den Konflikten und Konfrontationen
wird deutlich, daß deren eigentlicher Subtext die soziale Produktion von
Prestige und Macht ist (Morrill 1991).

Macht produzieren

Die Woche, in der ich dieses Kapitel zu schreiben begann, war auch die
Woche, in der vor dem *Judiciary Committee* des amerikanischen Senats die
Anhörungen von Professor Anita Hill und Richter Clarence Thomas, Kandi-
dat für den Obersten Gerichtshof, wegen des von Hill erhobenen Vorwurfs
der sexuellen Belästigung stattfanden. Diese Auseinandersetzungen führten
wie auf einer Bühne die Produktion und Destruktion von Status und das
Wechselspiel zwischen Rasse, Klasse und *gender* auf der einen und den
Einschätzungen von Leistung und sozialem Wert auf der anderen Seite vor.
Sie legten bloß, wie soziale Aufstiegsprozesse funktionieren und wie sie sich
für Frauen und Männer derselben Rasse unterscheiden. „Es ging in diesem
heißen Gefecht nicht nur um Rasse und Sex und um Frauen und Männer. Es
ging auch um Macht und darum, wer sie wirksamer zu nutzen versteht"
(Dowd 1991c).[42]

---

42 Andere Berichte, Kolumnen und Geschichten der *New York Times*, die die fortbestehende
    Allgegenwart von sexueller Belästigung und ihre mikropolitische Funktion dokumentieren,
    siehe Apple 1991; Bray 1991; De Witt 1991; Dowd 1991a; 1991b; Goleman 1991; Kolbert
    1991a; 1991b; Lewin 1991b; Quindlen 1991b; 1991c; 1991d; Schafran 1991; Warrock
    1991; Wicker 1991; Lena Williams 1991; M. C. Wilson 1991. Artikel und Dokumentatio-
    nen aus männlicher Sicht, siehe den Sonderteil des *Wall Street Journal*, Sex and Power in
    the Office, Oktober 18, 1991, B1-B4.

Beide, Clarence Thomas und Anita Hill, sind Afroamerikaner, beide wurden in Armut und Rassentrennung hineingeboren, beide sind Juristen und beide legten ihre juristischen Examen an der Yale University, einer der angesehensten juristischen Fakultäten der Vereinigten Staaten, in einer Zeit ab, in der die *Affirmative Action* im ganzen Land gefördert und praktiziert wurde. Sie lernten einander über die Zusammenarbeit in der Administration von Präsident Ronald Reagan kennen. Richter Thomas, damals dreiunddreißig Jahre alt, war im *Department of Education* und damals Vorsitzender der *Equal Employment Opportunities Commission* (EEOC), des Gremiums, das zur Umsetzung der Antidiskriminierungsgesetze eingesetzt worden war. Professor Hill, damals fünfundzwanzig Jahre alt, arbeitete in beiden Organisationen mehrere Jahre lang für Richter Thomas.

Professor Hill machte geltend, Richter Thomas habe während dieser Zeit an beiden Arbeitsplätzen wiederholt versucht, sie zu Verabredungen zu drängen und sie mit Schilderungen der Sexualakte aus den pornographischen Filmen belästigt, die er gesehen hatte, des Brustumfangs und der Penisgröße der Darsteller in diesen Filmen, der Größe seines eigenen Penis und seiner eigenen sexuellen Leistungen. Sie hatte nur wenigen Menschen von diesen Vorfällen erzählt – zwei Freundinnen, einem in einer anderen Stadt lebenden Mann, mit dem sie damals befreundet war, und fünf oder sechs Jahre später dem Dekan einer Universität, an die sie berufen werden sollte. Diese Personen bezeugten vor dem *Judiciary Committee*, daß sie sehr verstört und bedrückt gewesen sei, als sie darüber gesprochen habe, ohne jedoch im Detail so deutlich zu werden, wie man es bei den wiederholten öffentlichen Anhörungen von ihr verlangte.

Richter Thomas bestritt die Beschuldigungen kategorisch und warf ihr seinerseits vor, sie mache ihn zum Opfer einer besonders üblen Sorte von Rassismus, nämlich der stereotypen Kategorisierung afroamerikanischer Männern als bloßer Sexualtiere. Er sprach von einem „High-Tech-Lynching", aber wer tatsächlich gelyncht wurde, nämlich verbal von den Senatoren, die Richter Thomas unterstützten, war Anita Hill. Thomas' Parteigänger im *Judiciary Committee* beschuldigten Professor Hill, sie sei eine verschmähte Liebhaberin, die sich rächen wolle, ein Werkzeug politischer Interessen, die sich gegen Thomas richteten, eine Phantastin und Schizophrene. Die Mitglieder des *Judiciary Committee*, die gegen eine Bestätigung von Richter Thomas' Ernennung waren, befragten ihn selber recht behutsam und seine Zeugen ziellos und unzusammenhängend. Sie befragten ihn nicht zu dem, was als sein notorisches Interesse an Pornographie kolportiert wurde. Sie zogen keine Experten hinzu, die etwas über sexuelle Belästigung, ihre Wirkungen oder die gewöhnlichen Reaktionen hätten aussagen können, und hörten sich stattdessen respektvoll die weitschweifigen und selbstgefälligen Aussagen eines Mannes an, der Anita Hill einmal auf einer großen Party kennengelernt hatte.

Professor Hills Anschuldigung, sie sei von Richter Thomas sexuell belästigt worden, wurde in Zweifel gezogen, weil sie ihm aus dem *Department of Education* zur EEOC gefolgt war und auch nach ihrem Weggang aus der EEOC und der Übernahme einer Lehrverpflichtung beruflich mit ihm in Kontakt geblieben war, einmal, um ihn um ein Empfehlungsschreiben zu bitten, das sie brauchte, einmal, um ihn als Vortragenden an ihren Campus einzuladen, und verschiedene Male, um ihn um Hilfe für andere oder um Seminarmaterialien und Stipendien zu bitten. Sie hatte nach ihrem Weggang aus Washington, D.C., zehn bis fünfzehn Mal mit ihm telefoniert. Als er zu seinem Vortrag an die Universität kam, an der sie ihre erste Lehrverpflichtung hatte, nahm sie an den geselligen Anlässen im Zusammenhang mit seinem Besuch teil und fuhr ihn zum Flughafen. Ein Zeuge sagte aus, ihre Interaktion sei sehr freundlich und entspannt gewesen.

Richter Thomas' Parteigänger im *Judiciary Committee* sagten immer wieder, sie könnten nicht verstehen, warum Anita Hill ihm von der einen Organisation zur nächsten gefolgt sei, nachdem er sie belästigt hatte. Sie sagte, vor der Übernahme seines neuen Amtes habe es mehrere Monate hindurch weder zweideutige Reden noch Versuche gegeben, sie zu Verabredungen zu drängen, da er sich ernsthaft für eine andere Frau interessiert habe. Als sie zur EEOC versetzt worden waren, sagte sie, habe er sie erneut belästigt. Die Beziehung war auseinander gegangen, und außerdem befand er sich gerade in der Scheidung. Die Pro-Thomas-Mitglieder des Committee sagten außerdem, sie könnten nicht verstehen, warum sie in den darauf folgenden Jahren in durchaus freundlicher beruflicher Verbindung mit ihm geblieben sei. Eine von Professor Hills Zeuginnen versuchte, dies zu erklären, indem sie von ihren eigenen Erfahrungen erzählte, zu denen auch „Begrapschen" gehörte, und sagte, als schwarze Frau lerne man eben, „die Zähne zusammenzubeißen und es über sich ergehen zu lassen," um in eine Position zu kommen, in der man die Unterstützung des Belästigers nicht mehr brauche.

Professor Hill sagte, sie sei Thomas zur EEOC gefolgt, weil sie fürchtete, auf andere Weise keine ihrer Ausbildung und ihren Fähigkeiten entsprechende Stelle zu bekommen. Sie hatte als Verbandsjuristin gearbeitet und wollte in diesen juristischen Bereich nicht zurück. Obwohl diese Motivation für die Fortsetzung einer Verbindung mit einem Mann, der sie, wie sie sagte, mit seinem abstoßendem Gerede belästigt habe, von Pro-Thomas-Zeugen angezweifelt wurde, spricht ihr Karriereverlauf für ihre eingeschränkten Möglichkeiten. Zur Zeit der angeblichen Vorfälle war Professor Hill eine afroamerikanische Frau in den Zwanzigern in einem akademischen Beruf, Absolventin einer hoch angesehenen juristischen Fakultät, und stand gerade am Anfang ihrer Karriere. Die Stelle, die sie nach ihrem Weggang von der OEEC annahm, war an der Oral Roberts University, einer kleinen, statusniedrigen (und inzwischen nicht mehr existierenden) Universität.[43] Richter Thomas war ein afroamerikanischer Mann in den Dreißigern und vom Präsidenten zum Leiter eines großen Bundesamtes ernannt worden. In Kreisen der Republikaner wurde er für weitere Posten aufgebaut, und einer der Zeugen beschrieb ihn als einen „im Aufgehen begriffenen Stern". Daß Professor Hill Richter Thomas weiterhin wegen Empfehlungsschreiben, Vorträgen, Stellen für andere und Materialien zum Bürgerrecht ansprechen konnte, kam ihrer Karriere und ihrem Ansehen an ihrem Arbeitsplatz und in der Profession zugute. Trotz ihrer beruflichen Aktivitäten auf hoher Ebene, etwa in der Forschung und durch Teilnahme an Tagungen der *American Bar Association*, konnte sie es sich nicht leisten, einen so wichtigen beruflichen Kontakt aufzukündigen.

Frauen, die zugunsten von Richter Thomas aussagten, lobten ihn für seinen respektvollen Umgang mit Frauen und für die Unterstützung, die er ihnen bot; alle bis auf eine waren keine Juristinnen. Sie bezeichneten Anita Hill als „auftrumpfend aggressiv", „arrogant", „verbohrt", „hart", „scharf", „ehrgeizig" und „überheblich". Sie meinten, ihre Motivation sei Ressentiment, weil er sie bei der EEOC nicht wie im *Department of Education* zu seiner ersten Assistentin gemacht habe, oder weil sie in ihn „verknallt" gewesen sei und einen Korb bekommen habe.

Als Frau in einem akademischen Beruf merkte Professor Hill zu spät, daß Clarence Thomas an ihr mehr sexuell als beruflich interessiert war und ihr nicht behilflich sein würde, bei der EEOC ihre Karriere voran zu bringen. Sie sagte, bei ihrem Weggang von der EEOC habe er gesagt, wenn sie jemals über das spräche, was er getan habe, würde das *seine* Karriere ruinieren. Sie sprach in der Öffentlichkeit nicht darüber, und er erfüllte ihr dafür jede Bitte. Als sie schließlich doch an die Öffentlichkeit ging, hatte sie dadurch nichts mehr zu gewinnen und sagte auch, sie hätte es nicht getan, wenn sie nicht von Mitarbeitern des *Judiciary Committee* angesprochen worden wäre, denen Gerüchte von sexueller Belästigung durch Richter Thomas bei der EEOC zu Ohren gekommen waren.

Das *Judiciary Committee* bestand aus vierzehn weißen Männern aus der oberen Mittelklasse. Der Senat, der die Ernennung per Abstimmung bestätigen mußte, bestand aus neunundachtzig Männern, fast sämtlich weiß, und zwei weißen Frauen. Die Senatoren (einschließlich der Frau bei den Republikanern) und laut Umfragen auch die amerikanische Bevölkerung glaubten

---

43 Professor Hills Erfahrungen sind für Frauen aus Minoritäten, die eine Juraprofessur anstreben, nicht ungewöhnlich. Eine neuere Erhebung an 174 der 176 U.S. Law Schools ergab, daß Frauen aus Minoritäten im Vergleich zu Männern aus Minoritäten häufiger auf Stellen ohne Festanstellung beginnen (44 Prozent zu 29 Prozent), häufiger an weniger angesehenen Universitäten lehren (-0,12 zu 0.66 auf einer Skala mit Durchschnitt 0), und zweimal so häufig die Lehrveranstaltungen für Erstsemester abhalten (Merritt und Reskin 1992).

mehrheitlich ihm und nicht ihr (Kolbert 1991b). Nach einem Wochenende Anhörungen von Professor Hill und Richter Thomas und der Zeugen für sie und gegen sie und gegen ihn sowie einem Tag Plenardebatte im Senat wurde er am 16. Oktober 1991 mit 52 gegen 48 Stimmen für eine lebenslange Amtszeit am Obersten Gerichtshof bestätigt. Professor Hill ging unter dem Beifall ihrer Kolleginnen und Studentinnen an ihre Universität zurück und wurde später verschiedentlich von Vereinigungen von Frauen in akademischen Berufen ausgezeichnet.[44]

Sexuelle Belästigung als Diskriminierung

67,2 Prozent von 393 Männern würden sich geschmeichelt fühlen, wenn sie von einer Kollegin gefragt würden, ob sie Sex mit ihr haben wollten, und 62,8 Prozent von 814 Frauen wären im umgekehrten Falle beleidigt, wie Barbara Gutek (1985, Tabelle 1, S. 96) feststellte. Daß Vorgesetzte sexuelle Beziehungen als Gegenleistung dafür verlangen, daß ein Arbeitsplatz behalten oder eine Beförderung erreicht werden kann, ist für heterosexuelle oder lesbische Frauen aller Klassen und Rassen wie auch für viele Studentinnen und Doktorandinnen eine altbekannte, häßliche Begleiterscheinung des Arbeitslebens.[45] Die meisten Menschen verstehen, daß es unfair ist, eine Person, die eine Stelle oder ein Examen braucht, verbal oder körperlich unerwünschten sexuellen Annäherungsversuchen auszusetzen. Aber auch sexuelle Reden, Gesten und sonstige Verhaltensweisen, die in einer Arbeitsumgebung oder einer Berufs- oder Schüler-Lehrer-Beziehung fehl am Platz sind, stellen eine Diskriminierung der Personen dar, denen sie gelten. Dieses zum ersten Mal von Catharine MacKinnon (1979) entwickelte Konzept der sexuellen Belästigung als Diskriminierung fand Eingang in die 1980 erlassenen

---

44 Die Januar-Februar-Ausgabe von *Ms. Magazine* brachte einen Artikel von Anita Hill über die Bemerkungen, die auf einer Podiumsdiskussion zu sexueller Belästigung und Politik auf dem *National Forum for Women State Legislators* fielen, das vom *Center for the American Women and Politics* an der Ruthers University einberufen worden war (1992). Siehe auch Sharpe 1992 zur Realität von sexueller Belästigung in Washington, D.C.; und Williams u.a. 1992 zu Analysen und Kommentaren von fünf afroamerikanischen Feministinnen. Eine Entgegnung auf Interpretationen von Rechts, siehe Mayer und Abramson 1993.

45 Dziech und Weiner 1990; Gutek 1985; MacKinnon 1979; Mathews 1991; Paludi 1990; Schneider 1982; 1985; 1991. Konsensuelle sexuelle Beziehungen zwischen Gleichgestellten (und auch zwischen einem Vorgesetzten und einer Untergebenen) sind keine Belästigung, wohl aber hartnäckiges Drängen zu Verabredungen oder sexuelle Beziehungen trotz Ablehnung. Betriebe, Ausbildungsstätten und das Militär haben gewöhnlich geschriebene und ungeschriebene Regeln für Verabredungen und sexuelle Beziehungen zwischen den ihnen angehörenden Personen, sind aber meist weniger explizit, was sexuelle Belästigung angeht. Siehe Barkalow 1990; Cockburn 1991, 138-170; Gutek 1985, 149; Powell 1988, 135-137; Schneider 1984.

EEOC-Richtlininen, wurde aber in Amerika wie in anderen Ländern erst Ende der achtziger Jahre auch gerichtlich einklagbar (Lewin 1991a; Weisman 1989).

Das Konzept der Belästigung als Diskriminierung kam in den Vereinigten Staaten auf, als weiße Frauen sowie farbige Frauen und Männer für Arbeitsplätze eingestellt und in Ausbildungseinrichtungen aufgenommen wurden, zu denen sie bis dahin keinen Zugang hatten. Arbeiterinnen, vor allem farbige Frauen mit statusniedrigen Tätigkeiten, beginnen meist dann über sexuelle Belästigung zu klagen, wenn sie erfolgreich in die Arbeitswelten weißer Männer einbrechen (Gruber und Bjorn 1982). Die Absicht solcher Belästigungen ist es, den Frauen das Leben so schwer zu machen, daß sie kündigen. Frauen, die an Wirtschafts- und anderen Hochschulen studieren und in Arbeitsbereiche vordringen, die einmal reine Männerdomänen waren, sind meist sexuellen Anspielungen oder Bemerkungen über ihr Aussehen ausgesetzt, mit denen sie aus dem Gleichgewicht gebracht und in ihrer Arbeitsleistung unterminiert werden sollen. Bezweckt wird damit, sie vor der Visibilität und Selbstbehauptung zurückscheuen zu lassen, die das Markenzeichen künftiger Führungskräfte in jedem Bereich sind.

Erst in jüngster Zeit, und auch nur in ganz wenigen Fällen, sind von Frauen oder homosexuellen Männern in aller Form Klagen oder Beschwerden wegen hartnäckig wiederkehrender sexueller Belästigungen erhoben und Gerichtsprozesse angestrengt worden. Daß solche Vorfälle oft nicht an die Öffentlichkeit gebracht werden, liegt daran, daß der oder die Klagende bei Kollegen oder Vorgesetzten oft keinen Rückhalt hat, und daß in vielen Fällen der Vorgesetzte selber der Belästigende ist (Schneider 1991). Treten solche Vorfälle – etwa peinliche sexuelle Bemerkungen oder Witze bei Sitzungen – unter Peers auf, werden sie von den Anwesenden oft entschuldigt oder zumindest nicht unterbunden oder kritisiert. Vorgesetzte Männer wie auch Frauen setzen solchen Vorfällen im allgemeinen weder ein Ende, während sie geschehen, noch nehmen später unter vier Augen den Urheber ins Gebet und bieten der betroffenen Person Unterstützung an. Solche „Mikro-Ungleichbehandlungen" sind nicht gerichtsverwertbar, doch können „gerade diese kleinen, selbstverständlichen Kommentare, Witze und physischen Übergriffe, die jeweils für sich kaum dazu angetan sind, eine Frau zur Einleitung einer offiziellen Maßnahme zu veranlassen, im Alltag von erwerbstätigen Frauen langfristig zu etwas kumulieren, das als Belästigung empfunden und erlebt wird" (Schneider 1985, 104).[46]

Neuerdings haben Feministinnen begonnen, von Belästigung als einem Kontinuum zu sprechen, das von der *gender*-Belästigung, dem unangemessenen Aufmerksammachen auf den Körper, die Sexualität und den Familienstand von Frauen oder Männern, bis zur sexuellen Belästigung reicht, der

---

46 Siehe auch Rowe 1977; Schneider 1982.

Verwandlung einer Berufs-, Arbeits- oder Schüler-Lehrer-Beziehung in eine
sexuelle Beziehung, *die von einer der beteiligten Personen nicht gewünscht
wird und mit Zwang verbunden ist, weil die Person, von der sie ausgeht, in
irgendeiner Form Macht über die andere Person hat.*[47] Das Kriterium für
gender-Belästigung ist die Ausnutzung des *gender* oder der sexuellen Überzeugung einer Person zu Kommentaren über ihre Fähigkeiten oder ihr berufliches Engagement. Das Kriterium für sexuelle Belästigung ist die *Unange-
messenheit* des Verhaltens in der betreffenden Situation; eine eigentlich
gender-neutrale Situation wird in eine *unerwünschte* sexuelle Situation verwandelt, und der Urheber oder Anstifter hat *Macht*, so daß es der von der
Belästigung betroffenen Person schwer gemacht wird, ohne Gefährdung
ihres eigenen Status zu protestieren, fortzugehen, sich bei anderen zu be-
schweren oder Maßnahmen einzuleiten. In der Regel besteht die Reaktion
auf *gender*-Belästigung und sexuelle Belästigung in Unbehagen, Ärger, Ar-
beitsunfähigkeit, Gefühlen der Ohnmacht oder Herabwürdigung. Diese Gefühle können verdrängt werden, wenn die Person das Gefühl hat, keine andere Wahl zu haben, als in der Situation oder Beziehung auszuharren.

Selbst gestandene Frauen mit langer Berufserfahrung sind solchen ständigen sexuellen Belästigungen ausgesetzt. Einige Monate vor Anita Hills
Schritt in die Öffentlichkeit trat die Neurochirurgin Dr. Frances K. Conley,
eine fünfzigjährige ordentliche Professorin an der *Stanford Medical School*
und Vorsitzende des Senats der Fakultät, nach sechzehn Dienstjahren an der
Fakultät zurück.[48] Sie sagte, sie sei einer ständigen verbalen Sabotage ihres
beruflichen Status ausgesetzt gewesen, etwa indem bei Sitzungen auf ihre
Brüste angespielt oder sie vor Patienten mit „Honey" angesprochen wurde.
Dr. Conley war die einzige Frau der neurochirurgischen Fakultät und eine
der beiden ordentlichen Professoren des Departments. Der andere Professor,
der amtierende Leiter der Neurochirurgie, sollte offiziell zum Leiter des
Departments ernannt werden. Dieser Mann war es auch, der ihren Aussagen
zufolge sie und andere Frauen ständig beleidigte. Kolleginnen und Medizinstudentinnen berichteten über die althergebrachte Praxis der Ärzte, ihre Vor-
lesungen mit Bildern von nackten Frauen zu erläutern. Frauen, die sich beschwerten oder Einwände erhoben, wurden als „prämenstruell" abgetan.
Medizinstudentinnen waren immer schon sexistischen Praktiken ausgesetzt,
aber heutzutage machen Frauen fast 40 Prozent der Medizinstudenten in den
Vereinigten Staaten aus. In der Medizin sind trotz zunehmender Frauenzah-

---

47 Zur Spannweite von verbalen und nonverbalen Arten der sexuellen Belästigung, siehe
    Gruber 1992.
48 Siehe L. Fraser 1991; J. Gross 1991; *Stanford-Observer* 1991 (Hintergrundinformationen);
    New York Times 1991c (Zeitungsbericht).

len *gender*-Belästigung und sexuelle Belästigung das Mittel geblieben, um ambitionierten Frauen einen Dämpfer zu verpassen.[49]

„Speak-out-sessions" bringen ans Licht, wie viele Fälle von *gender*-Belästigung und sexueller Belästigung es gibt, und wie unterschiedlich die Situationswahrnehmung von Frauen und Männern ist. Solange nur die offiziellen Wege von Beschwerde und Zensur beschritten werden, dürften beide Formen der Belästigung kaum verschwinden, so allgegenwärtig sind sie auf allen Ebenen und in allen Arbeitsumgebungen, in denen Frauen und Männer zusammenarbeiten. Das beste Gegenmittel ist die öffentlich formulierte, klare Anweisung aus dem Munde ranghöherer Männer, daß *alle* weiblichen Beschäftigten, Auszubildenden und Studenten *neutral* zu behandeln sind – was nicht kalt und distanziert heißt, sondern höflich, freundlich, aber nicht sexuell. Die meisten Menschen kennen den Unterschied; sie machen ihn die ganze Zeit, zum Beispiel im Umgang mit den Ehefrauen von Freunden.

Nur eine beruflich sehr fest etablierte Frau ist in der Lage, erfolgreich für ihren beruflichen Status einzustehen, und auch sie braucht die Unterstützung von ranghöheren Männern. Dr. Conley ließ sich umstimmen und kehrte an die Fakultät der Stanford Medical School zurück, weil die Hochschulverwaltung eine Arbeitsgruppe zur Diskriminierung sowie eine Kommission zur Prüfung der Klagen über sexuelle Belästigung eingesetzt hatte. Bei einem späteren Interview mit ihr stellte sich heraus, daß ihre Aktionen sich gelohnt hatten. Mary Roth Walsh (1992) berichtete, Conley sei die Anita Hill der amerikanischen Medizin geworden, die überall im Land Vorträge hielte und Auszeichnungen von feministischen Organisationen erhielte. Dr. Gerald Silverberg, der Fakultätsvorsitzende, der Conley und viele andere Frauen sexuell belästigt hatte, die ebenfalls zu Aussagen gegen ihn bereit waren, trat zurück, entschuldigte sich in aller Form, besuchte Seminare zur *gender*-Sensibilität und unterzog sich Beratungsgesprächen!

Von Frauen, die in den ökonomischen Randbereichen leben, und von Frauen, die am Beginn ihrer Karriere stehen, ist nicht zu erwarten, daß sie sich gegen die ständigen sexistischen Kommentare zur Wehr setzen, mit denen Männer für den Schutz der Grenzen dessen sorgen, was sie als ihre Domäne betrachten. Ebenso wenig können es sympathisierende Männer in vergleichbaren Positionen. Von vorgesetzten Männern, die oft selber die Urheber von *gender*-Belästigung und sexueller Belästigung sind, ist nicht viel Unterstützung zu erwarten. Also ist es die Sache von vorgesetzten Frauen, sich mit der Macht, die sie immerhin haben, für sozialen Wandel einzusetzen. Sie können nicht länger schweigen: „Die Frau muß sich in den Text –

---

49   Grant 1988; Lenhart u.a. 1991; Lorber 1991.

wie in die Welt und in die Geschichte – selber einbringen, durch eigene Bewegung" (Cixous 1976, 875).[50]

---

50 Teilweise als Folge von Anita Hills Erfahrungen mit einem Gremium weißer Männer stieg
die Zahl der weiblichen Mitglieder des U.S.-Senats von zwei auf sechs; eine davon, Carol
Mosely Braun, ist Afroamerikanerin.

11 Die sichtbare Hand
Gender und Staat

> Oh Freiheit, welche Verbrechen werden in deinem
> Namen begangen.
>
> – *Madame Manon Roland (Linda Kelly 1987, 121)*

In den 1980er Jahren, als Margaret Thatcher Premierministerin von Großbritannien war, war auch der Lord Mayor von London eine Frau. Mit
Elizabeth II. als Königin ergab dies eine in einer modernen Gesellschaft
bemerkenswerte Konzentration von Frauen in Führungspositionen, machte
aber England nicht zum Matriarchat. Im Parlament und in den anderen staatlichen Institutionen herrschten Männer, und an Thatchers Regime konnte
man sehen, daß ein weibliches Staatsoberhaupt noch lange keinen Auf-
schwung für die Rechte der Frauen bedeutet. Unter ihrer Regierung wurden
die Kinderbetreuung, die Mutterschutzleistungen und die Rechte der Frauen
im Erwerbsleben beschnitten (Gelb 1989, 59).

Der zivilrechtliche Status der Frau in den westlichen Gesellschaften hat
sich mehrfach verändert; mit dem Aufkommen des modernen Staates beziehungsweise der Ausbreitung der westlichen Ideen von der Freiheit des Individuums wurde er nicht besser. Paradoxerweise verlieren mit zunehmender
Demokratisierung eines Staates die Frauen der Oberschicht an Macht, ohne
daß die Frauen der Mittelschicht und die armen Frauen Macht hinzugewin-
nen. Im alten Griechenland und in Rom sowie in den islamischen und europäischen Gesellschaften des Mittelalters gab es Zeiten, in denen die Frauen
der Oberschicht einen höheren Status hatten als im achtzehnten und neunzehnten Jahrhundert die Frauen der Oberschichten Englands, Frankreichs
und der Vereinigten Staaten.[1] Frauen, die einer Grundbesitzeraristokratie
angehören, ziehen Macht aus dem Status ihrer Familie. Sie haben oft Erb-
rechte oder agieren als Verwalter und Manager, um den Besitz der Großfamilie zusammenzuhalten. Im alten Griechenland und in Rom verloren die
Frauen ihre Erb- und Eigentumsrechte, als Grundbesitzer-Großfamilien
durch Unternehmer-Kleinfamilien als wichtigste Produktionseinheit verdrängt wurden (Arthur 1977). Auch die europäische Renaissance, die das

---

1   Zum Leben der Frauen in Griechenland und Rom, siehe Anderson und Zinsser 1988, 1:26-
    66; Arthur 1977; Pomeroy 1975; 1991; Rohrlich-Leavitt 1977.

Individuum über die Familie stellte, beschnitt damit die Macht der Frauen
aus den Adelsfamilien, die in der Feudalzeit ihre männlichen Verwandten
vertreten mußten und daher oft selber Großgrundbesitzerinnen gewesen
waren (Coontz und Henderson 1986; J. Kelly 1984).

Selbst in neuen Ländern, die Frauen zur Einwanderung bewegen wollten,
waren ihre Bürgerrechte eingeschränkt. Im kolonialen Amerika bekamen
Anfang des achtzehnten Jahrhunderts ledige Frauen in Pennsylvania, wenn
sie in diese Kolonie einwanderten, fünfundsiebzig Morgen Land, und in
Salem, Massachusetts, erhielten sie „maid lotts" (Abramovitz 1988, 46).
Derartige Anreize für unverheiratete weiße Frauen hatten jedoch ihren Ha-
ken. Die Bedingung war, daß das Land eine Mitgift darstellen und zum Heiraten dienen sollte; bei Landbesitzerinnen, die sich anders entschieden, wurde die Schenkung rückgängig gemacht. Maryland gab Landbesitzerinnen
sieben Jahre, um einen Mann zu finden oder ihr Land zu verlieren. Als die
amerikanischen Kolonien 1776 die britische Herrschaft abschüttelten, behielten sie das englische Ehe- und Erbschaftsrechte bei, das es verheirateten
Frauen untersagte, als selbständige ökonomische Akteure aufzutreten (Salmon 1979). Viele der weißen Frauen, die in die englischen Kolonien in Amerika und Australien kamen, waren Landstreicherinnen, Prostituierte und
Sträflinge, die verbannt worden waren, oder arme Frauen, die sich an eine
wohlhabende Person verdingt hatten, die ihnen die Überfahrt bezahlte. Außerdem gab es junge Frauen, die – freiwillig oder nachdem man sie entführt
hatte – als Ehefrauen verkauft wurden. Schwarze Frauen und Männer kamen
als verdingte Dienstboten und als Sklaven. Sie alle, ob sie aus freien Stücken
oder in Ketten kamen, hatten elendigliche Überfahrten auf überfüllten Schif-
fen hinter sich und bekamen nun in ihrem neuen Land keine Bürgerrechte
(Abramovitz 1988, 27-50). Die Unterzeichner der Unabhängigkeitserklärung
richteten ihre Bitten um Legitimierung an „die Meinung der Menschheit".
Ihre Bekräftigung so selbstverständlicher Wahrheiten wie der, daß „alle
Menschen gleich geschaffen sind; daß sie von ihrem Schöpfer mit gewissen
unveräußerlichen Rechten ausgestattet sind; daß dazu Leben, Freiheit und
das Streben nach Glück gehören," war nicht für die Ohren auch nur einer
Frau bestimmt, und auch nicht für Männer, die sich als Dienstboten verdingt
hatten, Sklaven waren oder eingeborene Amerikaner.

Revolutionen haben die Macht unter den Männern der verschiedenen sozialen Klassen umverteilt und manchen Frauen Bürgerrechte verschafft, die
ihnen bis dahin vorenthalten wurden, aber die Revolutionen der Moderne
haben Frauen nicht die gleiche politische Macht gegeben wie den Männern
ihrer sozialen Klasse. Der Bürger und Staatsbürger, der dem Erbadel in
England die politische Macht entriß, war zunächst ein Mann mit Eigentum
und dann jeder freie Mann, nie aber eine Frau: „Nach der Glorious Revolution von 1688 sollten englische Ehefrauen noch weitere zweihundert Jahre in
der paradoxen Lage bleiben, daß sie rechtlich die Leibeigenen von Ehemän-

nern waren, die ständig damit prahlten, daß sie in einer weltweit einzigartigen, weil auf die Prinzipien der Freiheit eingeschworenen Gesellschaft lebten" (L. Stone 1990, 18).

Die großen Revolutionen der Moderne in Frankreich, Rußland und China haben die Klassenverhältnisse der Männer verändert und die Macht im Staat in die Hände von einstmals unterdrückten Männern gelegt. Für die Frauen dieser neuen herrschenden Klassen, die diese Revolutionen aktiv mitgemacht hatten, endeten sie mit ihrer politischen Unterdrückung durch die Männer. Jedesmal hatte man sich der Unterstützung der Frauen für die Revolution mit dem Versprechen einer Veränderung ihres Status als Bürgerinnen und Ehefrauen versichert. Waren dann die Revolutionen erfolgreich, wurden loyale Revolutionsführerinnen zugunsten von Männern übergangen, auf die die Revolutionsregierungen als politische Basis für die Konsolidierung und Stabilisierung ihrer Macht angewiesen waren. Um sich die Kooperationsbereitschaft der einstmals unterdrückten Männer zu sichern, wurden oft die Interessen der Frauen geopfert. Man hielt nicht nur die fortgesetzte Unterstützung der Frauen für das neue Regime für selbstverständlich, sondern versuchte in unruhigen Zeiten auch, die soziale Ordnung wieder herzustellen, indem man die traditionellen Rollen der Frauen als Mütter und unterdrückte Ehefrauen wieder aufleben ließ.

Die sozialistische und die kommunistische Ideologie betonen die ökonomische Basis der Unterdrückung der Frauen und sehen daher den Ansatz zu ihrer Befreiung in der Umwandlung der Privatwirtschaft in eine staatliche gelenkte Wirtschaft und in der vollen Einbeziehung der Frauen in den Erwerbssektor.[2] Während der wiederkehrenden Wirtschaftskrisen in der Sowjetunion und den osteuropäischen Ländern erwies sich diese Lösung des Problems der *gender*-Gleichheit als Illusion. Die *gender*-typische Arbeits-

---

2   Kommunismus ist das Ideal des Gemeinschaftsbesitzes der Produktionsmittel und einer bedürfnisorientierten Distribution von Gütern und Dienstleistungen. Staatssozialismus ist der am häufigsten benutzte Begriff für Länder, deren wichtigste ökonomische Institutionen Staatseigentum sind; Arbeitskräfte sind Beschäftigte des Staates und werden nach ihren Tätigkeiten bezahlt, aber der Staat subventioniert auch Wohnungen, Gesundheitswesen, Kinderbetreuung, Schulen aller Stufen, Altersrenten, das öffentliche Verkehrsnetz und Grundnahrungsmittel. In den modernen Wohlfahrtsstaaten Westeuropas ist der Umfang der staatlichen Sozialleistungen geringer als unter dem Staatssozialismus, aber größer als unter dem Kapitalismus. In den westeuropäischen Ländern ist die Wirtschaft eine Mischung von Privat- und Staatseigentum, mit einem staatlichen Sektor, der mehr Menschen beschäftigt als in kapitalistischen Ländern wie den Vereinigten Staaten. In Wohlfahrtsstaaten und kapitalistischen Staaten unterliegen die Größe des privaten und des staatlichen Sektors und der Umfang der staatlichen Subventionen und Leistungen ständigen Schwankungen; durch den Zusammenbruch des Staatssozialismus ist auch in Osteuropa die ideologische, ökonomische und politische Diskussion über die Vor- und Nachteile von Marktwirtschaft beziehungsweise Wohlfahrtsstaat eröffnet. Neuere Überlegungen zum Auseinanderklaffen von sozialistischer Theorie und Praxis, siehe Buckley 1985; 1989; Haug 1991; Molyneux 1981; und die Podiumsdiskussion in Kruks, Rapp und Young 1989.

teilung blieb bestehen, und Frauen wurden im allgemeinen schlechter bezahlt als Männer und befanden sich seltener in Führungspositionen (Lin und Yanjie 1991; Jancar 1978, 12-37). Da fast die ganze Verantwortung für die unbezahlte Hausarbeit und die Kinderversorgung nach wie vor bei den Frauen lag, eine Last, die ihnen auch durch staatlich geförderte, bezahlte Mutterschutzzeiten, Kindergeld, Kinderkrippen, -gärten und -horte nicht vollständig abgenommen wurde, empfanden die Frauen die Lohnarbeit unter dem Sozialismus nicht als befreiend:

> Die Kampagne „Militanter Sonntag, müder Montag" ist nicht wie die beim Großen Sprung nach vorn betriebene Einrichtung von Volksküchen, Gemeinschaftswäschereien und Kindertagesstätten ein Kampf für die Sozialisierung der Hausarbeit. Die chinesischen Politiker setzen inzwischen eher auf kurzfristige Lösungen, etwa besseres Spielzeug für Kinder, die bei ihren Großeltern aufwachsen, und auf die Aufforderung an die Ehemänner, einen gerechteren Anteil an der privatisierten Hausarbeit, dem Einkaufen und der Verantwortung für die Kinderversorgung zu übernehmen. Die nationale Verantwortung für öffentliche und sozialisierte Einrichtungen, die die Doppelbelastung der erwerbstätigen Frauen verringern würden, hat in China keine hohe Priorität mehr. (Dalsimer und Nisonoff 1987)

Die Revolutionärinnen und ihre feministischen Ideen wurden zusammen mit dem Rest der kommunistischen Rhetorik als „Auslaufmodell" in Mißkredit gebracht (Burawoy und Lukács 1992, 83). Diese Frauen hatten sich bei ihrer Arbeit auf „Frauenfragen" beschränkt, um in Regierungen, die weiterhin von Männern beherrscht wurden, überhaupt irgendwelche Macht zu behalten (Browning 1987).

In jüngster Zeit haben Frauen bei allen „sanften Revolutionen" mitgewirkt, die zum Sturz der kommunistischen Regierungen in Osteuropa führten, aber der Frauenanteil in den Parlamenten dieser Länder ging nach dem Zusammenbruch des Kommunismus ohne den Rückhalt von staatlich verordneten Quotenregelungen jäh zurück: in der ehemaligen Tschechoslowakei von 29,5 Prozent im Jahre 1989 auf 8,7 Prozent im Jahre 1991; in Ungarn von 20,9 auf 7 Prozent; in Rumänien von 34,4 auf 3,6 Prozent; in Bulgarien von 21 auf 8,5 Prozent; und in der ehemaligen Deutschen Demokratischen Republik von 38 auf 20,2 Prozent (Dölling 1991; Ragab 1992).[3] Der Privatisierungsschub in den staatssozialistischen Wirtschaften hat zu einer hohen Frauenar-

---

3 In Deutschland haben die Frauen sämtliche Staatsformen des zwanzigsten Jahrhunderts durchgemacht. Nach dem Ersten Weltkrieg erhielten sie das Wahlrecht und andere Bürgerrechte. Manche deutsche Frauen unterstützten die Nazis, die ihnen die bürgerlichen Rechte aberkannten, und andere leisten Widerstand bis zum Tod. Nach dem Zweiten Weltkrieg lebten die deutschen Frauen erst unter den Besatzungsmächten und dann im Osten unter dem Staatssozialismus und im Westen unter dem fortgeschrittenen Kapitalismus. Jetzt haben sie mit den Wehen der Vereinigung zu tun (Bridenthal, Grossman und Kaplan 1984; Dölling 1991; Einhorn 1989; Ferree 1993; Koonz 1977; Oldfield 1987; Rosenberg 1991; H. G. Shaffer 1981).

beitslosigkeit und – bei denen, die noch Arbeit haben – zu einer Reduzierung der Leistungen für Kinderbetreuung und Mutterschutz geführt.[4]

Die Unterdrückungs- und Ausbeutungsverhältnisse der Frauen haben sich sowohl unter dem Kapitalismus als auch unter dem Sozialismus verändert, aber das Ergebnis war bemerkenswert ähnlich. In allen Industrieländern sind verheiratete Frauen und Mütter von Kleinkindern erwerbstätig und außerdem die primären unbezahlten Hausarbeiterinnen. Ihre Überlastung veranlaßt den Staat zu politischen Verbesserungen, etwa bezahltem Elternurlaub. Diese Politik mindert die Doppelbelastung der Frauen, schwächt aber auch ihre Position als Verdiener, weil sie eher als die Väter zu Hause bleiben, um die Kinder zu versorgen. Eine Politik, die die *gender*-Segregation im Erwerbssektor verringerte und gleiche Bezahlung für Frauenarbeit vorschriebe, würde sehr viel mehr zur Förderung der Beteiligung der Männer an der Kinderversorgung beitragen, da die Wahrscheinlichkeit, daß auch Männer Elternurlaub nehmen, bei denjenigen am größten sein dürfte, die gut verdienende Ehefrauen haben (Kaul 1991).

Die Doppelbelastung durch Hausarbeit und Erwerbsarbeit setzt auch der politischen Betätigung von Frauen entscheidende Schranken. Die Zeit, die nötig ist, um in Organisationen zu arbeiten, an Sitzungen teilzunehmen, sich politisch zu qualifizieren, die Beziehungen zu Mentoren und Förderern zu pflegen und die innerparteilichen Auseinandersetzungen und Kampagnen zu bestehen, ohne die eine politische Karriere nicht voran kommt, würde einem *dritten* Beruf gleichkommen.[5] Daher schaffen ambitionierte verheiratete Frauen mit Kindern auch nur selten den Aufstieg in hohe Regierungsämter. Die Männer, die die Politik im Staate machen, fördern die vergeschlechtlichte Arbeitsteilung, in der Frauen als Arbeitskräfte und als Familienmitglieder ausgebeutet werden. Das für den Erhalt der politischen Herrschaft der Männer so vorteilhafte Ergebnis legt den Gedanken nahe, daß man es dabei mit einer gegen die Frauen gerichteten Verschwörung zu tun hat, aber tatsächlich „spielt der Staat bei der Unterdrückung der Frauen [auf andere Weise] mit" (McIntosh 1978, 255), nämlich durch eine scheinbar *gender*-neutrale Politik, die nur selten den Interessen der Frauen dient .[6]

---

4   Dölling 1991; Einhorn 1991; Moghadam 1990a; Szalai 1991; WuDunn 1992.
5   Jancar 1978, 112-118, hebt dies für die kommunistischen Länder hervor, aber es gilt für politische Karrieren in jedem beliebigen System. Zu Frauen und Macht, historisch und nationenübergreifend, siehe Epstein und Coser 1981; Garlick, Dixon und Allen 1992.
6   Siehe auch W. Brown 1992; Boris und Bardaglio 1987; Connell 1990a; Eisenstein 1984; N. Fraser 1989, 144-187; Pascall 1986; Schirmer 1982; Ursel 1992.

Gender, Eigentum und Macht

Die überaus sichtbare Art und Weise, wie Staaten bestimmten Gruppen Macht verleihen (oder vielmehr wie sich bestimmte Gruppen durch ihre Verfügungsgewalt über den staatlichen Herrschaftsapparat selber Macht verleihen), besteht in den Gesetzen, die den Besitz und das Erben von Eigentum regeln, der wichtigsten ökonomische Ressource. Diese Gesetze sind an die Stelle der Regeln getreten, nach denen die Produktion der Angehörigen einer auf Verwandtschaft basierenden Gesellschaft verteilt wird. In diesen Gesellschaften haben Frauen gewöhnlich als Schwestern Anspruch auf den Produktionsüberschuß ihrer Familie und als Ehefrauen Anspruch auf den von ihnen selbst produzierten Überschuß (Sacks 1979). Bei den Kelten und den germanischen Stämmen konnten Frauen im ersten Jahrhundert unserer Zeitrechnung Eigentum von ihren Herkunftsfamilien und den Familien ihrer Männer erben und vererben (V. Muller 1985). In den islamischen Gesellschaften des Mittelalters besaßen und verwalteten in den mamelukischen Oberschichtfamilien Töchter, Schwestern und Ehefrauen einen umfangreichen eigenen Besitz und verwalteten den Besitz männlicher Verwandter (Ahmed 1992, 105-106; Petry 1991). In den europäischen Gesellschaften, in denen es Frauen nicht gestattet war, Eigentum direkt zu besitzen oder zu erben, wurde der Besitz der Väter oder Ehemänner in ihrer Abwesenheit, wenn keine erwachsenen Söhne da waren, von ihren Töchtern oder Ehefrauen verwaltet.[7] Die Frauen, die die großen Burgen und Güter verwalteten (die Burgherrinnen und Schlüsselbewahrerinnen), hatten sowohl die Produktions- als auch die Hausarbeit unter sich, und ihre Arbeitskräfte waren besitzlose Frauen und Männer (McNamara und Wemple 1974). Im europäischen Mittelalter, als Priester sich noch verheiraten durften, erstreckte sich die Macht der Frauen auch auf kirchliche Angelegenheiten: „Damals scheint es, wohin wir auch blicken, keine wirklich wirksamen Schranken für die Fähigkeit von Frauen gegeben zu haben, Macht auszuüben. Sie treten uns als Militärführerinnen, Richterinnen, Burgherrinnen, Verwalterinnen von Ländereien entgegen. Sogar über die Kirche übten sie, obwohl sie vom Priesteramt ausge-

---

7   Zu Europa, siehe Anderson und Zinsser 1988, 1: 296-350; Coontz und Henderson 1986, 142-148; McNamara und Wemple 1974; Stone 1979, 69-89. Der gleiche Einsatz von Töchtern anstelle von Söhnen galt laut Amadiume (1987) für das präkoloniale Nigeria. Im modernen Japan haben Familien von Geschäftsleuten die Tradition des „Brautmannes", der den Namen seiner Frau annimmt und in den Haushalt seiner Frau adoptiert wird, um dafür zu sorgen, daß das Familienunternehmen in der Familie bleibt, wenn es keine männlichen Erben gibt, oder gut verwaltet wird, wenn die männlichen Erben nicht kompetent oder nicht zuverlässig sind; die Ehefrau behält nicht nur ihren Familiennamen; sie übernimmt auch die Rolle des Haushaltsvorstands und erbt das Familienunternehmen, wird also zum sozialen Mann (Hamabata 1990, 36, 45).

schlossen waren, aufgrund ihrer Stellung in der Familie große Macht aus" (McNamara und Wemple 1974, 113).

Ein Kennzeichen ihrer sozialen Unabhängigkeit während der gesamten europäischen Feudalzeit war ihre Freiheit, außereheliche Liebesbeziehungen einzugehen, die entschuldigt wurden, sofern sie bereits einen männlichen Erben geboren hatten (J. Kelly 1984, 27). Allerdings führt, wie David Herlihy (1984, 396) anmerkt, „auch die begrenzte sexuelle Promiskuität bereits zu einer Verunklarung der Abstammung in der männlichen Linie" und zu einer Stärkung matrilinearer Bindungen. Frauen, die Eigentum besaßen, vermachten es nach Gutdünken, oft an weibliche Verwandte (Anderson und Zinsser 1988, 1: 425). Wichtig war nur, daß das Eigentum – das Land oder das Geschäftsvermögen – in der Großfamilie der Frau oder des Mannes blieb.

In der mittelalterlichen europäischen Gesellschaft behielten die Frauen ihre Familiennamen, und auch Kinder erhielten häufig den Namen ihrer Mutter (das Matronym), nicht weil der Vater unbekannt war, sondern weil die Mütter über beträchtliche ökonomische Macht verfügten und in ihren Gemeinden wohlbekannt waren (Herlihy 1976). Erst im elften und zwölften Jahrhundert bildeten die Familien der Elite Gruppen in männlicher Linie, nahmen einen einzigen Familiennamen an und beschränkten das Erbteil der Töchter auf die Mitgift (Herlihy 1984, 397-398). In Frankreich nahmen die Frauen seit dem dreizehnten Jahrhundert den Namen des Ehemannes an, in England aber erst im siebzehnten Jahrhundert (Anderson und Zinsser 1988, 1: 337).

Warum Frauen keine Renaissance hatten

Friedrich Engels ([1884] 1972) machte für die Unterdrückung der Frauen die Institutionen Familie, Privateigentum und Staat verantwortlich. Die Entstehung des Staates (zu der es zu vielen verschiedenen Zeiten in verschiedenen Teilen der Welt kam) verringert die Macht der großen Verwandtschaftsgruppen und deshalb auch die Macht der Männer, die an der Spitze dieser Gruppen stehen. In feudalen Gesellschaften standen den Männern, denen ganze Landstriche gehörten, auch die Arbeitskraft und die Loyalität der dort lebenden Menschen zu Gebote, und sie bedienten sich ihrer, um gegeneinander Krieg zu führen und so neue Gebiete zu gewinnen. Einige der blutigsten Schlachten brachen zwischen Brüdern aus, und zwar darüber, wer den Besitz der Familie erben würde. Im zwölften und dreizehnten Jahrhundert wurde in ganz Europa das Erstgeburtsrecht eingeführt, also die Vererbung des gesamten Familienbesitzes an den ältesten Sohn. Die jüngeren Söhne (die „cadets") bekamen Offiziersposten beim Militär, wurden zum Priester ausgebildet oder – in der Kolonialzeit – ins Ausland geschickt. „Durch die nunmehr geradezu heiligen Eigentumsrechte und das männliche Erstgeburtsrecht" wurden die

Frauen der Oberklasse enterbt (L. Stone 1990, 350); alles, was sie jetzt noch beanspruchen konnten, war eine Mitgift. Dieselben strengen Erbfolgeregelungen bedeuteten allerdings auch, daß vom fünfzehnten bis zum achtzehnten Jahrhundert die Frauen der Herrscherfamilien, wenn es keine legitimen männlichen Erben gab, zu Häuptern der absolutistischen Monarchien Europas wurden (Anderson und Zinsser 1988, 2: 44-61).[8]

Mit dem Zerfall der Feudalstaaten ging eine erhebliche Schwächung der Verhandlungsposition der Frauen der Oberschicht einher, die in ihre Ehen nun nicht mehr das Prestige einer großen Familie einbrachten und auch nicht mehr so viele männliche Verwandte hatten, die sie bei Konflikten mit ihren Ehemännern zu Hilfe rufen konnten. Obwohl adlige Frauen manche alten Vorrechte und ihren alten Status behielten, und obwohl die Witwen von kapitalistischen Unternehmern vom dreizehnten bis zum siebzehnten Jahrhundert erfolgreich Geschäfte führen konnten (Anderson und Zinsser 1988, 1: 424-430), wurden verheiratete Frauen in England und Europa finanziell zunehmend von ihren Ehemännern abhängig. In der Kernfamilie hatte nun der Vater, nicht mehr der Patriarch des Clans, kraft seiner Verfügungsgewalt über den Familienbesitz die häusliche Macht über seine Frau und seine Kinder (Delaisi de Parseval und Hurstel 1987; L. Stone 1979). Durch diese Befugnisse wurde der Status der Frauen noch weiter beschnitten:

> Im Zusammenhang mit dieser Institutionalisierung der zivilrechtlichen Macht auf Kosten der adligen Verwandtschaftsgruppen bekamen die eheliche Verbindung selbst und ihre zivilrechtliche Legitimität ein neues Gewicht. Wo die Ehe einst dem Zusammenhalt von körperschaftlichen Verwandtschaftsgruppen gedient hatte, wurden diese nun aufgesprengt, da Mann und Frau genötigt – und oft rechtlich verpflichtet – waren, sich eher miteinander als mit ihren Verwandten zu identifizieren. ... Die neue öffentliche, hierarchische Natur der Autorität setzte den informellen und delegierten Macht ein Ende, die adlige Frauen kraft ihrer Stellung in der Familie ausgeübt hatten. (Coontz und Henderson 1986, 150, 151)

Das Tätigkeitsfeld der Frauen wurde auf ihren Haushalt beschränkt, und ihre Sexualität wurde kontrolliert, um sicher zu gehen, daß der Ehemann auch

---

8   Die Erbfolge nach dem Erstgeburtsrecht geht vom ältesten Sohn auf dessen Söhne und Enkel über, beginnend mit dem jeweils ältesten; danach auf den nächstältesten Sohn und seine Söhne, beginnend mit dem jeweils ältesten, und so weiter, bis keine Söhne, Enkel oder Urenkel mehr übrig sind. Dann geht die Erbfolge auf die älteste Tochter, ihre Söhne, Enkel und Urenkel, beginnend beim jeweils ältesten; auf ihre nächstjüngere Schwester und ihre Söhne, Enkel und Urenkel, beginnend beim jeweils ältesten; und so weiter. Hohe Säuglings- und Kindersterblichkeit und kurze Lebenserwartung begünstigten den Übergang der Königswürde des Kronbesitzes auf Frauen. In Familien, die nicht regierten, wurde der Besitz allerdings oft der männlichen Linie zugeschlagen und eher von den Vettern als von den Töchtern geerbt, die verheiratet gewesen sein dürften und damit anderen Familien angehörten.

wirklich der Vater der in der Ehe geborenen Kinder war.[9] So haben, wie Joan Kelly schreibt, die europäischen Frauen von der Renaissance nicht profitiert (1984, 19-64): „Der erschreckende Tatbestand ist, daß besonders in den Klassen, die das städtische Leben in Italien beherrschten, die Frauen als Gruppe eine Einengung ihrer sozialen und persönlichen Optionen erfuhren, von der die Männer ihrer Klasse entweder, wie beim Bürgertum, gar nicht oder, wie beim Adel, nicht so nachhaltig betroffen waren" (1984, 20).

Freiheit und Gleichheit nur für Männer

Im vorrevolutionären Frankreich hatten verwitwete Frauen des Adels und Ordensfrauen bestimmte politische Rechte; 1789 setzte die Erklärung der Menschenrechte den Privilegien des Adels und der Geistlichkeit ein Ende und nahm damit den Frauen auch noch die letzten politischen Rechte (Linda Kelly 1987, 32-33). Das „Allgemeine Wahlrecht" wurde proklamiert, als 1848 alle *Männer* in Frankreich wählen durften, die französischen Frauen aber erhielten das Wahlrecht erst 1945 (Reynolds 1987a).[10]

In der Französischen Revolution spielten Frauen bei politischen Diskussionen und in den Straßenkämpfen eine wesentliche Rolle, konnten sich aber nie aus ihrem Status als Unterdrückte befreien. Eher wurden sie als Aufwieglerinnen verurteilt (Gullickson 1991). Bürgersfrauen und Marktfrauen und aufgeklärte adlige Frauen waren Teil der politischen Gärungsprozesse und beteiligten sich an den Massenprotesten und der Erstürmung der Barrikaden.[11] Frauen waren Mitglieder der „brüderlichen" politischen Clubs, aber die ideologische Rhetorik von *liberté* und *égalité* reichte nicht bis zur *sororité*. Trotz der Bemühungen des Marquis de Condorcet, eines liberalen Adligen, und den Protestreden von Etta Palm D'Aelders, einer jungen, ledigen, aus Holland gebürtigen Frau, wurde der neuen französischen Verfassung von 1791 die Erklärung der Menschenrechte von 1789 zugrunde gelegt, die Frauen explizit nicht einschloß.

---

9   Coontz und Henderson 1986, 148-154; L. Stone 1979, 93-146.
10 Charles de Gaulle, Führer der Freien Franzosen im Exil, gab am 21. April 1944 Frauen das Wahlrecht für ihre Arbeit im Untergrundkampf gegen die Nazis und die Vichy-Regierung und empfahl, Frauen und Männer der Résistance in den befreiten Teilen Frankreichs für die Gemeinderäte zu benennen (M. L. Rossiter 1986, 223). Ein Jahr später durften die Frauen bei den Kommunalwahlen und im November 1945 bei den Parlamentswahlen wählen. Das wirklich allgemeine Wahlrecht wurde 1946 in der französischen Verfassung verankert.
11 Reiche Frauen, die im siebzehnten Jahrhundert in Frankreich ihre Salons führten, beeinflußten die Diskussionen, die der Revolution vorausgingen (Landes 1988, 23-28). Zum politischen Einfluß der vorrevolutionären Salons der Pariser adligen Damen nach 1789, siehe Linda Kelly 1987, 20-23. Zu den Aktivitäten von Frauen in der Französischen Revolution, siehe Graham 1977; Linda Kelly 1987; Landes 1988; Levy, Applewhite und Johnson 1979.

Wenn sich die Französische Revolution die politische Gleichheit der Frauen auf die Fahnen hätte schreiben sollen, hätte es mehr als nur einer Handvoll von Theoretikern bedurft, die sich intellektuell über die aufklärerische Auffassung hinwegsetzten, nach der die Unterordnung der Frauen unter die Männer und ihre Beschränkung auf die häuslichen Pflichten naturgegeben war (Proctor 1990). Frauen, deren Schriften, Reden und Handlungen gegen die traditionellen Erwartungen verstießen, wurden in der populären Presse, auf den Sitzungen der Nationalversammlung und in zahlreichen anzüglichen und satirischen Pamphleten diffamiert (Proctor 1990, 131-151). Nach Jean-Paul Marats Ermordung durch Charlotte Corday wurden Frauen, die kein Blatt vor den Mund nahmen, nicht nur als konterrevolutionär, sondern auch als sexuell unnatürlich verdammt.

Olympe de Gouges, eine Metzgerstochter ohne weitere Schulbildung, die Theaterstücke und Pamphlete verfaßte, veröffentlichte 1791 eine eigene Erklärung der Frauen- und Bürgerinnenrechte, in der sie Gedankenfreiheit forderte, Beschäftigung im Staatsdienst, Eigentumsrechte, bessere Bildung, politische Mitwirkung und Reform des Eherechts. Linda Kelly weist auf die „schauerlichen Anklänge" des Artikels X hin: „Die Frau hat das Recht, aufs Schaffott zu steigen; sie hat gleichermaßen das Recht, auf die Rednertribüne zu steigen" (1987, 38). De Gouges, die für eine konstitutionelle Monarchie eintrat, bot sich als Verteidigerin des König bei seinem Prozeß an (79-80). 1793 wurde sie als Royalistin guillotiniert.

Die Pariser Arbeiterinnen nutzten die Proteste auf den Straßen, um billigere Nahrungsmittel zu fordern, und die Frauen der Mittelklasse bildeten Gesellschaften, die für die Bürgerrechte agitierten; 1793 schlossen sie sich zur Gesellschaft der revolutionären republikanischen Frauen zusammen, einer „Familie von Schwestern".[12] Ihre Präsidentinnen waren Claire Lacombe, eine Schauspielerin, und Pauline Léon, eine Schokoladenmacherin, die für den Unterhalt ihrer verwitweten Mutter und ihrer jüngeren Geschwister aufkommen mußte. Die Gesellschaft und ihre Anhängerinnen, von den militanten Jakobinern wegen ihres revolutionären Eifers zunächst gepriesen, wurden später, bei den politischen Umwälzungen von 1793, lautstark als weibliche Ungeheuer verdammt (Proctor 1990, 154-166). Die Heldin der militanten Revolutionärinnen war Théroigne de Méricourt; „in ihrem gewohnten [roten] Reitkleid, Pistolen und Säbel an der Seite," war sie „in der ersten Reihe des Pöbels", der 1792 die Tuilerien erstürmte und Louis XVI. gefangen nahm

---

12 Einer der Gründungsartikel der Gesellschaft lautete: „Alle Mitglieder der Gesellschaft bilden eine Familie von Schwestern, und da jeder Akt der Willkür gegen eines ihrer Mitglieder notwendig einen Angriff auf die ganze Gesellschaft darstellt, sollte jede von uns, die Opfer eines Verstoßes gegen das Gesetz wird, die Gesellschaft hierüber unterrichten, die dafür sorgen wird, daß ihr Gerechtigkeit widerfährt" (Levy, Applewhite und Johnson 1979, 164).

(Linda Kelly 1987, 58). Als sie aber ein Jahr später Gemäßigte und Militante zur Einigung aufrief, „wurde sie von einer Bande Frauen angegriffen ..., die ihr die Kleider vom Leib rissen und sie brutal verprügelten – solche öffentlichen Prügel zur Demütigung der (im allgemeinen weiblichen) Opfer waren eine verhältnismäßig häufige Erscheinung der Pöbeljustiz" (90). Ihr Schicksal war das Irrenhaus, wo sie 1807 starb.

Die französische Revolutionsregierung gab den Frauen, die ja in den Milizen und in der Armee kämpften, einige der Bürgerrechte, die sie gefordert hatten, nicht aber das Wahlrecht und auch nicht das Recht, irgendeinem Regierungsorgan anzugehören. Als die Revolution repressiver wurde, verbot man die Frauengesellschaften und entzog Frauen das Rederecht in den regierenden Versammlungen. Robespierres Tugendrepublik, die in den letzten Revolutionsjahren ihre repressive Schreckensherrschaft errichtete, forderte die Frauen zur Unterstützung des Staates durch „republikanische Mutterschaft" auf. 1804 stellte der *Code Napoléon* die Autorität von Ehemännern und Vätern in der Ehe und bei Scheidungen wieder her und „erkannte Frauen außerdem das Recht ab, als Zeuginnen aufzutreten, sich selbst vor Gericht zu vertreten oder ohne Zustimmung des Ehemannes Eigentum zu besitzen" (Landes 1988, 145-146). Das einzige Recht, das die Frauen behielten, war der Anspruch auf gleiche Erbteile, „die einzig greifbare Hinterlassenschaft der Revolution" (Linda Kelly 1987, 157).

„femes covert" – Frauen sind keine Rechtspersonen

Im achtzehnten und neunzehnten Jahrhundert wurde mit dem Aufstieg des Unternehmers in Europa und in den Vereinigten Staaten das Land als Reichtum zu flüssigem Kapital. Um Besitz kaufen, verkaufen, mit Hypotheken belasten und vermieten und damit Profit machen oder das Geld für unternehmerische Investitionen aufbringen zu können, mußten die Ehemänner von den feudalen Eheregelungen befreit werden, nach denen ein bestimmter Teil ihres Besitzes für ihre Witwen und Erben abgetrennt werden mußte und nicht angetastet werden durfte. Statt die Ehe unter das Vertragsrecht zu stellen und es Frauen zu gestatten, die ökonomischen Bedingungen ihres Status als Ehefrauen, Mütter und Witwen selbst festzulegen, beschnitt man verheirateten Frauen aufgrund ihres *gender* und ihres Familienstandes das Recht, über Eigentum zu verfügen und Verträge zu schließen (Pateman 1988). Ehefrauen verschwanden in ihrer rechtlichen Existenz als *femes covert* hinter ihren Ehemännern. Die einzigen Ehefrauen, die frei waren, Verträge zu schließen, waren die *femes sole*, deren Männer im Krieg oder auf See und also über lange Zeiträume hinweg abwesend waren; wie die adligen Frauen der Feudalzeit waren sie ermächtigt, in Abwesenheit ihrer Ehemänner deren Geschäfte zu führen. Mit Ausnahme dieser Ehefrauen, die als Bevollmächtigte ihrer Männer handelten, hatten Frauen ihr Leben lang den Rechtsstatus von Kindern; als unverheiratete Frauen unterstanden sie ihren Vätern oder Brüdern, als verheiratete Frauen ihren Ehemännern und als Witwen ihren Söhnen.

Vor dem achtzehnten Jahrhundert hatte eine Witwe nach englischem Zivilrecht beim Tod ihres Mannes Anspruch auf ein Drittel seines Grundbesitzes. Aufgrund von Gesetzesänderungen und Gerichtsurteilen durften Ehemänner ihrer Witwe an Stelle dieses Rechtsanspruchs auf Land ein garantiertes, flexibleres (aber gewöhnlich weniger wertvolles) Witweneinkommen (Wittum) aussetzen und den Besitz selber ihrer Verfügungsgewalt entziehen. Während der Ehe erhielt eine Ehefrau gewöhnlich „Nadelgeld" und Haushaltsgeld in unterschiedlicher Höhe, über das sie mehr oder weniger frei verfügen konnte, außer wenn sie dieses Geld als Kapital nutzte; in diesem Falle konnte der Ertrag oder das ursprüngliche Geld selbst an ihren Ehemann zurückfallen (Staves 1990, 131-161). Darüber hinaus konnten der Ehefrau diese Ansprüche aberkannt werden, wenn sie bei einem – euphemistisch als „*criminal conversation*" bezeichneten – Seitensprung ertappt wurde.

Verglichen mit den europäischen Frauen des Mittelalters waren die bürgerlichen Frauen freier in der Wahl ihrer Ehepartner und hatten mehr Einfluß darauf, wie ihre Kinder erzogen wurden, verloren aber alles, wenn sie beim Ehebruch ertappt wurden. Eine verheiratete Frau, die nicht reich genug war, um eine volle Scheidung zu erlangen (die in England bis 1857 buchstäblich eines parlamentarischen Aktes bedurfte), oder keine Familie hatte, die für eine finanzielle Regelung sorgen konnte, war bis zum ausgehenden neunzehnten Jahrhundert machtlos:

Eine getrennte Ehefrau wurde außergewöhnlich streng gestraft. Wenn sie nicht durch einen privaten Trennungsvertrag geschützt war, war sie praktisch vogelfrei. Alles Einkommen aus ihrem Grundbesitz wurde von ihrem Ehemann einbehalten, desgleichen alle etwaigen künftigen Erbschaften. All ihr persönliches Eigentum einschließlich künftiger Einkünfte aus einem Gewerbe und alles bewegliche und unbewegliche Geschäftsvermögen konnte jederzeit von ihrem Ehemann beschlagnahmt werden. Sie konnte keine rechtswirksamen Verträge schließen, keinen Kredit aufnehmen und kein Eigentum kaufen oder verkaufen. Alle Ersparnisse gehörten ihrem Ehemann. Und ihre Kinder schließlich unterstanden voll der Verfügungsgewalt ihres Vaters, der frei war, nach Gutdünken mit ihnen zu verfahren und ihrer Mutter jedweden Verkehr mit ihnen zu untersagen. Aufgrund dieser Verhältnisse waren Ehen, die auf Betreiben der Ehefrau auseinander gingen, eine Seltenheit. (L. Stone 1990, 4-5)[13]

---

13   Der Gipfel der Ironie dürfte mit jener schwarzen Frau erreicht sein, die sich als Mann ausgab und Anfang des neunzehnten Jahrhunderts elf Jahre als gelernter Seemann bei der British Royal Navy war. Ihr Geschlecht wurde 1815 entdeckt, als ihr Mann, der sonst nichts mehr mit ihr zu tun hatte, Anspruch auf einen Teil ihrer Einkünfte erhob (Wheelwright 1989, 69). Zu Geschichte und Grenzen des Gesetzes von 1857, siehe Poovey 1988.

Und trotzdem heirateten die Frauen. Als ledige Frauen waren ihre Erwerbsmöglichkeiten spärlich und schlecht bezahlt, so daß sie ökonomisch von ihren Vätern oder Brüdern genauso abhängig waren wie als Ehefrauen von ihren Ehemännern (B. Hill 1989, 221-239; Shanley 1989, 9-10). Die unverheirateten Töchter von Vätern, die Bankrott machten, wurden Gouvernanten oder „arme Verwandte", die man in den Haushalten von solchen wohlhabenden Familienangehörigen, die überhaupt bereit waren, sie aufzunehmen, mit Arbeit überhäufte; ihre einzige andere Möglichkeit zur Beibehaltung ihres bisherigen Lebensstils war, Mätressen reicher Männer zu werden (L. Stone 1979, 329).

Enthielt man den Frauen das Recht vor, über eigenes Eigentum zu verfügen, so hieß das, daß Ehefrauen benutzt werden konnten, um Erben zu zeugen und für die soziale Reproduktion des von den bürgerlichen Männern „aus eigener Kraft" Geschaffenen zu sorgen, ohne daß die Ehemänner irgendetwas von ihrer ökonomischen Macht abgeben mußten. Die rechtliche Unterdrückung der Frauen in den modernen kapitalistischen Gesellschaften wurde daher bewußt betrieben, aber ideologisch verbrämt, indem man sich auf die zarte, des männlichen Schutzes bedürftige Weiblichkeit berief:

> Neue Kapitalformen erforderten neue Methoden zur Unterdrückung der Frauen. Nie war es das Eigentumsrecht allein, das Myriaden von Frauen der Mittelklasse, die Kapital besaßen, an seiner aktiven Nutzung hinderte. Vielmehr griffen dabei erbrechtliche Regelungen, Formen der Wirtschaftsorganisation (Vertrauen, Partnerschaft, Familienunternehmen) und Definitionen von Weiblichkeit ineinander. Die aktive Erzeugung von bleibendem Reichtum war Frauen praktisch unmöglich. (Davidoff und Hall 1987, 451)

Im neunzehnten Jahrhundert wurden dank dieser verzwickten Kombination von Recht, Verwandtschaft und *gender* aus bürgerlichen Männern Unternehmer und aus bürgerlichen Frauen ökonomisch lebenslang Abhängige, deren Beiträge zur Kapitalakkumulation unsichtbar waren (Davidoff und Hall 1987, 198-315). Erbschaften von Söhnen gehörten den Söhnen und waren zum Investieren da; wurden sie Familienvorstände, waren sie verpflichtet, für den Unterhalt ihrer Ehefrauen, unverheirateten Schwestern, verwitweten Mütter und sonstigen bedürftigen weiblichen Verwandten aufzukommen. Durch ihre formale und informelle Ausbildung und durch die Verbindungen, die sie als Erwachsene mit anderen Männern eingingen, lernten sie, wie man Geld investiert und verwaltet. Erbschaften von Töchtern wurden treuhänderisch verwaltet, so daß man, falls sie Witwen wurden und kleine Kinder hatten, daraus ihren Unterhalt bestreiten und dann alles ihren Söhnen übergeben konnte. Der von Männern treuhänderisch verwaltete Besitz von Frauen war eine wichtige Kapitalquelle für Familien- und Gemeinschaftsunternehmen, doch die Frauen selber bekamen weder die Profite zu Gesicht, noch erwuchs ihnen aus Investitionsentscheidungen soziale Macht. Als Abhängige waren die Frauen verpflichtet, persönliche Dienstleistungen für Väter, Ehemänner und Brüder zu erbringen, Männer zu heiraten, mit denen ihre Verwandten Geschäfte machen konnten, und ihre Kinder zu bekommen (Davidoff und Hall 1987, 281; P. D. Hall 1978). Der Beitrag, den sie als Herstellerinnen, Erfinderinnen, Buchhalterinnen, Büroangestellte, Sekretärinnen und Publizistinnen zu den Familienunternehmen leisteten, war Teil ihrer Dienstleistungen als Abhängige, also unentgeltlich und unbemerkt.

Endlich frei?

Mit den *Married Women's Property Acts* von 1870, 1874 und vor allem 1882 erhielten Ende des neunzehnten Jahrhunderts dank der Arbeit der Feministinnen alle verheirateten Frauen in England gewisse ökonomische Rechte. Erst eine Generation zuvor hatte man Besitz und Einkünfte von getrennt lebenden und verlassenen Ehefrauen vor dem Zugriff verarmt zurückkehrender Ehemänner geschützt (Shanley 1989, 35-39). Ähnliche Gesetze wurden in den Vereinigten Staaten und auch in anderen europäischen Ländern erlassen.[14] Aber die *Married Women's Property Acts* des neunzehnten Jahrhunderts kamen nur Frauen mit eigenem Besitz oder Einkommen zugute. Dieselben Gesetze, die verheirateten Frauen das Recht zusprachen, selber Eigentum zu besitzen, entzogen ihnen bei Scheidung oder Trennung den Rechtsanspruch auf Besitz oder Einkommen ihres Mannes, weil der Besitz von Ehegatten nicht mehr der Gütergemeinschaft unterlag (Smart 1984, 46-49).

Im zwanzigsten Jahrhundert wurden die Reformen des neunzehnten Jahrhunderts durch Reformen des Scheidungsrechts, nach denen verheiratete Frauen einen Rechtsanspruch auf allen ehelichen Besitz und das künftige Einkommen ihres Mannes haben, teilweise aufgehoben. In manchen Ländern erlaubt das Konzept der Gütertrennung beiden Ehegatten, während der Ehe jeweils selbst über ihren Besitz und ihr Einkommen zu verfügen, und behält damit die Selbständigkeit der Ehegatten aus den alten Eherechtsreformen bei, bei einer Scheidung aber wird der Besitz zu gleichen Teilen aufgeteilt, um den Lebensunterhalt des ökonomisch benachteiligten Partners weiterhin zu sichern (Glendon 1989, 118). Obwohl die Neuregelung des Güterrechts die Vollzeithausfrau und Teilzeiterwerbstätige bei Scheidung vor Bedürftigkeit schützt, ist sie nicht nur vorteilhaft, weil bei der Aufteilung des gemeinschaftlichen Grundbesitzes die eine Partei von der anderen ausgezahlt oder das Haus der Familie verkauft werden muß. Der übliche Kompromiß besteht darin, die Aufteilung des Eigentums aufzuschieben und den Ehepartner, der

14   Glendon 1989; Holcombe 1983; Shanley 1989, 49-78, 103-130.

das Sorgerecht hat, das Haus der Familie nutzen zu lassen, bis die Kinder
groß sind (Smart 1984, 118).

Frauen, die über eigenen Besitz oder eigene Einkünfte verfügen, können
ihren Unterhalt und den ihrer Kinder selber bestreiten und ihren Besitz ihren
Kindern vererben, unabhängig davon, wer der Vater ist. Derartige Rechte
besaß vor dem Bürgerkrieg in Teilen des Südens der Vereinigten Staaten
eine kleine Gruppe von freien farbigen Frauen (Schweninger 1990). Weiße
Ehefrauen verschwanden zwar als Rechtspersonen hinter ihren Ehemännern,
aber ihren freigelassenen schwarzen Geliebten und deren Töchtern gaben
diese weißen Männer eine Starthilfe, indem sie ihnen halfen, ein Geschäft zu
gründen und Besitz – einschließlich Sklaven – zu kaufen. Da freie schwarze
Frauen weiße Männer nicht legal heiraten konnten und durch die Ehe mit
einem der wenigen freigelassenen schwarzen Männer ihre Besitzrechte –
beziehungsweise durch die Ehe mit einem Sklaven ihre Freiheit – verlieren
konnten, mußten sie ökonomisch unabhängig sein, um zu überleben:

> Manche hatte der lange Weg aus der Sklaverei in die Freiheit ihre produktivsten
> Jahre gekostet; manche konnten nur unter großen Anstrengungen die Kinder oder
> Familienangehörigen aus der Leibeigenschaft auslösen. Sie mußten sich mit unter-
> drückenden Gesetzen herumschlagen, mit der gewalttätigen Feindseligkeit der
> Weißen, mit belastenden und mitunter flüchtigen Beziehungen mit schwarzen
> Männern und mit den Schwierigkeiten, mitten in einer Sklavengesellschaft „nor-
> male" Familienbeziehungen aufrecht zu erhalten. Und doch setzten sie alles daran,
> um diese Schwierigkeiten durch harte Arbeit und den Erwerb von Eigentum zu
> überwinden. (Schweninger 1990, 26)[15]

Nach dem Bürgerkrieg befanden sich diese Frauen in der paradoxen Lage,
wählen zu müssen, ob sie weiter selbständig über ihr Eigentum verfügen oder
einen eben erst befreiten Sklaven heiraten wollten, der dann wie ein weißer
Ehemann die Verfügungsgewalt über die Vermögenswerte seiner Frau hatte.
Sie gaben ihre ökonomische Selbständigkeit auf und „entschieden sich mit
überwältigender Mehrheit dafür, mit ihren Ehemännern und Kindern in einer
stabilen Familie zu leben" (Schweninger 1990, 30).[16]

---

15 Die gleichen Eigentumsrechte und auch die gleiche relative Selbständigkeit und ambiva-
    lente soziale Position gab es im neunzehnten Jahrhundert bei Mormonenfamilien mit meh-
    reren Ehefrauen. Eine andere Sicht der Dinge bei Dunfey 1984 und Iversen 1984.

16 Dazu, wie schwarze Männer und Frauen nach dem Bürgerkrieg durch Pachtverträge, bei
    denen die Pacht in Gestalt eines Teils der Ernte gezahlt wurde, systematisch in der Abhän-
    gigkeit von den Weißen gehalten wurden, und wie schwarze Frauen durch die Politik des
    Freedmen's Bureau systematisch schwarzen Männern nicht gleich gestellt wurden, siehe J.
    Jones 1986, 44-78.

Politik nach dem Wahlrecht

Generationen von organisierten Feministinnen in den Vereinigten Staaten
und in England mobilisierten und agitierten für das Frauenwahlrecht und
gingen dafür ins Gefängnis, und dann wurden die Frauen für ihre Leistungen
im Ersten Weltkrieg mit dem Wahlrecht belohnt (Chafetz und Dworkin
1986; Kraditor [1965] 1981). In den meisten Demokratien ist das Frauenwahlrecht noch keine hundert Jahre alt, und in keinem Staat stellen Frauen
die Hälfte der Regierung. Neben Margaret Thatcher gab es bis Oktober 1993
dreizehn als Premierministerinnen oder Präsidentinnen gewählte oder beru-
fene Frauen: Kim Campbell für Kanada, Tansu Ciller für die Türkei, Edith
Cresson für Frankreich, Gro Harlem Brundtland für Norwegen, Vigdis Finn-
bogadottir für Island, Mary Robinson für Irland, Golda Meir für Israel, Violeta Barrios de Chamorro für Nicaragua, Khaleda Zia für Bangladesch,
Benazir Bhutto für Pakistan, Indira Ghandi für Indien, Carazon Aquino für
die Philippinen und Hanna Suchocka für Polen.[17] Die regierenden Körperschaften in diesen Ländern bestanden jedoch meist aus Männern, und nur
wenige dieser Regierungschefinnen hatten ein feministisches Programm.[18] In
der Regel waren sie Parteiführerinnen oder Witwen oder Töchter von männlichen Staatschefs. Selbst mit zunehmender ökonomischer Unabhängigkeit
und politischer Schlagkraft organisieren sich Frauen politisch wirksam eher
zu lokal- und kommunalpolitischen Problemen als zu Fragen, die die ganze
Nation betreffen.[19] Da die Entscheidungen der nationalen und internationalen
Kapitalisten, die fast alle Männer sind, Auswirkungen auf die lokalen Unter-
nehmenseigner haben, die ebenfalls überwiegend Männer sind, wird der

17   In einer verblüffenden Verkettung der Ereignisse gewannen Campbell und Ciller in dersel-
      ben Woche die Wahlen, in der Ruth Bader Ginsburg als Präsident Clintons erste Kandida-
      tin für den Obersten Gerichtshof der USA gewählt wurde. Sie wurde ohne weiteres bestä-
      tigt und wurde die zweite Richterin. Wenn Campbell und Ciller an der Macht bleiben, und
      wenn Bader Ginsberg und Sandra Day O'Connor die Rechte der Frauen vertreten, sollte
      die Woche vom 14. Juni 1993 in die Geschichte eingehen. Campbell bezeichnet sich selbst
      als Feministin, ist aber Mitglied der Konservativen Partei (Farnsworth 1993).
18   Zahlen der Interparlamentarischen Union zufolge, einer in Genf ansässigen Organisation,
      betrug der Prozentsatz der Frauen in den Parlamenten der Länder dieser Regierungschefin-
      nen im Juni 1991: Bangladesch 10,3; Großbritannien 6,3; Frankreich 5,7; Island 23,8; Indi-
      en 7,1; Irland 7,8; Israel 6,7; Nicaragua 16,3; Norwegen 35,8 (die langjährige Premiermini-
      sterin bestand darauf, daß ein bestimmter Prozentsatz der Kandidaten auf den Listen ihrer
      Partei Frauen sein mußten); Pakistan 0,9; Philippinen 9,0; Polen 13,5; Türkei 1,3 (Ragab
      1992). Auch ohne Premierministerinnen hatten die skandinavischen Länder durchweg hohe
      Prozentsätze weiblicher Abgeordneter: Finnland 18,5; Dänemark 33,0; Schweden 38,1 (im
      Jahre 1991). Im Juni 1993 hatten Frauen 13, 5 Prozent der Sitze im kanadischen Unterhaus
      (Farnsworth 1993). Der Anteil der weiblichen Kongreßabgeordneten in den Vereinigten
      Staaten betrug zur gleichen Zeit lediglich 8,5 Prozent.
19   I. Berger 1990; Browning 1985; Hernes 1984; Naples 1991a; 1991b; 1992; B. J. Nelson
      1984; Piven 1985; Safa 1990; Sarvasy 1992.

Wirkungsgrad der Frauen selbst in der Kommunalpolitik durch die ökonomische Macht der Männer beeinträchtigt (Blumberg 1984).

Die Arbeiter in den Gewerkschaftsbewegungen des neunzehnten und zwanzigsten Jahrhunderts in Europa und in den Vereinigten Staaten wandten sich oft gegen die Arbeiterinnen, Konkurrentinnen in ihrem Kampf um höhere Löhne und bessere Arbeitsbedingungen.[20] Die Folge war eine paternalistische Politik des Staates in Gestalt von Arbeitsschutzgesetzen, die es den Arbeitgebern untersagten, Frauen Überstunden oder Nachtschichten machen oder an gefährlichen Arbeitsplätzen arbeiten zu lassen. Die Kehrseite dieser Politik war, daß sie die Frauen von den besseren Einkommensquellen abschnitt. Im zwanzigsten Jahrhundert erkämpften sich die männlichen Industriearbeiter in den westlichen Demokratien gesetzlich verankerte Schutzmaßnahmen gegen die Wechselfälle des Erwerbslebens: Arbeitslosenversicherung, Mindestlöhne und Höchstarbeitszeiten, Lohnfortzahlung im Krankheitsfall, Krankenversicherung und Altersversorgung. Die zusätzlichen Leistungen, die arbeitende Frauen brauchen, etwa billige medizinische Betreuung vor und nach Geburten, bezahlter Elternurlaub, erschwingliche Kinderbetreuung und Krankenversicherung für Kinder und für Personen, die nicht voll erwerbstätig sind, sind als staatlich garantierte, allen zustehende Leistungen in den kapitalistischen Ländern schon seltener. Gewöhnlich werden sie dann eingeführt, wenn die Wirtschaft weibliche Arbeitskräfte braucht.

Aus freien Wahlen sind nicht eben viele Politikerinnen hervorgegangen, die die Interessen der Frauen vertreten. Um gewählt zu werden, müssen sich Frauen ihren Parteien und deren allgemeiner politischer Basis gegenüber loyal verhalten. Sie werden sich kaum um ein feministisches Programm sammeln oder eine Frauenpartei bilden. Einige wenige Frauen in Führungspositionen, die einen feministischen Standpunkt, aber keine feministische Wählerschaft haben, werden an diesem Status quo nicht viel ändern. Um ihre Position zu halten, sind sie auf den guten Willen der Männer um sie herum angewiesen, und diese Männer wollen selten größere, auf *gender*-Gleichheit abzielende Veränderungen, weil diese bedeuten würden, daß sie ihre eigenen Privilegien aufgeben müßten. Aus Joyce Gelbs Analyse der Politik in den Vereinigten Staaten, Britannien und Schweden geht hervor, daß die Kritik an der Männerherrschaft und das Hinarbeiten auf Veränderung in der Regel eher von außerhalb der Regierung kommt, aus der autonomen politischen Arbeit von Feministinnen (1989). Aber ohne Frauen in der Regierung, die eine neue Politik so überwachen und umsetzen, daß sie zur Stärkung und nicht zur Ausbeutung von Frauen beiträgt, wird diese Politik oft verwässert.

Frauen sind Klienten und Beschäftigte der modernen Staaten, aber die Politik dieser Staaten, die in ihr Leben als Erwerbstätige, Mütter und Hausfrauen eingreift, kontrollieren sie nicht. In diesem Sinne sind sie immer noch

---

20 Buhle 1983; Kessler-Harris 1982; Lown 1990; Walby 1986.

Bürger zweiter Klasse: „Die Rolle des Staatsbürgers ... ist eine männliche
Rolle. Sie ist das Bindeglied zwischen Staat und Öffentlichkeit. ... Sie ist
aber auch deren Bindeglied zu Wirtschaft und Familie. Und in jedem Falle
erhält dieses Bindeglied seine Ausprägung eher im Medium der männlichen
gender-Identität als ... im Medium einer *gender*-neutralen Macht. Oder, wenn
das Medium des Tauschs hier die Macht ist, dann ist die betreffende Macht
männliche Macht" (N. Fraser 1989, 127).[21]

Die sowjetische Lösung der Frauenfrage

Als Ende der 1860er Jahre der New Yorker Zweig der Internationalen Ar-
beiterassoziation zusammentrat, die später als die Erste Internationale der
kommunistischen Partei bekannt wurde, war unter den in Amerika geborenen
Sozialisten ein großes Kontingent von Frauen, darunter die militante Suffra-
gette Victoria Woodhull. Die amerikanische Sektion kämpfte um die Verknüpfung von Frauenemanzipation und Arbeiterrechten. Sie stieß dabei auf
den eisernen Widerstand der in Deutschland geborenen Gewerkschafter, für
die der Klassenkampf nur ein Kampf der männlichen Arbeiter war. Nach
dem offenen Konflikt zwischen beiden Gruppen „empfahl Karl Marx selber
den Ausschluß der amerikanischen Sektion mit der Begründung, sie ‚gebe
der Frauenfrage Vorrang vor der Arbeiterfrage.'" (Buhle 1983, xiv).[22] Für
die eingewanderten deutschen Sozialisten war es die Rolle der Frau, „Hüterin
der proletarischen Familie" zu sein, nicht selbständige Arbeitskraft und politische Akteurin (Buhle 1983, 8).

Marx' eigene Ansichten zur „Frauenfrage" waren widersprüchlich; er faßte
Arbeiterinnen und Arbeiter als eine einzige *gender*-lose Klasse auf und ordnete die Frauenemanzipation dem Kampf gegen die kapitalistische Ausbeutung unter; er hatte aber auch eine Vorstellung von der unterdrückten Stellung der Frauen als Ehefrauen von Arbeitern (Landes 1989). August Bebel
stellte in seinem erstmals 1879 veröffentlichten Buch *Die Frau und der Sozialismus* die Frauen sowohl als Arbeiterinnen dar, die zusammen mit den
Männern von der kapitalistischen Tyrannei befreit werden mußten, als auch
als Ehefrauen, deren Unterwerfung unter ihre Ehemänner mit der Abschaffung des Privateigentums ein Ende nehmen würde.[23] Frauen als Arbeiterin-

---

21   W. Brown 1992; Connell 1990a; Hernes 1984; Okin 1979, 140-166; MacKinnon 1989,
     157-170; Pateman 1988. Zu feministischen Neudefinitionen des Begriffs Bürger, siehe K.
     B. Jones 1990; Orloff 1993; Sarvasy 1992.

22   Ironischerweise hatte Marx eine Frau, Harriet Law, für den Generalrat der Ersten Interna-
     tionale benannt und die Teilnahme von Frauen unterstützt (Landes 1989, 23).

23   Bebels *Die Frau und der Sozialismus* hatte bei Frauen und Männern auf der ganzen Welt
     einen ungeheuren Einfluß und erlebte viele Auflagen und Übersetzungen. Bebels Werk,
     Engels' *Der Ursprung der Familie, des Privateigentums und des Staats*, erschienen 1884,

nen und Bäuerinnen wären Bebel zufolge unter dem Sozialismus für die
Arbeiterklasse genauso wichtig wie Männer, Frauen als Ehefrauen und Mütter aber würden außerdem die Arbeiterfamilie wieder erstehen lassen, die
unter dem Kapitalismus aufgerieben worden sei.

Wladimir Lenin war ein Verteidiger der Frauenrechte und fügte dem Pro-
grammentwurf der Kommunistischen Partei eine Klausel über die „vollständige Gleichberechtigung für Männer und Frauen" hinzu, die bei der Annahme des Programms 1903 übernommen wurde.[24] Ohne ein solches Placet der
führenden Männer wurden die Ansichten von Theoretikerinnen und Parteior-
ganisatorinnen wie Inessa Armand, Vera Figner, Emma Goldman, Aleksandra Kollontai, Rosa Luxemburg, Vera Zasulich und Clara Zetkin von den
Männern in der sozialistischen und kommunistischen Bewegung ignoriert
oder bei ihrer praktischen Umsetzung bekämpft. Kommunisten wie Kommu-
nistinnen und Sozialisten wie Sozialistinnen wollten, daß die Arbeiterinnen
sich ihrer und nicht der feministischen Sache anschlossen, deren Eintreten
für das Wahlrecht als „bürgerlich" gebrandmarkt wurde. Um die Arbeiterinnen zur Arbeit für den Sturz des Kapitalismus zu gewinnen, winkten die
führenden Männer mit dem Versprechen politischer, ökonomischer und ehe-
licher Rechte, blieben die Umsetzung aber oft schuldig.[25]

Leo Trotsky bezeichnete den Streik der Textilarbeiterinnen im Jahre 1917
als den ersten Tag der Russischen Revolution.[26] Als politische Organistorin-
nen wie als Arbeiterinnen in Industrie und Landwirtschaft kämpften die
Frauen weiterhin in vorderster Reihe. In dem nun folgenden Bürgerkrieg
waren sie Kämpferinnen und Krankenschwestern. Sobald die Revolutionsregierung an der Macht war, wurde in Petrograd die erste Arbeiterinnenkonfe-
renz abgehalten. Unter Führung von Kollontai führten die Frauen eine Krankenversicherung, Arbeitserleichterungen für schwangere Frauen und vor und
nach Geburten sechzehn Wochen Mutterschutz und freie Versorgung in den
neuen Entbindungsheimen ein. 1918 wurde die Abteilung für den Schutz von
Müttern und Kleinkindern eingerichtet, und 1919 die Abteilung für Arbeiterinnen und Bäuerinnen der Kommunistischen Partei (die *Shenotdel*). Die
erste Vorsitzende der *Shenotdel* war Armand, die 1920 an der Cholera starb,

dessen Ideen Bebel in seinen späteren Ausgaben aufgriff, und Kollontais *Soziale Grundlagen der Frauenfrage*, das 1909 erschien und auf Bebel und Engels aufbaute, lieferten die
theoretischen Grundlagen für die sozialistischen und kommunistischen Diskussionen
über die „Frauenfrage".

24 Aus dem Vorwort zu Lenin [1934] 1975, geschrieben von seiner Witwe, Nadeschda
Krupskaja, datiert 1933, zehn Jahre nach seinem Tod.
25 Clements 1979; Edmondson 1984; Holt 1977; Jancar 1978; Stites [1978] 1990; Waters
1989.
26 Der 8. März; nach dem russischen Kalender der 23. Februar. Zur Chronologie, siehe Lapidus 1978, 54-122, und Rowbotham 1974, 134-169. Der 8. März ist zum Internationalen
Frauentag geworden; er wurde 1924 zum ersten Mal in der Sowjetunion und in China gefeiert.

die zweite war Kollontai, die 1922 abgesetzt wurde, nachdem sie sich mit Lenin öffentlich über die Arbeiterselbstverwaltung zerstritten hatte. Ihre Nachfolgerin war Sofia Smidowitsch, die in der Kommunistischen Partei keinen hohen Status hatte und die Zielsetzungen der *Shenotdel* – Abschaffung der traditionellen Familie und gleichberechtigte Vertretung von Frauen in Regierung und Partei – in die Forderung nach Mutterschaftsurlaub, Kinderbetreuung, voller Erwerbstätigkeit für Frauen, Befreiung muslimischer Frauen und Delegiertenkonferenzen überführte (Clements 1979, 220-221).[27]

Unter zaristischem Recht hatten russische Ehemänner die Verfügungsgewalt über den Besitz ihrer Frauen und über ihre Freiheit zu reisen, das Sorgerecht für die Kinder bei Scheidung und das Recht, ihre Frauen zu schlagen. Das Neue Eherecht führte die Ziviltrauung ein, Rechtsgleichheit von Ehemann und Ehefrau, leichte Scheidung und Regelungen zur Gütertrennung. Frauen konnten den eigenen Namen, die Staatsangehörigkeit, den Paß und die Kennkarte behalten. Rechtliche Unterschiede zwischen ehelichen und unehelichen Kindern und formalen und informellen Ehen wurden abgeschafft. 1920 wurde die Abtreibung legalisiert.

In der Praxis war die Herstellung der Gleichheit zwischen Frauen und Männer genauso schwierig wie die Errichtung der klassenlosen Gesellschaft. In einer Ansprache vor der Dritten Allunionskonferenz zum Schutz von Müttern und Kindern 1925 führte Leo Trotsky den Gegensatz zwischen dem Bau eines Kraftwerks und der „furchtbaren Rückständigkeit" der kleinen Dörfer ringsum an, um zum Ausdruck zu bringen, daß „der Alltag furchtbar konservativ ist, unvergleichlich konservativer als die Technologie" (1970, 36). Die bäuerliche Familie, in der immer noch die patrilokalen und patrilinearen Verwandtschaftsregeln galten, stand in direktem Widerspruch zu den individualistischen Prämissen des neuen Familienrechts. Besonders in ländlichen Gebieten wurden Töchter und Ehefrauen, die nach der neuen emanzipierten Weise zu leben versuchten, von Eltern und Ehemännern verprügelt und sogar totgeschlagen.

Aber die Männer der Kommunistischen Partei hatten an der Verhinderung der Gleichstellung von Frauen und Männern keinen geringeren Anteil als die Bauern. In den 1920er Jahren wurden nur wenige kommunale Kindergärten und Gemeinschaftsküchen eingerichtet. Hunderttausende heimatloser Kinder streiften im Land umher und stahlen, bettelten und verkauften Sex, um zu

---

27 Kollontai überlebte Lenins Ungnade und Stalins Säuberungen, indem sie Diplomatin wurde. Sie war Botschafterin in Norwegen, Mexico und Schweden. Sie kehrte 1945 in allen Ehren in die Sowjetunion zurück und starb 1952 im Alter von achtzig Jahren. Rosa Luxemburg, die bei Lenins Machtübernahme 1917 im Gefängnis war, widersprach ihm ebenfalls in bezug auf die Notwendigkeit der Diktatur ([1922] 1961). Sie wurde 1919 freigelassen, beteiligte sich an einem gescheiterten Putsch der Kommunistischen Partei, floh nicht aus dem Land und wurde auf dem Weg zurück ins Gefängnis am 16. Januar 1919 ermordet.

überleben. Für Frauen gab es in der Industrie kaum Arbeitsplätze, und wenn, dann nur mit unqualifizierter Arbeit. Die männlichen Arbeitskollegen straften die Vertreterinnen der *Shenotdel* mit Verachtung. Innerhalb der Kommunistischen Partei debattierte man über die notwendigen ökonomischen Voraussetzungen für die „freie Liebe", aber die sozialen und psychologischen Voraussetzungen für eine ungehinderte Sexualität der Frauen waren tabu.[28] Die Abtreibung wurde zum wichtigsten Mittel, um die Zahl der Schwangerschaften zu begrenzen. Nur wenige der angeblich befreiten Männer übernahmen ihren Anteil am Kochen, Putzen oder an der Kinderversorgung, und so mancher Revolutionär, der öffentlich die Rechte der Frauen einforderte, verbot der eigenen Frau, an Versammlungen teilzunehmen.

Von den Tausenden von Frauen, die 1927, in wirtschaftlich sehr harten Zeiten, zum Allunionskongreß der Arbeiterinnen und Bäuerinnen nach Moskau kamen, wurden diese Probleme praktisch angegangen (Goldman 1989). Die Delegiertinnen standen dazu, daß ihnen bessere Qualifikationen, höhere Löhne und staatliche Kinderbetreuung die ökonomische Unabhängigkeit verschaffen würden, die sie brauchten, um sich und ihre Kinder ernähren zu können. Die Antwort der Partei bestand in dem Versuch, durch Rücknahme des anstößigen neuen Ehe- und Familienrechts, das zu hohen Scheidungsraten und vielen unehelichen Kindern geführt hatte, die traditionelle Rolle der Frauen wieder aufleben zu lassen. 1929 wurde die *Shenotdel* abgeschafft. In den dreißiger Jahren förderte man offiziell legale Ehen und große Familien. 1934 wurde die Homosexualität zum Straftatbestand erklärt, 1936 die Abtreibung abgeschafft (um 1955 erneut legalisiert zu werden).[29] Eltern waren individuell für ihre Kinder verantwortlich, aber ledige Mütter konnten vom Vater keinen Unterhalt einklagen. Scheidungen wurden erschwert (erst 1964 wurde die Politik wieder weniger restriktiv). Heimatlose Kinder wurden von Bauernfamilien adoptiert, die zusätzliche Arbeitskräfte brauchten.

---

28 Clara Zetkin erwähnt in ihrem Bericht über ihr langes Gespräch mit Lenin 1920 auch, daß er ihre Versuche, auf den Versammlungen deutscher Arbeiterinnen auch über sexuelle Probleme und Eheprobleme zu diskutieren, tadelte und eine von einer Wiener Kommunistin verfaßte Streitschrift zum Sex kritisierte, in der mit Freuds Theorien argumentiert wurde (in Lenin [1934] 1975, 101-103). Zetkin, die die Relevanz dieser Diskussion als Beitrag zur Analyse des historischen und aktuellen Status und der ökonomischen Lage der Frauen zunächst verteidigt, gibt nach und sagt dann, sie habe selber derartige Diskussion kritisiert und darauf gedrungen, daß „Sex und Ehe bei den Diskussionsabenden nicht länger das Hauptthema der Vorträge sein dürften" (103). Immerhin hielt Lenin die Aufteilung der Hausarbeit für einen nicht nur materiell, sondern auch intellektuell wichtigen Punkt: „Seine Sklavin nimmt Rache. ... Ihre Rückständigkeit und ihr mangelndes Verständnis für die revolutionären Ideale ihres Mannes hemmt seinen Kampfgeist" (115).

29 Zu den Abtreibungsraten in der Sowjetunion und den kommunistischen Ländern Mitteleuropas zwischen 1953 und 1973, siehe Jancar 1978, 70, Tabelle 28. Zur Abtreibungsdiskussion in der Sowjetunion, siehe Engelstein 1991 und Goldman 1991.

Was die Frauen betraf, so strafte der Alltag die offizielle Politik von der Mutterschaft im Dienste der Sowjetunion wieder einmal Lügen. Die Zwangskollektivierung der Landwirtschaft und die rasche Industrialisierung in den dreißiger Jahren veränderten die Rolle der Frauen als Arbeitskräfte und Familienmitglieder radikal. So paradox es klingen mag, die Versuche zur Wiederbelebung der traditionellen Familienfunktionen gingen mit

> einem erheblichen Ausbau der Bildungschancen für Frauen [einher], einer Erweiterung des Netzwerks der Institutionen zur Kindererziehung und -betreuung und der Einführung von Arbeitsschutzgesetzen und Sozialprogrammen, die dafür sorgen sollten, daß sich die häuslichen Pflichten der Frauen mit ihrer Erwerbstätigkeit in der Industrie vereinbaren ließen. Diese Veränderungen hatten Rückwirkungen auf die ganze Bandbreite der sozialen Institutionen einschließlich und an erster Stelle der Familie selbst. (Lapidus 1978, 96)

Dieser soziale Wandel des sowjetischen Arbeits- und Familienlebens verstärkte sich durch den Bedarf an Frauen als Arbeitskräften im Zweiten Weltkrieg. Als der Krieg vorbei war, waren die sowjetischen Frauen besser ausgebildete, qualifizierte Arbeitskräfte, die vielfach mit der Vorstellung groß geworden waren, daß sie Pilotinnen und Ingenieurinnen werden konnten. Obwohl viele immer noch in Industrie und Landwirtschaft schwere, unqualifizierte Arbeit verrichteten, bestand die Ärzteschaft ebenso wie viele andere akademische Berufe überwiegend aus Frauen.[30] Auch in ländlichen Gebieten gab es Dorfkindergärten. Weil Erwerbsarbeit Pflicht war, waren viele Frauen den größten Teil ihres Lebens voll erwerbstätig, allerdings ohne Gleichstellung mit männlichen Arbeitern. Die Geburtenrate sank, und die Scheidungsrate stieg (Jancar 1978, 38-69).

Die politische Mitwirkung der Frauen konzentrierte sich auf die nur aus Frauen bestehenden *Shensovety*, lokale Komitees mit höchstens fünfzig Mitgliedern, die sich im allgemeinen mit pragmatischen Fragen wie Arbeit und Kinderbetreuung befaßten (Browning 1987). Auf nationaler Ebene gab es eine kleine Anzahl Frauen, die zu stellvertretenden Vorsitzenden irgendwelcher gesetzgebenden Körperschaften oder zu Leiterinnen der Ministerien für Gesundheit, Bildung oder Leichtindustrie ernannt wurden. Nur zwei Frauen gehörten jemals dem regierenden Politbüro an. Der Frauenanteil im Zentralkomitee stieg nie über 5 Prozent, und nach den ersten Jahren der Revolution hatten die Frauen kaum mehr einen Einfluß auf die politischen Entscheidungen.[31] In den Dissidentenbewegungen der Sowjetunion und der kommunisti-

---

30 Die Medizin war durchaus kein hoch angesehener oder hoch bezahlter Beruf, und viele Krankenhaus- und Klinikleiter waren Männer. Aufgeschlüsselte Daten zur Frauenbeschäftigung, siehe Browning 1987, 6-8.

31 Jancars Forschungen zeigen ähnliche Muster für die kommunistischen Länder Albanien, Bulgarien, Tschechoslowakei, Ostdeutschland, Ungarn, Polen, Rumänien und Jugoslawien (1978).

schen Länder Osteuropas mag es vergleichsweise mehr Frauen gegeben haben, doch waren die Führer auch dort fast zwanzig Jahre lang Männer (Browning 1985; Jancar 1978, 88-121).[32]

Die kommunistische Ideologie sagt voraus, daß die Frauen durch den Eintritt in das Erwerbsleben aus der ökonomischen Abhängigkeit befreit werden und damit einen höheren Status erlangen würden. In Wirklichkeit waren die Frauen in der Sowjetunion vielfach genauso benachteiligt wie erwerbstätige Frauen in anderen Industrieländern – vergeschlechtlichte Arbeitsteilung im Erwerbsleben, ungleiche Bezahlung und beschränkter Zugang zu Managementpositionen. Obwohl die sowjetischen Frauen bezahlten Mutterschutz und staatliche Kinderbetreuung hatten, war Abtreibung in den Städten die Hauptform, die Zahl der Kinder auf ein oder zwei zu begrenzen. Angesichts des Mangels an Konsumgütern und des daraus folgenden langen Anstehens nach Lebensmitteln und Kleidung war die Last der Hausarbeit für sowjetische Frauen erheblich größer als für Frauen in kapitalistischen Ländern, und die sowjetischen Ehemänner waren zur Hilfe im Haushalt noch weniger bereit als Ehemänner in Frankreich, England oder den Vereinigten Staaten.

Die „Frauenfrage" wurde in der Sowjetunion auf die gleiche Weise gelöst wie in den meisten kapitalistischen Ländern, nämlich durch Verschärfung der von der kommunistischen Ideologie ursprünglich in Frage gestellten vergeschlechtlichten Arbeitsteilung (Buckley 1989a). An die Stelle der Idee von kommunalen Dienstleistungen und geteilter Hausarbeit trat die Politik von kürzeren Arbeitszeiten, längerem Mutterschutz und Teilzeitarbeit für Frauen. Diese Politik war eine Reaktion auf die sinkenden Geburtenraten und den weiterhin bestehenden Bedarf an Frauen als Arbeiterinnen und Bäuerinnen. Sie wurde mit Annahmen über die natürliche Fürsorgefähigkeit der Frauen begründet und durch eine Sozialisation und Ausbildung perpetuiert, deren Grundlage die Ideologie von den angeborenen Geschlechtsunterschieden war.[33] Mit dieser auf die wechselnden politischen Bedürfnisse zugeschnittenen Ideologie ließ sich die Rekrutierung der sowjetischen Frauen für die Erwerbstätigkeit ebenso legitimieren wie die Aufforderung zum Kindergebären oder der Widerstand der sowjetischen Männer gegen die Teilung der politischen Macht und der Hausarbeit (Buckley 1989b).

---

32 Zu feministischen Aktivitäten der jüngsten Zeit, siehe *Feminist Review*, Nr. 39, 1991: „Shifting Territories: Feminisms and Europe," „Feminists and Socialism" und „Women in Action: Country by Country."

33 Berichte aus erster Hand und Analysen des Lebens in der Sowjetunion in den 1980er Jahren, siehe Browning 1985; 1987; Gray 1990; Hansson und Lidén 1983; Lapidus 1982; Mamonova 1984. Zur Sozialisation, siehe Attwood 1990; zu den Ansichten von Frauen in der russischen Kultur und Literatur, siehe Gray 1990, 114-131; Mamonova 1989; zur ideologischen Verstärkungsfunktion der sowjetischen Frauenzeitschriften, siehe McAndrew 1985.

Das sowjetische Familienleben war fest gefügt, aber angesichts mangelnder staatlicher Besorgnis über die Doppelbelastung der Frauen nicht ganz auf die Weise, die den sowjetischen Führern vorschwebte. Nach der Heirat und dem ersten Kind ließen sich viele sowjetische Frauen scheiden und lebten mit ihren geschiedenen oder verwitweten Müttern zusammen, die den größten Teil der Hausarbeit und Kinderbetreuung übernahmen und dafür im Alter von ihren Töchtern versorgt wurden. Die folgende Szene beschrieb Francine du Plessix Gray noch vor dem Zusammenbruch der Sowjetunion:

> So sah ich mich denn an jenem Nachmittag in Leningrad in dem gemütlichen Wohnzimmer um, in dem meine Gastgeberin und ihre sehr selbständige Tochter freundlich Tee einschenkten, die Wände voller Reiseandenken aus Polen, Ungarn und Indien, das Kaminsims und die Tische voller Fotografien von, wie es schien, ausschließlich weiblichen Vorfahren – Mütter, Großmütter, Großtanten und weit und breit kein Mann. Ich besah mir diese weibliche Intimität, diese Symbole der unverbrüchlichen Mutter-Tochter-Bindungen, und mußte an die bunten *matrioschkas* denken, jene Puppen, die zum eisernen Bestand der russischen Volkskunst gehören: Sie öffnen sich in Magenhöhe, und heraus purzeln lauter identische Puppen, lauter parthogenetische Frauen, eine nach der anderen ineinander geborgen, Generation auf Generation. (1990, 53)

China: Eiserne Mädchen ohne Stimme

Das Schicksal der sowjetischen Frauen in den letzten fünfundsiebzig Jahren nimmt sich aus wie eine Fahrt auf der Berg-und-Tal-Bahn: von der Erwerbstätigkeit zu den häuslichen Pflichten und wieder zurück, von der sexuellen Freiheit über die Ikonographie der russischen Mutterschaft zum alleinstehenden Haushaltsvorstand.[34] Für die chinesischen Frauen aber war dieses Jahrhundert ein einziger langer Widerspruch. Das Schicksal der chinesischen Frauen nach der Kommunistischen Revolution beweist, daß die patriarchalische Familie den Eintritt der Frauen in die Erwerbstätigkeit durchaus überleben kann (Johnson 1983; Stacey 1983). In Städten lebende Chinesinnen arbeiten in der Regel in den schlechter bezahlten Tätigkeiten und sind weiterhin für das physische und emotionale Wohl ihrer Familien verantwortlich. Chinesinnen auf dem Land, wo der größte Teil der chinesischen Bevölkerung lebt, sind immer noch fest an die Verwandtschaft ihres Ehemannes gekettet. In den fünfziger Jahren wurde jedem Bauern Land zugeteilt, und damit waren Ehefrauen wieder mehr wert; paradoxerweise aber wurden sie damit *weniger* frei, sich scheiden zu lassen und das Sorgerecht für ihre Kinder zu bekommen, die bei der Landverteilung ebenfalls ihren Anteil erhielten.

---

34   Rowbotham (1974) betitelte ihr Kapitel über die Russische Revolution: „Wenn Sie gerne Schlitten fahren."

Ende des neunzehnten Jahrhunderts wurde China praktisch von Japan und Großbritannien kolonisiert (Siu 1982). Der Anbau von Tee und Opium für den Export verdrängte den Anbau von Nahrungsmitteln; Seide wurde exportiert, und die Baumwollstoffe, die die Bauern trugen, wurden importiert. Die Lebensmittelpreise waren hoch, und das Elend der Bauern verschlimmerte sich durch Pachtverträge, die große Teile der Ernte verschlangen, durch Wucherzinsen und Hungersnöte. Die Landarbeit der Frauen war für die Familienwirtschaft marginal, und ihre eigenständige Einkommensquelle, die Baumwollspinnerei, war versiegt. Kleine Mädchen wurden, wenn man sie nicht gleich bei der Geburt umbrachte, als Kindfrauen, Konkubinen oder Prostituierte verkauft und als Fabrikarbeiterinnen verdingt. Arme Frauen waren Waren: „Männer konnten, was auch oft geschah, ihre weiblichen Verwandten gegen Geld zur Ehe, Adoption oder in die Sklaverei oder Prostitution weggeben" (Gates 1989, 799).

Töchter aus wohlhabenderen Familien, die in verhaßte arrangierte Ehen gezwungen wurden, begingen oft Selbstmord (Witke 1973a).[35] Frauen, die verheiratet blieben, waren in den patriarchalischen, patrilokalen und patrilinearen Großfamilien und Dorfclans, die die Struktur der traditionellen chinesischen Gesellschaft bestimmten, oft so gut wie begraben (Johnson 1983, 1-26). Als einheiratende Fremde hatten sie für die Familie den Status einer Dienerin, besonders wenn ihr Brautpreis hoch gewesen war und sie keine Mitgift mitbrachten, die ihn wieder ausglich. Noch größer war die Ausbeutung und Unterdrückung von armen Mädchen, die als Pflegetöchter und künftige Schwiegertöchter für Kinderehen adoptiert wurden. Kleinen Mädchen wurde der Wille durch Abbinden der Füße und brutale Strafen für Ungehorsam gebrochen. Ihr einziger Ausweg war, lange genug zu leben, um Söhne hervorzubringen und deren Sohnesliebe zu manipulieren. Wenn die Söhne fügsame Mädchen heirateten, die die Mütter aussuchen halfen, begann der Zyklus von neuem. Auf diese Weise „wurden Frauen durch die Handlungen, mit denen sie sich gegen Passivität und Männerherrschaft zur Wehr setzten, zu interessierten Komplizinnen des sie unterdrückenden Systems" (Johnson 1983, 21).

Anfang des zwanzigsten Jahrhunderts konzentrierte sich die Bewegung vom Vierten Mai auf die Familie als den Ort des sozialen und ökonomischen Wandels; sie agitierte außerdem für das Frauenwahlrecht. Bei den Studentinnen aus der Mittelklasse, die zum Studium nach Japan geschickt worden waren, hatte zwischen 1902 und 1912 eine Widerstandsbewegung von Frau-

---

35 Von einem Bericht, der während der Vierter-Mai-Bewegung von 1919 Berühmtheit erlangte, heißt es immer wieder, er habe den Anstoß zu Mao Zedongs Interesse am Status der Frauen gegeben. Die künftige Braut schnitt sich mit einem Dolch, den sie in der Brautsänfte versteckt hatte, in der sie an ihrem Hochzeitstag zum Haus ihres Bräutigams getragen wurde, die Kehle durch.

en großen Zulauf. Ironischerweise hatten die Frauen neben Bildung und Ehereform einen vor allem gegen Japan gerichteten Antiimperialismus auf ihre Fahnen geschrieben. Eine ihrer Führerinnen, Qui Jin, kam in der Revolution von 1911 um, die die Qing-Dynastie stürzte und Frauen das Wahlrecht versprach, ihr Versprechen aber nicht hielt. 1919 streikten in den Baumwollfabriken die Arbeiterinnen für bessere Arbeitsbedingungen, vor allem für Kinderarbeiter, und für höhere Löhne und Arbeitssicherheit; weitere Textilarbeiterinnenstreiks folgten. Über tausend Frauen marschierten 1919 in einer antiimperialistischen Demonstration mit, und der Frauenverband von Hunan erreichte, daß eines seiner Mitglieder, Wang Changguo, in die Provinzversammlung von Hunan gewählt wurde. Die Cuomindang, die 1912 die Macht übernahm, setzte 1923 einen Frauenvorstand ein, in dem viele Frauenverbände einen Sitz erhielten (Gilmartin 1989; Siu 1982).

Als 1920 die Kommunistische Partei Chinas (KPC) gegründet wurde, versuchte sie mit ihrem Programm, das Ehereformen und ein Stück Land für jeden Erwachsenen einschließlich der Frauen umfaßte, sowohl die gebildeten Frauen, als auch die Frauen auf dem Land zu erreichen. Die Männer der Partei, etwa Chen Duxiu, ein Führer der früheren Bewegung vom Vierten Mai, waren der Meinung, daß die Frauenemanzipation einer der zentralen Punkte überhaupt sei, wenn China eine moderne Nation werden sollte. Das erste weibliche KPC-Mitglied war Miao Boying. Andere prominente weibliche Mitglieder waren damals Liu Qingyang, Xiang Jingyu, Yang Kaihui, Gao Junman und Wang Huiwu. Der Erste Parteikongreß, der 1921 abgehalten wurden, stellte ein Frauenaktionsprogramm auf, zu dem die Einrichtung einer Schule und die Herausgabe einer Zeitung gehörten (Gilmartin 1989).

Die politische Betätigung dieser und anderer Frauen bedeutete einen radikalen Bruch mit der von den konfuzianischen Regeln vorgeschriebenen und durch familialen Druck verstärkten Fügsamkeit und Zurückhaltung. Paradoxerweise verdankten viele KPC-Führerinnen ihre Position der Ehe mit mächtigen Männern der Partei, ein Phänomen, das auf die Einbindung der Frauen in die Verwandtschaftsnetzwerke der Männer in der traditionellen Familienstruktur zurückzuführen ist (Johnson 1983, 1-26). Christina Gilmartin meint, Wang Huiwu, die Leiterin des Frauenaktionsprogramms der KPC, habe nie die offizielle Parteimitgliedschaft besessen, sondern sei ernannt worden, weil sie mit Li Da verheiratet war, einem der Mitglieder des Zentralvorstands des Ersten Parteikongresses (1989, 86-91). Offiziell war Li Da auch der Leiter der Shanghaier Grundschule für Mädchen, obwohl Wang Hiuwu sie geplant, den Lehrplan aufgestellt und die Lehrer ausgewählt hatte und für ihren Betrieb verantwortlich war: „Derartige Widersprüche ... schienen den kommunistischen Männern in Shanghai überhaupt nicht aufzufallen; sie verstanden sich selbst als entschlossene Vorkämpfer der chinesischen Frauenemanzipation und sahen von daher keine Notwendigkeit, ihre Annahmen über den Zugang von Frauen zu den offiziellen Positionen innerhalb der

Parteihierarchie genauer unter die Lupe zu nehmen" (Gilmartin 1989, 88). Als Li Da 1922 auf dem Zweiten Parteikongreß aus dem Zentralkomitee entfernt wurde, wurden auch Zeitung und Schule geschlossen. Wang Huiwu hatte weder die Unterstützung noch die finanziellen Mittel, um diese Kernstücke des Frauenaktionsprogramms allein weiterzuführen.

Der Zweite Parteikongreß wählte Xiang Jingyu, die Frau von Cai Hesen, einem Mitglied des Zentralkomitees, zur offiziellen Vorsitzenden des in aller Form eingesetzten Frauenvorstands. Sie war eine erfahrene Revolutionärin, die an der Studentenbewegung von 1919 teilgenommen hatte, und arbeitete mit allen Frauengruppen im Land zusammen, die für politische, ökonomische und soziale Rechte kämpften – mit Stimmrechtlerinnen, Berufsverbänden, Studentinnen und Lehrerinnen, Gewerkschafterinnen, Streikenden und der feministischen Presse. Als gute Kommunistin stand sie aber den Stimmrechtlerinnen kritisch gegenüber und war mit ihren Sympathien eher auf Seiten der streikenden Arbeiterinnen (Leith 1973).[36] Im Gegensatz zu ihrem Mann unterstützte sie eine Einheitsfront mit der Cuomindang und war offiziell auch Vorsitzende ihres Komitees für die Frauenbewegung. Als die Cuomindang 1925 den Frauen das Wahlrecht verweigerte, führte Xiang die Frauen in beiden Parteien in eine landesweite Protestbewegung, in der sie sich radikalisierten und Xiangs Glauben an ihr revolutionäres Potential alle Ehre machten. Als sie sich aber von ihrem Ehemann scheiden ließ und sich von ihrem ranghohen Liebhaber trennte, verlor sie ihren Sitz im Zentralen Exekutivkomitee der KPC und wurde als Vorsitzende des Frauenvorstands abgesetzt. 1926 ging sie in die Sowjetunion, um zu studieren, und auf dem Fünften Parteikongreß der KPC von 1927, auf dem Frauen in Anerkennung ihrer Rolle bei der Mobilisierung für die Revolution hohe Positionen in der Parteihierarchie bekamen, hatte sie nicht einmal mehr einen Delegiertenstatus (Gilmartin 1989, 91-97). Trotz aller für die Partei geleisteten Arbeit „hatte sie als ungebundene Frau den Zugang zur Welt der KPC-Spitzenpolitik verloren. Xiangs Erfahrungen zeigten, daß eine Frau, um einen einflußreichen Posten in der Parteihierarchie zu bekommen und zu behalten, Beziehungen zu einem wichtigen Mann in der KPC haben mußte, und daß die Qualität ihrer Leistungen auf diesem Posten dafür kaum von Belang war" (97).

1927 kam es zum gewaltsamen Bruch des Bündnisses zwischen Cuomindang und KPC. 1928 gab die Cuomindang den Frauen das Wahlrecht und noch andere Rechte, versuchte aber wie die Sowjetunion, in politisch unruhigen Zeiten dadurch Ordnung zu schaffen, daß sie die Frauen auf ihren traditionellen Status in der Familie zurückverwies. Die Cuomindang löste die

---

36 Leith (1973) meint, Xiang habe durch ihre Verbindungen zu Männern in hohen Machtpositionen größeren Einfluß auf die Parteipolitik gehabt (56). Auch die Cuomindang-Führerinnen waren mit Männern in Spitzenpositionen verheiratet. Siehe auch Witke 1973b, die nichts über die Ehepolitik der weiblichen KPC-Mitglieder sagt.

Frauenabteilung auf, schaffte die Frauenverbände ab, machte Propaganda für die traditionellen Frauenrollen und ließ dem „Weißen Terror" freien Lauf. Frauen, die kurze Haare hatten, sich schminkten, tanzten, kurze Ärmel oder Hosen trugen oder sich sonst auf irgendeine Weise sichtbar für „modern" erklärten, wurden von ihren Familien streng bestraft, und im „Weißen Terror" wurden sie zu Hunderten gefoltert, verstümmelt und umgebracht. Unter ihnen war auch Xiang Jingyu, die am 1. Mai 1928 hingerichtet wurde.

Die KPC wurde von der Cuomindang aus den Städten vertrieben und zog sich 1935 zum Langen Marsch in die nordwestlichen Provinzen zurück. Dort lebten sie notgedrungen mit den armen Bauern, die sie schließlich für die kommunistische Sache gewannen und mobilisierten.[37] 1937 fiel Japan in China ein, und von 1938 bis 1945 herrschte Krieg zwischen den beiden Nationen. Während dieser Zeit bis zu ihrem Sieg über die Cuomindang im Jahre 1948 legten die Rote Armee und die KPC unter Mao Zedongs Führung die politische Struktur und Ideologie ihrer künftigen Regierung fest. Obwohl ihre ursprüngliche Basis die Fabrikarbeiterinnen und Fabrikarbeiter in den Städten waren, mußten sie nun die Bauern für die Rote Armee und die Parteimitgliedschaft gewinnen. Um sich der Loyalität dieser Männer zu versichern, opferte die KPC die Interessen der Bäuerinnen. Die neue Politik der KPC enthielt stets ein Lippenbekenntnis zur Notwendigkeit der Befreiung der Frauen aus der feudalen Familie, aber der Widerstand der Männer und der älteren Frauen führte dazu, daß die Reform des Ehe- und Scheidungsrechts immer hinter der Landverteilung für arme Bauern zurückstehen mußte und erst in den fünfziger Jahren durchgesetzt wurde.

In den fünfziger Jahren bekamen alle, auch Frauen und Kinder, ein Stück Land, aber die Frauen konnten nicht ihre Kinder nehmen und ihre Männer verlassen, weil sie sich ohne die Genehmigung der Männer im Dorfrat nicht scheiden lassen durften. Scheidung hieß, daß die Männer in der Familie erheblich an Besitz verloren, und wurde daher mit allen Mitteln bis hin zu Prügel und Mord bekämpft. Politisch bedeutete ein Eherecht, das den Frauen mehr Rechte bei der Wahl ihrer Ehemänner und ihres Wohnorts und das Sorgerecht für ihre Kinder einräumte, daß die jungen armen Bauern, denen die Kommunistische Partei vor der Revolution ein Familienleben versprochen hatte, womöglich um ihre Belohnung gebracht wurden. Land ohne Frau war für einen Bauern wertlos, und so stellte die Kommunistische Partei die in China schon vor der Revolution aufgrund der Armut stark angeschlagene

---

37 Skocpol 1979, 236-280, enthält eine knappe Darstellung von Mao Zedongs Guerilla-kriegstaktiken und ihrer Bedeutung als Grundlage der erfolgreichen Massenmobilisierung der Bauern.

patriarchalische Familie eben doch wieder her, ohne sich allerdings zu ihrer Mitwirkung an dieser Restauration zu bekennen.[38]

Die Eherechtsreform von 1950 erklärte arrangierte und erzwungene Ehen, Brautpreise und Mitgiften, Polygamie und Kindsbräute für gesetzwidrig; sie gestattete die Scheidung, machte es möglich, daß Frauen das Sorgerecht für ihre Kinder bekamen, und erlaubte Witwen die Wiederheirat. Sie setzte außerdem ein Mindestheiratsalter für beide Partner fest. Sie war insofern revolutionär, als sie die zweitausend Jahre alte chinesische Familienstruktur untergrub, die die primäre Wirtschafts- und Besitzeinheit und das wichtigste Instrument der sozialen Kontrolle gewesen war. Für viele Frauen hatte sie dennoch keine befreiende Wirkung, weil sie durch das Land, das sie während dieser Zeit von der Regierung bekamen, in die Dörfer ihrer Ehemänner eingesperrt blieben.

75 Prozent der Scheidungsprozesse in den größeren chinesischen Städten, fast die Hälfte aller Zivilprozesse nach Inkrafttreten des neuen Eherechts, wurden von Frauen angestrengt, die aus verhaßten arrangierten Ehen herauszukommen versuchten. Die von den Frauen geltend gemachten Gründe waren Polygamie, Ehebruch, Verlassen, Zwangs- oder Kinderheirat und körperliche Grausamkeit. Frauen, die eine Scheidung begehrten, wurden von den örtlichen Frauenverbänden der Promiskuität beschuldigt und von ihren Kommunen geächtet. Eine Frau, die den Haushalt ihres Mannes verlassen hatte, konnte ihr eigenes Land allein nicht bebauen. Sie konnte aber auch sonst nirgends hingehen, da ihre Eltern sie nicht wieder aufnehmen würden und es auf dem Land keine Möglichkeit gab, allein zu leben. Trotzdem begingen viele Frauen Selbstmord, wenn sie sich nicht scheiden lassen konnten. Umgekehrt wurden manche von ihren Männern ermordet, wenn sie wegzugehen versuchten. (Es ist nicht überraschend, daß Mord am häufigsten dort vorkam, wo als Scheidungsgrund Grausamkeit angegeben worden war.) Barbara Wolfe Jancar meint, „das Eherecht revolutionierte den Status der Frauen mit der einen Hand und entzog ihnen mit der anderen die schützende traditionelle Infrastruktur, in die sie in der Vergangenheit eingebettet gewesen waren, so daß zu leichten Opfern all jener Ausbrüche von Frustration und Ressentiment wurden, die sich an diesem Gesetz entzündeten" (1978, 132).

Nach der Revolution traten nur wenige Frauen als Führerinnen für Frauenfragen hervor. Die offizielle Politik verlangte, daß die Frauen als gleichberechtigte Nutznießerinnen bei den Diskussionen über die Bodenreform in den Dorfräten gehört werden mußten, aber in den Männergremien, die die Entscheidungen fällten, waren die Frauenorganisationen nur am Rande vertreten. Um legitime Führerinnen zu werden, mußten Frauen sowohl tugendhaft als

---

38 Andors 1983; Croll 1980; 1983; 1984; Davin 1973; 1985a; Honig und Hershatter 1988; Jancar 1978, 129-136, Johnson 1983; Stacey 1983; Wolf 1985. Eine frühe Darstellung bei Yang 1965. Positivere Darstellungen, siehe Myrdal 1965, 17-33; Sidel 1972; 1974.

auch aktive Kämpferinnen sein, was für die Bauern ein Widerspruch in sich war. Die Kampfbereitschaft war meist dort am größten, wo von Tugend am wenigsten die Rede sein konnte:

> Manche waren an Grundbesitzer und andere Männer verdingt worden, um die Schulden eines Ehemannes oder Vaters zu bezahlen. Andere hatten ihre Männer verloren und lebten unverheiratet mit anderen Männern zusammen. Manche, die ohne familiäre Bindungen waren, schlugen sich als Prostituierte durch oder lebten von Abfällen, eine der wenigen Arten, wie eine Frau ohne Familie überleben konnte. ... Es war offensichtlich sehr schwer, Führerinnen zu finden, die den von den Männern aufgestellten Klassen- und Moralstandards genügten. Man wird den Verdacht nicht los, daß mit Zirkelschlüssen argumentiert wurde – wenn Frauen aktive Kämpferinnen waren (also freimütig, selbstbewußt, und mutig genug, um die ihnen von der Tradition gesetzten Schranken zu durchbrechen), waren sie in den Augen der Männer nicht mehr tugendhaft. (Johnson 1983, 77)

Selbst junge Frauen, denen keine sexuelle Unmoral angelastet werden konnte, wurden diffamiert: „Eiserne Mädchen sind unweiblich, nicht zu verheiraten, unattraktiv, kurz: ,falsche Jungen'" (M. B. Young 1989, 241).

Während der alles umstürzenden Kulturrevolution von 1966 bis 1969, jenem Kampf um Werte, Einstellungen und Verhaltensmuster, wurden die Frauen „als besonders käuflich oder autoritär oder brutal geschildert" (M. B. Young 1989, 240). Wenn Frauen in die Lage versetzt wurden, ihrer Wut Ausdruck zu geben, war sie grenzenlos: Von der „schockierenden Bösartigkeit" wurde geschrieben, „die Mittelschülerinnen gegenüber Autoritätsfiguren an den Tag legten (und die soweit ging, daß sie Menschen halb oder sogar ganz tot schlugen)" (238).[39] Die chinesischen Teenagerinnen fanden die Kulturrevolution befreiend, weil sie aufs Land geschickt, von den familialen Zwängen befreit und zu Gruppenleiterinnen gemacht wurden – „dem Zuhause, der Schule, der Arbeitsumgebung physisch entzogen" (239). Nachts, so hieß es, ging es hoch her. Sie wurden sexuell mißbraucht und vergewaltigt, aber bis die Kulturrevolution puritanisch wurde, hatten sie auch die Chance zu sexuellen Experimenten.

Insgesamt untergrub die Kulturrevolution, die vor allem der Einpeitschung einer revolutionären proletarischen Ideologie dienen sollte, das Ringen der Frauen um eine Erleichterung ihrer Doppelbelastung durch Familien- und Erwerbspflichten. Der Frauenverband wurde als „bürgerlich" aufgelöst, und die Frauen wurden in die lokalen politischen Organisationen eingebunden, wodurch sich ihre Arbeitsbelastung um eine dritte Arbeit vermehrte. Sie errangen keine nennenswerte Macht, weil sie Bauern- und nicht Fraueninteressen zu vertreten hatten, und weil die Männer mit ihren verwandtschaftlichen Bindungen in den Dörfern diese besser vertraten (Johnson 1983, 178-193).

---

39   Siehe auch Andors 1983, 101-123.

Die Wirtschaftspolitik der 1970er Jahre festigte die Stellung der chinesischen Frauen als Erwerbstätige in Landwirtschaft, Kunsthandwerk und Industrie, befreite sie aber nicht von den sexistischen Praktiken des Erwerbslebens (Dalsimer und Nisonoff 1987). Die chinesischen Arbeiterinnen sind vor allem in der Leichtindustrie (Textil, Geräte, Kunsthandwerk), der Landwirtschaft und dem Dienstleistungssektor konzentriert: In diesen Erwerbszweigen ist die Beschäftigungsdichte gering und das Arbeitstempo hoch; in der Schwerindustrie, in der die meisten Männer arbeiten, ist die Beschäftigungsdichte hoch. Frauentätigkeiten werden außerdem schlechter bezahlt als Männertätigkeiten, und in *gender*-integrierten Erwerbszweigen sind die Frauen in den unteren Lohngruppen. Staatlich subventionierte Dienstleistungen wie Verkehrsmittel, Wohnungen, Schulen, Gesundheitswesen und Kinderbetreuung sind an den Arbeitsplatz gebunden und nicht einheitlich; in Erwerbszweigen mit besseren Sozialleistungen sind Frauen unterrepräsentiert. Hinzu kommt, daß „vorbildliche Arbeiter" Prämien und die Chance zur Weiterbildung oder die Mitgliedschaft in der Kommunistischen Partei erhalten, und daß nur 25 Prozent der „vorbildlichen Arbeiter" Frauen sind. Auf den oberen Managementebenen sind Frauen unterrepräsentiert; am ehesten werden sie Managerinnen im Personalbereich oder in der „Frauenarbeit" – zuständig für allgemeines Wohlergehen und Familienplanung. Der wiedererstandene Allchinesische Frauenverband versteht sich als Organisation nicht nur für Frauen, sondern auch für Kinder, und ist verantwortlich für die Einrichtung neuer Kinderkrippen, -gärten und -horte.

Mao war wie Lenin der festen marxistischen Überzeugung, daß die Erwerbstätigkeit der Frauen ihrer Ausbeutung ein Ende setzen würde, aber in China wie in der Sowjetunion (und in den kapitalistischen Demokratien) waren Frauen auf dem Land und in der Stadt am Ende die Arbeitskräfte, die schlechter bezahlt wurden, seltener in Führungspositionen aufstiegen und obendrein noch die Arbeit von Haushalt und Kinderversorgung machten (Croll 1981). Wie in allen Ländern wird die Fortpflanzung durch die staatliche Bevölkerungspolitik reguliert, aber angesichts einer Bevölkerung von mehreren Milliarden ist China mit seiner Ein-Kind-Politik erheblich restriktiver (Croll, Davin und Kane 1985). Infolgedessen verschwinden inzwischen, wegen der nach wie vor bestehenden kulturellen Präferenz für Jungen, chinesische Mädchen zu Millionen – sie werden abgetrieben, als Säuglinge umgebracht, zur Adoption freigegeben, in Waisenhäuser gesteckt oder einfach nicht behördlich gemeldet (Kristof 1991; 1993; WuDunn 1991). Überleben sie, sind sie meist pflichtbewußte Töchter, Ehefrauen und Schwiegertöchter (Davis-Friedmann 1985). Die Frauen in China mögen ungebunden im Kopf und an den Füßen sein, aber da sie nicht die Macht haben, viele Söhne groß zu ziehen, und immer noch nicht den gleichen Status wie die Männer, ist ihnen der Weg zu Widerstand und Unabhängigkeit ein weiteres Mal abgeschnitten.

Hätte die Revolution ihre Versprechen gehalten, meint Margery Wolf,
„könnten Frauen jetzt hochwertige Mitglieder der Erwerbsbevölkerung sein,
auf dem Land gleichberechtigt Führungspositionen wahrnehmen, genauso
viel verdienen wie ihre Brüder und ein ebensolcher, wenn nicht größerer
Segen für ihre alten Eltern sein" (1985, 272). Stattdessen sollen die chinesischen Frauen produktive „eiserne Mädchen" sein, aber auch hübsch genug,
jung genug, keusch genug und unbedrohlich genug, um einen Mann zu bekommen – „die Heirat ist praktisch immer noch obligatorisch" (Honig und
Hershatter 1988, 336). Einmal verheiratet, wenn auch nicht unbedingt mit
einem Mann eigener Wahl, ist es Frauenpflicht, für eine „friedvolle, harmo-
nische Familie" zu sorgen. Zu diesem Zweck

> sollten Frauen lernen, wie man sich schön macht, aber nicht über Gebühr; Frauen
> sollten ihren Eltern und Schwiegereltern töchterlich ergeben, aber auch modern,
> selbständig, antifeudalistisch sein; Frauen sollten natürlich den bevölkerungspoliti-
> schen Geboten des Staates Folge leisten, müssen aber lernen, und zwar von profes-
> sionellen Experten, das Einzelkind nicht zu verwöhnen; Frauen sollten voll an der
> Kampagne zur Verwirklichung der vier Modernisierungen (Landwirtschaft, Indu-
> strie, Wissenschaft und Technologie, Verteidigung) beteiligt sein, möchten aber
> vielleicht auch gerade drei, vier oder sogar zehn Jahre Mutterschaftsurlaub nehmen.
> Romantische Liebe ist eine erwünschte sozialistische Idee, aber die Frauen sind für
> die Zügelung ihres eigenen und des Sexualverhaltens der Männer verantwortlich,
> und überhaupt sollte man Sex nicht vor und überhaupt nur in der Ehe haben. (M. B.
> Young 1989, 244)

Für Frauen sind alle Revolutionen gescheitert

In allen sozialen Bewegungen sind Frauen Seite an Seite mit Männern auf
die Straße gegangen und haben ihr Leben aufs Spiel gesetzt. So schrieb Michelle Wallace über die Bürgerrechtsbewegung in den Vereinigten Staaten:
„Frauen arbeiten hart und brauchen wenig Belohnung. Frauen sind manchmal viel schneller zum Einsatz ihres Lebens bereit als Männer. Frauen stimmen ab. Frauen marschieren. Frauen machen die mühselige Kleinarbeit. Und
kein Geld der Welt kann Frauen den Tod und das Leiden ihrer Kinder bezahlen" ([1978] 1990, 81).[40] Und doch haben die Frauen selber nie eine Re-

---

40 Siehe auch B. M. Barnett 1993. McAdam (1992) befaßt sich mit den Auswirkungen von
gender auf die Bürgerrechtsbewegung in den Vereinigten Staaten und zitiert viele Arbeiten
über Frauen in anderen amerikanischen Bewegungen. Frauen waren wichtige Mitstreiterin-
nen in den Protestbewegungen und Revolutionen des zwanzigsten Jahrhunderts in Spanien
(Ackelsberg 1991; Mangini 1991), Süd- und Mittelamerika (Chinchilla 1990; Jacquette
1989; N. C. Nash 1992; L. L. Reif 1989; Safa 1990), dem Mittleren Osten (A.R. Bloom
1991; Kandiyoti 1991; Moghadam 1993a; 1993b) und Südafrika (Berger 1990; G. W.
Seidman 1993). Siehe auch West und Blumberg 1990.

volution gehabt. Sie werden mobilisiert, damit die Revolution von möglichst vielen Menschen getragen wird, aber ist sie erfolgreich, werden die Frauen als bezahlte und unbezahlte Arbeitskräfte für die Modernisierung der Staaten oder, bei Revolutionen im Rahmen religiös-nationaler Erneuerungsbewegungen, als Bollwerk von Tradition und Familie ausgebeutet (Moghadam 1993a; 1993b; Molyneux 1985).

In der Französischen Revolution fingen die Frauen als politische Aktivistinnen an und endeten als glorifizierte Mütter und Personifizierungen des wiedererstandenen Landes: „Frauen hatten sich für die Republik geopfert und wurden daraufhin von den Jakobinern für ihre Bedeutung *in der Familie* im revolutionären Frankreich geehrt. Verschwunden waren die Amazonen, die politischen Aktivistinnen, die Vorkämpferinnen für die Frauenrechte, die Clubs der revolutionären Frauen" (Graham 1977, 250). Frauen gingen für die islamischen Revolutionen des zwanzigsten Jahrhunderts auf die Straße, aber in vielen nachrevolutionären islamischen Staaten wurden ihnen im Namen der Ideologie von der Reinheit der Frauen die Bürgerrechte wieder aberkannt. Sie sind der Kontrolle der Männer noch strikter unterstellt als die Frauen in den westlichen Ländern vor Ende des neunzehnten Jahrhunderts (Kandiyoti 1991; Moghadam 1989; 1993a; 1993b).[41] Im Iran hat der fundamentalistische Staat folgende Maßnahmen erlassen:

(1) Schleierzwang; (2) getrennte Frauenbereiche in öffentlichen Institutionen; (3) Herabsetzung des Heiratsalters von achtzehn auf dreizehn; (4) Wiedereinführung von Polygamie und Ehe auf Zeit; (5) Wiedereinführung der Scheidung und des Sorgerechts als reiner Männerrechte; (6) Wiedereinführung der männlichen Vormundschaft, besonders auf Reisen; (7) Beschränkung der Erwerbstätigkeit von Frauen (unter anderem dadurch, daß die schriftliche Erlaubnis des männlichen Vormunds erforderlich ist ...); (8) Illegalisierung der Abtreibung; (9) Schließung von Kindergärten und -horten; (10) ... der Wert einer Frau entspricht der Hälfte des Wertes eines Mannes [bei Wiedergutmachung]; die Erbschaft von Frauen beträgt ebenfalls nur 50 %; (11) sexuelle Vergehen wie Ehebruch [und wiederholte Homosexualität] können mit dem Tode bestraft werden. (Moghadam 1989, 46)

In den neuen Republiken der ehemaligen Sowjetunion und der sozialistischen Staaten Osteuropas gehen mit der Einführung der Marktwirtschaft auf privatkapitalistischer Basis den weiblichen Arbeitskräften derzeit die staatlichen Leistungen und die Kinderbetreuung verloren, mit denen ihre volle

---

41 Die Agitatorinnen, die gegen das westlich orientierte Schahregime im Iran auf die Straße gingen, trugen den Schleier als *Symbol* des Protestes und mußten dann gegen ihn als Realität protestieren, als Ayatollah Khomeini, damals im Exil, die Frauen aufrief, islamische Kleidung zu tragen. Als er dann an der Macht war, wurde ihnen der Schleier als Symbol der neuen Reinheit der Frauen zur Pflicht gemacht (Mernissi 1987). Moghadam weist darauf hin, daß es im Iran militante proislamische und antiislamische Frauen gegeben hat (1993a; 1993b). Zum unterschiedlichen Gebrauch von Kopfbedeckungen und anderer züchtiger Kleidung, siehe Mac Leod 1991; Rugh 1986.

Erwerbstätigkeit gefördert worden war.[42] Aus unrentablen Industrien wurden
sie entlassen; in modernisierten Fabriken werden ihre Qualifikationen durch
technisch hoch entwickelte Maschinen und Roboter ersetzt oder besser ausgebildete Männer eingestellt. Wenn durch ausländische Kapitalinvestitionen
eine Nachfrage nach weiblichen Billigarbeitskräften in Hungerlohnbetrieben
entsteht, wird man die Frauen – zu ähnlichen Bedingungen wie Frauen in
unterentwickelten Ländern – wieder einstellen (Moghadam 1990b). Manche
Managerinnen haben genug Anteile an privatisierten Unternehmen erworben,
um in ihren Führungspositionen weiterarbeiten zu können; allerdings werden
dies wahrscheinlich viel mehr Männer als Frauen tun, und die Frauen werden
bei sich zu Hause kleine Betriebe aufmachen oder weiter in frauendominierten Wirtschaftssektoren einschließlich der Landwirtschaft arbeiten.[43] Das
Leben von Lehrerinnen, Ärztinnen, Krankenschwestern und weiblichen Führungskräften in den Verwaltungen könnte in diesen Ländern leichter werden,
da sie nun vielleicht Lebensmittel ohne langes Anstehen einkaufen und sich
Haushaltsgeräte anschaffen können. Steigender Konsum aber könnte bedeuten, daß die Notwendigkeit von Doppelverdienerhaushalten zunimmt. Dann
wird der Status der Frauen davon abhängen, ob vom Staat eher ihre Doppelrolle als Erwerbstätige und Mütter gefördert oder das Schwergewicht auf ihre
Familienpflichten gelegt wird, und dies wiederum wird von den Arbeitslosenzahlen abhängen.

Frauen, die Revolutionen zum Erfolg verhelfen, spielen bei der Institutionalisierung der Revolution keine nennenswerte zentrale Rolle, weil die politischen Zuständigkeiten weiterhin vergeschlechtlicht sind. Staat, Wirtschaft
und Verteidigung sind Männerfragen; Heim, Familie, Kinder und Fortpflanzung sind Frauenfragen, Probleme, die man lösen wird, wenn sich die Revolution konsolidiert hat.[44] Die Interessen der Frauen werden immer wieder
geopfert, um die Unterstützung von Gruppen zu gewinnen, die sich dem
revolutionären sozialen Wandel widersetzen. In lateinamerikanischen Ländern wie Nicaragua wurde das Recht auf Abtreibung auf Eis gelegt, um sich
der Unterstützung der katholischen Kirche zu versichern (Molyneux 1985;
Wessel 1991). Frauen werden nicht als legitime Mitgestalterinnen von Regierung, Wirtschaft und Verteidigung betrachtet, obwohl ihre Rekrutierung
als Arbeitskräfte von entscheidender Bedeutung für die Industrialisierung

---

42   Beobachtungen zufolge sind 70 Prozent der neuen Arbeitslosen in Rußland Frauen zwi-
     schen fünfundvierzig und fünfundfünfzig Jahren; Stellenanzeigen, in denen Sekretärinnen
     gesucht werden, richten sich ausdrücklich an sexy junge Frauen (van den Heuvel 1992). Es
     gibt auch Gesetzesvorlagen, in denen die Schließung von rund einem Drittel der Moskauer
     Kindergärten sowie Arbeitszeitbegrenzungen für Mütter mit Kindern unter vierzehn Jahren
     gefordert werden. Zur Lage der Frauen in Osteuropa, siehe *Feminist Review*, Nr. 39, 1991.
43   Damian 1990; Rosenberg 1991; Szalai 1991. Zum Überwiegen von Frauen in der landwirt-
     schaftlichen Produktion in der sozialistischen Entwicklung, siehe Croll 1981.
44   Chinchilla 1990; Izraeli 1981; Moghadam 1993a; Molyneux 1985; Nazzari 1983.

wie für die militärische Mobilmachung sein kann. Abtreibung, Kinderversorgung und die Frage, wer für Kochen und Putzen verantwortlich ist, sind für Männer keine revolutionären Probleme, mag auch die starke Familie ein ideologischer Schlachtruf sein. Unter dem Deckmantel der Rhetorik von der *gender*-Gleichheit werden Frauen durch postrevolutionäre Regierungsbeschlüsse als bezahlte Arbeiterinnen im Erwerbsbereich und als unbezahlte Arbeiterinnen zu Hause ausgebeutet. Insbesondere der Zugang zur Abtreibung ist die Nagelprobe für den Status der Frauen. Die postkommunistischen Verhältnisse in Ungarn sind typisch dafür, wie Staaten über das Leben von Frauen verfügen:

> Es ist schon merkwürdig, daß in fast allen postsozialistischen Ländern mitten in tiefster Wirtschaftskrise, politischem Chaos und sozialer Unsicherheit, wenn die Gesellschaft von Grund auf umgestaltet werden muß, gerade die Abtreibung zur vordringlichen Frage wird. Der Grund ist eindeutig ökonomisch: Die wirtschaftliche Umstrukturierung neoklassischen Typs wird zu massiver Arbeitslosigkeit führen, und es ist leichter und bequemer, die weiblichen Beschäftigten loszuwerden. ... Auch ideologisch wird damit ein Signal gesetzt: Für die neue konservative Regierung rechts von der Mitte spielt die Familie eine zentrale Rolle ... Und Frauen sollen die Säulen, die Karyatiden, eines frisch gestrichenen, aber schlecht angelegten alten Gebäudes werden, nämlich der ungleichen und unterdrückenden traditionellen Familie. (Kiss 1991)

Obwohl religiöse, kulturelle, ethnische und politische Rhetorik aufgeboten wird, um eine Politik zu untermauern, die die Emanzipation der Frauen oder ihre Rückkehr in den Dienst ihrer Familien anstrebt, ist die zugrunde liegende Zielsetzung nicht das Interesse der Frauen oder die *gender*-Gleichheit, sondern das Interesse des Staates an Frauen als Industriearbeiterinnen, Landarbeiterinnen und Gebärerinnen. Geht man der Rhetorik auf den Grund, kommt der *gender*-Bias ans Licht, der für die Männer Individualismus, Unabhängigkeit und ökonomische Selbsterhaltung vorsieht, für die Frauen ökonomische Abhängigkeit von einem Mann und Dienst an der Familie (Sapiro 1990). Die Revolutionen der neunziger Jahre dürften deshalb nur eine Reprise der letzten 350 Jahre sein – „Demokratisierung mit männlichem Gesicht" (Moghadam 1990a).

Eine feministische Revolution machen

Was braucht es, um aus Feministinnen signifikante Akteurinnen einer Revolution zu machen? Antonio Gramsci meint, „eine soziale Gruppe kann, ja muß, die ‚Führung' schon übernehmen, bevor sie die Regierungsmacht erobert hat (dies ist sogar eine Hauptvoraussetzung für deren Eroberung)" (1971, 57). Frauen würden Organisationen, Programme und die Legitimität als politische Führungspersönlichkeiten brauchen, und sie müßten andere zentral wichtige Gruppen dazu bringen, sich *ihnen* anzuschließen. Ausgehend von Theda Skocpols (1979) Begriff der marginalen Eliten meint Jack Goldstone, solche Eliten hätten das Potential, in einer Revolution zu den Schlüsselfiguren eines strukturellen Wandels zu werden:

> Marginale Eliten sind Gruppen mit Oberschichtbildung und Zugang zu den nationalen Diskussionen über politische und soziale Fragen, zugleich jedoch ... ohne Aussicht auf aktive Mitwirkung auf den höchsten Ebenen von Staat und Gesellschaft. Diese marginalen Eliten übernehmen bei der Artikulierung alternativer sozialer Ordnungen und bei den Versuchen zu ihrer Implementierung die Führung; ihr Vorhandensein oder Nichtvorhandensein ist daher ein kritischer Faktor für die Verbreitung „transformativer" Ideologien. (Goldstone 1991, 42)

Mit zuvor geschaffenen nationalen Organisationen, Programmen und Eliten könnten Feministinnen während und nach einer Revolution bei der Verbreitung ihres Standpunkts und bei der Bildung von Koalitionen mit anderen Gruppen die Führung übernehmen.

Aber auf zerstörerische Revolutionen zu setzen, ist gewagt; sie führen meist eher zu Diktatur und Unterdrückung als zu Demokratie und Freiheit (Goldstone 1991, 477-482).[45] Statt auf den nächsten Zusammenbruch der Gesellschaft zu warten, könnten Feministinnen für sich selber eine Revolution beginnen, indem sie die Organisationen, Programme und Führungsqualitäten für einen wirklich *gender*-neutralen Staat entwickeln. Damit Frauen und Männer gleich sind, muß diese Vision weit über die Reform jeder bestehenden vergeschlechtlichten Sozialstruktur hinausgehen. Eine feministische Revolution braucht eine ideologische Vision des gesellschaftlichen Wandels, die das kritische Wissen um die aktuellen institutionellen Praktiken widerspiegelt (D. E. Smith 1990). Feministische Revolutionäre müßten die Bedingungen des politischen Diskurses neu definieren und die Prämissen und selbstverständlichen Annahmen des Alltags in Frage stellen, um Ideen für eine Gesellschaft entwickeln zu können, deren Grundlage nicht die Ausbeutung der Frauen am Arbeitsplatz und zu Hause ist. Man braucht „nur die ... Zustimmung zum Spiel zurückzunehmen, und schon werden die Welt und das Handeln in ihr absurd, und es entstehen Fragen über den Sinn der Welt und des Daseins, die nie gestellt werden, solange man im Spiel befangen, vom Spiel gebannt ist" (Bourdieu [1980] 1990, 66-67; dt. 1987, 123).

---

45 Zur Tendenz von revolutionären Ideologien, umso radikaler und repressiver zu werden, je mehr die revolutionäre Autorität durch interne Abweichungen und externen Widerstand in Frage gestellt ist, siehe Goldstone 1991, 416-158.

12 Demontage der Arche Noah: *Gender* und Gleichheit

> Eine feministische Staatstheorie ist kaum auch nur angedacht worden; systematisch wurde sie nie versucht.
>
> *– Catharine A. MacKinnon (1989, 249)*

Der in die Verfassung der Vereinigten Staaten nicht aufgenommene Gleichheitsgrundsatz, das *Equal Rights Amendment*, lautete schlicht: „Niemandem darf von den Vereinigten Staaten oder irgendeinem anderen Staat aufgrund seines oder ihres Geschlechts die gesetzliche Gleichberechtigung verweigert oder beschnitten werden." Gleichberechtigung für Frauen ist eine Zielsetzung, die sich an Individualismus und Wahlfreiheit orientiert. Dennoch scheiterte sie, weil rechtlich gesehen Menschen gleich sein müssen, um gleich behandelt zu werden, und weil nach der in den westlichen Gesellschaften vorherrschenden Überzeugung Frauen und Männer ihrem Wesen nach verschieden sind. Die biologisch begründete *gender*-Ungleichheit gehört nicht nur immer noch zu den selbstverständlichen Annahmen der Alltagsrealität in den westlichen Ländern; sie ist auch in Politik und Gesetzgebung eingegangen.[1] Infolgedessen dürfte, wie Robert Connell sarkastisch anmerkt, die Zielsetzung des liberalen Feminismus in den westlichen Gesellschaften – Gleichheit für Frauen – für die Bekämpfung der Herrschaft der Männer über die Frauen etwa so wirkungslos sein wie es der Ruf, unter dem sich die liberalen Philosophen sammelten – alle *Menschen* sind gleich –, für den Kampf gegen die Herrschaft der Reichen über die Armen gewesen ist: „Der liberale Feminismus nahm das Prinzip der ‚Bürgerrechte' ernst und wendete es gegen das patriarchalische Modell des Bürgers. Die ‚Gleichberechtigung' ist mehr als ein Schlagwort; sie ist ein vollkommen logischer Rechtsgrundsatz, der gegen den ‚Geschlechtsadel' soviel ausrichtet wie einst die Lehre von den ‚Menschenrechten' gegen den Besitzadel" (Connell 1990a, 512).

Wenn Frauen und Männer gleich sind, ist ungleiche Behandlung Ungleichheit, aber wenn sie nicht gleich sind, ist ungleiche Behandlung angemessen. So meint Catharine MacKinnon:

---

1   Eisenstein 1988; MacKinnon 1989; Okin 1979; Pateman 1988.

Epistemologisch wird *Gender* sozial *als Differenz* konstruiert, und dogmatisch begrenzen die Antidiskriminierungsgesetze die *gender*-Gleichheit *durch Differenz.*
Sozial unterscheidet man eine Frau von einem Mann durch den Unterschied zwischen ihnen, aber eine Frau kann aufgrund des Geschlechts nur diskriminiert werden, wenn man überhaupt von ihr sagen kann, daß sie dem Mann gleich ist. Zwischen dem Konzept der Gleichheit, das Gleichsein voraussetzt, und dem Konzept
des Geschlechts, das Verschiedensein voraussetzt, besteht an sich bereits eine
Spannung. Geschlechtergleichheit wird so zum Widerspruch in sich, zu einer Art
Oxymoron. (1990, 215).[2]

Kindererziehung, die weniger Gewicht auf Männlichkeit und Weiblichkeit
legt, Massenmedien, die Frauen- und Männerverhalten in allen möglichen
Formen darstellen, Öffnung traditioneller Frauenberufe für Männer und traditioneller Männerberufe für Frauen, dies sind die bekannten, von den Feministinnen empfohlenen Mittel, um *unnötige* Unterschiede zu vermeiden –
Unterschiede, heißt das, die über das Biologische hinausgehen. Die alternative Zielsetzung – Chancengleichheit – erkennt Unterschiede an, versucht
aber, sie durch besondere Leistungen oder Schutzbestimmungen für Frauen,
etwa Mutterschaftsurlaub oder Ausschluß von gefährlichen Arbeitsplätzen,
zu kompensieren. Gleichbehandlung und Chancengleichheit haben im Grunde dasselbe Ziel: „Auf irgendeine Weise Gleichheit von Frauen und Männern
herzustellen, egal, ob man diese Gleichheit als Behandlung Gleicher oder als
Zugang zu gleichen Möglichkeiten versteht" (Jaggar 1990, 250).[3]

Ein großer Teil der Diskussion über die *gender*-Gleichheit dreht sich um
Fortpflanzung und Sexualität (Kay 1985). Man könnte fast meinen, es stün-
den „Weibchen" und „Männchen" zur Debatte, nicht Frauen und Männer.
Weibliche und männliche Menschen sind physiologisch verschieden, also ist
es angeblich kein Problem der Gleichberechtigung, wenn sie unterschiedlich
behandelt werden. Sieht man sich aber genauer an, wie Frauen in den westlichen Gesellschaften behandelt werden, wird deutlich, daß die Begründung
zwar biologisch, die Ungleichbehandlung aber politisch ist. In bürokratischen Organisationen erwartet man, daß Arbeitskräfte und vor allem Inhaber
von Spitzenpositionen *männlich* sind:

Der Körper des Mannes, seine Sexualität, seine minimale Verantwortung für die
Fortpflanzung und seine üblicherweise kontrollierten Emotionen prägen Arbeits-
prozesse und betriebliche Abläufe. Die Körper der Frauen – ihre weibliche Sexualität, ihre Fortpflanzungsfähigkeit und ihre Schwangerschaft, ihr Stillen und ihre
Kinderversorgung, ihre Menstruation und ihre mythische „Emotionalität" – sind

---

2   Siehe auch Jaggar 1990; MacKinnon 1989, 215-234. Joan Wallach Scott (1988b) meint,
     der Gleichheitsbegriff im weiteren Sinne bedeute *Indifferenz* gegenüber der Differenz.
3   Zur Komplexität der bei *gender*-Gleichbehandlung und -Chancengleichheit berührten
     Rechtsgrundsätze, siehe die Beiträge in Teil Eins von Bartlett und Kennedy 1991; dort
     auch die umfangreiche kommentierte Bibliographie zu Geschlechtsunterschieden und
     Gleichheitstheorie. Siehe auch C. F. Epstein 1990.

nicht geheuer, werden stigmatisiert und müssen als Begründung für Kontrolle und Ausgrenzung herhalten. ... Die Tätigkeit an der Spitze von Männerhierarchien setzt voraus, daß Frauen alles für irrelevant erklären, was sie zu Frauen macht. (Acker 1990, 152, 153)

Um weibliche Arbeitskräfte ebenso behandeln zu können wie männliche Arbeitskräfte, werden ihre biologischen Besonderheiten als Behinderungen betrachtet, für die sie nichts können. Um zum Beispiel Frauen während der Schwangerschaft und nach der Geburt Mutterschutz gewähren zu können, ohne die Männer zu diskriminieren, wird in den Vereinigten Staaten die Schwangerschaft so behandelt, wie man eine männerspezifische Behinderung, etwa eine Prostataentzündung, behandeln würde, nämlich als Krankheit. Das Problem ist, daß trotzdem immer noch die *Frauen* diskriminiert werden, weil ihnen als Arbeitskräften ihre Ausfallzeiten wegen Schwangerschaft negativ angerechnet werden, den Männern ihre Ausfallzeiten wegen Krankheit aber nicht. Von verantwortungsbewußten weiblichen Arbeitskräften (vor allem von den karriereorientierten) erwartet man, daß sie ihre Schwangerschaften und Geburten durch wirksame Empfängnisverhütung zeitlich planen, genauso wie man von ihnen erwartet, daß sie sich funktionierende Arrangements für die Kinderbetreuung ausdenken. Aber ob sie dies können oder nicht, ist weitgehend von der Politik des Staates in Sachen Empfängnisverhütung und Abtreibung abhängig, von der Politik der Arbeitgeber in Sachen Mutterschutz und vom Vorhandensein erschwinglicher Möglichkeiten der Kinderbetreuung in ihrer Gemeinde.

Der Fortpflanzungs- und Elternstatus ist sozialpolitisch bedingt und hat nichts mit biologischen Unterschieden zu tun. Gleiches gilt für die Vorschriften zum Schutz des Fötus, die in der Regel potentiell fruchtbare Frauen und in der Entwicklung begriffene Föten betreffen, nicht aber Männer, obwohl dieselben giftigen Substanzen auch das Sperma schädigen und zu fötalen Mißbildungen führen können. Im übrigen wurden Frauen, wie Elaine Draper bemerkt, „gewöhnlich nicht von allen Tätigkeiten ferngehalten, bei denen mit giftigen Stoffen gearbeitet wurde, sondern nur von den relativ hoch bezahlten Tätigkeiten in der Produktion, die eine traditionelle Männerdomäne waren. ... Bezeichnenderweise hat sich die Frage der Ausgrenzung noch nie bei Tätigkeiten gestellt, bei denen die Industrie in hohem Maße auf weibliche Arbeitskräfte angewiesen ist. Diese Tätigkeiten mögen mit hohen gesundheitlichen Risiken einhergehen, aber wo Frauen sowieso in der Mehrheit sind, macht sich niemand dafür stark, alle fruchtbaren Frauen fernzuhalten" (1993, 94). Weibliche Krankenhausbeschäftigte haben mit Strahlen und hoch wirksamen Narkosemitteln zu tun, und Bandarbeiterinnen in Elektronikfabriken sind potentiell schädlichen Substanzen ausgesetzt, aber niemand meint, daß man sie von diesen Tätigkeiten fernhalten sollte.

Der Status von Frauen und Männern ist genauso eine Frage von Macht und Privilegien wie der Status von Menschen unterschiedlicher Rassen und Gesellschaftsklassen. Fragt man *nicht*, warum eine soziale Kategorie namens „Männer" die Macht über eine soziale Kategorie namens „Frauen" hat, akzeptiert man daher die Annahme von der naturgegebenen Dominanz der Männer und sucht nach natürlichen Ursachen. Bei Theorien über die Rasse sind die Kategorien selber bereits problematisch und eine Frage, die theoretisch analysiert werden muß: Sind es kulturelle Einteilungen, strukturelle Einteilungen oder bewußte soziale Konstruktionen der herrschenden Klasse zum Zwecke der Rechtfertigung ihrer fortbestehenden Herrschaft? In jedem Falle „stülpt sie als Mythos und globales Zeichen ... der Fülle der ... Unterschiede eine ‚natürliche' Einheit über" (E. B. Higginbotham 1992, 270).[4] Geht man ihm auf den Grund, offenbart der Rassendiskurs die sozialstrukturellen Grundlagen, die für den Erhalt der Rassenungleichheit verantwortlich sind.

Karl Marx stellte in *Das Kapital* die Theorie auf, eine Klasse bestimme sich über ihr Verhältnis zu den Produktionsmitteln – das heißt, Klassen sind soziale Gruppierungen mit einer materiellen Basis, persönlichen Auswirkungen und ideologischer Rechtfertigung. Die beiden Klassen (die Kapitalisten, oder die Eigentümer von Produktionsmitteln, und das Proletariat, oder die ausgebeuteten Arbeiter) sind grundsätzlich ungleich, aber nicht wegen irgendwelcher Wesensmerkmale, obwohl diese Überzeugung lange vorherrschte, sondern wegen ihres unterschiedlichen Verhältnisses zu den Produktionsmitteln und ihrer konfliktträchtigen wechselseitigen Abhängigkeit. Für die Kategorien Rasse und Klasse sind damit die relationalen und politischen Aspekte klar. Die herrschenden Gruppen definieren sich selbst und die beherrschten Gruppen, indem sie die Grenzen von Ausschließung und Macht herstellen und legitimieren.

Der Begriff *gender* jedoch wurde theoretisch auf der Grundlage von Sexualität und Fortpflanzung entwickelt. Diese Begriffsbildung unterläuft den feministischen Ansatz, der sich auf die relationalen Aspekte des sozialen Status von Frauen und Männern und die politischen Aspekte der *gender*-Ungleichheit bezieht. Nach meiner Auffassung ist die *gender*-Ungleichheit einzig und allein in der Struktur der vergeschlechtlichten Praktiken und Institutionen verortet. Fortpflanzung und Sexualität werden als Bedingung der Herrschaft innerhalb der sozialen Institution *gender* konstruiert; Fortpflanzung und Sexualität liegen der sozialen Institution *gender* nicht zugrunde. Die sexuelle Reproduktion des Menschen ist universal, die *gender*-Ungleichheit ist es nicht. Der *gender*-Status von Frauen hat Auswirkungen auf die soziale Konstruktion von Sexualität, Fruchtbarkeit, Schwangerschaft, Geburt und Elternschaft, nicht umgekehrt. Die Verantwortung für die Arbeit im häuslichen Bereich ist ein Ergebnis des *gender*-Status der Frauen, nicht seine Ursache.

---

4   Siehe auch F. J. Davis 1991.

Feministische Theorien der Gender-Ungleichheit

Viele feministische Theorien der *gender*-Ungleichheit machen die Unterdrückung der Frauen an ihrem Fortpflanzungs- oder Sexualstatus fest, der über vergeschlechtlichte soziale Praktiken und Institutionen vermittelt ist. Janet Saltzman Chafets zum Beispiel meint, daß „die Spezialisierung auf die Produktionssphäre beziehungsweise die öffentliche Sphäre der immer weiter gehenden Akkumulation von Vorteilen Vorschub leistet und die Spezialisierung auf die Reproduktionssphäre beziehungsweise häusliche Sphäre die Basis einer immer weiter gehenden Benachteiligung darstellt" (1984, 118). Da die Frauen die Hauptlast von Geburt, Kinderversorgung und Hausarbeit tragen, sind sie ihrer Ansicht nach Männern gegenüber oft im Nachteil und nie im Vorteil. Das Ausmaß der Benachteiligung von Frauen ist abhängig von sozialen Variablen, die Konstante aber ist, daß „Frauen, als Kategorie betrachtet, nirgends systematisch Männern gegenüber im Vorteil sind" (117).[5]

Für Rae Lesser Blumberg (1984) ist es nicht die Fortpflanzung, die *gender*-Ungleichheit schafft, sondern die Rolle der Frau als Kinderversorgerin in Verbindung mit ihrer fehlenden Verfügungsgewalt über den von ihr produzierten Überschuß. Ist die Technologie so beschaffen, daß sich die Arbeit der Frauen voll mit der Kinderversorgung vereinbaren läßt, *und* gestatten ihnen die Verwandtschaftsregeln oder die Rechtslage, über den von ihnen produzierten Überschuß zu verfügen, sind die Frauen sozial den Männern gleich. Obwohl nach Lesser Blumbergs Theorie *gender*-Gleichheit unter diesen Umständen möglich wäre, nimmt sie wie Saltzman Chafetz an, daß Frauen, wenn sie Kinder bekommen, automatisch die Primäreltern werden. Andere Arrangements zur Kinderversorgung sind jedoch möglich, unter anderem ihre Versorgung durch eine hierfür vorgesehene Gruppe von Männern und Frauen. Die Hauptverantwortung für die Kinderversorgung fällt den Frauen nicht wegen ihrer Biologie zu, sondern wegen struktureller Arrangements. Außerdem ist eine ganz wichtige Variable bei der *gender*-Ungleichheit – die Verwandtschaftsregeln oder die Rechtsverhältnisse, die bestimmen, ob Frauen über den Überschuß, den sie produzieren, verfügen und Eigentum erben oder nicht erben können – mit Sicherheit eine Folge des *gender*, also des Geschlechts als sozialer Institution, und nicht der sexuellen Reproduktion.

Nach Meinung von Judith Buber Agassi (1989) bietet der israelische Kibbutz in seiner ursprünglichen Struktur ein hervorragendes Anschauungsmaterial für die Konstruktion und Aufrechterhaltung von *gender*-Ungleichheit. Im israelischen Kibbutz war für die Kindererziehung nicht die biologische Mutter allein verantwortlich, sondern der Kibbutz insgesamt. Aber obwohl die

---

5   Siehe auch Chafetz 1990.

Haus- wie die Produktionsarbeit arbeitsteilig von allen Kibbutz-Angehörigen verrichtet wurde, machen die Frauen die Kindererziehung der Gemeinschaft, die Wäsche, einen großen Teil der Küchenarbeit und einige Produktionsarbeit, die Männer hingegen den größten Teil der Produktionsarbeit sowie die Kibbutzverwaltung. Diese vergeschlechtlichte Arbeitsteilung war nicht etwa deshalb nötig, weil Frauen gebären und stillen können, denn gewöhnlich hatte jede Frau zwei bis vier Kinder und stillte sie jeweils sechs Monate. Daß lebenslang die gemeinschaftliche Hausarbeit und Kinderversorgung den Frauen und die Produktion und das Management den Männern zugewiesen wurde, war eine soziale Entscheidung, die strukturelle *gender*-Ungleichheit zur Folge hatte. Beide Arten von Arbeit hätten von Frauen und Männern auch nach dem Rotationsprinzip verrichtet werden können.

Die Frauen und Männer des Kibbutz waren nicht gleich, denn die Arbeit, die sie machten, wurde nicht gleich bewertet:

> Kein Mitglied oder Bewohner tauscht dort Arbeitskraft gegen Geld. Folglich sollte die Reproduktionsarbeit der Frauen im Kibbutz auch nicht geringer bewertet werden. Jahrzehntelang jedoch galt die Arbeit in den Abteilungen für kommunale Dienstleistungen, die überwiegend von Frauen gemacht wird, als geringerwertig, als nicht „produktiv", und hatte ein geringeres Prestige als die Arbeit in der Landwirtschaft, der Industrie und der Verwaltung, die in erster Linie von Männern gemacht wird und einen hohen Wert hat. (Agassi 1989, 172).[6]

Zu erklären ist diese Präferenz für die Produzenten durch Marx' Mehrwerttheorie. In jedem ökonomischen System, das Güter produziert, die nicht von den Produzenten selbst konsumiert oder gebraucht werden, wird durch Arbeit, die einen Überschuß erzeugt, der dann verkauft werden kann, wertvoller Profit produziert. Wer über diesen Überschuß bestimmt, verfügt in der Gemeinschaft über eine wesentliche Quelle von sozialer Macht.

Eine weitere wertende Unterscheidung zwischen Frauen und Männern, die ihre Wurzeln in der sozialen Organisation und nicht in der Biologie hat, ist die unterschiedliche Behandlung von Lohnarbeiterinnen und Lohnarbeitern in den modernen Industriegesellschaften. Warum werden Arbeiterinnen regelmäßig schlechter bezahlt als Arbeiter, wenn sie doch ebenfalls Mehrwertproduzenten sind? Marxistisch-feministische Theoretikerinnen wie Michèle Barrett ([1980] 1988), Heidi Hartmann (1975; 1981a; 1981b), Maria Mies (1986), Natalie Sokoloff (1980) und Sylvia Walby (1990) gehen bei ihren Theorien der *gender*-Ungleichheit von der Doppelrolle der Frauen als bezahlte *und* unbezahlte Arbeitskräfte aus. Frauen werden in beiden Eigen-

---

6   Siehe auch Blumberg 1976. Aktuelle Veränderungen in der Kibbutz-Bewegung umfassen unter anderem Privatisierung, sehr viel mehr Lohnarbeiter in der Produktion sowie mehr Hausarbeit der Frauen für ihre eigenen Familien. Die Auswirkungen auf das Leben der Frauen dürften ähnlich sein wie die des Umschwungs vom Sozialismus zum Kapitalismus in Osteuropa (Michal Palgi, mündliche Mitteilung).

schaften ausgebeutet. Auf der ganzen Welt sind sie Niedriglohnarbeiterinnen, was die Profite erhöht, und müssen, weil sie wenig ökonomische Ressourcen haben, die Hausarbeit machen, um sich entweder der ökonomischen Unterstützung eines besser bezahlten Mannes zu versichern oder ihre eigenen Löhne zu strecken (J. Smith 1984). Beide Formen der Ausbeutung verstärken einander wechselseitig, und beide werden ideologisch durch angeblich natürliche Geschlechtsunterschiede gerechtfertigt:

> Den Frauen wird nicht nur nachgesagt, daß sie von Natur aus die geschickteren Finger hätten, sondern auch, daß sie von Natur aus fügsam seien und sich willig einer strengen Arbeitsdisziplin beugten und für mühselige, repetitive, monotone Arbeiten besser geeignet seien. Ihre niedrigeren Löhne werden auf ihren sekundären Status im Erwerbsleben geschoben, und dieser wiederum wird als eine natürliche Folge ihrer Fähigkeit betrachtet, Kinder zu bekommen. ... Tatsächlich ist das Phänomen, daß Frauen aus dem Erwerbsleben ausscheiden, ... wenn sie heiraten oder schwanger werden, als „natürliche Fluktuation" bekannt und kann für Firmen, die die Größe ihrer Belegschaft periodisch variieren müssen, um sich Nachfrageschwankungen anzupassen, höchst vorteilhaft sein. (Elson und Pearson 1981, 149)

Interpretiert man die Verantwortung für die Kinderversorgung als Teil der Hausarbeit und nicht als Teil der Physiologie, argumentiert die marxistischfeministische Theorie der *gender*-Ungleichheit vollständig sozialstrukturell.

Frauenausbeutung

Als Gruppe besitzen Männer den größten Teil des Privateigentums, monopolisieren die besseren Stellen und machen die Gesetze. Die Folge dieser Ungleichheit ist die doppelte Ausbeutung der Frauen im Erwerbsleben und zu Hause. Auch wenn sie sonst keine Privilegien haben, streichen Männer immer noch die Vorteile der Hausarbeit der Frauen ein. Fortpflanzungsbedingte Unterschiede sind nicht Ursache, sondern Rechtfertigung der Ausbeutung der Frauen. Frauen in allen Industriegesellschaften werden nicht deshalb unterdrückt, weil sie Kinder austragen oder Kinder großziehen, sondern weil Eigentümer, Manager und Regierungen auf sie als schlecht bezahlte, verfügbare, verantworungbewußte Arbeiterinnen angewiesen sind. Sie sind nicht deshalb die primär für die Kinderversorgung verantwortlichen Personen, weil sie die Kinder bekommen, sondern weil sie ökonomisch benachteiligt sind und kaum eine andere Wahl haben, als die unbezahlte Arbeit der sozialen Reproduktion zu machen. Beide Formen der Ausbeutung der Arbeit von Frauen verstärken einander wechselseitig. Der ökonomische Wert der Frauen als bezahlte und als nicht bezahlte Arbeitskräfte ist der *eigentli-*

che Grund für ihre Unterdrückung in den modernen Gesellschaften; sie sind die „letzte Kolonie" (Mies, Bennholdt-Thomsen und Werlhof 1988).[7]

In einem viel zitierten Bericht der Vereinten Nationen (1980) ist zu lesen, daß die Frauen zwei Drittel der Weltarbeit machen, 10 Prozent des Welteinkommens erhalten und 1 Prozent des Welteigentums besitzen. Hinter dieser Aussage steht ein Weltwirtschaftssystem, das Arbeiterinnen und insbesondere farbige Arbeiterinnen ausbeutet, indem es ihnen Löhne zahlt, die kaum für das Existenzminimum reichen, so daß sie immer mehr unbezahlte Arbeit machen müssen, um den Unterhalt ihrer Familien zu sichern.[8] Die Arbeit, die die Frauen der Arbeiterklasse als unbezahlte Hausfrauen und schlecht bezahlte Hausangestellte, Kinderbetreuerinnen, Sexarbeiterinnen, Subsistenzbäuerinnen, Kleinstverkäuferinnen und Kleinsthändlerinnen sowie im Akkord in Heimarbeit und Hungerlohnbetrieben machen, beläuft sich, zählt man sie mit der Arbeit zusammen, die die Frauen aus den Mittelklassen als niedrig bezahlte Beschäftigte in Büro- und Dienstleistungsberufen, als Lehrerinnen, Krankenschwestern, Bibliothekarinnen und Sozialarbeiterinnen verrichten, auf zwei Drittel der Weltarbeit zu einem Zehntel des Welteinkommens.[9] Die Ausbeutung der Frauen als bezahlte und unbezahlte Arbeitskräfte läßt die Profite einer kleinen Zahl von Kapitalisten anschwellen, jener Männer, die 99 Prozent des Weltprivateigentums besitzen. Sie fördert auch die Mehrwertakkumulation in den Planwirtschaften. Die Ideologie von den zum Wesen der Frau gehörenden Geschlechtsunterschieden und von ihrer Neigung zu Liebe und Dienen verschleiert, was in Wirklichkeit schlicht Ausbeutung ist – Ausbeutung, die dann bei ökonomisch benachteiligten Frauen und bei farbigen Frauen in geballter Form auftritt (Attwood 1990; Sokoloff 1980).

Im Erwerbsleben sind Frauen als Gruppe billige, leicht wieder los zu werdende Arbeitskräfte. Sie erhalten Zutritt zum Arbeitsmarkt als gesonderte Gruppierung, wenn der Arbeitsprozeß gezielt in seine Bestandteile zerlegt und in Fließbandarbeit umgewandelt wird – sei es an einer Arbeitsstätte oder an mehreren in verschiedenen Ländern. Frauenarbeit in der globalisierten Wirtschaft ist größtenteils „prekär, sporadisch, schlecht bezahlt und ungeschützt" (Bennholdt-Thomsen 1988, 160). Als Schreibkräfte, Datentypistinnen und Servicepersonal in Großunternehmen und im Öffentlichen Dienst halten Frauen den Informationsfluß in Gang und die Klienten bei Laune und

---

7   Siehe auch Redclift 1985; J. Smith 1984; Roldán 1985.
8   Benería und Sen 1981; Bennholdt-Thomsen 1981; Blumberg 1989; Fernández-Kelly 1989; Gimenez 1990; Mies 1986; Mies, Bennholdt-Thomsen und Werlhof 1988; Redclift 1985; J. Smith 1984.
9   Zur Arbeit von Frauen aus der Arbeiterklasse, siehe Benería und Roldán 1987; Bunster und Chaney 1989; Byerly 1986; Chaney und García Castro 1989a; 1989b; Fernández-Kelly 1983; Westwood und Bhachu 1988; zu den Lohnunterschieden in modernen Industriegesellschaften, siehe Acker 1989a; Blum 1991; Remick 1984; Swafford 1978.

sind „zuverlässige Arbeitskräfte, bei denen Verlaß darauf ist, daß sie auch bei managementfernen Tätigkeiten stets im Interesse des Managements handeln" (Tancred-Sheriff 1989, 50). Da Frauen, ob sie Hand- oder Kopfarbeit leisten, als Arbeitskräfte jederzeit ersetzbar sind, sind sie zu schwach, um sich den unzähligen Formen der Ausbeutung zu widersetzen, denen sie im Erwerbsleben begegnen.

Am größten ist die Ausbeutung im Erwerbsleben und zu Hause bei den Frauen der Arbeiterklasse. Da ihnen die gut bezahlten Tätigkeiten systematisch vorenthalten werden, stellen sie in den Fabriken und Büros der Welt die billigen Arbeitskräfte. Weil sie keinen festen Platz auf dem Arbeitsmarkt haben, können sie weiter als niedrig bezahlte Hausarbeiterinnen ausgebeutet werden, die von besser bezahlten Arbeitskräften abhängig bleiben, um ihr unzureichendes Einkommen zu ergänzen. Sogar in ihrem eigenen Haushalt tragen sie zur Kapitalakkumulation bei, weil die Arbeitskräfte im Haushalt die ihnen gratis zur Verfügung gestellten Güter und Dienstleistungen nicht zu kaufen brauchen und die Arbeitgeber somit die Löhne niedrig halten können. Arbeiterinnen brauchen die ökonomische Unterstützung ihrer Männer, also nehmen sie die Doppelbelastung weiter auf sich. Verdient eine Arbeiterin genauso viel wie ihr Mann oder mehr, könnte sie darauf bestehen, daß beide sich die Hausarbeit teilen. Neigt sie aber wegen ihres höheren Gehalts zur Überkompensation und übernimmt selber sämtliche Kindersorgungs- und Hausarbeitspflichten, kann sie der Arbeit in ihrem Beruf womöglich gar nicht mehr nachgehen. Die Arbeiter schwanken zwischen Duldung der Erwerbsarbeit der Frauen, mit denen sie leben, weil sie zum Familieneinkommen beiträgt, und Widerstand dagegen, daß ihre Frauen mehr verdienen als sie selbst, weil sie dann ihren Anspruch auf die Hausarbeit dieser Frauen verlieren (Hochschild 1989).

Arbeiterinnen haben sich immer wieder politisch mobilisieren lassen, aber nur im Rahmen ihrer Familienrollen (Naples 1991a; 1991b; 1992). Ihre Frauenorganisationen kämpfen für bessere Lebens- und Arbeitsbedingungen und bessere Gesundheitssysteme, die Männern wie Frauen zugute kommen. Bei benachteiligten rassisch-ethnischen Gruppen wurde das Bewußtsein der Frauen von ihrem unterdrückten Status oft unter den Kampf für die Rechte der Männer ihrer Gruppe subsumiert.[10]

Als Bindeglied zwischen Haushalt und Wirtschaft kaufen Frauen aus Arbeiter- und Mittelklasse für ihre Familien ein und arbeiten als Verkäuferinnen; als Primäreltern und Lehrerinnen sind sie das Bindeglied zwischen Kindern und Bildungssystem; und als Amateur- wie Berufskrankenschwestern versorgen sie Kranke und Alte. Ihre unbezahlte Arbeit, die über die eigentliche Hausarbeit und Kinderversorgung weit hinausgeht, kommt ihren Familien zugute. Tückischerweise jedoch sorgt sie außerdem dafür, daß das

---

10 Chow 1987; Garcia 1989; Wallace [1978] 1990.

Entgelt der Frauen, die diese Arbeit als Lohnarbeit machen, niedrig gehalten werden kann (Glazer 1993). Koalitionen zwischen Frauen der Arbeiter- und Mittelklasse sind aus Anlaß sogenannter Frauenprobleme zustande gekommen – prügelnde Ehemänner, Kindesmißbrauch, Inzest, Vergewaltigung und Prostitution. Selten kommt von diesen Organisationen eine radikale Kritik an der vergeschlechtlichten Ordnung, die dem Gefühl der Männer, sie hätten auf die sexuellen und häuslichen Dienste der Frauen einen Rechtsanspruch, die Grundlage liefert. Auch sehen sie nicht, wie die Kombination aus unbezahlter Arbeit, die Frauen als Ehefrauen und Mütter leisten, und Niedriglohnarbeit, die sie als Büroangestellte, Lehrerinnen und Krankenschwestern machen, zur Unterdrückung der Frauen beiträgt (D. E. Smith 1990).

Die Frauen in der Klasse der Eigentümer und Manager werden, weil sie nicht so viel Eigentum besitzen oder nicht so viel verdienen wie die Männer ihrer Klasse, von diesen meist für die soziale Reproduktion ausgebeutet. Besitzen oder verdienen sie ebenso viel, und stellen sie andere Personen ein, um für ihren Haushalt und ihre Kinder zu sorgen, sind sie ihren Männern und Vätern sozial gleichgestellt (Rothman 1989). Diese Möglichkeit für Frauen, sich den sozialen Status der herrschenden Männer in der westlichen Gesellschaft anzueignen, wird von diesen Männern am heftigsten bekämpft. Gestattete man Unternehmerinnen, Managerinnen und Akademikerinnen, mit den Männern frei um die höchsten Macht- und Prestigepositionen einschließlich der Regierungsämter zu konkurrieren, würden sie zu einer kritischen Größe und bekämen dadurch solide politische Schlagkraft. Stattdessen werden die wenigen statushohen Frauen, die es zu Macht- und Prestigepositionen bringen, meist von den herrschenden Männern kooptiert, von deren Unterstützung sie in diesen Positionen abhängig sind. Sie können es sich nicht leisten, sich mit der Männerelite zu überwerfen, indem sie die *gender*-Ordnung in Frage stellen, der diese Männer ihre überlegene Macht verdanken, und so enden sie statt als Vorkämpferinnen der *gender*-Gleichheit als „Männer ehrenhalber".

Nahrung zu beschaffen und für das Wohl der Kinder zu sorgen, ist gewöhnlich Frauensache, ob privat oder kommunal (DeVault 1991). In vielen Ländern nimmt allein schon der Anbau, die Verarbeitung oder das Einkaufen von Nahrung einen gewaltigen Teil der Zeit der Frauen in Anspruch; in den wohlhabenderen Ländern kreisen die Mütteraktivitäten vor allem um die Erziehung und das psychische Wohlergehen der Kinder. Über die mit diesen Versorgungstätigkeiten entstehenden Gefühlsbindungen werden die Frauen für die vergeschlechtlichte Arbeitsteilung vereinnahmt. Im Namen ihrer Beziehungen zu ihren Kindern und zu den Männern, die sie lieben (und von denen sie ökonomisch abhängig sind), verdrängen sie ihren Groll über Doppelbelastung, gläserne Decke und sexuelle Belästigung. Die Kombination aus schlechter ökonomischer Position, weiterhin bestehender Verantwortung für Kinderversorgung und Hausarbeit und Negierung der Legitimität ihres

Anspruchs auf Führungspositionen macht es Frauen äußerst schwer, in nennenswertem Umfang politische Macht zu erringen, und so werden denn die Gesetze und Regeln, die ihre Lebenschancen strukturieren, weiter von den herrschenden Männern gemacht.

Die emotionale und sexuelle Ausbeutung der Frauen durch die Männer, ihre Verdinglichung in der Kultur und ihre Entwertung in den großen Weltreligionen, die Unsichtbarkeit, in der sie die Frauen in der Standardgeschichtsschreibung verschwinden lassen, und ihre ideologische Rechtfertigung der rechtlichen Verfügungsgewalt über die Körper der Frauen – die patriarchalische Komponente der *gender*-Ungleichheit – sind die *Mittel* dieser Unterdrückung. Über die psychische Investition der Frauen in ihre Kinder und die Stigmatisierung der homosexuellen Liebe von Männern und Frauen sowie der Sexualität von Frauen überhaupt wird die *gender*-Ordnung zum integralen Bestandteil der Persönlichkeit und Identität von Männern und Frauen. Die Herstellung einer emotionalen Bindung der Frauen an Kinder *und* Männer entspricht dem Bedürfnis der Männer nach biologischem Erbe, emotionaler Versorgung und heterosexuellen Beziehungen. Ob dies direkt geschieht, indem der Zugang zu Verhütungsmitteln und Abtreibung beschränkt wird, oder indirekt, indem man sich auf die angebliche Begabung der Frauen für Pflege und Fürsorge beruft und behauptet, ihretwegen seien Frauen als Mütter von kleinen Kindern unersetzbar – das Ergebnis ist immer, daß Frauen durch „Fesseln der Liebe" in die strukturelle *gender*-Ungleichheit eingebunden werden (Benjamin 1988; dt. 1990).

Würden Männer sich tiefer auf das Elternsein einlassen, könnte dies den Zyklus der Reproduktion des Mutterhandelns ebenso durchbrechen wie den der vergeschlechtlichten Persönlichkeitsstrukturen, die dazu führen, daß Männer emotional entfremdet und Frauen so stark an ihre Kinder gebunden sind. Auch das Ausmaß von Gewalt und sexueller Ausbeutung könnte sich verringern. Damit allein jedoch hat man noch keine *gender*-Gleichheit. Vergeschlechtlichtes Elternhandeln, Persönlichkeitsstrukturen, sexuelle Ausbeutung und körperliche Gewalt sorgen dafür, daß die Verfügungsgewalt der Männer über die Frauen erhalten bleibt, sie sind aber nicht die Ursache der institutionalisierten *gender*-Ungleichheit. Die eigentliche Ursache ist, daß Frauen das Recht auf Eigentum und gut bezahlte Tätigkeiten genommen wurde, so daß sie ökonomisch abhängig und emotional und sexuell ausbeutbar wurden. Diese Entrechtung erfolgte systematisch und unter staatlicher Beihilfe und besteht fort, weil sie für die Männer als Besitzer von Eigentum wie als Arbeitskräfte von Vorteil ist. Verheiratete Frauen mit Kindern, deren Männer gute Stellen haben, spielen bei dieser Ausbeutung mit, weil ihr materielles Wohlergehen größer und ihr sozialer Status und der ihrer Kinder höher ist, wenn sie mit einem Mann zusammen leben, als wenn sie versuchen, ihr Leben aus eigener Kraft zu bewältigen. Frauen mit Kindern wiederum, die weder auf die ökonomische Unterstützung eines Mannes zurückgreifen können, noch eine sichere eigene Position im Erwerbsleben haben, werden gegen das System als System kaum protestieren, da sie auf die Unterstützung des Staates angewiesen sind. Sie sind aber auch von allen Frauen diejenigen, die seine Unterdrückung aus erster Hand zu spüren bekommen.

Die meisten Familien können ohne die Erwerbsarbeit der Frauen ökonomisch nicht überleben. Frauen, die vor die Wahl zwischen Kinderversorgung und Erwerbsarbeit gestellt werden, vernachlässigen ihre Kinder, setzen sie aus oder geben sie in Pflege (Boswell 1988; Fuchs 1984). Als „schlechte Mütter" haben sie dann die soziale und emotionale Bürde dieser Entscheidung zu tragen (Gordon 1989). Männer investieren Zeit und Energie in die Versorgung und Erziehung von Kindern (manchmal auch nur von Söhnen), wenn dies für sie von Vorteil ist. Die erbitterten Auseinandersetzungen um das Sorgerecht deuten darauf hin, daß heute viele Männer Kinder wollen, auf die sie aufgrund des biologischen Zusammenhangs oder der von ihnen investierten Zeit und Energie Anspruch erheben können (Smart und Sevenhuijsen 1989). Nun mag es sein, daß manche Männer eher als manche Frauen bereit sind, ihr Arbeitsleben auf ihr Dasein als Eltern abzustimmen, aber in den meisten Ländern haben sie diese Möglichkeit aufgrund der Struktur der Arbeit gar nicht erst, genau wie der Mangel an guter außerhäuslicher Kinderbetreuung Frauen für ihr berufliches Engagement bestraft. Aber selbst wo die Arbeitszeiten flexibel sind und wo, wie in Schweden, der Elternurlaub für beide Eltern gesetzlich vorgesehen ist, übernehmen nur wenige Männer einen nennenswerten Anteil an Kinderversorgung und Hausarbeit. Als Dienst an anderen Menschen hat diese Arbeit einen emotionalen Lohn, nicht aber den greifbaren finanziellen Ertrag, nach dem die Männer in industrialisierten wie postindustriellen Ländern als Beweis ihrer Männlichkeit zu streben gelernt haben. Der Wert einer Frau wird durch die Liebe und Achtung ausgewiesen, die der Lohn der Familienarbeit sind, der Wert eines Mannes nicht.

Das Leben der Frauen nützt ihren Familien und der Wirtschaft. Das Leben der Männer nützt nicht nur ihren Familien und der Wirtschaft, sondern auch ihnen selbst. Wenn Frauen für ihre Familien hart arbeiten, erhalten sie als Ehefrauen und Mütter stellvertretende Gratifikationen; wenn Männer für ihre Familien hart arbeiten, gehören die Macht, das Prestige und das von ihnen verdiente Einkommen ihnen selbst.[11] Bei Afroamerikanern bleiben selbst Frauen, die beruflich aufgestiegen sind, an ihre Familien gebunden, die oft diejenigen sind, mit deren Hilfe sie ihre Ausbildung überhaupt erst machen und sich auf eine Karriere vorbereiten konnten (Higginbotham und Weber 1992). Für afroamerikanische Männer hingegen „sind Selbstbestimmung und Selbstverantwortlichkeit ... der Kern des Selbst und der Männlichkeit" (Hunter und Davis 1992, 475).

---

11 Acker 1988; Holcombe 1983; Weitzman 1985.

Die Bruchlinien dieser vergeschlechtlichten Ordnung sind für Frauen die Existenz als alleinerziehende Mütter und für Männer die Arbeitslosigkeit; unter diesen Umständen geraten die komplementären Rollenerwartungen durcheinander, die Frauen an individuelle Männer binden, wenn sie eine eigene Familie haben wollen, und die individuellen Männern die Ressourcen für ihren herrschenden Status an die Hand geben. Frauen, die Kinder mit dem mageren Einkommen aus einer Frauenarbeit oder mit der Unterstützung eines Staates großziehen müssen, der ihren moralischen Status in Frage stellt, können sich ebenso radikalisieren wie Männer, die durch Langzeitarbeitslosigkeit dazu gebracht werden, die Legitimität einer Wirtschaft in Frage zu stellen, die ihnen keine Arbeit gibt. Rebellierende Männer, haben sie erst Arbeit, wollen meist ein gesichertes und sogar traditionelles Familienleben; rebellierende Frauen haben das Potential für einen Aufstand gegen die ganze vergeschlechtlichte Sozialstruktur, die es ihnen so schwer macht, sorgenfrei und unabhängig zugleich zu leben.

Kann man beides haben, Gender und Gleichheit?

Dieses ganze Buch soll die These belegen, daß *gender* eine soziale Schöpfung ist, ein Produkt der menschlichen Erfindungsgabe, dessen man sich bedient, weil es in jeder Gesellschaft für die Zuteilung der jeweiligen Rechte und Pflichten, der Arbeitsaufgaben und der physischen und sozialen Reproduktion neuer Mitglieder so ungemein nützlich ist. Die vergeschlechtlichte Arbeitsteilung in den frühen Gesellschaften trennte noch nicht Subsistenzarbeit von Kinderversorgung – beides wurde von Frauen gemacht –, und viele dieser Gesellschaften waren egalitär oder vielleicht sogar frauendominiert, wenn man an den wichtigen Beitrag der Frauen zur Nahrungsbeschaffung und ihre offensichtliche Rolle als Gebärende wertgeschätzter Kinder denkt. Durch Zufall oder Absicht, in jedem Falle aber wohl ganz allmählich, wurde *gender* zum nicht mehr ablösbaren Bestandteil von Schichtung und Ungleichheit und erzeugte eine unterdrückte Gruppe, die „Frauen", deren Arbeitskraft, Sexualität und Gebärfähigkeit ausgebeutet werden konnten.

Die ungleiche Verteilung von Macht, Eigentum und Prestige zwischen Frauen und Männern gehört zur heutigen Struktur moderner Gesellschaften. Die Ausprägungen des *gender*-Status sind genuin ungleich, und der ganze Sinn der Vergeschlechtlichung liegt in der Erzeugung von struktureller *gender*-Ungleichheit. Die Unterdrückung der Frauen ist ein spezifischer Bestandteil der modernen Gesellschaftsordnung, nicht weil Männer von Natur aus überlegen oder dominant wären (sonst gäbe es keine unterdrückten Männer) oder weil Frauen Kinder bekommen (sonst wäre keine Mutter je eine führende Persönlichkeit in ihrer Gesellschaft). Die Unterdrückung der Frauen besteht fort, weil sie eine Gruppe von Menschen hervorbringt, die als Arbeitskräfte, Sexualpartnerinnen, Kindergebärerinnen und Hort der Gefühle im Erwerbsleben und zu Hause ausgebeutet werden können. Politische Maßnahmen, die echte *gender*-Gleichheit herstellen könnten, werden nicht ernsthaft angegangen, weil sie der Ausbeutung der Arbeitskraft, Sexualität und Emotionalität von Frauen den Boden entziehen würden. Gesellschaften und Gemeinschaften, die versucht haben, eglitäre Verhältnisse herzustellen, kümmern sich selten ebenso intensiv um die *gender*-Ungleichheit wie um die ökonomische Ungleichheit, die größte Sorge der Männer.

Angesichts eines Konzepts, das von natürlichen Unterschieden zwischen weiblichen und männlichen Menschen ausgeht und damit der Verschleierung der überall und dauernd wirksamen sozialen Konstruktion von unterschiedlichen *gender*-Kategorien dient, bedürfte es, um alle Frauen und Männer gleich zu machen, einer vollkommenen und genauestens eingehaltenen Gleichwertigkeit der Rechte und Pflichten von Frauen und Männern sowie bestimmter Gratifikationen zum Ausgleich der angeblich unabänderlichen Geschlechtsunterschiede. Da *gender* gegenwärtig ein Macht- und Herrschaftssystem zur Meistbegünstigung von Männern ist, hieße die Beseitigung des Ungleichgewichts, daß Frauen bestimmte Männerprivilegien bekommen, etwa die Freistellung von der Hausarbeit, und Männer bestimmte Frauenpflichten, etwa die Versorgung von Kleinkindern. Stattdessen haben die Männer Frauenprivilegien bekommen, etwa Höchstbegrenzungen der von einem Erwerbstätigen zu verlangenden Tagesarbeitszeit, und die Frauen Männerpflichten, etwa die Verantwortung für den ökonomischen Unterhalt ihrer Familien (Stacey 1991, 259). Lesbierinnen und Homosexuelle können zwar das Mikrosystem von Herrschaft und Unterordnung aufbrechen, da die persönlichen Machtunterschiede in ihren Familien und Gemeinschaften nicht vergeschlechtlicht sind, doch sind sie als Frauen und Männer immer noch Teil des vergeschlechtlichten Makrosystems, insbesondere der Arbeitswelt.[12]

Eine wahrhaft radikale Zielsetzung für den Feminismus bestünde nicht bloß in der *gender*-Gleichheit, sondern in „einer Gesellschaft, in der Mannsein und Frausein sozial irrelevant sind, in der es Männer und Frauen, wie wir sie kennen, nicht mehr gibt" (Jaggar 1983, 330), einer Gesellschaft ohne *gender*.[13] Eine pragmatischere (aber letztlich ebenso radikale) Zielsetzung wäre eine Gesellschaft ohne ökonomische Ungleichheit, Rassenunterschiede oder sexuelle Ausbeutung, denn all das ist Teil der sozialen Produktion von *gender*-Ungleichheit. Diese Zielsetzungen sind nicht wirklich unterschiedlich. Wenn *gender*-Ungleichheit die *raison d'être* der heutigen sozialen In-

---

12 Zu den Klassenunterschieden an einer Arbeitsstätte von Lesbierinnen, siehe Weston und Rofel 1984. Zu Lesben- und Schwulenfamilien, siehe Bozett 1987; Weston 1991.

13 Badinter (1989, 147-190) meint, daß sich Frauen und Männer in den westlichen Gesellschaften bereits anzugleichen beginnen, und daß sich die *gender*-Unterschiede bereits erheblich verwischt hätten.

stitution *gender* ist, würde durch die Gleichstellung von Frauen und Männern in allen Lebensbereichen auch die Notwendigkeit hinfällig, *gender*-Unterschiede zu konstruieren und aufrecht zu erhalten. Die entgeschlechtlichte soziale Ordnung, die daraus entstünde, wäre keine Gesellschaft aus ununterscheidbaren Clones – vielmehr würde durch Individualität und übergreifende Gruppenbildungen eine bei weitem größere Vielfalt erzeugt als zwei *gender*.

Strukturelle Gleichheit

Wie können wir die institutionalisierten Arrangements, durch die Frauen unterdrückt und ausgebeutet werden, umstrukturieren und eine für Frauen und Männer potentiell egalitäre Gesellschaft aufbauen? Da in den sozialen Arrangements zur Reproduktion von Ungleichheit Rasse, Klasse und *gender* ineinander greifen, ist es höchst unwahrscheinlich, daß die *gender*-Ungleichheit allein behoben werden könnte (oder sollte), ohne auch die rassentypische und ökonomische Ausbeutung zu berücksichtigen. Zum Beispiel werden gegenwärtig im Kapitalismus Frauen als eine Reservearmee billiger Arbeitskräfte ausgebeutet, ausgebeutet werden aber auch benachteiligte Männer. Im Sozialismus läßt sich mehr Mehrwert akkumulieren, wenn manche Arbeitskräfte schlechter bezahlt werden als andere, aber diese schlechter bezahlten Arbeitskräfte sind nicht unbedingt Frauen. Um in ihren aktuellen Formen zu überleben, brauchen diese Systeme keine vergeschlechtlichte Arbeitsteilung und keine vergeschlechtlichte Schichtung des Erwerbslebens; sie brauchen nur billige Arbeitskräfte und hierarchisches Management. Wären bei den schlecht wie bei den gut bezahlten Arbeitskräften Frauen und Männer beliebig gemischt, und wären auch die Eigentümer und Manager nach *gender* gemischt, könnte in allen Schichten Gleichheit zwischen Frauen und Männern hergestellt werden, ohne an den ungleichen Einkommensverhältnissen oder dem hierarchischen Management irgendetwas zu ändern.

Menschen mit unterschiedlichen sozialen Merkmalen jedoch sind selten beliebig über ein Schichtungssystem verteilt, denn ihre Merkmale werden dazu benutzt, die Begleiterscheinungen der Ungleichheit zu schaffen oder zu rechtfertigen – die Struktur des Bildungssystems, die unterschiedlichen Löhne für unterschiedliche Arten von Arbeit, die Zuweisung der Pflicht zur Versorgung von Abhängigen. Solange die Ordnung einer Gesellschaft auf struktureller Ungleichheit beruht, kann jede sozial konstruierte Kategorie auf diese Weise benutzt werden. Wenn wir die Ausbeutung irgendeiner sozialen Gruppe durch irgendeine andere soziale Gruppe aufheben wollen, muß eine Gesellschaft strukturell auf Gleichheit hin angelegt sein. Das heißt, daß allen Individuen innerhalb einer Gruppe und allen sozialen Gruppen innerhalb einer Gesellschaft der gleiche Zugang zu den wertvollen Ressourcen der Gesellschaft garantiert werden muß – Bildung; Arbeit; ausreichendes Einkommen für einen sorgenfreien Lebensstandard; befriedigende emotionale, sexuelle und familiale Beziehungen; Freiheit von Gewalt und Ausbeutung; Hilfe in Zeiten der Abhängigkeit; und die Möglichkeit, Wissen zu produzieren, Kultur zu schaffen und kleine und große Führungspositionen einzunehmen. Damit die Individuen gleich sind, müssen die sozialen Gruppen, die ihr Leben bestimmen – ihre Familien, Betriebe, Schulen, Religionen, Ethnien, sexuellen Gemeinschaften – strukturell gleich sein, und innerhalb dieser Gruppen müssen alle Mitglieder sozial gleich sein. Gleichheit heißt nicht Identität oder auch nur Ähnlichkeit; es heißt, daß unterschiedliche Begabungen und Beiträge gleich bewertet und gleich entlohnt werden. *Die Metaregel einer strukturell auf Gleichheit angelegten sozialen Ordnung lautet, daß kein Individuum innerhalb einer Gruppe und keine Gruppe innerhalb der Gesellschaft die ökonomischen, kulturellen und bildungsrelevanten Ressourcen oder Machtpositionen monopolisiert.*

Damit alle Arbeitskräfte gleich werden, muß jede Person, die irgendeine sozial nützliche Arbeit tut, und zwar einschließlich der Personen, die die Abhängigen versorgen, ein Gehalt bekommen, von dem sich ein sorgenfreier Lebensstandard bestreiten läßt. Dann wäre auch eine *gender-* oder rassenspezifische Arbeitsteilung überflüssig. Die Aufteilung oder Rotation von Managementfunktionen würde Hierarchien abbauen und damit die Monopolisierung von Führungspositionen durch die Mitglieder irgendeiner Gruppe sinnlos machen. Wären jedoch weiterhin bestimmte Menschen oder bestimmte Gruppen von Menschen überproportional für die Versorgung der Abhängigen zuständig, und hätte weiterhin die Produktionsarbeit einen höheren Wert als die soziale Reproduktion, würde die Ungleichheit fortbestehen. So meint denn auch Cynthia Cockburn: „Solange nicht der symbolische Mann-Bürger mit seinen Gedanken beim Kochherd, mit seinen Augen bei einem Kleinkind und mit seiner Hand an Großvaters Rollstuhl ist, ist die soziale Gleichheit durch keine Verfassung zu garantieren" (1991, 97). Für echte Gleichheit müßte die Versorgung von Kindern und Alten allen körperlich gesunden Erwachsenen gleichmäßig zur Pflicht gemacht werden, vielleicht in Gestalt eines vertikalen Verwandtschaftssystems, in dem jeder hierzu fähige Erwachsene für ein Kind und einen älteren Verwandten aus der Eltern- oder Großelterngeneration verantwortlich ist (Lorber 1975).

Schwangerschaft und Geburt sind keine unüberwindlichen Barrieren für die strukturelle Gleichberechtigung. Das Austragen von Kindern spielt im Leben der meisten modernen Frauen nicht die Hauptrolle. So meint auch Connell, daß man in postindustriellen Gesellschaften

> das Austragen von Kindern zu einer ziemlich kurzen Episode des Frauenlebens und sozial zum Äquivalent dessen machen könnte, was Zeugung, Unterstützung während der Schwangerschaft und Versorgung der Kinder im Männerleben bedeuten. Wir haben das Wissen und die Ressourcen, um Kinderversorgung und Hausarbeit in einem ausgeglichenen Verhältnis von Effizienz und Eigengestaltung in jedem

gewünschten Umfang unter Erwachsenen aufzuteilen. Viele Männer und Frauen können sich ohne Gefahr schwindener Bevölkerungszahlen für die Kinderlosigkeit entscheiden; und alle können frei wählen, auf welches Ziel sie ihre Energien konzentrieren wollen. (1987, 280)

Würde man nämlich die Elternarbeit als eine auf viele Erwachsene verteilte Verantwortung verstehen, könnte natürlich die Frau, die für den Haushalt ein Kind austrägt und gebiert, ihre soziale, emotionale und ökonomische Unterstützung während Schwangerschaft und Geburt von den Nichtschwangeren und Nichtgebärenden bekommen. Die Schaffung der strukturellen Voraussetzungen für die Gleichheit würde nicht mit den fortpflanzungsbedingten Unterschieden, sondern mit denjenigen sozialen Rollen und Verhaltensmustern aufräumen, durch die Pflichten, die nichts mit Schwangerschaft und Gebären zu tun haben, allen Frauen zugewiesen werden, von denen viele keine biologischen Mütter sind und auch nie sein werden. In manchen Doppelkarriere- und Doppelverdienerfamilien, bei Regelungen zum gemeinsamen Sorgerecht und in schwulen und lesbischen Haushalten sind die strukturellen Voraussetzungen einer Gleichverteilung der kinderbezogenen Versorgungs- und Unterhaltspflichten bereits gegeben.

Wenn alle Erwachsenen in einem Haushalt gleich sein sollen, muß das Haushaltseinkommen gleich aufgeteilt werden; sonst hat eine Person mit größeren ökonomischen Ressourcen auch eine stärkere Verhandlungsposition. Selbst ein Haushalt, in dem die Haushaltsangehörigen ungleich viel verdienen, kann die strukturellen Voraussetzung der Gleichheit schaffen. Das gesamte Einkommen des Haushalts könnte in einen Topf geworfen und zunächst für Essen, Kleidung, Wohnen, Verkehr, medizinische Versorgung, Schulgeld und andere Haushaltsausgaben (vielleicht einschließlich bezahlter Kinderbetreuung, Hausreinigung, Wäsche), Spenden, Geschenke, Gäste, Ferien, Altersrente und Rücklagen für Notfälle beiseite gelegt werden. Sodann könnte, um für Ressourcengleichheit zu sorgen, der Rest zu gleichen Teilen unter die erwachsenen Haushaltsmitglieder und zu deren individuellem Gebrauch aufgeteilt werden (vgl. Hertz 1986, 84-113).[14] Alle Erwachsenen in einem Haushalt sollten ungeachtet ihres Einkommens Anspruch auf den gleichen nicht zweckgebundenen Einkommensbetrag erheben können, da sie sich mit diesem Überschuß die Freiheit kaufen, zu reisen, zu spenden, einzuladen, Geschenke zu machen, zu sparen, an privaten Projekten zu arbeiten und so weiter. Erträge aus diesem nicht zweckgebundenen Einkommen sollten jeweils der Person gehören, die ihr Geld investiert und das Risiko getragen hat. Jede Person sollte das, was sie akkumuliert hat, vererben können, wem sie will.

---

14 Beispiele für egalitäre Eheverträge für unterschiedliche Arten von Paaren, siehe Weitzman 1974, 1278-1288, und eine Beschreibung der finanziellen Arrangements eines auf strikte Gleichheit bedachten Paares, siehe Millman 1991, 165-170.

Alle Familienarbeit, die nicht durch bezahlte Dienstleistungen abgedeckt wird, sowie die Verantwortung für Einstellung, Beaufsichtigung und Transport der diese Dienste leistenden Personen wären entweder ganz gleichmäßig oder nach Wünschbarkeit, Kompetenz, Zweckmäßigkeit und Zeit zuzuweisen. Wären die Haushaltspflichten gleichmäßig auf alle Erwachsenen verteilt, hätte jeder einzelne gleich viel Zeit für Weiterbildung, berufliche Entwicklung und politische Arbeit. Gruppen von Erwachsenen könnten sowohl ihr Einkommen aus der Erwerbstätigkeit als auch ihre Hausarbeit gleichmäßig aufteilen und auf diese Weise für den ökonomischen Unterhalt und die Versorgung der Kinder, Alten und Kranken in einem Haushalt aufkommen. Wären dann (durch gleiche Einkommensverteilung und rotierende Besetzung von Führungspositionen) auch im ökonomischen und politischen System die strukturellen Voraussetzungen der Gleichheit gegeben, würden die egalitäre Struktur des häuslichen Lebens und die egalitäre Struktur von Arbeit und Staat einander wechselseitig stützen.

Frei von ökonomischen, verwandtschaftlichen und fortpflanzungsorientierten Ausbeutungsbeziehungen könnte die Sexualität dann tatsächlich ein Ergebnis individueller Wünsche sein. Allerdings wären in einer egalitären Gesellschaft nicht alle Spielarten des Sexualverhaltens akzeptabel. Beziehungen zwischen Erwachsenen und Kindern und gewaltträchtige Beziehungen würden die strukturellen Voraussetzungen der Gleichberechtigung aufheben – daß nämlich niemand, auf welche Weise und mit welchen Mitteln auch immer, von irgendeiner Person oder irgendeiner sozialen Institution ausgebeutet oder unterdrückt werden darf. Gleichheit von Kindern ist abhängig vom Schutz der Erwachsenen, ein Schutz, der durch die sexuelle Ausbeutung zerstört wird. Gewalt schafft eine elementare Voraussetzung der Ungleichheit – ungleiche Macht –, und daher muß jeder Gebrauch oder jede Androhung von physischer Gewalt zwischen Personen rechtlich absolut verboten und außerdem kulturell tabuisiert sein. Für sozial kompetente Erwachsene jedoch wären in einer Gesellschaft, die die strukturellen Voraussetzungen der Gleichheit geschaffen hat, alle einvernehmlichen sexuellen Beziehungen einschließlich der *phantasierten* Gewaltanwendung gleichwertig.[15]

Strukturelle kulturelle Gleichheit würde bedeuten, daß alle symbolischen und ideologischen Repräsentationen gleichwertig wären. Die Formen und die Inhalte einer entsprechenden Kultur dürften sich von so manchem, was heute

---

15   Keine Gesellschaft kann strukturelle Gleichheit ohne Gedankenfreiheit herstellen. Zu oft wurden bestimmte Kategorien von Menschen im Namen der sexuellen oder moralischen Reinheit unterdrückt. Umgekehrt müßten Menschen, die ihr Leben im Sinne der fundamentalistischen Strömungen des Judentums, Christentums oder Islams gestalten wollen, ebenfalls die Freiheit haben, dies zu tun, nicht aber die Freiheit, ihre Ansichten anderen Gruppen aufzuzwingen.

weltweit produziert wird, gar nicht so sehr unterscheiden, hätten aber andere
Bedeutungen: „In einer Welt mit einer Machtstruktur, in der Männer und
Frauen bekleidet oder unbekleidet in allen möglichen Posen und Positionen
gleichermaßen abgebildet werden können, ohne daß damit Herrschaft oder
Unterwerfung impliziert wäre – in einer Welt der totalen und sozusagen
unbewußten Gleichheit wäre der weibliche Akt unproblematisch" (Nochlin
1988, 30).[16] Und die Pornographie? In einer utopischen Gesellschaftsordnung wie etwa dem echten Kommunismus, meint Alan Soble, „wäre die
Erzeugung von Pornographie ... libidinös sicher befriedigend, doch nicht aus
diesem Grund wäre sie oder irgend ein anderes Werk sinnvoll und befriedigend. Sie wäre nichtentfremdete, weil frei gewählte Arbeit, das Projekt würde ohne Autoritätshierarchien kollektiv geplant, seine Vollendung hätte mit
spielerischer Kreativität zu tun, und das Produkt würde von anderen gewür-
digt und bewundert" (1986, 127).

Derzeit ist die Unterdrückung, Ausbeutung und selbst Vernichtung bestimmter sozialer Gruppen durch andere sowie die Ungleichheit der Individuen innerhalb aller sozialen Gruppen Bestandteil der Rechts-, Regierungs-
und Strafrechtssysteme fast aller Länder, selbst derer, die angeblich die
strukturellen Voraussetzungen der Gleichheit geschaffen haben. Wenn Gesellschaften dieses Muster umkehren und auf ihrer traditionellen oder in der
Verfassung verankerten strukturellen Gleichheit aufbauen sollen, müßte jede
Gesetzesvorlage, jeder Gerichtsbeschluß und jede politische Maßnahme
zumindest erst einmal auf ihre Auswirkungen auf sämtliche strukturellen
Voraussetzungen der Gleichheit hin untersucht werden – Verteilung der
ökonomischen Ressourcen; Wissens- und Kulturproduktion; Teilhabe an der
politischen Macht; Hilfe für Kinder, Alte, Kranke, körperlich und geistig
Behinderte; Respektierung von ethnischen Traditionen und religiösen Überzeugungen; und Akzeptanz einvernehmlicher Sexualpraktiken unter Erwachsenen.

Heißt das nun, daß die Menschen in einer sozialen Welt, die die strukturellen Voraussetzungen der Gleichheit geschaffen hat, ein buntgescheckter
Haufen oder eine Version des weißen, angelsächsischen, protestantischen
Mittelschichtmannes sind? Wahrscheinlich müßte die Bekämpfung der hegemonialen männlichen Werte in Betrieben und sonstigen Organisationen
ebenso zielgerichtet vorangetrieben werden wie die Schaffung der strukturellen Voraussetzungen der Gleichheit. Das heißt, daß eine bewußte Um-
strukturierung im Sinne von Patricia Yancey Martin nötig wäre, um eine
soziale Ordnung zu konstruieren, deren Grundmerkmale „Einschluß, Teilha-

---

16 Siehe auch Ecker 1985.

be und Vielfalt" wären (1993, 290).[17] Dies sind die notwendigen Voraussetzungen von *gender*-Gleichheit.

Rein in die Arche Noah, raus aus der Arche Noah

Menschen haben *gender* konstruiert und benutzt – Menschen können *gender* dekonstruieren und zu benutzen aufhören. Am deutlichsten wäre dies durch den gezielten und bewußten *Nichtgebrauch* von *gender* als Organisationsprinzip des sozialen Lebens zu bewerkstelligen. *Gender*-Neutralität knüpft an die westlichen Leistungsbegriffe an, für die die Begabungen, Bestrebungen, Stärken und Schwächen des Individuums die einzige Grundlage von Erwerbsrollen und Führungspositionen darstellen. *Gender*-Neutralität nimmt an, daß Frauen und Männer mit gleicher Bildung und Ausbildung austauschbar sind und daß sich *gender*-Gleichheit einstellen wird, wenn mehr Frauen Stellen bekommen, die den Männertätigkeiten mit hohem Prestige und den Führungspositionen von Männern gleichwertig sind, und wenn sich mehr Männer an Hausarbeit und Kinderversorgung beteiligen.

Frauen und Männer sind derzeit selten austauschbar, weil aufgrund der Struktur der sozialen Ordnung Männer bevorzugt und Frauen benachteiligt werden. In der Mikropolitik des Alltags und in der Makropolitik von Recht und Politik sind die herrschenden Männer so privilegiert, daß sie auch ohne bewußte Anstrengung immer weiter herrschen. Um ökonomisch, politisch oder künstlerisch erfolgreich zu sein, müssen Frauen und unterdrückte Männer zeigen, daß sie ebenso gut sind wie die herrschenden Männer – die Beweislast liegt bei ihnen. Sozialpolitische Maßnahmen, die von dieser *gender*-Struktur absehen und annehmen, daß individuelle Abhilfe möglich ist, sind zum Scheitern verurteilt, und dieses Scheitern wird dann statt der sozialen Ordnung den Einstellungen, Kompetenzen und Motivationen der betroffenen Individuen angelastet, der herrschenden wie der beherrschten.

Ob es ohne Revolution möglich ist, *gender*-Gleichheit strukturell in sozialen Ordnungen zu verankern, die auf die Sicherung der Privilegien der herrschenden Männer ausgerichtet sind, ist zweifelhaft. Um sich eine Vorstellung davon zu machen, wie sehr die Struktur von Arbeit, Elternschaft, Führung, Politik und Kultur von modernen Gesellschaften durch die *gender*-Ungleichheit bestimmt wird, halte man sich vor Augen, wie die Welt aussähe, wenn gleich viel Frauen und Männer in allen Berufen arbeiteten, Kinder versorgten, regierten, Kultur produzierten.

---

17   Siehe auch Cockburn 1991, 227-236; Ferguson 1984, 154-212. Dies sind, vom Separatismus abgesehen, auch die Werte des lesbischen Feminismus – Gleichheit für alle, Kollektivismus, Ethik von Fürsorge, Achtung vor dem Erfahrungswissen, Pazifismus und Zusammenarbeit (Taylor und Rupp 1993).

In einer Welt strikter *gender*-Gleichheit würden genauso viele Mädchen wie Jungen für die freien Künste und die Wissenschaften, für Kopf- und Handarbeit und für alle akademischen Berufe ausgebildet. Frauen und Männer mit gleich guten Bildungsabschlüssen würden abwechselnd für dieselbe Art Arbeit eingestellt – oder es würden solange nur Männer für frauentypische Tätigkeiten und nur Frauen für männertypische Tätigkeiten eingestellt, bis alle Beschäftigtengruppen zur Hälfte aus Frauen und zur Hälfte aus Männern bestünden.[18]

Würde, wenn Männer Frauenarbeit machten, das Entgelt steigen, die Selbständigkeit gefördert werden und die Arbeit an Prestige gewinnen? Würde, wenn man einmal nicht davon ausgeht, daß Frauen in Männertätigkeiten vordringen, sondern daß Frauen diese Tätigkeiten austauschbar mit Männern verrichten, diese Arbeit auch dann noch entwertet, dequalifiziert und schlechter bezahlt? Würde die Aufwärtsmobilität auch dann noch um der raschen Fluktuation und der niedrigen Löhne willen beschränkt werden, wenn die Hälfte aller Niedriglohnarbeiter Männer wären? Dann nämlich hätten alle Arbeitskräfte darunter zu leiden, wenn ein Arbeitsprozeß herabgestuft wird, und vielleicht würden sie sich dann als Gruppe gegen die Arbeitgeber stellen, statt untereinander, Männer gegen Frauen, um die besten Stellen oder überhaupt um eine Stelle zu konkurrieren.

Wenn Männer wie Frauen Kinder versorgen würden, ließen sich vielerlei Mittel und Wege finden, um zu einer gleichmäßigen Aufteilung der Elternpflichten zu kommen: Krippen am Arbeitsplatz für stillende Eltern und Eltern, die ihr Kind mit der Flasche füttern, gleich starke Inanspruchnahme von Elternurlaub zur Betreuung kranker Kinder durch Männer wie durch Frauen, *„daddy tracks"*, falls dann immer noch *„mommy tracks"* existierten (wobei es dann wahrscheinlich sowieso keine besonderen *„tracks"* mehr gäbe). Man beachte, daß ich durchaus nicht der Meinung bin, man könne *weibliche Menschen* und *männliche Menschen* austauschen, sondern nur Frauen und Männer. Männliche Menschen werden nicht schwanger, können aber Säuglinge versorgen; weibliche Menschen tragen Kinder aus und bilden Milch, doch heißt das nicht, daß nur sie Elternurlaub nehmen müssen. Gleichmäßig aufgeteilte Kinderversorgung würde auch bedeuten, daß die Beschäftigten in kommunalen Kinderbetreuungseinrichtungen und Schulen zu gleichen Teilen Männer und Frauen wären und daß alle Arbeiten von allen gemacht würden. Wie würde sich die vergeschlechtlichte psychische Entwicklung von Kindern verändern, wenn Frauen und Männer als Primäreltern austauschbar wären?

---

18 Wenn dann, ohne daß es jemand merkte, ein Mann sich als Frau oder eine Frau sich als Mann ausgäbe, wie es zu vielen Zeiten und an vielen Orten geschehen ist und sicher immer noch geschieht, würde dies keine Rolle spielen, da der Tausch zwischen Angehörigen der sozialen Kategorien Frauen und Männer stattfindet.

Wie würden Kinder sozialisiert, wenn ihre Bezugspersonen und Lehrer zu gleichen Teilen Männer und Frauen wären? Was würde geschehen, wenn verantwortliche Positionen abwechselnd mit Frauen und Männern besetzt würden? Bei Wahlämtern könnten abwechselnd zwei Frauen und zwei Männer gegeneinander antreten, um zu gewährleisten, daß weder Männer noch Frauen die Vorherrschaft hätten.[19] Positionen, auf die man ernannt wird, könnten abwechselnd mit gleich qualifizierten Frauen und Männern besetzt werden. Welche Auswirkungen hätte das auf die Konzepte von Autorität und Führung? Darauf, wie Aufstiegskandidat(inn)en ausgebildet und aufgebaut werden? Auf die vergeschlechtlichten Muster der Achtung? Auf die sexuelle Belästigung?

Obwohl in manchen modernen Ländern der Frauenanteil bei den Ärzten und Rechtsanwälten hoch ist, unterliegen die akademischen Berufe immer noch einer *gender*-typischen Schichtung, bei der die Sektoren mit dem höheren Prestige und die Positionen, auf denen die politischen Entscheidungen fallen, den Männern vorbehalten sind. Gleiches gilt für das Bildungswesen; Frauen befinden sich als Lehrerinnen meist in den niedrigeren Rangstufen und in der Verwaltung meist auf den unteren Ebenen. Die Forschung in allen Ländern wird von Männern beherrscht. Dies aber sind die Orte, an denen als Antwort auf theoretische Fragen und pragmatische Probleme Wissen produziert wird. Wären die Hälfte aller Spezialisten, aller Lehrstuhlinhaber und aller Forscher in der Medizin Frauen; wären Polizei und Anwaltschaft und Richterschaft auf allen Ebenen zur Hälfte Frauen; wären die Hälfte aller Universitätsprofessoren, Dekane, Rektoren, Präsidenten und Kanzler Frauen; wären die Hälfte aller Wissenschaftler auf der Welt Frauen, welche Veränderungen hätte das aller Voraussicht nach in der medizinischen Praxis zur Folge, in den Forschungsprioritäten, im Strafrecht und in der Rechtsauslegung, im Wissen, das produziert wird, und im Wissen, das gelehrt wird, in den wissenschaftlichen Problemstellungen, die für wichtig genug gehalten werden, um über gewaltige Ressourcen verfügen zu können?[20]

Angenommen, Frauen bekämen in allen kulturellen Produktionen gleiche Zeiten wie Männer. In Kunstmuseen wären gleich viele Ankäufe von Frauen und von Männern die Regel. In Konzerten würden gleich viele Stücke von Komponistinnen und Komponisten von gleich vielen Musikerinnen und

---

19 In manchen Organisationen, denen ich angehöre, wird ein solchen Arrangement benutzt, um sicher zu stellen, daß hin und wieder auch *weiße Männer* gewählt werden.

20 Diese epistemologischen Fragen wurden von den Feministinnen besonders im Hinblick auf die Naturwissenschaften aufgeworfen, die angeblich objektiv sind, aber tatsächlich die Werte der herrschenden Männer widerspiegeln. Siehe Haraway 1988; Harding 1986; 1991; Keller 1985; Longino 1990. Zum juristischen Bereich aus afroamerikanischer, feministischer Sicht, siehe P. J. Williams 1991, und zum sozialen Denken, siehe P. H. Collins 1990. Siehe auch D. E. Smith 1987a; 1990 zu Wissensproduktion und Macht.

Musikern gespielt.[21] Jedes Verlagsprogramm umfaßte gleich viele Bücher von Frauen und von Männern. Jedes Jahr würden von Frauen und von Männern gleich viele Filme produziert, gedreht und geschrieben, in denen gleich viele Hauptrollen für Frauen und Männer vorkommen, und gleiches gälte auch für die Programmgestaltung aller Fernsehsender. Wie würde sich dies auf den Geschmackskanon auswirken? Wie würden dann die besonders prestigeträchtigen Preise verliehen? Würde sich die Symbolsprache ändern, wenn die Erfahrungen von Frauen genauso privilegiert wären wie die Erfahrungen von Männern?

Bei jedem Sportwettkampf würden gleich viele Frauen- und Männermannschaften und Spielerinnen und Spieler antreten, dieselben Wettkampfregeln würden für Frauen und Männer gelten, und Frauen- und Männerwettkämpfe bekämen gleiche Zeiten, gleiches Geld und gleich hohe Preise. Als Hauptereignis stünde immer abwechselnd ein Frauen- und ein Männerwettkampf auf dem Programm. Die Medien würden gleich ausführlich über Frauensport und Männersport und über Sportheroinen und -heroen berichten. Würden sich Männer dann mit Frauen als Sportstars identifizieren? Würde sich herausstellen, daß Frauen und Männer physiologisch auf eine Art und Weise gleich sind, die derzeit aufgrund der Wettkampfregeln verborgen bleibt?[22] Würden bestimmte sportliche Wettkämpfe unisex ausgetragen werden?

Die vielleicht drastischste Umwälzung der gegenwärtigen Denkweisen würde eintreten, wenn alle Streitkräfte einschließlich der Kampftruppen zur Hälfte aus Frauen und zur Hälfte aus Männern bestünden. In vielen Kriegen und Revolutionen haben Frauen offen und als Männer verkleidet Seite an Seite mit Männern gekämpft.[23] Im Widerstand gegen die Nazis spielten die Französinnen, indem sie Flüchtlinge außer Landes brachten, Sabotage und Spionage betrieben und Untergrundzeitungen druckten, eine so wichtige Rolle, daß ihnen das Wahlrecht schließlich nicht mehr verweigert werden konnte (M. L. Rossiter 1986, 223). Im Zweiten Weltkrieg waren laut *New York Times* vom 2. Mai 1993 russische Frauen Maschinengewehr- und Scharfschützen, dienten bei Artillerie und Panzertruppen und flogen in drei nur aus Frauen bestehenden Kampfflieger- und Bomberstaffeln. In Israel kämpften Frauen im Untergrund für Israels Status als Nation und im Unabhängigkeitskrieg und stellten bis zu 20 Prozent aller Soldaten. Am 30. April

---

21 Block und Neuls-Bates 1979 fanden dreitausend Kompositionen von amerikanischen Komponistinnen von der Kolonialzeit bis 1920.

22 Man erinnere sich, daß die Olympischen Spiele bis vor kurzem noch keinen Marathonlauf für Frauen hatten; daß die Ausdauer von Frauen bei Langstreckenschwimmen und Tennis ignoriert wird und daß im allgemeinen die Regeln für die Frauenwettkämpfe mehr von dem bestimmt sind, was Frauen im Sport nach Meinung der Männer, die die Regeln machen, tun können oder sollten, als davon, wozu Frauen wirklich fähig sind.

23 Durova 1989; Freeman und Bond 1992; Graham 1977; Wheelwright 1989.

1993 veröffentlichte die *Jerusalem Post* die folgende, damals fünfzig Jahre alte Meldung:

> Die 20jährige Malka Epstein ist inzwischen in Polen zu einer legendären Figur geworden. Sie führt dort eine Guerillaeinheit, die ihre Hauptquartiere in alten Steinbrüchen hat. Von diesen Hauptquartieren aus führt die junge Frau Sabotageunternehmen gegen Nazieinheiten durch. Auf ihr Konto gehen viele zerstörte deutsche Munitionslager und viele entgleiste Züge, die deutsche Soldaten an die russische Front bringen sollten.

Solange Schlachten geschlagen und Kriege geführt werden, müssen Frauen kämpfen können, wenn Frauen und Männer gleich sein sollen. Sonst werden die Männer weiterhin meinen, sie hätten, da sie und nicht die Frauen ihr Leben aufs Spiel setzen, einen Anspruch auf bestimmte Privilegien und Machtpositionen, die Frauen verschlossen bleiben (W. Brown 1990, 25-26). Darüber hinaus bleibt es dank dieser Auffassung von aggressiver, zum Schutz der Frauen antretender Männlichkeit den Männern überlassen, zu definieren, welche Frauen ihren Schutz verdienen. Im Zweiten Weltkrieg wurden Frauen in der Zivilbevölkerung gefoltert, hingerichtet, bombardiert und vergast; in allen Kriegen wurden sie vergewaltigt und ermordet. Frauen sollten die Hälfte der Friedenstruppen stellen, aber um der Gleichheit willen, und solange es Kriege gibt, auch die Hälfte der Kampftruppen.

Die andere Seite bei diesem Austausch der an Männer und Frauen gerichteten Erwartungen ist, daß die Fürsorge und das Für-andere-da-Sein, das in den westlichen Kulturen zur Definition der „guten Frau" gehört, auch den „guten Mann" auszeichnen sollte. So weist Kay Ann Johnson darauf hin, daß die maoistische Utopie von der allseits entwickelten Persönlichkeit (*to-mien-shou*) den Unterschied zwischen Kopf- und Handarbeitern, Philosophen und Bauern, Künstlern und Handwerkern aufgehoben hat, aber nie auf Frauen und Männer angewendet wurde: „Nie, nicht einmal in den utopischsten aller Bewegungen, wurde vorgeschlagen, daß die Männer von den Frauen ... lernen sollten, wie wertvoll dieses fürsorgende Für-andere-da-Sein ist und wie man es macht" (1983, 167).

Die Begriffe von Weiblichkeit und Männlichkeit würden in einer Welt strikter Gleichheit noch weiteren radikalen Veränderungen unterliegen. Alle Formen der Sexualität müßten als gleichwertig anerkannt werden. Deshalb müßte es für heterosexuelle, homosexuelle, bisexuelle, transvestitische und sadomasochistische Frauen genau wie für die entsprechenden Gruppen der Männer gleich viele pornographische Zeitschriften, Filme, Stripteaseshows, Peepshows und sonstige sexuellen Produktionen geben. Bei Filmen, Fernsehen, Büchern und Schlagern könnte man davon ausgehen, daß dort Frauen ebenso oft wie Männer als die sexuell Aktiven dargestellt werden, und daß die Homosexualität ebenso oft wie Heterosexualität zu glücklichen oder tragischen Beziehungen führt. Man bekäme Geschichten über heterosexuelle Frauen zu sehen, die heterosexuelle Männer belästigen und mißbrauchen, und über schwule Männer und lesbische Frauen, die einander oder Heterosexuelle belästigen.[24]

Angenommen, alle großen Religionen erlaubten den Frauen, Priesterinnen zu werden, in der religiösen Hierarchie aufzusteigen und das Alte und das Neue Testament, den Koran, die Bhaghavad Gita auszulegen. Da die Praktiken der großen Weltreligionen ursprünglich von Gesellschaftsordnungen ausgingen, in denen Frauen und Männer getrennt wurden und unterschiedliche Rollen im Leben zugewiesen bekamen, konnten die Fundamentalisten Frauen und Männern nicht dieselben religiösen Rollen zugestehen. Aber was wäre, wenn Religionen, die sich heute zur *gender*-Gleichheit bekennen, Frauen und Männern wirklich gleiche Führungschancen gäben?[25] Wenn Liturgien vollkommen *gender*-neutral wären? Wenn „Gott" nicht „the Lord", „our Father" oder „King of the universe" wäre, sondern „the Leader", „our Parent", „Creator of the universe"?

Gerade die Radikalität der Auswirkungen einer *gender*-Gleichheit, die in einer sozialen Gesellschaft überall und immer strikt eingehalten würde, der Aufschrei der Empörung, der vorherzusehen wäre, wenn es stets und ständig und in allen Lebensbereichen absolut gleich viel Frauen und Männer geben müßte, die Unwirklichkeit einer Welt, die sich im vollkommenen *gender*-Gleichgewicht befände, all das macht deutlich, wie ungeheuer weit der Weg ist, den noch die fortschrittlichste, industrialisierteste, postmodernste, egalitärste Gesellschaft von heute zurücklegen müßte, um wahrhaft *gender*-neutral zu werden. Welche Regierung will schon ein vollkommen *gender*-gleichgewichtiges System aufbauen? Immer noch wollen wir ja nicht nur sofort wissen, ob ein Säugling ein Junge oder ein Mädchen ist, sondern immer noch wird uns und den kleinen Kindern mit dieser Information, dieser Kategorisierung, verbunden mit der Rasse und den sonstigen sozialen Merkmalen, genau mitgeteilt, auf welchen Platz in ihrer sozialen Ordnung man sie verweisen wird, ob man sie dazu ermutigt, ihr Leben als dominante, selbstbewußte und gesellschaftlich wichtige Person zu leben oder als unterdrückte, verkümmerte Person, die am Rande des wichtigen Geschehen steht. Erst wenn wir nicht mehr „Junge oder Mädchen?" fragen, um sofort mit der Vergeschlechtlichung eines Säuglings zu beginnen, erst wenn die Information über die Genitalien so irrelevant ist wie heute bereits die Augen- (aber

---

24 In einer Übersicht über die „Sexliteratur über dem Ladentisch" bezeichnet Kendrick (1992, 36) die Romane von Ann Rice als „omnisexuell".

25 Jesus Christus bezog Frauen als Gründerinnen und Führerinnen von Gemeinden mit ein, aber innerhalb von zweihundert Jahren schloß die etablierte Kirche genau wie im Judentum Frauen vom Priesteramt aus und gab Ehemännern genau wie bei den Römern Autorität über ihre Frauen (Farrell 1992; Fiorenza 1979). Judith Plaskow (1990, 36-48) meint, daß auch die jüdische Geschichte über weibliche Führerinnen hinweg geschrieben worden sei und daß es Anzeichen für ihre Führungsrollen in der Synagoge bis zum sechsten Jahrhundert unserer Zeitrechnung gebe.

immer noch nicht Haut-) -farbe eines Kindes, dann und nur dann werden Frauen und Männer sozial austauschbar und wirklich gleich sein. Und ist es erst einmal soweit, werden wir *gender* überhaupt nicht mehr brauchen. Heißt nun diese ganze Gleichheit, daß niemand mehr Kritik üben, Satire, Parodie, Herausforderung, Widerstand, Rebellion praktizieren, neue Gruppen gründen oder allein leben wird? Ich glaube kaum. Was also könnten wir, frei von *gender-*, Rassen- und Klassenungleichheit, alle sein? Vielleicht kulturell bestimmte Frauen, Männer, Heterosexuelle, Homosexuelle, Bürger unterschiedlicher Länder, Anhänger unterschiedlicher Religionen, Angehörige unterschiedlicher Berufe, von unterschiedlicher Herkunft und unterschiedlichen sozialen Eltern und so weiter.[26] Vielleicht Menschen, die frei sind für die Erfahrung der *jouissance* – der erotischen Leidenschaften, die ihren Ausdruck in menschlichen Körpern, menschlichen Identitäten, tiefsten Überzeugungen, Arbeit, Liebe, Spiritualität finden.[27] Vielleicht das, was Donna Haraway vorhersagt – Cyborgs, die imstande sind, die Schnittstelle zwischen Mensch und Technologie zu verstehen und zu kontrollieren, die mal zur einen, mal zur anderen Gruppe gehören, sich mit vielen oder keiner identifizieren:

> Cyborgs sind Geschöpfe in einer Post-*gender*-Welt. Nichts verbindet sie mehr mit Bisexualität, präödipaler Symbiose, nichtentfremdeter Arbeit oder anderen Versuchungen, organische Ganzheit durch die endgültige Unterwerfung der Macht der Teile unter ein höheres Ganzes zu erreichen. ... Die Cyborg ist eine überzeugte AnhängerIn von Partialität, Ironie, Intimität und Perversität. Es ist oppositionell, utopisch und ohne jede Unschuld. ... Ich wäre lieber ein Cyborg als eine Göttin. (1985, 67, 101; dt. 1995, 35,72)

Ich auch.

---

26 Siehe Marge Piercys Gemeinschaften in *Die Frau am Abgrund der Zeit* (1976; dt. 1996).
27 Zur Macht der Erotik, siehe Lorde 1984; zu Sexualität und spiritueller Leidenschaft, siehe Plaskow 1990, 191-197; zur Definition von *jouissance* als „totaler Offenheit, totaler Teilhabe, totaler Extase", siehe Cixous und Clément [1975] 1986, 165-166.

Bibliographie

Der vollständige Titel von *Signs* lautet: *Signs. Journal of Women in Culture and Society.*

AAUW Report (1992): *How schools shortchange girls. A study of major findings on girls and education.* Washington, DC.

Abel, Elizabeth (1981): (E)Merging identities. The dynamics of female friendship in contemporary fiction by women. *In: Signs,* 6: 413-35.

Abel, Emily K.; Nelson, Margaret K. (Hg.) (1990): *Circles of care. Work and identity in women's lives.* Albany.

Abplanalp, Judith M. (1983): Premenstrual syndrome. A selective review. In: *Women and Health,* 8 (2/3): 107-23.

Abramovitz, Mimi (1988): *Regulating the lives of women. Social welfare policy from colonial times to the present.* Boston.

Ackelsberg, Martha A. (1991): *Free women of Spain. Anarchism and the struggle for the emancipation of women.* Bloomington.

Acker, Joan (1988): Class, gender, and the relations of distribution. In: *Signs,* 13: 473-97.

Acker, Joan (1989a): *Doing comparable worth. Gender, class, and pay equity.* Philadelphia.

Acker, Joan (1989b): Making gender visible. In: Wallace, Ruth A. (Hg.): *Feminism and sociological theory.* Newbury Park.

Acker, Joan (1990): Hierarchies, jobs, and bodies. A theory of gendered organizations. In: *Gender & Society,* 4: 139-58.

Acker, Joan (1991): Thinking about wages. The gendered wage gap in Swedish banks. In: *Gender & Society,* 5: 390-407.

Acker, Joan; Barry, Kate; Esseveld, Joke (1981): Feminism, female friends, and the reconstruction of intimacy. In: Lopata, Helena Z. (Hg.): *Research in the interweave of social roles.* Bd. 2: Friendship. Greenwich.

Acosta-Belén, Edna; Bose, Christine E. (1990): From structural subordination to empowerment. Women and development in Third World contexts. In: *Gender & Society,* 4: 299-320.

Adams, David (1988): Treatment models of men who batter. A profeminist analysis. In: Yllö, Kersti; Bograd, Michele (Hg.): *Feminist perspectives on wife abuse.* Newbury Park.

Adler, Nancy J.; Izraeli, Dafna N. (Hg.) (1988a): *Women in management world-wide.* Armonk.

Adler, Nancy J.; Izraeli, Dafna N. (1988b): Women in management world-wide. In: Adler, Nancy J.; Izraeli, Dafna N. (Hg.): *Women in management world-wide.* Armonk.

Adler, Nancy J.; Izraeli, Dafna N. (Hg.) (1993): *Competitive frontiers. Women managers in a global economy.* Oxford; New York.

Agassi, Judith Buber (1989): Theories of gender equality. Lessons from the kibbutz. In: *Gender & Society*, 3: 160-86.

Ahearn, Nancy C.; Scott, Elizabeth L. (1981): *Career outcomes in a matched sample of men and women Ph.D.s. An analytical report.* Washington, DC.

Ahmed, Leila (1992): *Women and gender in Islam.* New Haven.

Alcoff, Linda (1988): Cultural feminism versus post-structuralism. The identity crisis in feminist theory. In: *Signs*, 13: 405-36.

Allen, Jeffner (Hg.) (1990): *Lesbian philosophies and cultures.* Albany.

Allen, Sheila; Wolkowitz, Carol (1987): *Homeworking. Myths and realities.* London.

Almquist, Elizabeth M. (1987): Labor market gendered inequality in minority groups. In: *Gender & Society*, 1: 400-14.

Althouse, Ann (1989): Dare to contemplate the woman gymnast. In: *New York Times*, 7. August.

Amadiume, Ifi (1987): *Male daughters, female husbands. Gender and sex in an African society.* London.

Amir, Delila; Biniamin, Orly (1992): Abortion approval as a ritual of symbolic control. In: Feinman, Clarice: *The criminalization of a woman's body.* Binghamton.

Ammer, Christine (1980): *Unsung. A history of women in American music.* Westport.

Amott, Teresa L. (1990): Black women and AFDC. Making entitlement out of necessity. In: Gordon, Linda (Hg.): *Women, the state, and welfare.* Madison.

Amott, Teresa; Matthaei, Julie (1988): The promise of comparable worth. A socialist-feminist perspective. In: *Socialist Review*, 18 (2): 101-17.

Amott, Teresa; Matthaei, Julie (1991): *Race, gender, and work. A multicultural economic history of women in the United States.* Boston.

Anderson, Bonnie S.; Zinsser, Judith P. (1988): *A history of their own. Women in Europe from prehistory to the present.* New York.

Anderson, Elijah (1990): *Streetwise. Race, class and change in an urban community.* Chicago.

Andors, Phyllis (1983): *The unfinished liberation of Chinese women, 1949-1980.* Bloomington.

Andrews, Edmund A. (1990): Patents. An exhibition of inventions by women. In: *New York Times*, 20. Januar.

Angier, Natalie (1991): In fish, social status goes right to the brain. In: *New York Times Science Section*, 12. November.

Angier, Natalie (1992a): 2 experts say women who run may overtake men. In: *New York Times Science Section*, 7. Januar.

Angier, Natalie (1992b): Hyenas' hormone flow puts females in charge. In: *New York Times Science Section*, 1. September.

Anker, Richard (1985): Comparative survey. In: Bodrova, Valentina; Anker, Richard (Hg.): *Working women in socialist countries. The fertility connection.* Geneva.

Antal, Ariane Berthoin; Izraeli, Dafna N. (1993): Women in management. An international comparison. In: Fagenson, Ellen A. (Hg.): *Women in management. Trends, issues and challenges in managerial diversity.* Newbury Park.

Apple, R.W., Jr. (1991): Spectacle of degradation. In: *New York Times*, 13. Oktober.

Applebome, Peter (1991): Ripples of pain as U.S. dips deeper into military. In: *New York Times*, 31. Januar.

Applebome, Peter (1992): A year after victory, joy is a ghost. In: *New York Times*, 16. Januar.

Applewhite, Harriet Branson; Levy, Darline Gay (Hg.) (1990): *Women and politics in the age of the democratic revolution*. Ann Arbor.

Ardener, Shirley (1987): A note on gender iconography. The vagina. In: Caplan, Pat (Hg.): *The cultural construction of sexuality*. London; New York.

Arendell, Terry (1986): *Mothers and divorce. Legal, economic and social dilemmas*. Berkeley.

Arguëlles, Lourdes; Rich, B. Ruby (1984): Homosexuality, homophobia, and revolution. Notes toward an understanding of the Cuban lesbian and gay male experience, Part I. In: *Signs*, 9: 683-99.

Ariès, Philippe (1962): *Centuries of childhood. A social history of family life*. New York. [frz. 1960: L´enfant et la vie familiale sous l´ancien régime. Paris; dt. 1975: Geschichte der Kindheit. München].

Aronson, Lisa (1991): African women in the visual arts. In: *Signs*, 16: 550-74.

Arthur, Marylin (1977): „Liberated" women. The classical era. In: Bridenthal, Renate; Koonz, Claudia (Hg.): *Becoming visible. Women in European history*. Boston.

Arthur, Michael B.; Hall, Douglas T.; Lawrence, Barbara S. (Hg.) (1989): *Handbook of career theory*. Cambridge.

Ashe, Marie (1991): Abortion of narrative. A reading of the judgment of Solomon. In: *Yale Journal of Law and Feminism*, 4: 81-92.

Ashley, Jo Ann (1976): *Hospitals, paternalism, and the role of the nurse*. New York.

Astin, Helen S. (1991): Citation classics. Women's and men's perceptions of their contributions to science. In: Zuckerman, Harriet; Cole, Jonathan R.; Bruer, John T. (Hg.): *The outer circle. Women in the scientific community*. New York.

Attwood, Lynne (1990): *The new Soviet man and woman. Sex-role socialization in the USSR*. Bloomington.

Auping, Michael (1992): *Jenny Holzer*. New York.

Austad, Steven N. (1986): Changing sex nature's way. In: *International Wildlife*, Mai/Juni: 29.

Auster, Ellen R.; Drazin, Robert (1988): Sex inequality at higher levels in the hierarchy. An intraorganizational perspective. In: *Sociological Inquiry*, 58: 216-27.

Ayres, B. Drummond, Jr. (1991): Old stories with new twists told by Persian Gulf troops. In: *New York Times*, 11. März.

Baca Zinn, Maxine (1989): Family, race, and poverty in the eighties. In: *Signs*, 14: 856-74.

Baca Zinn, Maxine (1990): Family, feminism, and race in America. In: *Gender & Society*, 4: 68-82.

Badinter, Elisabeth (1981): *Mother love, myth and reality. Motherhood in modern history*. New York. [frz. 1980: L´amour en plus. Histoire de l´amour maternel XVIIe-XXe siècle. Paris; dt. 1981: Die Mutterliebe. Geschichte eines Gefühls vom 17. Jahrhundert bis heute. München].

Badinter, Elisabeth (1989): *The unopposite sex. The end of the gender battle*. San Francisco. [frz. 1986: L´un est l´autre. Des relations entre hommes et femmes. Paris; dt. 1987: Ich bin Du. Die neue Beziehung zwischen Mann und Frau oder die androgyne Revolution. München; Zürich].

Baker, Susan (1980): Biological influences on sex and gender. In: *Signs*, 6: 80-96.

Bal, Mieke (1986): Sexuality, sin, and sorrow. The emergence of female character (a reading of Genesis 1-3). In: Suleiman, Susan Rubin (Hg.): *The female body in Western culture. Contemporary perspectives*. Cambridge.

418

Baril, Joan (1990): The center of the backlash. Media's shifted focus on massacre increases misogyny. In: *Off Our Backs*, April: 13-15.

Barkalow, Carol; Raab, Andrea (1990): *In the men's house*. New York.

Barnett, Bernice McNair (1993): Invisible southern Black women leaders of the civil rights movement. The triple constraints of gender, race, and class. In: *Gender & Society*, 7: 162-82.

Barnett, Elyse Ann (1988): Le edad critica. The positive experience of menopause in a small Peruvian town. In: Whelehan, Patricia u.a. (Hg.): *Women and health. Cross-cultural perspectives*. Granby.

Baron, Ava (1987): Contested terrain revisited. Technology and gender definitions of work in the printing industry, 1850-1920. In: Wright, Barbara Drygulski u.a. (Hg.): *Women, work, and technology. Transformations*. Ann Arbor.

Baron, Ava (Hg.) (1991): *Work engendered. Toward a new history of American labor*. Ithaca.

Baron, James N.; Bielby, William T. (1985): Organizational barriers to gender equality. Sex segregation of jobs and opportunities. In: Rossi, Alice S. (Hg.): *Gender and the life course*. Hawthorne.

Baron, James N.; Mittman, Brian S.; Newman, Andrew E. (1991): Targets of opportunity. Organizational and environmental determinants of gender integration within the California civil service, 1979-1985. In: *American Journal of Sociology*, 96: 1362-1401.

Baron, James N.; Newman, Andrew E. (1990): For what it's worth. Organizations, occupations, and the value of the work done by women and nonwhites. In: *American Sociological Review*, 55: 155-75.

Baron, Larry; Straus, Andrew E. (1987): Four theories of rape. A macrosociological analysis. In: *Social Problems*, 34: 467-89.

Barrett, Michèle ([1980] 1988): *Women's oppression today. The marxist/feminist encounter*. London.

Barry, Kathleen (1979): *Female sexual slavery*. Englewood Cliffs.

Barstow, Anne (1978): The uses of archeology for women's history. James Mellaart's work on the Neolithic goddess at Çatal Hüyük. In: *Feminist Studies*, 4: 7-18.

Bart, Pauline B.; O'Brien, Patricia H. (1985): *Stopping rape. Successful survival strategies*. New York.

Bartlett, Katharine T.; Kennedy, Rosanne M. (Hg.) (1991): *Feminist legal theory. Readings in law and gender*. Boulder.

Baruch, Elaine Hoffman (1991): *Women, love, and power. Literary and psychoanalytic perspectives*. New York.

Bate, Barbara; Taylor, Anita (Hg.) (1988): *Women communicating. Studies of women's talk*. Norwood.

Battersby, Christine (1989): *Gender and genius. Towards a feminist aesthetics*. Bloomington.

Baulieu, Etienne-Emile Baulieu; Rosenblum, Mort (1991): *The „abortion pill". RU-486, a woman's choice*. New York.

Bebel, August (1970): *Woman under socialism*. New York. [dt. 1879: Die Frau und der Sozialismus. München].

Beck, Evelyn Torton (Hg.) (1982): *Nice Jewish girls. A lesbian anthology*. Watertown.

Becker, Howard S. (1982): *Art worlds*. Berkeley.

Beechey, Veronica (1987): *Unequal work*. London.

Beechey, Veronica; Perkins, Tessa (1987): *A matter of hours. Women, part-time work and the labor market*. Minneapolis.

Beer, William R. (1983): *Househusbands. Men and housework in American families*. New York.

Bellingham, Bruce (1986): Institution and family. An alternative view of nineteenth-century child saving. In: *Social Problems*, 6: 33-57.

Bem, Sandra Lipsitz (1981): Gender schema theory. A cognitive account of sex typing. In: *Psychological Review*, 88: 354-64.

Bem, Sandra Lipsitz (1983): Gender schema theory and its implications for child development. Raising gender-aschematic children in a gender-schematic society. In: *Signs*, 8: 598-616.

Bem, Sandra Lipsitz (1993): *The lenses of gender. Transforming the debate on sexual inequality*. New Haven.

Benería, Lourdes (1982): Class and gender inequalities and women's role in economic development. Theoretical and practical implications. In: *Feminist Studies*, 8: 157-76.

Benería, Lourdes; Sen, Gita (1981): Accumulation, reproduction, and women's role in economic development. Boserup revisited. In: *Signs*, 7: 279-98.

Benería, Lourdes; Catharine B. Stimpson (Hg.) (1987): *Women, households, and the economy*. New Brunswick.

Benería, Lourdes; Roldán, Martha (1987): *The crossroads of class and gender. Industrial homework, subcontracting, and household dynamics in Mexico City*. Chicago.

Benjamin, Jessica (1988): *The bonds of love. Psychoanalysis, feminism, and the problem of domination*. New York. [dt. 1990: Die Fesseln der Liebe. Psychoanalyse, Feminismus und das Problem der Macht. Basel].

Bennett, Neil G. (Hg.) (1983): *Sex selection of children*. New York.

Bennett, Sheila Kishler; Leslie B. Alexander (1987): The mythology of part-time work. Empirical evidence from a study of working mothers. In: Benería, Lourdes; Catharine B. Stimpson (Hg.): *Women, households, and the economy*. New Brunswick.

Bennholdt-Thomsen, Veronika (1981): Subsistence production and extended reproduction. In: Young, Kate; Wolkowitz, Carol; McCullagh, Roslyn (Hg.): *Of marriage and the market. Women's subordination in international perspective*. London.

Bennholdt-Thomsen, Veronika (1988): Why do housewives continue to be created in the Third World too? In: Mies, Maria; Bennholdt-Thomsen, Veronika; Werlhof, Claudia von (Hg.): *Women. The last colony*. London.

Benokraitis, Nijole V.; Feagin, Joe R. (1986): *Modern sexism. Blatant, subtle, and covert discrimination*. Englewood Cliffs.

Benson, Susan Porter (1986): *Counter cultures. Saleswomen, managers, and customers in American department stores, 1890-1940*. Urbana.

Benston, Margaret (1969): The political economy of women's liberation. In: *Monthly Review*, 21 (9): 13-27.

Berger, Iris (1990): Gender, race, and political empowerment. South African canning workers, 1940-1960. In: *Gender & Society*, 4: 398-420.

Berger, John (1977): *Ways of seeing*. New York.

420

Berger, Ronald; Searles, Patricia; Cottle, Charles (1991): *Feminism and pornography*. New York.

Berk, Sarah Fenstermaker (Hg.) (1980): *Women and household labor*. Newbury Park.

Berk, Sarah Fenstermaker (1985): *The gender factory. The apportionment of work in American households*. New York.

Bernard, Jessie (1981): *The female world*. New York.

Bernstein, Richard (1986): France jails 2 in odd case of espionage. In: *New York Times*, 11. Mai.

Berryman, Sue E.; Waite, Linda J. (1987): Young women's choice of nontraditional occupations. In: Bose, Christine E.; Spitze, Glenna (Hg.): *Ingredients for women's employment policy*. Albany.

Bertin, Joan E. (1989): Women's health and women's rights. Reproductive hazards in the workplace. In: Ratcliff, Kathryn Strother u.a. (Hg.): *Healing technology. Feminist perspectives*. Ann Arbor.

Bérubé, Allan (1989): Marching to a different drummer. Gay and lesbian GIs in World War II. In: Duberman, Martin Bauml; Vicinus, Martha; Chauncey, George, Jr. (Hg.): *Hidden from history. Reclaiming the gay and lesbian past*. New York.

Bérubé, Allan; D'Emilio, John (1984): The military and lesbians during the McCarthy years. In: *Signs*, 9: 759-75.

Bettelheim, Bruno (1962): *Symbolic wounds. Puberty rites and the envious male*. London. [dt. 1975: Symbolische Wunden. Pubertätsriten und der Neid des Mannes. München].

Bielby, Denise; Bielby, William T. (1988): She works hard for the money. Household responsibilities and the allocation of work effort. In: *American Journal of Sociology*, 93: 1031-59.

Bielby, William; Baron, James (1984): A woman's place is with other women. Sex segregation within organizations. In: Reskin, Barbara F. (Hg.): *Sex segregation in the workplace. Trends, explanations, remedies*. Washington, DC.

Bielby, William; Baron, James (1986): Men and women at work. Sex segregation and statistical discrimination. In: *American Journal of Sociology*, 91: 759-99.

Bielby, William; Baron, James (1987): Undoing discrimination. Job integration and comparable worth. In: Bose, Christine E.; Spitze, Glenna (Hg.): *Ingredients for women's employment policy*. Albany.

Biersack, Aletta (1984): Paiela „women-men". The reflexive foundations of gender ideology. In: *American Ethnologist*, 11: 118-38.

Billings, Dwight B.; Urban, Thomas (1982): The socio-medical construction of transsexualism. An interpretation and critique. In: *Social Problems*, 29: 266-82.

Biology and Gender Study Group (1988): The importance of feminist critique for contemporary cell biology. In: *Hypatia*, 3: 61-76.

Bird, Chloe E.; Freemont, Allen M. (1991): Gender, time use, and health. In: *Journal of Health and Social Behavior*, 32: 114-129.

Birdwhistell, Ray L. (1970): *Kinesics and context. Essays on body motion communication*. Philadelphia.

Birke, Linda (1986): *Women, feminism and biology. The feminist challenge*. New York.

Birrell, Susan J. (1988): Discourses on the gender / sport relationship. From women in sport to gender relations. In: Pandolf, Kent (Hg.): *Exercise and sport science reviews*. New York.

Birrell, Susan J.; Cole, Sheryl L. (1990): Double fault. Renée Richards and the construction and naturalization of difference. In: *Sociology of Sport Journal*, 7: 1-21.

Bishop, Katherine (1991): Not quite a wedding, but quite a day for couples by the Bay. In: *New York Times*, 15. Februar.

Blachford, Gregg (1981): Male dominance and the gay world. In: Plummer, Kenneth (Hg.): *The making of the modern homosexual*. Totowa.

Blackman, Julie (1989): *Intimate violence. A study of injustice*. New York.

Blackwood, Evelyn (1984): Sexuality and gender in certain Native American tribes. The case of cross-gender females. In: *Signs*, 10: 27-42.

Blackwood, Evelyn (1985): Breaking the mirror. The construction of lesbianism and the anthropological discourse on homosexuality. In: *Journal of Homosexuality*, 11 (3/4): 1-17.

Blair, Diane D. (1989): The handmaid's tale and The birth dearth. Prophecy, prescription and public policy. In: *Journal of Political Science*, 17 (1/2): 99-113.

Blankenship, Kim M. u.a. (1993): Reproductive technologies and the U.S. courts. In: *Gender & Society*, 7: 8-31.

Bleier, Ruth (1984): *Science and gender*. New York.

Bleier, Ruth u.a.(1979): Why does a pseudohermaphrodite want to be a man? In: *New England Journal of Medicine*, 301: 839-40.

Block, Adrienne Fried; Neuls-Bates, Carol (Hg.) (1979): *Women in American music. A bibliography of music and literature*. Westport.

Bloom, Anne R. (1991): Women in the defense forces. In: Swirski, Barbara; Safir, Marilyn P. (Hg.): *Calling the equality bluff. Women in Israel*. New York.

Bloom, Harold (1990): *The book of J*. New York.

Blum, Linda M. (1991): *Between feminism and labor. The significance of the comparable worth movement*. Berkeley.

Blum, Linda M.; Smith, Vicki (1988): Women's mobility in the corporation. A critique of the politics of optimism. In: *Signs*, 13: 528-45.

Blumberg, Rae Lesser (1976): Kibbutz women. From the fields of revolution to the laundries of discontent. In: Iglitzin, Lynne B.; Ross, Ruth (Hg.): *Women of the world*. Santa Barbara.

Blumberg, Rae Lesser (1978): *Stratification. Socioeconomic and sexual inequality*. Dubuque.

Blumberg, Rae Lesser (1984): A general theory of gender stratification. In: Collins, Randall (Hg.): *Sociological theory 1984*. San Francisco.

Blumberg, Rae Lesser (1989): *Making the case for the gender variable. Women and the wealth and well-being of nations*. Washington, DC.

Blumberg, Rae Lesser (1991a): Income under female versus male control. Hypotheses from a theory of gender stratification and data from the third world. In: Blumberg, Rae Lesser (Hg.): *Gender, family, and economy. The triple overlap*. Newbury Park.

Blumberg, Rae Lesser (Hg.) (1991b): *Gender, family, and economy. The triple overlap*. Newbury Park.

Blumberg, Rae Lesser; Coleman, Marion Tolbert (1989): A theoretical look at the gender balance of power in the American couple. In: *Journal of Family Issues*, 10: 225-50.

Blumstein, Philip; Schwartz, Pepper (1983): *American couples. Money, work, sex*. New York.

422

Blumstein, Philip (1991): Money and ideology. Their impact on power and the division of household labor. In: Blumberg, Rae Lesser (Hg.): *Gender, family, and economy. The triple overlap.* Newbury Park.

Bobroff, Anne (1983): Russian working women. Sexuality and bonding patterns in the politics of daily life. In: Snitow, Ann; Stansell, Christine; Thompson, Sharon (Hg.): *Powers of desire. The politics of sexuality.* New York.

Bodrova, Valentina; Anker, Richard (Hg.) (1985): *Working women in socialist countries. The fertility connection.* Geneva.

Bock, Gisela; Thane, Pat (Hg.) (1991): *Maternity and gender policies. Women and the rise of the European welfare states, 1880s-1950s.* New York; London.

Bolin, Anne (1987): Transsexualism and the limits of traditional analysis. In: *American Behavioral Scientist*, 31: 41-65.

Bolin, Anne (1988): *In search of Eve. Transsexual rites of passage.* South Hadley.

Bologh, Roslyn Wallach (1990): *Love or greatness. Max Weber and masculine thinking. A feminist inquiry.* London.

Booth-Butterfield, Melanie; Booth-Butterfield, Steve (1988): Jock talk. Cooperation and competition within a university women's basketball team. In: Bate, Barbara; Taylor, Anita (Hg.): *Women communicating. Studies of women's talk.* Norwood.

Boris, Eileen; Bardaglio, Peter (1987): Gender, race, and class. The impact of the state on the family and the economy, 1790-1945. In: Gerstel, Naomi; Gross, Harriet Engel (Hg.): *Families and work.* Philadelphia.

Boris, Eileen; Daniels, Cynthia R. (1989): *Homework. Historical and contemporary perspectives on paid labor at home.* Urbana, Chicago.

Bose, Christine E. (1987): Devaluing women's work. The undercount of women's employment in 1900 and 1980. In: Bose, Christine E. u.a. (Hg.): *Hidden aspects of women's work.* New York.

Bose, Christine E.; Rossi, Peter H. (1983): Gender and jobs. Prestige standings of occupations as affected by gender. In: *American Sociological Review*, 48: 316-30.

Bose, Christine E.; Spitze, Glenna (Hg.) (1987): *Ingredients for women's employment policy.* Albany.

Bose, Christine E. u.a. (Hg.) (1987): *Hidden aspects of women's work.* New York.

Boserup, Ester (1970): *Women's role in economic development.* New York.

Boswell, John (1988): *The kindness of strangers. The abandonment of children in Western Europe from late antiquity to the Renaissance.* New York.

Boswell, John (1990a): Sexual and ethical categories in premodern Europe. In: McWhirter, David P.; Sanders, Stephanie A.; Reinisch, June Machover (1990): *Homosexuality/heterosexuality. Concepts of sexual orientation.* New York.

Boswell, John (1990b): Concepts, experience, and sexuality. In: *Differences. A Journal of Feminist Cultural Studies*, 2 (1): 67-87.

Bourdieu, Pierre (1989): Social space and symbolic power. In: *Sociological Theory*, 7: 14-25. [dt. 1992: Sozialer Raum und symbolische Macht. In: Rede und Antwort. Frankfurt a.M., 135-54].

Bourdieu, Pierre (1990): *The logic of practice.* Stanford. [frz. 1980: Le sens pratique. Paris; dt. 1987: Sozialer Sinn. Kritik der theoretischen Vernunft. Frankfurt a.M.].

Bourdieu, Pierre; Passeron, Jean-Claude (1977): *Reproduction in education, society and culture.* Newbury Park, CA. [frz. 1970: La reproduction. Éléments pour une théorie du système d'einseignement. Paris; auszugsweise dt. 1971: Die Illusion der Chancengleichheit. Stuttgart].

Boutilier, Mary A.; SanGiovanni, Lucinda (1983): *The sporting woman*. Champaigne.
Boydston, Jeanne (1986): To earn her daily bread. Housework and antebellum working-class subsistence. In: *Radical History Review*, 35: 7-25.
Bozett, Frederick W. (Hg.) (1987): *Gay and lesbian parents*. New York.
Bozett, Frederick W.; Hanson, Shirley M. H. (Hg.) (1991): *Fatherhood and families in cultural context*. New York.
Bradley, Harriet (1986): Technological change, management strategies, and the development of gender-based job segregation in the labor process. In: Knights, David; Willmott, Hugh (Hg.): *Gender and the labor process*. Hampshire.
Braidotti, Rosi, mit: Butler, Judith (1994): Feminism by another name. In: *Differences. A Journal of Feminist Cutltural Studies*, 6 (2/3): 26-61.
Brandth, Berith; Elin Kvande, Elin: „*Changing masculinities; The reconstruction of fathering.*" Universität Trondheim. Vorgelegt auf der Konferenz „Family sociology - Developing the Field", Voksenåsen, März 1992.
Bray, Rosemary L. (1991): Taking sides against ourselves. In: *New York Times Magazine Section*, 17. November.
Breines Wini; Gordon, Linda (1983): The new scholarship on family violence. In: *Signs*, 8: 490-531.
Brenner, Johanna (1987): Feminist political discourses. Radical versus liberal approaches to the feminization of poverty and comparable worth. In: *Gender & Society*, 4: 447-65.
Brewer, Rose M. (1988): Black women in poverty. Some comments on female-headed families. In: *Signs*, 13: 331-39.
Bridenthal, Renate (1976): The dialectics of production and reproduction in history. In: *Radical America*, 10 (3/4): 3-11.
Bridenthal, Renate; Grossman, Atina; Kaplan, Marion (1984): *When biology became destiny. Women in Weimar and Nazi Germany*. New York.
Bridenthal, Renate; Koonz, Claudia (Hg.) (1977): *Becoming visible. Women in European history*. Boston.
Bridges, William P.; Nelson, Robert L. (1989): Markets in hierarchies. Organizational and market influences on gender inequality in a state pay system. In: *American Journal of Sociology*, 95: 616-58.
Brinton, Mary C. (1989): Gender stratification in contemporary Japan. In: *American Sociological Review*, 54: 549-64.
Broad, William J. (1992): Recipe for love. A boy, a girl, a spacecraft. In: *New York Times Science Section*, 11. Februar.
Brod, Harry (Hg.) (1987): *The making of masculinities*. Boston.
Brod, Harry (1990): Pornography and the alienation of male sexuality. In: Hearn, Jeff; Morgan, David (Hg.) (1990): *Men, masculinities and social theory*. London.
Broder, Sherri (1988): Child care or neglect? Baby farming in late nineteenth-century Philadelphia. In: *Gender & Society*, 2: 128-48.
Brody, Jane E. (1979): Benefits of transsexual surgery disputed as leading hospital halts the procedure. In: *New York Times*, 2. Oktober.
Brown, Elsa Barkley (1989): African-American women's quilting. In: *Signs*, 14: 921-29.
Brown, Judith K. (1970): A note on the division of labor by sex. In: *American Anthropologist*, 72: 1074-78.

424

Brown, Judith K. (1982): A cross-cultural exploration of the end of the childbearing years. In: Voda, Anne M.; Dinnerstein, Myra; O'Donnell, Sheryl R. (Hg.): *Changing perspectives on menopause*. Austin.

Brown, Wendy (1992): Finding the man in the state. *In: Feminist Studies*, 18: 7-34.

Browne, Angela (1987): *When battered women kill*. New York.

Browning, Genia (1985): Soviet politics. Where are the women? In: Holland, Barbara (Hg.): *Soviet sisterhood*. Bloomington.

Browning, Genia (1987): *Women and politics in the USSR. Consciousness raising and Soviet women's groups*. New York.

Brownmiller, Susan (1975): *Against our will. Men, women and rape*. New York. [dt. 1978: Gegen unseren Willen. Vergewaltigung und Männerherrschaft. Frankfurt a.M.].

Brozan, Nadine (1978): Training linked to disruption of female reproductive cycle. In: *New York Times,* 17. April.

Brush, Lisa D. (1990): Violent acts and injurious outcomes in married couples. Methodological issues in the National Survey of Families and Households. In: *Gender & Society*, 4: 56-67.

Brydon, Lynn, Chant, Sylvia (1989): *Women in the Third World. Gender issues in rural and urban areas*. New Brunswick.

Buckley, Mary (1989a): The ,woman question' in the contemporary Soviet Union. In: Kruks, Sonia; Rapp, Rayna; Young, Marilyn B. (Hg.): *Promissory notes. Women in the transition to socialism*. New York.

Buckley, Mary (1989b): *Women and ideology in the Soviet Union*. Ann Arbor.

Buckley, Thomas; Gottlieb, Alma (Hg.) (1988): *Blood magic. The anthropology of menstruation*. Berkeley.

Buhle, Mari Jo (1983): *Women and American socialism, 1870-1920*. Urbana; Chicago.

Bullen, A. H. (Hg.) (1935): *The works of Thomas Middleton*. Bd. 4. London.

Bullough, Vern; Voght, Martha (1973): Women, menstruation and nineteenth-century medicine. In: *Bulletin of the History of Medicine*, 47: 66-82.

Bunster, Ximenia; Chaney, Elsa M. (1989): *Sellers and servants. Working women in Lima, Peru*. Granby.

Burawoy, Michael; Lukács, János (1992): *The radiant past. Ideology and reality in Hungary's road to capitalism*. Chicago.

Burawoy, Michael; Skocpol, Theda (Hg.) (1982): *Marxist inquiries. Studies of labor, class, and states*. (Supplement to American Journal of Sociology, Bd. 88).

Burman, Chila (1988): There have always been great Blackwomen artists. In: Robinson, Hilary (Hg.): *Visibly female. Feminism and art today*. New York.

Burris, Beverly H. (1989): Technology and gender in the workplace. In: *Social Problems*, 36: 165-80.

Butler, Judith (1990): *Gender trouble. Feminism and the subversion of identity*. New York; London. [dt. 1991: Das Unbehagen der Geschlechter. Frankfurt a.M.].

Butler, Octavia E. (1987): *Dawn. Xenogenesis*. New York.

Butler, Octavia E. (1988): *Adulthood rites*. New York.

Butler, Octavia E. (1989): *Imago*. New York.

Buzawa, Eve; Buzawa, Carl (Hg.) (1992): *Domestic violence. The changing criminal justice response*. Westport.

Byerly, Victoria (1986): *Hard times cotton mill girls. Personal histories of woman-hood and poverty in the South.* Ithaca.

Calasanti, Toni M.; Bailey, Carol A. (1991): Gender inequality and the division of household labor in the United States and Sweden. A socialist-feminist approach. In: *Social Problems,* 38: 34-53.

Calhoun, Lawrence G.; Selby, James W. (1980): Voluntary childlessness, involuntary childlessness, and having children. A study of social perceptions. In: *Family Relations,* 29: 181-83.

Callan, Victor J. u.a. (1988): Toward understanding women's decisions to continue or to stop in vitro fertilization. The role of social, psychological, and background factors. In: *Journal of in Vitro Fertilization and Embryo Transfer,* 5: 363-69.

Callender, Charles; Kochems, Lee M. (1985): Men and not-men. Male gender-mixing statuses and homosexuality. In: *Journal of Homosexuality,* 11(3/4): 165-78.

Cancian, Francesca M. (1985): Gender politics. Love and power in the private and public spheres. In: Rossi, Alice S. (Hg.): *Gender and the life course.* Hawthorne.

Cancian, Francesca M. (1987): *Love in America. Gender and self-development.* New York.

Cancian, Francesca M.; Gordon, Steven L. (1988): Changing emotion norms in marriage. Love and anger in U.S. women's magazines since 1900. In: *Gender & Society,* 2: 308-42.

Cantor, Dorothy W.; Bernay, Toni; Stoess, Jean (1992): *Women in power. The secrets of leadership.* Boston.

Cantor, Milton; Laurie, Bruce (Hg.) (1977): *Class, sex, and the woman worker.* Westport.

Caputi, Jane (1987): *The age of sex crime.* Bowling Green.

Caputi, Jane (1989): The sexual politics of murder. In: *Gender & Society,* 3: 437-56.

Carli, Linda L. (1991): Gender, status, and influence. In: *Advances in Group Processes,* 8: 89-113.

Carlson, Alison (1991): When is a woman not a woman? In: *Women's Sport and Fitness,* 3: 24-29.

Carrigan, Tim; Connell, Bob; Lee, John (1987): Toward a new sociology of masculinity. In: Brod, Harry (Hg.): *The making of masculinities.* Boston.

Carter, Valerie J. (1987): Office technology and relations of control in clerical work organization. In: Wright, Barbara Drygulski u.a. (Hg.): *Women, work, and technology. Transformations.* Ann Arbor.

Carter, Michael J.; Carter, Susan Boslego (1981): Women's recent progress in the professions or, women get a ticket to ride after the gravy train has left the station. In: *Feminist Studies,* 7: 477-504.

Caulfield, Minna Davis (1985): Sexuality in human evolution. What is „natural" in sex? In: *Feminist Studies,* 11: 343-63.

Chadwick, Whitney (1988): Women artists and the politics of representation. In: Raven, Arlene; Langer, Cassandra L.; Frueh, Joanna (Hg.): *Feminist art criticism.* Ann Arbor.

Chafetz, Janet Saltzman (1980): Conflict resolution in marriage. Toward a theory of spousal strategies and marital dissolution rates. In: *Journal of Family Issues,* 1: 397-42.

Chafetz, Janet Saltzman (1984): *Sex and advantage. A comparative macro-structural theory of sex stratification.* Totowa.

426

Chafetz, Janet Saltzman (1990): *Gender equity. An integrated theory of stability and change.* Newbury Park.

Chafetz, Janet Saltzman; Dworkin, Anthony Gary (1986): *Female revolt. Women's movements in world and historical perspective.* Totowa.

Chancer, Lynn (1987): New Bedford, Massachusetts, March 6, 1983 - March 22, 1984. The ,before and after' of a group rape. In: *Gender & Society*, 1: 239-60.

Chaney, Elsa M.; Castro, Mary García (Hg.) (1989): *Muchachas no more. Household workers in Latin America and the Caribbean.* Philadelphia.

Chase, Susan E. (1988): Making sense of „the woman who becomes a man." In: Todd, Alexandra Dundas; Fisher, Sue (Hg.): *Gender and discourse. The power of talk.* Norwood.

Chase, Susan E.; Bell, Colleen S. (1990): Ideology, discourse, and gender. How gatekeepers talk about women school superintendents. In: *Social Problems*, 37: 163-77.

Chaudhuri, Molly; Daly, Kathleen (1992): Do restraining orders help? Battered women's experiences with male violence and legal process. In: Buzawa, Eve; Buzawa, Carl (Hg.): *Domestic violence. The changing criminal justice response.* Westport.

Chevillard, Nicole; Leconte, Sébastian (1986): The dawn of lineage societies. The origins of women's oppression. In: Coontz, Stephanie; Henderson, Peta (Hg.): *Women's work, men's property. The origins of gender and class.* London.

Childe, Gordon (1942): *What happened in history.* Harmondsworth.

Chinchilla, Norma Stoltz (1990): Revolutionary popular feminism in Nicaragua. Articulating class, gender, and national sovereignty. In: *Gender & Society*, 4: 370-97.

Chodorow, Nancy (1974): Family structure and feminine personality. In: Rosaldo, Michelle Zimbalist; Lamphere, Louise (Hg.): *Woman, culture and society.* Stanford.

Chodorow, Nancy (1976): Oedipal asymmetries and heterosexual knots. In: *Social Problems*, 23: 454-68.

Chodorow, Nancy (1978): *The reproduction of mothering.* Berkeley. [dt. 1985: Das Erbe der Mütter. Psychoanalyse und Soziologie der Geschlechter. München].

Chodorow, Nancy (1989): *Feminism and psychoanalytic theory.* New Haven.

Chow, Esther Ngan-Ling (1987): The development of feminist consciousness among Asian American women. In: *Gender & Society*, 1: 284-99.

Christensen, Kathleen (1988): *Women and home-based work. The unspoken contract.* New York.

Christian, Barbara (1988): The race for theory. In: *Feminist Studies*, 14: 67-79.

Cixous, Hélène (1976): The laugh of the Medusa. In: *Signs*, 1: 875-93.

Cixous, Hélène (1981): Castration or decapitation? In: *Signs*, 7: 41-55.

Cixous, Hélène; Catherine Clément (1986): *The newly born woman.* Minneapolis. [frz. 1975: La jeune Née. Paris].

Clark, Alice ([1919] 1982): *Working life of women in the seventeenth century.* London.

Clark, Anna (1987): *Women's silence, men's violence. Sexual assault in England, 1770-1845.* New York; London.

Clément, Catherine (1988): *Opéra, or the undoing of women.* Minneapolis. [frz. 1979: L´opéra. Ou, la défaite des femmes. Paris; dt. 1991: Die Frau in der Oper. Besiegt, verraten und verkauft. Stuttgart].

Clement, Priscilla Ferguson (1992): Nineteenth-century welfare policy, programs, and poor women. Philadelphia as a case study. In: *Feminist Studies*, 18: 35-58.

Clements, Barbara Evans (1979): *Bolshevik feminist. The life of Aleksandra Kollantai.* Bloomington.

Clements, Barbara Evans; Engel, Barbara Alpern; Worobec, Christine D. (Hg.) (1991): *Russia's women. Accommodation, resistance, transformation.* Berkeley.

Clinton, Catherine (1982): *The plantation mistress.* New York.

Clymer, Adam (1991): A home front with no parents at home. In: *New York Times*, 16. Februar.

Cockburn, Cynthia (1983): *Brothers. Male dominance and technological change.* London.

Cockburn, Cynthia (1985): *Machinery of dominance. Women, men and technical know-how.* London. [dt. 1988: Die Herrschaftsmaschine. Geschlechterverhältnisse und technisches Know-how. Hamburg].

Cockburn, Cynthia (1991): *In the way of women. Men's resistance to sex equality in organizations.* Ithaca. [dt. 1993: Blockierte Frauenwege. Wie Männer Gleichheit in Institutionen und Betrieben verweigern. Hamburg].

Cohen, Sherrill; Taub, Nadine (Hg.) (1989): *Reproductive laws for the 1990s.* Clifton.

Cohen, Theodore F. (1987): Remaking men. Men's experiences becoming and being husbands and fathers and their implications for reconceptualizing men's lives. In: *Journal of Family Issues*, 8: 57-77.

Cohen, Yinon; Bechar, Shlomit; Raijman, Rebecca (1987): Occupational sex segregation in Israel, 1972-1983. In: *Israel Social Science Research*, 5 (1/2): 97-106.

Cohn, Samuel (1985): *The process of occupational sex-typing. The feminization of clerical labor in Great Britain.* Philadelphia.

Cole, Jonathan R. (1979): *Fair science. Women in the scientific community.* New York.

Cole, Jonathan R.; Singer, Burton (1991): A theory of limited differences. Explaining the productivity puzzle in science. In: Zuckerman, Harriet; Cole, Jonathan R.; Bruer, John T. (Hg.): *The outer circle. Women in the scientific community.* New York.

Cole, Jonathan R.; Zuckerman, Harriet (1991): Marriage, motherhood, and research performance in science. In: Zuckerman, Harriet; Cole, Jonathan R.; Bruer, John T. (Hg.): *The outer circle. Women in the scientific community.* New York.

Coleman, Emily (1976): Infanticide in the early middle ages. In: Stuard, Susan Mosher (Hg.): *Women in medieval society.* Philadelphia.

Coleman, Marion Tolbert (1991): The division of household labor. Suggestions for future empirical consideration and theoretical development. In: Blumberg, Rae Lesser (Hg.): *Gender, family, and economy. The triple overlap.* Newbury Park.

Colette (1933): *The pure and the impure. A case-book of love.* New York. [frz. 1932: Ces plasier. Paris].

Collier, Jane Fishburne (1988): *Marriage and inequality in classless societies.* Stanford.

428

Collier, Jane Fishburne; Rosaldo, Michelle Z. (1981): Politics and gender in simple societies. In: Ortner, Sherry B.; Whitehead, Harriet (Hg.): *Sexual meanings. The cultural construction of gender and sexuality*. Cambridge.

Collier, Jane Fishburne; Yanagisako, Sylvia Junko (Hg.) (1987): *Gender and kinship. Essays toward a unified analysis*. Berkeley.

Collins, Jane L. (1990): Unwaged labor in comparative perspective. Recent theories and unanswered questions. In: Collins, Jane L.; Giménez, Martha E. (Hg.): *Work without wages. Comparative studies of domestic labor and self-employment*. Albany.

Collins, Jane L.; Giménez, Martha E. (Hg.) (1990): *Work without wages. Comparative studies of domestic labor and self-employment*. Albany.

Collins, Patricia Hill (1989): The social construction of black feminist thought. In: *Signs*, 14: 745-73.

Collins, Patricia Hill (1990): *Black feminist thought. Knowledge, consciousness, and the politics of empowerment*. Boston.

Collins, Randall (Hg.) (1984): *Sociological theory 1984*. San Francisco.

Collinson, David L. (1988): „Engineering humor". Masculinity, joking and conflict in shop-floor relations. In: *Organization Studies*, 9: 181-99.

Collinson, David L.; Knights, David (1986): „Men only". Theories and practices of job segregation in insurance. In: Knights, David; Willmott, Hugh (Hg.): *Gender and the labor process*. Hampshire.

Collinson, David L.; Collinson, Margaret (1989): Sexuality in the workplace. The domination of men's sexuality. In: Hearn, Jeff u.a. (Hg.): *The sexuality of organization*. Newbury Park.

Collinson, David L.; Knights, David; Collinson, Margaret (1990): *Managing to discriminate*. New York; London.

Coltrane, Scott (1988): Father-child relationships and the status of women. A cross-cultural study. In: *American Journal of Sociology*, 93: 1060-95.

Coltrane, Scott (1989): Household labor and the routine production of gender. In: *Social Problems*, 36: 473-90.

Coltrane, Scott (1992): The micropolitics of gender in nonindustrial societies. In: *Gender & Society*, 6: 86-107.

Coltrane, Scott; Hickman, Neal (1992): The rhetoric of rights and needs. Moral discourse in the reform of child custody and child support laws. In: *Social Problems*, 39: 400-20.

Conkey, Margaret A. (1985): Ritual communication, social elaboration, and the variable trajectories of Paleolithic material culture. In: Price, T. Douglas; Brown, James A. (Hg.): *Prehistoric hunter-gatherers. The emergence of cultural complexity*. Orlando.

Connell, Robert W. (1987): *Gender and power*. Stanford.

Connell, Robert W. (1990a): The state, gender, and sexual politics. Theory and appraisal. In: *Theory and Society*, 19: 507-44.

Connell, Robert W. (1990b): A whole new world. Remaking masculinity in the context of the environmental movement. In: *Gender & Society*, 4: 452-78.

Connell, Robert W. (1992): A very straight gay. Masculinity, homosexual experience, and gender. In: *American Sociological Review*, 57: 735-51.

Cook, Blanche Wiesen (1977): Female support networks and political activism. Lillian Wald, Crystal Eastman and Emma Goldman. In: *Chrysalis*, 3 (Herbst): 43-61.

Cook, Blanche Wiesen (1979): „Women alone stir my imagination". Lesbianism and the cultural tradition. In: *Signs*, 4: 718-39.

Cook, Blanche Wiesen (1992): *Eleanor Roosevelt*. Bd. 1: 1884-1933. New York.

Coontz, Stephanie; Henderson, Peta (Hg.) (1986a): *Women's work, men's property. The origins of gender and class*. London.

Coontz, Stephanie; Henderson, Peta (1986b): Property forms, political power and female labor in the origins of class and state societies. In: Coontz, Stephanie; Henderson, Peta (Hg.): *Women's work, men's property. The origins of gender and class*. London.

Cooper, Helen M.; Munich, Adrienne Auslander; Squier, Susan Merrill (Hg.) (1989): *Arms and the woman. War, gender, and literary representation*. Chapel Hill.

Corbin, Alain (1990): *Women for hire. Prostitution and sexuality in France after 1850*. Cambridge. [frz. 1978: Les filles de noce. Misère sexuelle et prostitution. 19. et 20. siècles. Paris].

Corley, Mary C.; Mauksch, Hans O. (1987): Registered nurses, gender, and commitment. In: Statham, Anne; Miller, Eleanor M.; Mauksch, Hans O. (Hg.): *The worth of women's work*. Albany.

Coser, Rose Laub (1978): The principle of patriarchy. The case of The Magic Flute. In: *Signs*, 4: 337-48.

Coser, Rose Laub (1986): Cognitive structure and the use of social space. In: *Sociological Forum*, 1: 1-26.

Cott, Nancy F. (1978): Passionlessness. An interpretation of Victorian sexual ideology, 1790-1850. In: *Signs*, 4: 219-36.

Cott, Nancy F. (1987): *The grounding of modern feminism*. New Haven.

Cott, Nancy F.; Pleck, Elizabeth (Hg.) (1979): *A heritage of her own*. New York.

Coverman, Shelley (1985): Explaining husbands' participation in domestic labor. In: *Sociological Quarterly*, 26: 81-97.

Covin, Teresa Joyce; Brush, Christina Christenson (1991): An examination of male and female attitudes toward career and family issues. In: *Sex Roles*, 25: 393-415.

Cowan, Alison Leigh (1991): Management citadel rocked by unruliness. In: *New York Times Business Section*, 26. September.

Cowan, Ruth Schwartz (1987): Women's work, housework, and history. The historical roots of inequality in work-force participation. In: Gerstel, Naomi; Gross, Harriet Engel (Hg.): *Families and work*. Philadelphia.

Cowart, Jack; Hamilton, Juan; Greenough, Sarah (Hg.) (1987): *Georgia O'Keeffe. Art and letters*. Washington, DC.

Creet, Julia (1991): Daughter of the movement. The psychodynamics of lesbian s/m fantasy. In: *Differences. A Journal of Feminist Cultural Studies*, 3 (2): 135-59.

Crenshaw, Kimberlé (1991): Demarginalizing the intersection of race and sex. A Black feminist critique of antidiscrimination doctrine, feminist theory, and antiracist politics. In: Bartlett, Katharine T.; Kennedy, Rosanne M. (Hg.): *Feminist legal theory. Readings in law and gender*. Boulder.

Crimp, Douglas (Hg.) (1988): *AIDS. Cultural analysis, cultural activism*. Cambridge.

Croll, Elisabeth (1978): *Feminism and socialism in China*. New York.

Croll, Elisabeth (1981): Women in rural production and reproduction in the Soviet Union, China, Cuba, and Tanzania. Socialist development experiences and case studies. In: *Signs*, 7: 361-99.

Croll, Elisabeth (1983): *Chinese women since Mao*. London.

Croll, Elisabeth (1984): The exchange of women and property. Marriage in post-revolutionary China. In: Hirschon, Renée (Hg.). *Women and property. Women as property*. London.

Croll, Elisabeth; Davin, Delia; Kane, Penny (Hg.) (1985): *China's one-child family policy*. New York.

Crompton, Rosemary; Jones, Gareth (1984): *White-collar proletariat. Deskilling and gender in clerical work*. Philadelphia.

Crowe, Christine (1985): ,Women want it'. In vitro fertilization and women's motivations for participation. In: *Women's Studies International Forum*, 8: 57-62.

Crutchfield, Will (1992): A baritone gives voice to a patchwork of emotions. In: *New York Times Arts and Leisure Section*, 31. Mai.

Cucchiari, Salvatore (1981): The gender revolution and the transition from bisexual horde to patrilocal band. The origins of gender hierarchy. In: Ortner, Sherry B.; Whitehead, Harriet (Hg.): *Sexual meanings. The cultural construction of gender and sexuality*. Cambridge.

Dabbs, James M., Jr.; Stokes III, Neil A. (1975): Beauty is power. The use of space on the sidewalk. In: *Sociometry*, 38: 551-57.

Dahl, Tove Stang (1984): Women's right to money. In: Holter, Harriet (Hg.): *Patriarchy in a welfare society*. Oslo.

Dahlberg, Frances (Hg.) (1981): *Woman the gatherer*. New Haven.

Dalla Costa, Mariarosa (1972): *Women and the subversion of the community. The power of women and the subversion of the community*. Bristol. [dt. 1973: Die Macht der Frauen und der Umsturz der Gesellschaft. Berlin].

Dalsimer, Marlyn; Nisonoff, Laurie (1987): The new economic readjustment policies. Implications for Chinese urban working women. In: *Review of Radical Political Economics*, 16: 17-43.

Daly, Mary (1978): *Gyn/Ecology. The metaethics of radical feminism*. Boston. [dt.1981: Gyn-Oekologie. Eine Meta-Ethik des radikalen Feminismus. München].

Daly, Mary; Caputi, Jane (1987): *Intergalactic wickedary of the English language*. Boston.

Damian, Natalia (Hg.) (1990): Feminization of agriculture in Eastern Europe. In: *International Review of Sociology*, 1: 71-183.

Daniels, Arlene Kaplan (1987): Invisible work. In: *Social Problems*, 34: 403-15.

Daniels, Arlene Kaplan (1988): *Invisible careers. Women civic leaders from the volunteer world*. Chicago.

Davidoff, Leonore; Hall, Catherine (1987): *Family fortunes. Men and women of the English middle class, 1780-1850*. Chicago.

Davies, Christie (1982): Sexual taboos and social boundaries. In: *American Journal of Sociology*, 87: 1032-63.

Davies, Margery W. (1982): *Woman's place is at the typewriter. Office work and office workers 1870-1930*. Philadelphia.

Davin, Delia (1973): Women in the liberated areas. In: Young, Marilyn B. (Hg.) (1973): *Women in China. Studies in social change and feminism*. Ann Arbor.

Davis, Angela Y. (1981): *Women, race and class.* New York. [dt. 1982: Rassismus und Sexismus. Schwarze Frauen und Klassenkampf in der USA. Berlin].

Davis, Fred (1961): Deviance disavowal. The management of strained interaction by the visibly handicapped. In: *Social Problems*, 9: 120-32.

Davis, F. James (1991): *Who is Black? One nation's definition.* University Park.

Davis, Madeline; Kennedy, Elizabeth Lapovsky (1986): Oral history and the study of sexuality in the lesbian community: Buffalo, New York, 1940-1960. In: *Feminist Studies*, 12: 7-26.

Davis, Nancy J.; Robinson, Robert V. (1991): Men's and women's consciousness of gender inequality. Austria, West Germany, Great Britain, and the United States. In: *American Sociological Review*, 56: 72-84.

Davis, Natalie Zemon (1975): *Society and culture in early modern France.* Stanford.

Dawson, Warren R. ([1929] 1989): *The custom of couvade.* Dallas.

Dean-Jones, Lesley (1991): The cultural construct of the female body in classical Greek science. In: Pomeroy, Sarah B. (Hg.) (1991): *Women's history and ancient history.* Chapel Hill.

Deaux, Kay; Major, Brenda (1987): Putting gender into context. An interactive model of gender-related behavior. In: *Psychological Review*, 94: 369-89.

De Beauvoir, Simone (1953): The second sex. New York. [frz. 1949: Le deuxième sexe. Paris; dt. 1992: Das andere Geschlecht. Sitte und Sexus der Frau. Reinbek b. Hamburg].

De Cecco, John P.; Shively, Michael G. (1983/84): From sexual identity to sexual relationships. A contextual shift. In: *Journal of Homosexuality*, 9 (2/3): 1-26.

Deegan, Mary Jo; Brooks, Nancy A. (Hg.) (1985): *Women and disability. The double handicap.* New Brunswick.

Dekker, Rudolf M.; van de Pol, Lotte C. (1989): *The tradition of female transvestism in early modern Europe.* New York.

Delaisi de Parseval, Geneviève; Hurstel, Françoise (1987): Paternity „á la française." In: Lamb, Michael E. (Hg.): *The father's role. Cross-cultural perspectives.* Hillsdale.

Delaney, Janice; Lupton, Mary Jane; Toth, Emily (1977): *The curse. A cultural history of menstruation.* New York.

Delany, Samuel R. (1991): Straight talk / street talk. In: *Differences. A Journal of Feminist Cultural Studies*, 3(2): 21-38.

de Lauretis, Teresa (1984): *Alice doesn't. Feminism, semiotics, cinema.* Bloomington.

de Lauretis, Teresa (1987): *Technologies of gender.* Bloomington.

de Lauretis, Teresa (1989): The essence of the triangle or, taking the risk of essentialism seriously. Feminist theory in Italy, the U.S., and Britain. In: *Differences. A Journal of Feminist Cultural Studies*, 1 (2): 3-37.

D'Emilio, John (1983a): Capitalism and gay identity. In: Snitow, Ann; Stansell, Christine; Thompson, Sharon (Hg.): *Powers of desire. The politics of sexuality.* New York.

D'Emilio, John (1983b): *Sexual politics, sexual communities. The making of a homosexual minority in the United States, 1940-1970.* Chicago.

Delphy, Christine; Leonard, Diane (1992): *Familiar exploitation. A new analysis of marriage in contemporary Western societies.* Cambridge.

DeSena, Judith (Hg.)(1989): *Contemporary readings in sociology.* Dubuque.

432

Derdeyn, Andre P. (1976): Child custody contests in historical perspective. In: *American Journal of Psychiatry*, 133: 1369-1376.

DeVault, Marjorie L. (1991): *Feeding the family. The social organization of caring as gender work.* Chicago.

Devor, Holly (1987): Gender blending females. Women and sometimes men. In: *American Behavioral Scientist*, 31: 12-40.

Devor, Holly (1989): *Gender blending. Confronting the limits of duality.* Bloomington.

De Waal, Frans (1984): *Chimpanzee politics. Power and sex among apes.* San Francisco.

De Witt, Karen (1991): The evolving concept of sexual harassment. In: *New York Times*, 13. Oktober.

Dexter, Carolyn R. (1985): Women and the exercise of power in organizations. From ascribed to achieved status. In: Larwood, Laurie; Stromberg, Ann H.; Gutek, Barbara A. (Hg.): *Women and work. An annual review.* Newbury Park.

Dickemann, Mildred (1984): Concepts and classification in the study of human infanticide: Sectional introduction and some cautionary notes. In: Hausfater, Glenn; Hrdy, Sarah Blaffer (Hg.): *Infanticide. Comparative and evolutionary perspectives.* New York.

di Leonardo, Micaela (1987): The female world of cards and holidays. Women, families, and the work of kinship. In: *Signs*, 12: 440-53.

Dill, Bonnie Thornton (1980): „The means to put my children through". Child-rearing goals and strategies among black female domestic servants. In: Rodgers-Rose, La Frances (Hg.): *The Black woman.* Newbury Park.

Dobash, R. Emerson; Dobash, Russell (1979): *Violence against wives. A case against the patriarchy.* New York.

Dobash, Russell P. u. a. (1992): The myth of sexual symmetry in marital violence. In: *Social Problems*, 39: 71-91.

Docter, Richard F. (1988): *Transvestites and transsexuals. Toward a theory of cross-gender behavior.* New York.

Dollimore, Jonathan (1986): Subjectivity, sexuality, and transgression. The Jacobean connection. In: *Renaissance Drama N.S*, 17: 53-81.

Dölling, Irene (1991): Between hope and helplessness. Women in the GDR after the „turning point." In: *Feminist Review*, 39: 3-15.

Donato, Katharine M. (1990): Programming for change? The growing demand for women systems analysts. In: Reskin, Barbara F.; Hartmann, Heidi I. (Hg.): *Women's work, Men's work. Sex segregation on the job.* Washington, DC.

Donato, Katharine M.; Roos, Patricia A. (1987): Gender and earnings inequality among computer specialists. In: Wright, Barbara Drygulski u.a. (Hg.): *Women, work, and technology. Transformations.* Ann Arbor.

Douglas, Mary (1973): *Natural symbols. Explorations in Cosmology.* New York. [dt. 1974: Ritual, Tabu und Körpersymbolik. Sozialanthropologische Studien in Industriegesellschaft und Stammeskultur. Frankfurt a.M.].

Dovidio, John F. u.a. (1988): Power displays between women and men in discussions of gender-linked tasks. A multichannel study. In: *Journal of Personality and Social Psychology*, 55: 580-87.

Dowd, Maureen (1984): Goodbye male ticket, hello etiquette gap. In: *New York Times*, 18. Juli.

Dowd, Maureen (1991a): The Senate and sexism. In: *New York Times*, 8. Oktober.

Dowd, Maureen (1991b): Taboo issues of sex and race explode in glare of hearing. In: *New York Times*, 13. Oktober.

Dowd, Maureen (1991c): Image more than reality became issue, losers say. In: *New York Times*, 16. Oktober.

Draper, Elaine (1993): Fetal exclusion policies and gendered constructions of suitable work. In: *Social Problems*, 40: 90-107.

Duberman, Martin Bauml; Vicinus, Martha; Chauncey, George, Jr. (Hg.) (1989): *Hidden from history. Reclaiming the gay and lesbian past.* New York.

Dublin, Thomas (1977): Women, work and protest in the early Lowell mills. „The oppressing hand of avarice would enslave us." In: Cantor, Milton; Laurie, Bruce (Hg.): *Class, sex, and the woman worker.* Westport.

Duff, Robert W.; Hong, Lawrence K. (1984): Self-images of women bodybuilders. In: *Sociology of Sport Journal*, 2: 374-80.

Dugger, Karen (1988): Social location and gender-role attitudes. A comparison of Black and White women. In: *Gender & Society*, 2: 425-48.

Dunfey, Julie (1984): „Living the principle" of plural marriage. Mormon women, utopia, and female sexuality in the nineteenth century. In: *Feminist Studies*, 10: 523-36.

Dunning, Eric (1986): Sport as a male preserve. Notes on the social sources of masculine identity and its transformations. In: *Theory, Culture and Society*, 3: 79-90.

Durova, Nadezhda (1989): *The cavalry maiden. Journals of a Russian officer in the Napoleonic Wars.* Bloomington.

Dworkin, Andrea (1974): *Woman hating.* New York.

Dworkin, Andrea (1981): *Pornography. Men possessing women.* New York. [dt. 1987: Pornographie. Männer beherrschen Frauen. Köln].

Dworkin, Andrea (1987): *Intercourse.* New York. [dt. 1993: Geschlechtsverkehr. Hamburg].

Dwyer, Daisy; Bruce, Judith (Hg.) (1988): *A home divided. Women and income in the third world.* Palo Alto.

Dyer, Richard (1985): Male sexuality in the media. In: Metcalf, Andy; Humphries, Martin (Hg.): *The sexuality of men.* London.

Dziech, Billie Wright; Weiner, Linda (1990): *The lecherous professor. Sexual harassment on campus.* (2. Aufl.) Boston.

Echols, Alice (1983): The new feminism of yin and yang. In: Snitow, Ann; Stansell, Christine; Thompson, Sharon (Hg.): *Powers of desire. The politics of sexuality.* New York.

Ecker, Gisela (Hg.) (1985): *Feminist aesthetics.* London.

Edin, Kathryn; Jencks, Christopher (1992): Reforming welfare. In: Jencks, Christopher: *Rethinking social policy. Race, poverty, and the underclass.* Cambridge.

Edmondson, Linda Harriet (1984): *Feminism in Russia, 1900-17.* Stanford.

Edwards, J. Michèle (1989): Women and music. In: *NWSA Journal*, 1: 506-18.

Edwards, Paul (1990): The army and the microworld. Computers and the politics of gender identity. In: *Signs*, 16: 102-127.

Edwards, Richard (1979): *Contested terrain. The transformation of the workplace in the twentieth century.* New York.

Edwards, Tim (1990): Beyond sex and gender. Masculinity, homosexuality and social theory. In: Hearn, Jeff u.a. (Hg.): *The sexuality of organization.* Newbury Park.

Egolf, Donald B.; Corder, Lloyd E. (1991): Height differences of low and high job status, female and male corporate employees. In: *Sex Roles*, 24: 365-73.

Ehrenberg, Margaret (1989): *Women in prehistory*. Norman.

Ehrenreich, Barbara; English, Deirdre (1973): *Complaints and disorders. The sexual politics of sickness*. Westbury.

Ehrenreich, Barbara (1978): *For her own good. 150 years of the experts' advice to women*. Garden City.

Ehrenreich, Barbara (1983): *The hearts of men. American dreams and the flight from commitment*. Garden City.

Ehrensaft, Diane (1987): *Parenting together. Men and women sharing the care of their children*. Urbana; Chicago.

Ehrlichman, Howard; Eichenstein, Rosalind (1992): Private wishes. Gender similarities and differences. In: *Sex Roles*, 26: 399-422.

Eichler, Margrit (1989): Sex change operations. The last bulwark of the double standard. In: Richardson, Laurel; Taylor, Verta (Hg.): *Feminist frontiers II*. New York.

Einhorn, Barbara (1989): Socialist emancipation. The women's movement in the German Democratic Republic. In: Kruks, Sonia; Rapp, Rayna; Young, Marilyn B. (Hg.): *Promissory notes. Women in the transition to socialism*. New York.

Einhorn, Barbara (1991): Where have all the women gone? Women and the women's movement in East Central Europe. In: *Feminist Review*, 39: 16-36.

Eisenstein, Zillah (1981): *The radical future of liberal feminism*. New York.

Eisenstein, Zillah (1984): *Feminism and sexual equality. Crisis in liberal America*. New York.

Eisenstein, Zillah (1988): *The female body and the law*. Berkeley.

Eisler, Riane (1987): *The chalice and the blade. Our history, our future*. San Francisco.

Eitzen, D. Stanley; Zinn, Maxine Baca (1989): The de-athleticization of women. The naming and gender marking of collegiate sport teams. In: *Sociology of Sport Journal*, 6: 362-70.

El Dareer, Asma (1982): *Woman, why do you weep? Circumcision and its consequences*. London.

Ellis, Kate (1984): I'm black and blue from the Rolling Stones and I'm not sure how I feel about it. Pornography and the feminist imagination. In: *Socialist Review*, 14 (3/4): 103-25.

Ellison, Cori (1992): Breaking the sound barrier. How women finally made their way to the operatic stage. In: Opera News, Juli, 14, 16-17, 37.

Elshtain, Jean Bethke; Tobias, Sheila (Hg.) (1990): *Women, militarism, and war*. Savage.

Elson, Diane; Pearson, Ruth (1981): The subordination of women and the internationalization of factory production. In: Young, Kate; Wolkowitz, Carol; McCullagh, Roslyn (Hg.): *Of marriage and the market. Women's subordination in international perspective*. London.

Engels, Friedrich (1972): *The origin of the family, private property, and the state*. New York. [dt. 1884: Der Ursprung der Familie, des Privateigentums und des Staates. In: MEW 21, S. 25-173. Ostberlin].

Engelstein, Laura (1991): Abortion and the civic order. The legal and medical debates. In: Clements, Barbara Evans; Engel, Barbara Alpern; Worobec, Christine D. (Hg.): *Russia's women. Accommodation, resistance, transformation*. Berkeley.

England, Paula (1979): Women and occupational prestige. A case of vacuous sex equality. In: *Signs*, 5: 252-65.

England, Paula (1992): *Comparable worth. Theories and evidence*. New York.

England, Paula; McCreary, Lori (1987): Gender inequality in paid employment. In: Hess, Beth B.; Ferree, Myra Marx (Hg.). *Analyzing gender*. Newbury Park.

English, Deirdre; Hollibaugh, Amber; Rubin, Gayle (1981): Talking sex. A conversation on sexuality and feminism. In: *Socialist Review*, 11(4): 43-62.

English, Jane (1982): Sex equality in sports. In: Vetterling-Braggin, Mary (Hg.): *Femininity, masculinity, and androgyny*. Boston.

Epstein, Cynthia Fuchs (1971): *Women's place. Options and limits in professional careers*. Berkeley.

Epstein, Cynthia Fuchs (1981): *Women in law*. New York.

Epstein, Cynthia Fuchs (1988): *Deceptive distinctions. Sex, gender and the social order*. New Haven.

Epstein, Cynthia Fuchs (1990): Faulty framework. Consequences of the difference model for women in the law. In: *New York Law School Law Review*, 35: 309-36.

Epstein, Cynthia Fuchs (1991): Constraints on excellence. Structural and cultural barriers to the recognition and demonstration of achievement. In: Zuckerman, Harriet; Cole, Jonathan R.; Bruer, John T. (Hg.): *The outer circle. Women in the scientific community*. New York.

Epstein, Cynthia Fuchs; Coser, Rose Laub (Hg.) (1981): *Access to power. Cross-national studies of women and elites*. London.

Epstein, Steven (1987): Gay politics, ethnic identity. The limits of social constructionism. In: *Socialist Review*, 17 (3/4): 9-54.

Escoffier, Jeffrey (1985): Sexual revolution and the politics of gay identity. In: *Socialist Review*, 15(4/5): 119-53.

Estioko-Griffin, Agnes; Griffin, P. Bion (1981): Woman the hunter. The Agta. In: Dahlberg, Frances (Hg.): *Woman the gatherer*. New Haven.

Estrich, Susan (1987): *Real rape*. Cambridge.

Etzioni, Amitai (1969): *The semi-professions and their organization*. New York.

Evans, Mark J. u.a. (1988): Selective first-trimester termination in octuplet and quadruplet pregnancies. Clinical and ethical issues. In: *Obstetrics and Gynecology*, 71: 289-96.

Evans, Sara M.; Nelson, Barbara J. (1989): *Wage justice. Comparable worth and the paradox of technocratic reform*. Chicago.

Eyer, Diane E. (1992): *Mother-infant bonding. A scientific fiction*. New Haven.

Faderman, Lillian (1981): *Surpassing the love of men. Romantic friendship and love between women from the Renaissance to the present*. New York.

Faderman, Lillian (1991): *Odd girls and twilight lovers. A history of lesbian life in twentieth-century America*. New York.

Fagenson, Ellen A. (Hg.) (1993): *Women in management. Trends, issues and challenges in managerial diversity*. Newbury Park.

Farnsworth, Clyde H. (1993): How women moved up in Canada. In: *New York Times*, 20. Juni.

Farr, Kathryn Ann (1988): Dominance bonding through the good old boys sociability group. In: *Sex Roles*, 18: 259-77.

436

Farrell, Susan A. (1991): „It's our church, too!" Women's position in the Catholic church today. In: Lorber, Judith; Farrell, Susan A. (Hg.): *The social construction of gender.* Newbury Park.

Farrell, Susan A. (1992): *Sexuality, gender, and ethics. The social construction of feminist ethics in the Roman Catholic church.* Ph.D. diss. City University of New York Graduate School.

Farwell, Marilyn R. (1988): Toward a definition of the lesbian literary imagination. In: *Signs,* 14: 100-18.

Fausto-Sterling, Anne (1985): *Myths of gender. Biological theories about women and men.* New York. [dt. 1988: Gefangene des Geschlechts? Was biologische Theorien über Mann und Frau sagen. München].

Fausto-Sterling, Anne (1987): Society writes biology/biology constructs gender. In: *Daedalus,* (Herbst): 61-76.

Fausto-Sterling, Anne (1993): How many sexes are there? In: *New York Times Op-Ed Page,* 12. März.

Fava, Sylvia F.; Deierlein, Kathy (1989): Women physicists. Nontraditional occupations and traditional family roles. In: DeSena, Judith (Hg.): *Contemporary readings in sociology.* Dubuque.

Fee, Elizabeth (1989): Venereal disease. The wages of sin? In: Peiss, Kathy; Simmons, Christina (Hg.): *Passion and power. Sexuality in history.* Philadelphia.

Feinbloom, Deborah Heller u.a. (1976): Lesbian/feminist orientation among male-to-female transsexuals. In: *Journal of Homosexuality,* 2 (1): 59-71.

Feldberg, Roslyn L. (1984): Comparable worth. Toward theory and practice in the United States. In: *Signs,* 10: 311-28.

Feldberg, Roslyn L.; Glenn, Evelyn Nakano (1979): Job versus gender models in the sociology of work. In: *Social Problems,* 26: 524-38.

Ferber, Marianne A. (1986): Citations. Are they an objective measure of scholarly merit? In: *Signs,* 11: 381-89.

Ferber, Marianne A. (1988): Citations and networking. In: *Gender & Society,* 2: 82-89.

Ferguson, Ann; Zita, Jacquelyn N.; Addelson, Kathryn Pyne (1981): On „Compulsory heterosexuality and lesbian existence". Defining the issues. In: *Signs,* 7: 158-99.

Ferguson, Ann u.a. (1984): Forum. The feminist sexuality debates. In: *Signs,* 10: 106-35.

Ferguson, Kathy E. (1984): *The feminist case against bureaucracy.* Philadelphia.

Fernández-Kelly, María Patricia (1983): *For we are sold, I and my people. Women and industry in Mexico's frontier.* Albany.

Fernández-Kelly, María Patricia (1984): Maquiladoras. The view from inside. In: Sacks, Karen Brodkin; Remy, Dorothy (Hg.): *My troubles are going to have trouble with me. Everyday trials and triumphs of women workers.* New Brunswick.

Fernández-Kelly, María Patricia (1989): Broadening the scope. Gender and international economic development. In: *Sociological Forum,* 4: 611-35.

Fernández-Kelly, María Patricia; García, Anna M. (1988): Invisible admidst the glitter. Hispanic women in the Southern California electronics industry. In: Statham, Anne; Miller, Eleanor M.; Mauksch, Hans O. (Hg.): *The worth of women's work.* Albany.

Ferraro, Kathleen J. (1989): Policing woman battering. In: *Social Problems,* 36: 61-74.

Ferree, Myra Marx (1993): The rise and fall of „mommy politics". Feminism and unification in (East) Germany. In: *Feminist Studies*, 19: 89-115.

Fierman, Jaclyn (1990): Why women still don't hit the top. In: *Fortune*, 30. Juli.

Finch, Janet (1983): *Married to the job. Wives' incorporation in men's work.* London.

Fine, Gary Alan (1987a): *With the boys. Little League baseball and preadolescent culture.* Chicago.

Fine, Gary Alan (1987b): One of the boys. Women in male-dominated settings. In: Kimmel, Michael S. (Hg.): *Changing men. New directions in research on men and masculinity.* Newbury Park.

Fine, Gary Alan (1992): The dirty play of little boys. In: Kimmel, Michael S.; Michael A. Messner (Hg.): *Men's lives.* New York.

Fine, Michelle; Asch, Adrienne (1985): Disabled women: Sexism without the pedestal. In: Deegan, Mary Jo; Brooks, Nancy A. (Hg.): *Women and disability. The double handicap.* New Brunswick.

Finkelhor, David; Yllö, Kersti (1985): *License to rape. Sexual abuse of wives.* New York.

Fiorenza, Elisabeth Schüssler (1979): Word, spirit and power. Women in early Christian communities. In: Ruether, Rosemary; McLaughlin, Eleanor (Hg.): *Women of spirit. Female leadership in the Jewish and Christian traditions.* New York.

Fisek, M. Hamit; Berger, Joseph; Norman, Robert Z. (1991): Participation in heterogeneous and homogeneous groups. A theoretical integration. In: *American Journal of Sociology*, 97: 114-42.

Fisher, Sue (1986): *In the patient's best interest. Women and the politics of medical decisions.* New Brunswick.

Fishman, Pamela M. (1978): Interaction. The work women do. In: *Social Problems*, 25: 397-406.

Fister, Patricia (1988): *Japanese women artists, 1600-1900.* Lawrence.

Flax, Jane (1990): *Thinking fragments. Psychoanalysis, feminism, and postmodernism in the contemporary West.* Berkeley.

Folbre, Nancy (1983): Of patriarchy born. The political economy of fertility decisions. In: *Feminist Studies*, 9: 261-84.

Folbre, Nancy (1991): The unproductive housewife. Her evolution in nineteenth century economic thought. In: *Signs*, 16: 463-84.

Form, William; McMillen, David Byron (1983): Women, men, and machines. In: *Work and Occupations*, 10: 147-78.

Foucault, Michel (1972): *The archeology of knowledge and the discourse on language.* New York. [frz. 1969: L'archéologie du savoir. Paris; dt. 1973: Archäologie des Wissens. Frankfurt a.M.].

Foucault, Michel (1978): *The history of sexuality. An introduction.* New York. [frz. 1976: Histoire de la sexualité. La volonté de savoir. Paris; dt. 1977: Sexualität und Wahrheit. Bd. 1: Der Wille zum Wissen. Frankfurt a.M.].

Foucault, Michel (Hg.) (1980): *Herculine Barbin. Being the recently discovered memoirs of a nineteenth-century French hermaphrodite.* New York. [frz. 1978: Herculine Barbin dite Alexine B. Paris; dt. 1998: Über Hermaphrodismus. Herculine Barbin. Frankfurt a.M.].

Foucault, Michel (1985): *The use of pleasure.* New York. [frz. 1984: Histoire de la sexualité. II, L'Usage des plaisirs. Paris; dt. 1986: Sexualität und Wahrheit. Bd. 2: Der Gebrauch der Lüste. Frankfurt a.M.].

Fox, Bonnie J. (1990): Selling the mechanized household. 70 years of ads in Ladies' Home Journal. In: *Gender & Society*, 4: 25-40.

Fox, Mary Frank (1981): Sex, salary, and achievement. Reward-dualism in academia. In: *Sociology of Education*, 54: 71-84.

Fox, Mary Frank (1984): Women and higher education. Sex differentials in the status of students and scholars. In: Freeman, Jo (Hg.): *Women. A feminist perspective.* Mountain View.

Fox, Mary Frank (1985): Location, sex-typing, and salary among academics. In: *Work and Occupations*, 12: 186-205.

Fox, Mary Frank (1991): Gender, environmental milieu, and productivity in science. In: Zuckerman, Harriet; Cole, Jonathan R.; Bruer, John T. (Hg.): *The outer circle. Women in the scientific community.* New York.

Fox, Mary Frank; Faver, Catherine A. (1985): Men, women, and publication productivity. Patterns among social work academics. In: *Sociological Quarterly*, 26: 537-49.

Fox-Genovese, Elizabeth (1988): *Within the plantation household. Black and White women of the old South.* Chapel Hill.

Francke, Linda Bird (1991): Hers. Requiem for a soldier. In: *New York Times Magazine*, 21. April, 24, 26.

Franklin, Clyde W. II (1988): *Men and society.* Chicago.

Franklin, Clyde W. II (1992): Black male-female conflict. Individually caused and socially structured. In: Kimmel, Michael S.; Michael A. Messner (Hg.): *Men's lives.* New York.

Franklin, Sara (1990): Deconstructing „desperateness". The social construction of infertility in popular representations of new reproductive technologies. In: McNeil, M.; Varcoe, I.; Yearley, S. (Hg.): *The new reproductive technologies.* London.

Franks, D. D.; McCarthy, E. D. (Hg.) (1989): *The Sociology of emotions. Original essays and research papers.* Greenwich.

Fraser, Laura (1991): The doctor's dilemma. In: *Vogue*, Oktober: 306-11.

Fraser, Nancy (1989): *Unruly practices. Power, discourse and gender in contemporary social theory.* Minneapolis. [dt. 1994: Widerspenstige Praktiken. Macht, Diskurs, Geschlecht. Frankfurt a.M.].

Fredericks, Christopher M.; Paulson, John D.; DeCherney, Alan H. (Hg.) (1987): *Foundations of in vitro fertilization.* Washington.

Fredericksen, Marilynn C.; Keith, Louis; Sabbagha, Rudy E. (1992): Fetal reduction. Is this the appropriate answer for multiple gestation? In: *International Journal of Fertility,* 37: 8-14.

Freeman, Jo (Hg.) (1989): *Women. A feminist perspective.* (4. Aufl.). Mountain View.

Freeman, Lucy; Bond, Alma Halbert (1992): *America's first woman warrior. The courage of Deborah Sampson.* New York.

Freud, Sigmund (1962): *Three essays on the theory of sexuality.* New York. [dt. 1905: Drei Abhandlungen zur Sexualtheorie. In: Gesammelte Werke. Bd. 5, 27-145. Frankfurt a.M.].

Friedl, Ernestine (1975): *Women and men.* New York.

Friedman, Richard C. (Hg.) (1982): *Behavior and the menstrual cycle.* New York.

Frieze, Irene Hanson (1983): Investigating the causes and consequences of marital rape. In: *Signs*, 8: 532-53.

Frieze, Irene Hanson; Browne, Angela (1989): Violence in marriage. In: Ohlin, Lloyd; Tonry, Michael (Hg.): *Family violence*. Chicago.

Frueh, Arlene (1988): Towards a feminist theory of art criticism. In: Raven, Arlene; Langer, Cassandra L.; Frueh, Joanna (Hg.): *Feminist art criticism*. Ann Arbor.

Frye, Marilyn (1983): *The politics of reality. Essays in feminist theory*. Trumansburg.

Frye, Marilyn (1990): Lesbian „sex." In: Allen, Jeffner (Hg.): *Lesbian philosophies and cultures*. Albany.

Frymer-Kensky, Tikva (1992): *In the wake of the goddesses. Women, culture, and the biblical transformation*. New York.

Fuchs, Rachel Ginnis (1984): *Abandoned children. Foundlings and child welfare in nineteenth-century France*. Albany.

Fuchs, Rachel Ginnis (1992): *Poor and pregnant in Paris. Strategies for survival in the nineteenth century*. New Brunswick.

Fuentes, Annette; Ehrenreich, Barbara (1983): *Women in the global factory*. Boston.

Fulbright, Karen (1987): The myth of the double-advantage. Black female managers. In: Simms, Margaret C.; Malveaux, Julianne (Hg.): *Slipping through the cracks. The status of Black women*. New Brunswick.

Fuszara, Malgorzata (1991): Legal regulation of abortion in Poland. In: *Signs*, 17: 117-28.

Gagnon, John; Simon, William (1973): *Sexual conduct. The social sources of human sexuality*. Chicago.

Gailey, Christine Ward (1987): Evolutionary perspectives on gender hierarchy. In: Hess, Beth B.; Ferree, Myra Marx (Hg.). *Analyzing gender*. Newbury Park.

Gallagher, Catherine; Laqueur, Thomas (Hg.) (1987): *The making of the modern body*. Berkeley.

Gallop, Jane (1982): *The daughter's seduction. Feminism and psychoanalysis*. Ithaca.

Game, Ann; Pringle, Rosemary (1983): *Gender at work*. Sydney.

Gamson, Joshua G. (1995): Must identity movements self-destruct? A queer dilemma. In: *Social Problems*, 42: 390-407.

Garber, Marjorie (1989): Spare parts: The surgical construction of gender. In: *Differences. A Journal of Feminist Cultural Studies*, 1 (3): 127-59.

Garber, Marjorie (1992): *Vested interests. Cross-dressing and cultural anxiety*. New York; London.

Garcia, Alma M. (1989): The development of Chicana feminist discourse, 1970-1980. In: *Gender & Society*, 3: 217-38.

Garfinkel, Harold (1967): *Studies in ethnomethodology*. Englewood Cliffs.

Garlick, Barbara; Dixon, Suzanne; Allen, Pauline (Hg.) (1992): *Stereotypes of women in power. Historical perspectives and revisionist views*. Westport.

Garrard, Mary D. (1989): *Artemesia Gentileschi. The image of the female hero in Italian_baroque art*. Princeton.

Gary, Lawrence E. (1987): Predicting interpersonal conflict between women and men. The case of Black men. In: Kimmel, Michael S. (Hg.): *Changing men. New directions in research on men and masculinity*. Newbury Park.

Gates, Hill (1989): The commoditization of Chinese women. In: *Signs*, 14: 799-832.

Gelb, Joyce (1989): *Feminism and politics. A comparative perspective*. Berkeley.

Gelman, Susan A.; Collman, Pamela; Maccoby, Eleanor E. (1986): Inferring properties from categories versus inferring categories from properties. The case of gender. In: *Child Development*, 57: 396-404.

Gerson, Kathleen (1985): *Hard choices. How women decide about work, career, and motherhood*. Berkeley.

Gerson, Judith M.; Peiss, Kathy (1985): Boundaries, negotiation, consciousness. Reconceptualizing gender relations. In: *Social Problems*, 32: 317-31.

Gerstel, Naomi; Gross, Harriet Engel (Hg.) (1987): *Families and work*. Philadelphia.

Gibbs, Jewelle Taylor (1988a): Health and mental health of young Black males. In: Gibbs, Jewelle Taylor u.a. (Hg.): *Young, Black and male in America. An endangered species*. Dover.

Gibbs, Jewelle Taylor (1988b): The new morbidity. Homicide, suicide, accidents, and life-threatening behaviors. In: Gibbs, Jewelle Taylor u.a. (Hg.) (1988): *Young, Black and male in America. An endangered species*. Dover.

Gibbs, Jewelle Taylor u.a. (Hg.) (1988): *Young, Black and male in America. An endangered species*. Dover.

Gilbert, Sandra M. (1983): Soldier's heart. Literary men, literary women, and the Great War. In: *Signs*, 8: 422-50.

Gilbert, Sandra M.; Gubar, Susan (1988): *No man's land. The place of the woman writer in the twentieth century*. New Haven.

Gillespie, Cynthia K. (1989): *Justifiable homicide. Battered women, self-defense, and the law*. Columbus.

Gilligan, Carol (1982): *In a different voice*. Cambridge. [dt. 1984: Die andere Stimme. Lebenskonflikte und Moral der Frau. München u.a.].

Gilman, Charlotte Perkins ([1892] 1973): *The yellow wallpaper*. Old Westbury.

Gilman, Charlotte Perkins (1979): *Herland*. New York. [dt. 1980: Herland. Reinbek b. Hamburg].

Gilman, Sander L. (1988): AIDS and syphilis. The iconography of disease. In: Crimp, Douglas (Hg.): *AIDS. Cultural analysis, cultural activism*. Cambridge.

Gilmartin, Christina (1989): Gender, politics, and patriarchy in China. The experiences of early women Communists, 1920-27. In: Kruks, Sonia; Rapp, Rayna; Young, Marilyn B. (Hg.): *Promissory notes. Women in the transition to socialism*. New York.

Gilmore, David D. (1990): *Manhood in the making. Cultural concepts of masculinity*. New Haven.

Gimbutas, Marija (1974): *The gods and goddesses of Old Europe*. Berkeley.

Gimbutas, Marija (1989): *The language of the goddess*. San Francisco.

Gimenez, Martha E. (1990): The dialectics of waged and unwaged work. Waged work, domestic labor and household survival in the United States. In: Collins, Jane L.; Giménez, Martha E. (Hg.): *Work without wages. Comparative studies of domestic labor and self-employment*. Albany.

Gioseffi, Daniela (Hg.) (1988): *Women on war. Essential voices for the nuclear age*. New York.

Gitlin, Michael J.; Pasnau, Robert O. (1989): Psychiatric syndromes linked to reproductive function in women. A review of current knowledge. In: *American Journal of Psychiatry*, 146: 1413-21.

Gittins, Diana (1982): *Fair sex. Family size and structure in Britain, 1900-39*. New York.

Glass, Jennifer (1988): Job quits and job changes. The effects of young women's work conditions and family factors. In: *Gender & Society*, 2: 228-40.

Glass, Jennifer; Camarigg, Valerie (1992): Gender, parenthood, and job-family compatibility. In: *American Journal of Sociology*, 98: 131-51.

Glassner, Barry (1992): Men and muscles. In: Kimmel, Michael S.; Michael A. Messner (Hg.): *Men's lives*. New York.

Glazer, Nona Y. (1984): Servants to capital. Unpaid domestic labor and paid work. In: *Review of Radical Political Economics*, 16: 61-87.

Glazer, Nona Y. (1988): Overlooked, overworked. Women's unpaid and paid work in the health services „cost crisis.". In: *International Journal of Health Services*, 18: 119-37.

Glazer, Nona Y. (1990): The home as workshop. Women as amateur nurses and medical care providers. In: *Gender & Society*, 4: 479-99.

Glazer, Nona Y. (1991): „Between a rock and hard place". Women's professional organizations in nursing and class, racial, and ethnic inequalities. In: *Gender & Society*, 5: 351-72.

Glazer, Nona Y. (1993): *Women's paid and unpaid labor. The work transfer in retailing and health care*. Philadelphia.

Glendon, Mary Ann (1989): *The transformation of family law. State, law and family in the United States and Western Europe*. Chicago.

Glenn, Evelyn Nakano (1985): Racial ethnic women's labor. The intersection of race, gender, and class oppression. In: *Review of Radical Political Economics*, 17: 86-108.

Glenn, Evelyn Nakano (1986): *Issei, Nissei, war bride*. Philadelphia.

Glenn, Evelyn Nakano (1992): From servitude to service work. Historical continuities in the racial division of paid reproductive labor. In: *Signs*, 18: 1-43.

Glenn, Evelyn Nakano; Feldberg, Roslyn L. (1977): Degraded and deskilled. The proletarianization of clerical work. In: *Social Problems*, 25: 52-64.

Glenn, Evelyn Nakano; Tolbert II, Charles M. (1987): Technology and emerging patterns of stratification for women of color. Race and gender segregation in computer occupations. In: Wright, Barbara Drygulski u.a. (Hg.): *Women, work, and technology. Transformations*. Ann Arbor.

Godelier, Maurice (1986): *The making of great men: Male domination and power among the New Guinea Baruyea*. Cambridge. [frz. 1982: La production des Grandes Hommes. Paris; dt. 1987: Die Produktion der Großen Männer. Macht und männliche Vorherrschaft bei den Baruya in Neuguinea. Frankfurt a.M.; New York].

Goffman, Erving (1959): *The presentation of self in everyday life*. Garden City. [dt.1969: Wir alle spielen Theater. die Selbstdarstellung im Alltag. München].

Goffman, Erving (1963a): *Stigma*. Englewood Cliffs. [dt. 1967: Stigma. Über Techniken der Bewältigung beschädigter Identität. Frankfurt a.M.].

Goffman, Erving (1963b): *Behavior in public places. Notes on the social organization of gatherings*. New York. [dt. 1982: Das Individuum im öffentlichen Austausch. Mikrostudien zur öffentlichen Ordnung. Frankfurt a.M.].

Goffman, Erving (1967): *Interaction ritual. Essays in face-to-face behavior*. Hawthorne. [dt. 1975: Interaktionsrituale. Über Verhalten in direkter Kommunikation. Frankfurt a.M.].

Goffman, Erving (1977): The arrangement between the sexes. In: *Theory and Society*, 4: 301-33. [dt. 1994: Das Arrangement der Geschlechter. In: Interaktion und Geschlecht. Frankfurt a.M., 105-158].

442

Goffman, Erving (1983): Felicity's condition. In: *American Journal of Sociology*, 89: 1-53.

Goldberg, Gertrude Schaffner; Kremen, Eleanor (Hg.) (1990): *The feminization of poverty. Only in America?* Westport.

Goldin, Claudia (1990): *Understanding the gender gap. An economic history of American women.* New York.

Goldstone, Jack A. (1991): *Revolution and rebellion in the early modern world.* Berkeley.

Goldman, Wendy Zeva (1989): Women, the family and the new revolutionary order in the Soviet Union. In: Kruks, Sonia; Rapp, Rayna; Young, Marilyn B. (Hg.): *Promissory notes. Women in the transition to socialism.* New York.

Goldman, Wendy Zeva (1991): Women, abortion, and the state. 1917-36. In: Clements, Barbara Evans; Engel, Barbara Alpern; Worobec, Christine D. (Hg.): *Russia's women. Accommodation, resistance, transformation.* Berkeley.

Goleman, Daniel (1991): Sexual harassment. It's about power, not lust. In: *New York Times Science Section*, 22. Oktober.

Gonzalez, David (1991): So few died, but how it hurt those back home. 11 stories. In: *New York Times*, 15. März.

Goode, William J. (1959): The theoretical importance of love. In: *American Sociological Review* 24: 38-47.

Goode, William J. (1978): *The celebration of heroes.* Berkeley.

Goode, William J. (1993): Why men resist. In: Thorne, Barrie; Yalom, Marilyn (Hg.): *Rethinking the family. Some feminist questions.* Boston. [Erstausgabe 1982].

Goodman, Madeleine (1980): Toward a biology of menopause. In: *Signs*, 5: 739-53.

Goodman, Madeleine (1982): A critique of menopause research. In: Voda, Anne M.; Dinnerstein, Myra; O'Donnell, Sheryl R. (Hg.): *Changing perspectives on menopause.* Austin.

Gordon, Linda (1989): *Heroes of their own lives. The politics and history of family violence, Boston 1880-1960.* New York.

Gordon, Linda (1990a): *Woman's body, woman's right. Birth control in America.* Baltimore.

Gordon, Linda (Hg.) (1990b): *Women, the state, and welfare.* Madison.

Gordon, Michael (Hg.) (1978): *The American family in socio-historical perspective.* New York.

Gordon, Tuula (1990): *Feminist mothers.* New York.

Gorz, Andre (Hg.) (1978): *The division of labor. The labor process and class-struggle in modern capitalism.* Hassocks.

Gottfried, Heidi (1991): Mechanisms of control in the temporary help service industry. In: *Sociological Forum*, 6: 699-713.

Gottlieb, Roger (1984): Mothering and the reproduction of power. Chodorow, Dinnerstein, and social theory. In: *Socialist Review*, 14 (5): 93-119.

Gould, Lois (1972): X. A fabulous child's story. In: *Ms. Magazine*, Dezember, 74-76, 105-06.

Gove, Walter R. (1984): Gender differences in mental and physical illness. The effects of fixed roles and nurturant roles. In: *Social Science and Medicine*, 19: 77-91.

Graham, Ruth (1977): Loaves and liberty. Women in the French Revolution. In: Bridenthal, Renate; Koonz, Claudia (Hg.): *Becoming visible. Women in European history.* Boston.

Graham, Dee L. R.; Rawlings, Edna; Rimini, Nelly (1988): Survivors of terror. Battered women, hostages and the Stockholm syndrome. In: Yllö, Kersti; Bograd, Michele (Hg.): *Feminist perspectives on wife abuse*. Newbury Park.

Gramsci, Antonio (1971): *Selections from the prison notebooks*. New York. [itl. 1948-51: Quaderni del carcere. 6 Bde. Turin; dt. 1991 ff.: Gefängnishefte. Kritische Gesamtausgabe. Hrsg. vom Deutschen Gramsci-Projekt unter der wissenschaftlichen Leitung von Klaus Bochmann. Hamburg].

Grant, Linda (1988): The gender climate in medical school. Perspectives of women and men students. In: *Journal of the American Medical Women's Association* 43: 109-10, 115-19.

Gray, Francine du Plessix (1990): *Soviet women. Walking the tightrope*. New York.

Greenberg, David F. (1988): *The construction of homosexuality*. Chicago.

Greenblatt, Stephen (1987): *Shakespearean negotiations. The circulation of social energy in Renaissance England*. Berkeley.

Greenhouse, Linda (1991): Court backs right of women to jobs with health risks. In: *New York Times*, 21. März.

Greer, Germaine (1985): *Sex and destiny. The politics of human fertility*. San Francisco.

Gregersen, Edgar (1983): *Sexual practices. The story of human sexuality*. New York.

Greif, Geoffrey L. (1985): *Single fathers*. Lexington.

Greil, Arthur L. (1991): *Not yet pregnant. Infertile couples in contemporary America*. New Brunswick.

Greil, Arthur L.; Leitko, Thomas A.; Porter, Karen L. (1988): Infertility. His and hers. In: *Gender & Society*, 2: 172-99.

Grella, Christine E. (1990): Irreconcilable differences. Women defining class after divorce and downward mobility. In: *Gender & Society*, 4: 41-55.

Grieco, Margaret; Whipp, Richard (1986): Women and the workplace. Gender and control in the labor process. In: Knights, David; Willmott, Hugh (Hg.): *Gender and the labor process*. Hampshire.

Griffin, Susan (1982): *Pornography and silence. Culture's revenge against nature*. San Francisco.

Grigsby, Darcy Grimaldo (1990): Dilemmas of visibility. Contemporary women artists' representations of female bodies. In: Goldstein, Laurence (Hg.): The female body, Part 1. *Special issue of Michigan Quarterly Review*, 29: 584-618.

Grimm, David E. (1987): Toward a theory of gender. Transsexualism, gender, sexuality, and relationships. In: *American Behavioral Scientist*, 31: 66-85.

Grimm, James W.; Stern, Robert N. (1974): Sex roles and internal labor market structures. The „female" semi-professions. In: *Social Problems*, 21: 690-705.

Groce, Stephen B.; Cooper, Margaret (1990): Just me and the boys? Women in local-level rock and roll. In: *Gender & Society*, 4: 220-29.

Gross, Edward (1968): Plus ça change...? The sexual structure of occupations over time. In: *Social Problems*, 16: 198-208.

Gross, Harriet Engel u.a. (1979): Considering „A biosocial perspective on parenting". In: *Signs*, 4: 695-717.

Gross, Jane (1990a): New home front developing as women hear call to arms. In: *New York Times*, 18. September.

Gross, Jane (1990b): Needs of family and country clash in Persian Gulf mission. In: *New York Times*, 12. Dezember.

Gross, Jane (1991): A woman's resignation touches a nerve at medical schools. In: *New York Times*, 14. Juli.

Grossberg, Michael (1983): Who gets the child? Custody, guardianship, and the rise of judicial patriarchy in nineteenth-century America. In: *Feminist Studies*, 9: 235-60.

Gruber, James (1992): A typology of personal and environmental sexual harassment. Research and policy implications for the 1990s. In: *Sex Roles,* 26: 447-63.

Gruber, James; Bjorn, Lars (1982): Blue-collar blues. The sexual harassment of women auto workers. In: *Work and Occupations,* 9: 271-98.

Gubar, Susan; Hoff, Joan (1989): *For adult users only. The dilemma of violent pornography.* Bloomington.

Guinan, Mary E. (1988): PMS or perifollicular phase euphoria? In: *Journal of the American Medical Women's Association*, 43: 91-92.

Gullickson, Gay L. (1991): La pétroleuse. Representing revolution. In: *Feminist Studies*, 17: 241-65.

Gutek, Barbara A. (1985): *Sex and the workplace. The impact of sexual behavior and harassment on women, men, and organizations.* San Francisco.

Gutiérrez, Ramón A. (1991): *When Jesus came, the Corn Mothers went away. Marriage, sexuality, and power in New Mexico*, 1500-1846. Stanford.

Guttentag, Marcia; Secord, Paul F. (1983): *Too many women. The sex ratio question.* Newbury Park.

Haas, Linda (1980): Role-sharing couples. A study of egalitarian marriages. In: *Family Relations*, 29: 289-96.

Haas, Linda (1982): Determinants of role-sharing behavior. A study of egalitarian couples. In: *Sex Roles*, 8: 747-60.

Haas, Linda (1991): Equal parenthood and social policy. Lessons from a study of parental leave in Sweden. In: Hyde, Janet Shibley; Essex, Marilyn J. (Hg.): *Parental leave and child care. Setting a research and policy agenda.* Philadelphia.

Haavind, Hanne (1984): Love and power in marriage. In: Holter, Harriet (Hg.): *Patriarchy in a welfare society.* Oslo.

Haavio-Mannila, Elina; Kauppinen, Kaisa (1992): Women and the welfare state in Nordic countries. In: Kahne, Hilda ; Giele, Janet Z. (Hg.): *Women's work and women's lives. The continuing struggle worldwide.* Boulder.

Hacker, Sally L. (1979): Sex stratification, technology and organizational change. A longitudinal study of AT&T. In: *Social Problems*, 26: 539-57.

Hacker, Sally L. (1989): *Pleasure, power and technology.* Winchester.

Hacker, Sally L.; Clara Elcorobairutia, (1987): Women workers in the Mondragon system of industrial cooperatives, In: *Gender & Society*, 1: 358-79.

Hadingham, Evan (1979): *Secrets of the Ice Age. The world of the cave artists.* New York.

Hall, M. Ann (1988): The discourse of gender and sport. From femininity to feminism. In: *Sociology of Sport Journal*, 5: 330-40.

Hall, Nor (1989): *Broodmales. A psychological essay on men in childbirth.* Dallas.

Hall, Oswald (1946): The informal organization of the medical profession. In: *Canadian Journal of Economics and Political Science*, 12: 30-41.

Hall, Oswald (1948): The stages of a medical career. In: *American Journal of Sociology,* 53: 327-36.

Hall, Oswald (1949): Types of medical careers. In: *American Journal of Sociology*, 55: 243-53.

Hall, Peter Dobkin (1978): Marital selection and business in Massachusetts merchant families, 1700-1900. In: Gordon, Michael (Hg.): *The American family in socio-historical perspective*. New York.

Hallo, William W.; Van Dijk, J. J. A. (1968): *The exultation of Inanna*. New Haven.

Hamabata, Matthews Masayki (1990): *Crested kimono. Power and love in the Japanese business family*. Ithaca.

Hammel, E. A.; Johansson, Sheila R.; Ginsberg, Caren A. (1983): The value of children during industrialization. Sex ratios in childhood in nineteenth-century America. In: *Journal of Family History*, 8: 346-66.

Hanawalt, Barbara A. (Hg.) (1986): *Women and work in preindustrial Europe*. Bloomington.

Hanmer, Jalna; Maynard, Mary (Hg.) (1987): *Women, violence and social control*. Atlantic Highlands.

Hanna, Judith Lynne (1988): *Dance, sex and gender. Signs of identity, dominance, defiance, and desire*. Chicago.

Hannan, Michael T.; Schömann, Klaus; Blossfeld, Hans-Peter (1990): Sex and sector differences in the dynamics of wage growth in the Federal Republic of Germany. In: *American Sociological Review*, 55: 694-13.

Hansen, Charles E.; Evans, Anne (1985): Bisexuality reconsidered. An idea in pursuit of a definition. In: *Journal of Homosexuality*, 11(1/2): 1-6.

Hansen, Karen Tranberg (1990): Body politics. Sexuality, gender, and domestic service in Zambia. In: *Journal of Women's History*, 2: 120-42.

Hansen, Karen V. (1989): „Helped put in a quilt". Men's work and male intimacy in nineteenth-century New England. In: *Gender & Society*, 3: 334-54.

Hansot, Elisabeth; Tyack, David (1988): Gender in American public schools. Thinking institutionally. In: *Signs*, 13: 741-60.

Hansson, Carola; Lidén, Karin (Hg.) (1983): *Moscow women. Thirteen interviews*. New York. [dt.1989: Unerlaubte Gespräche mit Moskauer Frauen. Frankfurt a.M.; Berlin].

Haraway, Donna (1978a): Animal sociology and a natural economy of the body politic. Part I: A political physiology of dominance. In: *Signs*, 4: 21-36.

Haraway, Donna (1978b): Animal sociology and a natural economy of the body politic. Part II: The past is the contested zone. Human nature and theories of production and reproduction in primate behavior studies. In: *Signs*, 4: 37-60.

Haraway, Donna (1981): In the beginning was the word. The genesis of biological theory. In: *Signs*, 6: 469-81.

Haraway, Donna (1985): A manifesto for cyborgs. In: *Socialist Review*, 15 (2): 65-107. [dt. 1995: Ein Manifest für Cyborgs. Feminismus im Widerstreit mit der Technowissenschaft. In: Die Neuerfindung der Natur. Primaten, Cyborgs und Frauen. Frankfurt a.M.; New York, 33-72].

Haraway, Donna (1988): Situated knowledges. The science question in feminism and the privilege of partial perspective. In: *Feminist Studies*, 14: 575-99. [dt. 1995: Situiertes Wissen. Die Wissenschaftsfrage im Feminismus und das Privileg einer partialen Perspektive. In: Die Neuerfindung der Natur. Primaten, Cyborgs und Frauen. Frankfurt a.M.; New York, 73-97].

Haraway, Donna (1989): *Primate visions*. New York; London.

446

Haraway, Donna (1990): Investment strategies for the evolving portfolio of primate females. In: Jacobus, Mary; Keller, Evelyn Fox; Shuttleworth, Sally (Hg.): *Body/politics. Women and the discourses of science*. New York; London.

Haraway, Donna (1991): *Simians, cyborgs, and women. The reinvention of nature*. New York, London. [dt. 1995: Die Neuerfindung der Natur. Primaten, Cyborgs und Frauen. Frankfurt a.M.; New York].

Harding, Sandra (1986): *The science question in feminism*. Ithaca. [dt. 1990: Feministische Wissenschaftstheorie. Zum Verhältnis von Wissenschaft und sozialem Geschlecht. Hamburg].

Harding, Sandra (1991): *Whose science? Whose knowledge? Thinking from women's lives*. Ithaka. [dt. 1994: Das Geschlecht des Wissens. Frauen denken die Wissenschaft neu. Frankfurt a.M.; New York].

Hare-Mustin, Rachel T.; Marecek, Jeanne (Hg.) (1990): *Making a difference. Psychology and the construction of gender*. New Haven.

Hargreaves, Jennifer A. (Hg.) (1982): *Sport, culture, and ideology*. London.

Hargreaves, Jennifer A. (1986): Where's the virtue? Where's the grace? A discussion of the social production of gender relations in and through sport. In: *Theory, Culture and Society*, 3: 109-21.

Harley, Sharon (1990): For the good of family and race. Gender, work and domestic roles in the Black community, 1880-1930. In: *Signs*, 15: 336-49.

Harlow, Caroline Wolf (1991): *Female victims of violent crime*. Washington, DC.

Harris, Ann Sutherland; Nochlin, Linda (1976): *Women artists: 1550-1950*. New York.

Harris, Olivia (1981): Households as natural units. In: Young, Kate; Wolkowitz, Carol; McCullagh, Roslyn (Hg.): *Of marriage and the market. Women's subordination in international perspective*. London.

Harrison, James; Chin, James; Ficarrotto, Thomas (1992): Warning. Masculinity may be dangerous to your health. In: Kimmel, Michael S.; Michael A. Messner (Hg.): *Men's lives*. New York.

Hart, Barbara (1986): Lesbian battering. An examination. In: Lobel, Kerry (Hg.): *Naming the violence. Speaking out against lesbian battering*. Seattle.

Hartmann, Heidi I. (1976): Capitalism, patriarchy, and job segregation by sex. In: *Signs*, 1 (3/2): 137-67.

Hartmann, Heidi I. (1981a): The family as the locus of gender, class, and political struggle. The example of housework. In: *Signs*, 6: 366-94.

Hartmann, Heidi I. (1981b) *The unhappy marriage of Marxism and feminism. Towards a more progressive union*. In Sargent.

Hartmann, Heidi I. (Hg.) (1987): *Computer chips and paper clips. Technology and women's employment*. Bd. 2. Washington, DC.

Hartmann, Heidi I.; Kraut, Robert E.; Tilly, Louise A. (Hg.) (1986): *Computer chips and paper clips. Technology and women's employment*. Bd. 1. Washington, DC.

Hartman, Mary S.; Banner, Lois (Hg.) (1974): *Clio's consciousness raised. New perspectives on the history of women*. New York.

Hartsock, Nancy C. M. (1983): *Money, sex, and power. Toward a feminist historical materialism*. New York.

Haskell, Molly (1989): Hers. He drives me crazy. In: *New York Times Magazine*, 24. September, 26, 28.

Hatfield, Elaine; Sprecher, Susan (1986): *Mirror, mirror. The importance of looks in everyday life.* Albany.

Haug, Frigga (1991): The end of socialism in Europe. A new challenge for socialist feminism? In: *Feminist Review*, 39: 37-48.

Haug, Frigga u.a. (1987): *Female sexualization. A collective work of memory.* London. [dt. 1990: Die Sexualisierung der Körper. Hamburg.].

Hausfater, Glenn; Hrdy, Sarah Blaffer (Hg.) (1984): *Infanticide. Comparative and evolutionary perspectives.* New York.

Hayden, Dolores (1981): *The grand domestic revolution. A history of feminist designs for American homes, neighborhoods, and cities.* Cambridge.

Hearn, Jeff (1987): *The gender of oppression. Men, masculinity and the critique of Marxism.* New York.

Hearn, Jeff; Morgan, David (Hg.) (1990): *Men, masculinities and social theory.* London.

Hearn, Jeff; Parkin, P. Wendy (1988): Women, men, and leadership. A critical review of assumptions, practices, and change in the industrialized nations. In: Adler, Nancy J.; Izraeli, Dafna N. (Hg.): *Women in management world-wide.* Armonk.

Hearn, Jeff u.a. (Hg.) (1989): *The sexuality of organization.* Newbury Park.

Heilbrun, Carolyn (1988): *Writing a woman's life.* New York.

Heitlinger, Alena (1979): *Women and state socialism. Sex inequality in the Soviet Union and Czechoslovakia.* Montreal.

Heitlinger, Alena (1987): *Reproduction, medicine and the socialist state.* New York.

Held, Virginia (1983): The obligations of mothers and fathers. In: Trebilcot, Joyce (Hg.) (1983): *Mothering. Essays in feminist theory.* Totowa.

Held, Virginia (1989): Birth and death. In: *Ethics*, 99: 362-88.

Hendrix, Lewellyn; Hossain, Zakir (1988): Women's status and mode of production. A cross-cultural test. In: *Signs*, 13: 437-53.

Henley, Nancy M. (1977): *Body politics. Power, sex, and nonverbal communication.* Englewood Cliffs.

Hennig, Margaret; Jardim, Anne (1977): *The managerial woman.* New York. [dt. 1978: Frau und Karriere. Der Weg zur Spitze in einer männerbestimmten Arbeitswelt. Reinbek b. Hamburg].

Henriques, Diana B. (1992): Ms. Siebert, still on the barricades. In: *New York Times.* Business Section, 5. Juli.

Herdt, Gilbert (1981): *Guardians of the flutes. Idioms of masculinity.* New York.

Herdt, Gilbert (1990): Mistaken gender. 5α-reductase hermaphroditism and biological reductionism in sexual identity reconsidered. In: *American Anthropologist*, 92: 433-46.

Herdt, Gilbert; Davidson, Julian (1988): The Sambia „turnim-man". Sociocultural and clinical aspects of gender formation in male pseudohermaphrodites with 5α-reductase deficiency in Papua, New Guinea. In: *Archives of Sexual Behavior*, 17: 33-56.

Herek, Gregory M. (1986): On heterosexual masculinity. Some psychical consequences of the social construction of gender and sexuality. In: *American Behavioral Scientist*, 29: 563-77.

Herlihy, David (1976): Land, family, and women in continental Europe, 701-1200. In: Stuard, Susan Mosher (Hg.): *Women in medieval society.* Philadelphia.

448

Herlihy, David (1984): Households in the early Middle Ages. Symmetry and saint-hood. In: Netting, Robert McC.; Wilk, Richard R.; Arnould, Eric J. (Hg.): *Households. Comparative and historical studies of the domestic group.* Berkeley.

Herman, Judith Lewis; Hirschman, Lisa (1981): *Father-daughter incest.* Cambridge.

Hernes, Helga Maria (1984): Women and the welfare state. The transition from pri-vate to public dependence. In: Holter, Harriet (Hg.): *Patriarchy in a welfare soci-ety.* Oslo.

Herrmann, Anne (1991): „Passing" women, performing men. In: Goldstein, Laurence (Hg.): The female body, Part 2. In: *Special issue of Michigan Quarterly Review,* 30: 60-71.

Hertz, Rosanna (1986): *More equal than others. Women and men in dual-career marriages.* Berkeley.

Hertz, Rosanna (1992): Financial affairs. Money and authority in dual-earner mar-riage. In: Lewis, Susan; Izraeli, Dafna N.; Hootsmans, Helen (Hg.): *Dual-earner families. International perspectives.* London.

Hess, Beth B. (1981): Friendship and gender roles over the life course. In: Stein, Peter J. (Hg.): *Single life. Unmarried adults in social context.* New York.

Hess, Beth B. (1990): Beyond dichotomy. Drawing distinctions and embracing differ-ences. In: *Sociological Forum,* 5: 75-93.

Hess, Beth B.; Ferree, Myra Marx (Hg.): *Analyzing gender.* Newbury Park.

Hewlett, Barry S. (1987): Employment for professional Black women in the twentieth century. In: Bose, Christine E.; Spitze, Glenna (Hg.): *Ingredients for women's em-ployment policy.* Albany.

Hewlett, Barry S. (1987): Intimate fathers. Patterns of paternal holding among Aka Pygmies. In: Lamb, Michael E. (Hg.): *The father's role. Cross-cultural perspec-tives.* Hillsdale.

Hewlett, Barry S. (1992a): Husband-wife reciprocity and the father-infant relationship among Aka Pygmies. In: Hewlett, Barry S. (Hg.): *Father-child relations. Cultural and biosocial contexts.* New York.

Hewlett, Barry S. (Hg.) (1992b): *Father-child relations. Cultural and biosocial con-texts.* New York.

Higginbotham, Elizabeth (1983): Laid bare by the system. Work and survival for Black and Hispanic women. In: Swerdlow, Amy; Lessinger, Hanna (Hg.): *Class, race, and sex. The dynamics of control.* Boston.

Higginbotham, Elizabeth; Lynn Weber (1992): Moving up with kin and community. Upward social mobility for Black and White women. In: *Gender & Society,* 6: 416-40.

Higginbotham, Evelyn Brooks (1992): African-American women's history and the metalanguage of race. In: *Signs,* 17: 251-74.

Hilbert, Richard A. (1987): Bureaucracy as belief, rationalization as repair. Max Weber in a post-functionalist age. In: *Sociology Theory,* 5: 70-86.

Hill, Anita (1992): The nature of the beast. In: *Ms. Magazine,* Januar/Februar: 32-33.

Hill, Bridget (1989): *Women, work, and sexual politics in eighteenth-century Eng-land.* Oxford; New York.

Hillier, Bill; Hanson, Julienne (1984): *The social logic of space.* Cambridge.

Hillsman, Sally T.; Levenson, Bernard (1975): Job opportunities of Black and White working-class women. In: *Social Problems,* 22: 510-32.

Hirschon, Renée (Hg.). *Women and property. Women as property.* London.

Hobson, Barbara Meil (1987): *Uneasy virtue. The politics of prostitution and the American reform tradition*. New York.

Hochschild, Arlie Russell (1983): *The managed heart. Commercialization of human feeling*. Berkeley. [dt. 1989: Das gekaufte Herz. Zur Kommerzialisierung der Gefühle. Frankfurt a.M.].

Hochschild, Arlie; Machung, Anne (1989a): *The second shift Working parents and the revolution at home*. New York.

Hochschild, Arlie (1989b): The economy of gratitude. In: Franks, D. D.; McCarthy, E. D. (Hg.): *The Sociology of emotions. Original essays and research papers*. Greenwich.

Hodder, Ian (1984): Burials, houses, and women in the European Neolithic. In: Miller, Daniel; Tilley, Christopher (Hg.): *Ideology, power, and prehistory*. Cambridge.

Hoerning, Erika M. (1988): The myth of female loyalty. In: *Journal of Psychohistory*, 16: 19-45.

Hoffer, Peter C.; Hull, N. E. H. (1981): *Murdering mothers. Infanticide in England and New England*, 1558-1803. New York.

Hoffmann, Joan C. (1982): Biorhythms in human reproduction. The not-so-steady states. In: *Signs*, 7: 829-44.

Holcombe, Lee (1983): *Wives and property. Reform of the Married Women's Property Law in nineteenth-century England*. Toronto.

Holder, Maryse (1988): Another cuntree. At last, a mainstream female art movement. In: Raven, Arlene; Langer, Cassandra L.; Frueh, Joanna (Hg.): *Feminist art criticism*. Ann Arbor.

Holland, Barbara (Hg.) (1985): *Soviet sisterhood*. Bloomington.

Holland, Dorothy C.; Eisenhart, Margaret A. (1990): *Educated in romance. Women, achievement, and college culture*. Chicago.

Hollibaugh, Amber; Moraga, Cherrié (1983): What we're rollin' around in bed with. Sexual silences in feminism. In: Snitow, Ann; Stansell, Christine; Thompson, Sharon (Hg.): *Powers of desire. The politics of sexuality*. New York.

Hollway, Wendy (1987): „I just wanted to kill a woman." Why? The Ripper and male sexuality. In: Feminist Review (Hg.): *Sexuality. A reader*. London.

Holmstrom, Lynda Lytle (1972): *The two-career family*. Cambridge.

Holt, Alix (Hg.) (1977): *Selected writings of Alexandra Kollontai*. Westport.

Holter, Harriet (Hg.) (1984): *Patriarchy in a welfare society*. Oslo.

Honig, Emily; Hershatter, Gail (1988): *Personal voices. Chinese women in the 1980's*. Stanford.

Hood, Jane C. (1983): *Becoming a two-job family*. New York.

hooks, bell (1981): *Ain't I a woman. Black women and feminism*. Boston.

hooks, bell (1984): *Feminist theory. From margin to center*. Boston.

hooks, bell (1989): *Talking back. Thinking feminist, talking Black*. Boston.

hooks, bell (1990): *Yearning. Race, gender, and cultural politics*. Boston.

Hootsmans, Helen (1992): Beyond 1992. Dutch and British corporations and the challenge of dual-career couples. In: Lewis, Susan; Izraeli, Dafna N.; Hootsmans, Helen (Hg.): *Dual-earner families. International perspectives*. London.

Horan, Patrick M.; Hargis, Peggy G. (1991): Children's work and schooling in the late nineteenth-century family economy. In: *American Sociological Review*, 56: 583-96.

Hossfeld, Karen J. (1990): „Their logic against them". Contradictions in sex, race, and class in Silicon Valley. In: Ward, Kathryn (Hg.): *Women workers and global restructuring*. Ithaca.

Howard, Jean E. (1988): Crossdressing, the theater, and gender struggle in early modern England. In: *Shakespeare Quarterly*, 39: 418-41.

Hubbard, Ruth (1990): *The politics of women's biology*. New Brunswick.

Hubbard, Ruth; Henifin, Mary Sue; Fried, Barbara (Hg.) (1979): *Women look at biology looking at women*. Boston.

Hubbard, Ruth; Henifin, Mary Sue; Fried, Barbara (Hg.) (1982): *Biological woman. The convenient myth*. Cambridge.

Huber, Joan (1990): Macro-micro links in gender stratification. In: *American Sociological Review*, 55: 1-10.

Huber, Joan; Spitze, Glenna (1983): *Sex stratification. Children, housework, and jobs*. New York.

Hudson, Jackie (1978): Physical parameters used for female exclusion from law enforcements and athletics. In: Oglesby, Carole A. (Hg.): *Women and sport. From myth to reality*. Philadelphia.

Hughes, Everett C. (1971): *The sociological eye*. Chicago.

Humphries, Jane (1988): Women's employment in restructuring America. The changing experience of women in three recessions. In: Rubery, Jill (Hg.): *Women and recession*. London.

Hunt, Janet G.; Hunt, Larry L. (1977): Dilemmas and contradictions of status. The case of the dual-career family. In: *Social Problems*, 24: 407-16.

Hunt, Janet G. (1982): The dualities of careers and families. New integrations or new polarities? In: *Social Problems*, 29: 499-510.

Hunter, Andrea G.; Davis, James Earl (1992): Constructing gender. An exploration of Afro-American men's conceptualization of manhood. In: *Gender & Society*, 6: 464-79.

Hwang, Carl Philip (1987): The changing role of Swedish fathers. In: Lamb, Michael E. (Hg.): *The father's role. Cross-cultural perspectives*. Hillsdale.

Hwang, David Henry (1989): *M Butterfly*. New York.

Hyde, Janet Shibley (1990): Meta-analysis and the psychology of gender differences. In: *Signs*, 16: 55-73.

Hyde, Janet Shibley; Essex, Marilyn J. (Hg.) (1991): *Parental leave and child care. Setting a research and policy agenda*. Philadelphia.

Hymowitz, Carol; Schellhardt, Timothy D. (1986): The glass ceiling. In: *Wall Street Journal*, (März 24): Sektion 4, 1.

Iglitzin, Lynne B.; Ross, Ruth (Hg.) (1976): *Women of the world*. Santa Barbara.

Imperato-McGinley u.a. (1974): Steroid 5α-reductase deficiency in man. An inherited form of male pseudohermaphroditism. In: *Science*, 186: 1213-15.

Imperato-McGinley u.a. (1979): Androgens and the evolution of male-gender identity among male pseudohermaphrodites with 5α-reductase deficiency. In: *New England Journal of Medicine*, 300: 1233-37.

Irigaray, Luce (1980): When our lips speak together. In: *Signs*, 6: 69-79.

Irigaray, Luce (1981a): And the one doesn't stir without the other. In: *Signs*, 7: 60-67. [frz. 1979: Et l'une ne bouge pas sans l'autre; dt. 1979: Und die eine bewegt sich nicht ohne die andere. In: Freibeuter, 2,. 72-78].

Irigaray, Luce (1981b): This sex which is not one. In: Marks, Elaine; de Courtivron, Isabelle (Hg.): *New French Feminisms*. New York. [frz. 1977: Ce sexe qui n'en est pas un. Paris; dt. 1979: Das Geschlecht, das nicht eins ist. In: Das Geschlecht, das nicht eins ist. Westberlin, 22-32].

Irigaray, Luce (1981c): When the goods get together. In: Marks, Elaine; Courtivron, Isabelle de (Hg.): *New French Feminisms*. New York. [frz. 1977: Ce sexe qui n'en est pas un. Paris; dt. 1979: Waren untereinander. In: Das Geschlecht, das nicht eins ist. Westberlin, 199-203].

Irigaray, Luce (1985): *Speculum of the other woman*. Ithaca. [frz. 1974: Speculum de l'autre femme. Paris; dt. 1980: Speculum. Spiegel des anderen Geschlechts. Frankfurt a.M.].

Irigaray, Luce (1985): *This sex which is not one*. Ithaca, N.Y. [frz. 1977: Ce sexe qui n'en est pas un. Paris; dt. 1979: Das Geschlecht, das nicht eins ist. Westberlin].

Irvine, Janice M. (1990): *Disorders of desire. Sex and gender in modern American sexology*. Philadelphia.

Iversen, Joan (1984): Feminist implications of Mormon polygyny. In: *Feminist Studies*, 10: 505-22.

Izraeli, Dafna N. (1981): The Zionist women's movement in Palestine, 1911-1927. A sociological analysis. In: *Signs*, 7: 87-114.

Izraeli, Dafna N. (1984): The attitudinal effects of gender mix in union committees. In: *Industrial and Labor Relations Review*, 37: 212-21.

Izraeli, Dafna N. (1992): Culture, policy, and women in dual-earner families in Israel. In: Lewis, Susan; Izraeli, Dafna N.; Hootsmans, Helen (Hg.): *Dual-earner families. International perspectives*. London.

Izraeli, Dafna N. (1993): Outsiders in the promised land. Women managers in Israel. In: Adler, Nancy J.; Izraeli, Dafna N. (Hg.): *Competitive frontiers. women managers in a global economy*. Oxford; New York.

Jackson, Irene V. (1981): Black women and music. A survey from Africa to the New World. In: Steady, Filomena Chioma (Hg.): *The Black woman cross-culturally*. Cambridge.

Jackson, Jacquelyn Johnson; Perry, Charlotte (1989): Physical health conditions of middle-aged and aged Blacks. In: Markides, Kyriakos S. (Hg.): *Aging and health. Perspectives on gender, race, ethnicity and class*. Newbury Park.

Jackson, Robert Max (1989): The reproduction of parenting. In: *American Sociological Review*, 54: 215-32.

Jackson, Sonia (1987): Great Britain. In: Lamb, Michael E. (Hg.): *The father's role. Cross-cultural perspectives*. Hillsdale.

Jacobs, Jerry A. (1989a): Long-term trends in occupational segregation by sex. In: *American Journal of Sociology*, 95: 160-73.

Jacobs, Jerry A. (1989b): *Revolving doors. Sex segregation and women's careers*. Stanford.

Jacobs, John W. (1982): The effect of divorce on fathers. An overview of the literature. In: *American Journal of Psychiatry*, 139:1235-41.

Jacobs, Sue-Ellen; Roberts, Christine (1989): Sex, sexuality, gender, and gender variance. In: Morgen, Sandra (Hg.): *Gender and anthropology*. Washington, DC.

Jacobus, Mary; Keller, Evelyn Fox; Shuttleworth, Sally (Hg.) (1990): *Body/politics. Women and the discourses of science*. New York; London.

Jaggar, Alison M. (1983): *Feminist politics and human nature*. Totowa.

Jaggar, Alison M. (1990): Sexual difference and sexual equality. In: Rhode, Deborah L. (Hg.): *Theoretical perspectives on sexual difference*. New Haven.

James, George (1991): In trash, a brief life and a note of love. In: *New York Times*, 1. Mai.

Jancar, Barbara Wolfe (1978): *Women under Communism*. Baltimore.

Janofsky, Michael (1992): Yamaguchi has the delicate and golden touch. In: *New York Times*, 22. Februar.

Jaquette, Jane (Hg.) (1989): *The women's movement in Latin America. Feminism and the transition to democracy*. Winchester.

Jardine, Alice A. (1985): *Gynesis. Configurations of woman and modernity*. Ithaca.

Jasso, Guillermina (1988): Employment, earnings, and marital cohesiveness. An empirical test of theoretical predictions. In: Webster, Murray, Jr.; Foschi, Martha (Hg.): *Status generalization. New theory and research*. Stanford.

Jay, Nancy (1981): Gender and dichotomy. In: *Feminist Studies*, 7: 38-56.

Jayakar, Pupul (1990): *The earth mother. Legends, ritual arts, and goddesses of India*. San Francisco.

Jencks, Christopher; Perman, Lauri; Rainwater, Lee (1988): What is a good job? A new measure of labor-market success. In: *American Journal of Sociology*, 93: 1322-57.

Jenness, Valerie (1990): From sex as sin to sex as work. COYOTE and the reorganization of prostitution as a social problem. In: *Social Problems*, 37: 403-20.

Jennings, Thelma (1990): „Us colored women had to go through aplenty". Sexual exploitation of African-American slave women. In: *Journal of Women's History,* 1: 45-74.

Jenson, Jane (1986): Gender and reproduction. Or, babies and the state. In: *Studies in Political Economy*, 20: 9-46.

Johansson, Sheila Ryan (1984): Deferred infanticide. Excess female mortality during childhood. In: Hausfater, Glenn; Hrdy, Sarah Blaffer (Hg.): *Infanticide. Comparative and evolutionary perspectives*. New York.

Johnson, Cynda Ann; Johnson, Bruce E.; Liese, Bruce S. (1991): Dual-doctor marriages. The British experience. In: *Journal of the American Medical Women's Association*, 46: 155-59, 163.

Johnson, Kay Ann (1983): *Women, the family and peasant revolution in China*. Chicago.

Johnson, Richard A.; Schulman, Gary I. (1989): Gender-role composition and role entrapment in decision-making groups. In: *Gender & Society*, 3: 355-72.

Jones, Beverly W. (1984): Race, sex, and class. Black female tobacco workers in Durham, North Carolina, 1920-1940, and the development of female consciousness. In: *Feminist Studies*, 10: 441-51.

Jones, Jacqueline (1986): *Labor of love, labor of sorrow. Black women, work, and the family from slavery to the present*. New York.

Jones, Kathleen B. (1990): Citizenship in a woman-friendly polity. In: *Signs*, 15: 781-812.

Jordanova, Ludmilla (1989): *Sexual visions. Images of gender in science and medicine between the eighteenth and twentieth centuries*. Madison.

Joseph, Gloria I.; Lewis, Jill (1981): *Common differences. Conflicts in Black and White feminist perspectives*. Garden City.

Joyce, James ([1922] 1986): Ulysses. New York. [dt. 1981: Ulysses. Übertragung von Hans Wollschläger, Frankfurt a.M.].

Judson, Horace Freeland (1979): *The eighth day of creation. The makers of the revolution in biology*. New York.

Jump, Teresa L.; Haas, Linda (1987): Fathers in transition. Dual-career fathers participating in child care. In: Kimmel, Michael S. (Hg.): *Changing men. New directions in research on men and masculinity*. Newbury Park.

Kahne, Hilda ; Giele, Janet Z. (Hg.) (1992): *Women's work and women's lives. The continuing struggle worldwide*. Boulder.

Kalleberg, Arne L.; Rosenfeld, Rachel A. (1990): Work in the family and in the labor market. A cross-national, reciprocal analysis. In: *Journal of Marriage and the Family*, 52: 331-46.

Kamerman, Sheila B. (1979): Work and family in industrialized societies. In: *Signs*, 4: 634-50.

Kamerman, Sheila B. (1991): Parental leave and infant care. U.S. and international trends and issues, 1978-1988. In: Hyde, Janet Shibley; Essex, Marilyn J. (Hg.): *Parental leave and child care: Setting a research and policy agenda*. Philadelphia.

Kandiyoti, Deniz (1988): Bargaining with patriarchy. In: *Gender & Society*, 2: 274-90.

Kandiyoti, Deniz (Hg.) (1991): *Women, Islam and the state*. Philadelphia

Kando, Thomas (1973): *Sex change. The achievement of gender identity among feminized transsexuals*. Springfield.

Kanter, Rosabeth Moss (1977a): *Men and women of the corporation*. New York.

Kanter, Rosabeth Moss (1977b): Some effect of proportions on group life. Skewed sex ratios and responses to token women. In: *American Journal of Sociology*, 82: 965-90.

Kaplan, E. Anne (1983): Is the gaze male? In: Snitow, Ann; Stansell, Christine; Thompson, Sharon (Hg.): *Powers of desire. The politics of sexuality*. New York.

Kaplan, Louise J. (1991): *Female perversions. The temptations of Emma Bovary*. New York.

Kasson, John F. (1976): *Civilizing the machine. Technology and republican values in America, 1776-1900*. New York.

Katz, Jonathan Ned (1990): The invention of heterosexuality. In: *Socialist Review*, 20 (1): 7-34.

Kaufman, Debra R. (1978): Associational ties in academe. Some male and female differences. In: *Sex Roles*, 4: 9-21.

Kaufman, Debra R.; Richardson, Barbara L. (1982): *Achievement and women. Challenging the assumptions*. New York.

Kaul, Hjørdis (1991): Who cares? Gender inequality and care leave in Nordic countries. In: *Acta Sociologica*, 34: 115-25.

Kay, Herma Hill (1985): Models of equality. In: *University of Illinois Law Review*, (1): 39-88.

Kearns, Bessie Jean Ruley (1982): Perceptions of menopause by Papago women. In: Voda, Anne M.; Dinnerstein, Myra; O'Donnell, Sheryl R. (Hg.): *Changing perspectives on menopause*. Austin.

Keddie, Nikki R.; Baron, Beth (Hg.) (1991): *Women in Middle Eastern history. Shifting boundaries in sex and gender*. New Haven.

454

Keller, Evelyn Fox (1983): *A feeling for the organism. The life and work of Barbara McClintock.* New York.

Keller, Evelyn Fox (1985): *Reflections on gender and science.* New Haven.

Kelly, Joan (1984): *Women, history, and theory.* Chicago.

Kelly, Linda (1987): *Women of the French Revolution.* London.

Kelly, Liz (1987*): The continuum of sexual violence.* In: Hanmer, Jalna; Maynard, Mary (Hg.): *Women, violence and social control.* Atlantic Highlands.

Kelly, Liz (1988): *Surviving sexual violence.* Minneapolis.

Kemper, Theodore D. (1990): *Social structure and testosterone Explorations of the socio-bio-social chain.* New Brunswick.

Kemper, Theodore D.; Collins, Randall (1990): Dimensions of microinteraction. In: *American Journal of Sociology,* 96: 32-68.

Kendrick, Walter (1992): Increasing our dirty-word power. Why yesterday's smut is today's erotica. In: *New York Times Book Review,* 31. Mai: 3, 36.

Kennedy, Elizabeth Lapovsky; Davis, Madeline (1989): The reproduction of butch-fem roles. A social constructionist approach. In: Peiss, Kathy; Simmons, Christina (Hg.): *Passion and power. Sexuality in history.* Philadelphia.

Kessler, Suzanne J. (1990): The medical construction of gender. Case management of intersexed infants. In: *Signs,* 16: 3-26.

Kessler, Suzanne J.; McKenna, Wendy ([1978] 1985): *Gender. An ethnomethodological approach.* Chicago.

Kessler-Harris, Alice (1982): *Out to work. A history of wage-earning women in the United States.* New York.

Kessler-Harris, Alice (1990): *A woman's wage. Historical meanings and social consequences.* Lexington.

Kibria, Nazli (1990): Power, patriarchy, and gender conflict in the Vietnamese immigrant community. In: *Gender & Society,* 4: 9-24.

Kilborn, Peter T. (1991): Employers left with many decisions. In: *New York Times,* 21. März.

Kim, Seung-Kyung (1990): *Capitalism, patriarchy and autonomy. Women factory workers in the Korean economic miracle.* Ph.D. diss. City University of New York Graduate School.

Kimmel, Michael S. (1987a): Men's responses to feminism at the turn of the century. In: *Gender & Society,* 1: 261-83.

Kimmel, Michael S. (Hg.) (1987b): *Changing men. New directions in research on men and masculinity.* Newbury Park.

Kimmel, Michael S. (Hg.) (1991): Men confront pornography. New York.

Kimmel, Michael S.; Messner, Michael A. (Hg.) (1992): *Men's lives.* New York.

Kincaid, Jamaica (1978): Girl. In: *New Yorker,* 26. Juni.

King, Deborah K. (1988): Multiple jeopardy, multiple consciousness. The context of a Black feminist ideology. In: *Signs,* 14: 42-72.

Kingson, Jennifer A. (1988): Women in the law say path is limited by „mommy track." In: *New York Times,* 8. August.

Kingston, Maxine Hong (1976): *The woman warrior.* New York.

Kiss, Yudit (1991): The second „no". Women in Hungary. In: *Feminist Review,* 39: 49-57.

Kitzinger, Celia (1987): *The social construction of lesbianism.* Newbury Park.

Klatch, Rebecca (1987): *Women of the new right.* Philadelphia.

Klein, Fritz; Sepekoff, Barry; Wolf, Timothy J. (1985): Sexual orientation. A multi-variable dynamic process. In: Klein, Fritz; Wolf, Timothy J. (Hg.): *Two lives to lead. Bisexuality in men and women*. New York.

Klein, Fritz; Wolf, Timothy J. (Hg.) (1985): *Two lives to lead. Bisexuality in men and women*. New York.

Klein, Renate; Raymond, Janice; Dumble, Lynette (1991): *RU 486. Misconceptions, myths, and morals*. East Haven.

Knight, Chris (1988): Menstrual synchrony and the Australian rainbow snake. In: Buckley, Thomas; Gottleib, Alma (Hg.): *Blood magic. The anthropology of menstruation*. Berkeley.

Knight, Chris (1991): *Blood relations. Menstruation and the origins of culture*. New Haven.

Knights, David; Willmott, Hugh (Hg.) (1986): *Gender and the labor process*. Hampshire.

Koch, Gertrud (1985): Why women go to men's films. In: Ecker, Gisela (Hg.): *Feminist aesthetics*. London.

Koch, Lene (1990): IVF. An irrational choice? In: *Issues in Reproductive and Genetic Engineering*, 3: 235-42.

Koeske, Randi Daimon (1982): Toward a biosocial paradigm for menopausal research: Lessons and contributions from the behavioral sciences. In Voda, Anne M.; Dinnerstein, Myra; O'Donnell, Sheryl R. (Hg.) (1982): *Changing perspectives on menopause*. Austin.

Koeske, Randi Daimon (1983): Lifting the curse of menstruation. Toward a feminist perspective on the menstrual cycle. In: *Women and Health*, 8 (2 & 3): 1-15.

Kohn, Melvin L. (1963): Social class and parent-child relationships. In: *American Journal of Sociology*, 68: 471-80.

Kohn, Melvin L.; Slomczynski, Kazimierz M. (1990): *Social structure and self-direction. A comparative analysis of the United States and Poland*. Cambridge.

Kolata, Gina (1992a): Track federation urges end to gene test for femaleness. In: *New York Times*, 12. Februar.

Kolata, Gina (1992b): Dr. Barbara McClintock, 90, gene research pioneer, dies. In: *New York Times*, 4. September.

Kolbert, Elizabeth (1991a): Sexual harassment at work is pervasive, survey says. In: *New York Times*, 11. Oktober.

Kolbert, Elizabeth (1991b): Most in national survey say judge is the more believable. In: *New York Times*, 15. Oktober.

Kollock, Peter; Blumstein, Philip; Schwartz, Pepper (1985): Sex and power in interaction. Conversational privileges and duties. In: *American Sociological Review*, 50: 34-46.

Komarovsky, Mirra (1962): *Blue-collar marriage*. New York.

Komarovsky, Mirra (1976): *Dilemmas of masculinity. A study of college youth*. New York.

Komarovsky, Mirra (1985): *Women in college. Shaping new feminine identities*. New York.

Komarovsky, Mirra (1992): The concept of social role revisited. In: *Gender & Society*, 6: 301-13.

Komter, Aafke (1989): Hidden power in marriage. In: *Gender & Society*, 3: 187-216.

456

Kondo, Dorinne K. (1990a): *Crafting selves. Power, gender, and discourses of identity in a Japanese workplace*. Chicago.

Kondo, Dorinne K. (1990b): M. Butterfly. Orientalism, gender, and a critique of essentialist identity. In: *Cultural Critique*, 16 (Herbst): 5- 29.

Koonz, Claudia (1987): *Mothers in the fatherland. Women, the family, and Nazi politics*. New York. [dt. 1991: Mütter im Vaterland. Frauen im Dritten Reich. Freiburg i. Br. Überarbeitete Fassung der amerikanischen Ausgabe].

Kraditor, Aileen S. ([1965] 1981): *The ideas of the woman suffrage movement, 1890-1920*. New York.

Kramer, Pamela E.; Lehman, Sheila (1990): Mismeasuring women. A critique of research on computer ability and avoidance. In: *Signs*, 16: 158-72.

Krieger, Susan (1982): Lesbian identity and community. Recent social science literature. In: *Signs*, 8: 91-108.

Krieger, Susan (1983): *The mirror dance. Identity in a woman's community*. Philadelphia.

Kristeva, Julia (1974): *About Chinese women*. New York. [frz. 1974: Des Chinoises. Paris; dt. 1976: Die Chinesin. Die Rolle der Frau in China. München].

Kristeva, Julia (1981): *Women's time*. In: *Signs*, 7: 13-35.

Kristof, Nicholas D. (1991): Stark data on women. 100 million are missing. In: *New York Times* Science Section, 5. November.

Kristof, Nicholas D. (1993): Chinese turn to ultrasound. scorning baby girls for boys. In: *New York Times*, 21. Juli.

Kruks, Sonia; Rapp, Rayna; Young, Marilyn B. (Hg.) (1989): *Promissory notes. Women in the transition to socialism*. New York.

Kuhn, Annette; Wolpe, Ann Marie (Hg.) (1978): *Feminism and materialism. Women and modes of production*. London.

Kuhn, Sarah; Bluestone, Barry (1987): Economic restructuring and the female labor market: The impact of industrial change on women. In: Benería, Lourdes; Catharine B. Stimpson (Hg.): *Women, households, and the economy*. New Brunswick.

Kuhn, Thomas S. (1970): *The structure of scientific revolutions*. Chicago. [dt. 1976: Die Struktur wissenschaftlicher Revolution. Frankfurt a.M.].

Kurz, Demie (1987): Emergency department response to battered women. A case of resistance. In: *Social Problems*, 34: 501-13.

Kurz, Demie (1989): Social science perspectives on wife abuse. Current debates and future directions. In: *Gender & Society*, 3: 489-505.

Kurz, Demie; Stark, Evan (1988): Not-so-benign neglect. The medical response to battering. In: Yllö, Kersti; Bograd, Michele (Hg.): *Feminist perspectives on wife abuse*. Newbury Park.

Kwong, Peter (1988): American sweatshops 1980s style. Chinese women garment workers. In: Vromen, Georgine M.; Burnham, Dorothy; Gordon, Susan G. (Hg.): *Genes & Gender V. Women at work. Socialization toward inequality*. New York.

Ladner, Joyce A. (1971): *Tomorrow's tomorrow. The Black woman*. Garden City.

Lamb, Michael E. (1987a): Introduction. The emergent American father. In: Lamb, Michael E. (Hg.): *The father's role. Cross-cultural perspectives*. Hillsdale.

Lamb, Michael E. (Hg.) (1987b): *The father's role. Cross-cultural perspectives*. Hillsdale. [dt. 1985: Was wird aus den Vätern? Künstliche Befruchtung und das Erlebnis der Vaterschaft. Weinheim].

Laming, Annette (1959): *Lascaux and engravings*. Harmondsworth.

Laming-Empéraire, Annette (1971): Un hypothèse de travail pour un nouvelle appro-che des sociétés préhistoriques (A working hypothesis for a new approach to pre-historic societies). In: *Mélanges offerts à A. Varagnac*. Paris: Ecole Pratique des Historique Etudes.

Lamp, Frederick (1988): Heavenly bodies. Menses, moon, and the rituals of license among the Temne of Sierra Leone. In: Buckley, Thomas; Gottlieb, Alma (Hg.): *Blood magic. The anthropology of menstruation*. Berkeley.

Lamphere, Louise (1974): Strategies, cooperation, and conflict among women in domestic groups. In: Rosaldo, Michelle Zimbalist; Lamphere, Louise (Hg.) (1974): *Woman, culture and society*. Stanford.

Lamphere, Louise (1985): Bringing the family to the work. Women's culture on the shop floor. In: *Feminist Studies*, 11: 519-40.

Lamphere, Louise (1987): *From working daughters to working mothers. Immigrant women in a New England industrial community*. Ithaca.

Lancaster, Jane Beckman (1974): *Primate behavior and the emergence of human culture*. New York.

Landes, Joan B. (1988): *Women and the public sphere in the age of the French Revo-lution*. Ithaca.

Landes, Joan B. (1989): Marxism and the „woman question." In: Kruks, Sonia; Rapp, Rayna; Young, Marilyn B. (Hg.): *Promissory notes. Women in the transition to so-cialism*. New York.

Lang, Gladys Engel; Lang, Kurt (1990): *Etched in memory. The building and survival of artistic reputation*. Chapel Hill.

Lapidus, Gail Warshofsky (1976): Occupational segregation and public policy. A comparative analysis of American and Soviet patterns. In: *Signs*, 1: 119-36.

Lapidus, Gail Warshofsky (1978): *Women in Soviet society. Equality, development, and social change*. Berkeley.

Lapidus, Gail Warshofsky (Hg.) (1982): *Women, work, and family in the Soviet Un-ion*. Armonk.

Laqueur, Thomas (1990a): *Making sex. Body and gender from the Greeks to Freud*. Cambridge. [dt. 1992: Auf den Leib geschrieben. Die Inszenierung der Geschlech-ter von der Antike bis Freud. Frankfurt a.M.].

Laqueur, Thomas (1990b): The facts of fatherhood. In: Hirsch, Marianne; Keller, Evelyn Fox (Hg.): *Conflicts in feminism*. New York; London.

Larrington, Carolyne (Hg.) (1992): *The feminist companion to mythology*. London.

Larwood, Laurie; Stromberg, Ann H.; Gutek, Barbara A. (Hg.) (1985): *Women and work: An annual review*. Newbury Park.

Lasker, Judith N.; Borg, Shirley (1987): *In search of parenthood*. Boston.

Laslett, Barbara; Brenner, Johanna (1989): Gender and social reproduction. Historical perspectives. In: *Annual Review of Sociology*, 15: 381-404.

Laslett, Peter (1977): *Family life and illicit love in earlier generations*. Cambridge.

Lavine, Laura (1986): Men in women's clothing. Anti-theatricality and effeminization from 1579 to 1642. In: *Criticism*, 28: 121-43.

Laws, Judith Long (1975): The psychology of tokenism. An analysis. In: *Sex Roles*, 1: 51-67.

Laws, Judith Long; Schwartz, Pepper (1977): *Sexual scripts. The social construction of female sexuality*. New York.

Laws, Sophie (1983): The sexual politics of premenstrual tension. In: *Women's Studies International Forum*, 6: 19-31.

Leacock, Eleanor (1981): Women's status in egalitarian society. Implications for social evolution. In: Leacock, Eleanor (Hg.): *Myths of male dominance*. New York.

Leacock, Eleanor (Hg.) (1981): *Myths of male dominance*. New York.

Leacock, Eleanor; Safa, Helen I. (Hg.) (1986): *Women's work. Development and the division of labor by gender*. South Hadley.

Lederer, Laura (1980a): Then and now: An interview with a former pornography model. In: Lederer, Laura (Hg.): *Take back the night. Women on pornography*. New York.

Lederer, Laura (Hg.) (1980b): *Take back the night. Women on pornography*. New York.

Leeton, John; Chan, L. K.; Harmon, Jayne (1986): Pregnancy established in an infertile patient after transfer of an embryo fertilized in vitro where the oocyte was donated by the sister of the recipient. In: *Journal of In Vitro Fertilization and Embryo Transfer*, 3: 379-82.

Leeton, John; King, Catriona; Harmon, Jayne (1988): Sister-sister in vitro fertilization surrogate pregnancy with donor sperm. The case for surrogate gestational pregnancy. In: *Journal of In Vitro Fertilization and Embryo Transfer*, 5: 245-48.

Le Guin, Ursula K. (1969): *The left hand of darkness*. New York.

Le Guin, Ursula K. (1975): *The dispossessed*. New York. [dt. 1976: Planet der Habenichtse. München].

Leibowitz, Lila (1986): In the beginning .... The origins of the sexual division of labour and the development of the first human societies. In: Coontz, Stephanie; Henderson, Peta (Hg.): *Women's work, men's property. The origins of gender and class*. London.

Leidner, Robin (1991): Serving hamburgers and selling insurance. Gender, work, and identity in interactive service jobs. In: *Gender & Society*, 5: 154-77.

Leith, Suzette (1973): Chinese women in the early Communist Movement. In: Young, Marilyn B. (Hg.): *Women in China. Studies in social change and feminism*. Ann Arbor.

LeMoyne, James (1990a): Army women and the Saudis. The encounter shocks both. In: *New York Times*, 25. September.

LeMoyne, James (1990b): Ban on driving by women reaffirmed by Saudis. In: *New York Times*, 15. November.

Lenhart, Sharyn A. u.a. (1991): Gender bias against and sexual harassment of AMWA members in Massachusetts. In: *Journal of the American Medical Women's Association*, 46: 121-25.

Lenin, V. I. ([1934] 1975): The emancipation of women. New York.

Lennane, K. Jean; Lennane, R. John (1973): Alleged psychogenic disorders in women. A possible manifestation of sexual prejudice. In: *New England Journal of Medicine*, 288: 288-92.

Lerner, Gerda (1979): The lady and the mill girl. Changes in the status of women in the Age of Jackson 1800-1840. In: Cott, Nancy F.; Pleck, Elizabeth (Hg.): *A heritage of her own*. New York.

Lerner, Gerda (1986): *The creation of patriarchy*. New York. [dt. 1991: Die Entstehung des Patriarchats. Frankfurt a.M.].

Leroi-Gourhan, André (1968): *The art of prehistoric man in Europe*. London.

Leroi-Gourhan, André (1981): *The dawn of European art*. Cambridge.
Lever, Janet (1976): Sex differences in the games children play. In: *Social Problems*, 23: 478-87.
Lever, Janet (1978): Sex differences in the complexity of children's play and games. In: *American Sociological Review*, 43: 471-83.
Levesque-Lopman, Louise (1988): *Claiming reality. Phenomenology and women's experience*. Totowa.
Levinson, Richard M. (1975): Sex discrimination and employment practices. An experiment with unconventional job inquiries. In: *Social Problems*, 22: 533-42.
Lévi-Strauss, Claude (1956): The family. In: Shapiro, Harry L. (Hg.): *Man, culture, and society*. New York; Oxford.
Lévi-Strauss, Claude (1969): *The elementary structures of kinship*. Boston. [frz. 1947: Les structures élémentaires de la parenté. Paris; dt. 1993: Die elementare Struktur der Verwandschaft. Frankfurt a.M.].
Levine, Martin P.; Leonard, Robin (1984): Discrimination against lesbians in the work force. In: *Signs*, 9: 700-10.
Levy, Darline Gay; Applewhite, Harriet Branson; Johnson, Mary Durham (Hg.) (1979): *Women in revolutionary Paris, 1789-1795*. Urbana; Chicago.
Levy, Judith A. (1988): Intersections of gender and aging. In: *Sociological Quarterly*, 29: 479-86.
Lewin, Tamar (1991a): Nude pictures are ruled sexual harassment. In: *New York Times*, 23. Januar.
Lewin, Tamar (1991b): A case study of sexual harassment. In: *New York Times*, 11. Oktober.
Lewin, Tamar (1992): Hurdles increase for many women seeking abortions. In: *New York Times*, 15. März.
Lewin-Epstein, Noah; Stier, Haya (1987): Labor market structure, gender and socio-economic inequality in Israel. In: *Israel Social Science Research*, 5 (1/2): 107-20.
Lewis, Jane; Åström, Gertrude (1992): Equality, difference, and state welfare. Labor market and family policies in Sweden. In: *Feminist Studies*, 18: 59-87.
Lewis, Jill (1981): The subject of struggle: Feminism and sexuality. In: Joseph, Gloria I.; Lewis, Jill (1981): *Common differences. Conflicts in Black and White feminist perspectives*. Garden City.
Lewis, Neil A. (1993): Tailhook affair brings censure of 3 admirals. In: *New York Times*, 16. Oktober.
Lewis, Susan; Izraeli, Dafna N.; Hootsmans, Helen (Hg.) (1992): *Dual-earner families. International perspectives*. London.
Lightfoot-Klein, Hanny (1989): *Prisoners of ritual. An odyssey into female circumcision in Africa*. New York.
Lim, Linda Y. C. (1990): Women's work in export factories. The politics of a cause. In: Tinker, Irene (Hg.): *Persistent inequalities. Women and world development*. New York.
Lin, Nan; Bian, Yanjie (1991): Getting ahead in urban China. In: *American Journal of Sociology*, 97: 657-88.
Lipman-Blumen, Jean (1976): Toward a homosocial theory of sex roles. An explanation of sex segregation in social institutions. In: *Signs*, 1: 15-31.
Lisak, David (1991): Sexual aggression, masculinity, and fathers. In: *Signs*, 16: 238-62.

Lockard, Denyse (1985): The lesbian community. An anthropological approach. In: *Journal of Homosexuality*, 11 (3/4): 83-95.

Lockheed, Marlaine E. (1985): Sex and social influence. A meta-analysis guided by theory. In: Berger, Joseph; Zelditch, Morris Jr. (Hg.): *Status, rewards, and influence. How expectations organize behavior*. San Francisco.

Longino, Helen E. (1990): *Science as social knowledge*. Princeton.

Longino, Helen E.; Doell, Ruth (1983): Body, bias, and behavior. A comparative analysis of reasoning in two areas of biological science. In: *Signs*, 9: 206-27.

Lopata, Helena Znaniecki (1971): *Occupation: Housewife*. New York.

Lopata, Helena Znaniecki (Hg.) (1981): *Research in the interweave of social roles*. Bd. 2: Friendship. Greenwich.

Lopata, Helena Znaniecki; Pleck Joseph H. (Hg.) (1983): *Research in the interweave of social roles. Jobs and families*. Greenwich.

Lorber, Judith (1967): Deviance as performance. The case of illness. In: *Social Problems*, 14: 302-10.

Lorber, Judith (1975): Beyond equality of the sexes. The question of the children. In: *Family Coordinator*, 24: 465-472.

Lorber, Judith (1981): The limits of sponsorship for women physicians. In: *Journal of the American Medical Women's Association*, 36: 329-38.

Lorber, Judith (1984): *Women physicians. Careers, status, and power*. London; New York.

Lorber, Judith (1985): More women physicians. Will it mean more humane health care? In: *Social Policy*, 16 (Sommer): 50-54.

Lorber, Judith (1986): Dismantling Noah's ark. In: *Sex Roles*, 14: 567-80.

Lorber, Judith (1987a): A welcome to a crowded field. Where will the new women physicians fit in? In: *Journal of the American Medical Women's Association*, 42: 149-52.

Lorber, Judith (1987b): In vitro fertilization and gender politics. In: *Women & Health*, 13: 117-33.

Lorber, Judith (1989a): Trust, loyalty, and the place of women in the informal organization of work. Ausg. In: Freeman, Jo (Hg.): *Women. A feminist perspective*. Mountain View. [Erstaus. 1979].

Lorber, Judith (1989b): Choice, gift, or patriarchal bargain? Women's consent to in vitro fertilization in male infertility. In: *Hypatia* 4: 23-36.

Lorber, Judith (1991): Can women physicians ever be true equals in the American medical profession? In: Levy, Judith A. (Hg.): *Current research in occupations and professions*. Greenwich.

Lorber, Judith (1996): Beyond the binaries. Depolarizing the categories of sex, sexuality, and gender. In: *Sociological Inquiry*, 66: 143-159.

Lorber, Judith (1998): *Gender inequality. Feminist theories and politics*. Los Angeles.

Lorber, Judith u.a. (1981): On The reproduction of mothering. A methodological debate. In: *Signs*, 6: 482-514.

Lorber, Judith; Bandlamudi, Lakshmi (1993): Dynamics of marital bargaining in male infertility. In: *Gender & Society*, 7: 32-49.

Lorber, Judith; Ecker, Martha (1983): Career development of female and male physicians. In: *Journal of Medical Education*, 58: 447-56.

Lorber, Judith; Farrell, Susan A. (Hg.) (1991): *The social construction of gender*. Newbury Park.

Lorber, Judith; Greenfeld, Dorothy (1990): Couples' experiences with in vitro fertilization. A phenomenological approach. In: Mashiach, S. u.a. (Hg.): *Advances in assisted reproductive technologies.* New York.

Lorde, Audre (1984): Sister outsider. Trumansberg.

Loscocco, Karyn A.; Robinson, Joyce (1991): Barriers to women's small-business success in the United States. In: *Gender & Society*, 5: 511-32.

Lown, Judy (1990): *Women and industrialization. Gender at work in nineteenth-century England.* Minneapolis.

Luker, Kristin (1975): *Taking chances. Abortion and the decision not to contracept.* Berkeley.

Luker, Kristin (1984): *Abortion and the politics of motherhood.* Berkeley.

Luria, Zella; Herzog, Eleanor W. (1991): Sorting gender out in a children's museum. In: *Gender & Society*, 5: 224-32.

Luxemburg, Rosa (1961): *The Russian Revolution.* Ann Arbor. [dt. 1922: Die Russische Revolution. Eine kritische Würdigung. Berlin].

Lydon, Mary (1991): Calling yourself a woman. Marguerite Yourcenar and Colette. In: *Differences. A Journal of Feminist Cultural Studies*, 3 (3): 26-44.

Lyman, Peter (1987): The fraternal bond as a joking relationship. A case study of the role of sexist jokes in male group bonding. In: Kimmel, Michael S. (Hg.) (1987b): *Changing men. New directions in research on men and masculinity.* Newbury Park.

Maccoby, Eleanor (1990): Gender and relationships. A developmental account. In: *American Psychologist*, 45: 513-20.

MacCormack, Carol P. (1980): Nature, culture and gender. A critique. In: MacCormack, Carol P.; Strathern, Marilyn (Hg.): *Nature, culture and gender.* Cambridge.

MacCormack, Carol P.; Strathern, Marilyn (Hg.) (1980): *Nature, culture and gender.* Cambridge.

MacKinnon, Catharine A. (1979): *Sexual harassment of working women.* New Haven.

MacKinnon, Catharine A. (1982): Feminism, Marxism, method, and the state. An agenda for theory. In: *Signs*, 7: 515-44.

MacKinnon, Catharine A. (1983): Feminism, Marxism, method and the state, Part II. In: *Signs*, 8: 635-58.

MacKinnon, Catharine A. (1987): *Feminism unmodified.* Cambridge.

MacKinnon, Catharine A. (1989): *Toward a feminist theory of the state.* Cambridge.

MacKinnon, Catharine A. (1990): Legal perspectives on sexual difference. In: Rhode, Deborah L. (Hg.): *Theoretical perspectives on sexual difference.* New Haven.

MacLeod, Arlene Elowe (1991): *Accommodating protest. Working women, the new veiling and change in Cairo.* New York.

Madden, Janice Fanning (1985): The persistence of pay differentials. The economics of sex discrimination. In: Larwood, Laurie; Stromberg, Ann H.; Gutek, Barbara A. (Hg.): *Women and work. An annual review.* Newbury Park.

Mainardi, Patricia (1970): The politics of housework. In: Morgan, Robin (Hg.): *Sisterhood is powerful.* New York.

Majors, Richard (1990): Cool pose. Black masculinity in sports. In: Messner, Michael A.; Sabo, Donald F. (Hg.): *Sport, men, and the gender order. Critical feminist perspectives.* Champaigne.

Majors, Richard; Billson, Janet Mancini (1992): *Cool pose. The dilemmas of Black manhood in America.* New York.

462

Malveaux, Julianne (1987): Comparable worth and its impact on Black women. In Simms, Margaret C.; Malveaux, Julianne (Hg.): *Slipping through the cracks. The status of Black women.* New Brunswick.

Malveaux, Julianne (1988): The economic statuses of Black families. In: McAdoo, Harriette Pipes (Hg.): *Black families.* Newbury Park.

Mamonova, Tatyana (Hg.) (1984): *Women and Russia. Feminist writings from the Soviet Union.* Boston.

Mamonova, Tatyana (1989): *Russian women's studies. Essays on sexism in Soviet culture.* New York.

Mangan, J.A.; Park Roberta J. (1987): *From fair sex to feminism. Sport and the socialization of women in the industrial and post-industrial eras.* London.

Mangini, Shirley (1991): Memories of resistance. Female activists from the Spanish Civil War. In: *Signs*, 17: 171-86.

Marcus, Jane (1982): Storming the toolshed. In: *Signs*, 7: 622-40.

Marcus, Jane (1987): *Virginia Woolf and the languages of patriarchy.* Bloomington.

Marglin, Stephen A. (1978): What do bosses do? The origins and functions of hierarchy in capitalist production. In: Gorz, Andre (Hg.): *The division of labor. The labor process and class-struggle in modern capitalism.* Hassocks.

Margolis, Diane Rothbard (1985): Redefining the situation: Negotiations on the meaning of woman. In: *Social Problems*, 32: 332-47.

Markides, Kyriakos S. (Hg.) (1989): *Aging and health. Perspectives on gender, race, ethnicity and class.* Newbury Park.

Marks, Elaine; Courtivron, Isabelle de (Hg.) (1981): *New French Feminisms.* New York.

Marini, Margaret Mooney (1989): Sex differences in earnings in the United States. In: *Annual Review of Sociology*, 15: 343-80.

Marini, Margaret Mooney; Brinton, Mary C. (1987): Sex typing in occupational socialization. In: Bose, Christine E.; Spitze, Glenna (Hg.): *Ingredients for women's employment policy.* Albany.

Markides, Kyriakos S. (Hg.) (1989): *Aging and health. Perspectives on gender, race, ethnicity and class.* Newbury Park.

Marsh, Barbara (1991): Women in the work force (Tables). In: *Wall Street Journal*, 18. Oktober, B3.

Marshack, Alexander (1972): *The roots of civilization.* New York.

Marshall, Harriette (1991): The social construction of motherhood. An analysis of childcare and parenting manuals. In: Phoenix, Ann; Woollett, Anne; Lloyd, Eva (Hg.): *Motherhood. Meanings, practices and ideologies.* Newbury Park.

Marshall, John (1981): Pansies, perverts and macho men. Changing conceptions of male homosexuality. In: Plummer, Kenneth (Hg.): *The making of the modern homosexual.* Totowa.

Marshall, Judi (1989): Re-visioning career concepts. A feminist invitation. In: Arthur, Michael B.; Hall, Douglas T.; Lawrence, Barbara S. (Hg.): *Handbook of career theory.* Cambridge.

Martin, Emily (1987): *The woman in the body. A cultural analysis of reproduction.* Boston.

Martin, Emily (1991): The egg and the sperm. How science has constructed a romance based on stereotypical male-female roles. In: *Signs*, 16: 485-501.

Martin, Lynn (1991): *A report on the glass ceiling initiative.* Washington, DC.

Martin, Patricia Yancey (1991): Gender, interaction, and inequality in organizations. In: Ridgeway, Cecilia L. (Hg.): *Gender, interaction, and inequality.* New York.

Martin, Patricia Yancey (1993): Feminist practice in organizations. Implications for management. In: Fagenson, Ellen A. (Hg.): *Women in management. Trends, issues and challenges in managerial diversity.* Newbury Park.

Martin, Patricia Yancey; Harrison, Dianne; DiNitto, Diana (1983): Advancement for women in hierarchical organizations. A multilevel analysis of problems and prospects. In: *Journal of Applied and Behavioral Science,* 19: 19-33.

Martin, Patricia Yancey; Hummer, Robert A. (1989): Fraternities and rape on campus. In: *Gender & Society,* 3: 457-73.

Martin, Susan Ehrlich (1980): *Breaking and entering. Police women on patrol.* Berkeley.

Marwell, Gerald (1975): Why ascription? Parts of a more or less formal theory of the functions and dysfunctions of sex roles. In: *American Sociological Review,* 40: 445-55.

Mashiach, S. u.a. (Hg.) (1990): *Advances in assisted reproductive technologies.* New York.

Mason, Beverly J. (1987): Jamaican working-class women. Producers and reproducers. In: Simms, Margaret C.; Malveaux, Julianne (Hg.): *Slipping through the cracks. The status of Black women.* New Brunswick.

Mason, Karen Oppenheim (1985): *The status of women. A review of its relationships to fertility and mortality.* New York.

Masters, William H.; Johnson, Virginia E. (1966): *Human sexual response.* Boston. [dt. 1967: Die sexuelle Reaktion. Frankfurt a.M.].

Mathews, Susan M. (1991): Title VII and sexual harassment. Beyond damages control. In: *Yale Journal of Law and Feminism,* 3: 299-320.

Matthaei, Julie A. (1982): *An economic history of women's work in America.* New York.

Maurois, André (1955): *Lelia. The life of George Sand.* New York. [frz. 1976: Lélia ou la Vie de George Sand. Paris; dt. 1985: Das Leben der George Sand. München].

Mauss, Marcel (1954): *The gift.* Glencoe. [frz. 1923/24: Essai sur le Don. In: L'Année Sociologique, N.F., Bd. 1, 30-186; dt. 1988: Die Gabe. Form und Funktion des Austauschs in archaischen Gesellschaften. Frankfurt a.M.].

May, Martha (1982): The historical problem of the family wage: The Ford Motor Company and the five-dollar day. In: *Feminist Studies,* 8: 399-424.

Mayer, Jane; Abramson, Jill (1993): The surreal Anita Hill. In: *New Yorker,* 24. Mai.

McAdam, Doug (1992): Gender as a mediator of the activist experience: The case of Freedom Summer. In: *American Journal of Sociology,* 97: 1211-40.

McAdoo, Harriette Pipes (Hg.) (1988): *Black families.* Newbury Park.

McAndrew, Maggie (1985): Soviet women's magazines. In: Holland, Barbara (Hg.): *Soviet sisterhood.* Bloomington.

McClintock, Martha (1979): Considering „A biosocial perspective on parenting." In: *Signs,* 4: 703-10.

McCrea, Frances B. (1986): The politics of menopause: The „discovery" of a deficiency disease. In: Conrad, Peter; Kern, Rochelle (Hg.): *The sociology of health and illness.* New York.

McClary, Susan (1991): *Feminine endings. Music, gender, and sexuality.* Minneapolis.

McConnell, Joyce E. (1992): Beyond metaphor. Battered women, involuntary servitude and the Thirteenth Amendment. In: *Yale Journal of Law and Feminism*, 4: 207-53.

McCorriston, Joy; Hole, Frank (1991): The ecology of seasonal stress and the origins of agriculture in the Near East. In: *American Anthropologist*, 93: 46-69.

McCullough, Joan (1973): The 13 who were left behind. In: *Ms. Magazine*, September.

McFadden, Robert D. (1991): New Jersey pilot, a woman, dies in crash in Gulf. In: *New York Times*, 4. März.

McGaw, Judith A. (1982): Women and the history of American technology. In: *Signs*, 7: 798-828.

McGrew, W. C. (1981): The female chimpanzee as a human evolutionary prototype. In: Dahlberg, Frances (Hg.): *Woman the gatherer*. New Haven.

McIntosh, Mary (1968): The homosexual role. In: *Social Problems*, 16: 182-92.

McIntosh, Mary (1978): The state and the oppression of women. In: Kuhn, Annette; Wolpe, Ann Marie (Hg.): *Feminism and materialism. Women and modes of production*. London.

McLanahan, Sara S., Sørensen, Annemette; Watson, Dorothy (1989): Sex differences in poverty, 1950-1980. In: *Signs*, 15: 102-22.

McLaren, Angus (1978): *Birth control in nineteenth century England*. New York.

McLaren, Angus (1984): *Reproductive rituals. The perception of fertility in England from the sixteenth century to the nineteenth century*. London; New York.

McLaughlin, Steven D. (1978): Occupational sex identification and the assessment of male and female earnings inequality. In: *American Sociological Review*, 43: 909-21.

McNamara, Jo Ann; Wemple, Suzanne (1974): The power of women through the family in medieval Europe: 500-1100. In: Hartman, Mary S.; Banner, Lois (Hg.): *Clio's consciousness raised. New perspectives on the history of women*. New York.

McNeil, M.; Varcoe, I.; Yearley, S. (Hg.) (1990): *The new reproductive technologies*. London.

McWhirter, David P.; Sanders, Stephanie A.; Reinisch, June Machover (1990): *Homosexuality/heterosexuality. Concepts of sexual orientation*. New York.

Meillassoux, Claude (1981): *Maidens, meal and money. Capitalism and the domestic community*. Cambridge. [frz. 1975: Femmes, greniers et capiteaux. Paris; dt. 1976: „Die wilden Früchte der Frau." Über häusliche Produktion und kapitalistische Wirtschaft. Frankfurt a.M.].

Mellaart, James (1967): *Çatal Hüyük. A Neolithic town in Anatolia*, New York.

Mellars, Paul A. (1985): The ecological basis of social complexity in the Upper Paleolithic of southwestern France. In: Price, T. Douglas; Brown, James A. (Hg.): *Prehistoric hunter-gatherers. The emergence of cultural complexity*. Orlando.

Mencher, Joan (1988): Women's work and poverty: Women's contribution to household maintenance in South India. In: Dwyer, Daisy; Bruce, Judith (Hg.): *A home divided. Women and income in the third world*. Palo Alto.

Mernissi, Fatima (1987): *Beyond the veil. Male-female dynamics in Muslim society*. Bloomington. [dt. 1991: Geschlecht, Ideologie, Islam. München].

Merritt, Deborah J.; Reskin, Barbara F. (1992): The double minority. Empirical evidence of a double standard in law school hiring of minority women. In: *Southern California Law Review*, 65: 2299-2359.

Merton, Robert K. (1968): The Matthew effect in science. In: *Science*, 159: 56-63.

Messinger, Lisa Mintz (1988): *Georgia O'Keeffe*. New York.

Messner, Michael A. (1987): The meaning of success. The athletic experience and the development of male identity. In: Brod, Harry (Hg.): *The making of masculinities*. Boston.

Messner, Michael A. (1988): Sports and male domination. The female athlete as contested ideological terrain. In: *Sociology of Sport Journal*, 5: 197-211.

Messner, Michael A. (1989): Masculinities and athletic careers. In: *Gender & Society*, 1: 71-88.

Messner, Michael A. (1992): *Power at play. Sports and the problem of masculinity*. Boston.

Messner, Michael A.; Duncan, Margaret Carlisle; Jensen, Kerry (1993): Separating the men from the girls. The gendered language of televised sports. In: *Gender & Society*, 7: 121-37.

Messner, Michael A.; Sabo, Donald F. (Hg.) (1990): *Sport, men, and the gender order. Critical feminist perspectives*. Champaigne.

Metcalf, Andy; Humphries, Martin (Hg.) (1985): *The sexuality of men*. London.

Meyers, Carol (1988): *Discovering Eve. Ancient Israelite women in context*. New York.

Miall, Charlene E. (1986): The stigma of involuntary childlessness. In: *Social Problems*, 33: 268-82.

Michael, Robert T.; Hartmann, Heidi I.; O'Farrell, Brigid (Hg.) (1989): *Pay equity. Empirical inquiries*. Washington, DC.

Michelow, M. C. u.a. (1988): Mother-daughter in vitro fertilization triplet surrogate pregnancy. In: *Journal of In Vitro Fertilization and Embryo Transfer*, 5: 31-34.

Mies, Maria (1982): *The lace makers of Narsapur. Indian housewives produce for the world market*. London. [dt. 1973: Indische Frauen zwischen Patriarchat und Chancengleichheit. Rollenkonflikte studierender und berufstätiger Frauen. Meisenheim].

Mies, Maria (1986): *Patriarchy and accumulation on a world scale*. London. [dt. 1988: Patriarchat und Kapital. Frauen in der internationalen Arbeitsteilung. Zürich].

Mies, Maria; Bennholdt-Thomsen, Veronika; Werlhof, Claudia von (1988): *Women. The last colony*. London. [dt. 1983: Frauen, die letzte Kolonie. Reinbek b. Hamburg].

Milkman, Ruth (1976): Women's work and the economic crisis. Some lessons of the Great Depression. In: *Review of Radical Political Economics*, 8: 73-97.

Milkman, Ruth (1987): *Gender at work*. Urbana; Chicago.

Miller, Eleanor M. (1986): *Street women*. Philadelphia.

Miller, Daniel; Tilley, Christopher (Hg.) (1984): *Ideology, power, and prehistory*. Cambridge.

Millett, Kate (1970): *Sexual politics*. Garden City. [dt. 1971: Sexus und Herrschaft. Die Tyrannei des Mannes in unserer Gesellschaft. München].

Millman, Marcia (1991): *Warm hearts and cold cash. The intimate dynamics of families and money*. New York.

Mine, Anne (1988): The changing economy of attention. In: *Socialist Review*, 18 (2): 87-99.

466

Mink, Gwendolyn (1990): The lady and the tramp. Gender, race, and the origins of the American welfare state. In: Gordon, Linda (Hg.): *Women, the state, and welfare*. Madison.

Mitchell, Juliet (1975): *Psychoanalysis and feminism*. New York. [dt. 1985: Psychoanalyse und Feminismus. Freud, Reich, Laing und die Frauenbewegung. Frankfurt a.M.].

Mitchell, Juliet; Rose, Jacqueline (Hg.) (1985): *Feminine sexuality. Jacques Lacan and the école freudienne*. New York.

Moen, Phyllis (1989): *Working parents. Transformations in gender roles and public policies in Sweden*. Madison.

Moen, Phyllis; Smith, Ken R. (1986): Women at work. Commitment and behavior over the life course. In: *Sociological Forum*, 1: 450-75.

Moers, Ellen (1977): *Literary women. The great writers*. Garden City.

Moffatt, Michael (1989): *Coming of age in New Jersey. College and American culture*. New Brunswick.

Moghadam, Valentine M. (1989): Revolution, the state, Islam, and women. Sexual politics in Iran and Afghanistan. In: *Social Text*, 22: 40-61.

Moghadam, Valentine M. (1990a): *Gender and restructuring. Perestroika, the 1989 revolutions, and women*. (Working Paper 87, World Institute for Development Economics Research). Helsinki.

Moghadam, Valentine M. (1990b): *Gender, development and policy. Toward equity and empowerment*. Helsinki.

Moghadam, Valentine M. (1992): *Development and patriarchy. The Middle East and North Africa in economic and demographic transition*. (Working Paper 99, World Institute for Development Economics Research). Helsinki.

Moghadam, Valentine M. (1993a): *Modernizing women. Gender and social change in the Middle East*. Boulder.

Moghadam, Valentine M. (Hg.) (1993b): *Gender and national identity. The woman question in Algeria, Iran, Afghanistan, and Palestine*. London.

Mohr, James C. (1978): *Abortion in America. The origins and evolution of national policy, 1800-1900*. New York.

Moi, Toril (1985): *Sexual/textual politics. Feminist literary theory*. New York.

Molm, Linda D. (1988): Status generalization in power-imbalanced dyads. The effects of gender on power use. In: Webster, Murray, Jr.; Foschi, Martha (Hg.): *Status generalization. New theory and research*. Stanford.

Molotch, Harvey (1988): The restroom and equal opportunity. In: *Sociological Forum*, 3: 128-32.

Molyneux, Maxine (1981): Women in socialist societies. Problems of theory and practice. In: Young, Kate; Wolkowitz, Carol; McCullagh, Roslyn (Hg.): *Of marriage and the market. Women's subordination in international perspective*. London.

Molyneux, Maxine (1985): Mobilization without emancipation? Women's interests, the state and revolution in Nicaragua. In: *Feminist Studies*, 11: 227-54.

Money, John (1988): *Gay, straight and in-between. The sexology of erotic orientation*. New York.

Money, John; Ehrhardt, Anke A. (1972): *Man & woman, boy & girl*. Baltimore.

Moore, Gwen (1990): Structural determinants of men's and women's personal networks. In: *American Sociological Review*, 55: 726-35.

Moore, Henrietta L. (1989): *Feminism and anthropology*. Minneapolis.

Moran, Malcolm (1992): Title IX. A 20-year search for equity. In: *New York Times* Sports Section, 21., 22., 23. Juni.

Morgan, Robin (1978): How to run the pornographers out of town (and preserve the First Amendment). In: *Ms. Magazine* (November): 55, 78-80.

Morgen, Sandra (Hg.) (1989): *Gender and anthropology.* Washington, DC.

Morrill, Calvin (1991): Conflict management, honor, and organizational change. In: *American Journal of Sociology*, 97: 585-621.

Morris, Aldon; Mueller, Carol (Hg.) (1992): *Frontiers of social movement theory.* New Haven.

Morris, Jan (1975): *Conundrum.* New York.

Morrissey, Marietta (1989): *Slave women in the new world. Gender stratification in the Caribbean.* Lawrence.

Morrison, Toni (1987): *Beloved.* New York. [dt. 1994: Menschenkind. Stuttgart].

Morrison, Ann M. u.a. (1987*): Breaking the glass ceiling.* Reading.

Mossé, Claude (1991): Women in the Spartan revolutions of the third century B.C. In: Pomeroy, Sarah B. (Hg.): *Women's history and ancient history.* Chapel Hill.

Ms. Magazine (1991): *Reinventing the wheel.* März: 14-15.

Mukhopadhyay, Carol C.; Higgins, Patricia J. (1988): Anthropological studies of women's status revisited, 1977-1987. In: *Annual Review of Anthropology*, 17: 461-95.

Mueller, Eva (1982): The allocation of women's time and its relation to fertility. In: Anker, Richard; Buvinic, Mayra; Youssef, Nadia H. (Hg.): *Women's roles and population trends in the Third World.* London.

Muller, Charlotte (1990): *Health care and gender.* New York.

Muller, Viana (1985): Origins of class and gender hierarchy in Northwest Europe. In: *Dialectical Anthropology*, 10: 93-105.

Mullings, Leith (1986): Uneven development. Class, race, and gender in the United States before 1900. In: Leacock, Eleanor; Safa, Helen I.: *Women's work. Development and the division of labor by gender.* South Hadley.

Mulvey, Laura (1989): *Visual and other pleasures.* Bloomington.

Myrdal, Jan (1965): *Report from a Chinese village.* New York.

Nadler, Ronald D. (1990): Homosexual behavior in nonhuman primates. In: McWhirter, David P.; Sanders, Stephanie A.; Reinisch, June Machover: *Homosexuality/heterosexuality. Concepts of sexual orientation.* New York.

Naftolin, F.; Butz, E. (Hg.) (1981): Sexual dimorphism. In: *Science*, 211: 1263-1324.

Nanda, Serena (1984): The hijiras of India. A preliminary report. In: *Medicine and Law*, 3: 59-75.

Nanda, Serena (1986): The hijiras of India. Cultural and individual dimensions of an institutionalized third gender role. In: *Journal of Homosexuality*, 11 (3/4): 35-54.

Nanda, Serena (1990): *Neither man or woman. The hijiras of India.* Belmont.

Naples, Nancy (1991a): Contradictions in the gender subtext of the war on poverty. The community work and resistence of women from low income communities. In: *Social Problems*, 38: 301-17.

Naples, Nancy (1991b): „Just what needed to be done". The political practice of women community workers in low-income neighborhoods. In: *Gender & Society*, 5: 478-94.

Naples, Nancy (1991c): A socialist feminist analysis of the Family Support Act of 1988. In: *Affilia*, 6: 23-38.

468

Naples, Nancy (1992): Activist mothering. Cross-generational continuity in the community work of women from low-income urban neighborhoods. In: *Gender & Society*, 6: 441-63.

Nash, June (1990): Latin American women in the world capitalist crisis. In: *Gender & Society*, 4: 338-53.

Nash, June; Fernández-Kelly, María Patricia (Hg.) (1983): *Women, men, and the international division of labor*. Albany.

Nash, Nathaniel C. (1992): Shining Path women. So many and so ferocious. In: *New York Times*, 22. September.

Nathanson, Constance A. (1975): Illness and the feminine role. A theoretical review. In: *Social Science and Medicine*, 9: 57-62.

Nazzari, Muriel (1983): The woman question in Cuba. An analysis of material constraints on its solution. In: *Signs*, 10: 246-63.

Nead, Lynda (1990): The female nude. Pornography, art, and sexuality. In: *Signs*, 15: 323-35.

Nelson, Barbara J. (1984): Women's poverty and women's citizenship. Some political consequences of economic marginality. In: *Signs*, 10: 209-31.

Nelson, Barbara J. (1990): The origins of the two-channel welfare state. Workmen's compensation and mothers' aid. In: Gordon, Linda (Hg.): *Women, the state, and welfare*. Madison.

Nelson, Margaret K. (1990): *Negotiated care. The experience of family day care providers*. Philadelphia.

Nestle, Joan (1983): My mother liked to fuck. In: Snitow, Ann; Stansell, Christine; Thompson, Sharon (Hg.): *Powers of desire. The politics of sexuality*. New York.

Netting, Robert McC.; Wilk, Richard R.; Arnould, Eric J. (Hg.) (1984): *Households. Comparative and historical studies of the domestic group*. Berkeley.

New, Rebecca S.; Benigni, Laura (1987): Italian fathers and infants. Cultural constraints on paternal behavior. In: Lamb, Michael E. (Hg.): *The father's role. Cross-cultural perspectives*. Hillsdale.

Newton, Esther (1984): The mythic mannish lesbian. Radclyffe Hall and the new woman. In: *Signs*, 9: 557-75.

New York Times (Hg.) (1989a): Musician's death at 74 reveals he was a woman. 2. Februar.

New York Times (Hg.) (1989b): Gymnastic girls, not women. 1. August.

New York Times (Hg.) (1990): Woman is acquitted in trial for using the men's room. 3. November.

New York Times (Hg.) (1991a): Paper includes gay couples on what was wedding page. 22. März.

New York Times (Hg.) (1991b): Woman to lead Annapolis midshipmen. 28. April.

New York Times (Hg.) (1991c): Citing sexism, Stanford doctor quits. 4. Juni.

New York Times (Hg.) (1991d): Should women be sent into combat? Week in Review, 21. Juli.

New York Times (Hg.) (1991e): Woman gives birth for daughter. 13. Oktober.

New York Times (Hg.) (1992a): Few women found in top public jobs. 3. Januar.

New York Times (Hg.) (1992b): Sex crimes in Gulf cited. 18. Juli.

Nickel, Horst and Ellen M. T. Köcher (1987): West Germany and the German-speaking countries. In: Lamb, Michael E. (Hg.): *The father's role. Cross-cultural perspectives*. Hillsdale.

Nielsen, Joyce McCarl (1984): Women in dystopia/utopia. 1984 and beyond. In: *International Journal of Women's Studies*, 7: 144-54.

Nochlin, Linda (1988): Women, art, and power and other essays. New York.

Nolan, Mary (1990): Housework made easy. The Taylorized housewife in Weimar Germany's rationalized economy. In: *Feminist Studies*, 16: 549-77.

Nordheimer, Jon (1991): Women's role in combat. The war resumes. In: *New York Times*, 26. Mai.

Novaes, Simone B. (1989): Giving, receiving, paying. Gamete donors and donor policies in reproductive medicine. In: *International Journal of Technology Assessment in Health Care*, 5: 639-57.

Nsiah-Jefferson, Laurie; Hall, Elaine J. (1989): Reproductive technology. Perspectives and implications for low-income women and women of color. In: Ratcliff, Kathryn Strother u.a. (Hg.): *Healing technology. Feminist perspectives*. Ann Arbor.

Nugent, Kevin (1987): The father's role in early Irish socialization. Historical and empirical perspectives. In: Lamb, Michael E. (Hg.): *The father's role. Cross-cultural perspectives*. Hillsdale.

Nuss, Shirley; Denti, Ettore; Viry, David (1989): *Women in the world of work. Statistical analysis and projections to the year 2000*. Geneva.

Oakley, Ann (1974): *The sociology of housework*. New York. [dt. 1978: Soziologie der Hausarbeit. Frankfurt a.M.].

Oakley, Ann (1976): *Women's work. The housewife, past and present*. New York.

Oakley, Ann (1980): *Becoming a mother*. New York.

O'Brien, Mary (1981): *The politics of reproduction*. New York.

O'Brien, Mary (1989): *Reproducing the world: Essays in feminist theory*. Boulder.

Odum, Maria (1992): If the G.N.P. counted housework, would women count for more? In: *New York Times News of the Week*, 5. April.

Oehninger, Sergio; Stecker, John F.; Acosta, Anibal A. (1992): Male infertility. The impact of assisted reproductive technologies. In: *Current Opinion in Obstetrics and Gynecology*, 4 (April): 185-96.

Off Our Backs (1990): Romania. Pregnancy police. Februar: 6-7.

Offen, Karen (1988): Defining feminism. A comparative historical approach. In: *Signs*, 14: 119-57.

Oglesby, Carole A. (Hg.) (1978): *Women and sport. From myth to reality*. Philadelphia.

Ohlin, Lloyd; Tonry, Michael (Hg.) (1989): *Family violence*. Chicago.

Okin, Susan Moller (1979): *Women in Western political thought*. Princeton.

Oldfield, Sybil (1987): German women in the resistance to Hitler. In: Reynolds, Siân (Hg.): *Women, state and revolution. Essays on power and gender in Europe since 1789*. Amherst.

Olsen, Fran (1984): The politics of family law. In: *Law and Inequality*, 2: 1-19.

Olson, Jon; Miller, Jon (1983): Gender and interaction in the workplace. In: Lopata, Helena Znaniecki; Pleck Joseph H. (Hg.) (1983): *Research in the interweave of social roles. Jobs and families*. Greenwich.

Olson, Wendy (1990): Beyond Title IX. Toward an agenda for women and sports in the 1990s. In: *Yale Journal of Law and Feminism*, 3: 105-51.

O'Meara, J. Donald (1989): Cross-sex friendship. Four basic challenges of an ignored relationship. In: *Sex Roles*, 21: 525-43.

470

Omolade, Barbara (1983): Hearts of darkness. In: Snitow, Ann; Stansell, Christine; Thompson, Sharon (Hg.): *Powers of desire. The politics of sexuality.* New York.

Orloff, Ann Shola (1993): Gender and the social rights of citizenship. The comparative analysis of gender relations and welfare states. In: *American Sociological Review*, 58: 303-28.

Ortner, Sherry B. (1974): Is female to male as nature is to culture? In: Rosaldo, Michelle Zimbalist; Lamphere, Louise (Hg.): *Woman, culture and society.* Stanford.

Ortner, Sherry B.; Whitehead, Harriet (1981a): Introduction. Accounting for sexual meanings. In: Ortner, Sherry B.; Whitehead, Harriet (Hg.): *Sexual meanings. The cultural construction of gender and sexuality.* Cambridge.

Ortner, Sherry B.; Whitehead, Harriet (Hg.) (1981b): *Sexual meanings. The cultural construction of gender and sexuality.* Cambridge.

Ory, Marcia G.; Warner, H. R. (1990): *Gender, health and longevity.* New York.

Osmond, Marie Withers; Martin, Patricia Yancey (1983): Women, work, and welfare. A comparison of Black and White female heads of households. In: *International Journal of Sociology of the Family*, 13: 37-56.

Ostrander, Susan A. (1984): *Women of the upper class.* Philadelphia.

Otis, Leah L. (1986): Municipal wet nurses in fifteenth-century Montpellier. In: Hanawalt, Barbara A. (Hg.): *Women and work in preindustrial Europe.* Bloomington.

Overall, Christine (1992): What's wrong with prostitution? Evaluating sex work. In: *Signs*, 17: 705-24.

Padgug, Robert A. (1989): Gay villain, gay hero. Homosexuality and the social construction of AIDS. In: Peiss, Kathy; Simmons, Christina (Hg.): *Passion and power. Sexuality in history.* Philadelphia.

Pahl, Jan (1989): *Money and marriage.* New York.

Paige, Karen Ericksen; Paige, Jeffrey M. (1981): *The politics of reproductive ritual.* Berkeley.

Palmer, Phyllis (1989): *Domesticity and dirt. Housewives and domestic servants in the United States, 1920-1945.* Philadelphia.

Paludi, Michele A. (Hg.) (1990): *Ivory power. Sexual harassment on campus.* Albany.

Papanek, Hanna (1979): Family status production. The „work" and „non-work" of women. In: *Signs*, 4: 775-81.

Papanek, Hanna (1990): To each less than she needs, from each more than she can do: Allocations, entitlements, and value. In: Tinker, Irene (Hg.): *Persistent inequalities. Women and world development.* New York.

Pareles, Jon (1990): On the edge of the permissible. Madonna's evolving persona. In: *New York Times* Arts and Leisure Section, 11. Juni.

Parker, Stephen (1990): *Informal marriage, cohabitation and the law 1750-1989.* New York.

Parlee, Mary Brown (1973): The premenstrual syndrome. In: *Psychological Bulletin*, 80: 454-65.

Parlee, Mary Brown (1982a): The psychology of the menstrual cycle. Biological and psychological perspectives. In: Friedman, Richard C. (Hg.): *Behavior and the menstrual cycle.* New York.

Parlee, Mary Brown (1982b): Changes in moods and activation levels during the menstrual cycle in experimentally naive subjects. In: *Psychology of Women Quarterly*, 7: 119-31.

Parsons, Talcott (1951): *The social system.* Glencoe.

Pascall, Gillian (1986): *Social policy. A feminist analysis.* London; New York.

Pateman, Carole (1988): *The sexual contract.* Stanford.

Pearce, Diana (1990): Welfare is not for women. Why the war on poverty cannot conquer the feminization of poverty. In: Gordon, Linda (Hg.): *Women, the state, and welfare.* Madison.

Pearson, Carol S. (1984): Of time and revolution. Theories of social change in contemporary feminist science fiction. In: Rohrlich, Ruby; Baruch, Elaine Hoffman (Hg.): *Women in search of utopia. Mavericks and mythmakers.* New York.

Peiss, Kathy (1983): „Charity girls" and city pleasures. Historical notes on working-class sexuality, 1880-1920. In: Snitow, Ann; Stansell, Christine; Thompson, Sharon (Hg.): *Powers of desire. The politics of sexuality.* New York.

Peiss, Kathy; Simmons, Christina (Hg.) (1989): *Passion and power. Sexuality in history.* Philadelphia.

Peña, Manuel (1991): Class, gender, and machismo: The „treacherous-woman" folklore of Mexican male workers. In: *Gender & Society*, 5: 30-46.

Pendle, Karin (1992): Lost voices. In: *Opera News*, Juli: 18-19, 44.

Penelope, Julia (1990): The lesbian perspective. In: Allen, Jeffner (Hg.): *Lesbian philosophies and cultures.* Albany.

Perlmutter, Ellen; Bart, Pauline B. (1982): Changing views of „the change": A critical review and suggestions for an attributional approach. In: Voda, Anne M.; Dinnerstein, Myra; O'Donnell, Sheryl R. (Hg.): *Changing perspectives on menopause.* Austin.

Perman, Lauri; Stevens, Beth (1989): Industrial segregation and the gender distribution of fringe benefits. In: *Gender & Society*, 3: 388-404.

Perry, Mary Elizabeth (1987): The manly woman. A historical case study. In: *American Behavioral Scientist*, 31: 86-100.

Perry, Ruth; Greber, Lisa (1990): Women and computers. An introduction. In: *Signs*, 16: 74-101.

Person, Ethel Spector (1980): Sexuality as the mainstay of identity. Psychoanalytic perspectives. In: *Signs*, 5: 605-30.

Petchesky, Rosalind Pollack (1979): Workers, reproductive hazards, and the politics of protection. An introduction. In: *Feminist Studies*, 5: 233-45.

Petchesky, Rosalind Pollack (1984): *Abortion and woman's choice. The state, sexuality, and reproductive freedom.* Boston.

Petry, Carl F. (1991): Class solidarity versus gender gain. Women as custodians of property in later medieval Egypt. In: Keddie, Nikki R.; Baron, Beth (Hg.) (1991): *Women in Middle Eastern history. Shifting boundaries in sex and gender.* New Haven.

Pfeffer, Naomi (1987): Artificial insemination, in vitro fertilization and the stigma of infertility. In: Stanworth, Michelle (Hg.): *Reproductive technologies. Gender, motherhood and medicine.* Minneapolis.

Pfeiffer, John E. (1985): *The creative explosion. An inquiry into the origins of art and religion.* Ithaca.

Phelan, Shane (1989): *Identity politics. Lesbian feminism and the limits of community.* Philadelphia.

Phelan, Shane (1993): (Be)coming out. Lesbian identity and politics. In: *Signs*, 18: 765-90.

472

Phillips, Anne; Taylor, Barbara (1980): Sex and skill. Notes towards a feminist economics. In: *Feminist Review*, 6: 79-88.

Philipson, Ilene (1984): Beyond the virgin and the whore. In: *Socialist Review*, 14 (3/4): 127-36.

Phipps, William E. (1989): *Genesis and gender. Biblical myths of sexuality and their cultural impact*. New York.

Phoenix, Ann; Woollett, Anne; Lloyd, Eva (Hg.) (1991): *Motherhood. Meanings, practices and ideologies*. Newbury Park.

Piercy, Marge (1976): *Woman on the edge of time*. New York. [dt. 1996: Die Frau am Abgrund der Zeit. Hamburg].

Pinchbeck, Ivy ([1930] 1981): Women workers and the Industrial Revolution, 1750-1850. London.

Piven, Frances Fox (1985): Women and the state: Ideology, power, and the welfare state. In: Rossi, Alice S. (Hg.): *Gender and the life course*. Hawthorne.

Plaskow, Judith (1990): *Standing again at Sinai. Judaism from a feminist perspective*. San Francisco.

Pleck, Joseph H. (1977): The work-family role system. In: *Social Problems*, 24: 417-27.

Pleck, Joseph H. (1983): Husbands' paid work and family roles. Current research issues. In: Lopata, Helena Znaniecki; Pleck Joseph H. (Hg.): *Research in the interweave of social roles. Jobs and families*. Greenwich.

Pleck, Joseph H. (1985): *Working wives/working husbands*. Newbury Park.

Pleck, Joseph H. (1987): American fathering in historical perspective. In: Kimmel, Michael S. (Hg.): *Changing men. New directions in research on men and masculinity*. Newbury Park.

Plummer, Kenneth (1981a): Building a sociology of homosexuality. In: Plummer, Kenneth (Hg.): *The making of the modern homosexual*. Totowa.

Plummer, Kenneth (Hg.) (1981b): *The making of the modern homosexual*. Totowa.

Pogrebin, Letty Cottin (1987): *Among friends. Who we like, why we like them and what we do with them*. New York.

Polatnick, M. Rivka (1983): Why men don't rear children. A power analysis. In: Trebilcot, Joyce (Hg.): *Mothering. Essays in feminist theory*. Totowa.

Poll, Carol (1978): *No room at the top. A study of the social processes that contribute to the underrepresentation of women on the administrative levels of the New York City school system*. Ph.D. diss. City University of New York Graduate School.

Pomeroy, Sarah B. (1975): Goddesses, whores, wives, and slaves. Women in classical antiquity. New York.

Pomeroy, Sarah B. (Hg.) (1991): *Women's history and ancient history*. Chapel Hill.

Poovey, Mary (1988a): Feminism and deconstruction. In: *Feminist Studies*, 14: 51-65.

Poovey, Mary (1988b): Covered but not bound. Caroline Norton and the 1857 Matrimonial Causes Act. In: *Feminist Studies*, 14: 467-85.

Powell, Gary N. (1988): *Women and men in management*. Newbury Park.

Power, Margaret (1991): *The egalitarians - human and chimpanzee. An anthropological view of social organization*. Cambridge.

Powers, Marla N. (1980): Menstruation and reproduction. An Oglala case. In: *Signs*, 6 (1/2): 54-65.

Price, T. Douglas; Brown, James A. (Hg.) (1985): *Prehistoric hunter-gatherers. The emergence of cultural complexity*. Orlando.

Prior, Jerilynn C. u.a. (1990): Spinal bone loss and ovulatory disturbances. In: *New England Journal of Medicine*, 323: 1221-27.

Proctor, Candice E. (1990): *Women, equality, and the French Revolution.* Westport.

Ptacek, James (1988): Why do men batter their wives? In: Yllö, Kersti; Bograd, Michele (Hg.): *Feminist perspectives on wife abuse.* Newbury Park.

Pugh, M. D.; Wahrman, Ralph (1983): Neutralizing sexism in mixed-sex groups. Do women have to be better than men? In: *American Journal of Sociology*, 88: 746-62.

Quadagno, Jill (1990): Race, class, and gender in the U.S. welfare state. Nixon's failed family assistance plan. In: *American Sociological Review*, 55: 11-28.

Quindlen, Anna (1988): *Living out loud.* New York.

Quindlen, Anna (1991a): Women warriors. In: *New York Times Op-Ed Page*, 3. Februar.

Quindlen, Anna (1991b): Listen to us. In: *New York Times Op-Ed Page*, 9. Oktober.

Quindlen, Anna (1991c): An American tragedy. In: *New York Times* Op-Ed Page, 12. Oktober.

Quindlen, Anna (1991d): The perfect victim. In: *New York Times Op-Ed Page*, 16. Oktober.

Quindlen, Anna (1992): Women in combat. In: *New York Times Op-Ed Page*, 8. Januar.

Ragab, Marie-Jose (1992): Women in parliaments. In: *National NOW Times*, Juni.

Ranke-Heinemann, Uta (1990): *Eunuchs for the kingdom of heaven. Women, sexuality and the Catholic church.* New York. [dt. 1988: Eunuchen für das Himmelreich. Katholische Kirche und Sexualität. Hamburg].

Ratcliff, Kathryn Strother u.a. (Hg.) (1989): *Healing technology. Feminist perspectives.* Ann Arbor.

Raven, Arlene; Langer, Cassandra L.; Frueh, Joanna (Hg.) (1988): *Feminist art criticism.* Ann Arbor.

Raymond, Janice G. (1979): *The transsexual empire. The making of the she-male.* Boston.

Raymond, Janice G. (1986): *A passion for friends. Toward a philosophy of female affection.* Boston.

Redclift, Nanneke (1985): The contested domain. Gender, accumulation and the labor process. In: Redclift, Nanneke; Mingione, Enzo (Hg.): *Beyond Employment. Household, gender and subsistence.* Oxford; New York.

Redclift, Nanneke (1987): Rights in women. Kinship, culture, and materialism. In: Sayers, Janet; Evans, Mary; Redclift, Nanneke (Hg.): *Engels revisited. New feminist essays.* London; New York.

Redclift, Nanneke; Mingione, Enzo (Hg.) (1985): *Beyond Employment. Household, gender and subsistence.* Oxford; New York.

Reed, Evelyn (1978): *Sexism and science.* New York.

Reed, James (1978): *From private vice to public virtue. The birth control movement in American society since 1830.* New York.

Reif, Linda Lobao (1989): Women in revolution. The mobilization of Latin America women in revolutionary guerrilla movements. In: Richardson, Laurel; Taylor, Verta (Hg.): *Feminist frontiers II.* New York.

Reif, Rita (1989): Art prices are still astonishing, but fever seems to be cooling. In: *New York Times*, Arts and Leisure Section, 6. Dezember.

Reiter, Rayna Rapp (Hg.) (1975): *Toward a anthropology of women.* New York.

474

Remick, Helen (Hg.) (1984): *Comparable worth and wage discrimination. Technical possibilities and political realities.* Philadelphia.

Remy, John (1990): Patriarchy and fratriarchy as forms of androcracy. In: Hearn, Jeff; Morgan, David (Hg.): *Men, masculinities and social theory.* London.

Reskin, Barbara F. (1978a): Sex differentiation and the social organization of science. In: *Sociological Inquiry*, 48: 6-37.

Reskin, Barbara F. (1978b): Scientific productivity, sex, and location in the institution of science. In: *American Journal of Sociology*, 83: 1235-43.

Reskin, Barbara F. (Hg.) (1984): *Sex segregation in the workplace. Trends, explanations, remedies.* Washington, DC.

Reskin, Barbara F. (1988): Bringing the men back in. Sex differentiation and the devaluation of women's work. In: *Gender & Society*, 2: 58-81.

Reskin, Barbara F.; Hartmann, Heidi I. (Hg.) (1986): *Women's work, Men's work. Sex segregation on the job.* Washington, DC.

Reskin, Barbara F.; Roos, Patricia A. (1990): *Job queues, gender queues. Explaining women's inroads into male occupations.* Philadelphia.

Reverby, Susan M. (1987): *Ordered to care. The dilemma of American nursing, 1850-1945.* Cambridge.

Reynolds, Siân (1987a): Marianne's citizens? Women, the Republic and universal suffrage in France. In: Reynolds, Siân (Hg.): *Women, state and revolution. Essays on power and gender in Europe since 1789.* Amherst.

Reynolds, Siân (Hg.) (1987b): *Women, state and revolution. Essays on power and gender in Europe since 1789.* Amherst.

Rhode, Deborah L. (Hg.) (1990): *Theoretical perspectives on sexual difference.* New Haven.

Rich, Adrienne (1976): *Of woman born. Motherhood as experience and as institution.* New York. [dt. 1979: Von Frauen geboren. Mutterschaft als Erfahrung und Institution. München].

Rich, Adrienne (1980): Compulsory heterosexuality and lesbian existence. In: *Signs*, 5: 631-60.

Rich, B. Ruby (1986): Review essay. Feminism and sexuality in the 1980s. In: *Feminist Studies*, 12: 525-61.

Rich, B. Ruby; Arguelles, Lourdes (1985): Homosexuality, homophobia, and revolution: Notes toward an understanding of the Cuban lesbian and gay male experience, Part II. In: *Signs*, 11: 120-36.

Richards, Renée; Ames, Jack (1983): *Second serve.* New York.

Richardson, Dianne (1988): *Women and AIDS.* New York.

Richardson, Laurel; Taylor, Verta (Hg.) (1989): *Feminist frontiers II.* New York.

Richie, Beth E. (1992): *Gender entrapment. An exploratory study of the links between gender identity, violence against women, and crime among battered African-American women.* Ph.D. diss. City University of New York Graduate School.

Ridgeway, Cecilia L. (1987): Nonverbal behavior, dominance, and the basis of status in task groups. In: *American Sociological Review*, 52: 683-94.

Ridgeway, Cecilia L. (1988): Gender differences in task groups. A status and legitimacy account. In: Webster, Murray, Jr.; Foschi, Martha (Hg.): *Status generalization. New theory and research.* Stanford.

Ridgeway, Cecilia L. (Hg.) (1991): *Gender, interaction, and inequality.* New York.

Ridgeway, Cecilia L.; Berger, Joseph (1988): The legitimation of power and prestige orders in task groups. In: Webster, Murray, Jr.; Foschi, Martha (Hg.): *Status generalization. New theory and research.* Stanford.

Ridgeway, Cecilia L.; Diekema, David (1989): Dominance and collective hierarchy formation in male and female task groups. In: *American Sociological Review*, 54: 79-93.

Ridgeway, Cecilia L.; Johnson, Cathryn (1990): What is the relationship between socioemotional behavior and status in task groups? In: *American Journal of Sociology*, 95: 1189-1212.

Riley, Denise (1983): *War in the nursery. Theories of the child and mother.* London.

Riley, Denise (1988): *Am I that name? Feminism and the category of women in history.* Minneapolis.

Rittenhouse, C. Amanda (1991): The emergence of premenstrual syndrome as a social problem. In: *Social Problems*, 38: 412-25.

Ríos, Palmira N. (1990): Export-oriented industrialization and the demand for female labor. Puerto Rican women in the manufacturing sector, 1952-1980. In: *Gender & Society*, 4: 321-37.

Risman, Barbara J. (1987): Intimate relationships from a microstructural perspective. Men who mother. In: *Gender & Society*, 1: 6-32.

Risman, Barbara J. (1998): *Gender vertigo. American families in transition.* New Haven.

Rivière, P.G. (1974): The couvade. A problem reborn. In: Man, (N.S.) 9: 423-35.

Rodgers, Fran Susser; Rodgers, Charles (1989): Business and the facts of family life. In: *Harvard Business Review*, (11-12): 121-29.

Rogers, Mary F. (1992): They were all passing. Agnes, Garfinkel, and company. In: *Gender & Society*, 6: 169-91.

Rodgers-Rose, La Frances (Hg.) (1980): *The Black woman.* Newbury Park.

Rohrlich-Leavitt, Ruby (1977): Women in transition. Crete and Sumer. In: Bridenthal, Renate; Koonz, Claudia (Hg.): *Becoming visible. Women in European history.* Boston.

Rohrlich, Ruby; Baruch, Elaine Hoffman (Hg.) (1984): *Women in search of utopia. Mavericks and mythmakers.* New York.

Roiphe, Katie (1993): *The morning after. Sex, fear and feminism on campus.* Boston.

Roldán, Martha (1985): Industrial outworking, struggles for the reproduction of working-class families and gender subordination. In: Redclift, Nanneke; Mingione, Enzo (Hg.): *Beyond Employment. Household, gender and subsistence.* Oxford; New York.

Roldán, Martha (1988): Renegotiating the marital contract. Intrahousehold patterns of money allocation and women's subordination among domestic outworkers in Mexico City. In: Dwyer, Daisy; Bruce, Judith (Hg.): *A home divided. Women and income in the third world.* Palo Alto.

Rollins, Judith (1985): *Between women. Domestics and their employers.* Philadelphia.

Romero, Mary (1988): Day work in the suburbs. The work experience of Chicana private housekeepers. In: Statham, Anne; Miller, Eleanor M.; Mauksch, Hans O. (Hg.): *The worth of women's work.* Albany.

Ronnen, Meir (1992): Canaanite fertility figure found in the Negev. In: *Jerusalem Post*, 10. November.

476

Roos, Patricia A. (1985): *Gender and work. A comparative analysis of industrial societies.* Albany.

Roos, Patricia A. (1990): Hot-metal to electronic composition. Gender, technology, and social change. In: Reskin, Barbara F.; Hartmann, Heidi I. (Hg.) (1986): *Women's work, Men's work. Sex segregation on the job.* Washington, DC.

Roos, Patricia A.; Reskin, Barbara F. (1984): Institutional factors contributing to sex segregation in the workplace. In: Reskin, Barbara F. (Hg.): *Sex segregation in the workplace. Trends, explanations, remedies.* Washington, DC.

Rosaldo, Michelle Zimbalist; Lamphere, Louise (Hg.) (1974): *Woman, culture and society.* Stanford.

Rose, Sonya O. (1987): Gender segregation in the transition to the factory: The English hosiery industry, 1850-1910. In: *Feminist Studies,* 13: 163-84.

Rose, Suzanna. M. (1985): Same- and cross-sex friendships and the psychology of homosociality. In: *Sex Roles,* 12: 63-74.

Rosen, Ellen Israel (1987): *Bitter choices. Blue-collar women in and out of work.* Chicago.

Rosen, Ruth (1982): *The lost sisterhood. Prostitution in America, 1900-1918.* Baltimore.

Rosenberg, Dorothy J. (1991): Shock therapy. GDR women in transition from a socialist welfare state to a social market economy. In: *Signs,* 17: 129-51.

Rosenfeld, Rachel A. (1980): Race and sex differences in career dynamics. In: *American Sociological Review,* 45: 583-609.

Rosenfeld, Rachel A. (1983): Sex segregation and sectors: An analysis of gender differences in returns from employer changes. In: *American Sociological Review* 48: 637-55.

Rosenfeld, Rachel A.; Kalleberg, Arne L. (1990): A cross-national comparison of the gender gap in income. In: *American Journal of Sociology,* 96: 69-106.

Ross, Catherine E. (1987): The division of labor at home. In: *Social Forces,* 65: 816-33.

Rossi, Alice S. (1964): Equality between the sexes. An immodest proposal. In: *Daedalus,* 93: 607-52.

Rossi, Alice S. (1977): A biosocial perspective on parenting. In: *Daedalus,* 106: 1-31.

Rossi, Alice S. (1980): Life span theories and women's lives. In: *Signs,* 6 (Bd. 1, Teil 2): 4-32.

Rossi, Alice S. (1984): Gender and parenthood. In: *American Sociological Review,* 49: 1-19.

Rossi, Alice S. (Hg.) (1985): *Gender and the life course.* Hawthorne.

Rossi, Alice S.; Rossi, Peter Eric (1977): Body time and social time. Mood patterns by menstrual cycle phase and day of the week. In: *Social Science Research,* 6: 273-308.

Rossi, Alice S.; Rossi, Peter H. (1990): *Of human bonding. Parent-child relations across the life course.* New York.

Rossiter, Margaret L. (1986): *Women in the resistance.* New York.

Rossiter, Margaret W. (1982): *Women scientists in America. Struggles and strategies to 1940.* Baltimore.

Rothman, Barbara Katz (1982): *In labor. Women and power in the birthplace.* New York.

Rothman, Barbara Katz (1986): *The tentative pregnancy.* New York.

Rothman, Barbara Katz (1989): *Recreating motherhood. Ideology and technology in a patriarchal society.* New York.

Rothschild, Joan (1983a): Technology, housework, and women's liberation. A theoretical analysis. In: Rothschild, Joan (Hg.): *Machina ex dea. Feminist perspectives on technology.* New York.

Rothschild, Joan (Hg.) (1983b): *Machina ex dea. Feminist perspectives on technology.* New York.

Rowbotham, Sheila (1973): *Women's consciousness, man's world.* New York.

Rowbotham, Sheila (1974): *Women, resistance and revolution. A history of women and revolution in the modern world.* New York.

Rowbotham, Sheila (1976): *Hidden from history. Rediscovering women in history from the 17th century to the present.* New York.

Rowbotham, Sheila (1989): *The past is before us. Feminism in action since the 1960s.* Boston.

Rowe, Mary P. (1977): *The Saturn's rings phenomenon. Microinequities and unequal opportunities in the American economy.* Proceedings of the Conference on Women's Leadership and Authority in the Health Professions, Santa Cruz.

Rubery, Jill (Hg.) (1988): *Women and recession.* London.

Rubin, Gayle (1975): The traffic in women. Notes on the political economy of sex. In: Reiter, Rayna Rapp (Hg.): *Toward a anthropology of women.* New York.

Rubin, Gayle (1984): Thinking sex. Notes for a radical theory of the politics of sexuality. In: Vance, Carole S. (Hg.): *Pleasure and danger. Exploring female sexuality.* Boston.

Rubin, Lillian Breslow (1976): *Worlds of pain. Life in the working-class family.* New York.

Rubin, Lillian Breslow (1983): *Intimate strangers. Men and women together.* San Francisco.

Rubin, Lillian Breslow (1991): *Erotic wars. What happened to the sexual revolution?* New York.

Ruddick, Sara (1983): Maternal thinking. In: Trebilcot, Joyce (Hg.): *Mothering. Essays in feminist theory.* Totowa.

Ruether, Rosemary; McLaughlin, Eleanor (Hg.) (1979): *Women of spirit. Female leadership in the Jewish and Christian traditions.* New York.

Ruggie, Mary (1984): *The state and working women. A comparative study of Britain and Sweden.* Princeton.

Rugh, Andrea B. (1986): *Reveal and conceal. Dress in contemporary Egypt.* Syracuse.

Rupp, Leila J. (1989): „Imagine my surprise". Women's relationships in mid-twentieth century America. In: Duberman, Martin Bauml; Vicinus, Martha; Chauncey, George, Jr. (Hg.): *Hidden from history. Reclaiming the gay and lesbian past.* New York.

Russ, Joanna (1975): *The female man.* New York.

Russell, Diana E. H. (1986): *The secret trauma. Incest in the lives of girls and women.* New York.

Russell, Diana E. H. (1990): *Rape in marriage.* Bloomington.

Rust, Paula C. (1992): The politics of sexual identity. Attraction and behavior among lesbian and bisexual women. In: *Social Problems*, 39: 366-86.

478

Rust, Paula C. (1993): „Coming out" in the age of social constructionism. Sexual identity formation among lesbian and bisexual women. In: *Gender & Society*, 7: 50-77.

Sabbah, Fatna A. (1984): *Woman in the Muslim unconscious*. New York.

Sack, Laura (1992): Women and children first. A feminist analysis of the primary caretaker standard in child custody cases. In: *Yale Journal of Law and Feminism*, 4: 291-328.

Sacks, Karen Brodkin (1979): *Sisters and wives*. Urbana, Chicago.

Sacks, Karen Brodkin (1984): Generations of working-class families. In: Sacks, Karen Brodkin; Remy, Dorothy (Hg.): *My troubles are going to have trouble with me. Everyday trials and triumphs of women workers*. New Brunswick.

Sacks, Karen Brodkin (1989): Toward a unified theory of class, race, and gender. In: *American Ethnologist*, 16: 534-50.

Sacks, Karen Brodkin; Remy, Dorothy (Hg.) (1984): *My troubles are going to have trouble with me. Everyday trials and triumphs of women workers*. New Brunswick.

Safa, Helen Icken (1981): Runaway shops and female employment. The search for cheap labor. In: *Signs*, 7: 418-33.

Safa, Helen Icken (1990): Women's social movements in Latin America. In: *Gender & Society*, 4: 354-69.

Safa-Isfahani, Kaveh (1980): Female-centered world views in Iranian culture. Symbolic representations of sexuality in dramatic games. In: *Signs*, 6: 33-53.

Sagi, Abraham; Koren, Nina; Weinberg, Mayah (1987): Fathers in Israel. In: Lamb, Michael E. (Hg.): *The father's role. Cross-cultural perspectives*. Hillsdale.

Salmon, Marylynn (1979): „Life, liberty, and dower". The legal status of women after the American Revolution. In: Berkin, Carol R.; Lovett, Clara M. (Hg.): *Women, war, and revolution*. New York.

Sanday, Peggy Reeves (1981a): *Female power and male dominance. On the origins of sexual inequality*. Cambridge.

Sanday, Peggy Reeves (1981b): The socio-cultural context of rape. a cross-cultural study. In: *Journal of Social Issues*, 37: 5-27.

Sanday, Peggy *Reeves (1990): Fraternity gang rape. Sex, brotherhood, and privilege on campus*. New York.

Sandelowski, Margarete (1990a): Fault lines. Infertility and imperiled sisterhood. In: *Feminist Studies*, 16: 33-51.

Sandelowski, Margarete (1990b): Failures of volition. Female agency and infertility in historical perspective. In: *Signs*, 15: 475-99.

Sandelowski, Margarete (1993): *With child in mind. Studies of the personal encounter with infertility*. Philadelphia.

Sanders, Paula (1991): Gendering the ungendered body: Hermaphrodites in medieval Islamic law. In: Keddie, Nikki R.; Baron, Beth (Hg.): *Women in Middle Eastern history. Shifting boundaries in sex and gender*. New Haven.

Sandqvist, Karin (1992): Sweden's sex-role scheme and commitment to gender equality. In: Lewis, Susan; Izraeli, Dafna N.; Hootsmans, Helen (Hg.): *Dual-earner families. International perspectives*. London.

Sapiro, Virginia (1990): The gender basis of American social policy. In: Gordon, Linda (Hg.): *Women, the state, and welfare*. Madison.

Sargent, Lydia (Hg.) (1981): *Women and revolution. A discussion of the unhappy marriage of Marxism and feminism*. Boston.

Sarvasy, Wendy (1992): Beyond the difference versus equality policy debate. Postsuffrage feminism, citizenship, and the quest for a feminist welfare state. In: *Signs*, 17: 329-62.

Sassen, Saskia (1988): *The mobility of labor and capital. A study in international investment and labor flow*. Cambridge.

Sattel, Jack W. (1976): The inexpressive male. Tragedy or sexual politics? In: *Social Problems*, 23: 469-77.

Sayers, Janet (1982): *Biological politics. Feminist and anti-feminist perspectives*. London, New York.

Sayers, Janet; Evans, Mary; Redclift, Nanneke (Hg.) (1987): *Engels revisited. New feminist essays*. London; New York.

Sayre, Anne (1975): *Rosalind Franklin and DNA*. New York.

Schafran, Lynn Hecht (1991): The harsh lessons of Professor Hill. In: *New York Times* Business Section, 13. Oktober.

Scharff, Virginia (1991): *Taking the wheel. Women and the coming of the motor age*. New York.

Scheff, Thomas. J. (1988): *Shame and conformity. The deference-emotion system*. In: *American Sociological Review*, 53: 395-406.

Scheff, Thomas. J. (1990): *Microsociology. Discourse, emotion, and social structure*. Chicago.

Scheper-Hughes, Nancy (1992): *Death without weeping. The violence of everyday life in Brazil*. Berkeley.

Sherman, Julia A.; Beck, Evelyn Torton (Hg.) (1979): *The prism of sex. Essays in the sociology of knowledge*. Madison.

Schilit, Rebecca u.a. (1991): Intergenerational transmission of violence in lesbian relationships. In: *Affilia*, 6: 72-87.

Schirmer, Jennifer G. (1982): *The limits of reform. Women, capital, and welfare*. Cambridge.

Schlegel, Alice (Hg.) (1977): *Sexual stratification. A cross-cultural view*. New York.

Schmitt, Eric (1991): War puts U.S. servicewomen closer than ever to combat. In: *New York Times*, 22. Januar.

Schmitt, Eric (1992): Wall of silence impedes inquiry into a rowdy Navy convention. In: *New York Times*, 14. Juni.

Schneider, Beth E. (1982): Consciousness about sexual harassment among heterosexual and lesbian women workers. In: *Journal of Social Issues*, 38: 75-98.

Schneider, Beth E. (1984): The office affair. Myth and reality for heterosexual and lesbian women workers. In: *Sociological Perspectives*, 27: 443-64.

Schneider, Beth E. (1985): Approaches, assaults, attractions, affairs. Policy implications of the sexualization of the workplace. In: *Population Research and Policy Review*, 4: 93-113.

Schneider, Beth E. (1991): Put up and shut up. Workplace sexual assaults. In: *Gender & Society*, 5: 533-48.

Schneider, Beth E.; Gould, Meredith (1987): Female sexuality. Looking back into the future. In: Hess, Beth B.; Myra Marx Ferree (Hg.): *Analyzing gender*. Newbury Park.

Schooler, Carmi u.a. (1983): *Housework as work. In Work and personality. An inquiry into the impact of social stratification*. Norwood.

480

Schulte, Regina (1984): Infanticide in rural Bavaria in the nineteenth century. In: Medick, Hans; Sabean, David Warren (Hg.): *Interest and emotion. Essays on the study of family and kinship.* Cambridge. [dt. 1983: Bauernmägde in Bayern am Ende des 19. Jahrhunderts. In: Hausen, Karin (Hg.): Frauen suchen ihre Geschichte. Historische Studien zum 19. und 20. Jahrhundert. München, 112-129].

Schultz, Martin (1992): Occupational pursuits of free American women: Analysis of newspaper ads, 1800-1849. In: *Sociological Forum,* 7: 587-607.

Schultz, Martin; Lantz, Herman R. (1988): Occupational pursuits of free women in early America: An examination of eighteenth-century newspapers. In: *Sociological Forum,* 3: 89-109.

Schwendinger, Julia R.; Schwendinger, Herman (1983): *Rape and inequality.* Newbury Park.

Schweninger, Loren (1990): Property owning free African-American women in the South. In: *Journal of Women's History,* 1: 13-44.

Sciolino, Elaine (1990): Battle lines are shifting on women in war. In: *New York Times,* 23. Januar.

Scott, Bonnie Kime (1990): *The gender of modernism.* Bloomington.

Scott, Joan Wallach (1988a): *Gender and the politics of history.* New York.

Scott, Joan Wallach (1988b): Deconstructing equality-versus-difference. Or, the uses of post-structuralist theory for feminism. In: *Feminist Studies,* 14: 33-50.

Scott, Joan Wallach (1999): Some reflections on gender and politics. In: Ferree, Myra Marx; Lorber, Judith; Hess, Beth B. (Hg.): *Revisioning Gender.* Newbury Park.

Scrimshaw, Susan C. M. (1984): Infanticide in human populations. Societal and individual concerns. In: Hausfater, Glenn; Hrdy, Sarah Blaffer (Hg.): *Infanticide. Comparative and evolutionary perspectives.* New York.

Scully, Diana (1990): *Understanding sexual violence. A study of convicted rapists.* Boston.

Segal, Lynne (1990): *Slow motion. Changing masculinities, changing men.* New Brunswick.

Segal, Mady Wechsler (1986): The military and the family as greedy institutions. In: *Armed Forces and Society,* 13: 9-38.

Segura, Denise A. (1989): Chicana and Mexican immigrant women at work. The impact of class, race, and gender on occupational mobility. In: *Gender & Society,* 3: 37-52.

Seidman, Gay W. (1993): „No freedom without the women": Mobilization and gender in South Africa, 1970-1992. In: *Signs,* 18: 291-320.

Seidman, Paul B. (1991): The Montreal massacre and the war against women: The means to an end get meaner. In: *Changing Men,* 22 (Winter-Frühling): 11.

Seltzer, Judith A. (1991): Legal custody arrangements and children's economic welfare. In: *American Journal of Sociology,* 96: 895-929.

Semyonov, Moshe (1980): The social context of women's labor force participation: A comparative analysis. In: *American Sociological Review,* 86: 534-50.

Sen, Amartya K. (1990): Gender and cooperative conflicts. In: Tinker, Irene (Hg.): *Persistent inequalities. Women and world development.* New York.

Sered, Susan Starr (1994): *Priestess, Mother, Sacred Sister. Religions Dominated by women.* New York.

Shaffer, Harry G. (1981): *Women in the two Germanies. A comparative study of a socialist and a non-socialist society.* New York.

Shaffer, Peter (1980): *Amadeus.* San Francisco.

Shanley, Mary Lyndon (1989): *Feminism, marriage, and the law in Victorian England, 1850-1895.* Princeton.

Shapiro, Ann-Louise (1991): Love stories. Female crimes of passion in fin-de-siècle Paris. In: *Differences. A Journal of Feminist Cultural Studies,* 3 (3): 45-68.

Sharma, Ursula (1986): *Women's work, class, and the urban household. A study of Shimla, North India.* London; New York.

Sharpe, Rochelle (1992): Capitol Hill's worst kept secret. Sexual harassment. In: *Ms. Magazine,* Januar/Februar: 28-31.

Sheehan, Susan (1975): *A welfare mother.* New York.

Sheehy, Jeanne (1987): The training and professional life of Irish women artists before the twentieth century. In: *Irish women artists.* Dublin.

Sheffield, Carole J. (1987): Sexual terrorism. The social control of women. In: Hess, Beth B.; Ferree, Myra Marx (Hg.): *Analyzing gender.* Newbury Park.

Shelton, Beth Anne (1992): *Women, men and time. Gender differences in paid work, housework and leisure.* Westport.

Sherfey, Mary Jane (1972): *The nature and evolution of female sexuality.* New York. [dt. 1974: Die Potenz der Frau. Wesen und Evolution der weiblichen Sexualität. Köln].

Sherrod, Drury (1987): The bonds of men. Problems and possibilities in close male relationships. In: Brod, Harry (Hg.): *The making of masculinities.* Boston.

Showalter, Elaine (1987): Critical cross-dressing. Male feminists and the woman of the year. In: Jardine, Alice; Smith, Paul (Hg.): *Men in feminism.* New York.

Sidel, Ruth (1972): *Women and child care in China. A firsthand report.* New York.

Sidel, Ruth (1974): *Families of Fengsheng. Urban life in China.* Baltimore.

Silver, Allan (1990): Friendship in commercial society. Eighteenth-century social theory and modern sociology. In: *American Journal of Sociology,* 95: 1474-1504.

Simmons, Martin (1992): The truth about male friendships. In: Kimmel, Michael S.; Michael A. Messner (Hg.): *Men's lives.* New York.

Simms, Margaret C.; Malveaux, Julianne (Hg.) (1987): *Slipping through the cracks. The status of Black women.* New Brunswick.

Simonds, Wendy (1988): Confessions of loss. Maternal grief in True Story, 1920-1985. In: *Gender & Society,* 2: 149-71.

Simonds, Wendy (1992): *Women and self-help culture. Reading between the lines.* New Brunswick.

Simson, Rennie (1983): The Afro-American female. The historical context of the construction of sexual identity. In: Snitow, Ann; Stansell, Christine; Thompson, Sharon (Hg.): *Powers of desire: The politics of sexuality.* New York.

Siskind, Janet (1978): Kinship and mode of production. In: *American Anthropologist,* 80: 860-71.

Siu, Bobby (1982): *Women of China. Imperialism and women's resistance, 1900-1949.* London.

Skocpol, Theda (1979): *States and social revolutions. A comparative analysis of France, Russia, and China.* New York.

Skocpol, Theda (1992): *Protecting soldiers and mothers. The political origins of social policy in the United States.* Cambridge.

482

Skocpol, Theda; Ritter, Gretchen (1991): Gender and the origins of modern social policies in Britain and the United States. In: *Studies in American Political Development*, 5 (Frühling): 36-93.

Slatton, Bonnie; Birrell, Susan (Hg.) (1984): The politics of women's sport. In: *Arena Review*, 8 (Juli).

Smart, Carol (1984): *The ties that bind. Law, marriage and the reproduction of patriarchal relations*. London.

Smart, Carol; Sevenhuijsen, Selma (Hg.) (1989): *Child custody and the politics of gender*. New York; London.

Smith, Dorothy E. (1987a): *The everyday world as problematic*. Toronto.

Smith, Dorothy E. (1987b): Women's inequality and the family. In: Gerstel, Naomi; Gross, Harriet Engel (Hg.): *Families and work*. Philadelphia.

Smith, Dorothy E. (1990): *The conceptual practices of power. A feminist sociology of knowledge*. Toronto.

Smith, Joan (1984): Nonwage labor and subsistence. In: Smith, Joan; Wallerstein, Immanuel; Evers, Hans-Dieter (Hg.): *Households and the world economy*. Newbury Park.

Smith, Joan (1987): Transforming households. Working-class women and economic crisis. In: *Social Problems*, 34: 416-36.

Smith, Joan; Wallerstein, Immanuel; Evers, Hans-Dieter (Hg.) (1984): Households and the world economy. Newbury Park.

Smith-Rosenberg, Carroll (1975): The female world of love and ritual: Relations between women in nineteenth-century America. In: *Signs*, 1: 1-29.

Smith-Rosenberg, Carroll (1985): *Disorderly conduct. Visions of gender in Victorian America*. New York.

Smuts, Barbara B.; Gubernick, David J. (1992): Male-infant relationships in nonhuman primates. Paternal investment or mating effort? In: Hewlett, Barry S. (Hg.): *Father-child relations. Cultural and biosocial contexts*. New York.

Snitow, Ann Barr (1983): Mass market romance. Pornography for women is different. In: Snitow, Ann; Stansell, Christine; Thompson, Sharon (Hg.): *Powers of desire. The politics of sexuality*. New York.

Snitow, Ann; Stansell, Christine; Thompson, Sharon (Hg.) (1983): *Powers of desire. The politics of sexuality*. New York.

Soble, Alan (1986): *Pornography. Marxism, feminism and the future of sexuality*. New Haven.

Sokoloff, Natalie J. (1980): *Between money and love*. New York.

Sokoloff, Natalie J. (1988): Evaluating gains and losses by Black and White women and men in the professions, 1960-1980. In: *Social Problems*, 35: 36-53.

Sorensen, Elaine (1989): Measuring the effect of occupational sex and race composition on earnings. In: Michael, Robert T.; Hartmann, Heidi I.; O'Farrell, Brigid (Hg.): *Pay equity. Empirical inquiries*. Washington, DC.

South, Scott J. u.a. (1982a): Sex and power in the federal bureaucracy. A comparative analysis of male and female supervisors. In: *Work and Occupations*, 9: 233-54.

South, Scott J. u.a. (1982b): Social structure and intergroup interaction. Men and women of the federal bureaucracy. In: *American Sociological Review*, 47: 587-99.

Spelman, Elizabeth (1988): *Inessential woman. Problems of exclusion in feminist thought*. Boston.

Spencer, Dee Ann (1988): Public schoolteaching. A suitable job for a woman? In: Statham, Anne; Miller, Eleanor M.; Mauksch, Hans O. (Hg.): *The worth of women's work*. Albany.

Spivak, Gayatri Chakravorty (1988): *In other worlds. Essays in cultural politics*. New York; London.

Srole, Carole (1987): „A blessing to mankind, and especially to womankind". The typewriter and the feminization of clerical work, Boston, 1860-1920. In: Wright, Barbara Drygulski u.a. (Hg.): *Women, work, and technology. Transformations*. Ann Arbor.

Stacey, Judith (1983): *Patriarchy and socialist revolution in China*. Berkeley.

Stacey, Judith (1991): *Brave new families. Stories of domestic upheaval in late twentieth century America*. New York.

Stacey, Judith; Thorne, Barrie (1985): The missing feminist revolution in sociology. In: *Social Problems*, 32: 301-16.

Stack, Carol B. (1975): *All our kin. Strategies for survival in a Black community*. San Francisco.

Stanford-Observer (1991): Neurosurgeon resigns, cites sexism. Mai-Juni.

Stanko, Elizabeth (1990): *Everyday violence. How women and men experience sexual and physical danger*. London.

Stanworth, Michelle (Hg.) (1987): *Reproductive technologies. Gender, motherhood and medicine*. Minneapolis.

Staples, Robert (1982): *Black masculinity. The Black male's roles in American society*. San Francisco.

Staples, Robert (1992): Stereotypes of Black sexuality. The facts behind the myths. In: Kimmel, Michael S.; Michael A. Messner (Hg.): *Men's lives*. New York.

Stark, Evan; Flitcraft, Anne; Frazier, William (1979): Medicine and patriarchal violence: The social construction of a „private" event. In: *International Journal of Health Services*, 9: 461-93.

Statham, Anne; Miller, Eleanor M.; Mauksch, Hans O. (Hg.) (1988): *The worth of women's work*. Albany.

Staves, Susan (1990): *Married women's separate property in England, 1660-1833*. Cambridge.

Steady, Filomena Chioma (Hg.) (1981): *The Black woman cross-culturally*. Cambridge.

Steil, Janice M.; Weltman, Karen (1991): Marital inequality. The importance of resources, personal attributes, and social norms on career valuing and the allocation of domestic responsibilities. In: *Sex Roles*, 24: 161-79.

Stein, Arlene (1989): Three models of sexuality. Drives, identities and practices. In: *Sociological Theory*, 7: 1-13.

Stein, Peter J. (Hg.) (1981): *Single life. Unmarried adults in social context*. New York.

Steinberg, Ronnie (1987): Radical challenges in a liberal world. The mixed success of comparable worth. In: *Gender & Society*, 4: 466-75.

Steinberg, Ronnie; Haignere, Lois (1987): Equitable compensation. Methodological criteria for comparable worth. In: Bose, Christine E.; Spitze, Glenna (Hg.): *Ingredients for women's employment policy*. Albany.

Steinem, Gloria (1978a): If men could menstruate. In: *Ms. Magazine*, Oktober: 110.

Steinem, Gloria (1978b): Erotica and pornography. A clear and present difference. In: *Ms. Magazine*, November: 53-54, 75, 78.

Steinem, Gloria (1992): Seeking out the invisible woman. In: *New York Times*, Arts and Leisure Section, 13. März.

Stellman, Jeanne M.; Henifin, Mary Sue (1982): No fertile women need apply. Employment discrimination and reproductive hazards in the workplace. In: Hubbard, Ruth; Henifin, Mary Sue; Fried, Barbara (Hg.): *Biological woman. The convenient myth*. Cambridge.

Stewart, Penni (1988): Women and men in groups. A status characteristics approach to interaction. In: Webster, Murray, Jr.; Foschi, Martha (Hg.): *Status generalization. New theory and research*. Stanford.

Stiehm, Judith Hicks (1985): The generations of U.S. enlisted women. In: *Signs*, 11: 155-75.

Stimpson, Catharine R. (1979): The power to name. Some reflections on the avant-garde. In: Sherman, Julia A.; Beck, Evelyn Torton (Hg.): *The prism of sex. Essays in the sociology of knowledge*. Madison.

Stites, Richard ([1978] 1990): *The women's liberation movement in Russia. Feminism, nihilism, and Bolshevism, 1860-1930*. Princeton.

Stivens, Maila (1981): Women, kinship and capitalist development. In: Young, Kate; Wolkowitz, Carol; McCullagh, Roslyn (Hg.): *Of marriage and the market. Women's subordination in international perspective*. London.

Stoller, Robert J. (1985): *Presentations of gender*. New Haven.

Stoltenberg, John (1990): *Refusing to be a man. Essays on sex and justice*. New York.

Stoltenberg, John (1991): A coupla things I've been meaning to say about really confronting male power. In: *Changing Men*, 22 (Winter-Frühling): 8-10.

Stone, Lawrence (1979): *The family, sex and marriage in England, 1500-1800*. New York.

Stone, Lawrence (1990): *Road to divorce. England, 1530-1987*. New York.

Stone, Merlin (1976): *When god was a woman*. San Diego.

Strang, David; Baron, James N. (1990): Categorical imperatives. The structure of job titles. In: *American Sociological Review*, 55: 479-95.

Strathern, Marilyn (1988): *The gender of the gift*. Berkeley.

Strathern, Marilyn (1992): *Reproducing the future. Anthropology, kinship and the new reproductive technologies*. New York; London.

Straus, Murray A. (1991): Discipline and deviance. Physical punishment of children and violence and other crime in adulthood. In: *Social Problems*, 38: 133-54.

Straus, Murray A. (1992): Sociological research and social policy. The case of family violence. In: *Sociological Forum*, 7: 211-37.

Strober, Myra H. (1984): Toward a general theory of occupational sex segregation. In: Reskin, Barbara F. (Hg.): *Sex segregation in the workplace. Trends, explanations, remedies*. Washington, DC.

Strom, Stephanie (1992): Fashion Avenue's $100 million woman. In: *New York Times*, Business Section, 17. Mai.

Stuard, Susan Mosher (Hg.) (1976): *Women in medieval society*. Philadelphia.

Suleiman, Susan Rubin (Hg.) (1986): *The female body in Western culture. Contemporary perspectives*. Cambridge.

Sunstein, Cass R. (Hg.) (1990): *Feminism and political theory*. Chicago.

Sussman, George (1982): *Selling mother's milk. The wet-nursing business in France, 1715-1914.* Urbana.

Swafford, Michael (1978): Sex differences in Soviet earnings. In: *American Journal of Sociology,* 43: 657-73.

Swerdlow, Amy; Lessinger, Hanna (Hg.) (1983): *Class, race, and sex. The dynamics of control.* Boston.

Swerdlow, Marian (1989): Men's accommodations to women entering a nontraditional occupation. A case of rapid transit operatives. In: *Gender & Society,* 3: 373-87.

Szalai, Julia (1991): Some aspects of the changing situation of women in Hungary. In: *Signs,* 17: 152-70.

Tancred-Sheriff, Peta (1989): Gender, sexuality and the labor process. In: Hearn, Jeff u.a. (Hg.): *The sexuality of organization.* Newbury Park.

Tangri, Sandra Schwartz (1976): A feminist perspective on some ethical issues in population programs. In: *Signs,* 1: 895-904.

Tanner, Nancy Makepeace (1981): *On becoming human.* Cambridge.

Tanner, Nancy; Zihlman, Adrienne (1976): Women in evolution. Part I: Innovation and selection in human origins. In: *Signs,* 1: 585-608.

Tax, Meredith (1980): *The rising of the women. Feminist solidarity and class conflict, 1880-1917.* New York.

Taylor, Dalmas A.; Smitherman-Donaldson, Geneva (Hg.) (1989): Special Issue. African-American women and affirmative action. In: *Sex Roles,* 21: 1-160.

Taylor, Verta; Rupp, Leila J. (1993): Women's culture and lesbian feminist activism. A reconsideration of cultural feminism. In: *Signs,* 19: 32-61.

Taylor, Verta; Whittier, Nancy E. (1992): Collective identity in social movement communities. Lesbian feminist mobilization. In: Morris, Aldon; Mueller, Carol (Hg.): *Frontiers of social movement theory.* New Haven.

Terry, Don (1989): A week of rapes. The jogger and 28 not in the news. In: *New York Times,* 29. Mai.

Theberge, Nancy (1987): Sport and women's empowerment. In: *Women's Studies International Forum,* 10: 387-93.

Theberge, Nancy; Cronk, Alan (1986): Work routines in newspaper sports departments and the coverage of women's sports. In: *Sociology of Sport Journal,* 3: 195-203.

Thomas, Robert J. (1982): Citizenship and gender in work organization. Some considerations for theories of the labor process. In: Burawoy, Michael; Skocpol, Theda (Hg.): *Marxist inquiries. Studies of labor, class, and states.* (Supplement to American Journal of Sociology, Bd. 88).

Thomas, Barbara J.; Reskin, Barbara F. (1990): A woman's place is selling homes. Occupational change and the feminization of real estate sales. In: Reskin, Barbara F.; Hartmann, Heidi I. (Hg.): *Women's work, Men's work. Sex segregation on the job.* Washington, DC.

Thorne, Barrie (1990): Children and gender. Constructions of differences. In: Rhode, Deborah L. (Hg.): *Theoretical perspectives on sexual difference.* New Haven.

Thorne, Barrie (1993): *Gender play. Girls and boys at school.* New Brunswick.

Thorne, Barrie; Luria, Zella (1986): Sexuality and gender in children's daily worlds. In: *Social Problems,* 33: 176-90.

486

Thorne, Barrie; Yalom, Marilyn (Hg.) (1993): *Rethinking the family. Some feminist questions*. Boston.

Thornton, Arland; Fricke, Thomas E. (1987): Social change and the family. Comparative perspectives from the West, China, and South Asia. In: *Sociological Forum*, 2: 746-79.

Tiano, Susan (1987): Gender, work, and world capitalism. Third world women's role in development. In: Hess, Beth B.; Ferree, Myra Marx (Hg.): *Analyzing gender*. Newbury Park.

Tiano, Susan (1990): Maquiladora women. A new category of workers? In: Ward, Kathryn (Hg.): *Women workers and global restructuring*. Ithaca.

Tick, Judith; Bowers, Jane (Hg.) (1980): *Women making music. Studies in the social history of women musicians and composers*. Berkeley.

Tienda, Marta; Smith, Shelley A.; Ortiz, Vilma (1987): Industrial restructuring, gender segregation, and sex differences in earnings. In: *American Sociological Review*, 52: 195-210.

Tilly, Louise A. (1981): Paths of proletarianization. Organization of production, sexual division of labor, and women's collective action. In: *Signs*, 7: 400-17.

Tilly, Louise A.; Scott, Joan W. (1978): *Women, work and family*. New York.

Tinker, Irene (Hg.) (1990): *Persistent inequalities. Women and world development*. New York.

Todd, Alexandra Dundas (1989): *Intimate adversaries. Cultural conflict between doctors and women patients*. Philadelphia.

Top, Titia J. (1991): Sex bias in the evaluation of performance in the scientific, artistic, and literary professions. A review. In: *Sex Roles*, 24: 73-106.

Toren, Nina; Kraus, Vered (1987): The effects of minority size on women's position in academia. In: *Social Forces*, 65: 1090-1100.

Tournaye, Herman u.a. (1992): Comparison of in vitro fertilization in male and tubal infertility. In: *Human Reproduction*, 7 (Februar): 218-22.

Treadwell, Perry (1987): Biologic influences on masculinity. In: Brod, Harry (Hg.): *The making of masculinities*. Boston.

Treas, Judith (1993): Money in the bank. Transaction costs and the economic organization of marriage. In: *American Sociological Review*, 58: 723-34.

Trebilcot, Joyce (Hg.) (1983): *Mothering. Essays in feminist theory*. Totowa, NJ.

Treichler, Paula A. (1988): *AIDS, homophobia, and biomedical discourse. An epidemic of signification*. In: Crimp, Douglas (Hg.): *AIDS. Cultural analysis, cultural activism*. Cambridge.

Treiman, Donald J.; Hartmann, Heidi I. (Hg.) (1981): *Women, work and wages. Equal pay for jobs of equal value*. Washington, DC.

Treiman, Donald J.; Roos, Patricia A. (1983): Sex and earnings in industrial society. A nine-nation comparison. In: *American Journal of Sociology*, 89: 612-50.

Trimberger, Ellen Kay (1983): Feminism, men, and modern love. Greenwich Village, 1900-1925. In: Snitow, Ann; Stansell, Christine; Thompson, Sharon (Hg.): *Powers of desire. The politics of sexuality*. New York.

Trinh, T. Minh-ha (1989): *Woman, native, other. Writing postcoloniality and feminism*. Bloomington.

Troiden, Richard R. (1988): *Gay and lesbian identity. A sociological analysis*. Dix Hills.

Trombley, Stephen (1982): *All that summer she was mad. Virginia Woolf, female victim of male medicine.* New York.

Trotsky, Leon (1970): *Women and the family.* New York.

Tsurumi, E. Patricia (1990): *Factory girls. Women in the thread mills of Meiji Japan.* Princeton.

Tuchman, Gaye (1975): Woman and the creation of culture. In: Millman, Marcia; Kanter, Rosabeth Moss (Hg.): *Another voice.* Garden City.

Tuchman, Gaye; Fortin, Nina (1989): *Edging women out. Victorian novelists, publishers and social change.* New Haven.

Turbin, Carole (1984): Reconceptualizing family, work and labor organizing. Working women in Troy, 1860-90. In: *Review of Radical Political Economics,* 16: 1-16.

Turkle, Sherry; Papert, Seymour (1990): Epistemological pluralism. Styles and voices within the computer culture. In: *Signs,* 16: 128-57.

Ucko, Peter J.; Rosenfeld, Andrée (1967): *Paleolithic cave art.* New York.

Ulrich, H. E. (1992): Menstrual taboos among Havik Brahmin women. A study of ritual change. In: *Sex Roles,* 26: 19-20.

Unger, Rhoda K.; Hilderbrand, Marcia; Madar, Theresa (1982): Physical attractiveness and assumptions about social deviance. Some sex-by-sex comparisons. In: *Personality and Social Psychology Bulletin,* 8: 293-301.

United Nations (1980): *Program of action for the second half of the United Nations decade for women. Equality, development and peace.* New York.

United States General Accounting Office (1989): *Women in the military. Career progression not a current problem but concerns remain.* Briefing Report GAO/NSLAD-89-210BR.

Ursel, Jane (1992): *Private lives, public policy. 100 years of state intervention in the family.* Toronto.

Valverde, Mariana (1985): *Sex, power and pleasure.* Toronto.

van den Heuvel, Katrina (1992): Women of Russia, unite! In: *New York Times Op-Ed Page,* 12. September.

van den Wijngaard, Marianne (1997): *Reinventing the sexes. The biomedical construction of femininity and masculinity.* Bloomington.

van der Kwaak, Anke (1992): Female circumcision and gender identity. A questionable alliance? In: *Social Science and Medicine,* 35: 777-87.

van Gennep, Arnold (1960): *The rites of passage.* Chicago.

Vance, Carole S. (1984a): Epilogue and addenda. The Scholar and the Feminist IX Conference. In: Vance, Carole S. (Hg.): *Pleasure and danger. Exploring female sexuality.* Boston.

Vance, Carole S. (Hg.) (1984b): *Pleasure and danger. Exploring female sexuality.* Boston.

Vanek, Joann (1974): Time spent in housework. In: Scientific American, 231: 116-20.

Vannoy-Hiller, Dana; Philliber, William W. (1989): *Equal partners. Successful women in marriage.* Newbury Park.

Vecsey, George (1990): Cathy Rigby, unlike Peter, did grow up. In: *New York Times,* 19. Dezember.

Verbrugge, Lois M. (1985): Gender and health. An update on hypotheses and evidence. In: *Journal of Health and Social Behavior,* 26: 156-82.

Verbrugge, Lois M. (1986): Role burdens and physical health of women and men. In: *Women & Health,* 11: 47-77.

488

Verbrugge, Lois M. (1989a): The twain meet. Empirical explanations of sex differences in health and mortality. In: *Journal of Health and Social Behavior*, 30: 282-304.

Verbrugge, Lois M. (1989b): Gender, aging, and health. In: Markides, Kyriakos S. (Hg.): *Aging and health. Perspectives on gender, race, ethnicity and class.* Newbury Park.

Vertinsky, Patricia (1990): *The eternally wounded woman. Woman, doctors and exercise in the late nineteenth century.* Manchester.

Vetterling-Braggin, Mary (Hg.) (1982): *Femininity, masculinity, and androgyny.* Boston.

Veyne, Paul (1985): Homosexuality in ancient Rome. In: Ariès, Philippe; Béjin, André (Hg.): *Western sexuality. Practice and precept in past and present times.* Oxford; New York. [frz. 1982; dt. 1986: Homosexualität im alten Rom. In: Ariès, Philippe; Béjin, André (Hg.): Die Masken des Begehrens und die Metamorphosen der Sinnlichkeit. Zur Geschichte der Sexualität im Abendland. Frankfurt a.M., 40-50].

Vicinus, Martha (1992): „They wonder to which sex I belong". The historical roots of the modern lesbian identity. In: *Feminist Studies*, 18: 467-97.

Voda, Anne M.; Dinnerstein, Myra; O'Donnell, Sheryl R. (Hg.) (1982): *Changing perspectives on menopause.* Austin.

Vogel, Lise (1977): Hearts to feel and tongues to speak. New England mill women in the early nineteenth century. In: Cantor, Milton; Laurie, Bruce (Hg.): *Class, sex, and the woman worker.* Westport.

Vogel, Lise (1990): Debating difference. Feminism, pregnancy, and the workplace. In: *Feminist Studies*, 16: 9-32.

Wagner, David G. (1988): Gender inequalities in groups. A situational approach. In: Webster, Murray, Jr.; Foschi, Martha (Hg.): *Status generalization. New theory and research.* Stanford.

Wagner, David G.; Berger, Joseph (1991): Status characteristics theory. The growth of a program. In: Berger, Joseph; Zelditch, Morris Jr. (Hg.): *Theoretical research programs. Studies in the growth of theory.* Stanford.

Waite, Linda J.; Berryman, Sue E. (1985): *Women in nontraditional occupations. Choice and turnover.* Santa Monica.

Wajcman, Judy (1991): *Feminism confronts technology.* University Park. [dt. 1994: Technik und Geschlecht. Die feministische Technikdebatte. Frankfurt a.M.].

Walby, Sylvia (1986): *Patriarchy at work. Patriarchal and capitalist relations in employment.* Minneapolis.

Walby, Sylvia (1990): *Theorizing patriarchy.* Oxford; New York.

Waldron, Ingrid (1976): Why do women live longer than men? In: *Social Science and Medicine*, 10: 349-62.

Walker, Alice (1983): *In search of our mothers' gardens. Womanist prose.* New York. [dt. 1988: Die Erfahrung des Südens. Die schwarze Amerika erzählen. München].

Walker, Alice (1992): *Possessing the secret of joy.* New York. [dt. 1993: Sie hüten das Geheimnis des Glücks. Reinbek b. Hamburg].

Walker, Lenore E. (1984): *The battered woman syndrome.* New York.

Walker, Lenore E. (1988): *Handbook on sexual abuse of children. Assessment and treatment issues.* New York.

Walker, Lenore E. (1989): *Terrifying love. Why battered women kill and how society responds.* San Francisco.

Walker, Molly K. (1992): Maternal reactions to fetal sex. In: *Health Care for Women International*, 13: 293-302.

Walkowitz, Judith R. (1980): *Prostitution and Victorian society. Women, class, and the state.* Cambridge.

Wallace, Michele ([1978] 1990): *Black macho and the myth of the superwoman.* London.

Walsh, Mary Roth (1977): „*Doctors wanted. No women need apply" Sexual barriers in the medical profession, 1835-1975.* New Haven.

Walsh, Mary Roth (1992): Before and after Frances Conley. In: *Journal of the American Medical Women's Association*, 48: 119-21.

Walters, Lynda Henley; Chapman, Steven F. (1991): Changes in legal views of parenthood. Implications for fathers in minority cultures. In: Bozett, Frederick W.; Hanson, Shirley M. H. (Hg.): *Fatherhood and families in cultural context.* New York.

Ward, Kathryn (Hg.) (1990): *Women workers and global restructuring.* Ithaca.

Warner, Marina (1982): *Joan of Arc. The image of female heroism.* New York.

Warner, Marina (1983): *Alone of all her sex. The myth and the cult of the Virgin Mary.* New York.

Warrock, Anna M. (1991): Objects of the game. In: *New York Times Op-Ed Page*, 11. Oktober.

Warshaw, Carole (1989): Limitations of the medical model in the case of battered women. In: *Gender & Society*, 3: 506-17.

Waters, Elizabeth (1989): In the shadow of the Comintern. The Communist women's movement, 1920-43. In: Kruks, Sonia; Rapp, Rayna; Young, Marilyn B. (Hg.): *Promissory notes. Women in the transition to socialism.* New York.

Watson, James D. (1968): *The double helix. A personal account of the discovery of the structure of DNA.* New York. [dt. 1969: Die Doppelhelix. Ein persönlicher Bericht über die Entdeckung der DNS-Struktur. Reinbek b. Hamburg].

Watson, Tracey (1987): Women athletes and athletic women. The dilemmas and contradictions of managing incongruent identities. In: *Sociological Inquiry*, 57: 431-46.

Wattenberg, Esther (1985): In a different light. A feminist perspective on the role of mothers in father-daughter incest. In: *Child Welfare*, 64: 203-11.

Weber, Max (1964): *The theory of social and economic organization.* New York. [dt. 1956: Wirtschaft und Gesellschaft. 4. Auflage. Hg. von Johannes Winckelmann. Tübingen].

Webster, Murray, Jr.; Driskell, James E. Jr (1983): Beauty as status. In: *American Journal of Sociology*, 89: 140-65.

Webster, Murray, Jr.; Foschi, Martha (Hg.) (1988): *Status generalization. New theory and research.* Stanford.

Weeks, Jeffrey (1985): *Sexuality and its discontents. Meanings, myths and modern sexualities.* New York; London.

Weeks, Jeffrey (1989): *Sex, politics and society. The regulation of sexuality since 1800.* London; New York.

Weiner, Annette B. (1979): Trobriand kinship from another view. The reproductive power of women and men. In: *Man*, (N.S.) 14: 328-48.

490

Weir, Lorna; Casey, Leo (1984): Subverting power in sexuality. In: *Socialist Review*, 14 (3/4): 139-57.

Weisman, Steven R. (1989): Tokyo journal. Sex harassment. Glare of light on man's world. In: *New York Times*, 13. November.

Weiss, Meira (1994): *Conditional love. Parental relations toward handicapped children*. Westport.

Weiss, Meira (1994): Forthcoming. Fence sitters. Parents' reactions to sexual ambiguities in their newborn children. In: *Semiotica*

Weitzman, Lenore J. (1974): Legal regulation of marriage. Tradition and change. In: *California Law Review*, 62: 1172-1278.

Weitzman, Lenore J. (1985): *The divorce revolution. The unexpected social and economic consequences for women and children in America*. New York.

Welbourn, Alice (1984): Endo ceramics and power strategies. In: Miller, Daniel; Tilley, Christopher (Hg.): *Ideology, power, and prehistory*. Cambridge.

Welter, Barbara (1966): The cult of true womanhood. 1820-1860. In: *American Quarterly*, (Sommer): 151-74.

Werlhof, Claudia von (1988): The proletarian is dead. Long live the housewife! In: Mies, Maria; Bennholdt-Thomsen, Veronika; von Werlhof, Claudia (Hg.): *Women. The last colony*. London. [dt. 1983: Der Proletarier ist tot. Es lebe die Hausfrau? In: Mies, Maria; Bennholdt-Thomsen, Veronika; Werlhof, Claudia von (Hg.): Frauen. Die letzte Kolonie. Zur Hausfrauisierung der Arbeit. Reinbek b. Hamburg, 113-136].

Wertz, Richard W.; Wertz, Dorothy C. (1989): *Lying-in. A history of childbirth in America*. New Haven.

Wessel, Lois (1991): Reproductive rights in Nicaragua. From the Sandinistas to the government of Violeta Chamorro. In: *Feminist Studies*, 17: 537-49.

West, Candace (1982): Why can't a woman be more like a man? An interactional note on organizational game-playing for managerial women. In: *Work and Occupations*, 9: 5-29.

West, Candace (1984): *Routine complications. Troubles with talk between doctors and patients*. Bloomington.

West, Candace; Zimmerman, Don (1987): Doing gender. In: *Gender & Society*, 1: 125-51.

West, Guida; Blumberg, Rhoda Lois (Hg.) (1990): *Women and social protest*. New York.

Weston, Kathleen M. (1991): *Families we choose. Lesbians, gays, kinship*. New York.

Weston, Kathleen M.; Rofel, Lisa B. (1984): Sexuality, class, and conflict in a lesbian workplace. In: *Signs*, 9: 623-46.

Westwood, Sallie (1985): *All day, every day. Factory and family in the making of women's lives*. Urbana; Chicago.

Westwood, Sallie; Bhachu, Parminder (Hg.) (1988): *Enterprising women: Ethnicity, economy, and gender relations*. New York; London.

Wharton, Amy S.; Baron, James N. (1987): So happy together? The impact of gender segregation on men at work. In: *American Sociological Review*, 52: 574-87.

Wheelock, Jane (1990): *Husbands at home. The domestic economy in a post-industrial society*. New York; London.

Wheelwright, Julie (1989): *Amazons and military maids. Women who cross-dressed in pursuit of life, liberty and happiness*. London.

Whelehan, Patricia u.a. (Hg.) (1988): *Women and health. Cross-cultural perspectives.* Granby.

White, Deborah Gray (1985): *Ar'n't I a woman? Female slaves in the plantation South.* New York.

White, Lynne K.; Brinkerhoff, David B. (1987): Children's work in the family. Its significance and meaning. In: Gerstel, Naomi; Gross, Harriet Engel (Hg.): *Families and work.* Philadelphia.

Whitehead, Ann (1981): „I'm hungry, Mum:" The politics of domestic budgeting. In: Young, Kate; Wolkowitz, Carol; McCullagh, Roslyn (Hg.): *Of marriage and the market. Women's subordination in international perspective.* London.

Whitehead, Ann (1984): Men and women, kinship and property. Some general issues. In: Hirschon, Renée (Hg.). *Women and property. Women as property.* London.

Whitehead, Harriet (1981): The bow and the burden strap. A new look at institutionalized homosexuality in native North America. In: Ortner, Sherry B.; Whitehead, Harriet (Hg.): *Sexual meanings. The cultural construction of gender and sexuality.* Cambridge.

Whyte, Martin K. (1978): *The status of women in preindustrial societies.* Princeton.

Wicker, Tom (1991): Blaming Anita Hill. In: *New York Times Op-Ed Page,* 10. Oktober.

Wikan, Unni (1982): *Behind the veil in Arabia: Women in Oman.* Baltimore.

Wiley, Mary Glenn; Woolley, Dale E. (1988): Interruptions among equals: Power plays that fail. In: *Gender & Society,* 2: 90-102.

Wilford, John Noble (1993): Mysterious Mexican culture yields its secrets. In: *New York Times,* Science Section, 29. Juni.

Wilk, Richard R.; Netting, Robert McC. (1984): Households. Changing forms and functions. In: Netting, Robert McC., Wilk, Richard R.; Arnould, Eric J. (Hg.): *Households. Comparative and historical studies of the domestic group.* Berkeley.

Wilkinson, Doris (1984): Afro-American women and their families. In: Hess, Beth B.; Sussman, Marvin (Hg.): *Women and the family. Two decades of change.* New York.

Williams, Christine L. (1989): *Gender differences at work. Women and men in nontraditional occupations.* Berkeley.

Williams, Christine L. (1992): *The glass escalator. Hidden advantages for men in the „female" professions.* In: *Social Problems,* 39: 253-67.

Williams, Christine L. (1998): Gender differences at work. Women and men in nontraditional occupations. Berkeley.

Williams, Lena (1991): Blacks say the blood spilled in the Thomas case stains all. In: *New York Times,* 14. Oktober.

Williams, Linda (1989): *Hard core. Power, pleasure, and the „frenzy of the visible."* Berkeley.

Williams, Linda S. (1988): „It's going to work for me." Responses to failures of IVF. In: *Birth,* 15: 153-56.

Williams, Patricia J. (1991): *The alchemy of race and rights.* Cambridge.

Williams, Patricia J. u.a. (1992): Refusing to be silenced. In: *Ms. Magazine,* Januar/Februar: 34-45.

Williams, Walter L. (1986): *The spirit and the flesh. Sexual diversity in American Indian culture.* Boston.

Willie, Charles Vert (1985): *Black and White families. A study in complementarity.* Dix Hills.

492

Willie, Charles Vert (1988): *A new look at Black families*. Dix Hills.
Willis, Paul (1982): Women in sport in ideology. In: Hargreaves, Jennifer A. (Hg.): *Sport, culture, and ideology*. London.
Wilson, Edward O. (1975): *Sociobiology. The new synthesis*. Cambridge.
Wilson, Edward O. (1978): *On human nature*. Cambridge.
Wilson, Elizabeth (1984): Forbidden love. In: *Feminist Studies*, 10: 213-26.
Wilson, Elizabeth (1985): *Adorned in dreams. Fashion and modernity*. London.
Wilson, Marie C. (1991): Just a day at the office. In: *New York Times Op-Ed Page*, 11. Oktober.
Witke, Roxane (1973a): Mao Tse-tung, women and suicide. In: Young, Marilyn B. (Hg.): *Women in China. Studies in social change and feminism*. Ann Arbor.
Witke, Roxane (1973b): Woman as politician in China of the 1920s. In: Young, Marilyn B. (Hg.): *Women in China. Studies in social change and feminism*. Ann Arbor.
Wittig, Monique (1971): *Les guérillères*. New York. [dt. 1980: Die Verschwörung der Balkis. München].
Wittig, Monique (1980): The straight mind. In: *Feminist Issues*, 1: 103-11.
Wittig, Monique (1981): One is not born a woman. In: *Feminist Issues*, 2: 47-54.
Witz, Anne (1986): Patriarchy and the labor market. Occupational control strategies and the medical division of labor. In: Knights, David; Willmott, Hugh (Hg.): *Gender and the labor process*. Hampshire.
Wolf, Margery (1985): *Revolution postponed. Women in contemporary China*. Stanford.
Wolf, Wendy C.; Fligstein, Neil D. (1979a): Sex and authority in the workplace. The causes of sexual inequality. In: *American Sociological Review*, 44: 235-52.
Wolf, Wendy C.; Fligstein, Neil D. (1979b): Sexual stratification. Differences in power in the work setting. In: *Social Forces*, 58: 94-107.
Wood, Corinne Shear (1979): *Human sickness and health*. Palo Alto.
Wood, Elizabeth (1980): Women in music. In: *Signs*, 6: 283-97.
Woodhouse, Annie (1989): *Fantastic women. Sex, gender, and transvestism*. New Brunswick.
Wright, Ann L. (1982): Variation in Navajo menopause. Toward an explanation. In: Voda, Anne M.; Dinnerstein, Myra; O'Donnell, Sheryl R. (Hg.): *Changing perspectives on menopause*. Austin.
Wright, Barbara Drygulski u.a. (Hg.) (1987): *Women, work, and technology. Transformations*. Ann Arbor.
Wright, Erik Olin; Shire, Karen; Hwang, Shu-ling u.a. (1992): The non-effects of class on the gender division of labor in the home. A comparative study of Sweden and the United States. In: *Gender & Society*, 6: 252-82.
Wright, Michael J. (1979): Reproductive hazards and „protective" discrimination. In: *Feminist Studies*, 5: 302-9.
WuDunn, Sheryl (1991): China's castaway babies. Cruel practice lives on. In: *New York Times*, 26. Februar.
WuDunn, Sheryl (1992): Women face increasing bias as China focuses on profits. In: *New York Times*, 28. Juli.
Yanagisako, Sylvia Junko; Collier, Jane Fishburne (1987): Toward a unified analysis of gender and kinship. In: Collier, Jane Fishburne; Yanagisako, Sylvia Junko (Hg.): *Gender and kinship. Essays toward a unified analysis*. Berkeley.

Yang, C. K. (1965): *Chinese Communist society. The family and the village.* Cambridge.

Yankauskas, Ellen (1990): Primary female syndromes. An update. In: *New York State Journal of Medicine*, 90: 295-302.

Yllö, Kersti (1984): The status of women, marital equality, and violence against wives. In: *Journal of Family Issues*, 5: 307-20.

Yllö, Kersti; Bograd, Michele (Hg.) (1988): *Feminist perspectives on wife abuse.* Newbury Park.

Yoder, Janice D. (1989): Women at West Point. Lessons for token women in male-dominated occupations. In: Freeman, Jo (Hg.): *Women. A feminist perspective.* Mountain View.

Yoder, Janice D. (1991): Rethinking tokenism. Looking beyond numbers. In: *Gender & Society*, 5: 178-92.

Yoder, Janice D.; Crumpton, Penny L.; Zipp, John F. (1989): The power of numbers in influencing hiring decisions. In: *Gender & Society*, 3: 269-76.

Young, Iris Marion (1990): *Throwing like a girl and other essays in feminist philosophy and social theory.* Bloomington.

Young, Kathleen Z. (1989): The imperishable virginity of Saint Maria Goretti. In: *Gender & Society*, 3: 474-82.

Young, Marilyn B. (Hg.) (1973): *Women in China. Studies in social change and feminism.* Ann Arbor.

Young, Marilyn B. (1989): Chicken Little in China. Women after the Cultural Revolution. In: Kruks, Sonia; Rapp, Rayna; Young, Marilyn B. (Hg.): *Promissory notes. Women in the transition to socialism.* New York.

Young, Kate; Wolkowitz, Carol; McCullagh, Roslyn (Hg.) (1981): *Of marriage and the market. Women's subordination in international perspective.* London.

Zaretsky, Eli (1986): *Capitalism, the family, and personal life.* San Francisco.

Zelizer, Viviana A. (1985): *Pricing the priceless child. The changing social value of children.* New York.

Zick, Cathleen D.; McCullough, Jane L. (1991): Trends in married couples' time use. Evidence from 1977-1978 and 1987-1988. In: *Sex Roles* 24: 459-87

Zihlman, Adrienne L. (1978): Women and evolution, Part II: Subsistence and social organization among early hominids. In: *Signs*, 4: 4-20.

Zihlman, Adrienne L. (1981): Women as shapers of the human adaptation. In: Dahlberg, Frances (Hg.): *Woman the gatherer.* New Haven.

Zimmer, Lynn (1988): Tokenism and women in the workplace. The limits of gender-neutral theory. In: *Social Problems*, 35: 64-77.

Zimmerman, Jan (Hg.) (1983): *The technological woman. Interfacing with tomorrow.* New York.

Zimmerman, Don H.; West, Candace (1975): Sex roles, interruptions and silences. In: Thorne, Barrie; Henley, Nancy (Hg.): *Language and sex. Difference and domination.* Rowley.

Zita, Jacquelyn (1988): The premenstrual syndrome. „Dis-easing" the female cycle. In: *Hypatia*, 3: 7-99.

Zola, Irving Kenneth (1982a): *Missing pieces. A chronicle of living with a disability.* Philadelphia.

Zola, Irving Kenneth (1982b): Tell me, tell me. In: Zola, Irving Kenneth (Hg.): *Ordinary lives. Voice of disability and disease.* Cambridge.

Zola, Irving Kenneth (Hg.) (1982c): *Ordinary lives. Voice of disability and disease.* Cambridge.

Zuckerman, Harriet (1977): *Scientific elite. Nobel laureates in the United States.* New York.

Zuckerman, Harriet (1991): The careers of men and women scientists. A review of current research. In: Zuckerman, Harriet; Cole, Jonathan R.; Bruer, John T. (Hg.): *The outer circle. Women in the scientific community.* New York.

Zuckerman, Harriet; Cole, Jonathan R.; Bruer, John T. (Hg.) (1991): *The outer circle. Women in the scientific community.* New York.

Zunz, Sharyn (1991): Gender-related issues in the career development of social work managers. In: *Affilia,* 6: 39-52.